Marketing

13e

市场营销

ROGER A. KERIN
STEVEN W. HARTLEY

[英] 罗杰·A.凯林 史蒂文·W.哈特利 —— 著
黄延峰 董伊人 史有春 何健 —— 译

致　辞

你熟悉诸如社群、手机、数码、病毒、游戏化、大数据、煲剧（binge-watching）、物联网、可穿戴技术、利用故事打造品牌、以顾客为中心、价值主张、原生广告（native advertising）或可持续性等词汇，或对它们感兴趣吗？如果答案是肯定的，说明你在了解商业世界的一些最新主题词方面已经有了一个良好的开端。这些主题词只是未来几个月你在选修《市场营销》这门课期间要学习的许多新概念和工具中的一小部分。能写一本教科书，将你领进这一令人兴奋的学科之门，我们倍感荣幸！

虽然可能这是第一次有人给你正式介绍市场营销知识，但我们知道，作为消费者、志愿者或企业雇员，你与营销已发生过大量接触了。这些体验让我们从不同的视角看到了营销在地区、国家和全球经济中扮演的角色。我们鼓励你把自己过去的活动当成参照点，逐步增进对市场和营销实践的理解。此外，我们希望，在探索将要遇到的众多营销新话题时，你能结合自己未来的职业抱负加以考虑。

市场营销的新形势使得我们的新版本特别令人兴奋。我们认为，过去撰写本书的经验让我们对内容、写作风格、案例、练习和引导学生有效学习的辅助材料有了诸多深刻的见解。随着客户价值、全球竞争、数字技术和管制等方面的巨变，我们整合了新的观点，带给你将来从事营销所需的最新技能。我们介绍营销复杂性的方法基于以下三个重要维度：

·**交互**。作为教授，与许多优秀的学生、管理者和教师的互动让我们大受裨益。他们的深刻见解帮助我们形成了自己的教学方法，继而促使我们成为教科书的作者。这种教学方法的基本要素之一是这样一个承诺：借助身临其境、全面和最新的材料开展积极主动的学习。课堂活动、互动的博客、"制订你的营销计划"练习，以及在线广告和网页链接只是我们交互模式的几个例证。

·**引领**。我们的教学方法也基于这样的承诺：在营销新思路、原则、理论和实践的发展和介绍方面，我们要起到引领的作用。现在，随着本学科变化步伐的加快，并且几乎影响到传统营销的各个方面，这一点比以往更加重要。我们确信，让学生接触诸如职业道德、社交媒体、数据分析和营销绩效评价指标等话题相关的前沿材料，可以帮助他们成为工作和职业中的领导者。

·创新。新式教育技术和创新教学工具强化了我们教学方法中的交互和引领的效果。例如，Connect、Learn Smart 和 SmartBook 提供了一个数字和交互平台，以满足当今学生"随时随地"互动的要求。此外，我们提供新的视频，强化文本和演示文稿资料的视觉效果，以促进多媒体形式的学习。

令人高兴的是，通过之前的12个美国版本和被译成11种语言的19个国际版本，我们收到了学生和教师的热情反馈。我们非常喜欢这门令人兴奋的学科，今天能有这个机会与你们分享我们的爱好，我们非常激动。欢迎阅读《市场营销》第13版！

罗杰·A. 凯林（Roger A. Kerin）

史蒂文·W. 哈特利（Steven W. Hartley）

前　言

《市场营销》运用了独特、创新和有效的教学方法，这种教学法是作者融合了其在大范围教学中的经验而开发出来的。这种方法的基本原理已构成每一版《市场营销》的基础，随着版本的演进、对学生学习风格变化的适应、营销学学科和新教学技术的发展，它已成为教材正文及其补充材料的核心所在。该教学方法的特点如下所示：

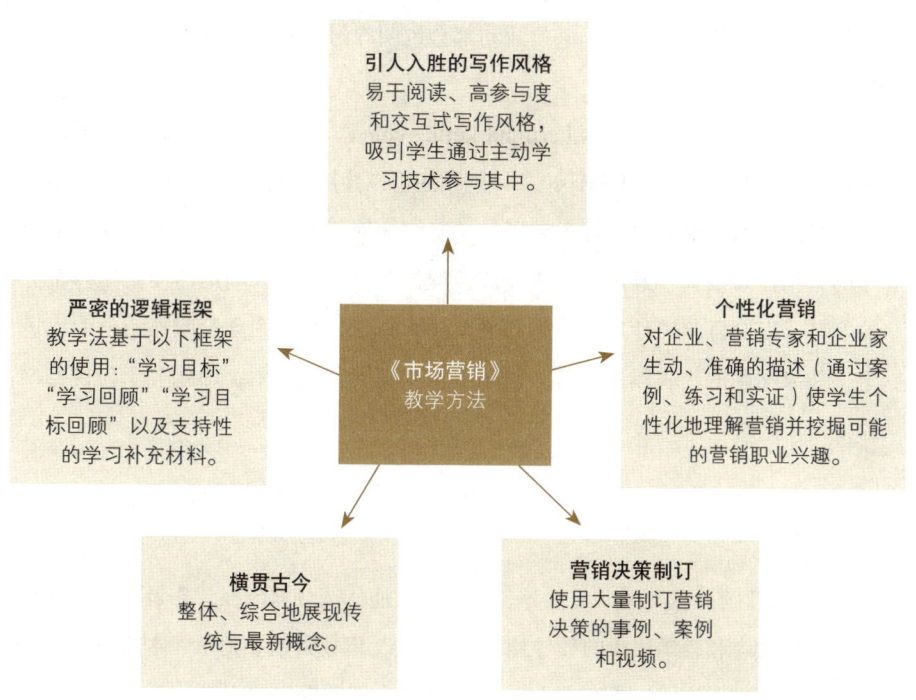

《市场营销》第13版的目标是为当今营销学科的师生创造一种特殊的体验。《市场营销》的开发基于一个严格的评估过程，该过程的结果就是本教材和学习工具包，而这些工具则是基于营销学教育中的互动、引领和创新而开发出来的。

交 互

本书作者团队的成员既是教师和研究者，又是顾问，从这些与众不同的经历以及《市场营销》此前版本使用者的反馈中，他们受益良多，现在读过此书的学生已经超过100万人！作者认为，未来营销学的教育要想取得成功，必须要有最大限度的互动。为学生和四个学习伙伴（教师、其他学生、企业和出版商）之间的互动提供便利，可以确保他们参与其中。《市场营销》中一些参与度较高的板块包括：

课堂活动。这些活动旨在让学生跟导师开展讨论。它们涉及调查、网络资源、课外作业和个人观察。每项活动都会说明教材中的一个概念，可以单独开展或以团队的形式完成。

互动网页和博客（www.kerinmarketing.com）。学生可以找到有关营销的新文章，并发表对其他学生的评论。该网站还可以让用户阅读营销推文！

制订你的营销计划。每章末尾的"制订你的营销计划"均基于附录一中介绍的营销计划格式。通过自学或完成课程作业，学生可以利用活动安排与企业的互动，以制订营销计划。学生和雇主经常指出，在当今竞争激烈的就业市场上，如果学生的代表作品中有一份写得很漂亮的营销计划，那就等于为自己增添了一个砝码。

引 领

《市场营销》在美国以及世界各地大受欢迎，部分原因在于作者在开发和呈现新营销内容和教学法中的领导地位。例如，《市场营销》是第一本将道德、技术和互动营销整合在一起的教材。它也是第一部开发定制视频，帮助说明营销原则和做法，并在学生阅读正文时让他们身临其境的教材。在开发新的学习工具方面，作者也是领先者，如新的测试材料，它们基于布卢姆（Bloom）学习分类法。其他表明《市场营销》在营销学科中处于领先地位的元素包括：

第19章 利用社交媒体和移动营销与消费者建立联系。市场营销的特点决定了要专门拿出一章来探讨社交媒体和移动营销。这个新的环境正在快速地变化，并在不断发展壮大。作者论述了社交媒体和移动营销的构建模块，并提供了全面而重要的内容和事例。作者讨论了推特、脸谱网、领英和视频网站YouTube等主要社交媒体平台，并解释了经理人和公司如何利用这些销售点以开展市场营销。第19章还讨论了用于衡量一个公司成功方法的社交媒体和移动营销。本章是表明《市场营销》处于营销领域前沿的多种方式之一。

营销仪表盘。本教材的《营销仪表盘》板块展示了当今企业和营销环境的两个最新元素——绩效评价指标和使之形象化的展板。本书提及的部分营销绩效衡量标准是：品种开发指数（CDI）、品牌开发指数（BDI）、乘客运载率（产能管理指标）、溢价、单位面积的销售额、同店的销量增长率、促销和销量比和每千次展示费用（CPM）。本书旨在让读者学习、实践和应用这些营销绩效评价。

新的营销案例思考。每一章都以一个案例结束。新案例有亚马逊、美国商城（Mall of America）和塔可钟（Taco Bell），近期的案例有乔巴尼希腊酸奶、X-1音响设备、神秘除臭剂、洛杉矶银河队、小蜜缇润唇膏和StuffDOT，它们为学生提供了熟悉的近期案例。

创　新

在今天快节奏、高要求的教育环境下，创新对于有效学习至关重要。为了保持《市场营销》的市场领导地位，本书的作者团队一直在创建与当代学生的学习风格和兴趣相匹配的创新型教学工具。作者们把握住了科技脉搏，真正实现了教材和工具包的创新。这些创新包括正文内链接、推文、超链接PPT和在线博客。

目 录

致 辞 i

前 言 iii

    交 互 iv

    引 领 iv

    创 新 v

1 通过营销建立客户关系和客户价值 001

何为营销 004

    营销与你的职业生涯 004

营销：向消费者传递价值 005

    影响营销活动的各种要素 005

    营销发生的条件 007

营销如何发现和满足消费者的需求 008

    发现消费者的需求 008

    挑战：用新产品满足消费者的需求 008

    满足消费者的需求 011

    营销方案：如何建立客户关系 012

    关系营销：理解容易，做起来难 012

    营销方案和细分市场 014

    3M公司帮助学生学习的策略和营销方案 014

营销如何变得如此重要 017

    市场导向的演进 017

    侧重于客户关系管理 018

    营销商业道德与社会责任：不同群体间的利益平衡 019

    营销的广度和深度 020

2 制定成功的组织和营销战略 029

当今的组织 032

    组织的类型 032

    什么是战略 033

    现代组织的构成 034

愿景式组织的战略 035

    组织的基础：为何存在 035

    组织方向：要做什么 037

    组织策略：如何实现 038

    用营销分析掌握战略绩效的进展 039

确定战略方向 042

    环顾四周：我们现在何处 042

    成长战略：我们欲往何方 043

战略营销流程 048

    战略营销流程的规划阶段 049

    战略营销流程的执行阶段 052

    战略营销流程的评估阶段 054

3 扫描营销环境 061

环境扫描 064
- 跟踪环境趋势 064
- 当今市场的环境扫描 065

社会因素 065
- 人口统计特征 066
- 文　化 073

经济因素 075
- 宏观经济环境 075
- 消费者收入 077

技术因素 078
- 明日科技 078
- 技术对客户价值的影响 079
- 技术使数据分析成为可能 080

竞争因素 080
- 不同的竞争形式 081
- 竞争的构成 082
- 作为竞争对手的小企业 083

管制因素 083
- 保护竞争 083
- 与产品有关的立法 084
- 与定价有关的立法 086
- 与分销有关的立法 086
- 与广告和促销有关的立法 087
- 通过自我管制加以控制 088

4 可持续营销的伦理和社会责任 095

营销伦理的本质与意义 098
- 营销中的伦理-法律框架 098
- 对伦理行为的批评 099

影响伦理营销行为的四个因素 100
- 社会文化与标准 100
- 商业文化与行业惯例 101
- 企业文化与期望 104
- 个人道德观念和伦理行为 107

理解可持续营销的社会责任 109
- 三类社会责任 109
- 社会责任审计：行善者成 112
- 换位思考：消费者伦理和社会责任 113

5 理解消费者的行为 121

消费者购买决策过程和体验 124
- 问题识别：感知需求 124
- 搜集信息：寻求价值 124
- 选择评价：评估价值 125
- 购买决策：购买价值 126
- 购后行为：实现价值 127
- 消费者参与度和决策类型 128
- 影响购买决策的情境因素 130

影响消费者行为的心理因素 132
- 消费者的动机和个性 132
- 消费者的感知 134
- 消费者的学习 136
- 消费者的价值观、信念和态度 137
- 消费者的生活方式 138

影响消费者行为的社会文化因素 141
- 个人的影响 141
- 参照组的影响 143
- 家庭的影响 144

社会阶层的影响 146

文化和亚文化的影响 147

6 理解组织市场 155

B2B营销和组织采购者 158

组织采购者 158

组织市场 158

组织采购的特点 159

需求特点 159

订货量或购买量 160

潜在购买者数量 161

组织采购目标 161

组织采购标准 162

买卖双方关系和供应伙伴关系 163

组织采购的功能、流程和采购中心 165

组织的采购功能 165

组织采购流程 165

采购中心：跨职能团队 166

B2B营销的线上采购 169

线上组织采购发展迅猛 169

网上交易平台：虚拟组织市场 169

组织市场上的网上竞拍 171

7 了解全球消费者，开拓全球市场 177

世界贸易体系 180

从全球视角看世界贸易 180

从美国视角看世界贸易 181

无国界世界经济中的营销 182

贸易保护主义的消退 182

经济一体化的增长 185

新现实：全球公司争夺全球消费者的全球竞争 186

网络化全球虚拟市场的出现 189

经济间谍活动日益盛行 189

全球环境审视 190

文化多样性 190

经济因素 193

政治和管制环境 194

全球市场进入策略比较 196

出 口 196

许可贸易 198

合 资 198

直接投资 199

精心制订全球营销方案 199

产品与促销策略 200

分销策略 202

定价策略 202

8 营销调研：从洞察顾客到采取行动 209

营销调研的作用 212

什么是营销调研 212

做好营销调研的挑战 212

五步营销调研法 212

第一步：界定问题 213

设定调研的目标 214

确定可能的营销行动 214

第二步：制订调研计划 215

阐明约束条件 215
明确营销行动所需的数据 215
决定如何收集数据 215
第三步：收集相关信息 216
内部的二手数据 217
外部的二手数据 218
二手数据的优缺点 219
原始数据：观察消费者 220
原始数据：询问消费者 223
原始数据：其他来源 227
原始数据的优缺点 234
使用交叉表分析原始数据 234
第四步：呈现调研结果 236
分析数据 236
呈现结果 237
第五步：采取营销行动 238
提出行动建议 239
实施行动建议 239
评估结果 239
销售预测技术 240
决策者的判断 240
调查了解情况的群体 241
统计方法 241

9 市场细分、目标和定位 249

为何要细分市场 252
市场细分意味着什么 252
何时以及如何进行市场细分 254
细分市场与确定目标市场的
步骤 257

步骤1：细分潜在购买者 257
步骤2：分类待售商品 265
步骤3：绘制市场-产品方格图
并估计市场规模 267
步骤4：选择目标市场 268
步骤5：采取营销行动进入目标
市场 269
市场-产品协同效应：平衡法 273
产品定位 274
产品定位的两种方法 275
编写定位陈述 275
使用感知定位图定位产品 275
定位成人巧克力牛奶的感知
定位图 276

10 开发新产品和新服务 283

何谓产品和服务 286
商品、服务和创意 286
产品分类 286
服务分类 288
产品类别、产品形态、品目、
产品线和产品组合 288
新产品及其成败原因 289
什么是新产品 290
产品和服务成败的原因 293
如何利用营销仪表盘监控新
产品的业绩 296
新产品开发流程 297
阶段1：新产品战略规划 298
阶段2：创意生成 299
阶段3：筛选与评价 302

目 录　xi

　　阶段 4：商业分析　303

　　阶段 5：开发　304

　　阶段 6：试销　305

　　阶段 7：商业化　306

11　管理成功的产品、服务和品牌　313

图解产品生命周期　316

　　导入期　317

　　成长期　318

　　成熟期　319

　　衰退期　320

　　衡量产品生命周期的三个维度　322

产品生命周期的管理　326

　　产品经理的角色　326

　　调整产品　328

　　调整市场　329

　　重新定位产品　329

品牌化和品牌管理　331

　　品牌个性和品牌资产　332

　　为品牌取个好名字　335

　　品牌策略　336

产品包装与标签　339

　　利用包装和标签创造客户价值和竞争优势　340

　　包装和标签的挑战及对策　341

产品质量保证　343

12　服务的营销　349

服务的独特性　352

　　服务的 4I　353

　　服务连续体　355

　　服务分类　356

消费者如何购买服务　359

　　服务购买过程　360

　　服务质量的评估　361

　　用户接触点和关系营销　362

服务营销管理　364

　　产品（服务）　364

　　价　格　365

　　渠　道　365

　　促　销　366

　　员　工　367

　　实体环境　368

　　流　程　368

未来的服务　371

13　确立价格的基础　379

价格的本质与重要性　382

　　什么是价格　382

　　价格是价值的指示器　383

　　营销组合中的价格　385

第一步：确立定价目标及其约束　386

　　确立定价目标　386

　　明确定价约束　388

第二步：评估需求与收入　392

　　评估需求　392

　　需求的价格弹性　394

　　评估收入的基础　395

第三步：确定成本、销量与
　　利润的关系　397
　　控制成本的重要性　397
　　盈亏平衡分析　397

14 确定最终的价格　405

第四步：选择适当的价位　408
　　需求导向定价法　408
　　成本导向定价法　413
　　利润导向定价法　415
　　竞争导向定价法　417
第五步：确定标价或报价　421
　　选择定价政策　422
　　考虑公司、消费者和竞争对定价
　　　的影响　423
　　平衡增量成本与收益　425
第六步：具体调整标价或报价　426
　　折　扣　426
　　折　让　428
　　地理调整　430

15 营销渠道和供应链管理　437

营销渠道的特性和重要性　440
　　何为分销渠道　440
　　中间商如何为消费者创造价值　441
营销渠道的结构与组织　442
　　消费品和服务的营销渠道　442
　　商用品和服务的营销渠道　444
　　网络营销渠道　445
　　直复营销和多渠道营销　446

双重分销和战略渠道联盟　447
　　垂直营销体系　448
营销渠道的选择与管理　450
　　影响渠道选择和管理的因素　450
　　管理渠道关系：冲突和合作　454
物流和供应链管理　455
　　供应链与营销渠道　456
　　采购、组装和交付新车：汽车
　　　供应链　456
　　供应链管理和营销策略　458
供应链物流管理的两个概念　460
　　物流总成本　460
　　客户服务　461
结束循环：逆向物流　462

16 零售和批发　469

零售的价值　472
　　零售提供的消费者效用　472
　　零售对全球经济的影响　473
零售店的分类　474
　　所有权形式　475
　　服务水平　477
　　产品线的类型　478
无店铺零售　480
　　自动售货机　481
　　直邮推销和目录邮购　482
　　电视居家购物　483
　　网络销售　483
　　电话推销　485
　　直　销　485

目 录 xiii

零售策略 486
　零售店的定位 487
　零售组合 488
零售的多变性 494
　零售轮 494
　零售生命周期 495
零售业未来的变化 497
　多渠道零售 497
　数据分析 499
批　发 499
　商品批发商 499
　代理商和经纪人 500
　制造商的分公司和销售处 501

17 整合营销传播和直复营销 507

传播过程 510
　编码和解码 510
　反　馈 511
　干　扰 511
促销要素 511
　广　告 512
　人员推销 513
　公共关系 513
　促　销 514
　直复营销 515
整合营销传播——确立促销
　组合 515
　目标受众 516
　产品生命周期 517
　产品特性 519

购买决策阶段 520
渠道策略 521
制定整合营销传播方案 522
　确定目标受众 523
　确定促销目标 523
　制定促销预算 524
　选择正确的促销方式 527
　促销设计 527
　确定促销日程 528
执行和评估促销方案 529
直复营销 530
　直复营销的增长 531
　直复营销的价值 532
　直复营销中的技术、全球化和
　　道德问题 533

18 广告、促销和公共关系 541

广告的分类 544
　产品广告 544
　机构广告 545
制定广告方案 545
　确定目标受众 546
　确定广告目标 546
　确定广告预算 547
　设计广告 549
　选择恰当的媒体 551
　不同媒体的选择 554
　确定广告促销的日程 563
执行广告方案 564
　广告的事前检验 564

执行广告方案 565
评估广告方案 566
　广告的事后检验 566
　进行必要的调整 567
促　销 567
　针对消费者的促销 567
　针对经销商的促销 573
公共关系 575
　公共宣传方式 575
提高促销的价值 576
　培育长期的关系 576
　自　律 576

19 利用社交媒体和移动营销与消费者建立联系 583

了解社交媒体 586
　何为社交媒体 586
　社交媒体与传统媒体的比较 588
四大社交媒体 589
　四大社交媒体的比较 590
　脸谱网 591
　推　特 593
　领　英 594
　YouTube 595
将社交媒体整合到品牌营销策略中 597
　社交媒体与战略营销过程 598
　选择社交媒体 598
　社交媒体如何带来销量 599
　衡量社交媒体节目的效果 600

小蜜缇迅速蹿红和勒布朗·詹姆斯的熊抱 603
未来：社交媒体+智能手机+外国的应用程序 605
　现实世界与数字世界的融合 605
　移动营销：密切联系营销行动 607

20 人员推销和销售管理 613

人员推销和销售管理的范围和重要性 616
　人员推销和销售管理的本质 616
　销售几乎无处不在 617
　营销和创业所需的人员推销 617
　通过销售人员为客户提出解决方案并创造价值：关系和合伙销售 618
人员推销的多种形式 619
　接单的销售人员 620
　争取订单的销售人员 620
　销售支持者 622
人员推销流程：建立关系 623
　搜寻：辨识潜在客户 623
　准备接触：准备打推销电话或上门拜访 625
　接触：留下第一印象 625
　产品展示：按客户的需求定制解决方案 626
　成交：要求客户下订单或购买 629
　跟进：巩固关系 630

销售管理流程 630
　销售计划的制订：确定方向 630
　销售计划的实施：将计划付诸
　　实践 636
　销售团队的考核：衡量绩效 639
　销售团队自动化和客户关系
　　管理 641

21 互动营销和多渠道营销 647

创造虚拟市场的客户价值、客户
　关系和体验 650
　两类市场的营销 650
　在虚拟市场创造客户价值 651
　虚拟市场上的互动性、个性和
　　客户关系 652
　制造网上客户体验 653
网上消费行为和虚拟市场的营销
　实践 657
　谁是网上消费者 657
　网上消费者购买什么 658
　消费者为何选择网购 659
　网购者何时何地购物 663
跨渠道消费者和多渠道营销 664
　谁是跨渠道消费者 664
　开展多渠道营销 665

22 整合：战略营销过程 675

营销基础：做有效之事和分配
　资源 678
　发现并利用真正有效的东西 678

利用销售反应函数配置营销
　资源 679
战略营销过程的计划阶段 682
　营销计划中营销量化指标的
　　运用 683
　营销计划的多样性 683
　营销计划框架：寻求增长 684
　一些营销计划和策略教训 688
战略营销过程的实施阶段 692
　计划有问题，还是执行有
　　问题 692
　日益重视营销计划的执行 692
　改进营销计划的执行 693
　营销的组织 697
战略营销过程的评估阶段 699
　营销评估过程 699
　营销投资回报率、营销指标和
　　展板 702
　通用磨坊使用营销指标和营销
　　仪表盘进行评估 702

词汇表 709

通过营销建立客户关系和客户价值

学习目标

1. 定义营销,并确认影响营销行为的各种要素;
2. 解释营销如何发现和满足消费者的需求;
3. 区分营销组合要素和环境因素;
4. 解释企业如何通过营销建立牢固的客户关系和提升客户价值;
5. 阐述当今客户关系的时代与之前的时代有哪些不同。

乔巴尼的营销做得很好

就像当今众多消费者那样，你对食物的口味已经发生了变化。人们对有益于健康、营养丰富的有机产品兴趣激增，而乔巴尼这样的公司正在创新产品，为消费者提供价值！

正是在营销方面敏锐的嗅觉首先帮助哈姆迪·乌卢卡亚（Hamdi Ulukaya）创办了乔巴尼。作为土耳其移民，他发现美国酸奶"全是糖和防腐剂"，不同于他成长过程中品尝到的经典希腊风味酸奶。经过过滤，希腊风味酸奶去除了液态乳清，比优诺（Yoplait）和达能（Dannon）销售的未脱乳清的美国酸奶含有更多的蛋白质。为了满足美国消费者不断变化的口味，借助于小企业管理局的贷款，乌卢卡亚在纽约的一个小镇收购了一家近期关闭的奶牛场，开始研发新的酸奶配方。

理解消费者的食品价值

乌卢卡亚说："我相当挑剔。我们花了18个月才琢磨出正确的配方。我需要毕其功于一役，而且必须完美。"最后的成果就是乔巴尼希腊风味酸奶，相比传统的美国酸奶，它的蛋白质含量更高，糖分更低，而且更黏稠，奶油味更浓。由于人们开始关注更健康和更自然的食品，青壮年特别是"千禧一代"购买食品越来越看重健康的影响，乔巴尼可谓恰逢其时。乔巴尼的酸奶及其广告词"纯天然，益健康"迎合了消费者的新价值观。

赢得消费者

乔巴尼没有多少钱投放传统广告，所以这家新公司需要依靠良好的口碑，也就是让吃得开心的消费者告诉其他人市场上出现了这种新式酸奶。2010年，乔巴尼派出标有产品广告的流动厢式售货车在全美国巡游，所到之处发放免费样品，鼓励消费者试吃乔巴尼希腊风味酸奶。此外，在提高社会知名度方面，乔巴尼做的最大突破之一就是赞助2012年美国奥运会代表团和残奥会代表团。

乔巴尼公司还在YouTube网站开设频道，以"只添加天然食材"的配方为特色，向消费者展示如何在正餐和餐后甜点中食用酸奶。它还通过其他社交媒体网站与消费者互动，比如推特和Instagram，并且短短5年间它便在脸谱网收获了80万粉丝。

乔巴尼也努力争取进入规模较大的食品连锁超市，而不是较小的食品店，并鼓励在商店的主要乳品柜陈列自己的产品。乌卢卡亚确信，只要试吃过，美国人肯定会喜欢上希腊风味酸奶的，而如果他们听人说过，并在附近的食品超市轻松买到的话，他们是会试吃的。到2013年，乔巴尼希腊风味酸奶已经遍销美国、英国和澳大利亚。

乔巴尼的现状

乔巴尼不断追踪消费者口味的变化，推出适应他们口味的新产品。例如，该公司最近推出了袋装或管装的婴幼儿和儿童希腊风味酸奶、燕麦口味希腊风味酸奶（古老的谷物混合口味）和乔巴尼Flip系列希腊风味酸奶。这些产品专为新消费者和现有消费者设计，也是为适应新的饮食场合而设计。

通过在纽约的索霍区开设酸奶屋，乔巴尼得以了解消费者的兴趣所在。新的想法不断涌现，体现在菜单上，然后接受测试，而反馈意见颇具价值，于是乔巴尼计划在洛杉矶、旧金山、芝加哥和美国其他城市开设类似的零售店。最近，乔巴尼还宣布了一个计划，开放乔巴尼的食品孵化器，它是一个为新兴的食品创业者进行投资并让想法变成现实的地方。

今天，乔巴尼自称占领了希腊风味酸奶40%的市场份额，差不多是80亿美元酸奶市场的一半。公司的成功甚至使它能在超级碗比赛投放巨额广告，画面中一只重达1 400磅的熊正在寻找健康的零食！

乔巴尼、营销和你

考虑到最近竞争对手的出现，尤其是优诺、达能和百事可乐的进击，哈姆迪·乌卢卡亚和他的乔巴尼希腊风味酸奶还会延续这种不可思议的成功吗？对于乌卢卡亚来说，关键因素在于乔巴尼如何才能充分理解和做好市场营销，而这正是本书的主题。

◎ 何为营销

好消息是你已经是一个营销专家了！每天，你都会开展诸多营销活动，进行与营销有关的决策。例如，若以每台24 999美元和2 499美元的价格销售乐金（LG）77英寸4K超高清OLED电视机，哪个价位你会卖得比较多？你肯定会说是2 499美元的方案，是吧？显然，你的购物经历已经让你洞察到了营销世界的许多奥秘。作为一名消费者，你已经参与了数以千计的营销决策，但这些决策主要还是关于购买的，而不是关于销售的。如果你想测试一下自己在营销方面的专业技能，那就尝试回答图1-1列出的有关营销专家的问题。在接下来的几页中，你可以找到问题的答案。

坏消息是做好营销通常并不容易。这就是为什么每年会有无数产品在市场上败下阵来，并且渐渐湮没无闻。

> 回答下列问题。本章稍后会给出正确答案。
> 1. 百事最近推向市场的中卡路里的可乐风味软饮料叫什么名字？
>   （a）超大百事；（b）边峰百事；（c）下一代百事；（d）真百事
> 2. 判断对错。一位舒洁（Kleenex）产品忠诚消费者的终生价值是994美元。
> 3. 为承担社会责任，3M公司在其大获成功的思高牌（Scotch-Brite）防刮百洁布中加入了何种材料？
>   （a）铝；（b）塑料；（c）龙舌兰植物的叶子

图1-1 测测你是否是真正的营销专家

营销与你的职业生涯

任何个人、企业、行业及国家无不受到营销的影响。本书试图通过让你"亲历营销"来向你传授营销理念，"亲历营销"就是让你扮演一名需要实际进行营销决策的营销经理。本书还阐释了众多营销应用案例，以及营销如何影响我们的生活。这些知识会让你成为更加精明的消费者和见多识广的公民，对你的职业生涯也会大有裨益。

也许未来你会在一家大型企业里从事销售和营销工作。而供职于苹果、福特、脸谱网或通用电气这样的著名企业，不仅能让你获得个人的满足感和优厚的报酬，还会让你从朋友那儿获得特别的尊重。

小型企业也会提供营销就业的机会。小型企业是大部分美国新工作岗位的来源。所以，通过成为创业者，开办自己的企业，你会成为自己的老板。

2004年2月，哈佛大学一位19岁的大二学生在自己的宿舍里开办了一项小型网站服务业务。他对外宣称它是"一个通过社交网络将大学里的人连接起来的在线名录"。那个学生就是马克·扎克伯格。脸谱网的成功让人难以理解。2004年初，诞生第四天的Thefacebook.com网站就有900名哈佛大学生注册，到了第二周，就有了近5 000名成员，今天它的用户在世界范围内超过了14亿人。也许你对市场营销的兴趣会引发下一个轰动社会的新企业取得成功！

◎ 营销：向消费者传递价值

美国营销学会代表了从事营销开发和实践的个人和企业。它把**营销**（marketing）定义为：营销是创造、沟通、传递和交换待售物的活动、机构和过程，而且这个待售物须对消费者、顾客、合作伙伴和整个社会有价值。该定义表明，营销远不只是广告或推销。它强调了在向消费者提供某种商品、服务和理念时要传递真正的价值，同时也指出一个企业的营销活动应为其合作伙伴和社会创造价值。

为服务买卖双方，营销寻求：（1）发现潜在消费者的需求和欲望；（2）满足这些需求和欲望。潜在消费者既包括为自己或家庭采购的个人，也包括为自用（如生产商）或转售（如批发商和零售商）而采购的企业。达成这两个目标的关键是交换（exchange），即买卖双方彼此交易有价值的东西，并且在交易之后各方的状况都得到了改善。

影响营销活动的各种要素

尽管一个企业的营销活动集中在评估和满足消费者的需求上，但是数不清的其他个人、团队和群体相互作用，影响着这项活动的性质（见图1-2）。最重要的是企业本身，其使命和目标决定了它的业务领域及其要实现的目标。在企业内部，管理部门负责设定这些目标。营销部门与企业的其他部门和员工密切配合，有助于提供让消费者满意的产品，使得企业能够生存和繁荣壮大。

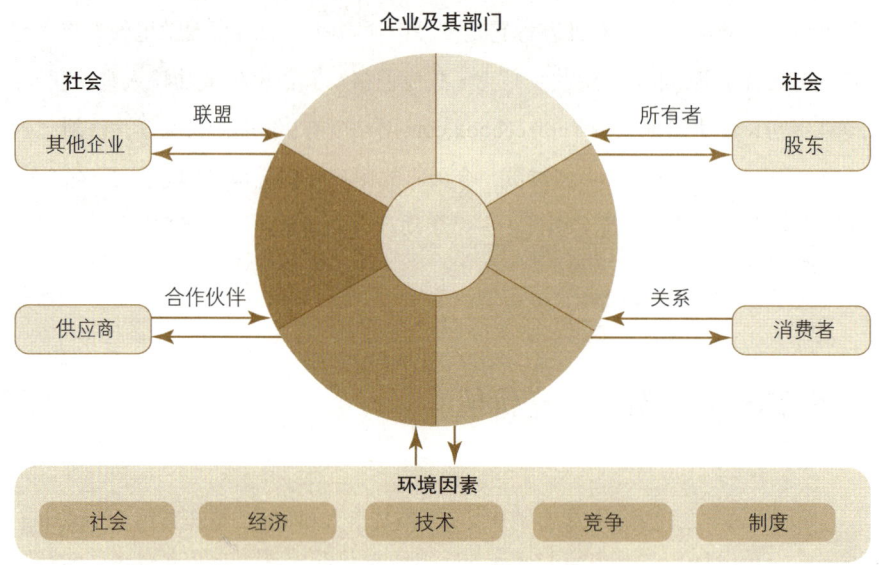

图1-2 营销部门与众多消费者、企业和群体打交道

图1-2展示了企业外部对营销活动有影响的关键人物、团队和群体。营销部门负责促进企业与消费者、股东（或非营利组织的经营者）、供应商和其他企业之间的关系、合作或联合。社会、经济、技术、竞争和管制等环境因素也会影响企业的营销活动。最后，企业的营销决策会受整个社会的影响，反过来，它也对整个社会产生了巨大的影响。

企业必须在这些个体与群体的利益不一致时寻求平衡。例如，为消费者提供价格最低而质量最好的产品，向供应商支付最高的价格，向员工支付最高的工资，并给予股东最大的回报，但同时满足这些是不可能的。

营销发生的条件

营销的产生至少需要四个条件：（1）两个或两个以上需求未得到满足的参与方（个人或企业）；（2）各方拥有满足需求的意愿和能力；（3）各方有彼此沟通的渠道；（4）可用于交换的物品。

两个或两个以上需求未得到满足的参与方 假设你产生了一个未得到满足的需求，比如在复习功课准备考试之后，渴望吃一顿消夜，但你不知道当地的多米诺比萨在什么地方卖，而且也不知道该比萨店专门推出了好吃的手工铁盘比萨，只要有人下订单，立即手工制作，并送货上门。这就是双方需求都未得到满足的一个实例：你渴望吃一顿晚餐，而当地的比萨店主需要有人购买他的手工铁盘比萨。

满足这些需求的意愿和能力 你和多米诺比萨店主都希望满足这些需求。你有钱购买多米诺手工铁盘比萨，而且有时间通过网络或电话订购。多米诺比萨店主不仅有出售手工铁盘比萨的意愿，也有能力做到，因为比萨容易制作，也容易送到你的手中，或者你也可以自己去取，都很方便。

各方沟通的渠道 除非你知道多米诺比萨的这个产品，而且知道它的售卖地点（街道、网址或电话号码），否则该比萨的市场交易行为是不可能发生的。同样，只有知道附近有潜在购买者的市场，比萨店主才会卖掉他的手工铁盘比萨。当你在手机上收到一份折扣券，或是开车赶到多米诺比萨店时，你（买方）和店主（卖方）之间的沟通障碍就消除了。

可用于交换的物品 当交易产生，并且买卖双方交换了有价值的东西时，营销就发生了。在本例中，你用金钱（8.99美元）交换了多米诺手工铁盘比萨，你和比萨店主都有得有失，但你们的状况都变得更好了，因为你们都满足了对方未被满足的需求。你可以吃一个多米诺比萨充饥，但你也因此付出了一些金钱；而多米诺比萨店主失去了手工铁盘比萨，却获得了金钱，这有助于他将生意维持下去。这一交易过程的道德和法律基础是营销的核心所在，相关内容在第4章讨论。

◉ 营销如何发现和满足消费者的需求

为了开发并提供成功的产品，发现和满足消费者的需求对于理解营销是至关重要的，因此接下来我们要对这两个步骤逐一了解。

发现消费者的需求

营销的首要目标就是发现潜在消费者的需求。为了更好地了解消费者的想法，营销人员经常使用消费者调查、概念测试和其他营销调查方式（第8章有详细讨论）。众多公司也使用"众包"式的网站征求和评估消费者的想法。例如，在乐高集团，若某创意收到网站访问者的投票达到10 000次，它就有可能成为潜在的新产品。乐高集团通过网站发现的产品包括捉鬼救护车、火星探测车好奇号和根据《我的世界》(Minecraft) 电子游戏设计的一套组合产品。然而，有时消费者可能不知道或说不清楚他们想要什么。个人电脑、智能手机和电动汽车就是这样的例子，在这种情况下，准确地对消费者的需求进行长期预测至关重要。

挑战：用新产品满足消费者的需求

尽管营销人员不断改进其可以产生新产品创意的方法，专家估计每3 000个原始想法只有一个会在商业上取得成功。据市场资讯公司英敏特（Mintel）估计，全世界每个月推出3.3万个新产品。此外，对上市新产品的研究表明，约40%的产品没有成功。罗伯特·M. 麦克马思（Robert M. McMath）曾研究过超过11万种新产品，并得出了两项关键的建议：(1) 关注消费者的利益；(2) 吸收过去错误的经验教训。

避免产品失败的方法似乎再明显不过了。首先，了解消费者的需求和欲望。其次，生产他们真正有需求的产品，而不是生产他们不需要的东西。前面描述的三种产品表明，新产品要想获得成功是十分困难的，关于这一点，我们将在第10章进一步阐述。

在继续阅读之前，想一想上述三种产品各自会给消费者带来什么潜在的利益，以及可能阻碍其成功的因素。在这些产品中，有些你可能已经购买过，其他的可能正在考虑购买。下面我们对这三种产品进行简要分析：

•**苹果公司的牛顿掌上电脑**。20世纪90年代，苹果公司推出了牛顿掌上电脑，这是个人数字助理产品中第一个手持设备。苹果公司的投入相当于今天的15亿多美元，但在史蒂夫·乔布斯将其撤出市场之前，它只卖出了几十万只。从很多方面看，该产品"叫好不叫座"，败就败在它太超前了。它是在万维网、手机和电子邮件的广泛使用之前推出的。结果，虽然该产品非常具有革命性，消费者的使用却受到了限制！

•**StuffDOT网站**。这是一家新近创业的企业，它是一个社交性的电子商务网站，旨在奖励消费者的网络购物和分享活动。它之所以存在是因为亚马逊和塔吉特等互联网零售商会给将买者引流至它们商品的人支付小额的佣金。这是一项巨大且在不断成长的业务，2016年预计可达45亿美元。StuffDOT创始人认为消费者理应进行分享，因此他们开发了一个平台，用户可因分享链接和网络购物而分得一杯羹。潜在的阻碍是：消费者能够理解StuffDOT的好处并为了利用这一机会而改变购物习惯吗？

•**真百事**。在2014年克林顿全球倡议年会上，百事可乐和可口可乐宣布达成协议，在2025年前将其产品的卡路里含量降低20%。作为本协议的一部分，百事可乐推出了新产品真百事（Pepsi True）。新的可乐因为加入了糖和甜叶菊叶提取物而变得更甜，它是与百事可乐同风味的软饮料，热量却只有60卡路里。真百事可乐只通过亚马逊和便利店在美国销售，并将投放英国市场，与可口可乐公司的可乐生活（Coca-Cola Life）展开竞争。潜在的阻碍是：百事可乐公司在1995年推出了超大百事（Pepsi XL），2004年推出了边峰百事（Pepsi Edge），2012年推出了下一代百事（Pepsi Next），这些都是中热量的软饮料，将常规碳酸饮料转变成了无糖碳酸饮料，都没有成功。真百事会是下一个吗？一如既往，作为消费者，这由你来判断！

公司每年在市场营销和技术研发上投入数十亿美元，这大大减少了新产品的失败，但并没有消除失败的可能性。对于全世界的公司来说，满足消费者不断变化的需求都是持续的挑战。

消费者需求和消费者欲望 营销是要满足消费者的需求，还是要满足消费者的欲望？答案是两者都要满足。考虑到需求和欲望的定义以及潜在消费者做出购买决策的自主程度，对该问题的争论非常激烈。

当一个人生理上感觉缺乏食物、衣服、住所等基本必需品时，"需求"就产生了。"欲望"是指受一个人的知识、文化和个性影响的某种需要。因此，如果你感到饥饿，你就产生了一种想吃东西的基本需求和吃东西的渴望。假设你当时想吃薄荷味巧克力能量棒，因为基于以往的经验，你知道它会满足你充饥的需求。很显然，公平的价格和便利的地点会让消费者发掘好产品，有效的营销可以影响一个人的欲望。

营销会想方设法影响我们购买什么。但随之产生了一个问题：在保护消费者方面，我们希望政府和社会何时介入呢？大多数消费者会说希望政府让他们免受毒品和危险驾驶的伤害，而不是糖果和软饮料的损害。为保护大学生，政府是否应该限制他们使用信用卡呢？这些问题并没有明确的答案，这就是为什么法律和道德问题是营销的中心所在了。由于心理学家和经济学家对需求和欲望的准确含义仍有争议，我们会在本书交替使用这两个术语。

如图1-3的左半部分所示，发现需求就要仔细观察潜在的消费者，而不管他

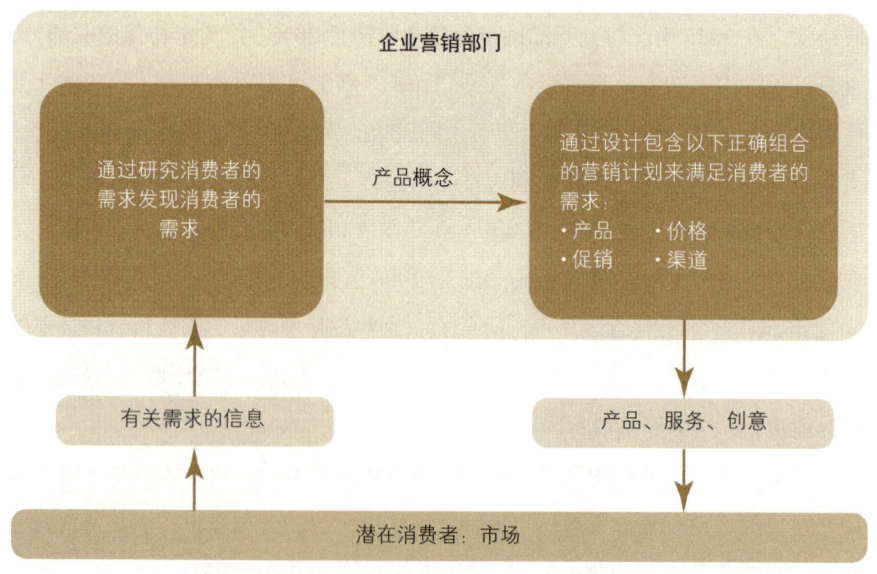

图1-3　营销通过大量调查发现和满足消费者的需求

们是购买玛氏巧克力豆（M&M's）的儿童，购买乔巴尼希腊酸奶的大学生，还是购买施乐复印机的公司。企业营销部门的主要活动就是仔细观察消费者，发现他们的需求和欲望，以及影响这些需求和欲望的因素。

什么是市场　潜在消费者构成了**市场**（market），他们既有渴望，又有能力购买具体的产品。所有市场的根本是人。甚至当我们提到某个公司购买了一台施乐复印机时，我们的意思其实是说公司里的一个或几个人决定购买它。当人们意识到自己有尚未满足的需求时，他们就会产生购买某个产品的意愿，但仅有意愿还不够，他们必须具备购买能力，比如权力、时间和金钱。人们甚至可以"购买"能导致某种行为的观念，比如每年检查自己的血压，或者调低恒温器的温度，以节约能源。

满足消费者的需求

营销不能只停留在发现消费者需求上。很显然，企业不可能满足所有消费者的需求，所以它必须将精力集中于满足具体潜在消费者群体的某些需求上。这就是**目标市场**（target market），即企业营销方案所针对的一个或几个特定的潜在消费者群体。

4P：可控的营销组合要素　如图1-3的右半部分所示，选定目标市场消费群体后，企业就必须采取措施满足他们的需求。企业营销部门中的某些人（通常是营销经理）必须综合运用四种要素，针对消费者制定出一个完整的营销方案。这四种要素由埃德蒙·杰尔姆·麦卡锡（E. Jerome McCarthy）教授最早提出，通常简称为4P：

- **产品（Product）**：满足消费者需求的商品、服务或创意。
- **价格（Price）**：用以交换产品。
- **促销（Promotion）**：买卖双方之间的沟通方式。
- **渠道（Place）**：让产品到达消费者手中的方法。

在本书后面的内容中，我们将更详细地定义4P中的每一项。但是现在，更重要的是记住4P是**营销组合**（marketing mix）的组成元素，它们是四个可控要素，即产品、价格、促销和渠道，营销经理可以用它们解决营销问题。例如，当公司打折销售产品时，它就改变了营销组合中的"价格"要素。因为营销组合要素处于企业营销部门的控制之下，所以它们被称为可控要素。

设计有效的市场营销组合也会给潜在购买者明确传达一种**客户价值主张**（customer value proposition），它是企业承诺满足消费者需求的一个收益组合。例如，沃尔玛的客户价值主张可以描述为"随时随地帮助世界各地的人们省钱和生活得更好"。米其林轮胎的客户价值主张可以概括为"向有安全意识的父母提供高性价比的安全轮胎"。

不可控的环境因素　虽然营销人员能够控制其营销组合要素，但其他因素大都不是他们能控制的（见图1-2）。这些就是营销决策中的**环境因素**（environmental forces），它们包括社会、经济、技术、竞争和制度等因素。比如，消费者自身的欲望和需求、技术变革、经济形势是扩张还是紧缩、竞争者的行动和政府的限制等。这五种因素会对营销起到促进或制约作用，有时能够扩大企业的营销机会，而有时又可能限制营销。第3章将对此五种环境因素进行详细讨论。

传统上，众多营销主管视这些环境因素为一成不变的绝对制约因素，认为它们完全超出了可控的范围。然而，最近的研究和成功的营销案例表明，一家有远见、以行动为主导的企业往往能够影响某些环境因素，比如取得技术或竞争上的突破，就像苹果公司的苹果手表一样。

营销方案：如何建立客户关系

企业的营销方案与消费者相连。为了阐明这种联系，我们首先会讨论客户价值、客户关系和关系营销等重要概念。然后，我们用3M公司为其报事贴品牌的页签荧光笔产品制定的营销方案阐明这些概念。

关系营销：理解容易，做起来难

当今，全球市场快节奏的激烈竞争促使美国众多成功的公司将目光聚焦于

"客户价值"。通过提供独一无二的价值，企业获得了忠诚消费者，这是成功营销的精髓所在。与以往不同的是，现在企业更加细致地设法理解消费者如何感知价值，然后切实创造并向他们传递这种价值。**客户价值**（customer value）是指目标购买者在特定价格下获得的独特的利益组合，包括质量、便利、及时送货和售前售后服务。企业现在用钱来衡量忠诚和满意的消费者一生之中的价值。例如，舒洁公司的忠诚消费者平均每年会购买6.7盒纸巾，以如今的美元价值计算，其60多年的终生价值大约是994美元（见图1-1中的问题2）。

研究表明，公司不可能向所有人提供所有的商品。相反，公司要通过向消费者提供独特的价值，力求与消费者建立长期的合作关系。最优价格、最优产品和最优服务是三种价值战略，许多成功的企业选择其中之一向消费者传递卓越的价值。

随着美国企业之间的竞争加剧，要成为公认的"最佳企业"显然是困难的。不过，下面三家公司取得了巨大的成功，这体现在它们强调和赖以为生的使命、愿景和价值理念之中：

•**最优价格**：塔吉特。塔吉特的品牌承诺是"花钱更少，期待更多"，从而"通过提供卓越的价值，塔吉特成为我们客人的购物首选"。

•**最优产品**：星巴克。星巴克寻求"激发和培养人的精神：每次都是一个人、一杯咖啡和一个邻居"，强调在此过程中"向最好的你提供最好的咖啡"。

•**最优服务**：诺德斯特龙（Nordstrom）。作为一家领先的专业时装零售商，诺德斯特龙致力于"提供最好的购物体验，帮助消费者拥有时尚，而不只是购买时装"。诺德斯特龙"致力于为我们的消费者提供最好的服务，而且每天都在改善"。

跻身于"最佳"阵营是当今企业面临的一项挑战。

公司通过认真调整其产品、价格、促销方式和摆放的位置，与消费者建立联系，从而建立富有意义的客户关系。

开发和维护有效客户关系的标志现在被称为**关系营销**（relationship marketing），它将企业与消费者、员工、供应商和其他合作伙伴连接起来，共同致力于彼此的长期利益。关系营销涉及企业与单个消费者之间的持续不断的关系，这种关系始于售前，在售后仍然保持。

今天，信息技术以及先进的制造和营销流程可以让公司更好地与消费者建立关系。智能产品现在是"万物互联"的要素，它有助于创建详细的产品使用数据库。然后，使用数据分析或数据审查就能发现相关的模式，公司就可以深刻理解产品是如何为消费者创造价值的。例如，宝马公司会接收售出的每辆新车的数据，通用电气公司从其制造的每台喷气发动机收集信息，帮助它们了解消费者如何使用它们的产品和何时需要服务。网络鞋业零售商美捷步（Zappos）则观察和跟踪消费者的购买，建立人脉，并培养终生消费者。

营销方案和细分市场

有效的关系营销战略有助于营销经理发现潜在消费者的需求，并将这些信息转化成适销对路的产品（见图1-3），进而将这些概念转换为切实可行的**营销方案**（marketing program），即将营销组合整合成一个营销计划，以便向潜在购买者提供产品、服务或创意。理想情况下，他们构成了**细分市场**（market segments），因其有：（1）共同的需求；（2）对同样的营销行为反应相同，即他们是相对同质的潜在购买者群体。销售行为可能包括产品特性、促销方式和价格。如图1-3所示，在一个有效的企业中，此过程是持续进行的：消费者的需求引发产品概念，产品概念转换为实际产品，实际产品最终又会促进消费者需求的进一步发现。

3M公司帮助学生学习的策略和营销方案

当考虑为报事贴产品线增加一种新产品时，3M报事贴品牌产品发明人戴维·温多斯基（David Windorski）问道："大学生到底如何学习？"

为了回答这个问题，温多斯基与四位大学生组成一个团队展开研究。他们的任务是观察几十名学生的学习行为，并提出问题，比如他们如何使用教科书、做笔记、写学期论文和复习考试。通常情况下，他们看到学生会把某一段文字涂亮，然后使用报事贴的便条纸（Post-it® Note）或较小的页签（Post-it® Flag）[1]。

1　Post-it® Note是贴在书里的纸条，Post-it® Flag是指露在书外，用于快速找到相关页的纸条。——译者注

温多斯基意识到他可以把现有的报事贴产品与荧光笔搭配，即将两种产品的功能组合到一种产品上，以帮助学生学习！

从想法转变成一个适销对路的荧光笔产品　在研究过15至20个模型之后，温多斯基得出结论：他必须打造一款能配备报事贴页签的荧光笔，因为报事贴便条纸太大，无法放进荧光笔的笔管中。

他们制造了数百支内部装有报事贴页签的新型荧光笔样品，送给学生和上班族使用，以获得他们的反馈。该调查表明：使用者希望有一个方便、耐用的笔帽，以保护荧光笔中的页签。因此，笔帽可以旋转的报事贴页签荧光笔才得以问世。

新增报事贴页签中性笔　温多斯基原创设计的大部分精力用在了报事贴页签荧光笔的研究和开发上。但他也考虑过其他相关的产品。很多办公室职员在书写时需要立即使用页签。学生也是此类产品的潜在市场，但相比办公室职员可能是一个较小的细分市场。

报事贴页签荧光笔和页签中性笔的营销方案　经过几年的研究、开发和生产工艺试验之后，3M公司推出了它的新产品。图1-4概述了3M公司营销报事贴页签荧光笔和页签中性笔方案中营销组合四元素各自的策略。虽然有相似之处，我们还是可以就这两种产品的营销方案加以比较：

- 报事贴页签荧光笔。如图1-4第二列所示，目标市场主要是大学生，因而3M公司首要的任务便是让学生知道这个他们不知道已经存在的产品。公司结合刊登在校园报刊的印刷广告和电视广告，再依靠学生的口碑传播，即让学生告诉他们的朋友这个产品有多棒。在大学书店中销售的机会也很关键。除此之外，3M公司给分销商的报价也试图实现多赢，既能让书店给学生一个合理的零售价格，也能给分销商和3M公司带来合理的利润。

- 报事贴页签中性笔。如图1-4第三列所示，该产品的目标市场主要是办公室职员。报事贴页签中性笔主要是商务用品，一般由企业的采购部门购入，作为办公用品储存，以供员工使用。所以，报事贴页签中性笔的营销方案重点是获得在批发商店中的销售权，因为企业的采购部门会去那里购买。

3M公司新产品在市场上的表现如何？它们的销售情况非常好，3M公司重奖了戴维·温多斯基及其团队。奥普拉·温弗瑞（Oprah Winfrey）让温多斯基飞

营销方案目标市场及其策略

营销组合要素	大学生市场	办公室职员市场	营销方案行动的根本原因
产品策略	供应报事贴页签荧光笔，帮助大学生学习	供应报事贴页签中性笔，为办公室职员的日常工作提供帮助	仔细听取使用3M公司技术的潜在消费者的需求，以推介一款有用的创新产品
定价策略	报事贴页签荧光笔的零售单价约为3.99～4.99美元，三支装的价格为5.99～7.99美元	报事贴页签中性笔的零售单价约为3.99～4.99美元，批发价略低	确定向目标消费群体提供真正物有所值的价格
促销策略	利用电视和某些大学报纸的广告进行有限的促销，然后依赖学生的口碑传播	针对分销商进行有限的促销，以使他们进货和存货	增进从没听说过3M公司这种新型创新产品的潜在用户的认知
渠道策略	通过大学书店、办公室用品商店和大型超市分销报事贴页签荧光笔	通过办公用品批发商、零售商和大型超市分销报事贴页签中性笔	让购买者在便利的零售店容易买到（两种产品），或在工作场所容易获取（只针对报事贴页签中性笔）

图1-4 将针对两个目标市场的两款报事贴品牌产品推向细分市场的营销方案

到芝加哥参加她的电视节目，并亲自对他表示感谢，所有发明家的梦中所想现在成真了。她告诉温多斯基和她的听众，报事贴页签荧光笔改变了她在家和办公室的做事方式，尤其是在浏览她可能要向她的读书俱乐部推荐的书时更是如此。她说："戴维，我猜你在3M实验室时从未想过它会这么成功……但因为发明了它（荧光笔）……我想让你像获奖者那样向美国人鞠躬答谢。这是最不可思议的发明。"

扩展产品线 这两款产品的市场反馈让温多斯基开始设计第二代报事贴页签荧光笔和页签中性笔，它不用旋转的笔帽，嵌入替换的页签纸更加容易。新的锥形设计也让学生更容易握持和使用。

二代报事贴页签荧光笔的成功反过来鼓励温多斯基继续研究学生如何学习的问题。

在学习时，先抓起3M报事贴页签纸来用，然后用荧光笔，之后再用中性笔，你会不会觉得太麻烦？你真走运！温多斯基发明的最新一代产品加入了3M

公司的产品家族：它是一种三合一产品，一端是荧光笔，另一端是中性笔，3M报事贴页签纸则放在可拆装的笔帽中。

◎ 营销如何变得如此重要

为了理解营销何以成为现代全球经济的一种驱动力量，我们接下来要讨论：（1）市场导向的演进；（2）营销的商业道德和社会责任；（3）营销活动的广度和深度。

市场导向的演进

许多美国制造商在其企业发展过程中都经历了四个不同的阶段。第一个阶段是"生产时代"，时间跨度从美国建国初期直至20世纪20年代，期间商品缺乏，购买者几乎愿意接受任何生产出来且能将就使用的商品。20世纪20年代至60年代是"销售时代"，制造商发现他们生产出来的商品超过了购买者能够消费的数量。竞争加剧。企业需要雇用更多的销售人员，寻找新的购买者。对于许多美国公司来说，销售时代持续到20世纪60年代。

从20世纪50年代末开始，市场营销成为激励很多美国公司的动力，营销观念时代到来。**营销观念**（marketing concept）指企业应：（1）努力满足消费者的需求；（2）努力实现企业的目标。通用电气公司在其1952年的年度报告中指出："营销观念的导入……应在生产周期的开始而不是在结束阶段，要将营销整合进经营的每一个阶段。"

通过付出巨大的努力实践营销观念，并具备所谓的市场导向，像通用电气、万豪酒店和脸谱网等公司取得了巨大的成功。**市场导向**（market orientation）的企业会将其努力侧重于：（1）不断收集消费者的需求信息；（2）在各部门间共享此信息；（3）利用它创造客户价值。如图1-5所示，今天是客户关系时代，它始于20世纪80年代，而且体现为企业不断寻求满足消费者的高期望值。

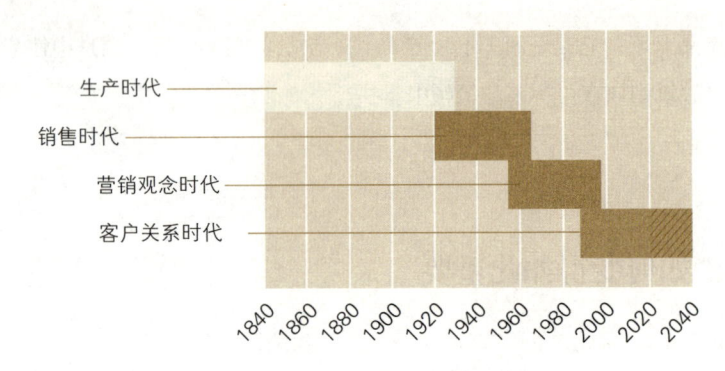

图 1-5　美国商业史上四个不同的导向

侧重于客户关系管理

客户关系时代近期的焦点是社交网络的出现,企业及其消费者开始通过社交媒体网站建立关系,比如脸谱网、推特和 YouTube 等。这种关注使得企业能够以不断演变的方式了解现有及潜在的消费者,并对他们展开销售。

这种对消费者的重视产生了一个重要的结果,那就是近来对**客户关系管理**(customer relationship management,简称 CRM)的重视,它指的是这样一个过程:确认潜在的购买者,详细了解其需求,培养他们对企业及其产品的长期好感,以便购买者能够在市场上选择它们。正如本书将要描述的那样,这一过程需要企业的管理者与员工的参与和敬业精神,以及越来越多地应用信息、通信和互联网技术。

客户关系管理的基础其实是**消费者体验**(customer experience),即消费者对企业的各个方面及产品的内在反应。这种内在的反应包括消费者与公司直接和间接的联系。直接联系包括消费者通过购买、使用、获得服务与销售方发生联系;间接联系大多涉及消费者与公司的意外"接触",比如来自其他消费者的口碑评论、评论员的评价和新闻报道等。

至于卓越的消费者体验,乔氏杂货店(Trader Joe's)在名单上位居前列,最近它被《财富》杂志评为"美国成长最快的零售商":

但乔氏杂货店并非普通的杂货连锁店。它是一个标新立异且有趣的探索场所，将购买食物这种家庭琐事提升为一种文化体验。走进乔氏杂货店，你会看到货架上摆满了嬉皮士风格且廉价的常用品（散养鸡蛋和有机蓝色龙舌兰甜味剂），以及富有异国情调却又不那么昂贵的高档食品，比如比利时的黄油华夫饼或泰国的酸辣腰果，都是在其他地方不可能随便找到的商品。

乔氏杂货店在超过35个州开设了约415家分店。它在加利福尼亚州起步，之后拓展到西海岸，继而于1996年迅速发展到东海岸，2000年发展到中西部地区。

什么让乔氏杂货店的消费者体验和忠诚度独一无二呢？原因包括：
- 设定低价，提供自有品牌而不是全国知名品牌，使低价成为可能；
- 提供消费者买得起而其他零售商不能提供的与众不同的产品，比如泰国酸辣腰果；
- 让员工积极"参与"，帮助消费者，比如陪伴消费者，真正送他们到销售烤栗子的货架，而不只是说"5号通道"。

承诺提供特殊的客户体验让乔氏杂货店获得了很高的评价。最近的研究支持这种方法，建议公司必须注意每次互动时提供的体验与消费者的期待之间的差距，公司必须擅长管理整个购物过程的体验。

营销商业道德与社会责任：不同群体间的利益平衡

随着企业经营导向的转变，社会对营销者的期望也发生了变化。现如今，营销活动的标准已经从强调生产者的利益转变为重视消费者的利益。道德和社会责任行为的基本方针有助于管理者平衡消费者、企业和社会间的利益冲突。

商业道德 现行的法律、法规无法处理很多具体的营销问题。比如，企业的消费者信息可以出售给其他组织吗？会计、律师等专业服务提供者的广告是不是应该加以限制？产品的安全性是否应该由消费者自己评估？这就产生了许多棘手的道德问题。众多公司、行业和专业协会已经制定了一些道德准则，以便为管理者提供帮助。

社会责任 虽然诸多道德问题只涉及买卖双方，但其他问题可能涉及整个社会。例如，假设你在当地一家机油更换中心更换了自己汽车的机油。这仅仅是一次你和服务中心之间的交易吗？不完全是！如果不回收利用，废机油和机油滤清器就有污染环境的可能，污染会给社会增加成本，垃圾填埋地无法再使用，被丢弃的废旧产品最终还要清理。为减少个人购物的社会成本，很多企业采用了各种策略，从纯粹的慈善，到对环境友好且可持续的做法，一直到创造"共享"价值。这些策略说明了社会责任问题的存在，即企业应对更大范围的社会负有责任。

在企业的营销决策中，还应考虑整体社会福利。实际上，一些营销专家十分强调**社会营销观念**（societal marketing concept），即企业应以向社会提供福利的方式满足消费者的需求。例如，3M公司的思高防刮擦海绵百洁布就是利用可回收的龙舌兰植物纤维制成的，该纤维是制作龙舌兰酒的植物收割之后的边角料（参阅图1-1的问题3）。这种海绵产品的使用时间比30卷纸巾还要长！

营销的广度和深度

如今，营销影响到每个人和每个组织。为了理解这一点，我们将分析：（1）谁在营销；（2）营销什么；（3）谁购买和使用营销对象；（4）谁会从营销活动中受益；（5）消费者如何受益。

谁在营销？ 每个企业都要营销。显然，从事生产制造（亨氏）、零售（乔氏杂货店）和提供服务（万豪）的企业都要营销它们的产品或服务。非营利组织（如博物馆、医院或大学）、地方（市、州、国家），甚至特殊事业（防治乳癌慈善竞跑）也会从事营销活动。最后，政治候选人也常常使用营销手段吸引选民的注意和支持。

营销什么？ 营销对象包括商品、服务和创意。商品是有形的物体，如牙膏、照相机或计算机等可以满足消费者需求的东西。服务是无形的东西，如航空旅行、理财建议或艺术博物馆。创意是关于概念、行为或事业的想法。

本书中，商品、服务和创意都被视为用于销售的"产品"。所以，**产品**（product）是拥有一系列有形和无形属性的商品、服务或创意，这些属性可以满足消费者的需求，用金钱交易或用某种有价值的物品交换就能得到。

由艺术博物馆、医院和运动队提供的服务非常依赖有效的营销。例如，财务压力迫使艺术博物馆开始创新式地营销它们的独特服务，即游客观看艺术作品的方式，以增加收入。这样涉及多个层次的极富创造性的营销活动，这在几十年前是难以想象的。

这种创新的范围很广，从发动海外博物馆建立一个全球品牌标识，到提供宅在家里就可以完成的视频旅游。法国的卢浮宫是画作《蒙娜丽莎》的存放地，它正在阿布扎比开发一个新的卫星博物馆，陈列在当地一座现代化的大楼里。俄罗斯世界级的冬宫博物馆有1 000个房间，它想找到向潜在的参观者推销自己的办法。因此，它与IBM合作，让你在自己的iPad上轻松地对其展品进行"虚拟之旅"。

创意营销常常以非营利组织或政府居多。美国大自然保护协会要营销其保护环境的事业。慈善机构要营销让你愿意牺牲时间或捐献金钱的理念。和平队为了招聘到合格的志愿者而营销。亚利桑那和佛罗里达的州政府则推销在当地可以过一个温暖而阳光灿烂的冬日假期。

谁购买和使用销售的商品？ 个人和组织都会购买市场上销售的商品和服务。不管是80岁的老人，还是8个月大婴儿，**最终消费者**（ultimate consumers）是指那些为家庭使用而购买商品和服务的人。与此相对应，**组织采购者**（organizational buyers）是指那些为了自用或转售而购买商品和服务的制造商、批发商、零售商和政府机构。尽管有时候消费者、购买者、顾客这三个词都可以表示最终消费者或组织采购者，但还是有所区别的。在本书中，你可以在实例中区分出购买者是最终消费者还是组织，或是二者兼具。

谁受益？ 在我们这个企业自由化的社会，有三个特定的群体会从有效的营销活动中获益：购物的消费者、销售的组织和整个社会。市场中产品和服务的真正竞争确保了消费者可以从最优的产品、最低的价格或优质服务中获得价值。我们的经济体系所提供的选择带来了消费者满意度，提高了我们的生活质量。

通过有效的营销方案提供满足消费者需求的产品，企业就会兴旺发达，塔吉特、IBM和雅芳就是如此。但是，竞争也给那些效率低下的竞争者带来麻烦，其中就有数百家在十年间倒闭的网络公司，比如Pets.com。

最后，有效的营销有益于社会。它强化了竞争，既提高了产品和服务的质量，又降低了它们的价格。这使得国家在国际市场上更具竞争力，同时为其国民提供了就业机会，提高了他们的生活水平。

消费者如何获益？ 营销创造了效用（utility），即产品使用者获得的利益或客户价值。这种效用来自营销交换过程，是社会从营销中获益的途径。效用有四种：形态效用、空间效用、时间效用和占有效用。形态效用指商品和服务通过生产或改变给消费者带来的价值。空间效用指商品和服务在适当的地点满足消费者需要所带来的价值。时间效用指商品和服务在适当时间满足消费者需要所带来的价值。占有效用指通过提供信用卡或财务手段使物品易于购买所带来的价值。营销通过连接空间（空间效用）和时间（时间效用），为消费者提供了产品（形态效用），以便他们拥有和使用（占有效用）。

营销知识应用

1. 下列产品或服务满足了消费者什么欲望（或带来了什么利益）?（1）3M报事贴页签荧光笔；（2）耐克跑鞋；（3）赫兹汽车租赁；（4）电视购物节目。

2. 问题1中的4种产品、服务中的任何一个都有替代品。比如说：（1）BicTM荧光笔；（2）普通网球鞋；（3）公交车；（4）百货商店。如果相比问题1中的商品，消费者更看重某个替代品，在这种情况下，消费者会从它们那里得到什么收益？

3. 下列产品或服务的目标消费者有哪些特征（如年龄、收入、教育程度）?（1）《国家地理》杂志；（2）乔巴尼希腊酸奶；（3）纽约巨人橄榄球队；（4）脸谱网。

4. 一所位于大都市的学院希望开办夜校，开设诸如营销、会计、金融、管理等与商业有关的课程。这些课程的目标消费者（学生）是谁？

5. 要进入问题4中的目标市场，应该采取什么行动，而且行动方案还包含四种营销组合要素？

6. 在设计自己的营销方案时，问题4中的学院需要考虑哪些环境因素（不可控变量）?

7. 企业是否有权去"创造"欲望，并设法说服消费者购买他们之前并不了解的产品或服务？企业创造的"好"的欲望和"坏"的欲望分别有哪些实例？应该由谁来评判何为"好"，何为"坏"？

营销案例思考

乔巴尼：让希腊酸奶家喻户晓

哈姆迪·乌卢卡亚是乔巴尼公司的创始人兼首席执行官，在总结其公司的愿景时，他说："每个人都应享受一杯纯粹、简单的酸奶。这正是乔巴尼想要做到的。"作为2013安永全球企业家年度奖的得主，他的愿景及其成功故事有很高的可信度。

创　意

1994年，哈姆迪·乌卢卡亚来到美国学习英语和研究商业。他开办了一家菲达奶酪（Feta Cheese）公司，起名"幼发拉底河"，当他父亲来美国游玩时，却抱怨美国菲达奶酪的质量不怎么样。2005年，卡夫食品公司关闭了其在纽约的分厂，这家酸奶厂建于1885年。在整理自己的办公室时，乌卢卡亚偶然发现了一张明信片，上面写的是出售已经关闭了的卡夫工厂，他顺手将其扔了出去。熟睡之后他做出决定，从废纸篓里找回明信片，参观了工厂，并利用美国小企业管理局提供的贷款买下了它。

乌卢卡亚并没有经营酸奶的经验。从小他就在土耳其东部自己家的奶牛场挤着牛奶长大，吃着家乡黏稠、浓郁的酸奶，他发现美国货架上摆的是稀松平常的酸奶，他用一个词来评论它们："难吃！"在他看来，它们太稀、太甜，也太假。因此，他决定生产所谓的"希腊酸奶"——正宗的脱乳清酸奶，质地醇厚，蛋白质含量高，很少或没有脂肪。在四位卡夫公司前雇员和酸奶大师穆斯塔法·多甘（Mustafa Dogan）的帮助下，乌卢卡亚奋战了18个月，完善了乔巴尼的希腊酸奶配方。

2007年，第一杯乌卢卡亚希腊酸奶摆到了纽约长岛一个小杂货店的货架上。新产品的市场投放专注于经典的营销组合行为4P元素：产品、价格、渠道和促销。

产品策略

从一开始，乌卢卡亚的希腊酸奶就印上了品牌名称乔巴尼（Chobani）。这不能有任何闪失，乔巴尼品牌的产品策略侧重于产品和包装的独特元素。

乔巴尼的产品策略强调其正宗的脱乳清工艺，它去除了多余的液体乳清。这会让酸奶更黏稠，奶油味更浓厚，根据味道的不同，每杯的蛋白质含量为13~18克。乔巴尼酸奶不添加别的制造商大量添加的乳蛋白浓缩物和动物源性增稠剂，目的是让自己的产品变成"希腊风味的"酸奶。

乔巴尼公司每3磅牛奶才能产出1磅乔巴尼希腊酸奶。还有一些其他特点让乔巴尼希腊酸奶"真的好吃"，其品牌宣传用语可见一斑：

· 蛋白质含量高于普通酸奶；
· 用真正的水果制造，纯天然成分；
· 不添加防腐剂；
· 不含人造香料或人造甜味剂；
· 含有5种活性菌，其中包括3种益生菌。

乌卢卡亚对用来装乔巴尼酸奶的新式杯子着了迷，他坚持制作欧洲风格的杯子，它有圆形开口，口径95毫米。瓶子更矮、开口更大，放在零售商的货架上更显眼。而且乌卢卡亚没有印上标签，而是选择了热胀冷缩的塑料套，粘附到杯子上，并选用引人注目的颜色印刷。

"看到我们的包装，人们会说：'你让这一切看起来与众不同，为什么你会这样做？'"销售副总裁凯尔·奥布赖恩（Kyle O'Brien）说，"如果人们注意到我们的杯子，比如鲜艳的色彩等，我们就赢得了他们的注意，因为杯子里面的东西不同于架子上的任何其他东西。"

定价策略

为了控制他们的产品，乌卢卡亚和奥布赖恩直接向零售商供货，而不是走分销商的渠道。价格定得足够高，以便能收回乔巴尼的成本，并给零售商留出合理的利润，但又不能定得太高，以免未来的竞争对手通过削价与其竞争。今天，单杯价格仍然在1.29美元左右。

渠道策略

乌卢卡亚和奥布赖恩决定将乔巴尼希腊酸奶打入售卖普通酸奶的传统超市，而不只是在特制的货架上或保健食品商店销售，事实证明这是一个十足的天才想法。

今天，乔巴尼公司看到其希腊酸奶广泛分布于普通超市和大型超市、俱乐部商店和天然食品商店。便利店、药店和学校的分销也在逐步增加。乔巴尼公司也关注美国境内学校的教育食品服务主管人员对希腊酸奶增进孩子健康的意见。

乔巴尼的业务增长超乎想象。2007年，公司的第一个订单为200箱，到2013年，销售量已经增长至每周200多万箱。为了增加产能和加快新产品推向市场的速度，2012年，乔巴尼公司在爱达荷州的近9万平方米的工厂开业。它只用了326天，就建成了世界最大的酸奶制造厂。一路走来，乔巴尼公司面临着一个特殊的瓶颈：乔巴尼希腊酸奶的供应远跟不上需求，这让零售商很不愉快。凯尔·奥布赖恩发起了熊抱行动。奥布莱恩说："与其躲在信件后面与零售商交流，不如在24小时内，登上飞机，直接与他们见面共同探讨问题，告诉他们我们的建议。我们发现：有时像这样透明和开放地交流至关重要。"

促销策略

创业伊始，乔巴尼没有钱做传统广告，所以他依靠热心消费者的口碑扩大影响。该品牌很早就注重利用消费者对社交媒体的热情，发现人们一旦试吃，就会喜欢上乔巴尼的味道。2010年，乔巴尼公司开始推行乔巴尼移动之旅：将乔巴尼的活动样品装在一辆车上，到全国各地鼓励消费者第一次品尝希腊酸奶。随着乔巴尼的成长，它开始借助传统广告、社交媒体和直接与客户沟通，发起新的促销活动。

2011年，乔巴尼发起了第一次全国性的广告宣传活动——真爱的故事。唯一的问题是：显然它太成功了！新增消费者对乔巴尼希腊酸奶的需求超出了它的生产能力，导致零售商因为消费者抱怨而不开心。乔巴尼随后做了什么？它停止了广告宣传活动，并派出另一支熊抱行动团队与零售商进行沟通。自那以来，它还开展过其他成功的全国性宣传活动，包括赞助2012年和2014年美国奥林匹克代表团。

公司事务主管李素贞（Sujean Lee）说："社交媒体对乔巴尼很重要，因为它强调与消费者积极沟通的密集接触模式。"今天，乔巴尼的客户忠诚度团队每月收到约7 000件消费者的电子邮件和电话，并回拨大部分的电话。他们也会给消费者寄去一张手写的通知。2013年，乔巴尼发起了"去真正的乔巴尼"运动，以强调它们是一家制造真实的产品并通过真实的对话吸引消费者的真公司。

除了脸谱网（www.Facebook.com/Chobani），公司还通过推特、Pinterest、Instagram、四方网（Foursquare）和其他社交媒体平台与消费者互动。乔巴尼厨房（www.

chobanikitchen.com）是一个在线资源，介绍了如何使用其希腊酸奶风味配方的食谱、视频和小窍门。

积极的创新和社会改变

达能、优诺和百事可乐对乔巴尼希腊酸奶的成功感到震惊。现在他们都在供应与乔巴尼竞争的希腊酸奶。面对这些庞大的竞争对手，乔巴尼能做什么？乔巴尼的重心：创新！拥有创新的新式希腊酸奶产品！

品牌宣传副总裁乔舒亚·迪安（Joshua Dean）说："今天，我们提供单杯和多杯的乔巴尼希腊酸奶，并将脱乳清希腊酸奶扩至新的场合，增加新的种类。"其最新产品包括：

• 100卡乔巴尼（Chobani Simply 100）——3.5盎司一杯，只使用天然成分，而且热量只有100卡路里，适合在意卡路里的人群。样品风味：热带柑橘。

• 儿童袋装乔巴尼（Chobani Kids Pouches）——糖分低于25%，低于其他为小孩生产的酸奶产品，袋装，盖子可以拧开，也可以再度密封。样品风味：香草巧克力。

• 翻扣乔巴尼（Chobani Flip）——5.3盎司一盒，两隔室包装，让消费者混合或将格拉诺拉麦片或榛子等风味食物"翻扣"进乔巴尼希腊酸奶的隔室。样品风味：奇妙的杏仁椰香味，一种椰子低脂肪酸奶，配有黑巧克力和烤杏仁片。

乔巴尼公司将其利润的10%投进了它的牧羊人之礼基金会，以支持为积极、持久变化而工作的人和组织。名字取自"牧羊人的精神"，土耳其人用它形容不期待任何回报而给予的人。迄今为止，该基金会已支持50多个项目，既有本土项目，也有国际饥荒救济项目。

未来走向何处

国际业务和纽约独一无二的测试市场的精品店都让人们一窥乔巴尼的未来。

国际市场提供了一个成长的机会。在澳大利亚打开市场后，乔巴尼于2013年设立了国际业务总部。其他国家的年度酸奶人均消费量要比美国消费者大得多，有些欧洲国家的平均消费量是美国的5倍或6倍之多。所以，尽管国外众多国家的本土竞争者都虎视眈眈，但市场通常也是体量巨大的。

你如何测试新希腊酸奶口味？在乔巴尼的案例中，它开设了乔巴尼索霍店，这家"史无前例的地中海酸奶吧"就在时尚的纽约。在这里，顾客可以试吃酸奶新品，有草莓＋格兰诺拉麦片口味，也有烤椰子＋菠萝口味。乔巴尼营销团队可以在乔巴尼索霍店获得消费者的反馈，从而确定将来可能生产的新口味或产品。

你准备去纽约的乔巴尼索霍店看看吗？尽情试吃用开心果和巧克力做成的新品（普通的乔巴尼，顶上配有开心果、黑巧克力、蜂蜜、橙子和新鲜的薄荷叶），或许你会影响乔巴尼的顾客在将来购买的产品？

思考题

1. 从乔巴尼的案例和本章开始部分的信息看：（a）哈姆迪·乌卢卡亚如何确认谁是他第一批希腊酸奶的目标消费者？（b）他初期的4P营销策略是什么？

2. （a）你预期销售优诺、达能和百事可乐酸奶的公司为了应对乔巴尼的出现做出什么营销行为？（b）乔巴尼应如何应对？

3. 乔巴尼负责与消费者沟通的消费者忠诚度促进团队会用到电话、电子邮件、脸谱网和推特，这样做的优势和劣势是什么？

4. 由于乔巴尼寻求建立自己的品牌，它在纽约开设了一家独特的零售店——乔巴尼索霍店。乔巴尼为什么会这样做？

5. （a）在新的国家开拓市场时，乔巴尼会采用什么标准？（b）有哪些国家能满足这些标准？试举三至四例。

2

制定成功的组织和营销战略

学习目标

1. 描述组织的三种类型及其战略的三个层次;
2. 描述核心价值观、使命、企业文化、业务和目标;
3. 解释为什么管理者要使用营销仪表盘和营销指标;
4. 讨论组织如何评估自己的现状和未来的走向;
5. 解释战略营销流程规划阶段的三个步骤;
6. 描述战略营销流程执行阶段的四个组成部分;
7. 讨论管理者如何识别和纠正偏离计划的行为。

一次一球，让世界更美好

本杰瑞冰激凌公司始建于1978年，本·科恩（Ben Cohen）和杰瑞·格林菲尔德（Jerry Greenfield）是多年的好朋友，他俩来到了北方的佛蒙特州，在一间翻新过的旧加油站内创办了一家冰激凌店。怀着满腔热情，靠着借来的1.2万美元和自己的存款，以及花5美元从宾州大学函授课程中学到的冰激凌制作方法，本与杰瑞开始运营，并由此发迹。他们的第一种冰激凌口味？香草味，因为它最畅销。其他口味还有香蕉巧克力味、樱桃味和奶油花生杯。很快，很多其他的冰激凌店开始仿效他们的做法。

冰激凌的口味还不算是该公司唯一与众不同的地方。本和杰瑞都接受他俩称之为"共享繁荣"的概念，它旨在鼓励包括员工、供应商、消费者和邻居在内的所有相关者取得成功。他们提出了三部分的使命宣言，着手实现共享繁荣。使命宣言如下：

- **产品使命**：制造、分销和出售质量最好的全天然冰激凌。
- **经济使命**：着力经营，以实现公司收入的持续增长。
- **社会使命**：本着让世界更加美好的方式经营公司。

使命宣言指导着该公司诸多方面的决策，包括采购业务、原料来源、制造和参与社区活动。

在本杰瑞的使命驱动下，他们成功地实施了诸多具有高度创造性的组织和营销战略。下面举几个例子说明：

- **公平交易**：本杰瑞冰激凌认为，为其冰激凌产品种植原料作物（比如可可、咖啡和香草）的农民应得到公平合理的价格。反过来，受到公平待遇的农民同意利用可持续的种植方式，执行公平的工作标准，并投资当地社区。
- **公益企业认证**：本杰瑞冰激凌是首家参与公益企业运动的企业之一，该运动开发出一套严格的原则和标准，据此评估企业在社会和环境绩效、责任和透明度等方面的表现。公益企业证书由非营利组织公益实验室（B-Lab）发放，本杰瑞冰激凌店获得此证书，表明它正利用企业的力量，解决社会和环境问题。
- **合伙商店计划**：合伙商店指基于社区的非营利组织独立拥有和经营的本杰瑞冰激凌店。这些店雇用在就业方面有障碍的年轻人和青壮年，帮助他们改善生活。

正如你所看到的，本杰瑞冰激凌的使命与其战略紧密相连。首席执行官约斯泰因·索尔海姆（Jostein Solheim）解释说，他们的目的是"参与到改变世界这个有趣又可实现的运动中"。

今天，本杰瑞冰激凌由联合利华拥有，联合利华是全球冰激凌行业的市场领导者，2018年预计产值将达到740亿美元。消费者喜欢本杰瑞物美价廉的冰激凌，人们购买它的产品就相当于支持它履行其社会使命。本杰瑞冰激凌在脸谱网的粉丝超过了750万，这在所有优质冰激凌销售商中都是最多的！

第2章描述了组织如何设定目标，以便对其组织战略和营销战略提供全面的指导。组织的营销部门会将这些战略转化成计划，首先是实施计划，然后接受评估，以便确认在营销过程中，哪些偏差可以利用，哪些偏差需要纠正。

◎ 当今的组织

在研究当今的组织时，重要的是要认清：（1）现有组织的类型；（2）什么是战略；（3）战略如何与众多大型组织结构的三个层级相联系。

组织的类型

组织是由拥有同样使命的人组成的法人实体。这促使它们提供商品、服务或理念，既为组织创造价值，也通过满足消费者的需求为消费者创造价值。当今的组织有三种类型：（1）营利性组织；（2）非营利组织；（3）政府机构。

营利性组织通常称为企业，比如塔吉特、耐克或科锐（Cree），它们由私人拥有，通过为消费者提供商品和服务而获利，以求生存。**利润**（profit）是营利性组织的总收入减总成本后的剩余，是对其在营销中所承担风险的报酬。

相反，非营利组织是非政府组织，它服务客户，但不以营利为目的，而是以有效运营或客户满意为目标。但不管怎样，它也必须获得大于其支出的足够资金才能维持运营。比如"负责任地决策"专栏中描写的支持未用药品重新分配计划SIRUM和为美国而教（Teach For America）这样的组织，它们寻求解决社会切实需要解决的问题，但通常以非营利组织的形式出现。为简便起见，在本书其他章节中，企业、公司和组织等术语会交替使用，既指营利性组织，也指非营利组织。

最后，政府机构是联邦、州、县或市的公共单位，它向其选民提供特定的服务。例如，人口普查局是联邦政府机构，隶属美国商务部，提供人口数据和经济数据。

提供相似产品、服务的组织形成了行业，如计算机行业或汽车行业。因此，组织需要做出反映行业动态的战略决策，以建立比竞争者强势持久的产品优势，实现出众的业绩。组织的营销战略大都对其参与竞争的行业有着清晰的认识。

负责任地决策　社会责任

社会企业家正在创造追求社会目标的新型组织

每年越来越多的"社会企业家"都会创立新的合资企业,致力于满足重大的社会需求和解决社会问题。这些新型企业通常是非营利组织,它们将传统的经营方法和追求社会目标结合在一起。它们关注的问题包括医疗服务的供给、教育的普及和提高农业生产的效率。一些专家预测这类社会企业代表着经营企业的新方式。

《福布斯》杂志推出了"30位30岁以下的社会企业家"年度榜单,是这些新型组织产生影响力的标志之一。该杂志每年为30家最具创意的新型社会企业撰写专题文章,出版特辑。例如,姬雅·威廉姆斯(Kiah Willams)离开克林顿基金会,创办了支持未用药品重新分配计划SIRUM。该组织与医疗系统合作,重新将未使用的处方药(否则会被销毁)分配给无力负担药费的患者。威廉姆斯解释说:"我们就像是未使用药物的配对婚恋网Match.com。"

为美国而教是另一个富有创造性的非营利组织,它由大四学生温迪·科普(Wendy Kopp)发起,它是一个应届优秀大学毕业生的全国性组织,他们承诺要在城市和农村的公立学校执教两年,成为扩大教育机会的终生领导者。该组织每年有1万多名成员为75万名学生授课。

这些案例说明,通过致力于满足社会需求和解决社会性难题,这些组织正在为更大范围的社会成员创造价值。

什么是战略

组织只有有限的人力、财力、技术和其他可用资源生产和营销自己的产品,不可能让所有人拥有所有的东西!每个组织都必须制定战略,以便集中精力,致力于实现自己的目标。然而,战略的定义一直是管理学家与营销学家争论不休的话题。就我们的讨论而言,**战略**(strategy)是组织的长期行动方向,旨在提供特殊的消费者体验,同时实现组织的目标。任何组织都会明确战略方向。营销不仅有助于确定这个方向,而且可以推动组织抵达这一目的地。

现代组织的构成

大型组织都是非常复杂的。它们通常由三个层级构成,而其战略都与营销联系在一起,如图2-1所示。

公司层级 公司层级是最高管理层为整个组织制定总体战略的层级。"高层管理者"通常意味着董事会和拥有各种技能和经验的高级管理人员,这些技能和经验对于本组织总体战略的制定是无价之宝。

总裁或首席执行官是本组织的最高负责人,通常是董事会成员。该人选必须具备领导才能,从监督组织的日常运营,到带头进行战略的规划和实施,这些行为会决定组织的生死存亡。

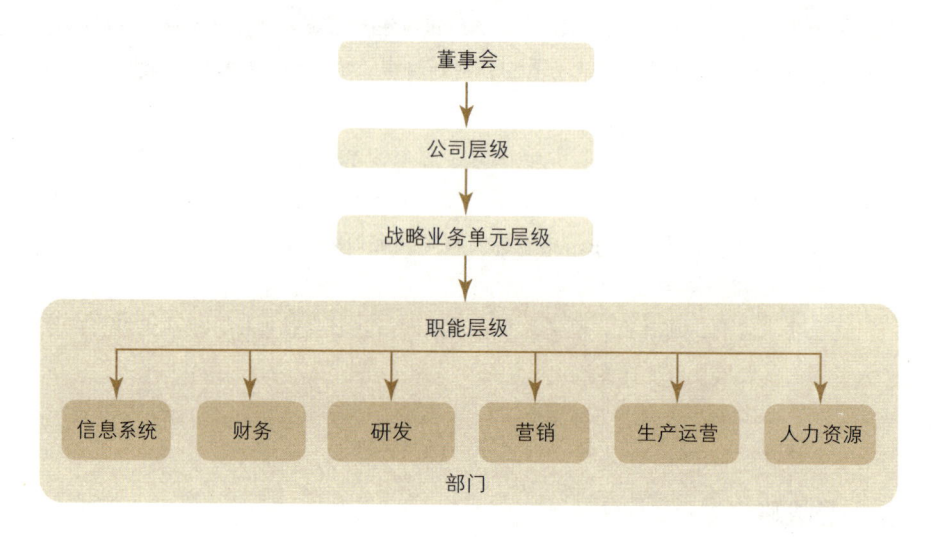

```
           董事会
             ↓
          公司层级
             ↓
        战略业务单元层级
             ↓
          职能层级
    ↓    ↓    ↓    ↓    ↓    ↓
 信息系统 财务 研发 营销 生产运营 人力资源
                  部门
```

图 2-1 董事会监管组织的三个战略层级:公司层级、战略业务单元层级和职能层级

近些年来,许多大公司将营销负责人的头衔由营销副总裁变为首席营销官。因为他们有能力进行战略性思考,这些首席营销官在高层管理中日益发挥重要作用。他们大都拥有多行业工作的背景、跨职能管理的专业知识、分析能力和直观的营销洞察力,越来越多的首席营销官呼吁组织通过持续掌握消费者的需求确立"未来的愿景"。

战略业务单元层级 某些在多个市场上经营多种产品的公司管理着一个产

品组合或一组业务，比如普拉达和强生公司等。每一组业务都是一个战略业务单元，战略业务单元指的是组织的子公司、部门或单位，它们针对清晰的目标市场销售一系列相关的产品或服务。在战略业务单元层级，管理者为其业务制定更为明确的战略方向，从而抓住创造价值的机会。至于那些业务单一、架构不太复杂的公司（如本杰瑞冰激凌），公司层级和业务单元层级可能会合并。

职能层级 每个战略业务单元都有一个职能层级，专家实际上是在这一层级上为组织创造价值。"部门"一般指专业职能部门，如营销和财务（见图2-1）。在职能层级，组织的战略方向最为具体和专注。就像组织内部存在管理层级一样，各层级的管理者确定的战略方向也存在等级。

营销部门的一个关键作用是了解外部环境，而方法是听取消费者的意见、开发产品和服务、实施营销计划，然后评估这些营销活动是否达到了组织目标。当组织为了推广新产品或改进原有产品而制订营销方案时，组织的高级管理层可能会组建跨职能的团队。团队成员人数不多，来自不同的部门，却要共同负责同一项任务或达成同一个绩效目标。有时这样的团队还要吸纳组织外部的人来提供协助，如供应商或消费者。

◎ 愿景式组织的战略

为了取得成功，现代的组织必须具有前瞻性。它们必须能够预见未来要发生的事，然后快速有效地做出反应。另外，它们还必须要在当今不确定、混乱和快速变化的环境中发展壮大。这就要求有远见的组织必须明确其基础（为何存在），确定方向（要做什么），并制定其战略（如何实现），如图2-2所示。

组织的基础：为何存在

组织的基础是其存在的哲学解释，即为何存在。成功而富有远见的组织会利用这一基础，通过以下三个要素来引导和激励员工：核心价值观、使命和企

```
┌─────────────────────┐     ┌─────────────────┐     ┌──────────────────────────┐
│ 组织基础（为何存在）│     │组织方向（做什么）│     │ 组织战略（如何实现）     │
│ ·核心价值观         │     │·业务            │     │ ·按层级      ·按产品     │
│ ·使命（愿景）       │  +  │·目标（目的）    │  =  │ √公司        商品        │
│ ·企业文化           │     │  √长期          │     │ √战略业务单元 服务       │
│                     │     │  √短期          │     │ √职能        创意        │
└─────────────────────┘     └─────────────────┘     └──────────────────────────┘
```

图 2-2　有远见的组织利用的 3 个关键因素

业文化。

核心价值观　组织的**核心价值观**（core values）是自始至终指导其行动的根本原则，充满热情，持续不断。公司的创建者或高层管理者培育了这些核心价值观，并与他们自己的根本信仰和个性相一致。核心价值观抓住了企业的灵魂，可以用来鼓舞和激发利益相关者，包括员工、股东、董事会、供应商、分销商、债权人、工会、政府、本地社区和消费者。核心价值观是长期有效的，用于指导组织的行为。为保证有效，组织的核心价值观必须传达给高层管理者和员工，并得到他们的支持。否则就是一些空话。

使命　通过理解核心价值观，组织可以着手界定其**使命**（mission），即阐明组织的社会功能，它通常用来明确组织的消费者、市场、产品和技术。"使命"经常与"愿景"互换使用，使命宣言应当简洁明了、意味深长、鼓舞人心，并长期有效。

营利性组织的使命宣言中会有"激励"和"专注"的内容，这在非营利组织和政府机构的使命宣言中也有体现。例如：

·**西南航空公司**："致力于提供最高质量的客户服务，传递温暖、友善、个人自豪感和企业精神。"

·**美国红十字会**："动员志愿者和慷慨捐助者的力量，消除和减轻人类在紧急情况下遭受的灾害。"

·**美国联邦贸易委员会**："防止反竞争、欺骗性或对消费者不公平的商业行为，让消费者做出明智的选择，教育公众了解竞争的过程，并在不加重合法商业行为负担的情况下做到这些。"

上述使命宣言都表明了一个可敬的使命应有的特质：一幅展望未来的清晰

画面，不惧挑战，催人奋进。

最近，诸多组织开始将社会因素融入其使命宣言中，以反映符合道德的和具有价值的理念。这正是本章开头本杰瑞冰激凌的社会使命宣言表明的内容。利益相关者（特别是消费者、员工和当前社会）都要求组织成为既解决社会问题又能长期创造价值的优秀公民。

企业文化 企业必须与其所有的利益相关者产生联系。所以，公司层级的一项重要的营销职能便是向他们传递企业的核心价值观与使命。这些活动要向员工和其他利益相关者明确传递企业文化的信息。**企业文化**（organizational culture）是企业成员学习和共享的一系列价值观、理念、态度和行为规范。

组织方向：要做什么

如图2-2所示，组织的基础使它可以明确方向，决定：（1）开展什么业务；（2）其具体目标是什么。

业务　业务（business）描述了组织提供的产品或服务所属的明确、宽泛和基础的行业类别或市场领域。为了定义自身的业务，组织可以先关注那些与自己销售相似产品的组织，也就是自己的直接竞争者，例如冰激凌厂商。然后，组织要回答以下问题：我们要做什么，或我们经营什么。

西奥多·莱维特（Theodore Levitt）教授认为20世纪的美国铁路公司将其业务定义得过于狭窄，它们宣称："我们经营的是铁路业务！"这种短视使它们无法看清自己的消费者究竟是谁以及需要什么。因此，铁路公司未能确立与航空、驳船、管道和卡车的竞争战略。结果导致许多铁路公司最终被并购或者破产。铁路公司本应认清它们所经营的是"运输业务"。

随着当今全球竞争的加剧，很多组织正在反思自己的商业模式，以及原先确立的向消费者提供价值的战略。技术创新往往会引发商业模式的变革。美国报纸正在寻找新的商业模式，因为以前的订户现在正通过网络浏览新闻。随着电子书阅读器的普及，如亚马逊的Kindle和苹果公司的iPad，图书零售商巴诺书店（Barnes & Noble）也在重新考虑其业务模式。

联合包裹服务公司（UPS）因其棕色送货卡车而闻名，它正在重新界定其业务领域。公司最近发起一场新的运动，宣传口号是"联手·跨越"，取代了之前的"我们爱物流"运动。该运动的某些词语对新的视角进行了解释："将您现有的问题、挑战、远见、天马行空的想法等统统与我们分享。因为我们不只负责物流货运。我们的专业是解决问题。"吸取了西奥多·莱维特的教训，联合包裹服务公司现在认为自己的业务是为客户提供解决重要和复杂问题的服务，而不是递送包裹。

目标 目标（goals或objectives）是对将要完成的任务的阐述，通常任务需要在一个特定的时间内完成。目标将组织的使命和业务转化为长期和短期的业绩指标。企业会追求几类不同的目标：

- **利润**。大多数企业追求利润最大化，即尽可能得到高额的投资回报（ROI）。
- **销售额（美元或某计量单位）**。如果利润还可以接受，即使利润没有达到最大化，公司也会选择保持或增加其销售额。
- **市场份额**。市场份额（market share）是公司的销售收入占整个行业所有企业销售收入总额的比例。
- **质量**。公司会努力提供满足消费者预期或超过预期质量和性价比的产品和服务。
- **顾客满意度**。顾客是组织存在的理由，因此，他们的感受和行动至关重要。满意度可以用调查或顾客投诉数量衡量。
- **员工福利**。公司可能会声明其目标是向员工提供良好的就业机会和工作环境，以此体现员工的重要性。
- **社会责任**。公司会在利益相关者的目标发生冲突时寻求平衡，以提升整体的福利，甚至不惜牺牲利润。

非营利组织（如博物馆和医院）也有其目标，如尽可能高效地服务消费者。类似地，政府机构设定的目标则是为公众利益服务。

组织策略：如何实现

如图2-2所示，组织的基础决定了"组织为什么存在"，而组织的方向决定了"做什么"的内容。若要将这些转化为实际的成果，组织策略还要涉及"如何做"的问题。根据组织的战略层级和组织承诺给消费者提供的东西，组织策略至少存在两种方式。

因层级而不同　沿组织层级从上向下，需要创建的策略和计划越来越具体。因此，在公司层级，高层管理者要努力撰写一个富有意义的使命宣言，而在职能层级，问题就成了明天谁负责接打销售电话。

因产品而不同　组织的策略也会因组织的产品而异。如果营销的分别是确实看得见、摸得着的产品（本杰瑞冰激凌）、服务（西南航空公司的航班）或某种观念（向美国红十字会捐款），其策略会有很大的差异。

多数组织会把**营销计划**（marketing plan）作为其战略营销规划的一部分。营销计划是组织为其未来一个特定时间段的营销行动设定的行动路线图，这个时间段通常为一年或五年。通常，战略营销流程（稍后讨论）的规划阶段会确立一个营销计划书，用以指导组织的营销行动。

用营销分析掌握战略绩效的进展

虽然营销经理可以为他们的组织设定战略方向，但他们怎么追踪目标的完成进展呢？正如几位行业专家观察到的那样："你无法管理不能衡量的东西。"而日益发展的数据分析，或者说大数据分析技术，使营销人员可以收集数据，并以营销仪表盘等可视化的形式表达出来，作为营销决策的依据。

汽车仪表盘和营销仪表盘　**营销仪表盘**（marketing dashboard）是与实现营销目标相关的基本信息的一种直观显示。比如，首席营销官每天要查看新的电视广告促销活动对产品销售带来的效果，就会用到营销仪表盘。

营销仪表盘的想法其实源于汽车仪表盘。在汽车仪表盘上，我们瞥一眼油量表，就会知道油量的多少，当油量逐渐减少时，我们就会采取行动。如果是营销仪表盘，营销经理瞥一眼图表，就会一目了然，然后决定是采取行动，还是进一步分析问题。

仪表盘、指标和计划　假设有一家生产硬件和软件的公司索娜提卡（Sonatica），它的营销仪表盘如图2-3所示。它用图形显示了与其产品线相关的关键绩效指标。营销仪表盘中的每项都是一个**营销指标**（marketing metric），这是对营销行动或结果的量化或对趋势的衡量。对于忙忙碌碌的营销经理来说，选择显示哪些营销指标十分关键，否则他们就有可能淹没于无关的数据中。

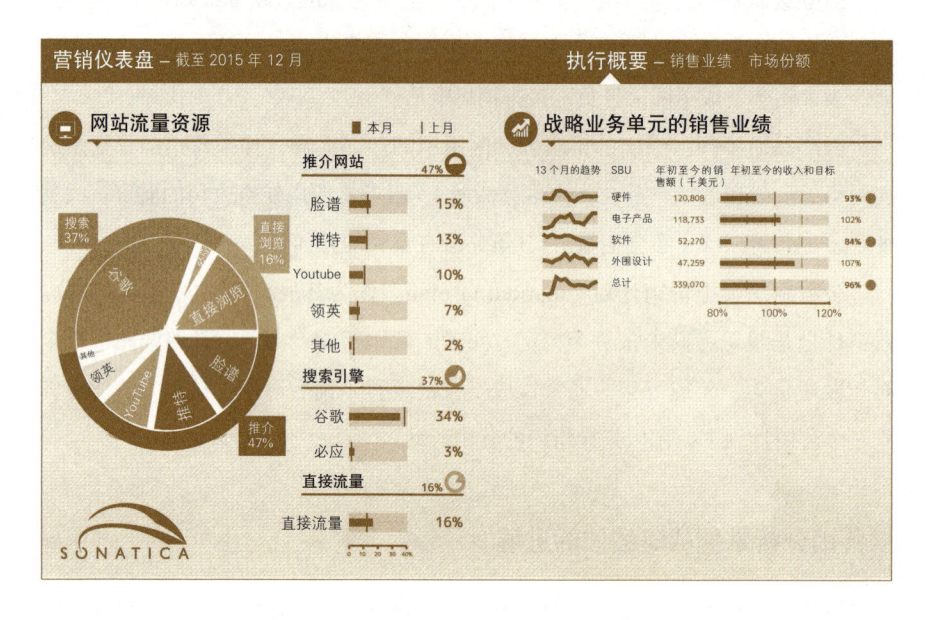

图 2-3　一家假设的生产硬件和软件的公司索娜提卡的营销仪表盘

当今的营销人员采用数据可视化的形式，将组织的营销指标信息以图形的方式显示出来，这样营销人员可以在评估阶段迅速发现偏离计划的现象，并加以纠正。本书的很多图表都采用了数据可视化，着重凸显正文描述的关键点。图 2-3 索娜提卡公司的营销仪表盘就采用了数据可视化工具，比如饼图、线段、条形图和地图，显示了截止到 2015 年 12 月的部分业绩：

·**网站流量来源**。饼图用不同灰度标示的区域显示了网站流量的三个主要来源（推介网站占 47%，搜索引擎占 37%，直接浏览占 16%）。这三部分与网站流量来源列表相对应。右侧的水平子弹图中显示 47% 的流量来自推介网站：索娜提卡公司的脸谱网在一个月内的访问量占总网站流量的 15%（如垂直线所示）。

·**各战略业务单元的销售业绩**。火花线（该栏最左边的波浪线）显示的是索娜提卡公司战略业务单元 13 个月的趋势。例如，电子产品和辅助设备的趋势通常是上升的，销售额超过年初至今的目标。相反，软件和硬件的销售未能达到年初至今的目标，看到最右边相应行中起"警示"作用的圆点，营销经理很快就注意到了问题。这表明需要立即针对软件和硬件战略业务单元采取纠正措施。

两个广泛使用的营销指标是以美元计算的销售额和以美元计算的市场份额，在"营销仪表盘"专栏中，本杰瑞的仪表盘显示了这两个指标如何帮助公司评估其从2012年到2013年的业绩增长。后面章节的"营销仪表盘"专栏强调了其他的关键营销指标，以及它们如何指导营销行动。

营销仪表盘　本杰瑞冰激凌做得有多好

作为本杰瑞冰激凌的营销经理，你需要评估公司在参与竞争的美国超优质冰激凌市场中的业绩。为此，你选择两个营销指标：以美元计算的销售额和以美元计算的市场份额。

你的挑战

超市和其他零售商收银台的扫描数据显示：2015年超优质冰激凌行业的销售总额为12.5亿美元。公司内部的数据显示：2015年，本杰瑞冰激凌以均价5美元售出了5 000万单位产品。超优质冰激凌的单位是"品脱"。

你的调查结果

使用简单的公式就可以计算出2015年以美元计算的销售额和以美元计算的市场份额，显示在本杰瑞公司的营销仪表盘上，如下所示：

以美元计算的销售额 = 均价 × 销售量
　　　　　　　　= 5美元 × 5 000万单位
　　　　　　　　= 2.5亿美元

以美元计算的市场份额 = 本杰瑞公司的销售额 / 行业总销售额
　　　　　　　　　　= 2.5亿美元 / 12.5亿美元

= 0.20 或 20%

你的仪表盘资料表明，从 2014 年至 2015 年，以美元计算的销售额从 2.4 亿美元增加到 2.5 亿美元，以美元计算的市场份额从 18.4% 增至 20.0%。

你的行动

结果需要与为这些指标制定的销售目标相比较。此外，它们还应与前几年的结果进行比较，以观察销售趋势是递增、持平，还是递减。这会促使公司采取某些营销行动。

本杰瑞冰激凌以美元计算的销售额和市场份额

◎ 确定战略方向

确定战略方向需要回答两个难题：（1）我们现在何处？（2）我们欲往何方？

环顾四周：我们现在何处

询问一个组织目前身在何处，需要识别其竞争力、消费者和竞争对手。

竞争力　组织的高级管理者需要问这样一个问题：我们在哪方面做得最好？答案便是对组织核心竞争力的评估，核心竞争力指一个组织拥有的特殊能力，包括使之与其他组织区分开，并为顾客提供价值的技能、技术和资源。竞争力是相对于竞争对手的独特实力，它能带来超额的回报，并且往往建立在质量、时间、成本和创新的基础上。

消费者 本杰瑞的顾客是吃冰激凌与喝奶昔酸奶的人，但他们的偏好并不相同，体现为不同的种类、口味、健康性和便利性。美敦力公司心脏起搏器的消费者包括心脏病专家和心脏病外科医生，他们服务于需要此类设备的病人。兰斯恩德公司对顾客和产品质量做出了惊人的承诺——无限期保证。

兰斯恩德公司的网站指出：所有保证都是无条件的。"如果你对商品不满意，随时可以退货、调换或全额退款。"为了让这一信息清晰地传达给消费者，该公司创造性地用了"无限期保证"这五个字来体现这种保证。重点在于，兰斯恩德公司的战略必须为消费者提供真正的价值，以确保他们得到满意的体验。

竞争对手 在当今全球市场的环境下，竞争者之间的界限日渐模糊。兰斯恩德公司起步于分类目录零售行业，如今它的竞争对手不仅包括其他服装类目录零售商，还包括传统百货商店、大卖场和专卖店，甚至像里兹·克莱本这样拥有自营连锁店的知名服装品牌。尽管这些商店中只有某些服装与兰斯恩德公司形成了直接竞争，但这些企业都建立了自己的网站，以便开展网上销售。这意味着竞争非常激烈。

成长战略：我们欲往何方

了解组织现在何处可以让管理者为企业确定一个发展方向，并分配资源，朝着该方向前进。有两种方法可以帮助管理者做出这些决定：（1）业务组合分析；（2）多样化分析。

业务组合分析 成功的组织都有一个产品或服务的组合或系列，它们在行业内拥有不同的增长率和市场份额。国际知名的波士顿咨询集团（BCG）开发了**业务组合分析法**（business portfolio analysis），它是企业管理者用来衡量业绩和增长率的一种方法，以便分析其战略业务单元，虽然它们是一个独立投资的组合。该工具旨在确定哪个战略业务单元或产品和服务赚钱，哪个单元需要现金作为组织的成长机会资金。

营销无小事　技术

接替蒂姆·库克（Tim Cook）担任苹果公司首席执行官：
苹果公司为其主要的战略业务单元筹划的未来增长点在何处？

营利性企业的首席执行官都面临一个共同的问题：找到增加未来销售和利润的方法，使组织不断成长壮大！

假设由你来接替蒂姆·库克的职位。他的工作之一是寻求新的增长机会。基于你对苹果产品的了解，对如下所示的四个战略业务单元（iPhone、iPad、Apple Watch、iPod）来一次快速分析，确定苹果公司应该如何分配时间和资源。参考 2015 年至 2018 年单位销售的增长率，将这些增长机会由高到低排列出来：

1. _____（最高）
2. _____
3. _____
4. _____（最低）

我们会帮助你得到可能的答案。然后你可以在接下来的两页评估你的表现，决定你是否真的准备好了接替库克先生的工作！

如"营销无小事"专栏描述的那样，我们假设你接替了苹果首席执行官蒂姆·库克的位子。基于你对苹果产品的了解，请你快速分析2018年它的四个主要战略业务单元。将预期单元销售额的增长率从最高到最低排列。在观察苹果四个战略业务单元未来的可能性时，我们将向你介绍业务组合分析的使用方法。

BCG业务组合分析要求组织确定其每个战略业务单元在市场增长-市场份额矩阵中的位置（见图2-4）。纵轴是市场增长速度，是战略业务单元所在行业的年度增长率。横轴是公司的相对市场份额，定义为战略业务单元的销售额除以该行业最大公司的销售额。"10×"（横轴左端）表示战略业务单元的市场份额是其最大对手的10倍，而"0.1×"（横轴的右端）表示市场份额只有其最大竞争对手的10%。

根据赚到的钱或组织需要它们赚到的钱的数量，波士顿咨询集团为市场增长-市场份额矩阵中的四个结果象限赋予了不同的名称：

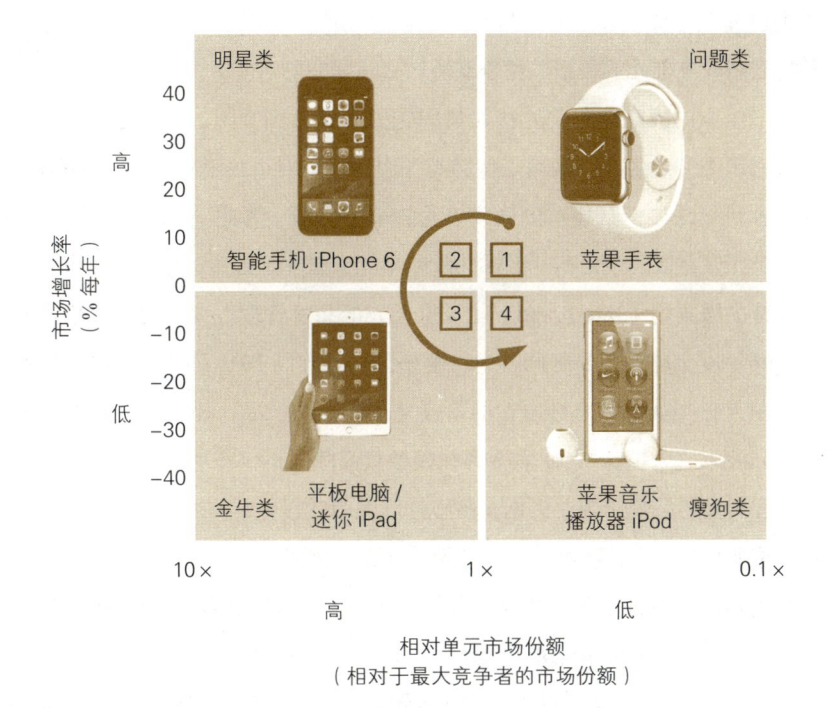

图 2-4　波士顿咨询集团针对苹果的四个与消费者相关的战略业务单元进行业务组合分析。箭头表示产品贯穿整个矩阵的典型运动

1. 问题：类指在某个高速成长的市场中市场份额较低的战略业务单元。它们需要大量的现金投入才能维持当前的市场份额，很难扩大市场份额。这类战略业务单元在管理上可以一分为二：选择正确的业务单元继续投资，其余的就逐步淘汰。

2. 明星类：指在某个高速成长的市场中市场份额较高的战略业务单元，但为了维持这类单元在将来的快速成长，需要投入大量的现金。当其增长放缓时，它们有可能转变为金牛类。

3. 金牛类：指那些可以赚取大量现金收入，而且远超其本身所需的战略业务单元。它们在增长缓慢的市场中占有绝对优势的份额，产生的现金足以补偿组织的总开支和对其他业务单元的投资。

4. 瘦狗类：指在某个低速成长的市场中市场份额较低的战略业务单元。虽然它们能产生足够的现金维持自身生存，但可能成不了真正的赢家。如果花的钱比创造的钱还要多，这样的瘦狗类业务单元或许应该选择放弃，除非考虑到与其他战略业务单元的关系、竞争或潜在战略联盟的需要。

一个组织的战略业务单元往往从问题类开始，围绕图2-4逆时针旋转，依次变成明星类和金牛类，最后是瘦狗类。因为组织对市场增长速度的影响有限，主要目标是设法改变其相对价值或单元的市场份额。为此，管理层决定每个战略业务单元在将来应该扮演什么样的战略角色，是往里砸钱，还是撤出资金。

英特品牌集团（Interbrand）是一家领先的品牌管理咨询公司，根据它的报告，在其年度全球最佳品牌调查中，苹果公司已连续10年跻身全球顶级品牌之列。让苹果公司如此具有标志性的不仅是革命性的产品，还因为它致力于用技术给产品注入"人情味"，使消费者在接触其品牌时不仅产生了认知，还投入了感情。在树立苹果公司企业文化和核心价值观的过程中，已故的史蒂夫·乔布斯发挥了重要作用，它们将继续引导苹果公司走向未来。

利用BCG业务组合分析框架，如图2-4所示，从2015年到2018年，苹果公司四个战略业务单元的情况如下所述：

1. 苹果手表（可穿戴技术）。2015年4月，苹果公司利用智能手表Apple Watch进军可穿戴技术市场，并与多个竞争对手展开竞争，比如三星的鹅卵石（Pebble）、摩托罗拉手表和其他种类繁多的可穿戴技术产品，如菲特比特（Fitbit）和卓棒（Jawbone）的健身追踪器。2015年，该市场的增长率超过了100%，尽管价格相对较高，电池寿命也不长，苹果手表的销售仍然很旺，它以"问题类"产品进入市场，等待消费者做出反应。

2. iPhone（智能手机）。2007年，苹果公司推出其革命性的iPhone。iPhone的销量飙升，在美国，苹果的市场份额上升至47.7%，超过了其最大的竞争对手三星公司。由于中国市场的增长和价格的下降，智能手机市场每年都会快速增长。高市场份额和高增长率表明苹果的智能手机是明星类产品。

3. iPad/iPad mini（平板电脑）。平板电脑于2010年推出，到2013年，它占有了40%的市场份额，领先于三星的盖乐世（18%）和亚马逊的Kindle（4%）。

尽管消费者改用大屏幕的智能手机导致平板电脑销量下跌，其销量仍在增长。对于苹果公司来说，iPad战略业务单元是金牛类产品（在低增长市场中占有高市场份额）。

4. iPod（音乐播放器）。2001年，苹果公司携其iPod设备闯进音乐播放器市场。该产品成为一种文化符号，即使iPhone整合了音乐播放器功能，截至2010年，它仍然销售了5 000多万台。自2010年，其销售急剧下降，2014年10月，苹果公司宣布不再生产经典版iPod。现在，虽然销量在下降，苹果公司仍有一种iPod产品在销售，即touch，不再生产的产品表明这个战略业务单元正步入瘦狗类产品的行列。

所以，如果你接替蒂姆·库克的位置，如何为苹果公司的四个战略业务单元未来的增长机会排序？苹果手表的增长率超过了100%，排在最前面。iPad战略业务单元增长率正在下降，iPhone战略业务单元似乎仍在继续增长，增长率至少为10%。2014年，iPhone和iPad产品线加起来占苹果公司收入的72%。这些收入用于投资其他的增长机会，比如苹果手表、下一代的手机或13英寸大的iPad。最后，经典版iPod的销售不再增长和停止生产表明苹果公司的iPod走向终点。

业务组合分析的主要优势在于强制一家公司将每个战略业务单元放入增长-份额矩阵，进而它会表明哪个战略业务单元在未来是赚钱的，哪个是花钱的。这种分析方法的劣势在于：（1）难以获取所需的信息；（2）没有把竞争对手的数据纳入业务组合分析。

多样化分析　　多样化分析（diversification analysis）是一种有助于公司从现有市场和新市场以及现有产品和新产品中寻找增长机会的技术。在任何市场中，既有现有产品（公司正在销售的产品），又有新产品（公司将来可能销售的产品）。对于任何产品来说，既有目前的市场（公司现有的消费者），又有新的市场（公司潜在的消费者）。当本杰瑞冰激凌寻求增加销售收入时，它考虑到了全部四个市场-产品策略，如图2-5所示：

·"市场渗透"是在当前市场增加现有产品的销售的营销战略，例如，向美国消费者出售更多波纳若快乐（Bonnaroo Buzz）[1]口味的本杰瑞冰激凌，而制作冰激凌的原料均按照公平贸易价格购得。基本产品线或适用的市场没有变化，销量的增加不是通过销售更多的冰激凌（通过更好的促销或分销）获得的，就是通过提高价格向现有消费者销售了相同数量的冰激凌实现的。

1　Bonnaroo是一个音乐节的名字，Buzz表示听音乐获得的快感，Bonnaroo Buzz用于这种冰激凌口味的名字，表示这种口味会让你想到在音乐节上听音乐的感觉。——译者注

市场	产品	
	现有的	新的
现有的	**市场渗透** 向美国人销售更多本杰瑞超级好吃的冰激凌	**产品开发** 向美国人销售新产品，比如冠以本杰瑞品牌的儿童服装
新的	**市场开发** 首次向巴西人销售本杰瑞超级好吃的冰激凌	**多样化** 首次向巴西人销售新产品，比如冠以本杰瑞品牌的儿童服装

图 2-5　四个市场–产品策略：本杰瑞冰激凌利用多样化分析增加销售收入的替代方法

· "市场开发"是向新市场销售当前产品的营销战略。对于本杰瑞公司而言，巴西是一个很有吸引力的新市场。这种策略既有好处，也有坏处：随着巴西人家庭收入的增加，消费者会购买更多冰激凌，不过本杰瑞品牌可能不为巴西消费者所知。

· "产品开发"是向目前市场销售新产品的营销战略。本杰瑞公司可以借助其品牌在美国销售儿童服装。这种策略有风险，因为美国人会认为擅长做冰激凌的公司未必能做好童装。

· "多样化"是开发新产品并在新市场上销售的营销战略。如果本杰瑞公司决定设法将本杰瑞品牌的服装销往巴西，这是潜在风险很高的策略。为什么呢？因为该公司以前在巴西既没有产品，也没有营销经验，在向巴西消费者销售服装方面无从借力。

◎ 战略营销流程

在组织对现在何处以及欲往何方做出评估后，其他问题又出现了，比如：
1. 我们如何配置资源，才能前往我们想去的方向？
2. 我们如何将计划转变为行动？

3.我们如何比较结果与计划？如果出现偏差，是否需要新的计划？

若要回答这些问题，企业就要用到**战略营销流程**（strategic marketing process），即组织通过配置它的营销组合资源以进入目标市场的过程。这个过程分为三个阶段：规划阶段、执行阶段和评估阶段（见图2-6）。

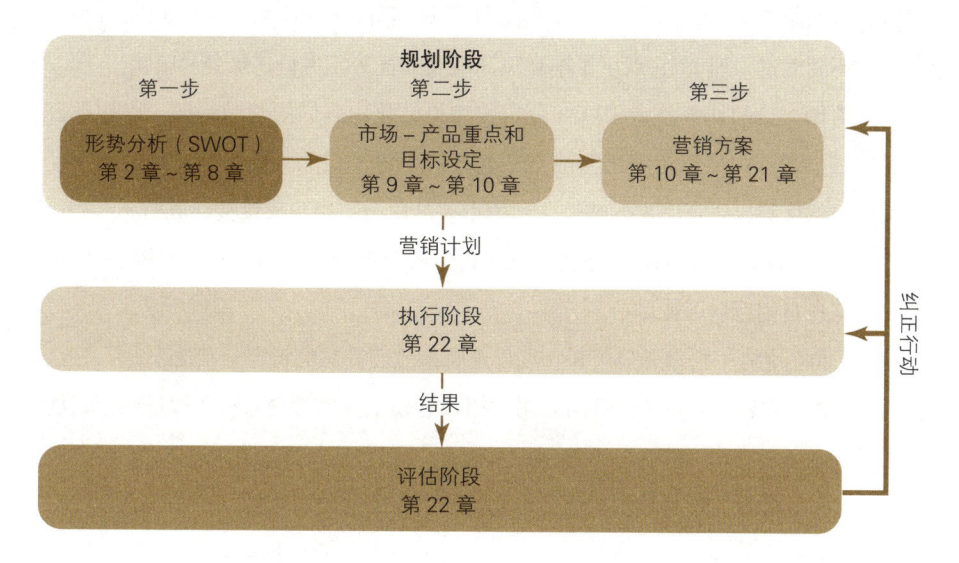

```
                              规划阶段
      第一步              第二步                第三步
  ┌──────────┐      ┌──────────────┐      ┌──────────────┐
  │形势分析(SWOT)│ →  │市场-产品重点和│ →  │  营销方案    │ ←──┐
  │第2章~第8章  │    │  目标设定    │      │第10章~第21章 │    │
  │            │    │ 第9章~第10章 │      │              │    │
  └──────────┘      └──────────────┘      └──────────────┘    │
                            ↓ 营销计划                         │
  ┌─────────────────────────────────────────────────────┐    │ 纠
  │                     执行阶段                        │ ←──┤ 正
  │                      第22章                         │    │ 行
  └─────────────────────────────────────────────────────┘    │ 动
                            ↓ 结果                             │
  ┌─────────────────────────────────────────────────────┐    │
  │                     评估阶段                        │ ←──┘
  │                      第22章                         │
  └─────────────────────────────────────────────────────┘
```

图 2-6　战略营销流程有三个重要阶段：规划、执行和评估

战略营销流程的规划阶段

如图2-6所示，战略营销流程的规划阶段分为三步：（1）形势分析（SWOT分析）；（2）确定市场-产品策略的重点和目标；（3）制订营销方案。

第一步：形势分析（SWOT分析）　形势分析（situation analysis）是依据营销规划的方向以及影响该规划的外部因素和趋势，评估企业或产品近期所处的位置和当前所处的位置。SWOT**分析**是一种非常有效的简略版本的形势分析，它是企业对其内部的优势（Strengths）、劣势（Weaknesses）和外部的机会（Opportunities）、威胁（Threats）的评估。

SWOT分析建立在对这四个方面全面研究的基础上，构成了企业制订营销方案的基础：

· 识别企业所在行业的发展趋势；

- 分析企业的竞争对手；
- 评估企业本身；
- 研究企业现有的和潜在的消费者。

如图2-7所示，假设由你负责本杰瑞冰激凌的SWOT分析。注意SWOT分析表有四个单元格，两两相对，分别是内部因素和外部因素（行），以及有利因素和不利因素（列），它展示了本杰瑞冰激凌的优势、劣势、机会和威胁。

营销人员的任务是将SWOT分析的结果转化为具体的营销行动，以帮助公司成长。最终的目标是找出与战略有关且影响该公司的关键因素，然后利用至关重要的优势，纠正明显的缺陷，利用重大的机会，避免灾难性的威胁。

本杰瑞冰激凌的SWOT分析（见图2-7）可作为具体营销行动的基础。四个单元格各自的行动可能是：

- **确立优势**。找出母公司联合利华现有冰激凌品牌的特定分销效率。
- **弥补劣势**。从其他消费品公司中招聘经验丰富的管理人员，促进本公司的增长。
- **利用机会**。开发低脂、低碳水化合物的希腊酸奶口味的新产品线，以应对消费者口味的变化。
- **避免灾难性的威胁**。把重点放在风险较小的国际市场，如巴西和阿根廷。

第二步：确定市场-产品策略的重点与目标　确定哪些产品面向哪些消费者（规划阶段的第二步，如图2-6）是制订有效营销方案（第三步）的基础。这一决定通常建立在**市场细分**（market segmentation）的基础上，即将潜在购买者分成：（1）具有共同需求；（2）对某些营销活动会采取相似反应的群组。这使得企业能够针对目标市场实施特定的营销方案。产品和消费者群体之间的匹配往往要看优于竞争性替代品的那些**差异点**（points of difference）或产品特性。目标设定指制定一些需要达成的可衡量的营销目标。所以，战略营销流程规划阶段的第二步决定了哪些产品针对哪些消费者，它是第三步"制订营销方案"的基础。

第三步：制订营销方案　第二步的活动告诉了营销经理谁是目标消费者，公司的产品可以满足消费者的哪些需求，这是战略营销流程的"谁"和"什么"两个因素。规划阶段的第三步是"如何"方面，涉及营销方案的营销组合要素（4P）及其预算。图2-8显示营销组合各要素相互结合，构成了营销方案。

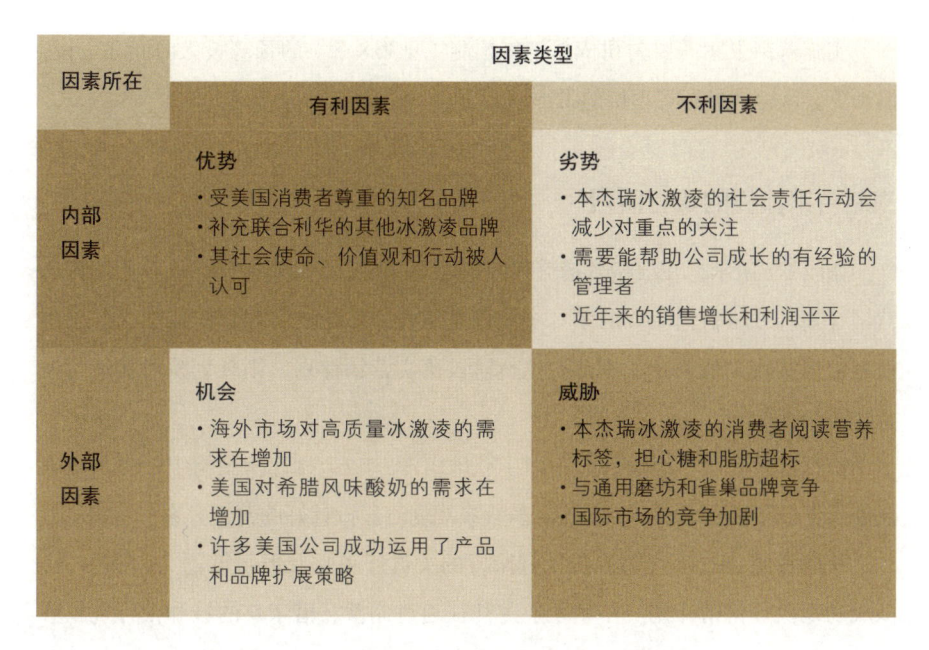

因素所在	因素类型	
	有利因素	不利因素
内部因素	**优势** ・受美国消费者尊重的知名品牌 ・补充联合利华的其他冰激凌品牌 ・其社会使命、价值观和行动被人认可	**劣势** ・本杰瑞冰激凌的社会责任行动会减少对重点的关注 ・需要能帮助公司成长的有经验的管理者 ・近年来的销售增长和利润平平
外部因素	**机会** ・海外市场对高质量冰激凌的需求在增加 ・美国对希腊风味酸奶的需求在增加 ・许多美国公司成功运用了产品和品牌扩展策略	**威胁** ・本杰瑞冰激凌的消费者阅读营养标签，担心糖和脂肪超标 ・与通用磨坊和雀巢品牌竞争 ・国际市场的竞争加剧

图 2-7 本杰瑞冰激凌：进行 SWOT 分析，以保持增长

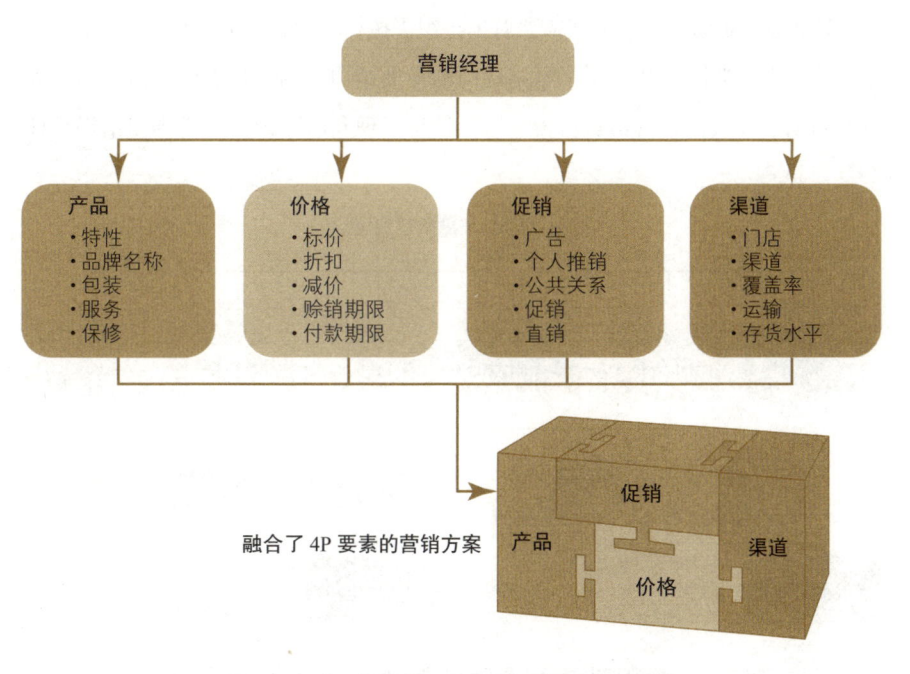

营销经理

产品
・特性
・品牌名称
・包装
・服务
・保修

价格
・标价
・折扣
・减价
・赊销期限
・付款期限

促销
・广告
・个人推销
・公共关系
・促销
・直销

渠道
・门店
・渠道
・覆盖率
・运输
・存货水平

融合了 4P 要素的营销方案 — 产品 促销 价格 渠道

图 2-8 结合运用营销组合的 4P 要素制订营销方案

实施营销方案需要公司依据销售预测（见第8章）的预算投入时间和金钱，但预算必须得到最高管理层的批准。

战略营销流程的执行阶段

如图2-6所示，在战略营销流程的规划阶段耗费了大量时间后，企业制订出营销计划。战略营销流程的第二个阶段是执行，就是要将规划阶段形成的营销计划付诸实践。如果企业不能在执行阶段落实营销计划，则规划阶段就纯属浪费时间和资源。

执行阶段有四个组成部分：（1）获取资源；（2）设计营销组织；（3）明确任务、责任和最后期限；（4）实际执行在规划阶段设计好的营销方案。

获取资源 战略营销流程执行阶段的关键任务是获取足够的人力和财力，以成功地执行营销计划。小型企业主往往通过储蓄、借亲友的钱和银行贷款获得资金。现有企业的营销经理则通过最高管理者转移明星类或金牛类业务的利润而获得这些资源。

设计营销组织 营销方案需要营销组织去执行。图2-9列出了一个典型制造企业的组织框架图，并给出了营销部门的详细结构。四位负责营销活动的经理对营销副总裁或首席营销官负责。区域销售经理和国际销售经理则向销售经理

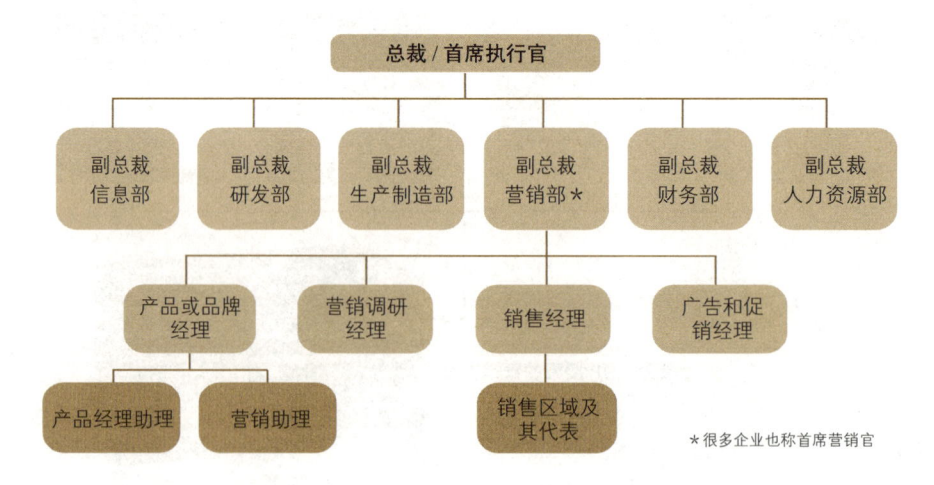

＊很多企业也称首席营销官

图2-9 一家典型生产制造企业的管理层级及营销部的详细下属结构

负责。产品或品牌经理及其下属负责计划、执行和评估营销计划的结果。整个营销组织负责将这些营销计划转化成营销行动。

明确任务、责任和截止时间 成功实施营销计划需要团队成员了解各自负责的任务和完成期限。为了将新飞机设计的数千项任务付诸实施，洛克希德·马丁公司（Lockheed Martin）每周举行项目会议。每次会议的结果是一个行动项目列表，以支持由四列因素组成的营销计划的执行：(1) 任务；(2) 负责完成任务的人；(3) 完成任务的日期；(4) 交付什么产品。项目会议要在几小时内完成，行动列表会分发给所有参加会议的人。下次开会时，它就被用作议程的起点。会议纪要被当成补充材料，用于回顾。行动列表是前瞻性的，它明确了目标，要求在规定期限内完成指定任务，给负责完成任务的人施加压力。

比如说，假设你和两位朋友就此问题作为一个短期课题展开讨论："学校如何增加其艺术音乐会的出席人数？"导师说学期研究课题必须包含一个以信件形式对学生进行的抽样调查，记录有调查结果的书面报告必须在11周的学期末提交。首先，你要确定所有的课题任务，然后估计每项任务完成的时间。为了能在11周内完成，你的团队必须计划哪些活动可以同时进行，以便节省时间。

利用甘特图可以有效地安排营销活动，它是一个进度表。图2-10是一个甘特图，它由亨利·甘特（Henry Gantt）发明，用于安排课时计划，它可以同时标示多个任务的进程，以保证学生按时完成课题。微软开发的项目管理软件Microsoft Project将计划任务简化成绘制一个甘特图。

所有的进度安排，技术的关键是把必须按顺序完成的任务与可以同时完成的任务区分开来。例如，图2-10中任务1和任务2必须按照顺序完成。这是因为为了能在寄出（任务2）前将最终的调查问卷打印出来，学生必须先确定调查问卷的终稿（任务1）。与此相反，任务6和任务7可以同时进行。所以，最终报告的撰写（任务7）在把问题制成表格（任务6）之前就可以启动。这种重叠会加快项目的进度。

执行营销方案 营销计划若不能有效执行就毫无意义。这需要关注营销战略和营销策略的细节。**营销战略**（marketing strategy）是达成营销目标的方法，通常拥有一个具体的目标市场和营销方案。它既表示最终的追求（目标市场），

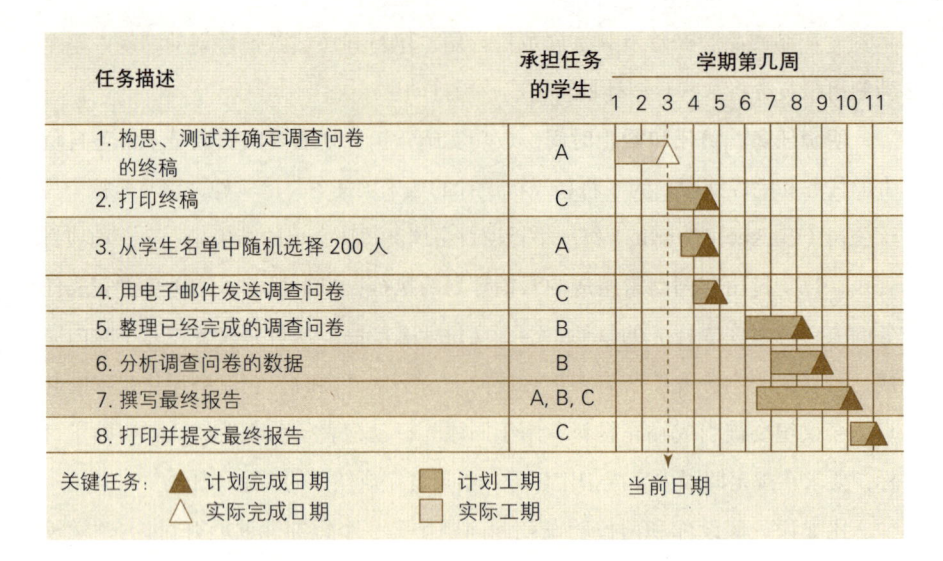

任务描述	承担任务的学生	学期第几周 1 2 3 4 5 6 7 8 9 10 11
1. 构思、测试并确定调查问卷的终稿	A	
2. 打印终稿	C	
3. 从学生名单中随机选择 200 人	A	
4. 用电子邮件发送调查问卷	C	
5. 整理已经完成的调查问卷	B	
6. 分析调查问卷的数据	B	
7. 撰写最终报告	A, B, C	
8. 打印并提交最终报告	C	

关键任务：▲ 计划完成日期　△ 实际完成日期　■ 计划工期　■ 实际工期　当前日期

图 2-10　此甘特图显示了三个学生（A、B 和 C）如何安排任务，以确保按时完成一个短期课题研究项目

又包含实现目标的方法或行动（营销方案）。

要成功地将营销方案付诸实施，常常需要做出很多具体细致的决策，以便落实某个产品的营销方案。这些行动被称为**营销策略**（marketing tactics），它们会具体到为营销组合的每个要素进行的日常营销活动，而这个营销组合有助于总体营销战略的成功。为新产品撰写广告和设定价格就是营销策略的例子。

战略营销流程的评估阶段

战略营销流程的评估阶段意在让营销方案朝着预定的方向发展（见图 2-6）。要实现这一目标，营销经理必须做到：(1) 将营销方案的落实结果与书面计划确定的目标加以比较，从而识别出偏差；(2) 采取相应措施，利用正偏差，纠正负偏差。

比较计划的结果和确定偏差　在 9 月 30 日这一天，也就是财年结束时，苹果公司就开始进入战略营销流程的评估阶段。假设 2005 年年底，你是苹果公司特别工作小组的一员，该小组负责制订直到 2014 年的营销计划。观察后你发现，将 2000—2005 年苹果公司当前的销售收入（图 2-11 中的 AB）沿 BC 扩展到 2014

年，这样的销售收入年度增长额是苹果公司管理层无法接受的。

看到苹果公司开发阶段的潜在新产品，你所在的特别工作小组设定了一个野心勃勃的年度销售增长目标，即每年增长25%，见图2-11中的BD。这会让销售收入从2010年的420亿美元增长到2014年的1 040亿美元。

于是BD与BC形成V形差。计划制订者称之为计划缺口，即实现新销售收入目标（BD）的轨迹和计划目标的轨迹（BC）之间的差。该公司营销方案的最终目的是要"弥补"这个计划缺口，对于你所在的苹果特别工作小组而言，就是将未来销售收入从增长缓慢的BC线提升至更具挑战性的目标线BD。

这就是评估的真髓：将实际结果和既定目标加以比较。为了达成销售收入的增长目标，苹果这样的公司必须不断寻求新的战略业务单元，或金牛、明星类的产品。

针对偏差采取措施 当评估结果显示实际业绩与预期有所不同时，管理者就要立即开展营销活动，发扬正偏差，并纠正负偏差。从2006年至2014年，苹果公司的实际销售收入突飞猛进（图2-11中的BE），将之与目标销售收入（BD）相比，不难看出，在生成和预测消费者需求和商业化应用新技术，以提供革命性产品方面，苹果公司拥有罕见的、世界一流的能力。让我们仔细思考一下它的某些营销活动：

·**利用正偏差**。消费者对苹果公司iPhone（2007年）和iPad（2010年）的交口称赞使得它将产品销售到世界各地，并不断推出新的版本和型号，如iPad mini（2012年）和苹果手表（2015年）。

·**纠正负偏差**。随着苹果台式电脑变得过时，它开始积极地用iMac和Macbook等新产品替代它。此外，苹果公司更新了它的笔记本电脑Air和Pro型号的产品线（2013年）。

正如我们早些时候利用BCG业务组合分析法分析苹果公司的四条产品线一样，公司拥有几个明星类和金牛类的产品，可以弥补其计划缺口。稍后，我们会在第9章和第10章更详细地探讨苹果的市场-产品策略。

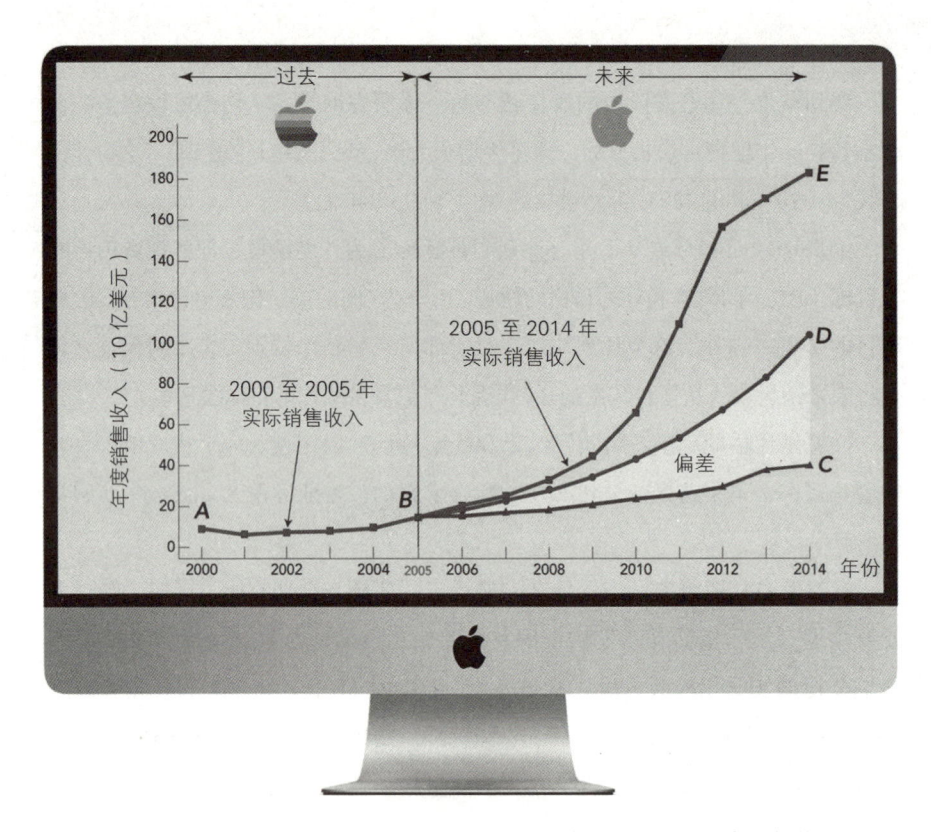

图 2-11　战略营销流程的评估阶段需要企业比较实际结果与目标，识别偏差并对其采取措施

营销知识应用

1.（1）以美敦力公司为例，解释使命宣言是如何给组织指明战略方向的；（2）为你自己的事业写一份使命宣言。

2. 你所在的学院或大学和你最喜欢的饭店拥有何种独特的竞争力？

3. 比较本杰瑞冰激凌尝试通过运用产品开发战略和市场开发战略，以增加销售收入的优势和劣势。

4. 从图 2-7 本杰瑞冰激凌 SWOT 分析中分别选取一项优势、一项劣势、一个机会和一个威胁。为本杰瑞冰激凌的营销经理提出一个针对每种要素可能会采取的措施。

5. 战略营销流程三个阶段的主要结果分别是什么？（1）规划阶段；（2）执行阶段；（3）评估阶段。

6. 图2-10中任务5和任务6部分内容既要同时做，又可按顺序做。（1）这会是什么情况？（2）这如何有助于学生在最后期限之前完成课题论文？（3）将任务安排成同时进行而非按照顺序进行有什么好处？

7. 战略营销流程规划阶段的目标设定步骤设定了评估阶段要用到的量化指标。如果考评结果未能达成目标，营销经理要做什么？如果是超额完成，那又该做什么？

营销案例思考

IBM：运用战略构建一个"智慧地球"

IBM广告业务副总裁安·鲁宾（Ann Rubin）解释说："'智慧地球'不是广告宣传，甚至不是营销活动，它是企业发展战略。"

"智慧地球"战略基于这样的理念：全球市场下一次的重大变革将是流程和基础设施的整合及相应的应用设备，它会产生空前规模的数据。IBM可以利用银行、能源、医疗和零售等行业收集和分析的数据帮助企业提升效率、生产力和应对能力。

公司简介

IBM公司成立于1911年，它的发展史是创新和重视消费者的历史。IBM的计算机采用蓝色外壳，品牌标识是蓝色字母，销售人员穿的是深蓝色的西装，因此这家知名企业有个昵称"蓝色巨人"。今天，IBM在170多个国家拥有38万多名员工。《福布斯》杂志将IBM列为世界最有价值的品牌第五名。该公司是新商业技术的领先开发商，每年获得5 000多项专利，包括自动取款机（ATM）、硬盘驱动器、磁条卡、关系数据库和通用产品代码（UPC）等知名发明。此外，IBM最近因其人工智能计划沃森（Watson）获得了世人的关注，它挑战了《危险边缘》（*Jeopardy!*）问答比赛节目的两位冠军并获胜了！按照IBM现任首席执行官罗睿兰（Virginia Rometty）的说法："IBM是一家创新公司。"

价值观、使命和战略

最近，IBM发起一个新项目，旨在方便5万多名员工在线讨论关键业务问题，以便找到共同的主题和观点。根据IBM前首席执行官彭明盛（Sam Palmisano）的说法："我们需要明确IBM存在的意义，什么让它与众不同，什么在驱使我们IBM人行动。"那是IBM企业经营管理的三个基本价值观：（1）致力于让每一位客户取得成功；（2）对公司和世界皆重要的创新；（3）信任和勇于承担责任。彭明盛解释说："在IBM，这些价值观已经变成了它的政策、流程和日常经营行为。"

IBM的核心价值观也有助于明确其使命，或其一般社会功能。IBM的使命宣言清晰、简洁而且鼓舞人心：

- 在IBM，我们力争率先发明、开发和应用行业最先进的信息技术，包括计算机系统、软件、存储系统和微电子技术。
- 通过专业的解决方案、服务和全球咨询业务，我们要将这些先进的技术转化为消费者的价值。

使命及其所代表的价值观有助于界定IBM的企业文化。通过企业选择的战略及实现他们的详细计划，执行官、经理和所有员工创建了企业文化。

IBM的战略基于其对商业环境根本变革的评估。首先，IBM把较少的贸易壁垒、发展中国家经济的增长和因特网越来越盛行视为全球性的变革。这些变革迫切需要IBM称之为"全球整合性企业"的一类企业。其次，IBM预见了一种能够应用于电话、相机、汽车等具有较高的运算能力的新型计算模式，使得经济、社会和物理系统得以互联。这种连接性创造出一个"智慧地球"。最后，IBM预见对有助于企业衡量和实现特定结果的技术解决方案的需求会越来越多。

于是，IBM开始从基于商品制造的业务（比如个人电脑和硬盘驱动器）转向"消费者定制"业务，比如软件和服务。这一转型意义重大，IBM甚至用了一份文件描述这一计划，即"2015路线图"。该路线图描述了四个战略性的机遇：（1）中国、印度、巴西和非洲等市场的成长；（2）业务分析与优化；（3）云计算和智能运算；（4）万物互联的"智慧"地球。这些机遇蕴含着一项战略，即利用一家集成企业通过业务和IT创新向特定的行业传递价值。这个彰显IBM能力的重大战略名为"构建智慧地球"。

构建一个智慧地球

智慧地球的倡议是为重视IBM在行业和流程方面的专业技术、系统集成能力和研究能力的客户量身打造的。智慧地球发生在行业层面。它由一个拥有共同愿景且有超前思维的企业推动：它们将变化视为机遇，抓住机会，采取行动，而不只是对问题有所反应。

营销副总裁约翰·肯尼迪（John Kennedy）解释道："'智慧地球'实际上源自对客户所发生之事的观察。他们正试图获取公司内部生成的大量数据，并想要更好地理解它们。"IBM的智能解决方案有三个特点，它们是物联化的、智能的和交互的。数以百万计的现存数字设备通过互联网连接在一起，它们生成的数据可以通过先进的计算能力转变成知识。IBM认为这种知识有助于企业、行业和城市降低成本、减少浪费、提高效率和生产率。

自从推出智慧地球战略，IBM已与全球各地的600多个组织开展了合作。显然，该战略在诸多正在应用智能解决方案的行业取得了成功，其中包括金融、通讯、电子产品、汽车和航空航天、能源和公用事业、政府、医疗保健、保险、石油和天然气、零售业和运输业。每个行业都有多方面的应用。

例如，在对439个城市的研究中，匝道流量控制、信号协调和事故处理等智能解决方案可以每年减少出行延误超过70万小时，为每个城市节省1 500万美元。美国能源部的一项研究发现：使用智能电表切断电源的消费者会节省10%的电费。利用智能系统分析购买行为、商品分类和需求的零售商可以降低30%的供应链成本，减少25%的库存，并增加10%的销售量。

制订智慧地球营销计划

IBM的营销和通信专业人员已经着手开发IBM智慧地球战略营销计划。总的目标是描述公司的愿景——下一个时代的信息技术及其对商业和社会的影响。执行计划包括IBM领导者的信息、广告宣传活动、网上广告和公共关系沟通。

智慧地球战略的重要性首先通过动员信的形式在高层管理者中进行了交流。彭明盛为年度报告专门撰写了"董事长的一封信"。他的动员信是一个有力的声明。按照彭明盛的说法，智慧地球"不是一种隐喻。它描绘的是将知识融入世界运行的方式"。

IBM还利用纸媒和电视广告详细解释其基本含义。广告重点强调的是IBM有助于改善当前世界的能力。安·鲁宾说："我认为智慧地球的不同之处在于它不是一种内向的需要，而是展望外部世界的需求。我们觉得它可以实现，并影响世界走向更加美好的明天。"

最近，IBM在庆祝成立100周年！其成功的经历证明，这种奉行长期战略的商业模式富有弹性，只有它才可以说"欢迎来到智慧地球"。

思考题

1. 何谓IBM的智慧地球商业战略？它与IBM的使命和价值观有何关系？
2. 对IBM的智慧地球倡议进行SWOT分析。未来三到五年需要考虑什么样的相应趋势？
3. IBM如何与公司、城市和政府沟通交流自己的战略？
4. 智慧地球的倡议对社会和IBM有什么好处？
5. IBM应该如何衡量智慧地球战略的结果？

3

扫描营销环境

学习目标

1. 解释环境扫描如何提供了有关社会、经济、技术、竞争以及管制因素的信息;
2. 阐述人口统计特征和文化等社会因素如何影响营销策略;
3. 讨论宏观经济条件与消费者收入等经济因素如何影响营销;
4. 阐述技术变革如何影响营销;
5. 讨论市场中存在的竞争类型以及竞争的主要构成;
6. 解释旨在保护竞争和管制营销组合各要素的主要法规。

"连接世界"是一个宏大的愿景吗？在脸谱网就不是

2004年，马克·扎克伯格在哈佛大学的宿舍里创办了脸谱网。他的愿景不只是创建一家公司，而是想让世界上的每一个人连接起来。今天，它已经拥有14亿活跃用户，相当于世界人口的五分之一，脸谱网正健步走在实现这一愿景的路上！

脸谱网令人难以置信的成功源于诸多方面，包括能够观察并适应快速变化的市场营销环境的能力。下面让我们看一看影响脸谱网的环境因素：

·现在人们寻求沟通、获取信息和发表意见的新方式层出不穷，社会因素正在变化。始于台式电脑的简单在线交流已经转移至移动设备，现在人们可以用图片、群、视频聊天和即时短消息进行交流。

·由于智能手机和无线连接成本的下降，以及互联网在全球各地的普及，越来越多的人能够消费得起社交网络，因此经济因素也在影响对脸谱网的需求。

·软件集成、服务器的速度和数据存储等方面的技术进步正在让脸谱网的速度越来越快，也更加方便。新的强化功能也促进了脸谱网的应用，比如照片编辑和应用程序开发工具包。

·谷歌、推特和Snapchat的抗衡。用户可以轻松地切换平台以及针对特殊兴趣群体的新社交网络，这些竞争因素推动着脸谱网迅速地扩张。

·法律和监管因素也影响着脸谱网的成长。公司为保持自身特色获取了自己的商标、专利权，并为隐私、数据保护、未成年人保护和税收等主题提供指导。

扎克伯格对环境变化的快速响应及尝试新事物的愿望催生了世界上最大的社交网络，这是一个快速连接世界的网络。

未来的脸谱

持续地对市场营销环境的变化做出反应，以保持增长，这是脸谱网目前要面对的挑战。正如扎克伯格所说，脸谱网需要"思考我们接下来要做的大事"。例如，扎克伯格希望脸谱网更有直觉性，可以帮助用户回答和解决问题。另一个变化可能与脸谱网要求用户用自己的名字登录有关。此外，脸谱网目前正在测试太阳能大型无人机，让其盘旋在偏远的社区，用以传输因特网信号。由于预期消费者可能对三维交流感兴趣,脸谱网还以20亿美元收购了虚拟现实头戴装置开发公司傲库路思(Oculus VR)。最后,脸谱网创建了一个新的部门,称之为创新实验室(Creative Labs),承担起预测未来和开发脸谱网未来产品的重担。本书第19章还探讨了社交网络和社交媒体。

众多企业是在重要因素发生变化的环境中开展经营的。预测变化并对其做出响应往往决定着营销的成败。本章讲述了营销环境在过去是如何变化的,以及未来它又将如何变化。

◎ 环境扫描

营销环境的变化是机遇，也是需要控制的威胁。不断获取组织外部发生的事情的信息，以识别和理解潜在趋势的过程被称为**环境扫描**（environmental scanning）。

跟踪环境趋势

环境趋势一般源于五个方面：社会、经济、技术、竞争和管制因素。如图3-1所示和本章后续的描述，这些因素以各种不同的方式影响着企业的营销活动。为了说明如何进行环境扫描，我们来看下面这些趋势：

> 咖啡行业的营销人员发现，喝咖啡的成人比例已从2012年的64%下降到今天的59%。然而，拥有单杯咖啡机的家庭已从2012年的10%上升至现今的27%。另外，茶叶的销量以每年约5%的比例增长。

什么行业会受这些趋势的影响？你预测咖啡行业的未来会如何呢？

你可能已经得出结论：咖啡消费的这些变化很可能影响咖啡制造商、咖啡店和超市。若如此，你便是正确的。由于最近咖啡消费量在下降，制造商提供了新的口味和应季的饮品，星巴克等咖啡店正在测试送货服务和新口味，如巧克力棉花糖夹心饼卡布奇诺（S'mores Frappuccino），超市也在上新精品和美味。单杯咖啡机家庭拥有率的上升也带来了变化。星巴克最近宣布与克里格绿山咖啡公司进行为期5年的合作，以销售用于单杯咖啡机的K杯胶囊咖啡。要想预测未来，首先需要预计该趋势会持续多少年及增长率是多少。你认为近期茶叶消费量的增长会持续吗？

环境扫描也包括对发展趋势的解释。为什么咖啡消费量在下降？一种解释是消费者转向了其他的饮品，如茶，他们认为茶比咖啡更有益健康。咖啡消费量下降也可能是单杯咖啡机用户增加的结果，这种咖啡机萃取效率更高，浪费较少。最后，咖啡消费量下降可能是经济因素造成的，消费者的可支配收入减

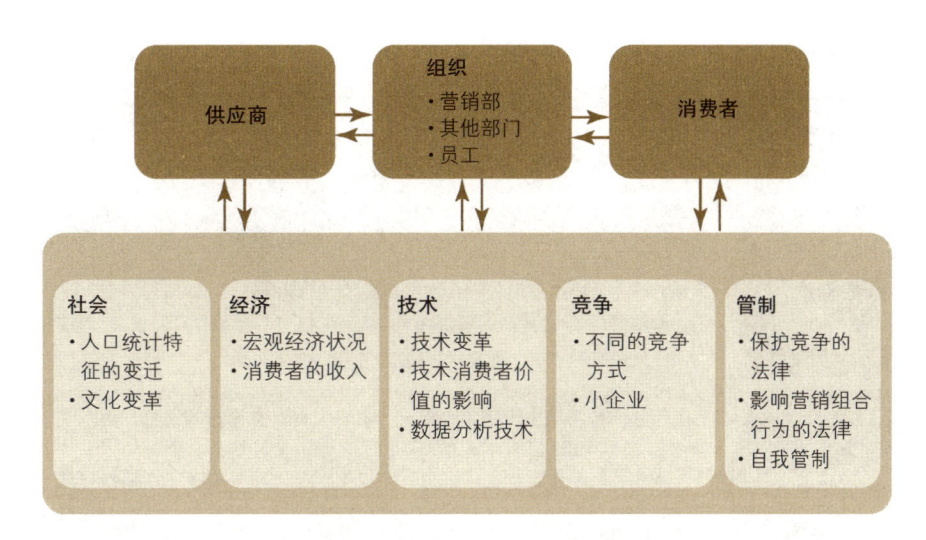

```
                    组织
         供应商     ·营销部    消费者
                   ·其他部门
                   ·员工

   社会        经济        技术        竞争        管制
 ·人口统计特  ·宏观经济状况  ·技术变革    ·不同的竞争  ·保护竞争的
  征的变迁   ·消费者的收入  ·技术消费者价   方式       法律
 ·文化变革              值的影响    ·小企业     ·影响营销组合
                     ·数据分析技术            行为的法律
                                            ·自我管制
```

图 3-1 环境因素不但影响企业，也影响其供应商和消费者

少了。识别和解释咖啡消费量等的变化趋势，并像本段讲解的那样举一反三，对于环境扫描的成功是十分必要的。

当今市场的环境扫描

未来又会有哪些趋势影响营销呢？企业可以从图 3-2 所列的五个环境因素扫描市场环境的主要趋势。当然图中所列趋势并不全，但它揭示了环境扫描的广度，从视频博客日益增长的人气，到消费者市场越来越大的流动性和连通性，再到网络中立性等问题的重要性，无不涉及。这些趋势既影响消费者，又影响为其服务的企业。此类趋势将在下述讨论中对五个环境因素逐一阐述。

○ 社会因素

环境中的**社会因素**（social forces）包括人口统计特征及文化，这些因素的变化会对营销战略产生重大影响。

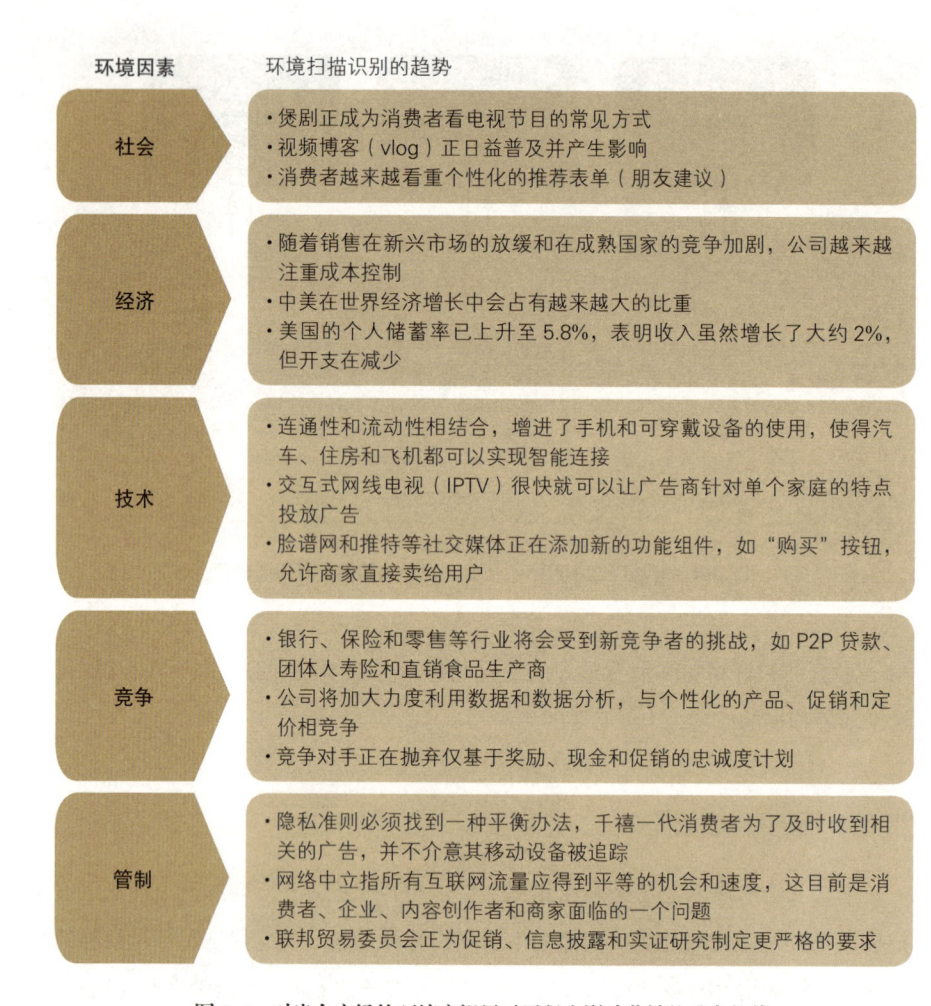

环境因素	环境扫描识别的趋势
社会	• 煲剧正成为消费者看电视节目的常见方式 • 视频博客（vlog）正日益普及并产生影响 • 消费者越来越看重个性化的推荐表单（朋友建议）
经济	• 随着销售在新兴市场的放缓和在成熟国家的竞争加剧，公司越来越注重成本控制 • 中美在世界经济增长中会占有越来越大的比重 • 美国的个人储蓄率已上升至5.8%，表明收入虽然增长了大约2%，但开支在减少
技术	• 连通性和流动性相结合，增进了手机和可穿戴设备的使用，使得汽车、住房和飞机都可以实现智能连接 • 交互式网线电视（IPTV）很快就可以让广告商针对单个家庭的特点投放广告 • 脸谱网和推特等社交媒体正在添加新的功能组件，如"购买"按钮，允许商家直接卖给用户
竞争	• 银行、保险和零售等行业将会受到新竞争者的挑战，如P2P贷款、团体人寿险和直销食品生产商 • 公司将加大力度利用数据和数据分析，与个性化的产品、促销和定价相竞争 • 竞争对手正在抛弃仅基于奖励、现金和促销的忠诚度计划
管制	• 隐私准则必须找到一种平衡办法，千禧一代消费者为了及时收到相关的广告，并不介意其移动设备被追踪 • 网络中立指所有互联网流量应得到平等的机会和速度，这目前是消费者、企业、内容创作者和商家面临的一个问题 • 联邦贸易委员会正为促销、信息披露和实证研究制定更严格的要求

图 3-2　对当今市场的环境审视显示了很多影响营销的重大趋势

人口统计特征

年龄、性别、种族、收入和职业等对人口的描述被称为**人口统计特征**（demographics）。美国人口资料局和联合国的一些组织都在监测世界人口，还有其他组织提供美国人口的数据信息，例如美国人口普查局。

世界人口概况　截至2015年世界上已有73亿人，且很可能到2050年增长到96亿。虽然这种增长已经导致了人口爆炸，但并非世界各国都在增长，增长主要发生在非洲、亚洲以及拉丁美洲的一些发展中国家。事实上，预计到2050年，

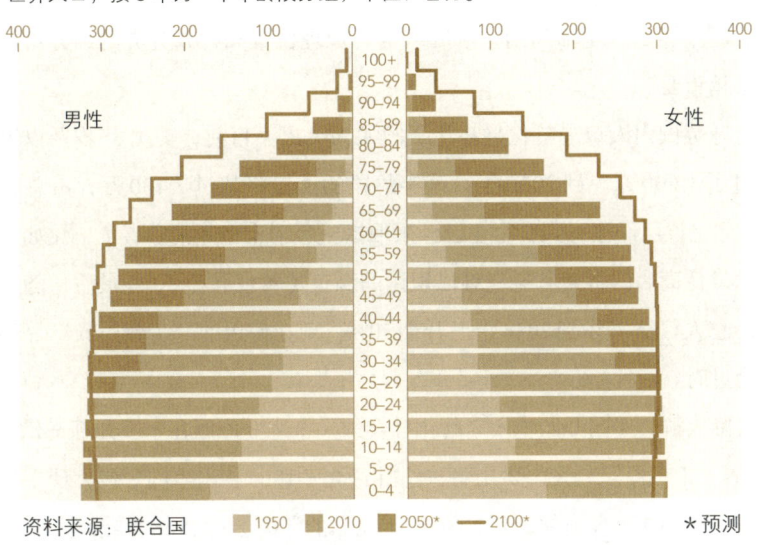

世界人口，按5年为一个年龄段分组，单位：百万。

图3-3 世界人口年龄结构的变化意味着什么？

印度将会成为世界人口第一大国，达到16.6亿，而中国会以13.1亿人口位列第二。世界人口预测显示，日本、俄罗斯和德国的人口将下降13%以上。

世界人口另一个重要的全球趋势是年龄结构的改变。在未来的几十年中，年龄超过65岁的人口预计将增长三倍以上，在2050年达到15亿。而且，这一趋势也因国家不同而在程度上有所不同，预计日本、韩国、德国、中国、巴西和墨西哥的老龄人口都将超过美国。全球的收入和生活水平也有所提高，但各个国家的平均水平差别很大。例如人均收入，挪威为10.27万美元，加拿大为5.221万美元，而埃塞俄比亚只有470美元。

这些全球趋势带给营销者众多启示。很显然，印度和中国这样的人口大国意味着巨大市场。发达国家老龄人口的储蓄较少，在医疗保健、旅游和其他与退休有关的产品和服务上花费更多。发展中国家的经济发展会带来创业的增加，与制造、通信和物流有关的基础设施的新市场将得到发展，出口也会增加。

美国人口 对美国人口统计特征的研究显示出几个重要的发展趋势。整体而言，美国人口正在不断增长，老龄化趋势日益明显，人口结构越来越多样化。美国人口普查局估计美国目前的人口约为3.21亿。如果目前的人均寿命、出生率和移民趋势保持不变，到2030年，美国人口将超过3.59亿。这样的人口增长显示，基于年龄、生命周期、家庭结构、地理位置和种族分类的细分市场将变得越来越重要。

全球范围内人口老龄化趋势在美国尤为突出。目前，美国65岁及以上的人口超过了4 600万。到2030年，该年龄段的人口将超过7 400万，占总人口的21%。你也许已经注意到，企业已经采取措施吸引中老年消费者了，比如，增大字体、降低商店的货架和避免难以识读的颜色（黄色和蓝色）。最后，随着少数民族的总人口从37%到2044年上升至50%，现在使用的"少数民族"等词汇很可能会过时。

代际人群 美国开始步入老龄化社会的一个主要原因在于**婴儿潮一代**（baby boomers）正在慢慢老去，婴儿潮一代指1946—1964年出生的一代，现在他们每24小时就会有1万人退休，到2030年，他们的年龄会达到65岁或以上。他们加入劳动力大军，成为美国历史上最富裕的一代人，据估计，其消费量占到了总消费量的一半。

将目标定为婴儿潮一代的公司需要对他们在健康、健身、养老公寓、理财规划和外貌方面的兴趣做出反应。例如，菲多利公司用其乐事汽锅薯片吸引婴儿潮一代，这种薯片比普通薯片的脂肪含量低40%。同样，保诚保险公司提供养老金计划，而玉兰油则为这一年龄组的人提供抗衰老和修复产品。因经常要在父母和子女之间保持平衡，婴儿潮一代也被称为"三明治一代"。

婴儿潮一代之后就是**X一代**（Generation X），它指出生于1965—1976年间的5 000万人。由于这段时期出生人口数逐年下降，也称婴儿荒一代。这一代消费者独立性很强，支持种族多样性，受的教育好过上一代。他们不尚奢华，更愿意过一种谨慎、务实而又传统的生活。

以净值计，X一代是个人财富首次少于上一代的一代人。不过，随着婴儿潮一代逐渐退休，X一代正逐步成长为众多市场的主导力量。例如，X一代在食物、住房、服装和娱乐方面要比其他几代人花费更多。此外，这一代人比任何其他年龄人群上网更多，从而产生了网上消费。对X一代消费者的调查表明：他们希望获得在线客户支持、综合、专业和互动的网站，以及面向家庭的、真实而独特的广告。X一代也取代婴儿潮一代成为商务旅行的最大群体。作为回应，美国航空公司为旅客提供无线上网服务、娱乐节目点播和个人充电接口。

Y一代（Generation Y）包括1977—1994年间出生的7 200万美国人。由于婴儿潮一代开始生育子女，这段时期的出生率呈上升趋势，它也常被称为回声潮或小婴儿潮一代。Y一代影响着音乐、体育、电脑、电子游戏以及各种通信方式和网络。Y一代对独特、令人难忘和个性化的体验感兴趣，很善于管理自己的生活，并能平衡好工作和生活的关系。他们是意志坚强、充满激情的环境主义者，而且是乐观派。他们也是被自己能够掌控的、目标明确的工作所吸引的一群人。"负责任地决策"专栏描述了千禧一代对可持续性的兴趣是如何影响大学和雇主的。"千禧一代"一词的定义并不确切，它有时指Y一代较年轻的成员，有时指1994年以后出生的美国人。移民预测表明Y一代的人数很快就会超过婴儿潮一代。

由于每一代人都具有截然不同的态度和消费行为，营销者已经开始着手研究诸多构成市场的群体和同代人口，并开发出针对不同世代的营销方案。

美国的家庭　随着人口年龄结构的改变，美国的家庭结构也发生了变化。1960年，75%的家庭由夫妻组成。今天，这类家庭仅占48%，而且只有20%的夫妻家庭拥有孩子，仅有10%的家庭是丈夫工作、妻子持家的。在增长最快的家庭类型中，有一部分是孩子已经成人了，却搬回家与父母同住，其他还有未婚伴侣家庭和同性恋伴侣家庭。这三类家庭分别为1 700万户（2 100万年轻的成年人）、780万户和60.5万户。

美国人口普查局的分析表明，年轻人推迟婚姻和养儿育女，以及未婚伴侣家庭的增多反映了"搬到一起住进行资源整合可能是一种应对大规模失业的方法"。它们意味着与婚礼、住房、婴儿和儿童用品以及许多其他行业相关的购买发生了变化，企业正在适应这些变化。

同居者（未婚伴侣）的增多可能是近些年来美国离婚率下降的原因之一。即使如此，离婚率仍超过了40%，其中婴儿潮一代的离婚（所谓灰色离婚）似乎正在增加。大多数离婚者最终会选择再婚，这使原本独立的两个家庭结合为一个整体，造成**混合家庭**（blended family）的增长。目前，每三个美国人中就有一个是继父母、继子女、继兄弟姐妹或混合家庭的其他成员。贺曼贺卡公司目前已经为混合家庭特别设计了卡片和简短的致词。

负责任地决策　可持续性

千禧一代是一支致善的力量

作为下一代的企业领导人，千禧一代决心将工作场所重新定义为既创造利润又创造意义的地方。他们充满理想、精力充沛和坦率，并渴望马上开始。简而言之，他们是一支向善的力量，特别是在承担社会和环境责任方面更是如此。这一群人包括院校的学生和众多处于职业生涯早期的员工，他们带来了变化，方式多种多样。

千禧一代有大约1700万大学生，他们想要可持续的校园社区。针对这一需求，LEED（能源和环境设计先锋）提供住房、校园交通系统和再循环计划方面的认证。研究生则在寻找具有可持续性的选修课程、案例研究和参与净影响（www.netimpact.org）等组织的潜力，净影响是为想要"利用企业改善世界"的学生组建的一个非营利组织。萨拉·霍赫曼（Sara Hochman）就是一个典型的例子。读大学时，她对环境问题感兴趣，她的第一份工作是环境顾问。为使自己的客户产生更深的印象，她考入了芝加哥大学的研究生院，她选修了可再生能源的课程，并加入了能源俱乐部。

处于职业生涯早期的员工想要"绿色的"工作，如社会责任官、企业慈善经理和可持续发展数据库专家。此外，他们想在提倡做良好企业公民、负责任的资本主义和公益企业的公司工作。他们认为自己是平衡股东、员工和社会利益的"积极企业"运动的一部分。西门子家电20多岁的营销经理夏洛特·莫兰（Charlotte Moran）解释说："我发现很难为一家不能理解其对环境影响，而且不努力使之更好的公司工作。"

有些公司也注意到了千禧一代的兴趣。联合利华已启动可持续生活计划，以打造"有目的的品牌"，苹果公司的新总部被称为"地球上最环保的大楼"，考虑到所有利益相关者的需求，全食超市也做出了类似的决定。

你对成为致善力量的兴趣如何影响了自己在教育和职业上的决定？很快就会见分晓了！

人口迁移　美国人口正在进行着一次重要的地域性迁移。美国人口普查局最近的估计表明：北达科他、得克萨斯、犹他和怀俄明等州的人口增速最快，而佛蒙特州的人口在减少。近一个世纪前，美国人口最多的前10个城市都在离加拿大边境500英里范围内。今天，前10的城市中有7个在靠近墨西哥边境的州。去年，得克萨斯州增加的人口比其他州净增长的人都多，其人口增加数超过了45万！

各州内部的人口也在发生着变化。20世纪初，人口从乡村流向城市。20世纪30年代至21世纪，人口从城市流向城郊，然后从郊区流向远郊地区。然而，最近的经济衰退使得家庭无力迁移，反而造成了回流趋势，城市人口在增长。有些人口学家预计，随着千禧一代开始养儿育女和组建家庭，郊区居民会增加。今天，30%的美国人住在中心城市，50%住在郊区，剩下的20%则生活在乡村。

为帮助营销者收集人口统计特征信息，美国人口普查局开发了一套分类系统，以反映人口地理位置的变化。该系统包括两类统计区域：

·大都市统计区，即至少拥有5万或更多人口的城市化地区，以及社会、经济高度一体化的周边地区。

·小城市统计区，即人口至少在1万以上、5万以下的城镇群，以及社会、经济高度一体化的周边地区。

如果一个大都市统计区拥有250万及以上的人口，它可能会被分为几个小的区域，称为"都市分区"。此外，大都市统计区和小城市统计区可以归并成混合统计区。

目前，美国有388个大都市统计区，大约拥有85%的人口，还有9%左右的人口住在541个小城市统计区。

种族和民族多元化 美国人口中的种族和民族构成正在发生着变化，这是人口统计特征的另一个显著趋势。大约1/3的美国居民属于以下种族或族裔群体：非裔美国人、美国原住民或阿拉斯加原住民、亚裔美国人、夏威夷原住民或太平洋岛民。进一步的证据表明，这些群体中的人也存在多样性。例如，亚裔美国人包括了印度裔、中国裔、菲律宾裔、日本裔、韩国裔和越南裔等。

2010年的人口普查第一次允许受访者从五个备选项中选择一个以上所属种族，结果有500万人选择了多个种族。西班牙人可能来自任何种族，主要为墨西哥裔、波多黎各裔或古巴后裔以及其他中南美洲血统，目前已经占美国人口的16%。美国正变得越来越多元化。

预期未来美国人口的种族和民族构成会有更大的变化。到2030年，西班牙裔人口将从5 100万增长到7 800万以上，或者说占总人口的22%。美国亚裔人口的数量差不多会翻番，达到2 300万，占总人口的6%；非裔人口将有大约4 900万，占总人口的14%。多种族人口目前占总人口的1.7%，预测会增长到3.6%。总体来说，人口构成的变化趋势显示，美国的消费市场将不再被一个群体左右，而且在未来的15年内，非西班牙裔的白人人数将会下降。

最新的人口普查资料显示，这些群体不仅规模不断扩大，而且对消费市场的影响也非常显著。西班牙裔、非裔和亚裔美国人每年的消费量分别为13万亿、11万亿和7 700亿美元。为了适应这个新的市场，许多企业正在制订**多元文化营销**（multicultural marketing）方案，它由诸多营销组合构成，反映了不同种族独特的看法、血统、沟通偏好和生活方式。由于企业现在必须将产品卖给多种族和民族特性的消费者群体，深入的营销研究，以便精准地理解每种文化是十分必要的。

人口统计特征数据的其他分析表明种族和民族群体倾向于在某一地理区域聚居。企业可以运用这个信息将多元文化营销投入和区域营销活动结合起来。比如，48%的亚裔住在洛杉矶、纽约和旧金山，2/3的西班牙裔住在佛罗里达、得克萨斯和加利福尼亚。阿尔马公司（Alam）是《广告时代》年度多元文化中介机构奖的得主，它推出的广告"将重点放在更深层次的文化知识上，提升作品的质量，而不是千篇一律的'陈词滥调'"。该公司为麦当劳、固特异、卡夫食品、露华浓和其他品牌推出了针对西班牙裔的营销活动。例如，阿尔马公司制作了对西班牙裔受众很有吸引力的麦当劳广告。

诸多其他的变化都在推动多元文化营销方案。电视节目越来越多元化，如《喜新不厌旧》（Black-ish）、《嘻哈帝国》（Empire）和《初来乍到》（Fresh off the Boat）等，它们都是广告主可以利用的资源。足球、棒球、篮球等体育活动也正在开展一系列活动，如NBA的拉丁之夜，它们会为双语球迷显示球队其他语言的名字，如迈阿密热队（Miami Heat）也叫El Heat。此外，零售商通常会要求商店设计双语标识，雇用会双语的职员。最后，营销商已经认识到移动设备和社交媒体往往是接触多元文化受众的最好方法。脸谱网最近开始利用在线信息为广告主选定西班牙裔、非裔和亚裔美国人群体投放广告。

文化

第二种社会因素是**文化**（culture），即某一群体成员习得并共同拥有的一系列价值观、观念和态度的总和。文化中的许多要素影响着消费者的购买方式，因此密切关注美国及国际市场的文化发展趋势对营销而言非常重要。本书第7章将阐述全球营销所需的跨文化分析问题。

男性和女性在态度和角色上的转变 过去30年中，美国在文化上最显著的变化之一就是市场中男性和女性在态度和角色上发生了转变。有些专家预测，随着这一变化趋势的持续，男性和女性的购买方式最终将非常相似。

你们的妈妈和祖母也许还记得那些以她们为目标消费群体的家居用品广告，比如可以让衣物"白上加白"的洗衣粉广告。到20世纪七八十年代，广告公司开始利用一些广告词在男女之间搭建桥梁，比如塞克蕾公司（Secret）的广告语："对于男性来说有足够的效力，但专为女性设计。"到了90年代，针对女性消费者的营销活动主要关注她们在平衡家庭和事业时面临的一些挑战。自那以后，男性和女性在消费市场的地位逐渐走向平等。如今Y世代[1]的女性代表着第一代没有经历上述巨大变化记忆的女性消费者。正如某位专家所说："今天的男女平等主义者就像氟化物，我们几乎注意不到它的存在。"

态度上的转变源于多种因素。首先，众多年轻女性都有一个为事业奔波的母亲，这为她们生活方式的选择提供了参照点；其次，更多的女性参加有组织的体育活动，这消除了女性在机会上最为显著的不平等之一；最后，互联网使得所有性别、种族和民族的人不用见面就可以进行市场交易。不过，最近的调查显示，在3 500万Y世代女性中，多数人认为她们在职场和政治中仍然缺乏平等的机会，没有得到公平的对待。

过去众多企业将目标消费者简单限定为男性或女性，如今它们也在为另一性别消费的增长积极做准备。杂货店、汽车经销商、投资公司、电视游戏开发商和其他的企业都希望将来能同时吸引两个群体。例如，安德玛（Under Armour）专为女性设计服装，以吸引她们的注意，而露露柠檬公司（Lululemon）正试图通过开设独立经营的男士瑜伽服装店吸引男性。同样，社交媒体网站缤

---

[1] Y世代：20世纪80年代和90年代出生的人。——译者注

趣（Pinterest）则希望通过巧妙地让搜索结果更中性化，以此吸引更多的男性。然而，这种努力往往面临阻力，当UGG签约橄榄球明星汤姆·布雷迪（Tom Brady）为其独特的雪地靴代言，仍不能吸引男性消费者时，可以说它被市场无情地上了一课。

有些行业正试图避免单独为男性或女性开发产品。职业体育联盟正将女性作为目标群体，而水疗中心则盯住了男性。莫斯奇诺（Moschino）最近推出了装在小熊玩具里的新香水，卡尔文·克莱恩公司（Calvin Klein）则推出了男女都可用的CK One香水。如今的发展趋势是性别差异越来越小，特别是在针对年轻消费者开展营销时更是如此。例如，迪赛公司（Diesel）的广告宣传活动一起傻吧（Be Stupid）刻画的是处于伙伴关系的男女人物，而不是其中一方占主导地位或从属地位。

价值观变化 文化也包括因时间和国别不同而不同的价值观。20世纪70年代，美国人的价值观包括成就、工作、效率和物质享受。今天，美国人普遍持有的价值观则包括个人控制、持续变化、平等、个人主义、自助、竞争、未来的定位和行动。这些价值观可用于了解美国消费者最新的消费行为，尤其在把它们与其他国家的价值观相比时更是如此。美国之外其他国家的价值观截然不同的例子并不鲜见，比如相信命运，认为传统很重要，看重级别和地位，重视集体福利和生育权。

对美国及世界各地的消费者而言，可持续性和保护环境是越来越重要的价值观。关注环境是消费者购买油电混合动力汽车的理由之一，比如丰田的普锐斯、雪佛兰的沃蓝达（Volt）和福特的C-MAX等。众多公司也在改变它们的经营方式，以回应客户价值观的变化趋势。可口可乐公司一直致力于减轻全球水资源短缺，脸谱网则致力于减少其数据中心的碳足迹，沃尔玛已经确立雄心勃勃的目标，购买更多的当地产品、减少包装和使用可再生电力，从而减少能源消耗。最近的研究也表明，消费者会用密切相关的社会行动支持品牌。例如，碧然德公司（Brita）"为世界的美好而过滤"活动呼吁消费者承诺减少塑料瓶的消耗。

消费倾向的变化也很明显。过去，消费者经常负债购买很多东西。高失业率、低房价和加税已经改变了他们的观点。今天，美国消费者已成为谨慎的买家。**价值意识**（value consciousness）或者说在一个既定的价格下，消费者关心的是获得最好的质量、功能和性能的产品或服务，这一点正体现在诸多产品的消费行为上。例如，最近的经济衰退导致消费者削减了购买名牌牙膏、洗发水、卫生纸等产品，以便他们仍旧能够自行决定购买某些产品，如高清电视机和智能手机。同样地，最近的经济衰退和缓慢的经济复苏促使消费者缩短了开车购物的距离。

有创新意识的营销人员从众多方面回应了这个新的价值意识取向。例如，达乐公司（Dollar General）会在方便的地点开新店，安放较高的货架，以便尽可能多地储存其食品、保健品和美容产品。商店的销量很快就增加了6%。类似地，沃尔玛和其他零售商开始为在线购买便宜货的消费者提供特别的优惠。

○ 经济因素

环境扫描的第二个要素是**经济状况**（economy），涉及收入、支出、资源等影响企业经营或家庭生活成本的因素。我们将从两个方面进行分析：作为整体的宏观经济因素和消费者收入的微观经济因素。

宏观经济环境

在宏观经济层面，需要特别关注的是基于以下指标的经济收入：国民生产总值（GDP）、失业和价格变化（通货膨胀和通货紧缩）。在通货膨胀期间，随着物价的上涨，产品与服务的生产和购买成本都会上升。从营销的角度看，如果物价上涨的速度超过了消费者收入的上涨速度，消费者实际购买的产品数量就会减少。从大学教育的成本很明显就能看出这种关系。据美国大学理事会报告，自2000年以来，大学学费增加了160%（从3 508美元增加到9 139美元），而家庭收入下降了7%。家庭收入中用于支付公立四年制大学学费的比例从2000年的5%上升到今天的14%。

经济活动衰退时期简称"经济衰退"。在此期间，企业生产减少，失业率上升，许多消费者的开支也会减少。美国经济经历了1973—1975年、1981—1982年、1990—1991年和2001年的经济衰退。最近一次经济衰退，即2007—2009年的经济衰退是近年来最长的经济衰退期。

消费者对经济状况的预期也是环境扫描的一个重要因素。美国消费者的支出占美国经济活动的2/3，这些个人消费支出受未来预期的影响。目前有两种消费者预期调查比较流行：一是消费者信心指数，由一个名叫世界大型企业联合会（Research Center）的非营利性商业研究组织研究发布；二是消费情绪指数（ICS），由密歇根大学的调查研究中心研究发布。这些调查会追踪消费者对与其预期有关的一些具体问题的回答，并每月公布一次结果。例如，消费情绪指数的调查会问这样的问题："展望未来，你认为自己一年以后的财务状况是更好、更糟还是和现在一样？"上述问题的答案被用于构建一个指数。指数越高，消费者的预期值就越高。图3-4显示了消费者情绪指数的波动及其与经济状况的紧密联系。众多公司会密切关注消费者预期的调查，特别是汽车、家具和大型家电的制造商和零售商。

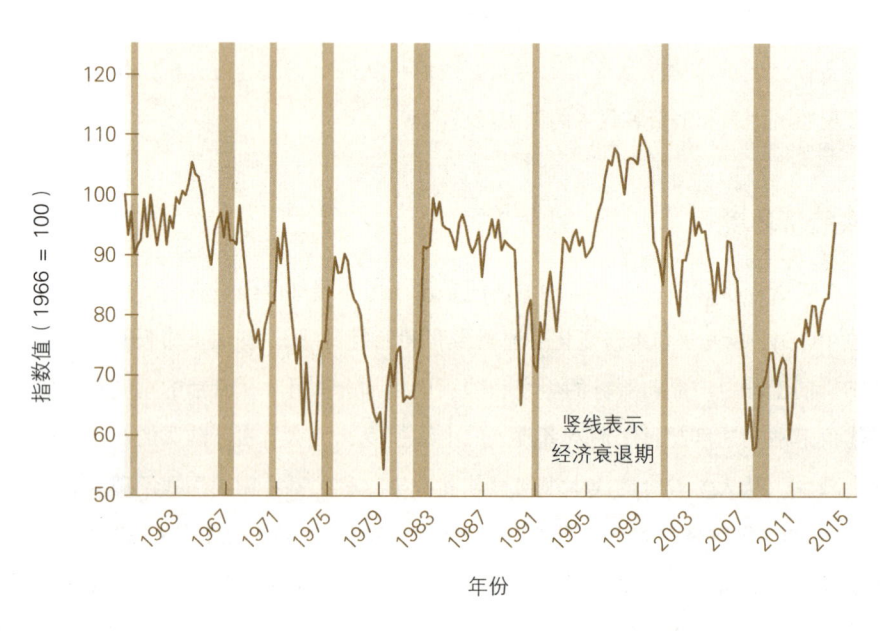

图 3-4 消费者情绪指数（ICS）与经济状况的密切关系

消费者收入

以消费者收入为主要依据的微观经济趋势对营销者而言同样重要。如果消费者不具备购买能力，企业即使拥有能够满足他们需求的产品也无济于事。消费者的购买能力与其收入相关，包含总收入、可支配收入与可自由支配的收入三种收入要素。

总收入 总收入（gross income）指一个人、一家人或一个家庭单位一年内所得的货币总量（或美国人口普查局所谓的"货币收入"）。一个典型美国家庭1970年的总收入是8 700美元，到2013年则大约为51 939美元。若扣除了通货膨胀因素，这种典型的美国家庭收入可以说是相对稳定的。事实上，自1977年以来，扣除物价上涨因素之后，美国家庭收入的变动介于46 425美元和56 895美元之间。大约54%的美国家庭年收入处于25 000美元和99 999美元之间。

可支配收入 第二种收入要素是**可支配收入**（disposable income），它指的是消费者在扣除税金之后，可用于支付衣食住行等生活必需品的收入。如果税收增加（或减少）的速度大于收入增长速度，消费者的可支配收入将会减少（或增加）。同样，产品价格的剧烈变化也会导致消费的调整。例如，最近汽油价格的下跌导致了其他类别商品的消费支出增加。此外，房价的变化对消费者的心理有影响，当感觉到自己的净资产增值时，他们往往会花更多的钱，而感觉亏损时，则会推迟消费。在经济衰退期，消费、债务和信贷的使用都会减少。最近的经济衰退导致很多中等收入的消费者放弃高价品牌，转而消费价格较低的品牌。

可自由支配的收入 收入的第三个要素是**可自由支配的收入**（discretionary income），它指总收入中扣除税金与生活必需品支出后的剩余。可自由支配收入一般用于奢侈性消费，比如乘坐冠达邮轮（Cunard cruise）。显然，定义可自由支配的收入和可支配收入的难点取决于何为奢侈品，何为生活必需品。

美国劳工部通过每年的消费支出调查监控消费者的支出。最近的报告显示，消费者的收入大约13%用于食品，33%用于住房，3%用于购买衣服，另外有24%用于交通运输和医疗保健，剩余部分才被认为是可自由支配的收入。通常，随着收入的增加，用于食品和住房的花费占比会下降，从而导致可自由支配的收入增加。减少储蓄也会带来可自由支配的收入增加。美国劳工统计局观察到，从20世纪90年代到21世纪初，储蓄率下降到了大约2%。2008年，美国政府派发了旨在刺激经济的退税支票，而不是增加政府支出，消费者则将它们储蓄起来，从而逆转了储蓄率下降的趋势。最近的消费支出数据显示，现在的储蓄率约为5.8%。

技术因素

我们的社会正处在技术快速变革时期。作为图3-2中提及的第三个环境因素，**技术**（technology）是指来自应用科学或工程研究方面的发明或创新。每一次新技术的浪潮都会使现有产品和企业被取代。

明日科技

技术变革是科学研究的结果，它难以预测。目前，有些最吸引人的技术变革已经发生，包括以下方面：

· 连接会进一步扩展，所有用户、住宅、车辆、家电和移动设备会连接在一起，形成"物联网"。

· 计算机会开发出人的五种感觉，以创建智能化数据采集和个性化预测的能力。

· 智能电网供电服务、在线能源管理和消费者自产能源（如家庭太阳能系统）等都属于绿色技术，它将广受美国消费者的欢迎。

· 3D技术将从电影院和电视转向更多新颖而有用的应用。

某些技术发展趋势已经在当今的市场中变成了现实。例如，欧乐B电动牙刷（Oral-B）现在可连接到你的智能手机，实时反馈你的刷牙信息。MindMeld公司开发的云端平台利用语音识别技术收听你的电话，并检索和提供与你的会话相关的数据。亚马逊最近推出了它的3D打印店，提供客户定制的3D首饰、家居装饰和技术配件。其他技术，如下一期应用软件、特斯拉的电动汽车和苹果的移动支付和电子钱包Apple Pay很可能取代现有产品和服务，如杂志、燃油汽车、实体信用卡和货币。

技术对客户价值的影响

技术进步对营销产生了重大影响。首先，技术成本大幅降低，消费者开始从其他方面评估技术产品的价值，如质量、服务和与其他产品的连接能力。《电脑时空》杂志（www.pcmag.com）每年发表一篇名为"最佳免费软件"的文章，向读者介绍那些免费提供软件的公司，这些公司期望广告或升级购买会带来收入。许多美国手机销售商也采用类似的方法，如果购买者购买电话时与它们签订长期服务合同，他们就会低价销售手机。

技术也可以通过新产品的开发来提供价值。最近，3 600多家公司在拉斯维加斯举行的家用电子产品展上推出了2万种新产品，包括远距亲临机器人（Telepresence Robots），可以让你身临其境参加远程会议；Sling TV可以让你在任何设备上观看电视直播；以及无线充电宝！《美好家园》杂志宣布了93个最佳新产品优胜者，它们分属4个类别：美容、食物和饮料、健康和个人护理以及家居用品。部分获奖者包括晶磨蛋白燕麦圈和蜂蜜谷物食品、融合了FlexBall技术的吉列剃刀和戴森无扇叶风扇。其他可能很快就会推出的新产品包括可注射的健康监测器，它将生物识别信息发送到移动显示器，比如手表或手机，还有通用翻译器，它让说不同语言的人可以进行交流。

技术也可以改变现有产品及其生产方式。许多公司正在利用技术发展，在制造周期内多次回收产品。例如，据PET容器资源全国协会估计，现在有31%的全塑料瓶被回收利用，通常被制成聚酯纤维，加工成从毛衣到室内装饰面料的各种物品。陶朗集团（Tomra）的回收系统在北美洲、欧洲、日本、南美洲和中东地区安装了7万多台废瓶回收机，为塑料罐和瓶的收集提供了便利，每年回收量超过350亿只。在加利福尼亚州，有450多个rePLANET回收站，消费者将空饮料瓶拿过去回收后，就可以收回原先买饮料时多付的钱。另一种方法是预循环（precycling），或者说是制造商和消费者努力避免浪费而付出的努力。对于制造商来说，包括减少包装；对于消费者来说，这意味着购买持续时间更长的产品，不购买过度包装的产品，并尽可能地多次使用。据市场营销专家梅利莎·拉维涅（Melissa Lavigne）说："它讲的是你首先要关注自己要购买的产品。这就是预循环背后的理念。"

技术使数据分析成为可能

技术也对营销组织的运作产生了巨大的影响。首先，在线技术的发展创造了**虚拟市场**（marketspace），这是一个基于信息和交流的电子交易场所环境，由复杂的计算机和电信技术以及数字产品构成。其次，这些技术导致了**电子商务**（electronic commerce）的产生，或者说电子通信被用于产品和服务的库存、促销、分销、购买和交换。基于互联网的技术也使公司得以创建用于组织内部沟通的内部网以及与供应商、分销商和广告代理等其他合作伙伴进行沟通的外联网。

如今，技术已经进步到几乎可以把任何东西放进电脑芯片，并且网络也几乎可以连接到任何地方。产品嵌入可联通的电子设备的网络被称为**物联网**（Internet of Things，简称IoT）。物联网产生的信息导致人们对高级分析的兴趣激增，这种高级分析可以预测消费者的偏好和行为。IBM和麻省理工学院最近的一项调查显示，全球50%的经理人认为提升信息和分析的质量是头等大事。有些专家认为数据分析事关市场的成败。通过具有洞察力的分析增加收入的公司包括网飞（Netflix）、谷歌、亚马逊、戴尔和亿贝。

◎ 竞争因素

环境扫描的第四个要素是**竞争**（competition），它指能够提供某种产品来满足特定市场需求的替代性企业。市场中的竞争形式多种多样，在设计营销战略时，企业必须考虑现有及潜在的竞争对手。

不同的竞争形式

市场中存在着四种不同的竞争形式，即完全竞争、垄断竞争、寡头垄断和完全垄断，它们是连续体。第13章将进一步阐述在这四种竞争市场中如何为产品和服务定价。

连续体的一端是"完全竞争"，即许多公司在几乎完全一致的产品上展开竞争。通常，处于完全竞争地位的是经营农产品的公司，比如经营小麦、大米和谷物的公司，对这些公司而言，从产品运输的意义上讲，产品的分销非常重要，相比之下，其他营销要素几乎没有影响。

其次是"垄断竞争"，即众多销售商在一定的价格幅度内竞争可替代的产品。例如，如果咖啡价格涨幅过大，消费者可能会转而购买茶叶。折扣券或降价促销是销售商常用的营销策略。

如果某一行业的大部分销售被少数几家公司控制，便产生了寡头垄断，它是一种普遍的行业结构。例如，美国的移动电话行业由四家运营商控制，占美国市场份额的95%以上。威瑞森（Verizon）、美国电报电话（AT&T）、斯普林特（Sprint）和德国电信的子公司T-Mobile分别拥有1.31亿、1.2亿、0.55亿和0.55亿用户。类似地，维亚康姆、迪士尼和时代华纳公司控制着美国的娱乐业。而美国的国防承包商行业则是波音、诺斯洛普·格鲁曼（Northrop Grumman）和洛克希德·马丁公司的天下。寡头垄断的批评者认为，由于该市场中只存在少数几家产品销售者，所以各公司间不会有价格竞争，以避免各家的利润下降。

连续体的另一端是完全垄断，市场中只有一家公司销售产品时就会发生这种情况。若产品和服务是社区的必需品，如水、电和电话服务，其生产者和提供者往往是垄断者。通常情况下，营销在垄断行业中所起的作用非常小，因为该行业往往处于州政府或联邦政府的管制之下。尽管近几年来管制的解除鼓励了电力市场上的价格竞争，但政府通常都会控制价格以保证消费者的权益。微软公司已经占据个人计算机操作系统市场份额的86%，限制了消费者使用其他竞争者的浏览器，因此美国司法部提起诉讼，并达成和解协议，微软还受到欧盟的调查和罚款。最近，美国联邦贸易委员会对谷歌的调查发现，尽管该公司在搜索引擎市场的占有率超过了70%，但它并没有损害市场的竞争。不过，欧盟的调查仍在进行中。

竞争的构成

在制订营销方案时，公司必须考虑推动竞争的因素：市场准入、买卖双方的议价能力、现有的竞争者和产品被替代的可能性。环境扫描需要关注所有这些因素，它们关系到公司的营销组合决策，而且有可能被用来建立市场准入壁垒、提高品牌认知度或加剧市场份额争夺。

市场准入　考虑到竞争，企业必须评估新竞争者进入市场的可能性。新增的生产商会导致行业生产能力的增加，并拉低价格。进行环境扫描时，公司必须考虑到对于其他公司而言所有可能的**准入壁垒**（barriers to entry），这是一种商业行为，是阻碍新公司进入市场的条件。准入壁垒的形式包括资本要求、广告支出、产品标识、分销渠道或客户转换供应商的成本等。准入壁垒的成本越高，就越有可能阻碍新的进入者。例如，由于其庞大的分支网络和全球性的提款网点，西联汇款公司和速汇金公司控制了5 290亿美元的资金转移市场。潜在的竞争者发现很难进入该市场，因为它们缺乏分支网点的布局，从而限制了消费者的访问。

买卖双方的议价能力　竞争分析必须考虑到买卖双方的议价能力。当买方数量不多时，买方自然就会强势，此时转换供应商的成本较低，或产品的购买支出占买方总成本的较大比重。后一个因素会导致买方对价格竞争施加很大的压力。如果某种产品对于买方而言至关重要，或供应商设立了较高的转换成本，供应商就成了占优势的一方。

现有的竞争者以及可替代品　现有企业之间的竞争压力取决于行业的增长速度。在增长缓慢的行业中，任何可能增加市场份额的机会都会造成更加激烈的竞争。较高的固定成本也会给填补生产能力空缺的企业造成竞争的压力。例如，为尽可能地提高上座率，航空公司会给予预订座位的乘客一定的折扣，并且对改变或取消预订的乘客收取一定的罚款，因为座位代表着较高的固定成本。

作为竞争对手的小企业

虽然大公司给我们提供了有关竞争形式和构成的一些熟悉的案例,但小企业才是构成大多数行业竞争格局的主体。想想看,美国大约有 2 820 万家小企业,他们雇用了48%的私营企业员工。此外,小企业创造了63%的新就业机会和46%的国内生产总值。研究表明,在过去几年里,国家经济增长的速度与新小企业的活跃度之间存在很强的相关性。

◎ 管制因素

对任何组织而言,营销和更大范围的业务决策都要受到管制因素的约束、指导和影响。管制指美国各州和联邦法律法规对企业活动的约束和限制。**管制**(regulation)存在的目的不仅是保护企业,也是为了保护消费者。来自联邦政府和州政府两级的管制大多是积极的政治进程的结果,其目的是为了确保竞争和公平的商业环境。对于消费者而言,立法的重点在于让他们免受不公平贸易的侵害,并确保其安全。

保护竞争

多数美国联邦立法都鼓励竞争,因为竞争的存在让消费者拥有了决定竞争者存亡的选择权。在这些法律中首数1890年颁布的《谢尔曼反托拉斯法案》。美国中西部农民反对固定的铁路运输价格而进行了大量的游说,使该法案得以通过。该法案:(1)禁止以契约、联盟或其他合谋形式限制贸易活动;(2)禁止实际垄断或企图垄断任何贸易或商业活动。但由于该法用词含糊不清,加上政府不积极执行,在该法案通过后的9年中,只有一家公司被成功起诉。其次是1914年通过的《克莱顿法案》,旨在对《谢尔曼法案》加以补充。该法案禁止某些虽没造成实质性危害,却很可能削弱了竞争的行为。

20世纪30年代,联邦政府不得不再次采取行动,以确保市场的公平竞争。

在此期间，诸如大西洋和太平洋茶叶公司（A＆P）等大型连锁店开始出现。小企业受到了威胁，于是游说通过了《罗宾逊-帕特曼法案》（1936年）。该法规定，相同产品的定价因购买者不同而不同是非法的，因为这会大大地削弱竞争，或有助于形成垄断。

与产品有关的立法

诸多现有的联邦法律都特别强调营销组合中的产品因素。有些旨在保护公司，有些旨在保护消费者，而且至少有一部法律是为了同时保护两者。

在专利法的保护下，任何一家公司都可以通过其新产品来维持竞争地位，而发明人有权禁止他人制造、使用或出售其获得专利的产品。联邦版权法是公司保护其竞争地位的又一武器。版权法赋予文学作品、戏剧、音乐或艺术作品的作者以印刷、演出或用其他方式复制其作品的独享权。作品创作出来，作者便自动获得版权。但是，出版的作品应当做适当的版权声明，包括版权标识、第一版日期以及版权所有者的姓名，并且必须遵照联邦版权法进行备案。

数字技术的发展迫切需要补充新的版权法，以加强对已获版权的数字化产品的保护，《数字千禧年版权法案》于1998年通过。此外，DVD电影、音乐录制和软件提供商希望自己的产品受到保护，防止那些规避盗版、打擦边球的网站和设备的侵权。

在产品方面，美国联邦政府有许多保护消费者的法律，诸如30多项修正案，以及有关食品、药品和化妆品的单项法规，如《婴儿配方法》（1980年）、《营养标识与教育法》（1990年），以及对食品添加剂（1997年）和反式脂肪（2006年）新标识的要求。最近，几个州提议要对转基因食品标识的要求制定新法。其他的消费者保护法涵盖范围更广，例如《公平包装和标识法》（1966年）、《儿童保护法》（1966年）和《消费品安全法》（1972年）等，消费品安全委员会可以依据这些法律监督产品安全，并确立统一的产品安全标准。近年来诸多此类法律的出台源于**保护消费者权益运动**（consumerism）的日益高涨，这项民间运动始于20世纪60年代，旨在增强消费者与机构打交道时的影响力、权力和利益。该运动仍在继续，反映在消费者对于生态安全的产品和具有社会责任感的商业行为越来越强烈的需求上。目前争论激烈的一个议题是环境破坏的责任问题。

商标旨在保护销售冠此商标的产品的公司和购买这些产品的消费者。一份参议院的报告指出：

> 制定商标法的目的在于两个方面。其一是保护公众，使其在购买标有特定著名商标的产品时更加自信。其二是保护商标所有人，其在向公众推销产品的过程中花费了精力、时间和金钱，这些投资理应免受盗版和欺骗的侵害。

这一陈述是和另一部与产品相关的法律《兰哈姆法》（1946年）一起制定的。《兰哈姆法》规定公司可以注册自己的商标。从历史上看，在商业中，某一商标的最先使用者拥有在其经营中独享某特定词汇、名称或者符号的权利。《兰哈姆法》对注册商标的保护使得商标所有者在国内和国际的商务中拥有了很大的竞争优势，但是该法律并不能赋予企业商标永久所有权。该商标不再受注册商标保护，就意味着它已基本成为某种产品普遍的描述性词汇，公司就会因此失去这一商标。可口可乐、皇堡（Whopper）和施乐都是注册商标，竞争对手无权使用这些名称。而"阿司匹林"和"自动扶梯"这类商标在美国已经成为普通名词，任何人都可以使用。

1988年，《商标法修正案》对《兰哈姆法》进行了一项重大修正，允许公司在实际使用某商标前，通过事先声明其打算使用这一商标名称，来获得该名称的使用权。2003年，美国同意加入《马德里协定》，这是一个有利于在世界范围内保护美国商标权的条约。目前，《马德里协定》的成员国有95个，其中包括美国、澳大利亚、中国、欧盟、法国、德国、日本和英国。

在商标法方面，最新的一项变革来自美国最高法院的裁决，即公司可以拥有与其产品相关的某种颜色的商标使用权。做出这项改革的原因是随着时间的推移，消费者可能已经将某种特定的颜色与具体的品牌联系在了一起。新法规使得许多产品受益，包括纽特公司代糖使用的淡蓝色包装和欧文斯康宁玻璃纤维公司生产的粉红色绝缘材料。最近对于商标法的另一个补充法是《联邦商标淡化法》（1995年，2006年），目的是防止他人在非竞争性的产品上使用某个商标（例如，"凯迪拉克"刷）。

与定价有关的立法

营销组合中的"定价"因素是管制的重点，这包括两个方面：一是价格操纵，二是价格折扣。虽然《谢尔曼法案》没有就"价格操纵"做出具体规定，但法院认定它是违法行为，言下之意，法庭认为"固定价格"本身是不合法的。

某种形式的价格折扣是允许的。例如，数量折扣，即根据制造和分销的成本，给予购买者不同的价格；也可以按照购买数量，给予购买者一定比例的促销优惠或服务。同样，公司也可以按"诚信善意原则"应对竞争者的价格。

与分销有关的立法

对于分销（也就是前文所述营销组合中的"渠道"）和维护竞争的环境，政府主要关注四个方面：首先是排他性交易（exclusive dealing），即制造商与经销商约定，只能经销该制造商的产品，不允许经销竞争对手的产品。依据《克莱顿法案》，只有当这种行为大幅削弱竞争的情况下，它才是不合法的。

其次是有限制条款的合同（requirement contracts），即要求买方在一定时期内只能从一个卖方处购买其所需的全部或部分产品。这些合同并非总是不合法的，主要看法院如何理解其对产品分销的影响。

独家区域分销权（exclusive territorial distributorships）是经常受到管制审查的第三个分销问题。在这种情况下，制造商授权某个分销商在特定地理范围内独家销售某种产品。法院一般认为这种约定并不违法。

第四种分销策略是搭售协议（tying arrangement），即卖方要求某种产品的买方必须同时购买另外的产品。但如果卖方在搭售商品上的经济实力过大，从而抑制了被搭售产品的交易，这种协议就可能是违法的。有关分销的法律问题将在本书第15章详加阐述。

与广告和促销有关的立法

联邦贸易委员会（FTC）是根据1914年的《联邦贸易委员会法案》成立的，它密切监管营销中的促销和广告活动。联邦贸易委员会关注的是欺骗性或误导性的广告以及不公平的商业活动，它拥有以下两种权利：（1）发布禁止令；（2）发布纠正广告令。所谓禁止令，是指联邦贸易委员会命令一家公司停止它所认为不公平的商业行为。所谓纠正广告令，是指联邦贸易委员会要求一家公司更正原先的误导性广告。联邦贸易委员会的执行权影响很大，以至于许多公司只要一发现该委员会对其有所关注，就会立刻改变其促销行为。

谈到欺骗性广告，联邦贸易委员会和美国金宝汤有限公司之间的官司具有里程碑意义。在印刷广告中，金宝汤公司一直在汤罐头的底部垫上透明的玻璃突起，这样里面的原料（如面条或鸡块）就能露出汤的表面让消费者看到。联邦贸易委员会认为这种广告带有欺骗性，因为它不能如实地传达汤里固体原料的信息，于是发出了禁止令。金宝汤公司及其广告代理商同意不再使用这种做法，并在以后的广告中使用长柄勺来显示原料。

还有一些其他法律被用来约束促销行为。例如，《欺诈性信件的预防与实施法案》（1999年）制定了直接邮寄抽奖的法规，如在邮件、游戏规则和报名表中都必须声明"无须购买产品就可参加抽奖"的字样。类似地，《电话消费者保护法》（1991年）规范了电信行业的促销宣传，其中包括对传真促销的要求。电话营销也受到法律的限制，设立了"全国免骚扰电话登记"，这是一个不希望收到来路不明推销电话的消费者的电话号码清单。

最后，一些新的法律已经被用来限制信息的收集和来路不明的电子邮件促销活动，并详细列出互联网上可以直接选择不参加的程序，比如《儿童在线隐私保护法》（1998年）、《欧盟数据保护法》（1998年）和《控制未经请求的色情作品和营销法》（2004年）。参阅"营销无小事"专栏，了解联邦贸易委员会如何创建"不追踪"系统，以保护在线隐私。税收是与互联网相关的一个问题，它一直备受争议，并导致临时法律的制定，如《互联网税收自由法》（2007年）。

营销无小事　技术

在线追踪：有人在盯着你吗

你是否想过网页浏览器如何决定哪些广告显示在你的屏幕上？答案是你的行动被"追踪"和建档了。不管是微软、谷歌、摩斯拉（Mozilla）还是苹果，主要的浏览器制造商都可以记录下你所访问的网页或你在电子邮件中讨论的话题。这些信息使得广告主将其广告与你的具体信息相匹配。所以，理想情况下，你只会看到让你感兴趣的产品或服务的广告。如果你是宠物狗的主人，你会看到狗粮广告；如果你是猫的主人，你就会看到猫粮广告。

然而，收集这些信息也引起了隐私权问题。隐私权倡导者指出，许多消费者没有意识到信息的收集和使用并未经过他们的同意。他们还认为，在极端情况下，个人信息可能会导致意想不到的结果发生在消费者身上，例如，在线订票或购买食品可能会让你在抵押贷款或购买健康保险时遭到拒绝。

联邦贸易委员会最近公布了一份报告，呼吁在网络信息的收集方面实行更严格的自我监管。在其报告中，联邦贸易委员会建议每个浏览器都应为用户提供一个"不被追踪"的选项，以表明计算机用户不希望被追踪，并要求广告主遵守该要求。这种"选择不参与"制度非常类似于目前的"拒绝来电"系统。欧洲的准则更严格，它要求消费者要明确表示"选择加入"才行。

与此话题有关的问题并不简单。消费者需要考虑的问题是：通过分享数据而放弃一些个人隐私，以换取定向广告、定制的新闻网站和社交网络的服务，这是否是一个合理的交易。在这个价值240亿美元的广告业中，企业需要评估自我管控的能力，而联邦贸易委员会最终决定是否需要为此立法。在不久的将来，越来越多的消费者，尤其是儿童会使用智能手机应用程序，随之产生更多的追踪数据，这种形势会变得更加复杂。你认为该如何解决这一争论？

通过自我管制加以控制

政府大量立法，以创造充分竞争的商业环境，并保护消费者。除了政府管制以外，还要有**自我管制**（self-regulation），即行业制定相应的规定，进行自我约束。例如，几家主要的电视网实施了自我管制，以确定其在儿童玩具电视广告方面的指导方针。这些指导方针通常效果良好。但对于自我管制而言，尚存两方面的问题：一是成员不遵守，需要强制执行；二是如果自我管制的意图太强，企业就有可能违反《罗宾逊-帕特曼法案》。

最知名的自我管制组织是美国的商业促进局（BBB），它是由帮助维护公平交易行为的企业自愿结成的联盟，属于非营利组织，它只能利用"道德劝说"促使其成员遵守其规则。商业促进局提出了一个可信赖企业徽章计划（Accredited Business Seal Program），向消费者证明某家企业是否值得信赖。在展示商业促进局认证的企业徽章之前，参与者必须首先同意遵守商业促进局的经商准则，从业时间至少为1年，尊重在线访客的隐私权和电子邮件偏好，并承诺与消费者和商业促进局共同努力解决在其网站上推广或宣传的产品或服务所引起的纠纷。

营销知识应用

1. 嘉宝公司生产单一型号小罐装的婴儿食品由来已久。请进行环境扫描，确定三个可能严重影响该公司未来经营的趋势或因素，并对嘉宝公司如何应对这些变化提出建议。

2. 如果要为55岁以上年龄组的消费者设计汽车，你会增加哪些新的特征？你会在什么杂志上刊登广告来吸引目标市场的消费者呢？

3. 本章我们讨论了人口从郊区迁移到远郊小镇的问题。哪些企业和行业可能从这种趋势中受益？为了适应这些消费者，零售商需要如何改变？

4. 新技术不断改进并取代现有的产品。技术变革往往难以预测，但下列公司和产品会受互联网和数字技术怎样的影响，请提出你的看法：(1) 柯达照相机和胶卷；(2) 美国航空公司；(3) 纽约大都会艺术博物馆。

5. 近年来，在酿造行业，许多历史上曾经占据主要市场份额的大啤酒公司（如安海斯-布希公司与米勒公司）面临许多小品牌的竞争。根据竞争的类型，你将如何解释这种变化？

6. 约翰逊公司制造印有口号与图案的纽扣和胸章。这些胸章的生产成本很低，并且在诸如折扣商店、业余爱好商店和书店等零售店中销售。新的竞争者只需要很少的设备就能进入该市场，约翰逊公司应该采取什么策略，以建立有效的准入壁垒？

7. 为什么施乐公司会担心其商标名称不再受商标法的保护？

8. 为一家新的维生素网店制定一个"商业行为守则"，你的准则会涉及广告吗？会涉及隐私权吗？会涉及儿童使用吗？为什么自我管制非常重要？

营销案例思考

极客帮公司：新环境下的新业务

"只要有创新，就会带来各种形式的新混乱。"技术支持公司极客帮的创始人罗伯特·斯蒂芬斯这样说。斯蒂芬斯所提的"混乱"指的是为了适应我们环境中的种种改变，所经历的诸多困难，特别是在计算机、技术、软件、通信和娱乐方面。一般来说，消费者很难自己安装、操作和使用现有的许多电子产品。"阅读手册很费时间，"斯蒂芬斯继续说，"而我会帮你节省那部分时间，因为我每周六晚上都在家里为你阅读它们。"

公司简介

斯蒂芬斯是芝加哥人，当他放弃艺术学院奖学金转而攻读计算机学硕士学位时，极客帮的故事就开始了。因为斯蒂芬斯是计算机专业的学生，他找了一份为研究实验室修理计算机的工作，同时他也开始做咨询工作。尽管他决定把重点放在计算机上，但他也修理电视机等其他电器。作为顾问的工作经验使他认识到大多数人需要技术帮助，并且看重服务公司的价值，因为它们的员工能够在指定的时间赶到现场，解决问题，而且态度友好，用语易懂。1994年，在只有200美元启动资金的情况下，斯蒂芬斯成立了极客帮公司。

极客帮成立的目的就是为需要计算机技术的人提供及时有效的帮助，而不论计算机是什么品牌、何种型号或是在哪里购买的。极客帮公司的员工被称为"特工"，他们统一着装，一律穿着黑色制服裤子或裙子、黑色皮鞋、白衬衫，以及印有极客帮公司标志的黑色外套，并佩戴卡扣式黑色领带和徽章，以便创造一个对客户友好的"谦虚"态度。这些"特工"开着黑白相间的大众甲壳虫汽车或极客车，并在车门上印有标志，无论提供服务需要花多少时间，他们都只收取固定的费用。极客帮的上门服务从安装网络到调试电脑，再到铺设娱乐系统，收费从100美元到300美元不等。"我们就像《天罗地网》里的警探，及时出现在用户家里，出手相助，"斯蒂芬斯说，"我们也像《捉鬼敢死队》里的捉鬼大师，或《黑衣人》中的政府雇员。"

2002年，极客帮被家用电子产品零售商百思买以大约300万美元的价格收购。百思买已注意到大多数复杂的产品都有非常高的回报率。消费者对于新产品会感到十分新奇，他们购买新产品，却又因为不会操作而退回商店，并要求退款。事实上，百思买的研究显示，消费者已经开始将服务看成购买的重要组成部分。所以，最好的办法就是与消费者建立伙伴关系，百思买的消费者十分欢迎这种帮助。斯蒂芬斯成了极客帮的首席监察员和百思买的副总裁，并开始在每一家百思买的分店设立极客帮柜台，开设一些独立的极客帮门店，并提供24小时电话服务。目前，有2万多家代理商分布在美国、加拿大、英国和中国，退货率下降了25%～35%。极客帮的服务计划也可以在亿贝上出售，极客帮的网站宣称该公司"服务大众、维护技术和保护世界"。

不断变化的营销环境

诸多环境因素的变化导致了对极客帮服务的需求。未来的变化也可能会改变极客帮公司的经营方式。环境扫描有助于理解这些变化。

最明显的变化与科技有关。无线宽带技术、高清电视、互联网接口产品，以及使用电脑、智能手机及娱乐系统的总趋势，甚至相互连接的电器，这些只是消费者要了解的新产品和应用服务的一小部分例子。同时，也存在很多与技术有关的问题，如病毒、间谍软件、数据丢失和系统崩溃或电脑无法操作。新技术创造了对新型维修服务的需求，如密码管理、操作系统更新、磁盘清理以及碎片整理。

另一个使极客帮受人欢迎的环境变化是社会因素的变化，诸如人口统计特征和文化等。过去，电子制造商和零售商侧重于男性消费者，现在女性消费者对于个人电脑和家庭娱乐设备越来越感兴趣，根据家用电子产品协会的预测，在不久的将来，营销者在女性消费者身上投入的资金很可能超过男性。百思买的消费者研究表明，女性消费者在购买和售后安装时希望得到个性化的服务，而这正是极客帮公司愿意提供的。美国的文化也支持极客帮的理念。例如，在最近停播的电视连续剧《超市特工》里，其中一个角色就是在"买多多超市"的怪才维修部工作，他开的车就像一辆极客车，上面还印着极客帮的服务电话！

竞争、经济和管制环境也对极客帮有重大影响。随着沃尔玛等折扣店和戴尔等个人电脑制造商开始与百思买展开竞争，如上门安装等新服务也必须为消费者创造价值。现在，正如竞争的变化为极客帮创造了机会一样，它也带来了另一个层面的竞争，如史泰博（Staples）推出了易科技（EasyTech）服务，欧迪办公（Office Depot）推出了技术维修中心服务。随着价格的下跌和需求的增加，电子产品市场的经济形势正持续改善。2010年，消费者购买了200万台3D电视，家用电子产品的销售总额超过了1 800亿美元。最后，对音乐、电影和软件等产品受版权保护的素材的电子化监管环境正不断地发生变化。极客帮必须时刻关注这些变化，以确保其服务符合相关法律。

极客帮的未来

许多积极的环境因素组合可能是极客帮公司取得如此非凡成功的原因。现在，极客帮每天需要维修3 000多台电脑，创造超过10亿美元的年收入。极客帮公司的服务有着高利润的回报，有助于百思买整体业绩的提升，并帮助它增加商店的客流量以及巩固顾客忠诚度。但是为了公司进一步成长，极客帮需要继续进行环境扫描，努力寻找创造客户价值的新方法。

一种可能的新方法是建立新的伙伴关系。例如，极客帮和福特公司建立了合作伙伴关系，以帮助消费者安装车载通信系统。未来，百思买将为福特的福克斯电动汽车提供240伏家庭充电站。极客帮将为车主提供电力检查和住宅安装服务。极客帮也在利用新技术，寻求改进。"特工"现在可用智能手机访问更新的日程表，记录他们的用时，并对用户的设备进行诊断测试。百思买也在测试一个"解决方案中心"服务台，并安排极客帮的特工值班，类似于苹果专卖店天才吧（Genius Bar）的概念。最后，为了吸引优秀员工，极客帮和百思买正在尝试一种"只求结果的工作环境"，没有固定的日程安排，也没有强制性的会议，鼓励员工就自己的工作和生活做出安排，极客帮希望用这样的方法保持高士气和高生产率。

其他变化和机会很快也会出现。尽管极客帮已经取得了成功，并且拥有继续增长的潜力，但是罗伯特·斯蒂芬斯本人却十分谦虚，他说："极客帮会继承这个地球，但我们并不想统治它!"

思考题

1. 是什么关键环境因素为罗伯特·斯蒂芬斯创立极客帮创造了机会?

2. 所有消费者和女性消费者的购买模式中发生了什么变化使得收购极客帮对百思买显得尤为重要?

3. 根据案例提供的资料和你对消费类电子产品的了解,为极客帮进行环境扫描,识别市场中关键的发展趋势。从五种环境因素(社会、经济、技术、竞争、制度)的角度,分别确定在不久的将来可能会影响极客帮的趋势。

4. 你会推荐什么样的促销活动,以鼓励选择独立安装的消费者转向选择极客帮呢?

4

可持续营销的伦理和社会责任

学习目标

1. 解释营销中合法行为与伦理行为之间的区别;
2. 辨识影响伦理与非伦理营销决策的因素;
3. 描述不同社会责任的概念;
4. 识别不合乎伦理的和不负社会责任的消费行为。

安海斯-布希公司：在更美好的世界成为最好的啤酒公司

是什么让一家公司自1982年以来花费9.8亿美元说服人们以负责任的态度消费其产品，并投入数千万美元去保护环境的？美国酿酒龙头企业安海斯-布希给出了答案。

饮酒的责任

几十年来，安海斯-布希公司一直倡导负责任地饮酒。1982年，该公司发起了一场打击酗酒和未成年饮酒的运动，口号是"知道何时停止"。1989年，该公司成立了消费者认知和教育部。现在，该部门叫企业社会责任部，负责开发和实施促进负责任饮酒的计划、发布广告和建立伙伴关系，防止酒后驾车，制止未成年人饮酒。例如，该公司制作并向家长和教育工作者免费分发了数百万份的《家庭谈论饮酒指南》。家人谈酒计划帮助父母和其他成年人与自己的孩子一起谈论未成年人饮酒问题；2011年，该计划扩散到社交媒体，包括一个专门的脸谱网页（见www.facebook.com/ABFamilyTalk）。

2004年，该企业发起了"责任重大"运动，进一步引导大众对饮酒的认知。该活动制订和实施有效的教育和宣传计划，以提升责任感，促进负责任的行为。安海斯-布希认为这些努力有助于（至少部分）减少酒后驾车造成的死亡、未成年饮酒以及其他形式的酗酒。

2012年，安海斯-布希推出了NationofResponsibleDrinkers.com，这是一个有社交媒体板块的负责任饮酒运动网站，旨在吸引成人饮酒者的加入，让其明确酗酒的危害。该网站要求成年人承诺负责任地饮酒，然后分享到脸谱网，以鼓励他们的朋友也这样做。承诺分三项：

- 遵守法定饮酒年龄约束。
- 负责任地享受，并且知道何时停止。
- 担任代驾或使用代驾。

然后，每个承诺都会添加到一个交互式地图上，人们会看到做出承诺的人在哪些社区。

2013年，百威公司发射了有史以来第一个负责任饮酒的飞艇。飞艇携带有

"请找代驾"的信息，在17周的时间里横跨飞行了美国的大部分地区。飞艇的飞行计划会契合旅游城市的重大节日、户外庆祝活动和体育赛事的时间。成年人可以登录www.budblimp.com，承诺负责任地饮酒，并始终找代驾司机，然后通过脸谱网分享他们的承诺，鼓励朋友们也这样做。

安海斯-布希还实施了一项计划，通过向零售商提供准确核查身份证信息的工具来阻止未成年人饮酒，这有助于防止向未成年人售酒。该公司还帮助家长就饮酒之事与其子女展开讨论，并保持对话；还支持有关法律的执行，并且通过各类社区演讲者帮助学校鼓励青少年建立自尊。

环境保护

安海斯-布希致力于酿造最优质的啤酒，推动环保，并在全国各社区发挥积极的影响。该公司将重点放在水、能源和循环利用等关键问题上，致力于啤酒厂内外的环保工作。

水是啤酒的关键成分，安海斯-布希努力保护这种天然资源。2013年，据该公司的报告，其酿酒厂的用水量在过去五年中减少了40%，且回收率达到99.6%。事实上，安海斯-布希在全球的130家酿酒厂都是零浪费。在铝罐回收方面，安海斯-布希已领先30多年，每年回收近150亿只易拉罐。其他用品如谷物、山毛榉板、塑料、纸板、玻璃和金属用量也在减少，并被公司回收重复使用。事实上，从2009年到2012年，安海斯-布希的包装材料减少了近7.3万吨。

安海斯-布希制造的啤酒中近1/6是用可再生燃料酿造的，包括沼气和废物填埋气。该公司是世界上最大的实行生物能源回收系统（BERS）的企业之一，该系统可将酿造废水中的养分转化为可再生沼气。

安海斯-布希切实地履行自己向消费者和普通大众应尽的道德义务。同时，公司努力保护自然环境，改善社会福祉，这反映了其更广泛的社会责任。

◎ 营销伦理的本质与意义

伦理是主导个人或群体行为与决策的道德准则和价值观。当人们面临道德困惑时，它就是正确和恰当行事的指导方针。

营销中的伦理-法律框架

区分营销决策中的合法性与伦理性是理解伦理本质与意义的良好开端。图4-1展示了法律和伦理之间的关系。伦理处理的是个人道德准则和价值观，而法律是由法院强制执行的社会价值观和标准。这种区分有时会导致人们理所当然地以为，如果某一行为是合乎伦理或法律规范的，那么它一定不会是违法的或是不道德的。最近一项调查问及这样一个问题："你认为是否可以在不违法的前提下钻法律的空子呢？"在参加调查的商人中，约有61%认为"可以"。如果是你，又会如何回答呢？

在界定伦理与法律的界限时，多数情况下判断扮演着重要的角色。认真阅读每一种情形，然后，将图4-1所显示的伦理-法律矩阵中与该情形最适合的部

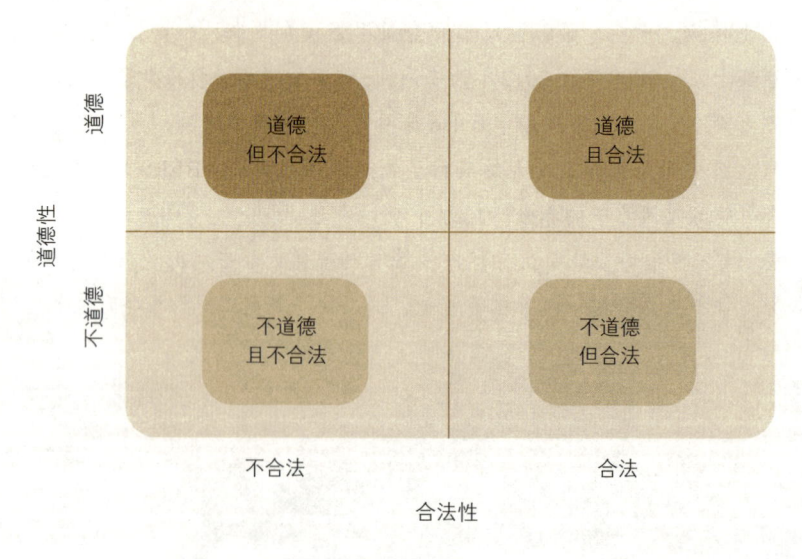

	不合法	合法
道德	道德但不合法	道德且合法
不道德	不道德且不合法	不道德但合法

道德性（纵轴） 合法性（横轴）

图4-1 根据道德与法律关系划分营销决策类别的四种方法

分对应起来。

1. 亚利桑那州马里科帕县医学会超过70%的医生同意设立保健服务最高收费价目表，以抑制日益增加的医疗成本。凡是加入这个医学会的医生都被要求遵照这一价目表。美国最高法院判定这一价格协议违反了《谢尔曼法案》，属于价格操纵，是违法行为。该医学会的行为合乎道德规范吗？

2. 加利福尼亚州的一家公司把一套电脑软件卖给了一位汽车经销商，该软件显示买车的人应该贷款购买，而不是支付现金。由于该软件忽略了所得税的影响，并虚报了贷款期间储蓄所得的利息，导致贷款购买总比现金支付的净收益性更好。该公司的雇员认为该软件确实误导了购买者，但他们声称"只要不违反法律，公司就可以向顾客（汽车销售商）提供他们想要的东西"。这种行为道德吗？

3. 中国是世界上最大的烟草生产国，有3亿烟民。每年大约有100万中国人死于与吸烟有关的疾病。预期该数字到2050年将上升至300多万人。中国在法律上严禁烟草进口，而美国贸易谈判者提倡自由贸易，要求允许美国烟草公司在中国营销其产品。美国对中国的贸易要求合乎道德吗？

4. 一群大学生在当地一家电影院录下电影，然后将电影上传到互联网。联邦法规规定未经授权复制、传播或者展示受版权保护的电影图像是违法的。然后，这群学生告诉其朋友和家人去一个免费下载电影的P2P网站，下载他们上传的电影。这些学生的做法道德吗？他们的朋友和家人的行为呢？

这些情形与图4–1中的情况相对应吗？或许并不对应。阅读本章内容，你还需要考虑营销者和消费者要面临的其他道德困惑。

对伦理行为的批评

商人的伦理问题已经激起了公愤。民意调查显示，只有17%的美国成人认为企业管理层的道德标准为"很高"或"高"；广告人、电话推销员和汽车销售员被认为是最缺乏道德的。对企业雇员的调查基本证实了这一公众认识。当被问及他们是否意识到自己所在公司存在伦理问题时，41%的人回答"是"。

人们之所以认为企业的伦理行为处在目前这样一个水平，可能的原因至少有四个。首先，在多元化价值体系占主导的社会中，商人在进行决策时面临着更多的压力；其次，具有不同价值观和利益的群体对商业决策进行公开评判已日渐成为一种趋势；再次，公众对商业伦理行为的期待有所提高；最后，也是最让人不安的，合乎道德的商业行为或许真的衰落了。

◎ 影响伦理营销行为的四个因素

研究者已确认四个影响伦理营销行为的因素。图4-2给出了展示这些因素及其相互关系的框架。

```
社会文化与标准
      ↓
商业文化和行业惯例  →  个人道德观念和伦理行为
      ↓                    ↑
企业文化和期望 ─────────────┘
```

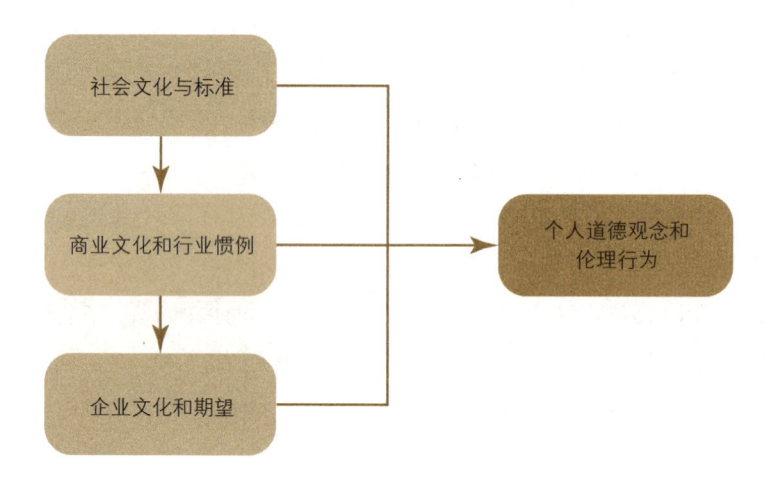

图 4-2　理解伦理行为的框架

社会文化与标准

正如第3章所述，文化指群体成员之间习得并共享的一系列价值观、理念和态度。文化也是一种社会性力量，用于判定什么在道德上是正确和适当的。这意味着道德标准与特定的社会是相关的。有些社会和经济行为会造成道德上的困惑，而这些标准通常反映的就是影响这些社会和经济行为的法律和规则。在全球市场上竞争的公司认识到了这一事实。以全球最大的包裹递送公司联合包裹服务公司（UPS）为例，它在全球200多个国家和地区展开运营。根据该公司全球合规性和道德协调员所述："虽然世界各地的语言和文化千差万别，但我们不会改变联合包裹服务公司的道德标准。我们的道德方案是全球性的。"正因如此，联合包裹服务公司一直在全球最道德公司中名列前茅。

社会价值观和态度同样会影响个人、群体、商业机构和组织间的伦理和法律关系。考虑一下复制他人版权、商标或专利的问题，这些权利被视为知识产权。在美国和其他大多数国家，未经授权使用、复制或传播知识产权是违法的，违犯者可能会被罚款和监禁。知识产权所有者也会遭受损失。例如，全球音乐产业每年因知识产权的盗用而造成的销量损失达到了70亿美元，电影行业为205亿美元，软件行业更是达到了630亿美元。销量的损失反过来造成了就业、版税、薪水以及税收的损失。

我们如何看待从互联网的文件共享中下载受版权保护的音乐、电影和软件，而不给所有者付费这种行为呢？它是道德的行为还是不道德行为？不同的人有不同的答案。对美国公众的调查显示，大多数人认为这样的行为是不道德的。然而，仅有三分之一的美国大学生认为这样的行为不道德。

商业文化和行业惯例

社会文化为理解商业活动的道德行为奠定了基础。商业文化"包括有效的游戏规则、竞争行为和非道德行为间的界限，以及商业行为守则"。消费者已经见过无数商业文化走上邪路的事件，比如金融行业的内部交易、保险行业的欺骗性销售和国防行业的行贿受贿。商业文化不仅影响买卖双方交易关系中的伦理行为，也影响卖方之间竞争的伦理行为。

交易伦理　交易过程是营销概念的核心。买卖双方之间合乎伦理的交易应使双方实现双赢。

20世纪60年代之前，美国企业文化普遍信奉**购者自慎**（caveat emptor）这一法律概念。1962年，肯尼迪总统概括性地提出了《**消费者权益法案**》，旨在将买卖双方的交易伦理以法律形式固定下来。这些权利包括安全权、知情权、选择权和申诉权。面对美国商人，消费者期望且通常需要这些权利受到保护。

安全权体现为在美国销售的大部分产品要遵守的行业与联邦安全标准。实际上，美国消费品安全委员会定期检测1.5万种消费品的安全性。但是，即便尽了最大的努力来保证产品安全，仍无法预见所有的可能性。由消费品安全事故导致的个人索赔与财产损失每年为企业增加了7 000多亿美元的成本。以便携式电脑和笔记本电脑所用的电池为例：戴尔公司得知其笔记本电脑使用的由日本索尼能源设备有限公司生产的锂离子电池存在火灾的隐患，可能威胁消费者的安全，在发生个人伤亡事故之前，戴尔公司召回了270万块电池，并给消费者替换了新电池。

知情权意味着营销者有义务向消费者传达完全且准确的产品及服务信息。这项权利同样适用于营销者通过互联网收集个人信息及后续的使用。联邦贸易委员会的一项网站调查显示了92%的个人信息采集情况，比如消费者的电子邮件地址、电话号码、购物习惯和财务数据，只有三分之二的网站告知了消费者这些信息在获取之后的用途。隐私声明告知消费者的是企业的数据使用政策，批评家称这些政策常常是含糊而费解的，或是条文烦琐而难以理解，联邦贸易委员会希望不能只是公布隐私声明就了事。在担心在线个人信息保护情况的消费者中，有三分之二的人也持有这种观点。消费者知情权已催生了多部联邦法，如《儿童网络隐私保护法》（1998年）和限制个人信息披露的自我管制倡议。

与选择权相关的是，如今许多连锁超市要求制造商交纳"进场费"，支付现金或提供免费商品才能允许新产品上架。这种做法可能会限制消费者能够接触的新产品数量，并且妨碍他们的选择权。有人批评说："如果几年前就收取进场费的话，我们现在可能就没有格兰诺拉麦片、花草茶或是酸奶了。"

最后，申诉权意味着消费者应该能够向公共政策制定者投诉产品和服务。这项权利在对电话营销的限制中得到了体现。2003年，联邦贸易委员会为那些不愿收到来路不明推销电话的消费者建立了电话黑名单。如今，美国登记了2.2亿个电话号码，它们由联邦贸易委员会管理。电话营销者每拨打一个登记在册的电话号码会被处以1.6万美元的罚金。

竞争伦理　企业文化也会影响竞争中的伦理行为。有两种不道德行为最为常见：（1）经济间谍；（2）贿赂。

经济间谍指暗中收集竞争对手的商业秘密或专有信息。这种行为是非法的和不道德的，当事人或企业会受到严厉的处罚。经济间谍活动包括非法侵入、偷窃、欺诈、误传、窃听、翻查竞争者的垃圾，以及在雇用合同中明文规定和暗示竞业禁止条款。有一半以上的美国大公司曾发现遭受过某种形式的经济间谍的黑手，造成的销售额损失每年达3 000亿美元。

经济间谍在电子、特殊化工、工业设备、航空和制药等高科技行业中最为普遍，因为在这些领域中，关键技术与商业秘密是产业领先者与追随者的分水岭。但是经济间谍行为无处不在，甚至软饮料行业也不例外！阅读"负责任地决策"专栏，了解百事可乐面对可获取其竞争对手营销计划的机会时是如何应对的。

负责任地决策　商业道德

可乐战争中的企业良知

假定你是百事可乐公司的一位高管，现在可口可乐公司有一名员工提出要以适当的价格把一种新可乐产品的营销计划书和样品卖给你。若你知道如此一来，百事可乐就能在与可口可乐的竞争中获得显著的优势，你会买下它吗？

就这一问题对营销和广告主管进行在线调查时，67%的人承认若没有负面影响，他们会买下这份计划书及其样品。当这一情况发生的时候，百事可乐是怎么做的呢？它立即联系了可口可乐，可口可乐又马上联系了联邦调查局。一位秘密的联邦特工用饼干盒装了3万美元现金作为定金交给了这名员工，随后立即逮捕了该员工及其同伙。当被问及这一事件时，一位百事可乐的发言人称："我们只是做了任何负责任的公司都会做的事情。竞争是激烈的，但必须公平和合法。"

为什么在这项在线调查中有33%的回应者认为自己会拒绝这一交易呢？大部分人说他们更愿意接受合乎道德的竞争，这样才可以在晚上安心入眠。一位选择拒绝这一交易的广告公司高管称："我们付出的不仅仅是潜在的间谍费用而已。只要我们还有良知，负担就会一直存在。"

这位可口可乐的员工及其同伙最终怎么样了呢？她被判入狱8年，并支付4万美元的赔偿金。她的同伙每人都被判入狱5年。

不道德竞争行为的第二种形式是行贿受贿和拿回扣。贿赂与回扣通常伪装成礼物、咨询费和纪念品等。这种做法在B2B电子商务和政府营销中比在消费品营销中更常见。

一般而言，在竞争激烈的产业以及处于经济发展初级阶段的国家，贿赂行为最为明显。根据联合国最近的一项研究，工业化国家中有15%的公司为了赢得或保住生意不得不行贿。在亚洲，该数字为40%。在东欧，60%的公司为了做生意必须行贿。对负责全球营销的企业高管的一项调查显示，俄罗斯是最有可能通过贿赂来赢得或保住生意的国家。而在荷兰、瑞士和比利时这一比例最小。世界范围内的贿赂行为受透明国际组织的监控。

国际营销中经济间谍和贿赂行为的普遍存在迫切需要通过立法来加以抑制。在美国，《经济间谍法案》（1996年）以及《海外反腐败法案》（1977年）这两部重要的法律旨在消除这些行为。详见第7章。

企业文化和期望

影响伦理行为的第三个因素是企业文化。企业文化指企业成员间习得并共享的一组价值观、理念和态度。企业文化体现在员工的衣着（"我们不系领结"）、谈吐（"IBM的方式"）和工作方式（团队合作）中。它也体现在正式规范中对伦理行为的期望和高管与同事的伦理行为中。

伦理规范 伦理规范（code of ethics）是伦理行为的原则与规范的正式表述。据估计，86%的美国公司有某种形式的伦理规范，四分之一的大公司拥有伦理规范总监。伦理规范通常有助于解决政府官员和政党、客户和供应商的关系，化解利益冲突，以及准确实施客户管理。

例如，在联合技术公司，公司的伦理规范被译成37种语言，500位业务行事主管将它们分发到大约21万名员工手中，这些员工在大约180个国家为这个国防和工程业巨头工作。联合技术公司最近解雇了330名员工，原因是他们违反了商业伦理准则。

然而，伦理规范往往很难确保员工做出合乎道德的行为。可口可乐有其伦理规范，并强调员工行为要合乎道德。但是，这并没能阻止一些可口可乐员工为了赢得汉堡王的业务伪造某种软饮料的市场测试结果。可口可乐随后答应赔偿汉堡王及其经营者2 000多万美元，才平息了这场风波。

模棱两可是违反伦理规范的一个主要原因。员工经常必须判断某一特定行为是否合乎伦理规范。针对这一问题，美国营销协会提供了一份所有成员都同意遵守的商业伦理规范。如"美国营销协会商业伦理声明"所示。

企业高管与同事的伦理行为 违背伦理规范的第二个原因来自模仿企业高管及同事的行为。观察同事和高管的做法以及判断对不道德行为的反应对个人行为的规范有着重要的作用。一项对企业高管的研究表明，63%的人见过在道德上令人忧虑的行为。举报不道德行为的人约有21%受到了惩罚，要么是直接的惩罚，要么降低了在公司里的地位。显然，道德上两难的困境会造成个人和职业的冲突。为此，各国颁布了相关的法律，保护**吹哨人**（whistle-blowers），即揭发、举报其雇主不道德或非法行为的雇员。

美国营销协会商业伦理声明

序

美国营销协会致力于在其成员中推行最高标准的商业伦理规范和价值观。规范指社会和（或）专业组织期望和维护的既定行为准则。价值观代表了人们认为满意、重要和合乎伦理的共同观念。价值观用于评估他人行为的标准。

营销从业者必须认识到他们不仅服务其所在的企业，在创造、促进和落实构成更大经济体一部分的有效率和有效的交易中，他们也扮演着社会服务者的角色。在这一角色中，营销者应当信守专业人士的最高伦理规范，以及对利益相关者的责任中隐含的伦理价值观（利益相关者指顾客、员工、投资者、渠道成员、监管者和所在的社区等）。

一般规范

1. 营销者必须做到不做坏事。这意味着做好他们受过适当训练并应对自如的工作，积极为组织和顾客创造价值。同时也意味着要遵守一切适用的法律法规，并在决策中体现较高的伦理标准。

2. 营销者必须在其营销系统中培养信任感。这意味着产品与其预期和宣传的用途要契合。这要求对于产品和服务的营销传播不能有意欺骗和误导。这表示要建立能公平调解顾客投诉和（或）给予赔偿的关系。这也意味着应争取诚信和公平交易，以便使交易过程更有效。

3. 营销者必须信奉、传播和践行基本的伦理价值观，这可以增强消费者对营销交易系统真实性的信心。这些基本的价值观是人们内心所渴望的，包括诚实、责任心、公平、尊重、公开以及公民意识等。

伦理价值观

诚实——在处理与顾客及利益相关者的关系时做到诚实、坦率。
- 在任何情况下和任何时候，我们都会据实相告。
- 我们将提供与所宣传的价值相称的产品。
- 如果产品没有达到宣传的效果，我们就要负责。
- 我们会遵守自己做出的或明示或暗示的保证和承诺。

责任心——接受我们的营销决策和策略带来的后果。
- 我们会尽全力满足顾客的需求。
- 我们不对利益相关者实施强制举措。
- 我们承认对利益相关者的社会义务，这种义务与增加销量和提高经济实力相伴而生。
- 我们恪守对经济弱势群体的特殊承诺，如孩子、老人以及生活条件恶劣的人群。

公平——努力平衡卖方利益与买方需求。
- 我们以公开透明的营销、广告等方式来呈现产品，包括避免虚假、误导及欺骗性促销。
- 我们拒绝损害消费者信任的操纵和销售策略。
- 我们绝不采用限价、掠夺性定价、哄抬物价和挂羊头卖狗肉等诱骗招数。
- 我们不会故意参与到实质性的利益冲突中。

尊重——承认所有利益相关者的基本人格尊严。

- 我们重视个体差异，在促销中不用消极或非人道的方式僵化地看待顾客或按照人口统计特征描述人群（如性别、种族、性取向等）。
- 我们了解顾客的需求，在一贯的基准上，尽一切努力监控和提高他们的满意度。
- 我们会特别努力地理解来自其他文化环境的供应商、中间商和分销商。
- 我们要适当感谢其他各方对我们营销的贡献，诸如咨询公司、员工和合作者。

公开——营销工作的透明化。
- 我们努力与所有顾客清晰地沟通。
- 我们接受来自顾客以及其他利益相关者的建设性批评。
- 我们会解释重大的产品或服务风险、组件替代品以及其他可预见的不可抗事件，因为它们会影响顾客的购买决策或对购买决策的感受。
- 我们会充分披露标价、融资条款和可行的价格优惠和调整。

公民意识——履行从战略层次服务利益相关者的经济、法律、慈善及社会责任。
- 我们会在开展营销活动时努力保护自然环境。
- 我们会通过志愿服务及慈善捐助的方式回报社区。
- 我们致力于全面改善营销及其声誉。
- 我们会资助供应链成员，确保交易对所有参与者来说都是公平的，包括发展中国家的生产者。

实　施

最后，我们承认每个行业和营销分支（如营销调研、电子商务、直销、直复营销、广告宣传等）均拥有其具体的伦理问题，需要不同的政策与说明。一些准则可通过美国营销协会网站上的链接获得。我们鼓励所有这样的群体发展和（或）改善他们所在的行业以及具体营销方式的伦理准则。

个人道德观念和伦理行为

伦理选择最终建立在决策者个人的道德观念基础上。道德观念通过与朋友、家人的社会化生活过程以及正规的教育习得，也受个人所处的社会、商业和企业文化影响。对营销行为有直接影响的两个最著名的个人道德观念是道德理想主义和功利主义。

道德理想主义 道德理想主义（moral idealism）认为无论结果如何，个人的权利及义务均为天赋的个人道德观念。这种道德观念体现在《消费者权益法》中，并为道德思想家及消费者利益团体所推崇。例如，知情权赋予消费者了解与汽车安全相关的缺陷的权利。

这种观念也适用于道德义务。一项基本的道德义务就是不做坏事。对这种义务的坚持促使3M公司的高管最近决定停止已生产近40年的某种化工产品。该材料广泛用于宠物食品包装、糖果包装、地毯以及广受欢迎的思高洁织物防护剂，人们并不清楚其对健康或环境有害。然而，公司在世界各地均发现了该化学物质在人体和动物体内极小量的残余，并在器官组织内累积。他们认为这种物质剂量大了可能会造成危害，尽管每年销售额会损失2亿美元，3M公司还是主动停止了该产品的生产。

功利主义 另外一种道德观念是**功利主义**（utilitarianism），是通过评估道德行为后果的成本与收益，重点强调"最多数人的利益最大化"的道德观念。如果收益大于成本，那么行为即是合乎伦理的。反之，就是不合乎伦理的。这一观念构成了资本主义经济原理的基础，因而受到众多企业高管和学生的推崇。

雀巢食品公司"好起点"婴儿配方奶粉的营销就是功利主义的一个著名例子，该奶粉由雀巢三花公司负责销售。这种配方奶粉旨在预防或减少婴儿牛奶过敏反应引起的腹绞痛，因为有2%的婴儿出现过这种情况，因此，促销突出了其低过敏性的特点。但是，一些对牛奶重度过敏的婴儿在使用好起点后出现了严重的副作用，如抽搐性呕吐。医生和家长指控低过敏性的宣传具有误导性，食品和药品管理局也介入事件调查。

雀巢的一位副总裁为产品辩护，声称："我不明白为什么我们的产品必须要百分之百没有问题，如果我们想说它不会带来任何问题，就会称其为'不会导致过敏'。但实际上我们称其为'低过敏性'或'很少导致过敏'。"雀巢的主管似乎认为大多数有过敏症的婴儿能从好起点获益，毕竟是"最多数人的利益最大化"。然而，其他观点占了上风，这种宣传也就在产品标签中消失了。

认识伦理本质并理解不道德行为频繁出现的原因，能让人们清醒地认清营销决策中的伦理问题何时以及如何发生。从根本上讲，伦理行为属于个人问题，但其结果却会影响很多人。

◎ 理解可持续营销的社会责任

正如我们在第1章看到的那样，社会营销概念强调营销的社会责任，即不仅仅满足消费者的需要，还应为社会创造福利。**社会责任**（social responsibility）意味着企业是社会的组成部分，企业行为应对社会负责。跟伦理一样，不同的社会、商业与企业文化体现的价值观多种多样，人们很难就社会责任的本质和范围达成一致。

三类社会责任

图4-3显示了三类社会责任：（1）利润责任；（2）利益相关者责任；（3）社会责任。

利润责任 利润责任指公司有一个不言自明的责任，即为其所有者或股东最大化地创造利润。这一观点是由诺贝尔奖得主米尔顿·弗里德曼提出的，他认为："企业有且仅有一项社会责任，即在遵守游戏规则的前提下，充分利用自身资源，从事旨在增加利润的活动。也就是说，在不欺骗不作假的情况下进行公开自由的竞争。"

伊利格鲁斯特胶囊是用于治疗遗传性疾病"戈谢病"的药品，全世界有1万人患有此病，健赞公司是它的制造商，因在定价时过于强调利润，该公司受到批评。服用健赞的伊利格鲁斯特胶囊一年的费用高达30万美元。健赞的一位发言人回应说：公司每年要投入数百万美元用于生产伊利格鲁斯特胶囊，而且对没有购买保险的病人还免费赠药。此外，公司多年来投入了相当多的资金用于研发伊利格鲁斯特胶囊，而且该药的利润被投入后续的研发计划中。

利益相关者责任 对营利观点的批评引出了一个更广泛的社会责任概念。

社会责任
公共利益群体
生态环境
普罗大众

利益相关者责任
供应商/分销商
员工
消费者

利润责任
所有者/股东

图 4-3　三类社会责任

利益相关者责任强调的是企业对可能影响其目标达成的人应负的责任。这些影响者包括消费者、员工、供应商和分销商。当毕雷矿泉水的供应商毕雷水源公司追踪到有 13 瓶矿泉水含有有毒化学物质之后，召回了 120 个国家销售的 1.6 亿瓶矿泉水，这种行为就是在履行这一责任。这次召回让公司的成本增加了 3 500 万美元，销量下降则导致利润减少 4 000 万美元。尽管该化学物质的含量没有达到对人体有害的程度，但毕雷公司的总裁认为，通过"最大限度地消除疑虑，突出产品的质量与纯净形象"，从而实现公司的消费者、分销商及员工利益的最大化，毕雷做到了。

若不考虑更广泛的顾客利益，公司就会受到消极的影响。例如，丰田汽车的高管对丰田品牌安全性投诉的应对方式，让丰田汽车公司饱受批评。丰田汽车出现了引擎卡顿的问题，导致汽车突然加速。在国家公路交通安全管理局的施压下，该公司在全球范围内召回了 900 万辆汽车。召回之后，丰田汽车的销售额下降，从而影响了丰田员工、供应商、股东和分销商的利益。

社会责任　近年来出现了一种更为广泛的社会责任概念。社会责任指企业在以下两方面应尽的义务：（1）生态环境的保护；（2）公众。重点在于**三重底线**（triple-bottom line），即需要企业同时改善对消费者、地球和利润状况的认知，如果企业实现了可持续的长期增长，就能达此目的。开展可持续营销的营销者已经接受了社会责任的概念，**可持续营销**（sustainable marketing）即满足当今（全球）的经济、环境和社会的需求，同时又无损于子孙后代满足这些需求的机会。绿色营销、公益营销、社会责任审计和可持续发展即反映了这种认知。

绿色营销（green marketing）指致力于生产、促销和回收环境敏感性产品的营销，它有多种形式。在3M公司，产品开发机会既源自对消费者的调查研究，也源自其"污染防治补偿"计划（3P）。该计划要求员工就如何减少污染和回收原材料提出自己的建议。自1975年以来，该计划共执行了11 000多项3P计划，减少了40多亿磅气体、液体和固体的环境污染物。李维斯公司的Waste<Less牛仔裤每条要使用8只回收的塑料瓶，令再生塑料的成分占到裤子原料的至少20%。这种做法已经让数百万只废弃的塑料瓶不必扔到填埋场，并且李维斯公司还减少了制造过程中的用水量。

沃尔玛公司已经在采购方面采取了一些措施，旨在鼓励供应商使用由玉米而非油基树脂制成的容器和包装。该公司预计这一举措每年将节省80万桶石油。这些意在改善环境问题的自发性行为不仅甚少或者不会为消费者带来额外的费用，还能为公司节省成本。

国际标准化组织（ISO）在瑞士日内瓦提出了ISO 14000，倡议在全球进一步增加绿色营销投入。ISO 14000包括环境质量和绿色营销活动两方面的世界标准，被包括美国在内的158个国家接受。超过26万家企业达到了ISO 14000环境质量和绿色营销的标准。

有利于广大公众的可持续营销正变得越来越普遍。一个正式的做法是**公益营销**（cause marketing），当公司的慈善捐助与消费者从公司某个产品的促销中获得的收益存在直接关联时，它就是公益营销。这一定义将企业的公益营销与标准的慈善捐助活动区分了开来，慈善捐助就是直接的捐赠。例如，当消费者购买选定的产品时，宝洁公司会将部分收入用于支持弱势青年和救灾的项目。万事达卡国际组织将卡的使用与为对抗癌症、心脏病、虐待儿童、吸毒和肌肉萎缩症的机构募集资金联系起来。哈根达斯公司则支持"帮助蜜蜂"运动，巴诺书店支持扫盲运动，可口可乐公司赞助当地的男孩女孩俱乐部。雅芳公司关注不同国家的诸多问题，其中包含乳腺癌、家庭暴力和救灾。

通过解决社会关注的问题和满足消费者的需求，公益营销计划将三种社会责任概念融合在一起。正如"营销无小事"专栏的描述，公益营销也能增加企业的销售额和利润。

营销无小事　客户价值

消费者会因故更换品牌吗？是的，如果……

因倡议对自由女神像进行翻修，美国运通公司成为公益营销的先驱。这项活动为翻修筹集了170万美元，增加了持卡人对信用卡的使用，并吸引了新的持卡人。2001年，美国的公司为它们发起的公益活动筹集了50多亿美元。据估计，2013年公益营销筹集了120多亿美元。

公益营销让公司和公益事业皆受益。调查显示，85%的美国消费者称对支持他们关心的公益事业的公司更为赞许。同时，80%的消费者称：在价格、品牌或零售商质量相同的情况下，他们会选择支持公益事业开展得好的品牌或零售商。简而言之，在其他条件相同的情况下，公益营销或许就是区分品牌和企业的一个富有价值的差异点。

社会责任审计：行善者成

将社会责任的概念转化为行动需要周密的计划及对计划的监督。许多公司利用社会责任审计来开发、执行并评估其在社会责任方面付出的努力。**社会责任审计**（social audit）指以社会责任为标准，对公司的目标、战略以及绩效进行系统评估。营销和社会责任计划通常整合在一起。以麦当劳为例：麦当劳关注儿童患有慢性疾病或绝症的家庭，对它们需求的关注转化成了遍布世界各地的337家麦当劳之家。这些设施临近治疗中心，使得孩子在接受治疗期间也能与家人待在一起。在这个案例中，麦当劳为其部分目标市场增加了福利。

社会责任审计由五个步骤构成：

1. 认识公司的社会期望和履行社会责任的基本原则。
2. 确认与公司使命相一致的社会责任事业或计划。
3. 决定企业目标以及将要实施的计划与行动的优先顺序。
4. 明确达成社会责任目标所需的资源种类及数量。
5. 评估社会责任计划及其实施行动，并估计未来可能遇到的困难。

在经济全球化的环境下，随着企业寻求可持续发展，并提升生活质量，对社会责任审计的关注就会上升。**可持续发展**（sustainable development）指在实现经济增长的同时保护自然环境的企业经营方式。

绿色营销就是这样一种对环境负责任的行动。最近，一项倡议与为美国企业生产商品的海外工厂的工作环境有关，它关注的是工人的生活质量。民意调查表明，90%的美国公民关注位于亚洲和拉丁美洲的工厂的工作条件。锐步、耐克、里兹·克莱本、李维斯以及美泰等企业都曾通过制定行为准则改善海外工厂不安全、恶劣或苛刻的工作环境。但是，恶劣的工作条件仍旧存在。例如，2013年，孟加拉国某家制衣厂厂房倒塌，致使其1 000多名成衣工人死亡。

在可持续营销方面有良好表现的公司显然会因此而获益。研究表明，这些公司一方面获得了消费者的良好口碑，另一方面收益也超过了那些没能做到可持续营销的公司。

换位思考：消费者伦理和社会责任

在产品交换、使用及处置过程中，消费者也要做出合乎伦理和负责任的行为。遗憾的是，他们的行为往往并非如此。

消费者的不道德行为是营销者需要认真对待的事情。这些行为包括：在索赔期过后提出赔偿要求；在将优惠券兑换成等值现金或物品时行为不当；欺诈性退货；申请信用卡时提供不准确的信息；购买假货；从网络上下载盗版音乐作品、电影和软件；冒领保险赔偿等。

预防这些行为的花费是巨大的，此类行为给营销者带来销售额损失。例如，因消费者兑换未购买的产品的优惠券或用优惠券购买其他产品，制造商每年会花费10亿美元。消费者会故意购买山寨产品，比如山寨名牌手表、手袋和太阳镜以及汽车零部件，这会让企业每年损失5 000亿到7 000亿美元。欺骗性汽车保险索赔每年会让保险公司支出100多亿美元。此外，零售商每年的盗窃损失约1 120亿美元，而恶意退货让零售商每年损失180亿美元。根据联邦调查局的数据，在所有网络犯罪的报告中，消费者对虚假网络拍卖的投诉是最多的，因为被投诉者向消费者虚假描述了自己的产品。

对不道德的消费者行为调查显示，这些行为很少受经济需求驱动。它们通常受到如下因素的影响：（1）消费者认为做了错事也不会被发现，值得做；（2）认为自己的行为是合理的，或者受个人以外的力量驱使，因为"大家都这么做"。一位24岁的年轻人翻录了一部电影，在他身上生动地体现了这些理由。他被判监禁六个月，缓刑三年，并处罚金7 000美元。他声称："我不喜欢花钱看电影，很多人都这么做，所以你从不会想到自己会被抓。"

消费者对环境敏感性产品的购买、使用和处置与消费者的社会责任有关。调查表明，消费者对生态问题很敏感。例如，最近一项对美国消费者的调查显示，50%的人愿意改变自己的生活方式以便改善环境。然而，在过去的五年中，只有28%的人明确表示改变了自己的购物或生活习惯。相关调查也显示，消费者可能不愿意为了保护环境而牺牲便利性，或为保护环境而支付更高的价格，而且缺乏相应的知识，无法就购买、使用和处置产品，做出明智的决策。

即使营销者纷纷提供"绿色产品"，消费者对哪些是环保产品依旧很困惑。例如，只有少数消费者知道非喷雾剂泵式发胶是仅次于快干油漆的第二大空气污染源。仅在加利福尼亚州，每天就要排放27吨发胶产生的毒气。有些营销者的环保声明被认为是在"刷绿"，因为他们对产品、服务、技术或公司行为的环境效益的声明没有事实根据或存在误导性。

为了应对此类声明，联邦贸易委员会起草了一份指南，描述了不会在回收、生物降解或可持续产品和工艺等方面产生误导信息的环保声明的条件。例如，广告或产品标签上玩弄文字游戏，声称其产品包装的"可回收材料比以往增加了50%还要多",实际上可回收材料只是从2%提高到了3%就是一种误导。

总而言之,营销者和消费者的行为都应合乎伦理,承担起社会责任。至于效果如何,我们在21世纪拭目以待。

营销知识应用

1. 本章开头介绍的安海斯-布希公司的行为体现了哪些道德观念和社会责任?为什么?

2. 本章介绍了五种道德情境:(1)医学会决定设立收费价目表;(2)汽车经销商使用电脑程序管理财务;(3)中国的吸烟问题;(4)下载电影;(5)治疗一种罕见遗传疾病的昂贵药定价问题。每种情境分别与图4-1中的哪种相符?

3. "美国营销协会商业伦理声明"详述了市场交易过程中各方的权利与义务。这些权利与义务同《消费者权益法》相比有何不同?

4. 对比道德理想主义和功利主义这两种道德观念的不同。

5. 你如何评价米尔顿·弗里德曼关于企业社会责任的观点?

6. 本章列举了几种消费者的不道德行为。你能举出其他的例子吗?你认为消费者为何会做出不道德的行为?

7. 公益营销计划已经普及。描述两个你熟悉的计划。

营销案例思考

制造更清洁的绿色汽车

丰田的环境沟通经理亚娜·哈特兰(Jana Hartline)解释说:"丰田的使命是成为美国最受尊重和钦佩的汽车公司。"为了实现这一目标,她和她在丰田的同事们正朝着一个理想的未来努力,那就是凝聚各种各样的创新型车辆、燃料技术和合作伙伴关系,创造一个与环境相协调的、经济充满活力和流动的社会。亚娜发现这是一项令人兴奋的挑战，其结果是更清洁、更环保的汽车！

丰田简介

1930年，丰田喜一郎（Kiichiro Toyoda）开始研究汽油动力发动机。到1935年，他开发出了小轿车原型，并在1957年以丰田宝贝（Toyopet）的名字打入美国市场。丰田宝贝没有取得成功，随之停止生产。1965年，丰田推出了丰田日冕，并在1968年乘胜追击推出了丰田花冠。花冠成为世界上最畅销的小轿车，它已经在140多个国家卖出了2 700万辆！

丰田汽车在美国逐渐普及，1975年，它超过大众成为第一进口品牌。1998年，丰田推出了第一种大型皮卡车丰田坦途（Toyota Tundra）。丰田还扩张其产品线，增加了雷克萨斯品牌，它因卓越的品质和客户服务而知名。到2000年，雷克萨斯成为美国最畅销的奢侈品牌车之一，堪比奔驰和宝马。丰田还针对年轻市场推出了价格适中的赛恩（Scion）汽车。

丰田在加利福尼亚州托伦斯设立了美国销售总部并建厂，开始在美国生产汽车。到2012年，丰田在北美的生产能力达到了220万辆汽车和卡车、145万台发动机，并建立了15家工厂。丰田的销售和分销机构包括1 500家丰田、雷克萨斯和赛恩经销商。丰田的营销部门开展了许多令人难忘的营销活动。早期的一些广告标语包括"所求即所得！"和"哇，这感觉太美妙了！"，后者包含"丰田跳跃"。雷克萨斯的标语是"追求完美，永无止境"，尽管丰田的广告现在喊出的是"志在四方"，但"追求完美"这句话目前仍在使用。

今天，丰田是世界上最大的汽车制造商。该公司被《财富》杂志评为全球第十大公司。丰田的核心理念是"生产高质量的产品，提供高质量的服务，为社会和经济做贡献"。它的成功常常归因于被称为"丰田之道"的经营理念。

丰田之道

丰田之道是一种经营理念，用于：（1）改进流程和产品；（2）建立信任；（3）授权个人和团队。作为丰田之道支柱的是两种价值观——持续地改进和尊重人。这些价值观体现在五种经营方式中：

- 挑战：树立长期的愿景，勇敢和富有创造性地迎接挑战。
- 改善：不断改进企业经营，始终追求创新和发展。

- 现地现物：总是去现场寻找真相，做出正确的决定；达成共识，尽快实现目标。
- 尊重：尊重他人和环境，建立互信，承担责任。
- 团队合作：促进个人和职业的成长，实现个人和团队业绩的最大化。

事实上，根据亚娜·哈特兰的研究，这两种价值观都"融入了我们每天所做的一切"，从而创造出一种独特的企业环境。

随着公司的发展，丰田也在寻求对社会发挥更大的影响。例如，它创立了拥有1 000万美元捐赠的丰田美国基金会，其使命是使丰田成为一个领先的企业公民。该基金会支持关注环境、教育和安全而且有助于加强社群的项目。自1991年以来，丰田已经为美国的慈善项目贡献了5亿美元。丰田非常成功地将丰田之道与它的企业慈善事业结合在一起。丰田认为其成功的基础在于不断迎接挑战的精神和接受新理念的热情。例如，丰田在环境方面的愿景就包括可持续交通的概念。

环境愿景和普锐斯

为使其环境愿景可操作，丰田制订了一个五年的环境行动计划。该计划围绕着五大关键领域而构建：

- 能源和气候变化
- 回收利用和资源管理
- 空气质量
- 环境管理
- 与社会合作

基于车辆生命周期的观点，丰田为每一个领域制定了目标和可衡量的指标：从设计、制造到销售和分销，再到使用以及最后报废后车辆如何回收。它的最高目标之一是开发先进的汽车技术，补充传统的汽车制造技术。美国销售部车辆营销经理埃德·拉罗克（Ed LaRocque）描述了丰田如何启动这些举措：

20世纪90年代初，丰田制定了我们所谓的G21愿景。G21计划的目标是将汽车带进一个具有巨大价值的市场，并且不止为日本，还要为全世界带来巨大的环境效益。

最终，这一概念在丰田普锐斯上得到了体现，它是一种混合动力汽车，既有汽油发动机，又有电动马达，即所谓的油电混合动力系统。据美国环保局估算，该车的燃油效率达到了每加仑汽油行驶50英里[1]。最初，普锐斯对环保意识很强的消费者很有吸引力，却遭到了某些新闻界和大众的抵制。这些汽车省油，却没有吸引力。首次推出以后，丰田公司做出了改变，推出了两款新一代的普锐斯，使之成为世界上最受欢迎的混合动力车，销量已经超过了300万。

丰田开发的油电混合动力系统等新技术帮助它认识到了自己对整个交通系统的影响。可持续交通的战略不仅影响新技术和新车辆，还影响新能源、新运输体系，以及众多利益相关的伙伴关系。普锐斯的广告就强调了这一点，它声称汽车提供的是"人、自然和机器之间的和谐"。然而，长期而言，如果消费者不知道或不了解先进的技术，这一战略也不会成功。为了增进了解和认知，丰田公司把发展伙伴关系确定为发展目标。

战略伙伴关系

丰田认为与相关组织的合作关系有助于增进对其技术和产品的认识。这些计划旨在教育人们，使他们减少碳足迹。例如，其中一个计划叫"携手环保"（Together Green），5年间投入2 000万美元，携手奥杜邦学会（Audubon）共同致力于资助项目和培训领导者，并给志愿者提供机会。同样，丰田与世界野生动物基金会合作，开展了混合能源系统、石油回收项目和可再生能源的推广活动。这些计划的宣传作用通常比其他沟通方式更有效。美国销售部首席先进技术经理玛丽·尼克森（Mary Nickerson）解释说："利用与美国肺科协会、电力驱动运输协会、环境媒体协会和国家公园的合作关系，我们打动了数百万人，远比一场传统广告宣传活动的效果好得多。"

丰田最近宣布要捐赠500万美元和25辆丰田汽车，支持美国的国家公园。被纳入该项赠款和其他丰田伙伴计划的公园包括黄石国家公园、大烟山国家公园、大沼泽地国家公园、优胜美地国家公园、大峡谷、圣莫尼卡国家游乐区和金门大桥的桥基。与国家公园的伙伴计划为游客提供了认识和体验混合驱动车辆的机会（公园使用捐赠的丰田汽车可以减少噪声和废气排放）。

一般来说，国家公园伙伴计划的目标是让置身于自然环境中的游客与丰田混合动力车来一次密切接触，在这种环境下，他们更容易接受可持续交通的信息。该信息暗含着以下重要的联系：

---

[1] 相当于每升汽油行驶21.26公里。

"绿色"汽车 ⟶ 清洁空气 ⟶ 公园的保护

此外，丰田认为该计划还有其他好处，包括：

- 强化了丰田在汽车制造商中环保领导者的形象。
- 传达了环境管理方面的信息。
- 增进了大众对普锐斯和其他丰田混合动力汽车的认识。
- 使公园的游客认识先进的汽车技术的好处。

丰田的研究表明该计划是奏效的。最近的企业形象研究表明，在领先的四家汽车制造商（丰田、本田、福特和通用）中，丰田在燃油效率、技术开发、环保汽车和获得环保奖项方面都是领先者。

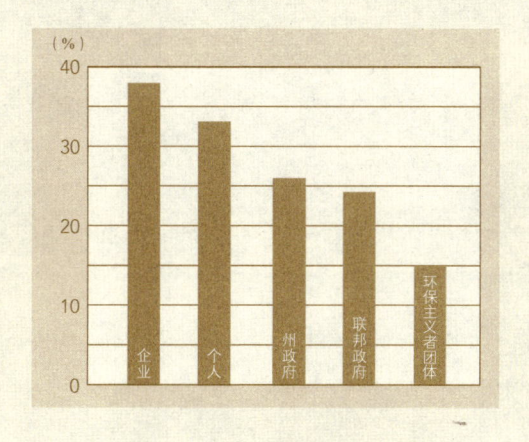

图1 谁应带头解决环境问题

展望未来

图1显示的是消费者权益调查的结果，以及他们对"谁应带头解决环境问题"这一问题的回应，结果表明，消费者期望企业在环境和可持续性方面是积极主动的。

对于丰田来说，关注可持续性意味着要考虑汽车行业的环境、社会和经济后果，并想方设法不断减少其行为和决策的消极影响，增加积极的影响。可持续性的日益重要激励着丰田从汽车生命周期的各个阶段来看待这些影响。它也会激励丰田的管理者考虑许多利益相关者的意见，比如消费者、监管者、当地社区和非政府组织。

最近，丰田汽车出现了质量问题，召回了1 600万辆车，致使丰田的声誉受损。在未来，包括合作战略和国家公园计划在内的所有活动将决定丰田能否成为"世界上最受尊敬的汽车公司"。

思考题

1. 丰田对社会责任的态度与本文描述的三个社会责任概念（利润责任、利益相关者责任和社会责任）有什么关联？
2. 丰田对可持续交通的看法对公司的总体使命有何贡献？
3. 丰田的国家公园项目成功了吗？什么指标表明该项目产生了影响？
4. 鉴于丰田努力提升其声誉，你对丰田未来在这方面的行动有什么建议？

5

理解消费者的行为

学习目标

1. 描述消费者购买决策过程的各个阶段；
2. 区分消费者购买决策过程的三种类型：复杂决策、有限决策和常规决策；
3. 识别影响消费者行为的主要心理因素；
4. 识别影响消费者行为的主要社会文化因素。

懂市场的汽车制造商知道消费者和影响者看重什么

谁做出了60%的购买新汽车的决定？谁影响了80%的新车购买决策？女性。没错，就是女性。

女性是推动美国汽车产业发展的一股力量。富有见地的汽车制造商会雇女性设计师、工程师和营销主管，以便更好地了解和满足这一群宝贵的汽车购买者和影响者。她们了解到了什么呢？汽车价格和质量固然很重要，但在购买新车的决策过程和体验中，女性和男性对于汽车性能和影响决策的主要因素的看法和感受是不同的。

- **对款式的感觉**。女性和男性都注重款式。对男性来说，款式更侧重于车的外部线条和特色，看上去是否"很有面"。女性则对内饰的设计和饰面更感兴趣。设计适合她们的身材比例、能见度良好、后备厢空间宽敞而且停车不费力的车型尤其重要。

- **对速度的要求**。男性和女性都讲求速度，理由却各不相同。男性考虑的是汽车从零加速到时速100公里需要几秒。女性则想确保汽车有足够的加速度能让她们抢在18轮的大卡车之前驶上高速公路的入口坡道。

- **安全性**。对男性而言，安全性指的是汽车有助于避免交通事故的性能，如防抱死制动系统和反应灵敏的转向装置。对女性而言，安全性则指有助于从车祸中逃生的性能，比如安全气囊和强化的侧面板等。

- **购买体验**。女性和男性的新车购买体验有很大的不同。一般来说，男性会事先决定买什么样的车，并且专门去找该类型的车。相比之下，女性则把购买当成信息收集的过程。女性购车者需要寻求可靠的意见（*CRedible OPinions*），因此被称为收割者（*CROPing*）。她们积极地搜集信息，直到评估所有的选择后才会决定购买。女性比男性更频繁地浏览购车网站，阅读汽车对比文章，细看汽车广告。但是，亲朋好友的推荐意见是女性最看重的。在决定购买前，女性通常会光顾三家汽车经销商，比男性多一家。

汽车制造商发现女性比男性更不喜欢线下购车体验，尤其不喜欢与汽车销售员打交道。与很多男性购车者不同，女性通常不会对在购买汽车时用什么招数省钱感到得意。消费者评级网站www.women-drivers.com的总裁安妮·弗莱明（Anne Fleming）说："男人都会兴奋地出去买车，并谈论他们在跟推销员交谈时如何占了上风，从而省下一大笔钱。我从没听到或看到任何女性这样说过。"特别是，女性对于购买新车时经常涉及的讨价还价惴惴不安。毫不奇怪，大约一半的女性购车者会拉着一位男性同去，以便对销售条款做出最终的决定。

本章研究的是**消费者行为**（consumer behavior），即人们在购买和使用产品和服务过程中的行为，包括这些行为发生前后的心理过程和社交过程。本章阐述了行为科学如何解答以下问题：为什么人们会选择这种产品或品牌，而不是其他产品或品牌，他们如何进行选择，以及公司如何运用这些知识向消费者提供富有价值的产品或服务。

消费者购买决策过程和体验

隐藏在可见购买行为背后的是必须经过调查研究的重要决策过程和消费者体验。购买者在选择购买哪项产品和服务时所经历的阶段称为**购买决策过程**（purchase decision process）。如图5-1所示，这一过程分为五个阶段：（1）问题识别；（2）搜集信息；（3）选择评价；（4）购买决策；（5）购后行为。

问题识别：感知需求 → 搜集信息：寻求价值 → 选择评价：评估价值 → 购买决策：购买价值 → 购后行为：实现价值

图 5-1　购买决策过程包括五个阶段

问题识别：感知需求

问题识别是购买决策过程的第一步，指人意识到理想和现实之间的差别，并且这个差别大到足以导致需要做出某种决定。这很简单，好比在冰箱里发现一个空牛奶盒；或者一名大一学生发现自己读高中时穿的衣服跟其他学生的穿着不同；或是发现自己的笔记本电脑不能正常运行。

在营销中，广告或销售人员会通过展示竞争者的产品（或已有产品）的缺点来激活消费者的决策过程。例如，新一代智能手机的广告强调了"单个装置配备了最多的用途"，从而刺激消费者进入问题识别过程。

搜集信息：寻求价值

认识到问题后，消费者开始购买决策过程的第二个阶段：搜集信息。首先，你可以回忆以前对某产品或品牌的体验。这个行为被称为内部搜寻（internal search）。对于经常购买的消费品来说，如洗发水和护发素，到这一步可能就够了。

消费者也可能进行外部搜寻（external search）。当过去的经验或知识不足、错误购买决策的风险很高或收集信息的成本很低时，就要用到这种方法了。外部信息的主要来源有：(1) 个人来源，如消费者信任的亲朋好友；(2) 公共来源，包括各种产品评级机构，如《消费者报告》、政府机构和电视的"消费者节目"；(3) 营销者主导的来源，如从广告、公司网站、销售人员和商店现场展示等处搜集的信息。

假设你正在考虑购买一部新的智能手机，你可能会用到好几个信息来源：亲戚朋友、广告、品牌和公司网站、销售此类手机的门店（展示门店）。你可能也会就有意购买的智能手机研究图5-2所示的独立评级机构发布的对比评估结果。

选择评价：评估价值

选择评价阶段为消费者弄清楚三个问题：(1) 确立购买的标准；(2) 明确符合该标准的品牌；(3) 建立消费者的价值认知。倘若只有图5-2所示的信息，你在购买智能手机时会采用什么选择标准？你采用的是价格、手机屏幕指标、音频质量、短消息发送、网速、相机的成像质量或这些标准的其他一些组合或其他标准吗？

共同选择标准	苹果 iPhone 6	HTC One	LG G4	摩托罗拉 Droid Turbo	三星 盖乐世 S6
零售价（美元）	250	150	200	150	250
屏幕指标	★★★	★★★	★★★	★★★	★★★
音频质量	★★	★	★	★★	★★
短消息的发送	★★	★★★	★★★	★★★	★★★
网速	★★★	★★★	★★★	★★★	★★★
成像质量	★★★	★	★★★	★★★	★★★
电池	★★	★★★	★★★	★★★	★★★
评级机构对智能手机的综合评价	★★★ 优秀	★★ 良好		★ 一般	

图5-2 消费者评估智能手机的共同标准

对有些人来说，这些信息也许还不够，因为它没有完全覆盖你在评价智能手机时可能要考虑的所有因素。这些因素就是消费者的评估标准，它既代表消费者用以对比不同产品和品牌的客观属性（如屏幕指标），也代表主观属性（如声誉）。企业会想方设法识别并尽可能利用这两类评估标准，以便为消费者创造最值得购买的产品或服务。这些标准通常在广告中也有所体现。

消费者评价品牌的标准通常有好几个。认识到这一点，企业会去寻找消费者比较品牌时使用的那个最重要的标准。比如，在图5-2列出的七项标准中，假设你用其中三个来评价智能手机：（1）零售价为200美元或更低；（2）优良的短消息发送功能；（3）电池寿命长。这些标准圈定了你考虑集合中的品牌，考虑集合即消费者从已知所有产品类别品牌中考虑可以接受的一组品牌。

你的评价标准为你的考虑集合圈定了三个品牌或型号：HTC的One、LG电子的G4和摩托罗拉的Droid Turbo。基于你最初的标准，这些可供选择的品牌在吸引力上不分上下，你就可以增加渴望拥有的其他产品特性。例如，你认为相机和音频质量同样重要，继续用它们来比较备选产品。

购买决策：购买价值

仔细调查过考虑集合中的所有选择后，你差不多就可以决定购买什么了。但仍有两个问题需要考虑：（1）何处购买；（2）何时购买。像智能手机这样的产品，信息搜集过程大致包括逛零售商店，从电视或报纸广告中了解不同的品牌，以及在卖家网站上查看其智能手机产品。选择从哪个卖家购买产品取决于销售条款、你以前在此商家的购买经历和退换政策。购买决策通常会同时涉及对产品属性和卖家特点的评估。比如，你可能会在退款和退换政策十分灵活的商店或网站上选择你第二钟爱的智能手机品牌，而不是在退款和退换政策相对保守的商店或网站购买你最喜爱的品牌。

决定何时购买取决于许多因素。例如，如果你喜欢的品牌上市或其生产厂家正在搞返现促销，你可能会很快购买。其他一些因素包括商店的氛围、购物体验的愉悦度或便利性、导购的服务、时间压力、财务状况等，它们也会影响你做出"马上购买"或"推迟购买"的决定。

利用互联网收集信息，评估备选方案，并决定购买，为消费者购买决策过程和购买体验增加了一个技术维度。例如，消费者会使用智能手机的应用程序比较价格，有45%的人通常会在做出购买决定之前比较不同卖家同类产品的价格。

购后行为：实现价值

购买产品后，消费者会与其期望值做比较，然后评定是否满意。如果消费者不满意，商家就必须确定是产品存在不足，还是消费者的期望太高。若产品确有不足之处，就需要改进设计。如果是期望值太高，商家的广告或销售人员可能在宣传产品的性能和优点时吹过了头。

消费者的消费体验或使用体验的敏感度对于消费者的价值认知极其重要。例如，针对斯普林特和美国电话电报公司提供的电话服务进行的调查显示，满意与否会影响消费者的价值认知。研究表明，满意与否会影响消费者的沟通和重复购买行为。满意的购买者会将其购物体验分享给3个人。相比之下，约90%的不满意购买者不会再次购买该产品，并会将自己的抱怨告诉9个人。满意的购买者每次需要购物时倾向于向同一个卖家购买。正如"营销无小事"专栏描述的那样，重复购买行为会对企业的收入产生巨大的影响。

通用电气、强生、可口可乐和英国航空公司等都很关注售后行为，以最大限度地让客户满意，并留住他们。这些公司以及众多其他公司在提供免费电话服务，制定慷慨的退货和退款政策，并广泛开展员工培训，处理投诉、回答问题、记录建议和解决消费者的问题。例如，通用电气公司有一个存储了75万个答案的数据库，涉及其120个产品线的约8 500个型号，每年回复300万次售后电话。这种努力促使消费者在进行售后交流时给予厂家肯定的评价，从而促进买卖双方关系的建立。

消费者经常会面临两个或更多个非常诱人的选择，如购买LG的G4或摩托罗拉的Droid Turbo。如果你选择LG的G4，你可能会想："我是否应该买摩托罗拉的Droid Turbo？"这种购后紧张或焦虑心理被称为认知失调。为了缓和这种心态，消费者经常试图说服自己决策是正确的。所以，你在购买某件产品后，可能会问朋友"难道你不喜欢我的新手机",或是阅读你所购品牌的广告,搜集信息,以证明你的选择是正确的。你甚至可能会去搜寻未购品牌的缺陷,确定摩托罗拉的 Droid Turbo 手机感觉不好。商家经常在售后阶段利用广告或销售人员的售后电话让消费者从心理上满足于自己做了正确的购买决定。多年以来,别克的广告活动都在用这句广告词:"买到一辆别克,你难道不是非常开心吗?"

营销无小事　客户价值

一位满意的客户价值几何

顾客满意和体验是营销的基础,但是,一位满意的客户价值是多少呢?

这个问题促使企业评估满意的顾客在一段时间内的财务价值。例如,据菲多利公司估计,美国西南部每位忠诚顾客平均每年会吃掉21磅快餐薯片,按照每磅2.5美元的价格计算,每位顾客每年会在乐事和瑞福薯片、立体脆与托斯蒂多滋墨西哥炸玉米片和菲乐多玉米片等公司的快餐产品上花费52.5美元。埃克森石油公司估计除了在加油站购买糖果、快餐、汽油和维修服务外,每年每位忠诚的顾客会花费500美元。金佰利克拉克公司报告说一位忠诚的顾客每年会购买6.7箱舒洁纸巾,并将在今后的60年中在卫生纸上花费994美元(以美元现价计)。

这些计算使营销者的注意力集中在购买体验、顾客满意和留住顾客上。福特汽车公司将客户维系率的目标从60%提高至80%(客户维系率即当前福特汽车的拥有者下一次还会购买福特汽车的比例)。为什么?福特的高管声称:该比例每增加1%,利润会惊人地增长1亿美元。2015年,福特公司的客户维系率是64%,他们仍然是利润率最大的美国汽车制造商。

并非只有福特公司这样计算。研究表明,客户维系率每增加5%,公司的利润就会增长70%至80%。

消费者参与度和决策类型

有时消费者不会经历购买决策过程的所有阶段,而是跳过一个或多个阶段,这取决于消费者的**参与度**（involvement）和购买对个人、社会和经济的意义。参与度高的购买至少有下列三个特征之一：要购买的产品昂贵、会对个人产生重大影响或可以反映个人的社会形象。在这些情况下，消费者会广泛搜集信息，考虑众多产品特性和品牌，形成个人的看法，并口口相传。牙膏和肥皂等商品的购买者参与度低，低参与度的购买几乎不涉及多数人，但影音器材和汽车购买者的参与度高。

根据消费者参与度和产品知识的不同，消费者的购买决策过程一般分为三种类型。图5-3显示了三种不同决策方式之间的一些重要差异。

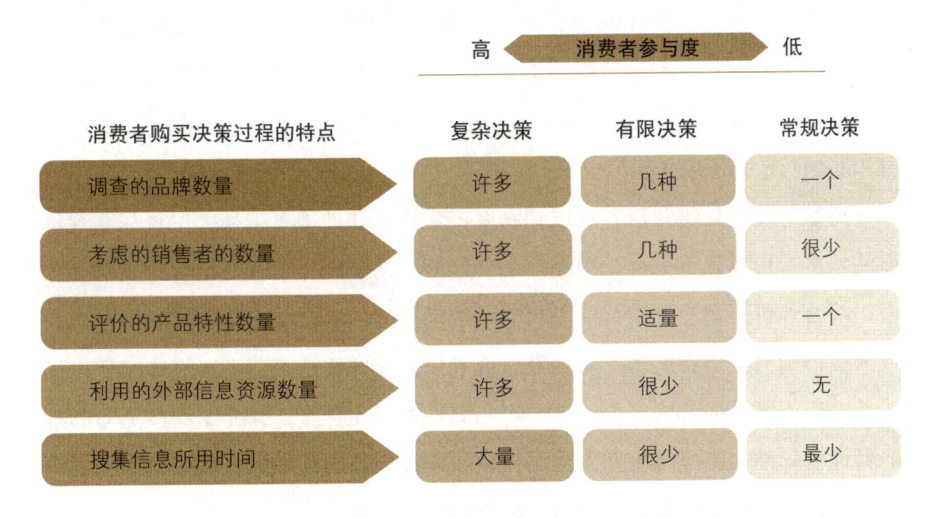

消费者购买决策过程的特点	复杂决策	有限决策	常规决策
调查的品牌数量	许多	几种	一个
考虑的销售者的数量	许多	几种	很少
评价的产品特性数量	许多	适量	一个
利用的外部信息资源数量	许多	很少	无
搜集信息所用时间	大量	很少	最少

（高 ← 消费者参与度 → 低）

图5-3　复杂决策、有限决策和常规决策的对比

复杂决策　在复杂决策情况下，消费者会参与购买决策过程的5个阶段，花费相当多的时间和精力搜寻外部信息，辨别和评估各种备选方案。消费者会将几种品牌放入考虑集合，并根据多种性能指标加以评估。复杂决策一般用于购买汽车或音响系统等消费者参与度高的商品。

有限决策　在有限决策情况下，消费者通常会搜索一些信息或是依赖朋友来评估备选方案。消费者会依据适当数量的性能指标评估几种品牌。有限决策适用于不值得花费大量时间或精力的购买，比如选择一台烤箱，或选一家餐馆就餐。

常规决策　对于像食盐、牛奶等商品，消费者一旦认识到问题，就会马上决定，几乎不花什么精力去搜寻外部信息和评估备选产品。这类产品的购买过程实际上是一种习惯，属于典型的低参与度的购买决策。常规决策一般在购买低价且频繁购买的食品杂货时进行。

参与度和营销战略 消费者参与度的高低对营销战略意义重大。如果公司推销的是低参与度的商品，并且其品牌是市场领导者，就需注意：（1）保持产品质量；（2）避免断货，从而避免消费者转而购买竞争品牌；（3）利用重复的广告信息，强化顾客的认知或让顾客相信他们的选择是正确的。市场挑战者则有不同的任务。他们必须利用免费样品、优惠券和返现吸引顾客试用他们的品牌，以打破顾客的购买习惯。广告宣传的重点在于让消费者将其品牌纳入考虑集合。例如，金宝汤公司V8蔬菜汁的广告语是"我该买V8的！"，它针对的对象是那些经常购买果汁和软饮料的消费者。营销者也可以将其品牌特质和高参与度的商品联系起来。喜瑞尔（Post Cereals）就经常将其全谷物食品与促进心脏健康和预防重大疾病联系起来。

高参与度产品的营销者意识到顾客经常搜索和处理有关品牌主观和客观特质的信息，形成评价标准，根据产品特性对不同品牌排名，并结合排名对品牌做出综合评价，就像之前智能手机购买决策描述的那样。市场领导者通过广告或人员推销向消费者展示产品信息，或利用社交媒体让消费者在线体验其产品或品牌。市场挑战者则要关注现有产品属性的对比广告，并介绍评判竞争品牌的新评价标准。挑战者也会因网络搜索引擎而获益，比如微软的必应和谷歌等搜索引擎，它们有利于高参与度产品的购买者。

影响购买决策的情境因素

购买情境常常会影响购买决策的过程。影响购买决策过程的情境因素有五种：（1）购买任务；（2）社会环境；（3）实际环境；（4）时间因素；（5）目前的状况。

购买任务是引发购买决策的原因。消费者购买的产品是礼物（这通常涉及社会可见度）还是自己使用，对信息的搜集和备选方案的评估就会有所不同。社会环境也会影响最终购买的产品，社会影响包括做出购买决策时在场的其他人。陪孩子购物的消费者购买的物品比消费者自己购物时多40%。零售店的装饰、音乐和拥挤状况等属于实际环境，它们都会影响购买决策。每天有多少时间可用等属于时间因素,会影响消费者选择在何处吃早餐和晚餐以及订什么餐。最后是目前状况,它包括消费者的心情,或是手头持有的现金数量,也会影响购买行为和选择。例如,使用信用卡购买的消费者比用现金或借记卡购买的多。

图5-4显示了在消费者购买决策过程中产生影响的众多因素。除了情境的影响,购买产品的决策涉及并受到心理和社会文化因素的重大影响。我们将在本章后半部分讨论这两个因素。营销组合因素将在本书第四部分阐述。第21章阐述了网络信息搜索和购买情境下的消费者行为。

营销组合因素
- 产品
- 价格
- 促销
- 地点

心理因素
- 动机和个性
- 感知
- 学习
- 价值观、信念和态度
- 生活方式

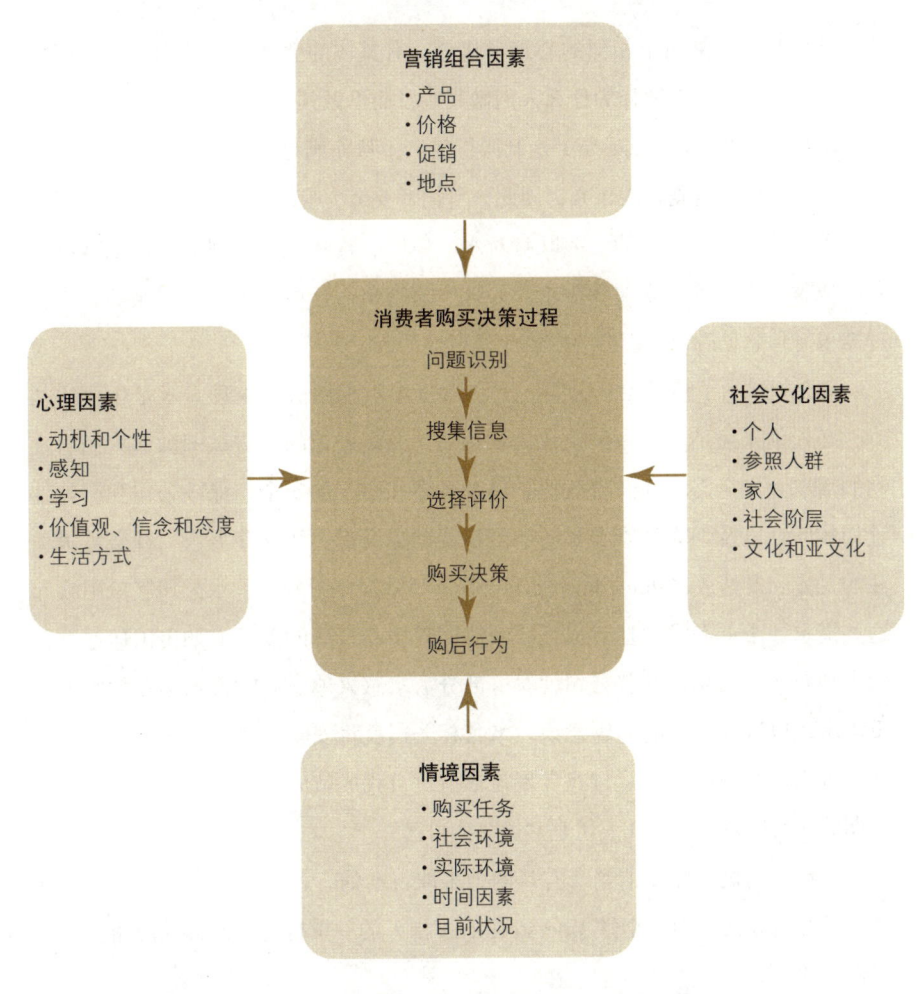

消费者购买决策过程
问题识别
↓
搜集信息
↓
选择评价
↓
购买决策
↓
购后行为

社会文化因素
- 个人
- 参照人群
- 家人
- 社会阶层
- 文化和亚文化

情境因素
- 购买任务
- 社会环境
- 实际环境
- 时间因素
- 目前状况

图5-4 影响消费者购买决策过程的内、外部因素

◎ 影响消费者行为的心理因素

心理学帮助营销者理解消费者为何以及怎样进行购买行为。动机和个性、感知、学习、价值观、信念、态度以及生活方式等心理学概念对于解释购买过程和指导营销投入大有裨益。

消费者的动机和个性

动机和个性是两个相似的心理学概念，有具体的意义和营销内涵。它们密切相关，经常被用来解释为什么人们做某些事而不做其他事。

动机　动机（motivation）是刺激行为产生从而满足需求的驱动力。因为消费者的需求是营销概念的核心，因此，营销者要努力唤起这些需求。

个人的需求是无限的。人既有对水、住所、食物等的生理需求，也有对自尊、成就、感情等的学习性需求。心理学家指出，这些需求是分层次的：当生理需求得到满足后，人们会寻求满足学习性需求。

图5-5展示了需求层次分类，它包含五个需求层次。生理需求是生存的基本，必须优先满足。以海鲜色拉为特色的红龙虾餐馆的广告试图激起人们对食物的需求。安全需求涉及自我保护以及身体和财产的安全。保险公司和退休金计划顾问，以及烟雾报警器和防盗警报器制造商都关注这些需求。社会需求关注的是爱和友情。Match.com 和 eHarmony 等婚姻介绍所和香水公司就试图唤起这些需求。个人需求包括对成就、地位、声望和自尊的需求。如美国运通百夫长卡和布鲁克斯兄弟服装公司就对这部分需求感兴趣。有时公司会引发人的多重需求，以激发人们的问题意识。米其林公司就将安全与家长的关爱结合在一起，推销汽车备用轮胎。自我实现需求指对自我成就的追求。比如，一项美军长期的征兵计划强调应征入伍是"成就你自己"。

个性　动机是促使消费者有目的地采取行动的一种力量，而消费者的个性则引领并指导其行为。**个性**（personality）指人的一贯行为或同样情况重复发生时做出的反应。

尽管存在诸多个性理论，但大多数主要从人的持久特质或与其他人的关系

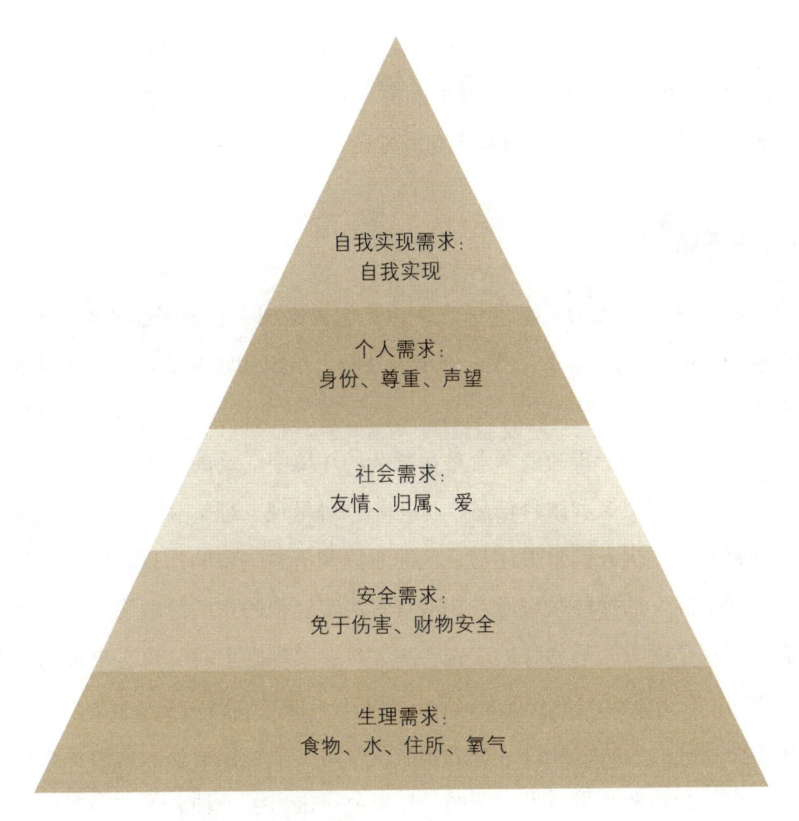

```
          自我实现需求：
             自我实现

         个人需求：
       身份、尊重、声望

        社会需求：
      友情、归属、爱

       安全需求：
    免于伤害、财物安全

       生理需求：
    食物、水、住所、氧气
```

图 5-5　马斯洛的需求层次理论基于动机源于需求的理念

等关键特征来识别个性，这些特征包括自信、外向性、服从、控制和积极进取。这些特点是与生俱来或是年少时形成的，多年之后也鲜少改变。研究表明，个性顺从的人更偏爱知名品牌，并使用更多的漱口水和香皂。积极主动的人喜欢用刮胡刀而不是电动剃须刀，用更多的古龙香水和剃须润肤水，并喜欢购买名牌产品，如古驰、伊夫·圣罗兰等来体现身份。

这些个性特点常常体现在人们的自我概念上，即人们看待自己的方式和他们认为其他人看待他们的方式。营销者认识到人们既有现实的自我概念，也有理想的自我概念。现实的自我指人们对自己的真实看法，理想的自我描述则是人们喜欢如何看待自己。

现实的和理想的这两种自我形象会反映在人们购买的产品和品牌中，包括汽车、家用器具和家具、杂志、家用电子产品、服装、装饰品和休闲产品，也常常体现在购物场所上。联想的一位高级营销主管在总结自我概念的重要性时说道:"笔记本电脑市场越来越像汽车市场。正如你开什么车体现了你的身份一样,笔记本电脑也正成为一种自我表现的方式。"

消费者的感知

有人把凯迪拉克视为成功的标志,而其他人则把它看成是讲排场的东西。这就是**感知**(perception)的结果,即个人选择、组织和解释信息,以便对世界产生有意义的认知的过程。

选择性感知 由于普通消费者是在复杂的环境中活动的,人脑会通过所谓选择性感知的过程组织和解释信息,这是一种对呈现、理解和记忆进行过滤的过程。选择性呈现指人们只关注与自己的看法和信念一致的信息,而忽略与它们不一致的信息。选择性呈现通常在消费者决策过程的售后阶段发生,比如消费者看到了自己刚买的某品牌的广告。当人具有某种需求时,也会出现选择性呈现,比如,在饥饿而不是刚吃完比萨时,更有可能"看到"麦当劳的广告。

选择性理解指人从符合自己看法和信念的角度来解释信息。营销者如果不能明白这一点,会带来严重后果。例如,托罗公司推出了一种名为"小雪狗"的小巧轻便的吹雪机,尽管产品有效,销售却达不到预期。为什么呢?后来,公司发现消费者把名字"小雪狗"理解为一种玩具,或是觉得它太轻巧不能扫除大量积雪。当他们把产品重新命名为"除雪大师"后,销量飞速增长。

选择性记忆是指,消费者不可能记住所有看到、读到和听到的信息,即使是几分钟之前的事也可能会忘记,从而影响购买决策过程的内、外部信息搜集阶段。这就是家具和汽车零售商常常在消费者离开展厅时派发商品宣传册,让他们带回家的原因。

由于感知在消费者行为里扮演着重要的角色,因此潜意识感知成为讨论的热门话题。潜意识感知指你无意识地看到或听到信息,却没有意识到它们的存在。潜意识的存在和对行为的影响是一个热门话题,但更多的是引起了大众的兴趣,而非得到科学的支持。事实上,有关证据表明这类信息对行为的影响是有限的。如果这些信息真的对行为有影响,它们的使用是否有违道德呢?(参见"负责任地决策"专栏。)

负责任地决策　商业道德

潜意识信息的道德问题

近50年来，有关潜意识感知以及商业广告中植入的潜意识信息和图像等话题引起了热议。

美国联邦通信委员会（FCC）指责潜意识信息具有欺骗性。然而，消费者每年仍在为增强自尊、制止强迫性购物、戒烟或减肥等潜意识信息花费约5 000万美元。大约有三分之二的美国消费者认为在商业广告中存在着潜意识信息；大约一半的人认为这种信息确实会引导他们去购买本来不想买的产品。

潜意识信息在美国并不违法。但是营销人员常常因在电子和纸质媒体中寻找能够创造此类信息的机会而受到谴责。作家奥古斯特·布洛克所著的《隐秘的推销手段：潜意识宣传》讨论的正是这一话题。布洛克列举了他认为含有潜意识信息的图像和广告以及传达这类信息的技巧。

你是否认为，不管出于何种目的，营销者试图在电子和纸质媒体中植入潜意识信息都是欺骗和不道德的行为呢？

感知风险　在购买产品或服务时的感知风险中，感知扮演重要角色。**感知风险**（perceived risk）指消费者无法预知购买的效果，但又相信存在某种不良后果而感知到的焦虑。比如，这些可能的消极后果包括购买产品所需的支出（我买得起900美元的滑雪板吗？）、带来人身伤害的危险（蹦极安不安全？）或产品的效果（美白牙膏有效吗？）。更抽象的形式是心理上的（如果我文身，朋友们会怎么说？）。

感知风险影响着消费者的信息搜集。感知风险越大，外部搜集就有可能越广泛。例如，选择汽车时，普通的购车者会花费约14小时在网上研究汽车，花费近4小时拜访汽车经销商。

由于意识到感知风险的重要性，公司制定了降低消费者感知风险和鼓励购买的策略。这些策略以及实施这些策略的企业举例如下：

- **获得质量标识**：晶钻猫砂就被允许使用"好管家"的质量标识。
- **获得有影响者的推荐**：高露洁获得了牙医的认可，他们声称高露洁全效牙膏是大多数牙医优先推荐的牙膏。

- **提供免费试用品：**如玫琳凯的速率香水试用装。
- **提供详细使用说明书：**如伊卡璐染发剂。
- **提供担保和保证：**起亚汽车提供10年10万英里有效的动力系统保证。

消费者的学习

众多消费者行为是从学习中得来的。消费者学习从何处咨询有关产品和服务的信息，学习评估备选方案时使用何种评价标准，通常是学习如何做出购买决策。**学习**（learning）指的是重复体验和推理导致的行为。

行为学习 行为学习指重复经历某种情景所产生的自动反应过程。消费者如何从重复体验中学习涉及四个至关重要的变量：驱动、提示、反应和强化。驱动指促使个人产生行动的需要。驱动可能表现为动机，例如饥饿。提示是能被消费者感知到的刺激或标志。反应指消费者为满足驱动而采取的行为，而强化是收益。消费者感到饥饿（驱动），看到提示（广告牌），便采取行动（买一份三明治），从而得到收益（味道好极了！）。

营销者会运用两个行为学习理论中的概念。刺激泛化指对一种刺激（提示）产生的反应一般化成了另一种刺激的现象。不同的产品使用同一个品牌名称，例如泰诺感冒药和泰诺镇痛药便是这一概念的运用。刺激辨别指人感知刺激差异的能力。消费者觉得所有淡啤酒口感都一样，因此百威公司就在其广告中把许多种淡啤酒和百威淡啤区分开来。

认知学习 消费者也可以从思考、推理和心智问题的解决等非直接体验中学习。这种类型的学习被称为认知学习，它是指把两个或多个想法联系起来，或是根据简单观察到的他人行为结果调整自己的行为。企业也可以影响这类学习。通过广告重复投放，比如"感觉好多了，泰诺对乙酰氨基酚缓释片"的信息，通过展示某人使用该品牌并发现病痛消除，从而让品牌（泰诺）与一种想法（缓解头疼的东西）联系起来。

品牌忠诚度 学习对营销者来说也很重要，因为它涉及习惯的养成——这是常规决策的基础。而且，习惯和品牌忠诚度之间有着紧密的联系。**品牌忠诚度**（brand loyalty）指长期偏爱某一品牌，并持续购买，它源于对之前行为的正强化。例如，通过持续购买同一种品牌的洗发水，并获得满意的效果，比如头发健康有光泽，消费者降低了风险，节省了时间。在美国乃至全球市场，众多日常购买的产品都存在品牌忠诚度。然而，在北美、西欧和日本，品牌忠诚度的实例似乎有所降低。

消费者的价值观、信念和态度

价值观、信念和态度在消费者决策和相关营销行为中发挥着重要作用。

态度形成 态度（attitude）是"对某一物体或某一类物体表现出的一贯喜欢或厌恶的倾向"，它由我们习得的价值观和信念形成。价值观有不同层次的变异性。我们谈及美国的核心价值观，包括物质富足和人道主义。我们也有个人价值观，例如节俭和抱负。营销者对两者都很关注，但更重视个人价值观。个人价值观通过影响人们对具体产品属性的重要性的衡量来影响态度。假设节俭是你的一种个人价值观，当你评估汽车时省油（产品属性）就变得很重要。如果你认为某一个汽车品牌具有这个属性，你便可能对这个品牌更有好感。

信念也是态度形成的重要组成部分。**信念**（beliefs）是指消费者对产品或品牌在不同属性上表现的主观感知，是在个人经验、广告及与他人讨论的基础上形成的。对产品属性的信念很重要，因为它与个人价值观一起形成了消费者对特定产品、服务和品牌的好恶。

态度转变 营销者可以尝试运用三种方法改变消费者对产品和品牌的态度，如下例所示：

1. 改变对某品牌性能所及程度的信念。为了缓解母亲对蛋黄酱成分的担忧，好乐门公司成功地向消费者传达了该产品Omega-3含量高的特点，而Omega-3对人体健康至关重要。

2. 改变对属性重要性的感知。百事可乐公司把保鲜日期印在罐子上，强调了产品的一个重要属性——新鲜度。在此之前，很少有消费者考虑可乐的新鲜度问题。在百事花了2 500万美元进行广告和促销之后，一项消费者调查显示61%的可乐饮用者相信保鲜期是可乐的一个重要特质。

3. 为产品加入新属性。高露洁公司在其高露洁全效牙膏中加入了一种新的抗菌成分——三氯生，并花费了1亿美元为品牌做促销。效果如何呢？高露洁全效牙膏现在是价值10亿多美元的全球品牌。

消费者的生活方式

生活方式是一种生活模式，指人们如何支配时间和资源，认为生活中哪些是重要的，以及如何看待自身和周围的世界。消费者生活方式的分析被称为心理图示，它让我们得以了解消费者的需要和欲望。事实证明，生活方式分析对新产品和现有产品及其服务的市场细分和目标市场确定非常有用（见第9章）。

心理图示是一个概括性的标签，用来描述各种基于行为、态度、活动、兴趣、意见和社会价值观的市场细分。将心理学、生活方式和人口统计特征结合起来可以揭示消费者购买和使用产品和服务的动机，但要准确而可靠地构建它们费时又费钱。由SBI咨询公司拥有和主导的价值观及生活方式（VALS）调查不仅仅是一种生活方式的划分，因为VALS会考察心理、人口统计特征和生活方式的交集。VALS衡量人与人之间的持续性差异，这种差异可以很好地解释和预测人们的生活方式。按照动机和资源可以找出8个主要市场细分（个性）（见图5-6）。

根据SBI的分析，消费者受到驱使去购买产品和服务，寻求身体、物质和满意的生活体验。但是，消费者会受到理想、成就感和自我实现三种主要动机之一的驱使，这些动机对他们自身或周围世界具有意义，因而支配着他们的行为。一个人拥有的资源水平提高或限制了其主要动机的实现。

个人资源包括心理、情绪、人口统计特征和个人能力，如自信、好奇心、风险承受能力、年龄和收入等。在进一步阅读之前，请访问"关乎自己的营销见解"专栏中讨论的VALS网站，并完成简短的调查，了解自己最适合哪个细分类别。

VALS解释了为什么拥有相同人口统计特征和生活方式的消费者会表现出不同的行为，为什么人口统计特征或生活方式不同的消费者却因为不同的原因而表现出了相同的行为。

• **理想驱动型群体**。为理想所驱使的消费者受知识和原则的指引。资源丰富的思考者指善于思考和搜索信息的成熟消费者，他们看重秩序、知识和责任，讲究实用性，比起产品的款式和新颖性，更看重耐用性和功能。他们不忠于品牌。资源匮乏的信任者是保守而传统的人，坚定地信仰已有的规范：家庭、宗教、社区和国家。他们选择熟悉的产品和品牌，喜欢美国制造的产品，通常忠诚于品牌。

• **成就驱动型群体**。消费者受成就感驱使，他们要找的产品和服务要能向同辈人或是自己渴望成为的人证明其取得了成功。资源丰富的成就者的生活方式

美国VALS框架

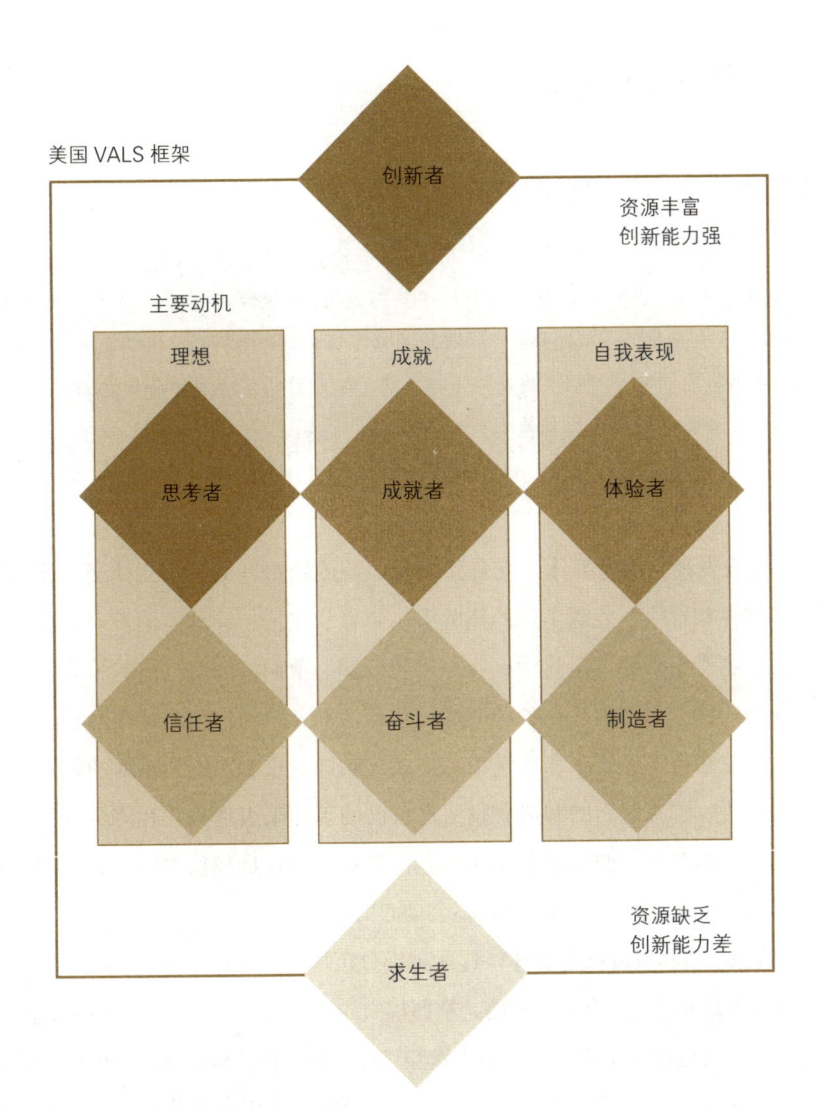

资源丰富
创新能力强

主要动机

| 理想 | 成就 | 自我表现 |

创新者

思考者　成就者　体验者

信任者　奋斗者　制造者

求生者

资源缺乏
创新能力差

图5-6　VALS将个人放入8个群组之一中进行研究

是忙碌而目标明确的，对职业和家庭有强烈的奉献精神。形象对他们来说很重要。他们喜欢已有的、声誉良好的产品和服务，并对能节省时间的设备感兴趣，以管理忙碌的日程安排。资源缺乏的奋斗者是趋势的追随者。他们寻求乐趣，以此抵消时常产生压力的境遇，而这种压力的产生却是自己造成的。许多人认为生活是不公平的，但是他们缺乏教育、技能和毅力来改变他们的环境。他们以金钱衡量成功，然而他们认为成功是交了好运，而非努力工作的结果。

关乎自己的营销见解

激励你的是什么？识别你的 VALS 类型

基于一个人的主要动机和资源情况，SBI 咨询公司开发的 VALS 体系识别出 8 个独特的消费群体。正文对每个分组进行了简短说明。你想知道自己的 VALS 类型吗？请在 www.strategicbusinessinsights.com 网站回答 VALS 调查的问题。只需点击"VALS"按钮，接着点击"接受 VALS 调查"链接。除了实时获得你的类型介绍之外，还可以更详细地查看自己的类型和其他类型的特性。

- **自我表现驱动型群体**。受自我表现驱动的消费者追求的是社交或体育活动、多样性和冒险。资源丰富的体验者指年轻、热情、冲动的消费者，他们容易对新事物产生兴趣，但热情也容易迅速冷却。他们试图对自己的世界产生影响。他们的精力往往消耗在各种锻炼、体育活动、户外休闲和社交活动上，其收入大多花在技术、娱乐和社交上。形式比功能更重要，因为东西的外观对他们非常重要。资源缺乏的制造者则通过自己的工作来表现自我和感受世界，如种蔬菜或修车等。他们是讲求实际的人，看重自给自足和独立性，除非物质财富具有实用性或功能，否则他们是不会动心的。

- **资源丰富和资源缺乏群体**。这两种细分市场的差别在于原始动机。资源丰富的创新者是成功的、富有经验的、掌握权力的一群人；形象对他们来说很重要，但并非权力或地位的象征，而是品味修养、独立思考和性格的体现；他们是早期采用者和改变的领导者，生活丰富多样。资源缺乏的生存者关注的是满足基本生活所需，比如食物、衣服、住所、人身安全或财产保护，而不是实现个人抱负的渴望。他们代表了大多数产品和服务的基本顾客群，忠于自己喜爱的品牌，这些品牌打折时更是如此。每个消费者群体接收不同的信息，处理方式也不同，并表现出独特的媒体偏好。例如，体验者最有可能访问脸谱网和阅读杂志。制造者和成就者每周行驶里程最多，因此他们是最有可能看到户外广告的那群人。创新者和思考者最有可能阅读全国性的报纸。求生者平均一周观看 50 多个小时的电视节目。GeoVALS 则通过邮政编码估计每个 VALS 群组的百分比。

◎ 影响消费者行为的社会文化因素

社会文化因素由消费者与其他人正式和非正式的关系中演变而来，它们对消费者的行为也有重大的影响，这些因素包括：个人影响、参照组、家庭影响、社会阶层、文化和亚文化。

个人的影响

消费者的购买通常受其他人的观点、意见或行为的影响。个人影响中有两个方面对营销非常重要：意见领袖和口碑。

意见领袖 能对他人施加直接或间接社会影响的人即是**意见领袖**（opinion leaders）。意见领袖通常被认为对特定产品和服务很了解，或是这些产品和服务的使用者，因此他们的意见会影响其他人的选择。意见领袖在汽车和卡车、娱乐、服饰及配件、俱乐部会员、家用电子产品、度假地点、食品、投资理财等的购买中非常普遍。《大众机械》杂志的一项调查表明，在DIY类产品中，1 800万个意见领袖会影响大约8 500万个消费者的购买。

在美国，约有10%的成人是意见领袖。企业面临的主要挑战就是发现、接触并影响意见领袖。有些公司用演员或体育名人为产品代言。其他公司会在意见领袖能接触到的媒体上进行产品促销。还有公司会使用更直接的方法。比如，某汽车制造商最近邀请一些具有影响力的社区领袖和企业高管试驾其新款车型。大约有6 000人接受了邀请，其中98%的人表示会推荐自己试驾的车型。据公司估计，有利的推荐意见可达3.2万个。

口碑 谈话时对人的影响即是**口碑**（word of mouth）。口碑是对消费者影响力最大和最真实的信息来源，因为它通常源自可信的朋友。消费者谈及品牌的对话约75%是面对面的，15%通过电话交流，10%通过网络。根据最近的一项研究，67%的美国消费品的销售直接基于朋友、家人和同事间的口口相传。

个人影响力要求企业宣传正面的口碑，消除负面的口碑。例如，在新产品发布之前，商家会投放"引人好奇的广告"，使之成为人们谈论的话题。诸如广告语、音乐、幽默等其他技巧也会强化正面的口碑效应。在超级碗比赛时段播放的多数商业广告都是为了引起人们谈论以后要推出的特色产品和服务而专门制作的。越来越多的商家招募或雇人在网上制造口碑，利用消费者的口碑让产品或服务看起来十分受欢迎。阅读"营销无小事"专栏可了解口碑经纪公司（BzzAgent）是如何做的。

遗憾的是，口碑也可能是负面信息的来源。例如，困扰一些企业的损害性的（和不真实的）谣言：凯马特（Kmart）的衣物中有蛇卵，塔可钟的墨西哥煎玉米卷中的肉料有牛肉，科罗娜特级啤酒被污染了，以及俄罗斯士力架糖果棒会引起糖尿病等。消弭负面口碑非常困难，且花费巨大。然而，发布真实信息，向消费者提供免费电话供他们咨询，对产品进行适当的展示，这些做法大有裨益。

通过网上论坛、博客、社交媒体和网站，口碑的影响力不断放大。事实上，有些公司使用了特别的软件监测网络信息，了解消费者如何评论其产品、服务和品牌。他们发现，在传播负面信息的人中，30% 的人从未拥有或使用过他们所说的产品、服务或品牌！

营销无小事　客户价值

口碑经纪公司——网络口碑体验

最近你有没有从认识的人或陌生人那儿听说一个新产品、一部新电影、一个新网站、一本新书或一家新餐馆？如果有，那么你就体验了一次口碑传播。

营销者已经意识到口碑传播的力量，难在如何控制这种力量。口碑经纪公司（BzzAgent Inc.）正是做这种事的，它在全国范围内招募了 100 万名本土志愿者，他们都是健谈者。它意在将他们谈论的话题引导至值得谈论的产品和服务上，不管是在线讨论，还是当面谈论。口碑经纪公司的创始人戴维·巴尔特（David Balter）说："我们的目标是获得诚实的口碑，并形成网络，将热情的顾客转化成品牌的传播者。"

口碑经纪公司的方法很简单。一旦客户与该公司签订了合同，该公司就会在自己的"代理人"数据库里寻找那些与客户产品目标市场的人口统计特征和心理特征相匹配的人。代理人随后选择注册一项网络口碑活动，并收到产品样品和创造网络口碑战略的训练手册。代理人每完成一次活动，他或她就要在线填写一份描述网络口碑性质及其效果的报告，口碑经纪公司的教练会鼓励他们，并额外进行技术反馈。

代理人可以把推销的产品留作己用，也可以通过提交详细的报告获得积分，折算成图书、CD和其他商品。代理都是什么人呢？约65%的人年龄超过25岁，70%是女性。这些人都是真心喜欢这些产品或服务，否则，他们不会参加网络口碑活动。

雅诗兰黛、Monster.com、安海斯－布希、企鹅出版社、Lee牛仔、米其林、箭牌、阿比斯（Arby's）、雀巢、好时食品、宝洁、达能和大众汽车公司都使用口碑经纪公司。但口碑经纪公司的网络口碑不便宜，也并不是所有商品都值得使用网络口碑。安排1 000名代理人进行为期12周的活动需要公司花费9.5万美元，还不包括产品样本。在投入一次口碑活动之前，口碑经纪公司会对所营销的产品或服务进行研究，并拒绝80%寻求其服务的公司。它也拒绝为政客、宗教团体和军火等特定产品做活动。对口碑经纪公司感兴趣吗？那就访问它的网站 www.bzzagent.com 或 www.facebook.com/bzzagent。

参照组的影响

参照组（reference groups）指被视为评价的基础或标准来源的一群人。参照组之所以影响消费者的购买，是因为它会对有助于设定消费者标准的信息、态度和期望水平产生影响。例如，若有人准备参加社交活动，人们首先会问他们的问题是："你准备穿什么？"参照组对必需品的购买没有影响，对奢侈品的购买有影响，参照组尤其对那些使用或消费很容易被其他人看到的品牌影响巨大。

消费者有很多参照组，但其中三组对营销有明确的影响。关联群体指人实际所属的群体，包括兄弟会、妇女联谊会和校友会。这类群体容易识别，它们通常是保险、标志产品及包车租度假产品的目标市场。

关联参照组也可以围绕某个品牌形成，如哈雷车主会（HOG）等俱乐部，哈雷车主会是由哈雷摩托车迷组成的社团。**品牌社区**（brand community）是一种特殊的消费者群体，它是由某个具体品牌、该品牌的使用者和正在使用的产品构建起来的一种有组织的关系。作为品牌社区的成员，消费者考虑的是品牌名称（如哈雷摩托车）、产品类别（如摩托车）、其他使用该品牌的消费者（如哈雷车主会成员）以及制造和促销此品牌的营销人员。

志趣群体指人希望成为其成员或希望得到成员认同的群体，比如专业社团或运动队。公司常常在其广告中体现与目标市场志趣群体有联系的代言人或场景。

疏离群体指人因为价值观或行为不同而想要与之保持一定距离的群体。在营销活动中，公司通常避开疏离参照组。例如，零售商爱芙趣（Abercrombie & Fitch）曾提出不让有争议的电视真人秀节目《泽西海岸》的演艺人员穿它的衣服，为此宁可自己掏一笔费用。该零售商说："我们知道这个节目以娱乐为目的，但这个社团与我们品牌所期望的特质不符，这可能会让我们的很多粉丝感到痛心。"

家庭的影响

影响消费者行为的家庭因素有三个来源：消费者的社会化、家庭生命周期阶段和家庭决策。

消费者的社会化 人们学习成为消费者所需要的技能、知识和态度的过程就叫消费者的社会化。儿童通过与购物的成年人互动，以及自己购买和使用产品时的体验来学习如何购买。研究显示，儿童在两岁时就表现出品牌偏好，而且这些偏好会持续一生。这种认识让著名的工具品牌工匠（Craftsman）许可MGA娱乐公司在其儿童产品"我的第一套工匠"玩具和电动工具以及美国时代公司的《〈体育画报〉儿童版》使用其品牌名称。

家庭生命周期 终其一生，消费者在行为和购买活动上存在着差异。**家庭生命周期**（family life cycle）概念描述了家庭从组建到退出的不同阶段，每个阶段都有其特定的购买行为。图5-7展示了家庭生命周期的传统进程及现代的一些变化。现在，传统家庭（夫妇二人加上未满18岁的子女）占到美国家庭总数的20%。其余80%的美国家庭包括单亲、未婚同居、离异、从未结过婚或鳏寡家庭，以及儿女不在身边的老年夫妇。

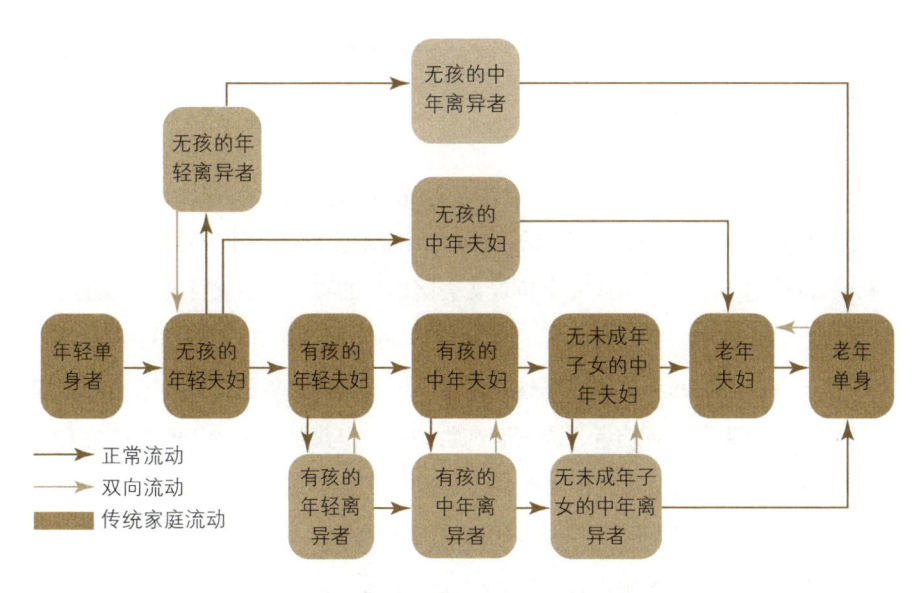

图 5-7 现代家庭生命周期的阶段和流动

年轻单身者的购买偏好是非耐用品，包括熟食、服装、个人护理品和娱乐产品，他们是休闲旅游、汽车和家用电子产品的目标市场。没有小孩的年轻夫妇一般比年轻单身者经济充裕，因为通常夫妻双方都有工作，这些夫妇偏好家具、家用器皿，以及为对方购买的礼物。有小孩的年轻夫妇则重点关注孩子们的需要，他们是人身保险、各类儿童产品和家居用品的相当大的市场。单亲家庭的经济条件限制了其购买偏好，他们倾向于购买方便食品、儿童护理服务和个人护理产品。

有小孩的中年夫妇一般比年轻夫妇经济充裕，他们是休闲产品和家居装饰品的重要市场。没有小孩的中年夫妇有大量可支配收入，他们购买高档家具、名车和理财产品。最后两个阶段的老年夫妇和老年单身者则是处方药、医疗服务、假日旅游和送给年轻亲属的礼物的大市场。

家庭决策 家庭影响消费者行为的第三个来源是家庭决策过程，它存在两种决策类型：单方支配型与共同决策型。共同决策型指大部分决策由丈夫和妻子共同制定，单方支配型指由丈夫或妻子主要负责。研究表明妻子在购买日常杂货、儿童玩具、服装和药品时拥有更大的发言权。而丈夫则在家具与汽车维修方面更具影响力。在汽车、度假、住房、家用电器、家庭理财和医疗保健等方面，共同决策比较常见。一般而言，共同决策随着夫妻双方受教育程度的提高而增加。

单个家庭成员在购买过程中所扮演的角色是家庭决策的另一个因素，有五种角色：（1）信息收集者；（2）影响者；（3）决策者；（4）购买者；（5）使用者。对于不同的产品和服务，家庭成员承担不同的角色，这一知识对企业很重要。例如，89%的妻子会影响或完全负责丈夫服饰的购买。虽然女性通常是日用杂货的决策者，但不一定是购买者。今天，31%的男性是家庭食品杂货的购买者。

鉴于双职工家庭和单亲家庭越来越多，少年和青少年愈发成为家用产品和服务的信息收集者、影响者、决策者和购买者。由儿童和青少年购买或为儿童和青少年开发的产品市场每年规模超过2 080亿美元。这些数字有助于解释为什么众多公司每年花费700多亿美元打造能接触到儿童和青少年的电子媒体和印刷媒体，强生、苹果、家乐氏、宝洁、耐克、索尼和奥斯卡梅热狗等公司都是这样做的。

社会阶层的影响

在对消费者行为的影响上，比直接接触其他人更微妙的因素是人们所属的社会阶层。**社会阶层**（social class）可以定义为在社会中具有相对同质性和持久性的群体，拥有类似价值观、兴趣爱好和行为方式的人因而分成不同的群体。一个人的职业、收入来源（不是收入水平）和受教育程度决定了其所在的社会阶层。一般来说，社会阶层主要分为上、中和下三层，每一层都有子阶层。美国、英国、西欧和拉丁美洲均可见这种社会结构。

从某种程度上讲，同一社会阶层的人拥有类似的价值观、态度、信念、生活方式和购买行为。和中产阶级相比，较下层社会的人更注重短期利益，思考问题的方式偏具体而非抽象，看不到更多的个人机遇。上层社会的人注重未来和成就，思考方式偏抽象或象征意义。

企业以社会阶层为基础，用于识别并接触对其产品和服务特别有好感的群体。例如，杰西潘尼百货（JCPenney）一贯对中产阶级有吸引力。杂志《纽约客》则针对上流社会。一般来说，上层社会的人是理财投资、昂贵汽车、晚礼服正装等公司的目标市场,中产阶级代表了家装中心、汽车零配件商店、个人保健产品等的目标市场。企业也认识到了不同社会阶层的媒体偏好:下层及工人阶级喜欢看街头报纸杂志;中产阶级喜欢阅读时尚杂志、小说和名人类杂志(如《人物》);上层阶级则习惯订阅文学、旅游和新闻类杂志。

文化和亚文化的影响

如第3章所述,文化指某一群体成员习得并共享的一系列价值观、理念和态度。因此,我们常常提及美国文化、拉美文化或日本文化等。第3章描述了美国人购买模式背后的文化因素;第7章探讨的是全球性营销中文化所起的作用。

从属于一个较大的文化或民族文化,且拥有独特价值观、理念和态度的较小群体文化被称为**亚文化**(subcultures)。美国文化中存在形形色色的亚文化,其中最大的三个民族/种族亚文化群体是西班牙裔美国人、非裔美国人和亚裔美国人。总的来说,预计他们将占到美国消费者的1/4以上,2019年,他们在商品和服务上的花费将近4万亿美元,这几乎是美国总购买力的1/5。如下文所述,每个群体都展示出了影响购买模式的复杂的社会和文化行为。

西班牙裔美国人的购买模式 从人口和消费力看,西班牙裔美国人是美国最大的民族/种族亚文化群体。美国大约36%的西班牙裔是移民,大多数人不到29岁,其中有一半人口小于18岁。

对西班牙裔购买行为的研究表明他们有以下几种固定的消费模式:

1. 西班牙裔注重质量和品牌。他们愿意出高价购买品质卓越的产品,品牌忠诚度也比较高;

2. 西班牙裔偏好美国制造的产品,尤其是迎合他们需要的公司所提供的产品;

3. 西班牙裔的购买偏好很大程度上受家庭和同辈人的影响;

4. 西班牙裔把广告看成可靠的产品信息来源,美国公司每年花费100多亿美元做面向西班牙裔的广告;

5. 对于准备消费食品的西班牙裔家庭主妇而言,便利性不是重要的产品特性,咖啡和软饮料中的低咖啡因、奶产品中的低脂肪和预包装食品中的低胆固醇也不是重要的产品特性。

虽然存在某些固定的消费模式，但对西班牙裔的营销确实有挑战性，原因有二：首先，西班牙裔亚文化是多种多样的，包括墨西哥裔、波多黎各裔、古巴裔以及其他中南美洲裔。这些种族间的文化差异常常会影响产品偏好。例如，金宝汤公司销售的Casera系列的汤、豆制品和调味品使用了不同的配料，以吸引美国东海岸的波多黎各裔和西南部的墨西哥裔。其次，由于存在语言障碍，广告信息翻译成西班牙语后常常会造成误解。像大众汽车在将Driver's Wanted（司机都想要的）的广告语翻译成西班牙语时就吃到了教训，换成西班牙语后广告语成了Agarra Calle，但它在西班牙语中是一句俚语，大概的意思是"让我们开始流浪吧"。

企业对西班牙裔独特需要的敏感性为它们带来了巨大利益。例如，大都会人寿保险就是最大的西班牙裔保险商。戈雅食品公司控制着卖给西班牙裔的民族食品市场。万岁玉米油占据了此类产品2/3的西班牙裔市场。时代公司的西班牙语版《人物》有超过75万的西班牙裔订阅者。

非裔美国人的购买模式 非裔美国人是美国三个亚文化群体中的第二大消费群体。对非裔美国人消费模式的研究关注的是他们与白人的异同，若不考虑非裔美国人和白人在社会经济地位上的差异，他们之间的相同点多过不同点。与地位相似的非裔美国人和白人相比，非裔亚文化群体内部的消费模式因社会经济地位的不同而差异较大。

虽然相同之处多于不同之处，但非裔美国人与白人的消费模式还是存在差别。例如，在男孩的服饰、租赁智能手机和音响设备上，非裔美国人比白人的消费要多得多。非裔女性在保健和美容产品上的花费是白人女性的三倍多。而且，典型非裔子女比典型白人子女年轻5岁，单单这一个因素就使服装、音乐、住房、汽车以及其他众多产品、服务和活动的消费出现了一些显而易见的偏好差异。最后，必须强调的是，在历史上，非裔美国人曾被剥夺了就业和受教育的机会。这两个因素导致非裔美国人和白人之间收入悬殊，进而影响了他们的购买行为。

最近的研究表明，尽管非裔美国人对价格非常敏感，但也很看重质量和选择。无论社会经济地位如何，若产品和广告能对非裔美国人的文化形象产生吸引力，并能突出其种族特征，满足其种族需要，就会得到该群体的积极响应。

亚裔美国人的购买模式　亚裔美国人是美国增长最快的种族/民族亚文化。大约70%的亚裔美国人是移民，大多数人的年龄在30岁以下。

亚裔亚文化群体由中国人、日本人、菲律宾人、韩国人、亚裔印度人以及来自东南亚和太平洋岛国的人组成。亚裔群体所包含的人种如此之多，以至于很难概括出他们的购买模式。针对亚裔群体的消费者研究显示，他们的个人和家庭应分为两个群体。被主流社会同化的亚裔美国人精通英语，受过良好教育，有工作，有管理职位，消费模式与典型的美国消费者非常相似。而未同化的亚裔美国人一般移民不久，仍然保持着本国的语言和风俗习惯。

亚裔群体在语言、风俗、口味等方面呈现出明显的多样性，这要求企业必须对不同的亚裔群体有敏感性。例如，安海斯-布希公司的农产品部门就销售八个不同品种的加利福尼亚大米，每种都标有不同的亚洲商标以满足不同亚裔群体的口味。公司广告也应回应中国人、日本人和韩国人对不同种类稻米的偏好。麦当劳积极地对亚裔群体开展营销活动，一位公司主管称："我们认识到了这一市场的多样性，努力运用人们喜欢的交流方式来传达我们的信息。"最近，麦当劳发起了一场为中国、越南以及韩国消费者选择鸡肉产品的广告大战。

研究表明，亚裔亚文化群体具有工作勤奋、家庭关系牢固、重视教育以及超过其他种族群体的中等家庭收入等特点。正如亚裔人群拥有的公司数量所显示的那样，这一群体也是美国最有创业精神的一群人。这些特征使得大都会人寿保险公司在西班牙裔市场销售成功后，将亚裔群体确认为下一个目标市场。

营销知识应用

1. 回顾图5-2列出的普通智能手机产品特性。哪些特性对你是重要的？你还会考虑其他哪些特性？你偏好哪一个品牌？

2. 假设对松下电视机的调研显示，潜在消费者对购买高清电视心存忧虑。你会对公司提出怎样的建议减轻消费者的焦虑？

3. 将下列产品归入马斯洛需求层次的一个或多个层级：（1）人寿保险；（2）化妆品；（3）《华尔街日报》；（4）汉堡包。

4. 下述产品或服务的购买最有可能发生在家庭生命周期中的哪个阶段：（1）卧室家具；（2）人寿保险；（3）加勒比海乘船游；（4）房屋抵押；（5）儿童玩具。

营销案例思考

高朋团购：帮助消费者做出购买决策

芝加哥大学研究生安德鲁·梅森（Andrew Mason）是个一成不变的人。"在芝加哥有很多选择，"他解释道，"但我发现自己去的都是同一家电影院和餐馆。"

为了帮助像他这样的人尝试新的地方，梅森创办了一个网站，向购买量大的团购提供优惠券。他推测，如果价格足够低，人们就会尝试一些新的东西，如果企业知道如此可以卖出大量的商品，它们就愿意提供低价。结果就促生了高朋团购，它是一家为本地或全国性企业利用"今日特价"提供团购优惠券的公司。消费者喜欢这个概念，他们可以买到任何东西，从餐馆代金券到瑜伽课程，再到博物馆展览的门票。梅森说："我们认为互联网有可能改变人们发现本地企业并从它们那里购买产品或服务的方式。"

公司和高朋团购的概念

梅森最初是从ThePoint.org网站起步的，该网站围绕重大社会问题开展活动，组织抗议、抵制和筹款活动。ThePoint网站没能成功，但提出了一个概念：只有足够的人同意参与，主动提供的帮助才能进行下去。怀揣这个想法，梅森于2008年10月推出了高朋团购，首先推出的是在汽车旅馆酒吧里1美元可买两个比萨饼的团购，高朋团购的办公地点就在ThePoint网站租赁过的同一建筑内。这一概念在芝加哥迅速传播，高朋团购扩张到其他美国城市，还进入其他国家。如今，高朋团购已经在375个美国城市和48个国家提供服务，用户数从2008年的400人增长到今天的2亿人。在其第四个经营年度，高朋团购产生了54亿美元的毛订单收入。

高朋团购成功的部分原因在于它的商业模式简单，即每天为订阅用户提供至少一次的交易机会。这一概念的独特之处在于，一定数量的人需要在优惠券折扣失效之前用它购买产品或服务。大约95%的高朋团购提供"交易提示"，或者要求达到商家要求的买家数量。购买者达到一定数量后，高朋团购就会和商家分享收入。例如，如果有200人参加团购，某瑜伽馆可能会将100美元的会员价格降为50美元。一旦有200位消费者表示有兴趣，交易就会发出提示，瑜伽馆和高朋团购各得收入的一半。各方都赚了。消费者得到了额外的价值，商家获得了新客户，却没有花钱做广告，高朋团购因其在市场上创造了价值而得到收入。

很多交易催生了非同寻常的需求。例如，乔佛里芭蕾舞团卖出了2 338张季票，一天之内其订户数翻了一番！同样，消费者购买了44.5万个高朋团购的优惠券，即在盖璞（Gap）用25美元购买50美元的商品，另外消费者用半价（每张18美元）购买了6 561张纽约时代广场图坦卡蒙展览的门票。到目前为止，最流行的折扣是用12美元买一张25美元的票，用于在芝加哥乘船游览建筑。高朋团购在8小时内售出19 822张票！这些成功的故事之所以发生是因为该公司对客户满意度的重视。梅森解释道："我们有一项政策叫'高朋团购承诺'，只要觉得高朋团购让人失望，任何客户都可以将商品退回高朋团购，无需任何解释，即使他们已经用过了该商品。"高朋团购的成功吸引了更多的商家，甚至超过了他们的服务能力。事实上，在所有联系高朋团购的商家中，高朋团购只能选择约12%的商家提供服务。

除了提供"今日特价"促销产品或服务，高朋团购还有其他几项服务。GrouponLive可以折扣购买体育赛事、音乐会、戏剧表演和其他形式的现场娱乐活动的门票。Groupon Getaways则提供两种形式的旅行体验，即特别预订和消费者单独预订。Groupon Goods的特色是为新产品和创新产品提供折扣。最后，高朋团购正在试验一个称之为"拉动"的概念，它能让客户在数千种折扣优惠中找到可以立即购买和使用的。为使用此项服务，消费者要登录其智能手机上的高朋团购应用程序，并选择"附近"。然后，该应用程序会确定使用者的位置，并显示附近的折扣地图。超过4 000万人下载了高朋团购移动应用程序，美国高朋团购的交易约45%是在移动设备上完成的。

高朋团购的增长速度显然是惊人的。该公司提供了4亿多笔交易，拥有50多万家商家合作伙伴，并在全球拥有1.1万名员工。此外，高朋团购还创建了一个只在促销时才购买的消费者市场，其中包括4 170万活跃客户和一个由约500个竞争性折扣服务商组成的行业。竞争对手包括生活社会（LivingSocial）、亚马逊本地（Amazon Local）、谷歌团购（Google Offers）、Plum District、Tippr、Bloomspot、Scoutmob和许多其他团购网。虽然该行业规模庞大，而且在不断壮大，但竞争一直很激烈，领先的是脸谱网、雅虎等公司。

利用优惠券影响消费者的购买行为

高朋团购的公关和消费者营销经理朱莉·莫斯勒（Julie Mossler）解释道："高朋团购快速增长的部分原因是我们真正理解消费者的行为。"一般来说，高朋团购的消费者遵循与许多消费者相同的购买决策过程。第一阶段是问题识别，它可能由一封电子邮件或与朋友预约共进午餐而引发。例如，高朋团购的"今日特价"电子邮件信息通常会给消费者提供一些机会，让他们做一些平常不会做的事情，比如参加跳伞课程或看一场芭蕾舞剧。高朋附近（Groupon Nearby）提供了一款实时的智能手机应用程序，以响应特定位置的即时需求。这两种类型的报价会引发不同类型的购买。

第二阶段是信息搜索，它回顾了以前应对商家报价的经验，竞争对手的在线比较，或与朋友在脸谱网或推特上的讨论。事实上，高朋团购的集体购买鼓励用户与家人和朋友分享促销活动，以增加达到所需买家数量的机会。

在选择评价阶段，尽管会考虑其他方面，诸如数量或时间限制等，许多高朋团购客户更关注价格，并把它作为最重要的评价标准。例如，高朋附近可能只在特定的日子或在短期有效。例如，芝加哥的匹斯啤酒比萨店就用高朋团购增加生意清淡期间的销售：星期二至星期四上午11点至下午3点，原价30美元的优惠券只卖20美元。

第四阶段是购买决策，它在线上处理，交易后就会得到确认。高朋团购的销售经理博·赫德（Bo Hurd）认为购买阶段对高朋团购的用户来说是独一无二的。他解释说："消费者们已经把钱放在网上这个事实……驱使他们转向线上……做点什么，尝试些什么。"最后，购买之后，消费者会将其体验与预期进行比较，以确定他们是否满意。

心理、社会文化和情境因素也会影响高朋团购用户的购买行为。经济衰退提升了个人价值观的重要性，如勤俭节约，所以被吸引到推销时尚产品的Gilt网站和家用电子产品的Woot网站的那些喜欢打折的人也会被吸引至高朋团购。高朋团购的用户通常是18至34岁的女性，平均收入约为7万美元。它的意义在于，这群人与社交媒体有密切的关系，这确保了高朋团购不缺乏用户，高朋团购依赖电子邮件和智能手机应用程序接触客户。筹划娱乐活动、寻找一个附近的餐厅吃午餐或购买礼物，处理这些特定的事情对于高朋团购用户来说十分常见。随着高朋团购对用户的了解增多，用户就会看到个性化的折扣。该公司使用相应的变量来匹配折扣和用户，如性别、住址或办公室以及购买历史。这个过程提供的产品或服务更可能令消费者感兴趣，也让高朋团购得以为更多的商家服务。

高朋团购的挑战

尽管高朋团购广受欢迎，它也面临三项挑战。第一项挑战是与优惠券的使用有关。有些消费者购买优惠券，但从不使用，他们因此不太可能再次使用高朋团购。有些消费者使用优惠券，但不会成为常客。卖给高朋团购的优惠券折扣都很大，大多数交易对商家来说都无利可图，所以如果高朋团购的用户不重复购买，他们就会不满意。例如，纽约市埃塞克斯饭店的老板大卫·珀尔曼（David Perlman）在高朋团购和餐厅预订平台 Open Table 上提供折扣，分别卖出了 1 500 张和 1 000 张优惠券。现在，他正在比较每笔折扣带来的食客，以确定哪个群体的回头客更多。有些商家还担心，频繁打折可能会让消费者不打折就不会购买商品。

高朋团购面临的另一个挑战是其发展管理。通过收购当地的每日折扣服务，该公司已经扩展至欧洲、拉丁美洲、亚洲和俄罗斯。例如，它在欧洲收购了 CityDeal，在俄罗斯收购了 Darberry，在日本收购了 Qpod。在新加坡、菲律宾等地，它也收购了拥有客户群的网站。因此，尽管高朋团购在美国卖出的折扣仍然比较多，但其国外订户目前已经超过了美国订户。据高朋团购联合首席执行官埃里克·莱夫科夫斯基（Eric Lefkofsky）说："我们正在把我们在北美的做法应用到国际业务上，以便将系统和流程标准化。随着高朋团购的不断增长，预计它还必须对国际购买行为的差异有一个全面的了解。"

最后，高朋团购面临激烈的竞争。部分问题在于，每日折扣技术不是很复杂，模式易于复制。制造商、大型零售商和小企业都在尝试这个概念。康尼格拉公司（ConAgra）通过脸谱网应用程序为其"健康选择"品牌推出了团购优惠券，沃尔玛推出了自己的"今日特价"优惠券服务，有些企业使用最近开发的即插即用软件，帮助它们在自己的网站上推销折扣券。梅森希望高朋附近能够应对这个挑战，因为它更难复制。他解释道："我们一直在考虑如何解决我们模式的这些基本问题。我们很早就知道，必须进行某种形式的实时折扣优化。"

高朋团购的成功在于拥有一个简单而有效的商业模式和对消费者行为的深刻理

解。在未来，高朋团购的战略需要继续加深对全球消费者的理解。莫斯勒解释说："高朋团购一直被誉为有史以来增长最快的公司，原因是我们已经解决了这个不可解决的问题，即你如何与本地客户打交道。只要你适应本地社区，这个模式真的可以放之四海而有效。"

思考题

1. 对消费者行为的理解如何帮助高朋团购的用户数量从2008年芝加哥的400成长为今天48个国家的2亿？

2. 高朋团购的承诺是什么？高朋团购的承诺如何影响消费者的感知风险和认知失调？

3. 描述高朋团购典型用户的五阶段购买决策过程。

4. 什么有可能对高朋团购消费者的购买决策过程产生心理和社会影响？

5. 高朋团购未来面临什么样的挑战？针对每一项挑战，你会建议采取哪些行动？

6

理解组织市场

学习目标

1. 区分组织市场中的产业市场、中间商市场和政府市场；
2. 描述组织购买不同于消费者购买的主要特点；
3. 解释采购中心和采购状况是如何影响组织采购的；
4. 认识产业市场、中间商市场和政府市场线上采购的重要性和本质。

采购即营销

金·纳盖利（Kim Nagele）对纸的看法跟大多数人不同。作为杰西潘尼传媒公司（JCPMedia）的高级采购经理，他带领的专业采购团队每年要购买约15万吨印刷用纸。

杰西潘尼公司是美国最大的百货销售商之一，杰西潘尼传媒公司则负责为其采购纸张并提供印刷服务。采购的纸张用于印刷杰西潘尼报纸插页和邮购商品宣传册，采购纸张也就成了杰西潘尼传媒公司的一项正式的营销任务。杰西潘尼传媒公司的纸张供应商遍布世界各地，包括美国的韦尔索纸业公司（Verso Paper）、加拿大的凯特利斯特纸业公司（Catalyst）、挪威的诺斯克纸业公司（Norske Skog）和芬兰的芬欧汇川集团（UPM-Kymmene）等在内的十多家公司。

杰西潘尼传媒公司的营销副总裁汤姆·卡西迪（Tom Cassidy）解释说："考虑到涉及的收入和支出规模巨大，选择纸张和供应商算得上是一项重大的营销决策了。"因此，杰西潘尼传媒公司的纸张采购人员与营销高管密切协作，以确保在预算范围内以有利的价格购入质量、数量和外观符合要求的印刷用纸，以满足杰西潘尼公司的用纸所需。

杰西潘尼传媒公司的纸张采购人员都接受过全面的采购培训。金·纳盖利本人就拥有供应管理资格证（CPSM），只有在签约、谈判、成本管理、预测、材料和存货管理等方面具备相应能力并通过了严格的审查的人，才能获得这一证书。

除了纸张的外观、质量、数量和价格，杰西潘尼传媒的采购人员还要严格评估纸张供应商的实力。他们会考察美国、加拿大和欧洲供应商的生产设施。供应商的能力包括及时交付纸张（包括特种纸、杂志用纸），按时生产特种纸，以及严格管理纸品生命周期。例如，在采购过程中要考虑供应商的林业管理能力和可持续发展做法。事实上，杰西潘尼传媒公司购买的纸张都通过了可持续林业倡议（SFI）、森林管理委员会（FSC）或森林认证体系认可计划（PEFC）三个最知名的森林管理认证计划的认证。

可以说，汤姆·卡西迪、金·纳盖利和杰西潘尼传媒的采购团队在纸张挑选和购买上下了相当大的功夫。

纸张采购就属于组织采购。本章将探讨：各种类型的组织采购者；包括线上采购在内的组织采购的重要特点；采购状况；组织采购过程相较于消费者购买的独特之处；以及当今组织市场中一些典型的购买流程和决策。

B2B 营销和组织采购者

理解组织市场及其购买行为是有效地进行 B2B 营销的必要前提。**B2B 营销**（business-to-business marketing）针对企业、政府或非营利组织进行产品和服务营销，购买的产品和服务被用于继续生产并出售产品和服务。超过半数的商学院学生毕业后都从事商业营销，因此理解组织采购者的特征及购买行为很重要。

组织采购者

组织采购者（organizational buyers）指购买产品和服务以自用和再销售的制造商、批发商、零售商、服务公司、非营利组织和政府机构。比如，购买电脑和电话服务自用的组织。只不过制造商购买原材料和零部件是要加工成最终产品再出售，而批发商和零售商则是转售所购入的产品而无须再加工。

组织采购者包括一国国内除了最终消费者之外的所有购买者。这些组织采购者购买和租赁大量的资本设备、原材料、零部件、办公用品和商业服务。事实上，由于组织采购者经常购入原材料和零部件进行再加工，并且产品几经转手后才能到达最终组织采购者或最终消费者手里，因此组织采购者每年的购买总量远大于最终消费者。单是IBM公司每年自用和再销售的产品和服务就高达500亿美元。

组织市场

组织采购有三种不同的市场：（1）产业市场；（2）中间商市场；（3）政府市场。下面对三类市场进行详细叙述。

产业市场 产业市场或企业市场中有大约750万家公司。这些产业企业以某种方式加工购入的产品或服务，然后出售给下一个买家。康宁公司就是一个实例，它用一种特殊的合成材料制造出光纤，极大地提高了电话传输能力。销售服务的公司也是如此，比如银行从储户那里吸纳资金，经过"处理"后再以贷款的形式"卖给"借款者。

以销售实物产品为主的公司（制造、采掘、建筑、农、林、渔）占全部产业企业的25%。服务市场上出售的是各种各样的服务，如法律咨询、汽车维修和干洗服务等，包括金融、保险、房地产、运输、通信、公用事业公司和非营利组织在内的服务公司占全部产业企业的75%。我们将在第12章详细讨论服务公司和非营利组织（如红十字会）。

中间商市场　购入实物产品后不经过再加工就转售的批发商和零售商就是中间商。美国约有110万家零售商和43.5万家批发商。在第15章和第16章，我们会看到制造商如何在分销策略中把批发商和零售商作为渠道，通过他们将产品送到最终消费者手中。本章我们将从两个方面讨论作为组织采购者的经销商：（1）它们如何做出购买决策；（2）它们选择销售哪些商品。

政府市场　政府部门是购买产品和服务以服务选民的联邦、州及地方政府机构。美国大约有8.95万个政府单位。有个政府采购项目就是美国航空航天局（NASA）向洛克希德·马丁公司拨款114亿美元用于研发飞往猎户座的飞船，该飞船计划于2021年发射，这也是该年NASA的首次载人飞行任务。

◎ 组织采购的特点

组织不同于个人，组织采购也不同于个人或家庭购买，虽然两种购买决策的目的都是解决购买者的问题，即满足需求或欲望。但组织的独特目标和政策对它的购买决策施加了某些特殊限制。理解组织采购的特点非常关键，有助于我们制订有效的营销方案以争取组织客户。组织采购的主要特点在图6-1中列出，我们将在下文详细讨论。

需求特点

消费者对产品和服务的需求受多种因素的影响，包括商品和服务的价格、可得性，消费者的个人品味和可支配收入。通过比较可以看出，产业需求是派生出

市场特点	• 对工业品和服务的需求是派生的 • 顾客数量一般很少，但购买量巨大
产品或服务特点	• 产品与服务本质上是技术性的，并且需要按照一定规格采购 • 购买的多数商品是原材料和半成品 • 非常注重送货时间、技术支持和售后服务
购买过程特点	• 由具有一定技术水平的专业采购人员按照一定政策和程序购买 • 通常具有明确的采购目的与标准，还设置了评价供应方及其产品与服务的程序 • 受多方面因素影响，有多个部门参与购买决策的制定 • 有互惠性协议，买卖双方通常要多次协商与谈判 • 网上购买非常普遍
营销组合特点	• 向组织采购者直接销售是惯例，而且分销非常重要 • 广告与其他促销方式本质上具有技术性 • 价格通常在评估多个供应商及产品或服务的质量，并经过谈判后确定，而且经常受到购买数量折扣的影响

图6-1　组织采购行为的主要特点

来的。**派生需求**（derived demand）指对工业产品和服务的需求是由对消费产品和服务的需求驱使或派生出来的。比如对惠好公司纸浆和纸制品的需求就是由消费者对报纸、联邦快递的包装、纸尿裤等产品的需求派生而来的。派生需求基于对未来消费者需求的预期。比如惠而浦公司在预测消费者需求的基础上购买洗衣机和烘干机零部件，而消费者的需求则受产品更新换代周期和消费者收入的影响。

订货量或购买量

组织采购的数量一般远大于消费者购买的数量。组织单笔采购的金额常达数千或数百万美元。比如，西门子公司在得克萨斯州的天然气发电厂项目就价值3亿美元。世界上最大的飞机制造商波音公司的波音737商用喷气飞机定价约9 600万美元，波音777定价3.27亿美元，波音787定价2.57亿美元。

鉴于采购涉及巨额资金，大多数组织都会制定采购政策或采购流程，对购买人员施加约束。如果订单高于一定金额，比如5 000美元，采购者通常至少要在三家潜在供应商中进行竞标。如果订单金额更高，比如超过 50 000 美元，可能就需要公司副总或总裁来审核批准。了解订货量对采购的影响，我们才能更好地决定何人参与采购决策、最终由谁拍板以及需要多长时间达成采购协议等。

潜在购买者数量

销售消费品或服务的公司总是力图争取成千甚至上百万个人或家庭的惠顾。比如超市或银行要为数千名顾客服务，家乐氏（Kellogg）想方设法要让它的麦片出现在 8 000 万北美家庭的早餐桌上，并且成功地把麦片卖给了三分之一甚至半数的北美家庭。相反，以组织为销售对象的公司往往将采购者限制在很小的范围内。湾流宇航公司（Gulfstream Aerospace Corporation）生产的商用喷气式飞机仅出售给全世界几千家组织，固特异轮胎公司则将其原装轮胎出售给不到 10 家的汽车制造商。

组织采购目标

组织采购产品和服务只有一个主要原因：帮助组织实现目标。对商业企业来说，采购的目标通常是通过降低成本或增加收入来提高利润。例如，7-11 便利店购买自动化库存系统的目的是增加便利店的商品销量，并保持产品新鲜度；尼桑汽车公司更换广告代理商是希望新广告代理能设计出更有效的广告方案，帮助它销售更多的汽车，增加收入；为了改进管理层的决策，很多公司购买了先进的计算机系统来处理数据。非营利组织和政府机构的采购通常是为了满足它们所服务的群体的需要。

现今很多公司扩展了采购目标，开始重视少数族裔供应商和女性供应商。必能宝（Pitney Bowes）、百事、AT&T、康胜啤酒（Coors）、杰西潘尼等公司均有报告称，重视少数族裔供应商和女性供应商促进了销售额、利润和顾客满意度的增长。还有一些公司则致力于环境的可持续。劳氏公司（Lowe's）和家得宝（Home Depot）也不再购买世界濒危森林区采伐的木材。成功的企业营销者意识到，理解一个公司的采购目标是针对组织进行营销的第一步。

组织采购标准

组织采购者在采购时必须考虑关键性购买标准，这些标准是针对潜在的供应商和产品的。组织采购标准是供应商的产品和服务的一系列客观属性，也是供应商本身的实力。这些标准与我们在第5章介绍的消费者所用的评价标准在目的上是相同的。最常用的7个标准是：（1）价格；（2）满足特定质量要求的能力；（3）按期交货的能力；（4）技术能力；（5）担保和索赔规定；（6）以往履约情况；（7）生产设备和生产能力。达到或超出这些标准的供应商才能创造客户价值。

图6-2是一个实例，显示了组织采购者在选择机器视觉系统产品和供应商时的实际购买标准，以及这些标准的使用频率。有趣的是，在列出的各种选择标准中，价格是较少被提及的因素。

如今的很多组织采购者把购买标准转变成可传达给供应商的具体要求。这种做法叫作"供应商开发"，包括组织采购者有意与供应商建立关系，规范供应商的产品、服务与能力，满足购买者及顾客需求。例如制造农用、建筑和草坪养护设备的迪尔公司（Deere & Company）雇用了从事供应商开发的工程师，专门与供应商协作，旨在提高效率和质量，并降低成本。据迪尔公司的一位高级主管称："说到底，供应商提供的产品的质量、交付配送和成本就是我们产品的质量、交付配送和成本。"

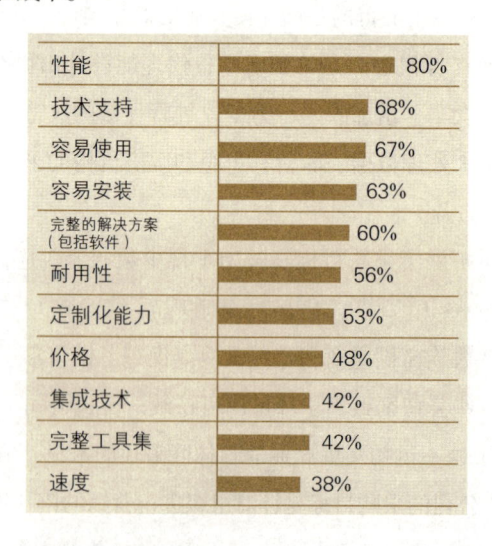

标准	百分比
性能	80%
技术支持	68%
容易使用	67%
容易安装	63%
完整的解决方案（包括软件）	60%
耐用性	56%
定制化能力	53%
价格	48%
集成技术	42%
完整工具集	42%
速度	38%

图6-2　机器视觉系统产品和供应商的采购标准

买卖双方关系和供应伙伴关系

组织采购和消费者购买的另一个区别，在于组织采购者和供应商之间的关系性质。具体来说，组织采购要涉及复杂的谈判事宜，包括交货日期、价格、技术规格、质量保证和担保索赔规定等。这类谈判常常旷日持久。例如，美国劳伦斯利弗莫尔国家实验室以2.5亿美元购买了一台IBM的"红杉"超级计算机。在运算速度上，"红杉"超级计算机每小时处理的数据相当于67亿人在320年里（如果他们能活这么久的话）用计算器进行计算的工作量。

组织采购还包括互惠。互惠是一种产业购买行为，指两个组织同意互相购买对方的产品和服务。美国司法部并不赞成互惠购买，因为它限制了自由市场的正常运行。但互惠购买仍然存在，它限制了组织采购者选择供应商的灵活性。

长期合同也比较普遍。惠普与宝洁公司签订了价值30亿美元的合同，它将在10年内为宝洁公司管理其在全球160个国家的信息技术。

在某些情况下，买卖双方会发展为供应伙伴关系。供应伙伴关系指采购者和供应商制定互惠互利的目标、政策和程序，以便降低成本，提高传递给最终消费者的产品与服务的价值。供应伙伴关系的一个典型例子是哈雷摩托和米尔斯科制造公司（Milsco Manufacturing）之间的合作。该制造公司为哈雷摩托设计和制造了82年车座。"营销无小事"专栏描述了该供应伙伴关系的重要性。

营销无小事　客户价值

米尔斯科制造公司的营销理念是开发合作伙伴关系，为消费者提供高质量的车座

车座合格与否的检验标准是样式、大小和功能。这一点只要问一下米尔斯科制造公司的高管和工程师就知道了，他们每年生产200多个品种300多万个车座。

无论你是在空旷地带驾驶哈雷摩托车，还是坐着约翰迪尔割草机修剪自家后院的草坪，一家你可能从来没有听说过的公司为你的骑行提供了舒适。米尔斯科制造

公司是威斯康星州的一家车座设计和生产商,客户包括哈雷、约翰迪尔、雅马哈、卡特彼勒、北极猫、久保田(Kubata)、托罗(Toro)和丰田,还有许多其他知名且受人尊重的企业,所涉领域包括摩托车、动力体育、农业、建筑、海洋娱乐、草地护理、工业升降机、高尔夫球车和出行市场。

米尔斯科制造公司的营销理念是与客户建立合作伙伴关系。哈雷摩托和米尔斯科之间82年的合作关系就是一个例子。自1934年以来,米尔斯科一直是哈雷摩托车原装车座的唯一供应商,也是挂包等零配件的主要供应商。米尔斯科的工程师、设计师与哈雷摩托的同行紧密合作,每年设计出新的产品。

事实上,米尔斯科与每一位客户合作,设计和制造出最有效和功能最好的车座。该公司每年推出100多种新产品,其中许多是手工制作的,以应对新的不断变化的客户需求。

下次你骑上哈雷摩托或使用约翰迪尔割草机(或任何米尔斯科制造公司合作伙伴的其他产品)时,可以注意一下车座,并记住它是按你喜欢的样式、大小和功能设计和制造的,它全面考虑到了你是否舒适。

同样,零售商也与供应商建立了合作伙伴关系。沃尔玛与宝洁公司建立了长期订货及补货的合作关系。沃尔玛使用计算机收银扫描设备,并且与宝洁建立直接的电子关联,因此每天都能够及时通知宝洁所需产品的种类、数量、时间和店址。

供应伙伴关系通常包括所谓的可持续采购规定。"负责任地决策"专栏描述了这一购买行为。

负责任地决策　可持续性

可持续采购:为了星巴克的可持续增长

制造商、零售商、批发商和政府机构对其购买决策对环境的影响越来越敏感。对自然资源的枯竭,空气、水和土壤污染以及经济活动的社会后果的关切引出了

"可持续采购"概念。可持续采购的目的是将对环境的关注纳入组织采购过程的各个阶段,减少采购对人类健康和自然环境的负面影响。

星巴克是可持续采购的先行者和全球领先者。该公司对优质咖啡的关注延伸至20多个国家的咖啡种植者。这意味着星巴克会以公平的价格购买咖啡种植者的咖啡豆,咖啡也会以有利于生态健康的方式种植,此外星巴克还投资了生产咖啡的农业社区。星巴克正是以这些方式关注供应商的可持续增长。

◎ 组织采购的功能、流程和采购中心

组织采购者和消费者一样,在选择产品和服务时会经历决策过程。**组织采购行为**(organizational buying behavior)是组织的采购决策过程,用来确定产品与服务需求,识别、评估品牌和供应商。组织采购者和消费者在购买决策过程上有着显著的异同。为了更好地理解组织采购行为的本质,我们首先描述组织的采购功能。然后,通过与消费者购买行为的比较,详细说明组织采购过程。接着,我们将描述组织采购的一个特色——采购中心。

组织的采购功能

组织的采购功能主要是要为组织选购自用或转售给消费者的产品和服务提供便利。采购功能包括收集和筛选有关产品和服务、价格和供应商的信息。采购功能通常负责正式征询供应商的出价,并敲定采购合同。

通常来说,负责选购产品和服务的人被称为采购经理或代理。他们在组织采购过程中的角色如图6-3所示。

组织采购流程

如图6-3所示,学生购买智能手机的5个阶段也适用于组织采购。然而,比较图6-3中消费者购买和组织采购两栏,可以发现一些关键的差异。比如,制造

购买决策过程的阶段	消费者购买：学生用智能手机	组织采购：智能手机的耳塞式耳机
问题识别	学生不喜欢旧的智能手机，想要买一部新的智能手机	营销和销售部门发现竞争对手正在改进其智能手机的耳塞式耳机。公司决定改进自己的新型号智能手机的耳塞式耳机，并从一家外部供应商处采购
搜集信息	学生利用自己过去的经验和朋友的体验，参照从广告、互联网和《消费者报告》(Consumer Reports) 收集的信息发现替代品	设计和产品工程师确定耳塞式耳机的规格。采购部门确认耳塞式耳机的供应商
选择评价	基于期望手机具备的功能，评估可选择的智能手机，并且去商店实地了解情况	采购和工程技术人员拜访供应商，并评估：（1）生产设备，（2）生产能力，（3）质量管理，（4）财务状况。剔除不符合这些条件的供应商。
购买决策	选定某款具体的智能手机，付款后离开商店	根据关键采购标准：（1）质量，（2）价格，（3）交付能力，（4）技术能力，选择供应商，商定条款并签订合同
购后行为	学生重新评价购买决定，如果不满意，可以去商店退货	使用正式的供应商评级系统评估供应商，将不符合质量标准的耳塞式耳机告知供应商。如果问题没有得到解决，就将该供应商移出名录

图 6–3　消费者购买决策过程和组织采购决策过程

商购买供应商的耳塞式耳机牵涉的人员更多，供应商的实力更加重要，购买后评价也更为正式。耳塞式耳机的采购决策过程就是典型的组织采购步骤。

采购中心：跨职能团队

组织中的小金额常规采购通常由单个采购者或采购经理单独决定。然而，组织常常需要设置多人参与的采购流程。这个团队就叫**采购中心**（buying center），成员拥有共同的目标，共担风险，并拥有能够影响采购决策的知识。很多大型连锁经销商，如塔吉特、7-11便利店或喜互惠（Safeway）连锁超市，都具有非常正规的采购中心，称为"采购委员会"。但是，大部分工业企业或政府部门仍然通过非正式团队或召开会议来做出采购决策。

采购中心很重要，因此销售产品或服务的企业面向工业企业或政府部门进行营销时，必须了解其采购中心的组织结构、技术和商业功能，以及采购团队的行为。以下四个问题有助于我们了解这些组织的采购中心：

1. 采购中心包括哪些人？
2. 每个成员会产生哪些影响？
3. 每个成员的购买标准是什么？
4. 每个成员如何看待供应商及其产品或服务，如何看待销售人员？

采购中心的成员 采购中心的成员要根据具体的采购项目而定。采购人员或采购经理几乎可以算是采购中心的固定成员，然后根据所需采购的具体产品或服务添加其他部门的人员。如果金额巨大，比如公司要采购一笔价值百万美元的机床，那么总裁和生产副总裁都有可能成为采购中心的成员。如果需要采购最终制成品的关键组件，研发、工程、质量管理人员也可以参与采购，组成跨职能团队。在购买新的文字信息处理设备时，使用过该设备的秘书也会成为采购中心的一员。当然，想要了解采购中心，最主要是要弄清谁是发起者、谁是影响者、谁是实际决策者，并设法接近他们。

采购中心的角色 有研究认为，采购中心的成员扮演着5种角色。有时，同一个人可能会担任两种或多种角色。

· **使用者**是组织中实际使用所购产品或服务的人。比如秘书是新购文字信息处理设备的使用者。

· **影响者**是影响购买决策的人，通常是确定所购产品的具体规格的人。如购买一台新的大型计算机，信息技术经理就是关键影响者。

· **购买者**是获得正式授权能够选择供应商并谈判合同条款的人。本章开篇案例中提到的金·纳盖利就是杰西潘尼传媒的购买者。

· **决策者**是拥有正式或非正式授权，能够选择或批准承接合同的供应商的人。常规采购的决策者通常是采购人员或采购经理，重大技术性采购的决策者更有可能是来自研发、工程或质量管理部门的人员。购买最终产成品的重要组件时，做决策的常常是这三个部门的人员。

• **把关者**是采购中心里控制信息流动的人。购买者、技术专家、秘书都可以负责确保其他四种角色的人无法接触到销售人员或信息。

采购状况和采购中心 采购中心的人员数量很大程度上取决于具体的采购状况。研究者归纳了3种采购状况，称之为**采购类型**（buy classes）。这些采购类别从常规追加订购（或叫直接再购）到全新采购（称为新购）都包括在内，而介于这两个极端的是调整再购。图6-4总结了采购类别如何以不同的方式影响采购中心的倾向。有些例子可以说明这些差异。

• **全新采购**。组织在第一次购买某种产品或服务时，由于这种采购存在更大的潜在风险，所以，采购中心要扩大，把所有与此次采购有关的人员都囊括进来。例如，宝洁公司花费数百万美元，为其位于辛辛那提的办事处购买了康宁公司的光纤网络，这就属于全新采购类型。

• **直接再购**。采购人员或采购经理再次从合意的供应商那里订购产品或服务，而无须接受工程、生产或质量管理等部门的使用者或影响者的审核。办公用品和维修服务就经常通过直接再购的方式购买。

• **调整再购**。在这种采购状况下，使用者、影响者或采购中心的决策者想要

采购中心维度	新购	直接再购	调整再购
涉及人员	许多	1	2～3
决策时间	长	短	适中
问题界定	不确定	很确定	稍微改变
购买目标	好方案	低价供应商	低价供应商
备选供应商	新的/现有的	现有的	现有的
购买影响	技术/运营人员	采购代理人	采购代理人或其他

购买类型

图6-4 采购状况以不同的方式影响采购中心的行为

更改产品的规格、价格、交付日期或供应商。虽然采购的物品与直接再购大致相同，但是，情况的变化需要扩展采购中心，吸纳一些采购部门之外的人。

◎ B2B 营销的线上采购

组织采购和B2B营销随着互联网科技的应用而不断演变。无论是在线交易量、平均交易规模还是总采购量，组织采购都远远超过消费者购买。事实上，组织采购大约占全球线上交易量的80%。

线上组织采购发展迅猛

线上采购在组织市场发展迅猛主要有三大原因。第一，组织采购者重视最新的供应商信息，包括产品可获得性、技术规格、产品用途、价格和交付日期等。这些信息可以利用互联网技术迅速传达。第二，互联网技术可以大幅度降低采购成本，以通用电气为例，线上采购已将采购成本从单次50~100美元降低到5美元左右。第三，互联网科技可以降低营销成本，特别是销售成本和广告费用，还可以拓展产品和服务的潜在顾客群。

基于这些原因，线上采购在三类组织市场中都非常流行。比如，各航空公司每年在波音公司的网站上订购价值4亿多美元的备用零件。美国固安捷公司是一家大型设备维护用品批发商，它的顾客每年在线订购约40亿美元的产品。洛杉矶县政府每年线上采购的产品和服务总额超过6.5亿美元。

网上交易平台：虚拟组织市场

组织采购的一个重大进展就是网络交易社区的形成，称为**网上交易平台**（e-marketplaces）。B2B电子商务和网上集散中心等都是网上交易平台，它将购买者和供应者连接起来，从而使信息、金钱、产品、服务的即时交换成为可能。

网上交易平台分为独立交易社区或专属交易市场。独立交易社区是独立的第三方，它提供互联网技术交易平台，是撮合买卖双方交易的中心市场。独立网上交易社区会收取一定的服务费，具备以下一个或多个特点：（1）买卖双方数量巨大，地理分布广泛；（2）供求波动巨大，以致价格波动剧烈；（3）易腐商品和科技的发展导致时效性很强；（4）众多卖家之间的商品易于比较。

独立网上交易社区包括 PlasticsNet（塑料制品）、Hospital Network.com（医疗产品和设备）、TextileWeb（服装）等。独立网上交易市场对买卖双方都有利，尤其是小商家，因为它能让小商家增加客源，降低产品和服务的成本。例如，亿贝为美国和其他国家的企业家和小企业市场提供了一个网络交易平台。阅读"营销无小事"专栏，了解亿贝如何促进了企业家精神。

营销无小事　企业家精神

亿贝的企业家精神

亿贝位于加利福尼亚州的圣何塞，它是一个真正的互联网奇迹。无论如何，它是全世界最主要的 P2P 交易社区，但它的意义不止于此。

亿贝为美国数百万小企业提供了一个交易平台，从世界范围看，它所服务的企业甚至更多。例如，亿贝上 81% 的小企业将其产品销往 5 个或更多国家。

事实证明，亿贝作为交易平台为小企业带来了好处。亿贝委托的市场研究公司 AC 尼尔森进行的一项调查显示，使用亿贝的小企业有 82% 称亿贝帮助他们实现了业务增长和扩张，78% 称帮助他们降低了成本，79% 称帮助他们获得了更多利润。

此外，亿贝增强了人们的企业家精神。美国企业公共政策研究所的一位发言人称："创业者在亿贝上很容易取得成功。"

大公司更倾向于使用专属交易市场，通过自己的网络与合格的供应商和客户保持联系。专属交易市场是为了让公司与其供应商和顾客的交易更加顺畅。和独立网上交易社区一样，专属交易市场为买卖双方提供了一个技术交易平台和中心市场。但它不是独立的第三方，而是代表了其所有者的利益。例如，NeoGrid公司就是一家国际B2B交易市场，它连接了250多家零售客户和8万家供应商，客户包括百思买、金宝汤业、开市客（Costco）、西夫韦、塔吉特、乐购（Tesco）和沃尔格林（Walgreens）等。全球医疗保健市场（Global Healthcare Exchange）从事的就是医疗保健产品的买卖，客户包括4 000多家医院和400多家医疗保健产品供应商，比如雅培、通用电气医疗集团、强生、美敦力（Medtronic）和麦克森（McKesson）等公司。

组织市场上的网上竞拍

网上竞拍的形式在组织采购者和企业营销者中逐渐流行起来，很多网上交易市场都提供这项服务。网上竞拍一般分为两种形式：传统竞拍和逆向竞拍。

传统竞拍（traditional auction）指一个卖家挂牌出售某商品，并邀请多个有意向的买家竞价购买。参与的买家越多，抬价的压力就越大。因为出价是相继报出的。买家会观察其他人的出价，决定是否要继续提高出价。竞拍会一直持续，直到剩下出价最高的买家，此时竞拍结束。传统竞拍通常用于处理过剩的商品。例如，戴尔公司在dellauction.com网站上销售多余、翻新的电脑，出清存货。

逆向竞拍（reverse auction）与传统竞拍正相反。逆向竞拍指一个买家公布所需的产品或服务，邀请有意向的卖家竞价销售。参与的卖家越多，压价的压力就越大。跟传统竞拍一样，出价是相继报出的。准卖家会观察其他卖家的出价，然后决定是否继续压低出价。当最后只剩下一个出价最低的卖家时，逆向竞拍就结束了。通过减少采购成本，逆向竞拍让组织采购者从中获益。比如，联合技术公司估计，通过网上逆向竞拍，该公司60亿美元的物料采购节省了6亿美元。

显然，买家欢迎逆向竞拍带来的低价。供应商也青睐逆向拍卖的形式，因为逆向竞拍使供应商有机会吸引到其他场合吸引不到的企业，因为采购方往往与其他供应商有着长期的采购关系。另一方面，供应商认为逆向竞拍过于注重价格，忽略了其他重要采购标准，不利于供应伙伴关系的建立。

营销知识应用

1. 描述美国的产业企业、中间商和政府单位的主要区别。
2. 列举并讨论组织购买有别于消费者购买的关键特点。
3. 何谓采购中心？描述采购中心人员的角色，并思考哪些问题有助于分析采购中心的结构和行动。
4. 一家销售污水处理系统的公司在销售新型产品时面临困境。它出售的污水处理系统价值数百万美元，虽然比竞争者的产品便宜，也达到了美国环境保护局的标准，却一套也没卖出去。为了获得竞标资格，公司将营销重点放在了城市采购部门与各州的环保局。公司从市政人员处得知，新型系统与现有的污水处理系统有很大不同，因此城市清洁与污水处理部门的工程师、主管以及市政委员会委员对该系统的运行情况不熟悉，市政当局雇用的工程师负责系统功能设计，他的薪酬根据政府采购成本而定，而这位工程师对公司的新系统也不太感兴趣。请思考：（1）在购买污水处理系统的过程中，以上这些人员各自充当什么角色？（2）在推销新系统方面，这家公司应如何改进其营销投入？

创新案例思考

崔克：利用组织采购制造更好的自行车

"让我给你讲一讲崔克的历史，"崔克自行车公司人力资源副总裁马克·乔斯林（Mark Joslyn）说，"这是一个奇妙的故事，在这个故事里，一家企业抓住市场机遇开创了自己的事业。"这个机遇就是用最高质量的车架制造自行车。事实上，崔克的使命很简单："制造世界上最好的自行车。"要做到这一点，崔克需要从最好的供应商那里找到最好的原材料。崔克公司的产品经理迈克尔·雷顿（Michael Leighton）解释道："我们非常重视与供应商的关系，这是我们成功的一个秘诀！"

公司简介

崔克自行车公司成立于1976年，由理查德·伯克（Richard Burke）和比维尔·霍格（Bevill Hogg）创立。他们一开始在威斯康星州的谷仓生产自行车，当时只有5名员工。从一开始，他们就瞄准了高品质、高声誉的自行车市场，他们的自行车只使用最好的材料和组件。第一年，他们制造了900辆用户定制自行车，很快就销售一空。受产能所限，产品很快供不应求，崔克于是新建了一个2.6万平方英尺（1平方英尺=0.0929平方米）的工厂和公司总部，以满足日益增长的需求。

崔克公司重视质量意味着它对用于制造自行车的材料非常敏感。例如，它的第一辆样车使用手工钎焊钢制作车架。但崔克很快借鉴航空航天工业的方法，开始用铝材制造车架。随着铝制自行车的成功，崔克公司开始用碳纤维制造自行车。乔斯林解释说，崔克的理念就是"处于技术的前沿"。

公司还扩大了产品线。它设计的第一辆自行车是为了与日本和意大利的自行车竞争，此外，它还开发出了用于公路自行车赛的车型。1983年，崔克公司制造出它的第一辆山地自行车。1990年，它开发出一种新型自行车——多用途登山车（Multitrack），把道路自行车的速度与山地自行车的耐用性结合了起来。公司还生产了儿童自行车、串座双人自行车、越野赛自行车以及警察局和美国特勤局使用的车型。此外，它还增加了骑行服装（崔克服装）和自行车配件（如头盔）产品线。最近，崔克还发起了一项生态设计倡议，呼吁制造"绿色"自行车，注重生产对环境的影响、自行车的使用寿命和回收。为了满足这些生产需求，崔克公司将生产能力扩大了两倍。

随着崔克公司的名气渐增，它的业务开始扩展到美国以外的地方，例如收购瑞士的威利格自行车公司和德国最古老的钻石自行车公司。它还将业务扩展到了中国，开设了两家门店，并与20家中国经销商签订了协议。

崔克公司如今已经成为自行车的领先制造商之一，销售额达到8亿多美元，雇用员工2 000人。崔克的产品通过北美1 700家经销商、7个国家的全资子公司和其他90个国家的分销商进行销售。旗下品牌包括崔克、加里·费希尔和邦特拉杰。作为一家全球性公司，崔克的使命也在演变，它最新的使命是"让自行车成为解决复杂问题的简单方案"。崔克公司的员工认为自行车是最有效率的交通方式，它可以对抗气候变化，缓解城市拥挤，增进人类健康。他们的座右铭是："我们信任自行车。"马克·乔斯林解释："当今世界，我们面临着许多挑战——交通拥堵、流动性问题、环境问题，还有健康问题。我们认为自行车是解决所有这些问题的一个简单方案。显然，我们可以用自行车取代其他交通工具。人们使用自行车不仅是为了娱乐，也是为了出行的方便。我们越来越多地看到人们骑自行车去四处转转或去某个地方处理生活事务，在美国尤其如此。"

崔克的组织购买

　　崔克公司的成功建立在许多重要商业实践的基础上，包括其组织采购流程。当经理们指定崔克产品使用的材料（如碳纤维）、零部件（如车轮和换挡器）和涂饰材料（如油漆和贴标）的类型时，流程就启动了。此外，它们还规定了质量要求、涂料标准和可能的交货时间表。根据雷顿的说法，一旦规格要求确定下来，下一步就是"去采购中心，询问'你能帮我们找到这种东西吗'"。

　　采购中心是一个团队，它负责寻找组织采购的最佳供应商。在崔克公司，采购中心由采购经理，能识别材料和部件来源（国内和国际）的采购者以及来自研发、生产和质量控制部门的代表组成。生产经理和采购中心之间的沟通非常重要。雷顿说："我与采购中心紧密合作，以确保我们与质量可靠的供应商合作，实际上他们会与我们的质量控制团队一起报告'是的，这个供应商制造的产品质量符合崔克的标准'，他们也会参与价格谈判。我们的国内采购中心人数相对较少，他们的重点是特殊组件的采购。"

　　在确定谁是潜在供应商时，崔克公司依据以下四项标准来进行评估：质量、交付能力、价格和生产过程对环境的影响。这样崔克公司就能对备选的供应商进行比较，并选择与崔克及其客户最匹配的供应商。被崔克选为供应商的企业需要不断接受四项标准的检验。例如崔克会对目前的供应商打分，根据交付及时性、价格以及是否使用可回收包装等标准进行评估。崔克公司记录潜在供应商和现有供应商信息的工具称为"白皮书"。迈克尔·雷顿描述了它是如何运作的："采购中心负责编制白皮书。它就是一张表单，经理能从中看到与这些人一起合作所存在的问题和好处。"尽一切努力与供应商建立长期关系，使之成为崔克公司的合作伙伴。合作伙伴关系让崔克与合作伙伴携手成功。

　　崔克公司的产品经理和采购中心会参与三种类型的组织采购。一是新购，即第一次购买。二是调整再购，需要更改以前订购产品的某些方面。三是直接再购，从合意的供应商名单中挑选供应商，再次订购现有产品。雷顿举例说明了崔克的三种采购方式：

　　如果是新购，我们要与采购中心一起寻找新产品，即某种我们从来没有做过的东西，可能是一种新材料制作的车座，或应用于车架的新技术，它可以缓冲振动，并让骑乘更加舒适，也可能是电动自行车，即在自行车上安上马达。为此，采购中心需要帮助我们找到供应商。调整再购基本上是用稍微不同的材料制作车座，但它的一些部件与现有的车座组件是相同的，只不过材料是新的，略有不同，这只是产品的演变。直接再购则要看我们的战略是否要求我们继续购买更多相同的部件。我们考虑的是如何才能更省钱，是继续购买相同的产品，还是购买新的产品。

虽然各种类型的采购在崔克都很常见，但是用于选择或评估供应商的标准可能因购买类型和产品类型而异，因此采购流程对于产品经理来说一直是一个挑战。

生态购买和崔克的未来

崔克公司评估现有和潜在供应商的标准之一是他们对环境的影响。乔斯林说："我们用多个标准评估供应商，包括我们越来越多地考虑它们提供的产品是不是'绿色'的。"例如，崔克公司最近选择了一家供应商，它（1）拥有一个可开采原料的采石场；（2）使用自己的制造设备；（3）在生产过程中使用天然气而不是煤。这对崔克很有吸引力，因为它表明供应商"完全了解"产品全过程对环境的影响。

崔克公司的组织购买反映了"生态"观念在公司理念中日益重要。崔克增加了电动助力组件，让自行车成为实用的运输替代工具，也让自行车变得"更智能"。通过使用对环境影响更小的原材料和组件，缩减包装尺寸和重量，崔克的自行车也变得更加环保。崔克公司还解决了回收的问题，让自行车更耐用。它通过经销商回收内、外胎，还资助了一个叫"梦幻自行车"的非营利组织，培训年青人修理捐赠的自行车。

努力改善组织采购过程也让崔克面临一些其他的挑战。例如，越来越多的供应商需要持续实时的交流，以确保所有配件都能即时交付。此外，消费者的兴趣和经济状况的变化意味着崔克公司必须预测市场需求的波动，并对订货量和交付日期做出适当的调整。正如马克·乔斯林解释的那样："我们所做的一切都可以而且应该得到改善。因此，我们会在企业内外征求意见，寻找可以持续改进的方法，并为市场提供新的技术和解决方案，这就是我们的核心价值所在。"

思考题

1. 在崔克公司，采购中心的作用是什么？在决定选择新的供应商时，谁有可能进入崔克公司的采购中心？

2. 在选择新的供应商或评估现有供应商时，崔克公司使用哪些判断标准？

3. 崔克公司关注业务对环境的影响，这一点是如何影响组织采购流程的？

4. 三种采购类型分别为新购、调整再购和直接再购，结合崔克公司的情况，各举一例加以说明。

7

了解全球消费者，开拓全球市场

学习目标

1. 从全球视角描述世界贸易的性质和范围；
2. 确定影响世界贸易和全球营销的主要趋势；
3. 确认影响全球营销投入的环境因素；
4. 列出公司进入全球市场的几种方式，并加以描述；
5. 解释公司制订全球营销方案时标准化和定制化的差异。

用戴尔的方式在印度开拓 20 亿美元的市场

为什么戴尔公司在 2007 年开始实施大胆的全球增长计划？用戴尔亚太区和日本前总裁史蒂夫·菲利斯（Steve Felice）的话说："我们的成功在很大程度上取决于我们在全球范围内的扩张能力。"

戴尔的全球计划着眼于亚洲、非洲和拉丁美洲的新兴经济体。戴尔创始人兼首席执行官迈克尔·戴尔表示，与北美和西欧的成熟经济体相比，新兴经济体拥有显著的增长潜力。事实证明，戴尔的全球战略是成功的。印度是戴尔公司的主要增长市场，现已实现 25 亿美元的年销售额。戴尔在印度雇用了约 2.5 万人，占其全球员工的四分之一左右。

戴尔的全球计划大胆地抛弃了以前在产品开发上的做法。在推出全球计划之前，戴尔公司依据全球需求设计产品，在全球范围内分销同样的产品。而现在，公司经常为中国、印度和其他新兴经济体的消费者设计低成本的笔记本电脑、平板电脑和台式个人电脑。

戴尔拥有极具特色的直销、服务和分销策略，而其全球计划需要对这些策略进行多方位的改革。公司的美国业务建立在电话和互联网销售的基础上，其中并不包括零售商。然而，在新兴经济体中，比如在印度，消费者比较喜欢摸到实实在在的产品，并在试用后购买。为此，戴尔使用个人销售分支机构，销售人员直接接触消费者，近距离让消费者获得第一手的产品体验。

与此同时，戴尔与印度连锁零售商 Croma 和 eZone 等联手，设置店中店柜台。戴尔支持这一混合的零售模式，扩展现场服务，为 650 多个城市的零售用户和小型企业客户提供上门服务。

2008 年，戴尔公司开设了戴尔专卖店。公司发言人说："戴尔专卖店是提高印度消费者整体购买体验的一步。通过提供新产品并扩大影响，我们在当地消费市场的覆盖面迅速扩大。随着戴尔专卖店的推出，我们为消费者提供了触摸和感受戴尔产品的独特购物体验。"

每家戴尔专卖店既拥有戴尔直接采购模式的优势，又兼具零售的好处，它允许消费者浏览、触摸和感受产品。这样，消费者可以先查看货架上的产品，然后选择喜好的型号下订单，还可以自主选择外观和配置。到 2015 年，戴尔公司在印度拥有了 400 家专卖店。

戴尔公司的全球计划也涉及一项新的广告宣传活动，它邀请印度的成功企业家推荐戴尔的产品。事实证明，广告宣传活动"走自己的路"，效果非常好。戴尔在印度取得了成功，这表明了解全球消费者并适应它们的特定需求和偏好，对实现销售非常重要。

本章介绍了复杂而充满活力的全球营销环境，首先描述了世界贸易的动态和影响全球营销格局的主要趋势；接着重点关注与文化、经济和政治监管有关的重要因素，这些因素既是全球营销的机遇，也是挑战；然后详述了进入全球市场的4个主要策略，以及它们各自的优缺点；最后介绍了企业设计、实施和评估全球营销计划的工作。

◎ 世界贸易体系

今天用美元计算的世界贸易额是10年前的两倍多,其中制造品和日用品的贸易额占75%,电信、交通、保险、教育、银行和旅游等服务业则构成了剩余的25%。

世界各国和地区并不是平等地参与全球贸易的。世界贸易往来反映了各行业、各个国家和地区的相互依赖,并表现在国家和地区、公司、行业的进出口上。世界贸易的形势不断演变。2015年,中国取代美国成为世界最大的贸易国,同时亚洲超过西欧成为世界最大的贸易区。

从全球视角看世界贸易

全世界三分之二以上的制成品和日用品贸易来自美国、中国、日本、西欧和加拿大5个国家或地区。中国是世界主要的出口国,其次是美国和德国。美国是世界主要的进口国,其次是中国和德国。如图7-1所示,中国、德国和美国在进出口方面遥遥领先于其他国家。

从全球的视角看,世界贸易视出口和进口为互补的经济流动:一个国家的

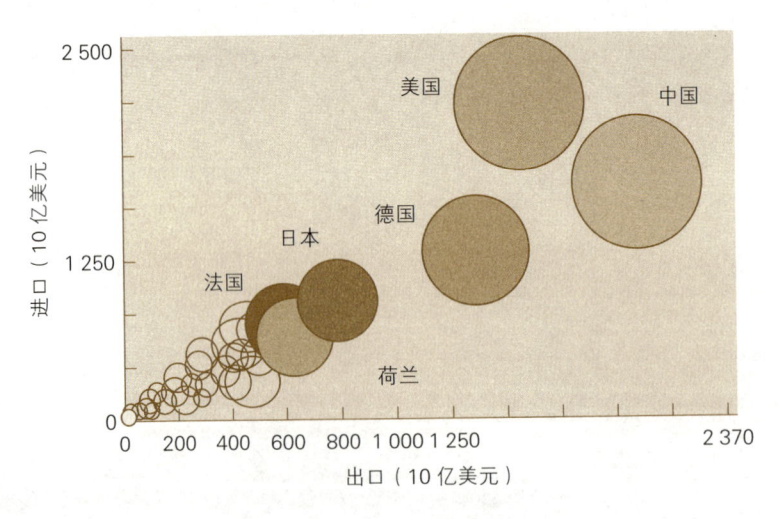

图 7-1 全球主要商品贸易国
中国出口的制成品和日用品多于进口,美国进口的制成品和日用品多于出口

进口影响其出口，出口也影响其进口。每个国家的进口都是其他国家的出口。随着一个国家的出口增加，该国的产出和收入上升，反过来又导致进口需求的增加。该国对进口的更大需求刺激了其他国家的出口。其他国家出口需求的增加又刺激了该国的经济活动，提高了国民收入，进而促进了他们对进口的需求。简而言之，进口影响出口，出口反过来又影响了进口。这种现象被称为贸易的反馈效应，它是支持各国进行自由贸易的一个论点。

不是所有的贸易都是用货币交换商品和服务。世界上有70%的国家没有可自由兑换的货币，也有些国家的国有企业缺乏充足的现金和信用来进口商品，这些国家就会使用一些其他支付方式。据估计，15%～20%的世界贸易采用了易货贸易（countertrade）的方式，即用物物交换代替现金来进行国际贸易。

易货贸易在东欧国家、俄罗斯和亚洲国家十分流行。例如，戴姆勒股份公司（Daimler AG）同意向罗马尼亚出售30辆卡车，以换取150辆罗马尼亚制造的吉普车。戴姆勒随后在厄瓜多尔出售吉普车换取香蕉，再把香蕉运回德国，出售给德国连锁超市，换取现金。当百事可乐进入印度市场时，印度政府要求百事可乐在印度赚取的部分利润必须用于购买西红柿。百事接受了这项要求，因为当时它旗下有必胜客。

从美国视角看世界贸易

长期以来，美国的国内生产总值（GDP）都是世界第一。国内生产总值即一个国家在一年内生产的所有产品和服务的货币价值。美国在出口方面世界领先，这很大程度上归功于美国在航空航天、化工、办公设备、信息技术、制药、电信和专业服务行业中的突出表现。然而，在过去的30年中，美国在世界出口总额中所占的比例一直在下降，进口额占比却在不断上升。因此，尽管美国出口额的绝对值在增长，但其世界供应商的地位已被削弱了。与此同时，美国在世界市场的角色日益显著，尤其体现在汽车、石油、纺织品、服装和家用电子产品这些商品上。

一个国家的出口和进口之间的货币价值差额称为贸易差额（balance of trade）。当某个国家的出口额大于进口额时，就存在贸易顺差；当进口额大于出口额，就出现贸易逆差。美国的贸易差额反映了美国进出口的趋势。

过去30年间，美国的进出口贸易存在两种显著现象。其一，每年的进口额都十分明显地高于出口额，也就意味着美国的进出口贸易始终处于逆差的状态。其二，进口量和出口量都迅速地增加，这也说明了几乎每个美国人都深受国际贸易影响，他们购买商品（如韩国的三星智能手机、爱尔兰的沃特福德水晶制品、法国的路易·威登皮箱），同时也出售商品（如出售至欧洲的思科公司互联网技术、出售至亚洲地区的杜邦化学品、出售至非洲的默克药品），进出口影响了他们的工作，也提高了他们的生活水平。

美国的世界贸易现状反映了国家间、行业间的商品和服务需求与供给的相互依赖。接收美国出口的商品和服务最多的四个国家依次是加拿大、墨西哥、中国和日本，这些国家购买了美国出口商品的近2/3；四个最大的进口国依次是中国、加拿大、墨西哥和日本。

◎ 无国界世界经济中的营销

无国界的世界经济日益壮大，持续影响全球市场营销的发展。以下五种趋势深刻影响了全球营销活动。

趋势一：国家贸易保护主义逐渐消退。
趋势二：国家之间正式的经济一体化和自由贸易。
趋势三：全球公司为争取全球顾客展开全球化竞争。
趋势四：网络化全球虚拟市场的兴起。
趋势五：经济间谍活动日益盛行。

贸易保护主义的消退

贸易保护主义（Protectionism）指一个国家通过关税或配额等方式保护本国

经济中的一个或几个产业避免与外国相竞争的行为。支持贸易保护主义的理由包括它阻止了就业机会的外流，维护了国家的政治安全，降低了国家对他国经济依赖，并促进了本国产业的发展。阅读"负责任地决策"专栏，判断贸易保护主义是否存在伦理问题。

如图7-2所示，关税和配额不利于世界贸易。关税（tariff）指政府向进口商品或服务征收的税金，主要目的是提高进口商品的价格。在工业化国家中，制成品的平均关税是4%。但是，不同国家的关税水平有着很大的差别。例如，欧盟国家对从日本进口的汽车征收10%的关税，比美国对日本汽车征收的关税高了约4倍。

关税对消费价格的影响非常巨大。以美国向日本出口大米为例，美国大米加工协会宣称，如果日本开放大米市场，降低关税，扩大进口，那么日本消费者每年能节省60亿美元，同时美国大米也能在日本获得更大的市场份额。同样，欧盟国家对香蕉征收的关税也使得消费者每年多支出20亿美元。美国消费者每年要支付50亿美元的进口鞋关税。顺便提一下，美国人穿的鞋子99%是进口的。

配额（quota）是一国对进口或出口某种产品的数量限制。配额采取自愿或授权的方式，也可以由政府立法或协商决定。进口配额是为了确保国内产业占有一定比例的国内市场。例如，中国乳制品在印度的销售会受到限制，意大利进口日本摩托车有一定的限额。中国对玉米、棉花、大米和小麦都设置了进口配额。

美国同样也实行配额制。例如，美国白糖进口配额已经有70多年历史，为国内的白糖生产者保住了约一半的国内市场。因为这一配额，美国的消费者每年会为食品额外支出30亿美元。美国纺织品配额使美国的服装批发价高出50%，进而提高了服装的零售价格。

为了更好地处理世界贸易问题，1995年，世界主要工业化国家成立了世界贸易组织（WTO），其中包括美国在内的160个成员，世界贸易组织成员方的贸易额占世界贸易总额的90%以上。WTO是一个常设机构，由贸易专家小组制定贸易规则，裁定成员国之间的贸易争端，并做出有约束力的决策。WTO每年要审查200多起贸易争端。

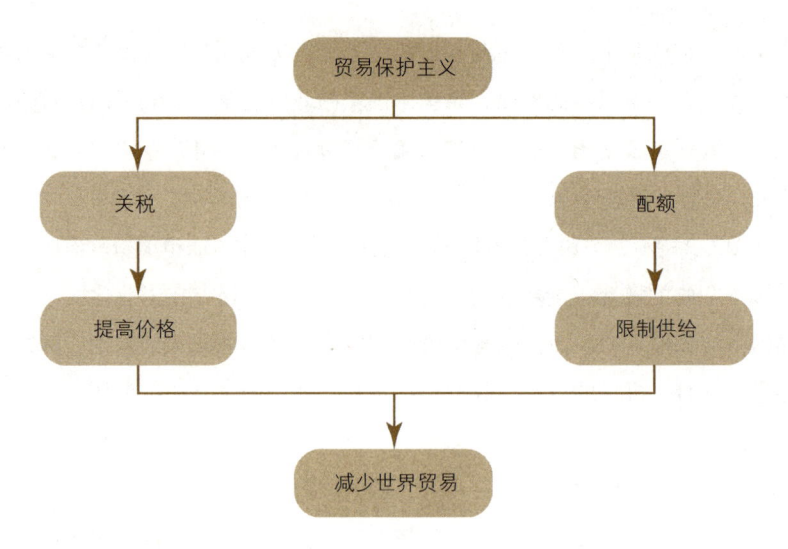

```
                    贸易保护主义
                   /            \
                 关税           配额
                  ↓              ↓
              提高价格         限制供给
                   \            /
                    减少世界贸易
```

图 7–2　贸易保护主义对世界贸易的影响

负责任地决策　商业道德

全球伦理和世界经济——以贸易保护主义为例

世界贸易得益于国家间的自由公平贸易。然而，许多国家的政府仍然使用关税和配额等手段保护本国的各个行业。这是为什么？贸易保护主义既能够帮助本国制造商获得利润，也能使政府获得关税收入。但是，贸易保护不是没有代价。

贸易保护主义政策每年使日本消费者多支付 750 亿～1 100 亿美元。关税和其他保护性限制抬高了价格，为此美国消费者每年要多支出约 700 亿美元。

美国有糖类和纺织品进口配额，还会对鞋和汽车轮胎的进口征收关税，欧洲国家对汽车和香蕉进口设置配额，加拿大则对啤酒进口设置配额，日本有大米进口配额，这些配额保护了国内产业，但同时也妨碍了这些产品的全球贸易。另外还有区域贸易协定，如欧盟国家签订的一些条款、北美自由贸易协定等，区域贸易协定的会员国能够获得关税和配额上的优惠待遇，而非会员国却无法享受。

贸易保护主义存在多种形式，它提出了一个令人关注的国际伦理问题：贸易保护主义是合乎伦理的行为吗？

经济一体化的增长

许多经济目标相似的国家成立了跨国贸易集团，或签署了贸易协议，以促进成员国之间的自由贸易，增强自身的经济实力。其中最著名的两个跨国贸易组织是欧盟（EU）和北美自由贸易协定（NAFTA）。美国的出口商品约有46%流向了自由贸易伙伴国。

欧盟 欧盟由27个成员国组成，成员国之间消除了绝大多数壁垒，实现了彼此之间在商品、服务、资本和劳动力上的自由流动。欧盟市场中有5亿多消费者，成员国的GDP总和超过了美国。此外，16个成员国采用统一的货币欧元，这有利于电子商务的发展，因为各国无须持续地监控货币汇率。

欧盟创造了大量的营销机遇，企业不再需要因国家不同而以不同的方式销售产品和服务。相反，产品和包装标准的高度统一，各国对运输、广告和促销的管制性约束减少，大部分影响价格的关税被取消，让企业得以在欧洲实行统一的营销策略。例如，高露洁棕榄公司在欧盟成员国中采用统一的配方、包装、价格来营销高露洁牙膏。手持式电动工具、家电等消费品生产商百得公司（Black & Decker）为欧洲市场生产的马达也从20种减少至8种，从而节省了生产成本和营销成本。而在此前，因为政府和贸易管制的不同，企业无法做到这些。欧洲各国开放的边境让企业能够在更少的地点实现全欧洲分销。法国轮胎生产商米其林关闭了180家欧洲分销中心，如今仅20家分销中心便可以服务所有的欧盟国家。

北美自由贸易协定 北美自由贸易协定消除了加拿大、墨西哥和美国之间的许多贸易壁垒，创造了一个超过4.75亿消费者的市场，并促进了成员国之间的贸易流通以及跨境零售、制造和投资。例如，北美自由贸易协定为沃尔玛进军墨西哥铺平了道路，同样也为墨西哥的超市巨头宏大集团（Gigante）进入美国市场提供了方便。惠而浦关停了加拿大子公司的洗衣机生产线，转移到美国俄亥俄州，同时将厨房用品和小型干燥器的生产转移到加拿大。福特公司在墨西哥城投资了6 000万美元，用于生产面向全球市场的小型汽车和轻型卡车。

哥斯达黎加、多米尼加、萨尔瓦多、危地马拉、洪都拉斯、尼加拉瓜和美国之间的自由贸易协定是北美自由贸易协定的进一步扩展，惠及了中美洲国家和多米尼加共和国。这一协定称为中美洲自由贸易协定，对于在西半球建立34个国家的美洲自由贸易区来说，这一协定迈出了重要的一步。

新现实：全球公司争夺全球消费者的全球竞争

无国界的世界经济使各种类型和规模的营销者面临一个新的现实。如今世界贸易的推动力是全球公司为争取全球消费者而进行的全球化竞争。

全球竞争 企业在世界范围内研发、生产和销售产品和服务会引起**全球竞争**（global competition）。汽车制造、制药、服装、电子产品、航空和电信等知名行业已经实现了全球销售和全球采购。其他行业的全球化趋势也在不断增强，如软饮料、化妆品、麦片、零食和零售业。

全球化竞争进一步扩大了营销的竞争范围。百事可乐和可口可乐在美国的"可乐大战"众所周知，如今它们的竞争在全球各地一再上演，包括印度、中国、缅甸和阿根廷。宝洁公司的帮宝适纸尿裤和金佰利公司的好奇纸尿裤的竞争从美国扩展到了西欧。波音公司和空中客车公司为争夺利润丰厚的商用飞机订单，也在全球范围内展开了竞争。

全球公司 角逐全球市场的公司有三类：（1）国际公司；（2）多国公司；（3）跨国公司。这三种类型的公司在不同国家雇用员工，其中很多公司在世界各地拥有自己的管理、营销和生产部门（常被称为分公司或子公司）。然而，公司如何定位全球市场和营销策略往往决定了公司的类型。

国际公司在不同国家开展贸易和营销的方式往往遵循它们的国内营销策略。一般来说，这类公司采用与国内相同的方式在其他国家销售其现有的产品和服务。例如，雅芳公司运用直销方式，在亚洲、欧洲和南美洲取得了成功，该公司在其他国家的市场上使用的营销策略几乎与其在美国采用的一模一样。

多国公司认为，世界是由众多独立市场组成的，不同的市场应采用不同的营销方式。多国公司常采用**多国营销策略**（multidomestic marketing strategy），即在不同的国家，提供不同的产品，采用不同的品牌和广告方案。

例如，碧洁先生（Mr. Clean）是广受欢迎的多功能清洁剂，宝洁公司在北美和亚洲市场销售该品牌，但在世界的其他地区，你却看不到这一品牌。在墨西哥和波多黎各,它叫Mastro Limpio;在西班牙,它叫Don Limpio;在法国和比利时,它叫Monsieur Propre;在意大利,它叫Maestro Lindo;在波兰,它是Pan Proper;在东欧、中东和俄国,它是Mister Proper。

跨国公司认为世界是统一的市场,它们强调不同国家具有的文化共同点或顾客的共同需求,而不是差异性。跨国营销者往往采用**全球营销策略**(global marketing strategy),在相同的文化中使用标准化的营销策略,在不同文化中使用调整后的营销策略。这种方法的好处在于能让营销者在营销活动中获得规模经济。

全球营销策略在许多B2B企业中十分流行,比如重型建筑设备制造商卡特彼勒和小松公司,以及半导体产业的德州仪器、英特尔和日立。很多消费品制造企业的全球营销策略也非常成功,如生产手表的天美时公司、日本精工株式会社和斯沃琪公司,生产可乐类软饮料的可口可乐和百事可乐,生产儿童玩具的美泰和乐高,生产运动鞋的耐克和阿迪达斯,个人护理品牌吉列公司,化妆品品牌欧莱雅和资生堂,以及快餐食品麦当劳。

这些公司围绕一个**全球品牌**(global brand)展开营销,在多个国家推出同一个品牌的产品,采用相似的营销方案,营销方案由公司总部集中协调实施,而不是各个国家自行其是。全球品牌采用相同的产品标准和服务理念,让消费者获得相同的收益,并在多个国家和文化中使用相同的广告。这并不意味着国际品牌有时不会因具体的国家和文化而做出调整,公司仅在有必要让不同市场的消费者更好地接受某一品牌时才会进行调整。

例如,"食品、快乐和家庭"是麦当劳行之有效的公式,它已经被应用于6大洲的100个国家,尽管麦当劳的金色拱门和麦当劳叔叔全球可见,但麦当劳会调整营销方案的其他部分。德国的麦当劳提供啤酒,法国供应葡萄酒,香港则会有椰子、芒果和薄荷奶昔。在日本、泰国、印度和菲律宾,汉堡包中会夹有不同的肉,撒上不同的调味品。但麦当劳享誉全球的薯条却始终是标准化生产的,中国北京的薯条与法国巴黎的薯条尝起来并没有什么区别,味道跟你所在城市的麦当劳薯条是一样的。

全球消费者 如"营销无小事"专栏所述,全球公司之间的全球竞争往往是为了获得全球消费者的认同和青睐。**全球消费者**(global consumers)指生活在世界各个国家或地区，有着相似的需求，从相似特征的产品和服务中受益的消费群体。事实表明，世界已经出现了中等收入阶层市场、青年市场和精英阶层市场，这些群体的消费者不管处于什么地理位置，都消费或使用相同的产品和服务。

各种各样的公司都想抓住这些全球消费者，谋求利益。日益庞大的全球中等收入阶层对厨房电器、家用电子产品、家庭装饰品的需求，让惠而浦、索尼和宜家获益良多；而李维斯、耐克、可口可乐和苹果公司则致力于开拓全球年轻人市场；戴比尔斯、劳力士、香奈儿、古驰、劳斯莱斯以及苏富比和佳士得（世界最大的艺术和古董精品拍卖行）则迎合了全球精英阶层对于奢侈品的需求。

营销无小事　客户价值

全球的青少年：一个 20 亿规模的永不满足的消费者市场

"全球青少年"市场拥有 20 亿 13～19 岁的消费者，遍及欧洲、北美洲、南美洲国家，以及亚太地区的工业化国家，他们每天在电视、电影、旅行、社交媒体上接受苹果、索尼、耐克和可口可乐等公司的广告轰炸。这些国家的青少年的相似性多于差异点。一项研究调查了 25 个工业国家的中产阶级家庭青少年的房间，它们都很相似，难以区别一个个房间究竟是在洛杉矶、香港和墨西哥城，还是在东京、里约热内卢、悉尼和巴黎。为什么？这些青少年每年会在一些共同的产品上花费约 8 200 亿美元，如任天堂的电子游戏、汤米·希尔费格的服装、李维斯的蓝色牛仔裤、耐克和阿迪达斯的运动鞋、斯沃琪的手表、苹果的 iPhone、贝纳通的服装和封面女郎的化妆品。

全世界的青少年都崇尚时尚和音乐，喜欢新颖和时髦的设计和形象。根据另外一份对 26 个国家 6 500 名青少年的调查，这些青少年也认同美国式的时尚和文化。当他们被问及哪个国家对他们的态度和购买行为影响最大时，54% 的美国青少年、87% 的拉丁美洲青少年、80% 的欧洲青少年、80% 的亚洲青少年回答是美国。家长并非没有意识到这一现象，正如一名印度家长说的："如今青少年的穿衣打扮、说话方式、饮食习惯都美国化了。"

网络化全球虚拟市场的出现

影响全球贸易的第四大趋势是利用网络技术作为全球市场中商品、服务和信息交换的工具。全球已有30多亿家企业、教育机构、政府机构和家庭接入互联网。网络技术的应用之广证明了它在促进世界贸易方面的潜力。

网络化全球虚拟市场使购买者能够在任何时间、任何地点以较低的成本与出售者交换商品、服务和信息。尤其是从事B2B营销的企业促进了全球电子商务的发展。全球电子商务收入有90%来自北美、西欧和亚太地区的B2B交易。

营销人员认识到，网络化全球虚拟市场为他们提供了接触各大洲潜在消费者的新途径。有些公司成功利用它管理多个国家不同语言的网站，针对不同的消费者制作不同的网站内容，并使用消费者的母语进行交流。全球最大的预包装食品生产商、咖啡烘焙商和巧克力生产商雀巢公司就是一个典型的例子，它用20多种语言在5大洲的65个国家建立了网站。

经济间谍活动日益盛行

无国界的经济世界也有其黑暗面，即经济间谍活动。**经济间谍活动**（economic espionage）指秘密收集企业竞争对手的商业机密或专有信息的活动。这种做法在高科技行业很常见，如电子、专用化学品、工业设备、航空航天和制药业，因为企业的专有技术和商业秘密决定了谁成为全球行业领导者，谁成为追随者。

据估计，经济间谍活动使美国企业每年损失高达2 500亿美元的销售额。大约23个国家的情报部门经常针对美国公司刺探其研发、制造和销售计划，以及消费者的名单。为消除这一威胁，《经济间谍法》（1996年）将外国机构在美国窃取商业机密认定为联邦犯罪。该法规定犯罪个人判刑15年以上，并处50万美元罚款。被认定犯有经济间谍罪的外国政府特工则面临25年刑期，外加罚款1 000万美元。

◉ 全球环境审视

全球公司持续审视影响营销的5种环境因素：社会、经济、技术、竞争和管制。第3章的图3-1描述了这5种因素，本节重点讨论文化、经济和政策管制这3种不可控的环境变量，这些变量对全球营销活动的影响方式明显不同于国内市场。

文化多样性

要想与全球消费者建立互惠互利的交换关系，营销者必须对不同社会的文化基础保持敏感。在此过程中，还必须进行**跨文化分析**（cross-cultural analysis），即研究两个或两个以上国家或社会的消费者的异同。全面的跨文化分析包括对其他社会价值观、风俗习惯、象征和语言的理解和评价。

价值观 一个社会的**价值观**（values）代表了长期内个人和社会偏好的行为方式或生存状态。对全球营销来说，理解某个社会的价值观，并与之协调发展十分重要。

印度的麦当劳不销售牛肉汉堡，因为约85%的印度人视牛为圣物。作为替代，麦当劳推出了王公汉堡，在芝麻小圆面包中间夹上两片鸡肉饼，再配上特殊的调味酱、生菜、奶酪、泡菜和洋葱。对于40%不吃任何肉类的印度消费者，麦当劳提供了麦香薯堡和全素食比萨，麦香薯堡的特色是辛辣面包屑和土豆饼，而全素食比萨则只有蔬菜和奶酪。

德国人不喜欢维萨和万事达等信用卡，也不喜欢用分期付款的方式购买商品和服务。实际上，德语中表示"负债"的单词Schuld同时也有"罪责"的含义。

个人的价值观明显受文化价值观的影响。个人价值观会影响人们的态度和信仰，以及对特定行为、商品和服务属性的重要性的认识。个人价值观也会影响人们对消费方式的评价，如德国人对分期付款的态度；还会影响人们对产品的评价，如信用卡利息率。

风俗习惯 **风俗习惯**（customs）指在某个国家中被认为是正常并符合预期的行为方式。不同国家的风俗习惯迥异。例如，在法国，男性穿戴饰品的数量是女性的两倍多，而在日本，女性会在情人节给男性送巧克力。

在很多国家，赠送代金券作为商务礼品是非常普遍的风俗，是可预料、可接受的行为。但利用行贿、回扣或好处费等手段诱使某人为了行贿者的经济利益去做出某种不合法或不恰当的事情，在任何文化环境中都会被认为是腐败。

全球营销中贿赂的泛滥促使世界主要出口国达成了一项协议，将贿赂外国政府官员认定为违法。该协议以1977年美国颁布的《海外反腐败法》为参照，修订后成为《国际反倾销和公平竞争法》(1998年)。这些法律规定美国公司在国外通过贿赂政府或政党官员获得业务和维持企业经营的行为是违法的。例如，因被指控贿赂世界各地的政府官员10万美元，德国西门子公司需要缴纳8亿美元的罚款。

文化象征 文化象征（cultural symbols）指体现某个具体文化的思想和观念的事物。象征和象征主义在跨文化分析中扮演着重要的角色，因为不同的文化会赋予某种事物以不同的意义。正因为文化象征是如此的重要，因而出现了一门学科——符号学，它研究的是各种象征的对应关系和象征在人赋予事物意义过程中的作用。巧妙地运用文化象征，全球营销者可以使其产品、服务、品牌与某种积极的文化象征联系起来，以增强对消费者的吸引力。但是，文化象征运用不当也会带来灾难。对文化敏感的全球营销者必须清楚以下内容：

北美文化对于数字13十分忌讳，而日本人忌讳数字4。在日文里，4读为Shi，和"死"同音。因此蒂芙尼公司在日本销售其精制玻璃制品和瓷器时，以5个为一组出售，而不是4个一组。

在美国，"竖起大拇指"表达的是积极的意思。然而在俄罗斯和波兰，如果做这个手势时露出了掌心，那表示的就是无礼。因此，美国电话电报公司将广告里展示的手势翻转了过来，露出手背，而不是手心。

文化象征能够激起消费者内心深处的情感。可口可乐公司意大利分公司高管的做法可引以为鉴。在一系列针对意大利度假者的广告中，可口可乐将埃菲尔铁塔、帝国大厦和比萨斜塔都换成了人们熟悉的可口可乐瓶子。但是，当广告将雅典卫城之巅的帕特农神庙的白色大理石柱换成可口可乐瓶子时，希腊人愤怒了。希腊人称雅典卫城为"圣岩"，一位政府官员称帕特农神庙是"国际性的卓越象征"，"谁侮辱了帕特农神庙，谁就侮辱了国际文化"。可口可乐公司只能为此道歉。

语言 全球营销者不仅需要了解产品、服务和销售国的母语，而且要了解语言的细微差别和惯用语。据人类学家估计，尽管全世界只有100多种官方语言，人们说的语言至少有3 000多种。欧盟有24种官方语言，加拿大有2种官方语言（英语和法语）。仅在印度，就有20种主要语言。

全球外交和贸易中使用的主要语言有英语、法语和西班牙语。但要想和消费者沟通，最好还是用他们的母语，任何经验丰富的全球营销者都会向你证明这一点。品牌名称传达的信息会有意想不到的含义，它们可能被理解为荒谬甚至是粗俗的。

比如，广告代理商负责在加拿大市场上推出飞柔（Pert）洗发香波，他们意识到Pert在法语中是"失去"的意思时，于是将品牌名称改为了Pret，意思是"准备好了"。美国常见的品牌名称韦克斯（Vicks）在德语的俚语中表示"性亲密"。因此，在德国，它被改为Wicks。

经验丰富的全球营销者会使用**回译**（back translation），即让另一位译者将已翻译好的单词或词组译回原来的语言，以便找出其中的错误。例如，IBM的广告词"四海一家的解决之道"，在首次翻译成日文时被译成了"让人变小的答案"，回译法发现了这一错误并改正了译文。然而，无意而为的翻译也可能带来令人惊喜的结果。以雀巢销售奇巧巧克力棒为例。奇巧（Kit Kat）在日语中发音为"kitto katsu"，大致翻译为"定能获胜"，日本青少年吃奇巧巧克力棒以求获得好运，在关键考试前尤其如此。

文化优越感 众所周知，人们都欣赏自己国家的价值观、风俗习惯、象征和语言。文化优越感指个人认为本民族的文化优于其他民族，这种观点会阻碍全球营销。

文化优越感体现在对非本国产品和服务的购买和使用上。全球营销者清醒地意识到，一国中总有一部分人不喜欢进口产品，不是因为产品的价格、特点或性能，仅仅是因为产品来自于外国。

消费者民族中心主义（consumer ethnocentrism）认为，购买外国产品是不恰当的，甚至是不道德的。他们认为购买进口产品是错误的，在拥有民族中心主义思想的消费者看来，这种消费是不爱国的，有损国内产业，还会导致国内失业率上升。消费者民族中心主义存在于美国、法国、日本、韩国、德国以及欧洲、亚洲的其他国家，它增加了全球营销者的工作难度。

经济因素

全球营销还受经济因素的影响。因此，对全球市场的审视应该包括：（1）评估不同国家的经济基础设施；（2）衡量不同国家消费者的收入水平；（3）了解一个国家的汇率。

经济基础设施 经济基础设施指一个国家的通信、运输、金融和分销系统，在决定是否向一个国家销售产品或服务时，经济基础设施是一个至关重要的考虑因素。在北美或西欧国家理所当然的基础设施在别的地方可能很成问题，别的地方不仅仅指发展中国家，也包括东欧、印度次大陆和中国，营销人员常常假定这些地方有着完善的基础设施，其实并不是这样。例如，自2010年以来，百事公司在中国和印度的运输和专业化生产系统上投资了15亿美元。

通信基础设施包括使用中的通信系统和网络系统，如电话、有线电视、广播、电视、电脑、卫星和无线电话，不同国家的通信基础设施各不相同。总的来说，与发达国家相比，许多发展中国家的通信基础设施不仅有限，而且陈旧。

发展中国家的金融和法律系统也存在问题。金融机构之间的正常操作流程和私人财产的观念仍未得到广泛普及，比如俄罗斯有2/3的商业交易是以非现金的形式进行的。法律上存在着很多繁文缛节，如为了完成生产、批发、零售而申请建筑和土地的使用权就很难。尽管如此，2015年可口可乐公司仍旧在俄罗斯投入了10亿美元，用于装瓶厂的建设，菲多利公司投资6 000万美元在莫斯科城外建造了一家生产乐事薯片的工厂。

消费者的收入和购买力 向消费者销售商品的全球营销者必须了解一个国家消费者的人均收入或家庭收入，以及收入的分配状况，这样才能确定该国的购买力水平。人均收入因国家不同而显著不同。欧盟国家的人均年收入大约是3.55万美元，利比里亚这样的发展中国家却不足700美元。收入分配也很重要，因为它更能体现一个国家的购买力。一般来说，一国的购买力随其中等收入家庭占比的扩大而升高。

有经验的全球营销者认识到,发展中国家的消费者往往能在食品、住房、医疗保健方面得到政府的补贴,相当于收入增加。因此,这些表面看上去是低收入人群的消费者实际上是许多产品的潜在购买者。例如,年收入250美元的南亚消费者就买得起吉列剃须刀。当消费者的年收入增加到1 000美元的时候,就买得起索尼电视机;当年收入有10 000美元时,就能买得起大众或尼桑汽车。在东欧的发展中国家,年收入达到1 000美元的消费者买得起冰箱,达到2 000美元就买得起自动洗衣机,对于世界领先的主要家用电器生产商和营销商惠而浦公司来说,这是一个利好消息。

亚洲、拉丁美洲和东欧国家的收入增加将会刺激世界贸易的发展。在这些国家中,年收入达到10 000美元的消费者将超过美国、日本和西欧的总和。据估计,世界一半的人口已经步入"中产阶级"。可以说,发展中国家为全球性公司的营销提供了重要机遇。

货币汇率　世界各国货币汇率的波动对全球营销来说至关重要。这些波动影响到每一个人,不管是国际游客,还是全球公司。

货币汇率(currency exchange rate)指用一国的货币表示另一国货币的价格,比如用美元表示日元、欧元或瑞士法郎。为全球销售的产品定价时没有考虑汇率会造成灾难性后果。美泰公司曾有过惨痛的经历,该公司很畅销的节日收藏款芭比娃娃及配件在一些国家的市场滞销,这是什么原因呢?因为价格太高了,芭比娃娃是以美元定价的,没有考虑转换成外币后的价格,对其他国家的许多购买者来说价格过于昂贵。

汇率的波动会影响全球公司的销售额和利润。例如,当外国货币能够兑换更多的美元时,对于外国消费者来说,美国产品就会便宜一些。然而,短期汇率波动会对全球性公司的利润产生显著的影响。惠普公司就曾因为汇率波动获得了近50万美元的额外利润,而2015年俄罗斯卢布贬值使宝洁公司损失了5.5亿美元。

政治和管制环境

评估世界上某个国家或地区的政治与管制环境不仅需要认清目前的环境,还要对这种环境(有利或不利)会持续多久做出判断。评估一个国家或地区的政治和管制环境应该包括政治稳定性和贸易管制分析。

营销洞见　各国的政治风险评级

每个国家的政治气候经常变化，政府会制定新法律或换一种方式执行已有的政策。许多咨询公司都进行政治风险分析，调查诸如内部动乱、外部冲突、政府对公司经营的限制、关税和非关税贸易壁垒等各种变量。

PRS 集团拥有多个数据库，里面有各个国家的具体信息和预测资料，还包括了 100 个国家的政治风险评级。这些评级能够在网站 www.prsgroup.com 上获得。哪三个国家的评级最高（风险最小）？哪三个国家的评级最低（风险最高）？哪些国家的风险评级与美国接近？

政治稳定性　国家或地区间的贸易取决于政治稳定性。由于国内的政治冲突、恐怖主义和战争，中东和非洲的贸易损失高达数十亿美元。这样的损失促使全球营销者更加谨慎，更愿意在政治稳定的国家和地区开展世界贸易。

一国的政治稳定性受很多因素的影响，比如一国对外国公司和对外贸易的态度。这些因素结合起来就形成了政治气候，它有可能利于也可能不利于在某国或地区的营销和金融投资。营销经理会运用多种方法监测一个国家的政治稳定性，通常是查看诸如 PRS 集团等风险评级机构的评估结果。"营销洞见"描述的就是 PRS 集团网站对各国的政治风险评级。

贸易管制　每个国家都会颁布各种各样的规定，管制国内企业的经营，这些规定往往会成为贸易壁垒。例如，日本约有 11 000 条贸易管制规定。日本的汽车安全条例实质上要求所有汽车的替换零件必须是日本产品，而不能是美国或欧洲产品；公共健康条例规定，在没有药剂师在场的情况下出售阿司匹林或感冒药的行为是违法的。马来西亚政府的广告管理条例规定广告中不得表现或鼓励过分追求上进的生活方式。瑞典宣布所有针对儿童的广告都是不合法的，而伊朗严禁售卖美泰公司的芭比娃娃，因为它们是西方世界堕落的象征。

全球市场进入策略比较

公司决定进入全球市场时需要选择进入方式，大体上有4种方式：(1) 出口；(2) 许可贸易；(3) 合资；(4) 直接投资。如图7-3所示，随着公司的进入方式从出口转向直接投资，其财务承诺、风险、营销控制和潜在利益都会随之增加。

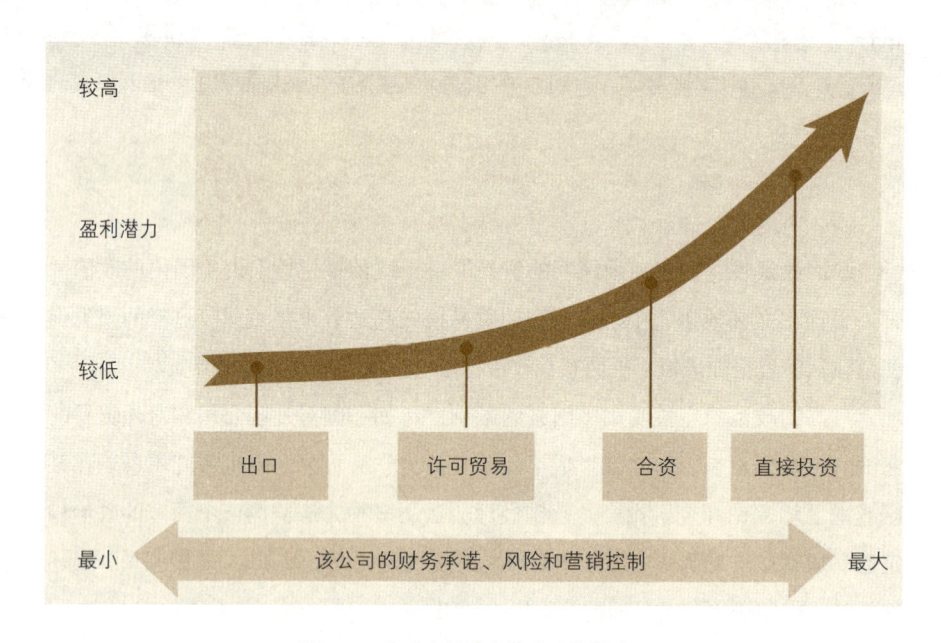

图7-3　全球市场进入策略及其影响

出　口

出口（exporting）指在一个国家生产产品，销售给另一个国家。采用这种市场进入方式，公司不需要对产品、组织结构和公司目标做出大的调整，但东道国通常并不喜欢这种进入方式，因为与其他进入方式相比，出口无法给当地提供大量就业机会。

间接出口指公司通过中介将国内生产的产品销售给另一个国家。这种方式所需承担的义务和风险最小，但利润也最低。间接出口适用于跟海外没有接触但又想在海外市场销售的公司。中介通常是拥有营销知识和资源的分销商。纽约的弗兰·威尔逊创意化妆品公司便利用间接出口在日本市场取得了成功。阅读"营销无小事"专栏，看看这家公司具有创新意识的营销者及其日本经销商用什么方式打入日本口红市场。

直接出口指公司不经过中间商，自己将国内生产的产品直接销售到另一个国家。当公司认为自己的产品销量足够大，不需要中间商也易于在其他市场销售的时候，就会采用直接出口的方式。例如，出口公司接触到愿意与之签订大额订单的外国购买者。与间接出口相比，直接出口的风险较大，但也有机会赚取更多的利润。波音公司不仅是世界上最大的飞机制造商，也是美国最大的出口商，它采用的就是直接出口的方式。

出口不仅是大型公司的常用方式，也是中小型公司最流行的全球市场进入策略。例如，出口产品的美国公司中约97%拥有的员工不超过500人，其出口量却占美国出口商品总额的近33%。

营销无小事　　企业家精神

创新型化妆品和在日本的创新型出口营销

一家中型美国公司每年能在日本卖出150万支口红，这是如何办到的？弗兰·威尔逊创意化妆品公司将自己的成功归于产品的高质量、广告的有效性和新颖的出口营销方案。该公司生产的魔幻马卡龙变色口红有绿色、橙色、银色、黑色和其他六种色彩，它们可以根据女性的嘴唇状态和口腔化学成分变成粉红色、珊瑚色或红色。

该公司的产品不在百货商店销售。据公司发言人所说："日本两大化妆品公司资生堂和嘉娜宝将其他日本品牌或进口品牌赶出了日本的主要商场。"因此，这家公司通过日本的一个分销商网络销售魔幻马卡龙变色口红，该网络与日本40 000家美容院建立了联系。

结果如何？在精明的日本分销商的帮助下，该公司产品占美国对日口红出口的20%。

许可贸易

许可贸易讲的是一个公司提供自己的商标使用权、专利技术、商业机密或其他类似有价值的知识产权，以换取特许使用费或酬金。对于提供许可权的公司来说，优点是风险低，而且不用投资就能进入外国市场。被许可方会获得一些信息，使其在一开始便具有某种竞争优势。由于产品在被许可方所在国生产，该国也能扩大就业。例如，法国 Sodima 乳业公司就授权美国通用磨坊在美国销售优诺酸奶。

但这种进入方式也有着一些严重的缺点。首先，许可方放弃了对产品的控制权，因此获得的利润较低。其次，随着合作关系的持续，许可方可能会培植出自己的竞争对手。一些被许可方会在某种程度改进产品，当它们凭借已获得的产品和营销知识再次进入市场时，可能会损害到帮助它们起步的许可方的利益。为了弥补这一缺点，许多公司致力于产品创新，这样就能让被许可方一直依赖许可方来提高利润并成功经营。最后，如果许可方选错了被许可方，自己的名誉很可能遭到损害。

许可贸易有一种变体，即特许经营。特许经营是增长最快的市场进入策略之一。美国公司有 75 000 多家特许经营商分布在世界各国，涵盖了软饮料、汽车旅馆、零售、快餐和汽车租赁以及多种商业服务。麦当劳是全球最早实行特许经营的公司，在美国之外拥有约 14 000 家特许经营的分店。

合　资

合资（joint venture）指一家外国公司和一家当地公司共同投资开办一家当地企业。这两家公司共同拥有新公司的所有权和管理权，并分享利润。例如，施特劳斯集团与百事可乐公司建了一家合资企业，在以色列市场销售菲多利公司的奇多、立体脆和其他零食。

这种进入方式有两个优点。第一，一家公司可能不完全具备单独进入外国市场所必需的资金、物资和管理资源。瑞典移动通信设备制造商爱立信和法国开关制造商 CGCT 公司成立合资企业，联手打败了美国电话电报公司，在法国获得了 1 亿美元的合同。爱立信的资金和技术加上 CGCT 对法国市场的了解帮助他们赢得这份合同。第二，在同意一家外国公司进入自己国家的市场之前，该国政府可能会要求或鼓励该公司与本国公司合资。例如，很多大型跨国公司通过全资或参股的方式在中国成立合资公司，开展经营。

当两家公司因为合资公司的政策或做法产生分歧，或是政府的官僚作风使得合资公司陷入困境的时候，合资的缺点就显现出来了。例如，美国公司通常更喜欢将利润用于再投资，而有些外国公司希望花掉这些利润。又比如，美国公司想要将利润转移回美国，但本国公司或政府则可能反对这样做，这是很多筹划中的合资企业面临的一个问题。法国达能集团与中国本土公司的合资企业倒闭就是一个典型的例子，合资各方不能就利润分配达成一致。

直接投资

公司进入全球市场时，使用直接投资的策略需要承担的责任最大。直接投资指一家国内公司在国外实际投资并成立自己的子公司或分公司。比如日产尼桑在美国田纳西州士麦那建厂生产小货车；奔驰汽车公司在美国亚拉巴马州万斯市建厂生产奔驰M系列运动型多用途车（SUV）。多家总部在美国的全球性公司也用这种方式进入全球市场，锐步公司在进入俄罗斯市场时成立了子公司俄罗斯锐步。

对许多公司来说，只有在考虑了其他三种市场进入策略中的某一种之后才会考虑直接投资。例如，联邦快递和联合包裹公司在中国市场都选择了与中国公司合资，随后再收购合伙人股份，将合资公司转化成自己的分公司。

直接投资的优点包括节约成本、更好地了解当地市场以及受当地限制较少。选择直接投资进入海外市场的公司认为，这些优点带来的收益大于所要承受的责任和风险。然而，有时并不如此。总部设在美国的塔吉特连锁百货于2013年进入加拿大，投资57亿美元，却损失巨大，最终只能撤出。

◎ 精心制订全球营销方案

选择市场进入策略是成为全球公司的第一步，而接下来的任务仍然很有挑战性，包括全球营销方案的规划、执行和评价。

只要可能，成功的全球营销者都会将全球营销方案标准化，并在必要时因地制宜制订方案。标准化和定制化的程度基于企业对全球市场环境的认真审视，再加上根据经验和营销调研做出的判断。

产品与促销策略

为了使产品及促销适应全球市场，全球公司有 5 种策略可供选择。如图 7-4 所示，这些策略的重点在于公司是进行产品调整还是产品延伸，以及是否必须针对不同国家和文化的消费者修正促销信息。

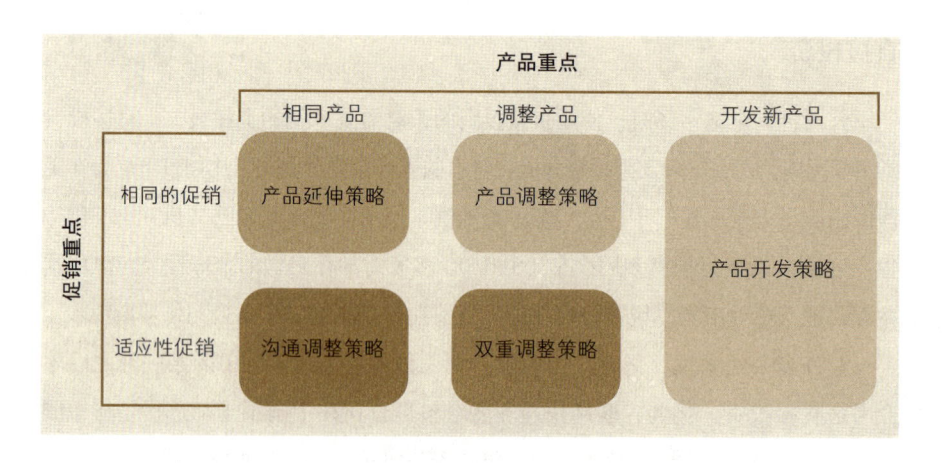

	相同产品	调整产品	开发新产品
相同的促销	产品延伸策略	产品调整策略	产品开发策略
适应性促销	沟通调整策略	双重调整策略	

图 7-4　全球营销的产品和促销的 5 种策略

把产品销往全球的方式有三种：（1）与在国内市场采用的方式完全相同；（2）适当做出一些调整；（3）开发全新的产品。

1. **产品延伸**。产品延伸策略是指在其他国家销售相同的产品。可口可乐、吉列剃须刀、索尼家用电器、哈雷摩托车、耐克服装和运动鞋以及苹果手机的产品延伸策略就十分成功。一般情况下，如果不同国家或文化的目标市场大致相同，即不同消费者对产品的愿景、需求和用途相同，产品延伸策略的效果就最好。

2. **产品调整**。产品调整策略指对产品进行某种程度的改变，使其更加适合某国消费者的偏好和环境。箭牌在中国供应葡萄柚、黄瓜和绿茶口香糖。菲多利公司在俄罗斯生产并销售薯片，但口味与北美不同，俄罗斯人更喜欢奶味、肉味和海鲜味的薯片。嘉宝公司在不同国家出售不同种类的婴儿食品，在美国之外比较受欢迎的种类有：波兰的蔬菜和兔子肉，日本的冻干沙丁鱼和米饭。美宝莲会根据世界各国居民的肤质和气候改变化妆品的配方，如针对亚洲生产了不会在雨季变花的睫毛膏。

3. **产品开发**。公司还可以开发全新的产品，满足不同国家消费者的需求。百得公司就开发出了蛇形软管灯。该产品旨在满足全球市场对便携式照明的需求，已成为北美、欧洲、拉丁美洲和澳大利亚的畅销产品，是百得公司开发的最成功的新产品。同样，惠而浦公司为发展中国家年收入2 000美元的家庭开发了一款小型自动洗衣机，名为理想佳人（Ideale），它色彩明亮，因为这款洗衣机是摆放在客厅里的，而不是藏在洗衣间中（发展中国家的家庭往往没有洗衣间）。

对于产品延伸策略和产品调整策略，公司可以在全球使用同样的促销信息。吉列公司在男士化妆品上都印了"吉列，男士的最佳选择"。尽管埃克森石油公司基于天气调整了销往不同国家的混合汽油，其促销广告用语却是相同的："强劲动力，如虎添翼。"

全球公司也会调整促销信息。比如，销售同样的产品，在不同国家的广告内容却不相同。例如，法国保健美容品制造商欧莱雅公司，在通过其西欧的海伦娜·鲁宾斯坦子公司推广金色丽人（Golden Beauty）品牌的防晒产品时就采用了沟通调整策略。欧莱雅公司发现，与护肤和晒黑有关的文化和购买动机在不同的国家是不同的。对北欧人，金色丽人的广告强调产品能让他们晒成深棕褐色，而对拉丁裔的欧洲人则强调它能护肤，免生皱纹，对地中海沿岸的欧洲人则宣扬美肤的功效。但其实产品都是一样的。

其他一些公司采用了同时改变产品和促销信息的双重调整策略。雀巢公司营销雀巢咖啡即是如此。他们采用不同的咖啡配比和促销活动，以满足不同国家消费者的偏好。例如，作为全球最大的咖啡品牌，雀巢通常会在广告中强调咖啡的口味、香味和分享时的温暖。但是，在泰国，雀巢在广告中展现的则是摆脱了生活压力后的轻松。

这些案例表明了一个适用于全球公司的简单法则：尽可能地使产品和促销策略标准化，必要时也要定制化。这就是全球营销的艺术。

分销策略

对于全球营销来说，分销十分重要。零售商、批发商、运输、通信和仓储设施的可得性和质量常常由一个国家所处的经济发展阶段决定。图7-5概括了一国生产的商品到达另一国目的地的渠道。第一步涉及销售方，其国际营销总部是起点，国际营销总部是渠道的开端，它负责将产品成功分销到最终消费者手中。

销售方 → 销售方的国际营销总部 → 国家间的渠道 → 外国内部的渠道 → 最终消费者

图 7-5　全球营销的分销渠道通常长而复杂

第二步是两国之间的中间渠道，负责将产品从一国转移到另一国。承担这一任务的中间商包括外国的购买者、购买并转售商品的独立批发商，或联系购买者和销售者的代理商。

一旦产品进入外国，便由那个国家的分销渠道接管了。这些渠道可能很长，也可能出人意料地短，视产品系列而定。在日本，鲜鱼在到达零售点之前要经过三个中间商。相反，鞋类商品只需经过一个中间商。如本章开头的案例所述，戴尔公司在印度不得不改变其以网络和电话购买为主的直销渠道。

定价策略

全球公司也会面临定价方面的挑战，而定价策略是全球营销工作的一部分。一个国家会从竞争、政策和法律等方面对全球公司的定价自由度施以大量约束，即使那些签订了自由贸易协定的国家也不例外。例如，德国反托拉斯组织禁止沃尔玛为了吸引消费者以低于成本的价格出售某些商品，失去了这一优势之后，沃尔玛难以和德国的廉价商店竞争，再加上其他各种原因，导致沃尔玛8年没有盈利，不得不退出德国市场。

定价过低或过高都会导致严重的后果。如果在某个国家的售价过低，公司就会受到反倾销起诉，并处以罚款。倾销指公司以低于国内价格或实际成本的价格在国外出售产品。公司这样做常常是为了制定有竞争力的价格，确立自己的市场份额。另外一个原因是正在出售的产品可能过剩，或在国内市场没有了销路，已经成了公司的负担，因而公司愿意以任意价格出售这些产品。

如果公司在某些国家的产品定价较高，在另一些国家的定价则很有竞争力，它们就碰到了灰色市场问题。灰色市场指产品经由非授权的分销渠道销售，也称为平行进口。当一个人在售价较低的国家从制造商授权的零售商手中购买某种产品，再将产品运到一些售价高的国家，然后通过非授权的零售商以低于制造商建议的零售价销售时，就出现了"灰色市场"。许多知名商品通过灰色市场销售，如精工手表、香奈儿香水和奔驰汽车。平行进口在美国是合法的，在欧盟国家中则是非法的。

营销知识应用

1. "配额是对消费者的隐形税收，而关税则是显而易见的税收"，这句话是什么意思？

2. 一则日本的电视商业广告：在情人节那天，丈夫带着一小盒四颗装巧克力糖果走进妻子的更衣室，想给妻子一个惊喜。这则广告会成功吗？为什么？

3. 作为一个全球营销的新手，一开始你会选择哪种策略进入全球市场？为什么？要进入全球市场，你还有哪些可供选择的方式？

4. 可口可乐在全球销售。在某些国家，可口可乐公司拥有自己的装瓶企业；在另一些国家，它会与获得贸易许可的经销商签订合同，或是依靠合资企业。当可口可乐公司在各个国家选择获得贸易许可的经销商时，需要考虑哪些因素？

创新案例思考

玫琳凯：在印度打造品牌

谢丽尔·阿德金斯-格林（Sheryl Adkins-Green）是新任玫琳凯品牌发展副总裁，负责开发全球范围内的系列产品，包括全球投资计划和为全球市场专门制造的产品。这也许是最适合她的职位了，她对自己的职位也充满热情，她说："成长的机会巨大。即使在这样的经济时代，女人仍然想精心护理自己，好气色会让人感觉良好。"

尽快熟悉新公司和新职位是她短期内的首要任务。她特别感兴趣的是公司迄今为止在印度为打造玫琳凯品牌而付出的努力。

玫琳凯成长之路

1963年，在其20岁的儿子理查德·罗杰斯（Richard Rogers）的支持下，玛丽·凯·阿什（Mary Kay Ash）用自己全部的积蓄5 000美元创办了玫琳凯化妆品公司，目前理查德担任玫琳凯公司的董事会执行主席。玫琳凯是全世界最大的护肤品和彩妆直销商之一，全球年销售额超过25亿美元。玫琳凯的产品销往5大洲超过35个市场。美国、中国、俄罗斯和墨西哥是该公司服务最多的4个市场。该公司的全球独立销售人员超过200万，而且65%的独立销售代表居住在美国以外。

玛丽·凯·阿什创立公司的原则非常简单，但经受了时间的考验，现在仍然是公司的基本经营理念。"你们愿意人怎样待你们，你们也要怎样待人"，她以《圣经》中的黄金法则作为自己的指导原则，几乎在任何情况下，她都能根据这一法则确定最适当的方案。她还坚定地认为生活应当有一个正确的优先次序，她认为"上帝第一，家庭第二，事业第三"。她的商业道德、经营方法和成功为她带来了无数的奖项和表彰，其中就有霍雷肖·阿尔杰美国公民奖、美国25位最有影响力的妇女奖，她还入选了全美商业名人堂。

玫琳凯公司从事护肤、化妆品、身体保养品和男女香水的开发、制造和包装，提供抗衰老、洁肤液、保湿霜、唇部和眼部护理、身体护理和防晒霜等产品。总的说来，该公司在得克萨斯州的达拉斯和中国杭州利用最先进的制造设备生产200多种优质产品。公司采用了"聚会直销"的方式，即独立的销售代表召集聚会，向消费者展示或销售产品。

亚太市场的增长机会

亚太市场是玫琳凯公司的主要增长来源。这些市场包括澳大利亚、中国（包括香港和台湾）、印度、韩国、马来西亚、新西兰、菲律宾和新加坡。

中国是玫琳凯在美国以外销售收入最大的国家，每年的销售额约占玫琳凯公司全球销售额的25%。该公司于1995年进入中国，目前它在中国有约20万名独立的销售代表或"美容顾问"。

玫琳凯在中国取得了成功，部分应归功于该公司传递的女权和女性意识广告词。谈到玫琳凯的公司哲学，亚太地区总裁蔡庆国说："玫琳凯的目标不仅是开发一个市场，销售护肤品和化妆品，更重要的是帮助女性挖掘自己的全部潜力，发现自己的内在美和优势，丰富女性的生活。"谢丽尔·阿德金斯-格林对此表示赞同，她指出，玫琳凯品牌会让使用者和美容顾问产生"转变和渴望成功"的联想。

玫琳凯公司了解到，在某些亚太市场，有必要调整产品线和针对女性的广告词。例如在中国，"上帝第一，家庭第二，事业第三"的优先次序被改成了"信念第一，家庭第二，事业第三"。此外，中国女性不会大量使用化妆品。因此玫琳凯推出了特色产品，包括护肤霜、抗衰老霜和美白霜。概括地说，美白产品在中国、印度、韩国和菲律宾的女性中很受欢迎，因为在这些国家，浅色较白与漂亮、阶级和生活优越有关。

玫琳凯在印度

玫琳凯公司的高层管理者认为，印度成为增长源头主要有三个原因。第一，印度上层社会和消费阶层不断增长，预计将超过5亿人。第二，印度人口中绝大多数是年轻人和持乐观态度的人，而奢侈品和基本生活用品之间的界线在不断模糊，消费主义会继续在年轻人口中盛行。第三，越来越多的职业女性推动了印度城市中化妆品、护肤品和香水的销售，该国70%的中产阶级女性居住在城市。

玫琳凯公司于1995年进入中国市场，玫琳凯的高层管理者认为，印度2007年时的社会经济特征在很多方面与中国1995年时的情况相似（见图1）。人们认为玫琳凯文化非常契合印度文化，它冒险进入印度市场是非常明智的。行业研究表明，印度的持续现代化促进了印度居民愿景的转变，貌美、整洁和时尚成为人们的新追求。

玫琳凯于2007年9月开始在印度营业，并于2008年年初全面展开营销活动。最初的广告发布主要集中在首都、印度第二大都市德里和全国人口最稠密的城市孟买。德里的人均收入为1 420美元，孟买的人均收入为2 850美元，均是印度最富裕的大都市圈。

玫琳凯公司首席营销官朗达·沙斯廷（Rhonda Shasteen）说："为了让玫琳凯在印度取得成功，公司必须打造一个品牌，组建销售队伍，建立一个有效的供应链，以服务于销售队伍。"

	印度（2007年）	中国（1995年）
人口（百万）	1 136	1 198
人口的年龄分布（0~24；25~49；50+）（%）	52，33，15	43，39，18
城市人口（%）	29.2	29.0
人口/平方英里	990	332
国内生产总值（10亿美元）	3 113	728
人均收入（美元）	950	399
直销在化妆品或护肤品的整体销售中的占比（%）	3.3	3.0

表1　印度（2007年）和中国（1995年）的社会和经济统计数据

打造品牌

玫琳凯公司的高管认为印度的品牌建设包括媒体广告、玫琳凯文化宣传资料、玫琳凯故事和公司形象，以及为玫琳凯独立销售代表准备的培训教材。此外，玫琳凯公司还成为2008年全球印度小姐选美比赛的化妆品合作伙伴。在此次活动中摘得冠军的就是2008年玫琳凯美肤小姐。

玫琳凯在印度的品牌建设也涉及产品组合和定价。需要遵循以下四项原则：

1. 保证印度的新销售队伍和新营销活动供货充足，并优先推销护肤品；
2. 用价格适中的基本护肤品打开市场，确立玫琳凯产品的质量和价值；
3. 保证新产品在推向市场后长期稳定，不会逐渐被淘汰；
4. 基于当前的市场信息，专注推销护肤、身体护理和彩妆等拳头产品。

品牌定价的重点是向年龄在25~54岁之间的普通中产阶级印度消费者提供价格可以接受的基本护肤品。这便是"大众精品定价"策略，产品的零售价高于大众产品的价格,但低于有竞争力的精品的价格。在最初强调提供高质量、高价值的产品之后,玫琳凯推出了技术上更先进、零售价格较高的产品。例如,2009年3月,推出了玫琳凯MelaCEP美白系列,包括7种产品,配方特别适合亚洲人的皮肤。玫琳凯驻印度的经理希娜·纳加拉建(Hina Nagarajan)称:该系列产品的"价格定位于高价值精品的低端"。

建立销售队伍

阿德金斯-格林说:"玫琳凯最强大的营销工具是它的直销团队。"它是品牌营销策略的关键组成部分。玫琳凯依靠全球领导力发展计划督导、全国销售督导以及美国和加拿大的销售培训人员来负责印度独立销售代表的初期招聘和培训。新的独立销售代表要接受2~3天的高强度培训,并获得一个入门套件,包括产品,以及与产品演示、销售陈述、专业举止、公司历史、文化和团队建设有关的内容。

纳加拉建说:"文化培训对玫琳凯(独立销售代表)非常重要,因为他们将成为玫琳凯的信使。"朗达·沙斯廷(Rhonda Shasteen)补充说:"作为一家面对面销售产品的直销公司,我们认识到每次销售顾问和顾客之间都会建立一种私人关系。"到2009年末,印度约有4 000个独立的销售代表,分布在约200个城市,主要是该国的北部、西部和东北地区。

创建一个供应链

印度的玫琳凯从中国、韩国和美国进口产品,运到德里和孟买的区域分销中心,玫琳凯美容中心就坐落于此。美容中心也是独立销售代表的订货和提货中心。玫琳凯美容顾问从公司购买产品,再销售给消费者。

展望未来

玫琳凯公司计划在未来5年内投资约2 000万美元,用于产品开发、公司基础设施建设和在印度打造品牌。谢丽尔·阿德金斯-格林说:"增长机会巨大。"印度就是一个特别有吸引力的机遇。开发品牌、品牌组合以及按照适合印度消费者的配方制造产品需要公司重视品牌定位和品牌价值。

思考题

1. 从营销策略看,玫琳凯是国际公司、多国公司还是跨国公司?为什么?
2. 在进入印度市场时,玫琳凯采用了哪一种全球市场进入战略?
3. 玫琳凯是全球品牌吗?为什么?

营销调研：从洞察顾客到采取行动

学习目标

1. 认识开展营销调研的原因；
2. 描述五步营销调研法；
3. 解释如何在营销中使用二手资料和原始数据；
4. 讨论观察法、问卷调查法、专门小组法、实验法和其他数据收集法的应用；
5. 解释信息技术和数据挖掘如何引导营销行动；
6. 描述企业进行销售预测的三种方法。

营销调研进入电影市场

《阿凡达》《泰坦尼克号》《复仇者联盟》这些大片吸引了世界上无数的观众。它们的票房收入都超过了10亿美元，远超它们2亿多美元的制作成本。遗憾的是，并非每部电影都有如此丰厚的回报。那么，制片商做什么来降低电影票房惨淡的风险呢？营销调研！

电影业的秘密

片名不吸引人、剧本烂、明星耍大牌、特效太昂贵、别的影片竞争，以及观众口味千变万化，这些只不过是制片商面临的少数风险。他们需要进行大量营销调研，降低风险，其中包括从代表较多人口的群体中选择样本观众。

例如，改一改片名会让一部不卖座的片子变成震撼大片。许多制片商采用片名测试来选择电影名，片名测试是一种营销调研。下面是几个例子：

- 《3000》改成了《风月俏佳人》，因为原来的名字听起来太前卫。
- 《亲密治疗》为海伦·亨特（Helen Hunt）赢得了奥斯卡奖提名，最初它的名字是《伴侣替代人》，令人费解，之后改成了《第六季》，还是很难看出是什么意思。
- 《燃烧之绳》改成了《百万宝贝》，因为观众不喜欢原来的名字。
- 《光脚的乔》改为棒球传统的《梦幻之地》，以避免暗示凯文·科斯特纳（Kevin Costner）扮演的是一个无家可归的人。

制片商希望片名简单、夺人眼球，能抓住电影精髓，同时不触犯法律，这些也是构成好品牌名称的要素。

制片商也会设法通过其他形式的市场调研来降低风险，例如：

概念测试和脚本评估。运用这些技术可以在电影开拍前评估各种设想。此外，《速度与激情》《饥饿游戏》和《星球大战》等系列包含了好几部电影，这些市场调研可以确保续集符合观众的期待。

试映。制片商会招募300~400位准观众参加电影上映前的"抢先看"。观影之后，这些观众要完成一项调查，对片名、情节、人物、音乐和结局加以评论，以确定最终版电影还需要做出哪些改进。约翰·卡梅伦（John Cameron）就试映了一段《阿凡达》，以便让二十一世纪福克斯公司的高管相信这部电影的潜在吸引力。

跟踪调查。在一部电影即将上映之前，制片商会寻找目标观众中的准影迷，询问他们三个问题：(1) 你知道这部电影吗？(2) 你对这部电影有兴趣吗？(3) 你会看这部电影吗？制片厂还采用"社群聆听"的方法了解潜在观众在社交媒体上的议论。制片商利用这些数据监督促销活动，预测电影首映周末的票房收入，并在必要时增加营销活动。

这些例子说明了营销调研是如何带来了有效营销行动，这正是本章的主题。此外，营销调研经常被用于帮助公司预测销售，这是本章最后一个议题。

◎ 营销调研的作用

让我们看看：(1)什么是营销调研；(2)营销调研存在哪些困难；(3)营销调研的五个步骤。

什么是营销调研

营销调研（marketing research）是界定营销问题和机会，系统地收集、分析信息并提出行动建议的过程。尽管营销调研无法尽善尽美，但它可以减少风险，提高营销决策的质量。

做好营销调研的挑战

无论什么样的营销问题——了解消费者口味或确定合适的价格，高质量的营销调研都是一种挑战。例如：

·假设你的公司正在开发一种新产品，你要估计该产品的需求，营销调研如何确定消费者是否会购买他们从未见过、从未想到的产品？

·想要了解消费者购买某些产品的原因，你需要了解消费者的个人情况。市场调研如何获得人们知道但不愿透露的答案？

·过去的购买行为可能有助于企业了解营销行为的影响。营销调研如何帮助人们准确地记住并表达他们的兴趣、意图和购买？

营销调研必须克服这些困难，获得所需的信息，以便营销人员可以评估消费者的需求是什么，以及愿意购买什么。

五步营销调研法

决策就是有意识地在两个或两个以上的方案中选择。我们每天都要进行多次决策。在工作中，我们要选择一种可行的方案来完成自己的任务；在大学里，我们要选择修习的课程；作为消费者，我们要选择自己喜欢的品牌。没有神奇的公式可保证我们正确决策。

管理者和研究者曾设法通过采用更规范、更结构化的决策制定方法，有意识地选择方案来改善决策的结果。如图8-1所示，收集信息以改进本章所描述的营销决策和行动的系统营销调研方法共分五个步骤。此处描述的五步调研法重点用于营销决策，但它也为企业决策和个人决策都提供了一个系统的核查清单。

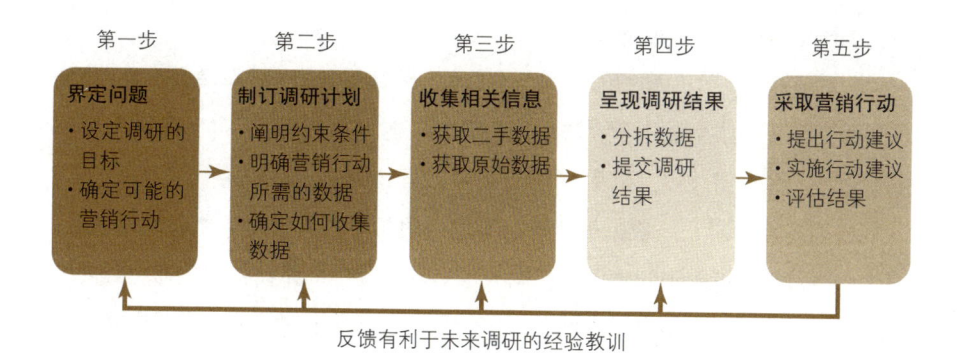

第一步	第二步	第三步	第四步	第五步
界定问题 ・设定调研的目标 ・确定可能的营销行动	制订调研计划 ・阐明约束条件 ・明确营销行动所需的数据 ・确定如何收集数据	收集相关信息 ・获取二手数据 ・获取原始数据	呈现调研结果 ・分拆数据 ・提交调研结果	采取营销行动 ・提出行动建议 ・实施行动建议 ・评估结果

反馈有利于未来调研的经验教训

图8-1　五步营销调研法

◉ 第一步：界定问题

每个营销问题都会在调研上面临独特的挑战。例如，乐高集团在丹麦的玩具研究员和设计师为了制造更好的玩具收集营销调研数据，而他们采用的营销策略展示了收集营销调研数据的多种可能。

从咬合的塑料块到可拼接出人物、车辆、建筑物甚至机器人的积木，乐高集团对"玩具"的定义在过去50年里发生了巨大的变化。头脑风暴（MINDSTORMS）套件是新版本的乐高玩具，它将电子电路、计算机、机器人与传统的乐高积木整合在一起。头脑风暴套件的开发得到了麻省理工学院媒体实验室的帮助，在多个市场上广受欢迎，从小学生到世界级的机器人专家都乐在其中。家庭、学校、大学和工业实验室都购买了这样的套件。

简单游览一下乐高集团头脑风暴EV3的市场调研，我们不难看出，界定问题有两个关键要素：设定调研的目标和确定可能的营销行动。

设定调研的目标

调研目标是决策者想要通过市场调研来达到的具体、可测量的目标。以乐高集团为例,当前的调研目标是要选定营销两个头脑风暴品牌中的哪一个。

在设定调研目标时,市场营销人员必须明确导致营销活动的调研的目的。营销调研主要有以下三种类型:

1. 探索性调研,为模糊的问题提供思路。乐高集团担心头脑风暴套件的500多块组件会让中学生受不了,进而很快失去兴趣。于是集思广益,发现孩子们需要在20分钟内拼装出一个基本的架子,且能开动和变身。

2. 描述性调研,一般包括调查某事发生的频率或两个因素之间的相关度。因此,如果乐高集团想知道两个头脑风暴套件中哪一个能让初中生而不是高中生感兴趣,就要调查初中生,然后制作一个年级与学生偏好的列表(本章后面会讨论),评估二者的关系。

3. 因果调研,设法确定一个因素的变化会在多大程度上改变另一个因素。更改头脑风暴套件中的关键组件数量会影响新产品的变身速度,它会影响学生消费者的接受度。稍后讨论的市场试销,就是因果调研的实例。

确定可能的营销行动

有效的决策者会制定详尽的**衡量成功的标准**(measures of success),用于评估解决问题的提案。基于不同的衡量成功的标准,就会有不同的调研结果,从而导致不同的营销行动。以乐高集团为例,假设衡量成功的标准是头脑风暴套件的两个方案各自需要多长时间拼装出来——在更好的套件制造出来之前,这种衡量成功的标准会导致一个明确的营销行动:销售的套件能让消费者在最短的时间内拼装出可以接受的成品。

营销调研人员知道界定问题是一件非常困难的事情。如果目标过于宽泛,就无法就问题展开调研。如果目标过于狭窄,调研结果的价值就会大打折扣。这就是为什么调研人员要花大量的时间,界定营销调研问题,并制定一份如何开展调研的正式方案。

◎ 第二步：制订调研计划

营销调研的第二步要求调研人员：（1）阐明营销调研活动的约束条件；（2）明确营销行动所需的数据；（3）确定如何收集数据。

阐明约束条件

某一决策的**约束条件**（constraints）是对问题潜在解决方案的限制，例如对解决问题所耗时间和资金的限制。

乐高集团在开发新头脑风暴EV3产品方面会设置哪些限制？乐高集团可能要从两个需要改进的设计中选择一个，并对其做以下限制：（1）必须在5周内做出；（2）找10组中学生玩两个改进型头脑风暴套件。

明确营销行动所需的数据

有效的营销调研要把重点放在收集能推导出有效营销行动的数据上。以头脑风暴套件为例，乐高集团的营销人员可能想了解学生的数学能力、玩电子游戏的时间等。不过，虽然知道这些信息也不错，但它们在很大程度上是无关紧要的，因为调研应该集中收集那些能够帮助他们在两个头脑风暴设计之间做出明确选择的数据。

决定如何收集数据

决定如何收集有用的营销调研数据同实际收集活动同样重要，收集数据是营销调研过程的第三步，我们稍后加以讨论。在决定如何收集数据时，我们要考虑的两个关键要素是：（1）概念；（2）方法。

概念 在营销领域，概念是关于产品或服务的想法。为了得到消费者对一个潜在新产品的反应，营销调研人员通常会提出一个新产品概念，这个概念是公司可能会销售的某项产品或服务的图示或口头描述。例如，乐高集团的设计者可能会为新的头脑风暴EV3机器人提出一个新的产品概念，包括使用颜色传感器、可对声音命令做出响应、使用GPS导航软件。

方法 方法是可用来收集所需数据以解决全部或部分问题的措施。为了收集数据，乐高集团的营销调研人员可能会结合使用以下两种方法：（1）观察头脑风暴套件使用者的行为；（2）询问使用者对头脑风暴套件的意见。观察使用者和向他们提问是收集数据的两种主要方法，在下面的章节中，我们将对二者加以讨论。

乐高集团对头脑风暴产品的营销调研和设计策略有多成功？仅在年轻的用户中，每年就有成千上万的小学和中学会组队在世界各地的比赛中展开角逐。

其他营销调研人员还有什么行之有效的方法？我们可以在与营销和营销调研有关的商业书籍、教科书和手册中找到。美国市场营销协会出版的一些期刊和技术性刊物也对解决市场营销问题的方法和技巧做了总结，如《市场营销》（*Journal of Marketing*）和《营销调研》（*Journal of Marketing Research*）。

对营销至关重要的特殊方法有抽样和统计推断。例如，营销调研人员通常使用抽样法，选择一组分销商、客户或潜在客户，向他们提问，并把他们的答案作为样本，研究他们感兴趣的目标。然后使用统计推断法，将结果从样本推及到更多的分销商、客户或潜在客户群，找出公司应采取的营销行动。

◎ 第三步：收集相关信息

收集足够的相关信息，从而做出合理、理智的营销决策。有时你只需要运用你已有的知识立即决定，有时则需要你花很大的代价收集大量的信息。

图8-2显示了不同类型的营销信息是如何组合在一起的。**数据**（data）是与调研项目有关的事实和数字，它主要分为两类：二手数据和原始数据。**二手数据**（secondary data）是在当前的调研项目开始前已经存在的事实和数字。如图8-2所示，根据数据来源，二手数据分为两部分：来自企业内部的二手数据和来自企业外部的二手数据。**原始数据**（primary data）是为调研项目新收集的事实和数字。图8-2表明原始数据可分为观测数据、调查问卷数据和其他来源的数据。

数据结构图

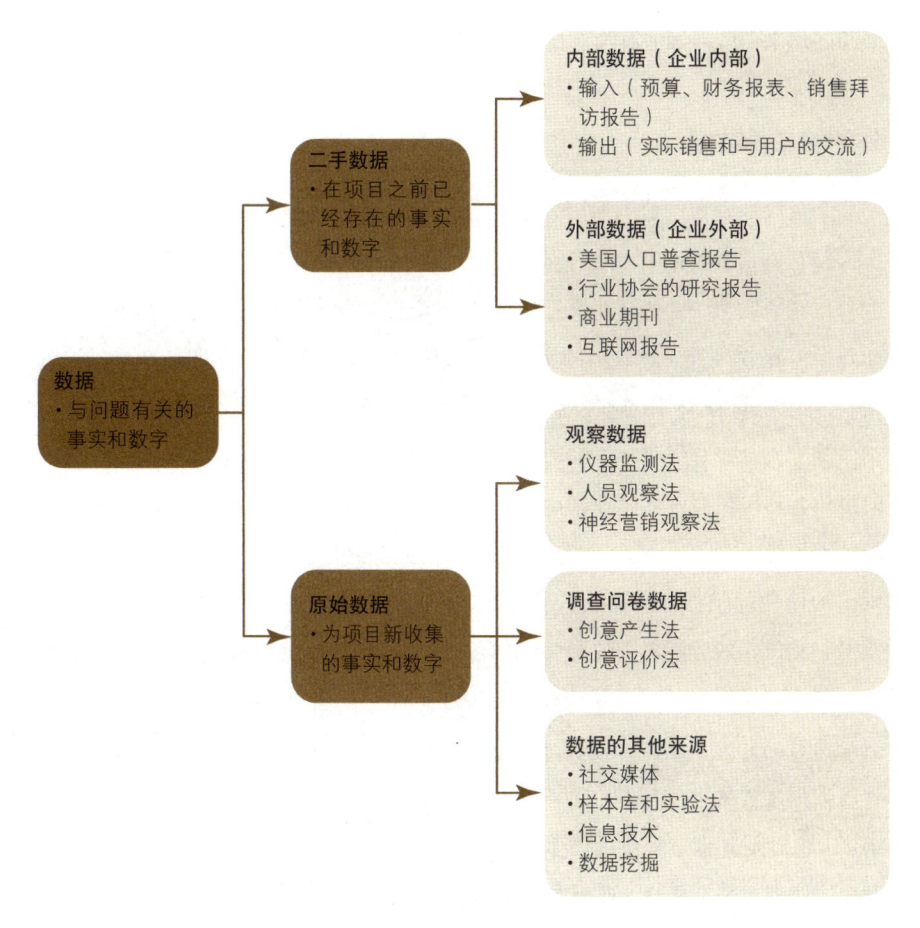

- **数据**：与问题有关的事实和数字
  - **二手数据**：在项目之前已经存在的事实和数字
    - **内部数据（企业内部）**
      - 输入（预算、财务报表、销售拜访报告）
      - 输出（实际销售和与用户的交流）
    - **外部数据（企业外部）**
      - 美国人口普查报告
      - 行业协会的研究报告
      - 商业期刊
      - 互联网报告
  - **原始数据**：为项目新收集的事实和数字
    - **观察数据**
      - 仪器监测法
      - 人员观察法
      - 神经营销观察法
    - **调查问卷数据**
      - 创意产生法
      - 创意评价法
    - **数据的其他来源**
      - 社交媒体
      - 样本库和实验法
      - 信息技术
      - 数据挖掘

图 8-2　营销信息的类型

内部的二手数据

公司内部的文档通常是最容易获得的营销信息。这些内部的二手数据可分为两个相关的部分：（1）营销信息的输入；（2）营销信息的输出。

营销输入数据是和推动销售有关的数据，从销售和广告方面的预算和开支，到销售人员的电话或拜访报告，都属于输入数据。电话或拜访报告描述的是每天拨打销售电话的次数或拜访客户的次数、拜访过的人和讨论的内容。

营销输出数据是和营销结果有关的数据，即发货的会计记录，包括销售和重复销售，通常按销售代表、行业和地理区域加以划分。此外，电子邮件、电话和客户来信既能表明有没有投诉,也能反映哪些销售工作做得好。

外部的二手数据

企业以外发布的数据属于外部的二手数据。美国人口普查局每10年进行一次人口普查,并发布有参考价值的报告。近年来,美国人口普查局开始每年通过社区调查收集一小群人的数据。这两项调查包含了美国家庭的详细数据,比如每个家庭的人数及其成员的年龄、性别、种族背景、收入、职业和受教育程度。营销人员可以利用这些数据判断最终消费者的人口统计特征和动态趋势。

美国人口普查局还会每5年公布一次经济普查数据,这些报告对销售产品和向机构客户提供服务的企业来说至关重要。基于每家公司的地理信息(州、县、邮政编码等)、所在行业(制造、零售等)和北美行业标准分类(NAICS)的代码,2012年的经济普查收集了美国境内制造产品或提供服务的公司数量和销售数据。2012年的经济普查数据于2014年3月至2016年6月公布。

有些市场调查公司会花钱雇用家庭和企业,让他们在纸上或在电子日志中记录所有的开支。这类辛迪加面板数据有助于我们回答需要长时间持续不断地收集数据才能回答的问题,而且不用花很多钱,例如,客户今年购买产品比去年多几次?尼尔森电视收视率和杰迪鲍尔公司(J. D. Power)的汽车质量和客户满意度调查都采用辛迪加面板数据定期提供的标准数据集。

有些数据服务商能够提供全方位的数据,包括家庭人口统计特征、生活方式、购买的商品、电视收看习惯、对优惠券和样品赠送等促销手段的反馈以及社交媒体的使用。它们的优势在于,一家公司可以收集、分析、联系各种数据,并向客户报告所有的信息。对于宝洁等消费品公司来说,按照不同渠道统计的销售数据有助于它们分配稀缺的营销资源。因此,他们购买诸如美国信息资源公司(IRI)的详细调查信息,来收集超市、药品、便利店和大卖场的收银台的产品销售量和优惠券/免费样品信息。

行业协会、大学和商业期刊也为市场调研人员和营销规划者提供了详细的宝贵数据。这些数据通常可以通过网络获得,用搜索引擎(如谷歌或必应)就可以搜到。"营销无小事"专栏描述了这样的例子。

营销无小事　技术

营销人员可以使用网络数据库和互联网资源收集数据

寻找二手数据的营销人员可以利用各种各样的网络数据库和互联网资源。比如查阅期刊文章，获得市场、产品和组织的统计数据或财务数据，以及商业信息公司的报告。

新闻和文章来源：
- 学术大全数据库（www.lexisnexis.com），它提供全球的综合新闻和公司信息。
- 华尔街日报（www.wsj.com）、美国全国广播公司财经频道（www.cnbc.com）和福克斯商业频道（www.foxbusiness.com），它们提供有关公司、行业和趋势的最新商业新闻和视频剪辑。

市场、产品和组织的统计数据和财务数据来源：
- 联邦统计信息网（www.fedstats.sites.usa.gov）和美国商务部人口普查局网站（www.census.gov），它们提供联邦政府收集的美国企业、经济和贸易活动的信息。

门户网站和搜索引擎：
- 美国政府网（www.usa.gov），它是所有美国政府网站的门户网站，用户可以点击链接，按主题浏览，或输入关键词进行搜索。
- 谷歌网（www.google.com），它是整个互联网最受欢迎的门户网站。用户输入关键词，进行具体的搜索，然后，点击感兴趣的结果。

只有当你或你所在的教育机构支付了订阅费，其中的某些网站才可以访问。请查阅你所在机构的网站。

二手数据的优缺点

营销人员有一个通用的做法：先获取二手数据，再收集原始数据。二手数据有两大优点：（1）因为数据已经被收集、出版或在内部保存，能节省大量的时间；（2）成本低，例如免费或便宜的普查报告。此外，我们常常能从二手数据中挖掘出更深层的细节，尤其是美国人口普查局公布的数据。

然而，优点必然伴随缺点：第一，二手数据可能已经过时，尤其是美国人口普查局公布的数据，他们每5年或10年才收集一次；第二，相关的定义或分类标准可能不完全适合某个调研项目，比如年龄或产品的分组方式对于调研项目来说可能是错的；另外，由于某些数据的收集原本是出于其他目的，因而对于我们手上正在调研的项目可能不具有针对性。在这些情况下，就有必要收集原始数据了。

原始数据：观察消费者

观察消费者并向他们提问是为营销调研收集新数据或原始数据的两种主要方法。市场调研者收集**观察数据**（observational data）的方式是观察消费者，得到有关实际行为的事实和数据。观测数据可以通过仪器监测法（包括电子技术）、个人观察法或神经营销观察法收集。

仪器监测法 全国电视收视率就是通过"收视记录仪"收集观察数据的一个实例，比如图8-3展示的尼尔森电视收视调查数据。收视记录仪监测电视正在播放哪个频道和哪个节目，以及谁在观看。它是这样一个盒子：（1）连接在全美约3万户家庭的电视机、录像机、有线电视分线盒和卫星电视接收器上；（2）当观众开始观看和结束观看某个电视节目，可以通过遥控器来操作记录仪；（3）每天晚上储存收视信息，然后将它们传送给尼尔森公司。电视收视数据也可用日志（纸笔记录系统）的形式收集。

然而，当观众越来越多地延迟收看和同时使用多台电视收看节目时，我们就不太容易准确地了解电视收视行为了。例如，《罪恶黑名单》（*The Blacklist*）的观众有40%以上是延迟收看的，而《公园与游憩》（*Parks and Recreation*）的观众有37%不是在电视上观看的。为了解决这些问题，尼尔森公司推出了"跨平台电视收视率"，它将尼尔森现有的电视收视率与新的在线收视率结合在了一起。这些收视率包括传统的电视收视记录和在个人电脑、智能手机、平板电脑和视频游戏机上的记录。

在这些观察数据的基础上，尼尔森公司计算了每个电视节目的收视率。全

排名	节目名称	电视网	收视率	观众数（千人）
1	海军罪案调查处	哥伦比亚广播公司	9.3	14 939
2	与星共舞	美国广播公司	8.6	13 479
3	海军罪案调查处：新奥尔良	哥伦比亚广播公司	8.5	13 610
4	与星共舞：结果秀	美国广播公司	6.7	10 159
5	公告牌音乐奖	美国广播公司	6.5	11 181
6	美国之声	全国广播公司	6.2	10 051
7	生活大爆炸	哥伦比亚广播公司	6.1	9 567
8	好声音	全国广播公司	5.8	9 138
9	60 分钟	哥伦比亚广播公司	5.7	8 989
10	实习医生格蕾	美国广播公司	5.7	8 332

图 8-3　2015 年 5 月 11 日黄金时段尼尔森电视指数（NTI）收视率周报

美国有 1.16 亿个家庭收看电视，收视率的每一个点相当于收视家庭总数的 1%，即 116 万个家庭。在某些情况下，收视率会以节目观众占有率的形式报告给数据收集方，或者说"收看该节目的户数占开机户数的百分比"，收看该节目的户数指电视已经开机，并播放该电视节目的家庭户数。由于电视和有线电视每年的广告销售额超过 670 亿美元，而且广告主的广告费率要根据这些数据设定，因此尼尔森公司的数据精确性至关重要。

广告主根据电视节目的收看人数支付费用，因此收视率的一个百分点的变化可能意味着数百万美元的广告收入盈亏。如图 8-3 所示，我们可能愿意花更多的钱在《海军罪案调查处：新奥尔良》播放时投放一个 30 秒的电视广告，而不是在《60 分钟》中做一个同样时长的电视广告。如果收视率持续低迷，而广告主不愿意支付基于较高收视率确定的费用，广播和有线电视网可能就会改变某个节目的播放时段，甚至取消该节目。

个人观察法　亲自观察消费者是收集观测数据的另一种方法。例如，宝洁公司投资数百万美元用于观测调研，以发现创新点。正如一些业内专家所说的那样，在你阅读这本书的时候，宝洁公司的市场调研员正在商店里观察购物者，甚至在消费者家中观察他们。宝洁的市场调研员观察了使用汰渍洗衣粉的印度消费者，他们注意到印度消费者经常手洗衣物，洗涤剂有时会刺激皮肤。因此，宝洁公司推出了汰渍天然洗衣粉，它能有效清洗，却不伤皮肤。同样地，宜家注意到，当购物篮或手推车装满时，顾客就会停止购物，所以增加了购物袋供应。

收集观测数据的另一种方法是使用神秘顾客。公司花钱雇用市场调研者在自家的商店、专卖店或展销厅里购物，以获得真实顾客的看法。神秘顾客可以查看产品和服务的实用性和定价，以及企业员工提供的客户服务质量。例如，克罗格（Kroger）、大众超级市场（Publix）和百家商道（H-E-B）等超市就使用神秘顾客的方法评估客户服务、商店清洁度以及员工的外表和行为。这个过程提供了其他方式无法获得的独特的营销调研信息。

人种学研究是一种专门的观察方法，训练有素的观察者能够用它发现消费者在"自然使用环境"（在家里或在车里）中使用产品时的微妙行为和情绪反应。卡夫食品的营销人员在客户的厨房里待了几个月之后，推出了由自产的奥斯卡梅尔肉、卡夫奶酪和盖瑞波旁芥末酱制成的 Deli Creations 三明治。卡夫食品公司发现消费者希望买到现成食物或方便食品，而他们完全能够生产这样的产品。

个人观察法既有用又灵活多变，只是成本较高，而且不同的观察者对同一活动会得出不同结论。尽管观察能捕捉到人们的行为，但不能解释人们为什么这么做。

神经营销学法 市场调研人员还利用神经营销学的方法观察消费者对无意识刺激的反应。神经营销学是一个相对较新的研究领域，市场营销需要了解消费者，而神经营销学就是利用研究大脑的技术来了解消费者。阿拉达娜·克里希纳（Aradhna Krishna）是该领域最重要的专家之一，她建议"许多公司从一开始就认识到感官对大脑最深处的影响有多强烈"。另一位专家马丁·林德斯特伦（Martin Lindstrom）利用脑部扫描分析了 2 000 多人的购买过程。他将自己的研究发现加以总结，写成了《买》（*Buyology*）一书。

根据神经营销学研究的结果，金宝汤公司改换了大部分罐装标签，例如，汤的图像更生动了，冒着热气，"无感情色彩的勺子"消失了，手写体的公司标志变小了,并移至罐头底部。

原始数据:询问消费者

你做过几次调查问卷?什么类型的都行。也许你遇到过简短的调查或电话调查、电子邮件调查,它们的目的不过是问你喜不喜欢他们的服务。询问消费者并记下他们的回答是收集信息的第二种主要方法。

我们可以把这种收集原始信息的任务划分为:(1)创意生成法;(2)创意评价法。虽说这两种方法时有重叠,各自却有自身独特的技巧。每种调研方法都能得到有价值的**调查问卷数据**(questionnaire data),即通过询问消费者的观点、认识、意向和行为而获得的事实和数字。

创意生成法—提出创意 收集调查问卷数据以产生创意的最常见方式是一对一面谈法,即单个市场调研者向单个调研对象提出问题。这种方法有许多优点,例如根据调研对象的回答扩充问题有助于我们进一步探究更多的想法。但这种方法费用很高。本章稍后会讨论其他一些替代办法。

通用磨坊想要了解为何汉堡肉意面套餐推出时并未取得成功。最初的产品说明书要求将半磅汉堡肉与面条或土豆分开烹制,然后再将它们混合在一起。因此,通用磨坊的市场调研者使用了特殊的一对一面谈法,即深度访谈,通过长时间的自由谈话方式来探究调查对象的潜在想法和感受。这些深度访谈表明消费者(1)认为汉堡肉分量太少;(2)觉得在两个锅里烹制过于麻烦。因此,"汉堡帮手"的产品经理改进了产品,改用1磅肉,而且消费者可以将汉堡肉与其他食材同时加工,从而让产品从失败走向了成功。

焦点小组座谈是由6~10名过去、现在和潜在消费者参加的一种非正式会议,其中有一位讨论主持人或调解人,由他询问消费者对本公司产品和竞争对手公司的产品的意见,包括他们如何使用这些产品,以及这些产品有没有解决他们的特殊需求。通常访谈会在一个装着单面镜的特殊房间里进行,并被录像,这样营销调研人员和经理就能听到和看到消费者的反应。在一个高效的焦点小组中,非正式的氛围和同伴的支持有助于发现一些个人访谈很难得到的想法。

为了寻找"下一个划时代的产品",营销研究者转而使用一些不那么传统的技术。这些"模糊而前沿"的方法试图预测难以捉摸的消费者的口味或审美趋势。趋势猎人(Trend Hunter)是一个专注于预测和跟踪"酷的演化"的公司。寻找(或观察)趋势是要发现"社会行为的新变化",这种变化受流行文化变化的推动,而流行文化会导致新产品的出现。趋势猎人通过由15.5万名成员组成的全球网络,确定了大约25万条前沿理念,并通过其YouTube账号trendhuntertv展示这些新想法。

创意评价法—创意测试 在创意评价阶段,营销调研员要设法测试早前提出的创意,以帮助营销经理就营销活动提出建议。创意评价法通常涉及传统的问卷调查,采用个人访谈、信件、电话、传真和在线调查(电子邮件等)的方式,选择一个过去、现在或潜在消费者的大样本展开调查。在选择这些方法时,营销调研员会就特定方法的成本与预期的信息质量、获得信息的速度进行权衡。

个人采访有一大优势,就是调研员可以随机应变地提出探索性问题并对视觉材料做出反应,但它的费用较高。邮寄问卷调查通常存在偏差,因为最可能回信的通常是体验过该产品或品牌之后有好感或有偏见的人。尽管电话调查较为灵活,但即使计算机辅助电话访谈技术(CATI)能够提升访谈的效果,很多采访对象还是会不愉快地挂掉电话。

越来越多的营销调研人员开始使用在线调查来收集原始数据。因为大多数消费者都会上网,而且都有电子邮件账户。营销人员可以在发送给目标调研对象的电子邮件中嵌入一个调查表。调研对象打开电子邮件时,可以看到一个调查表,也可以点击链接访问某个网站,在单独打开的浏览器窗口中完成一个"弹出式"的调查。许多企业用这一方法让消费者评估他们的产品、服务,或者网站的设计和实用性。

在线调查的优点是成本相对较低,从数据收集到提交报告的时间也比前面讨论的传统方法快得多。然而,在线调查的缺点也很突出:有些消费者会将电子邮件调查表视为"垃圾"或"垃圾邮件",或者选择不接收(如果他们安装了"垃圾邮件拦截器"的话),或者有意无意地不打开邮件直接删除。有些消费者会安装阻止弹窗的程序,禁止浏览器打开包含调查内容的窗口,这时在线调研就无法达到预期。此外消费者还可以多次参与在线调查，从而导致结果出现显著的偏差。调查猴子（SurveyMonkey）等调查公司已经开发出抽样技术，以防止这种情况的发生。

采用调查问卷的形式进行营销调研，基本做法不外乎是提出明确的问题并从调研对象那里得到明确无误的答案。图8-4是温迪餐厅一项调查问卷中的部分问题，评估的是现有和潜在顾客对其快餐店的偏好。

问题1是开放式问题的一个例子。开放式问题指调研对象用自己的话表述他们的观点、想法或行为，而不是在调研人员预先设定的选项中选择。这种信息对调研人员来说非常宝贵，因为它反映了调研对象的心声，对于理解消费者的行为、确定产品的优点以及改进广告都很有用处。

相比之下，封闭式或固定选项式问题要求调研对象在一系列预先设定的选项中进行单选或多选。问题2是二选一问题的一个例子，这是一种最简单的固定选项问题，只需回答"是"或"不是"。

有三个或更多选项的固定选项问题要用到量表。问题5是一个使用语义差别量表的例子，量表分五级，两端是意思相反的形容词。举例来说，调研对象根据对温迪餐厅清洁度的意见，在量表的左侧、右侧和中间三个空格中打钩。问题6使用的则是李克特量表，调研对象要选择自己对某个陈述认同或不认同的程度。

图8-4的调查问卷向温迪餐厅的营销调研人员提供了有价值的信息。问题1~8可以让调研人员了解调研对象对外出就餐的偏好、在快餐店特别是在温迪餐厅就餐的频率，以及选择快餐店时依据的信息来源。问题9给出了调研对象个人或家庭的详细信息，它们可用来对快餐市场进行分类，这个话题我们将在第9章讨论。

营销调研的问题必须措辞准确，以便使所有调研对象在面对同样问题时都能做出同样的解读。例如，"是否定期去快餐店用餐"里"定期"这个词就含糊不清。对于这个问题，同样回答"是"的两人，其中一人是"一天一次"，另一人是"每月一次或两次"。这两种解读会导致营销行动出现很大的不同。

家庭面谈的费用很高，于是营销人员转而去商场进行拦截调查，对商场里的消费者进行营销调研访谈。这种面对面的访谈降低了营销人员拜访消费者进行家庭访谈的成本，同时又可以灵活地向调研对象提供视觉提示，如广告或真实的产品样本。商场拦截调查也有缺点，即调研对象可能并非目标消费者的代表，从而导致结果出现偏差。

电子技术已经彻底改变了传统的访谈和调查概念。如今，调研对象只要走到购物中心的售货亭，阅读屏幕上显示的问题，并在触摸屏上输入答案。全自动的电话访谈系统也已经诞生，调研对象可在按键式电话上输入回答。

---

1. 当你决定到外面的快餐店用餐时，哪些事情是最需要考虑的？
   _____
   _____

2. 在过去的一个月中，你去快餐店用过餐吗？
   □是　　　□否

3. 如果第2题你选择了"是"，那么，你多久去一次快餐店呢？
   □每周一次或多次　　□每月两到三次　　□每月一次或更少

4. 你认为一家快餐店在下面列出来的特点上让你满意的重要程度是怎样的呢？（请选择下列每个特点最符合你感受的选项并打√。）

特点	很重要	有点重要	重要	不重要	稍不重要	很不重要
·食物的口味						
·清洁程度						
·价格						
·菜品的多样性						

5. 针对下面列出的特点，选出符合你对温迪餐厅感受的选项，针对每一个列出来的特征，五级程度上只能选择一个打√。

特点	在温迪公司符合的那个量级空格上打×				
·食物的口味	好吃				不好吃
·清洁程度	干净				不干净
·价格	便宜				贵
·菜品的多样性	多				少

图8-4　温迪餐厅为了获得最有价值的信息进行的营销调研问卷

6. 在能够表达你对下列陈述的赞同程度中选择一项打√。					
陈述	极为赞同	同意	不知道	不同意	坚决不同意
• 成年人喜欢带家人去快餐店					
• 在家庭选择何处吃饭这件事上，孩子有话语权					

7. 选择去哪一家快餐店吃饭时，下列信息来源对你来说重要性怎样？（注意每种来源下面只能选择一项重要程度。）			
信息来源	很重要	有些重要	根本不重要
电视			
报纸			
广播			
广告牌			
互联网			
社交网站			

8. 你多久在下列快餐店吃一次饭？（注意每家快餐店只能选一项）			
快餐店	每周一次或更多	每月两到三次	每月一次或更少
汉堡王			
麦当劳			
温迪			

9. 作为家长，请回答下述个人及家庭的问题。（每个问题只能选择一项）
a. 你的性别？　□男　　□女
b. 你的婚姻状况？　□单身　□已婚　□其他（丧偶、离异等）
c. 你家里有几个未满18岁的孩子？　□0　□1　□2　□3或更多
d. 你多大年龄？□25岁以下　□25岁至44岁　□45岁及以上
e. 你个人或全家每年的总收入是多少？
□少于1.5万美元　　□1.5万至4.9万美元　　□超过4.9万美元

图 8-4 （续）

原始数据：其他来源

收集原始数据还有其他四个方法，它们与刚才讨论的方法多少有些重叠。这些方法包括：（1）社交媒体；（2）专门小组和实验；（3）大数据和数据分析；

（4）数据挖掘。

社交媒体 社交媒体的出现革新了营销调研方法。推出新口味的薯片时，菲多利公司用脸谱网调研取代了通常采用的焦点小组座谈调研。该公司上架了三种新口味，通过脸谱网页面让访问者对新口味提出自己的建议，完成了调研。访问者只需要点击"投票"按钮来表明自己的喜好。雅诗兰黛则要求社交媒体用户投票决定哪些已经停产的色号再次投入生产。

小蜜缇实验室公司（Carma Laboratories）是小蜜缇润唇膏的制造商，它是一家家族企业，已经传至第三代，拥有亲近消费者的传统。事实上，创始人艾尔弗雷德·沃尔宾（Alfred Woelbing）亲自答复收到的每一封客户来信。今天，小蜜缇实验室依靠社交媒体营销方案来推广产品。

小蜜缇润唇膏旨在减少唇疱疹症状，舒缓嘴唇干燥和皲裂。它的包装形式有圆罐、硬管和挤压管。美国的小蜜缇产品线包括原味、草莓味、青柠味、香草味、石榴味和樱桃味。虽然小蜜缇润唇膏的销售落后于俏唇和碧唇，但小蜜缇的用户十分忠诚，她们是真正的小蜜缇狂热爱好者。

小蜜缇（www.mycarmex.com）也使用社交媒体监听工具进行营销调研，了解人们在网络上谈到润唇膏时都说了什么。润唇膏是一种季节性产品，每年的11月至来年的3月属于咳嗽和感冒多发季节，此时润唇膏的销售和网上活动会达到顶峰。

"营销仪表盘"讲述了小蜜缇如何评估社交媒体营销方案。为保护企业信息，相关数据已做了修改。

小蜜缇使用了几个社交媒体指标，如对话速度、分享和情感。这些量化指标都是通过电子搜索引擎跟踪的，这些搜索引擎会在整个互联网上搜寻消费者的行为和"品牌提及度"，以此来计算该品牌的广告占有率，并确定提及这些品牌时是"正面的""中性的"还是"负面的"，以量化用户的"感受"。脸谱网有一个广泛使用的量化指标，那就是"赞"的数量，它代表的是主动了解一个品牌的信息，并且喜欢该品牌的脸谱网用户数量。

营销调研人员越来越希望从网站上收集信息，"挖掘"消费者实时生成的原始内容。然而，当营销人员依赖消费者产生的内容时，产生这种内容的人组成的样本可能在统计上不能代表整个市场。

营销仪表盘

小蜜缇在社交媒体上的营销方案有效吗

作为小蜜缇的营销顾问,你需要评估润唇膏系列产品在社交媒体上的营销活动的效果。

小蜜缇最近在社交媒体上推出了新的营销方案和促销活动,旨在向美国消费者介绍更多有关润唇膏产品的信息。他们在脸谱网和推特上都推出了相关的活动,允许小蜜缇的粉丝和关注者通过与小蜜缇建立联系,从而赢得免费的样品。"小蜜缇之吻"就是一个很有创意的小程序,用户可以用它上传照片,给朋友送一个愉快的吻。

面临的挑战

要评估小蜜缇社交媒体营销方案的效果,你需要选择以下 5 项指标:(1)小蜜缇的传播速度,也就是小蜜缇在互联网上被人提及的总数;(2)脸谱网的粉丝,在一段时间内浏览小蜜缇脸谱网品牌网页的用户数量;(3)推特的关注者,在一段时间内关注小蜜缇推文的推特用户数量;(4)小蜜缇的广告占有率,在互联网上被提及的各主要润唇膏品牌中,小蜜缇所占比例;(5)对小蜜缇的评价,互联网上提及小蜜缇的正面、中性和负面评价各自占多大比例。

你的发现

第一,相比 2014 年,小蜜缇的脸谱网粉丝和推特关注者的数量在 2015 年明显增加了,这是好消息。第二,小蜜缇的广告占有率达到 35%,相对排在第一的润唇膏品牌俏唇(Chapstick)的 48% 而言,还算不错。但尤其让人高兴的是,小蜜缇的广告占有率比上年增加了 12%。第三,对小蜜缇的评价图显示,提及小蜜缇的评价中有 80% 是正面的,只有 5% 是负面的。更重要的是,正面的评价比去年增加了 23%。

你的行动

由此,你得出的结论是:小蜜缇的社交媒体营销方案效果很好。你下一步要做的是深入研究数据,看看哪些做法能够引发正面评价、哪些成功可以为未来奠定基础,比如免费的样品,或"小蜜缇之吻"。

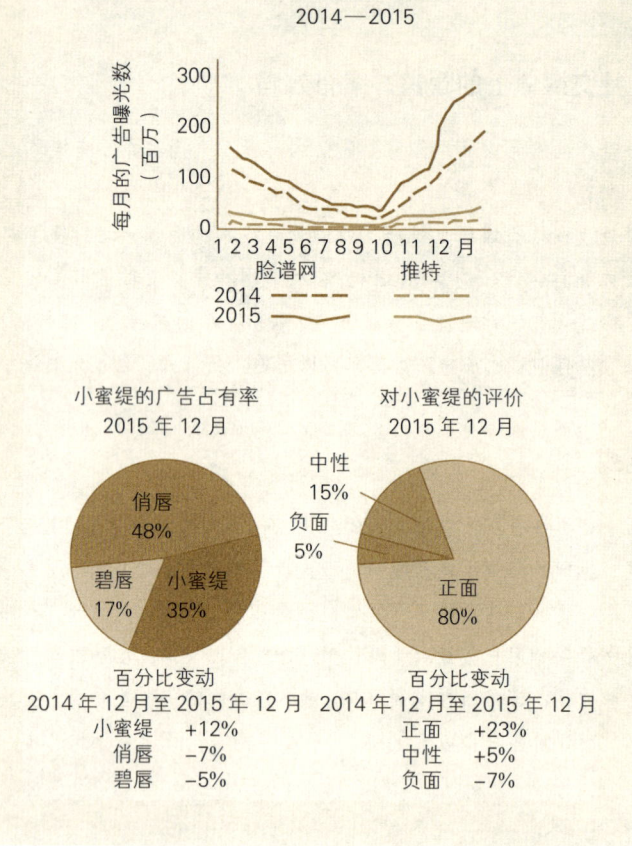

小蜜缇的对话速度
2014—2015

每月的广告曝光数（百万）

脸谱网　推特
2014
2015

小蜜缇的广告占有率
2015 年 12 月

- 俏唇 48%
- 碧唇 17%
- 小蜜缇 35%

百分比变动
2014 年 12 月至 2015 年 12 月
- 小蜜缇 +12%
- 俏唇 −7%
- 碧唇 −5%

对小蜜缇的评价
2015 年 12 月

- 中性 15%
- 负面 5%
- 正面 80%

百分比变动
2014 年 12 月至 2015 年 12 月
- 正面 +23%
- 中性 +5%
- 负面 −7%

专门小组和实验 专门小组和实验法是两种特殊的营销调研方法，它们有时会用到观察和调查问卷。

营销调研人员想要知道消费者是否会随着时间改变自己的行为，因此他们对相同的消费者进行连续的测量。专门小组是一组可用于抽样的消费者或商店的样本，调研人员可以对其进行一系列的测量。例如，NPD集团就通过其在线专门小组收集消费者购买服装、食品、电子产品等的数据，这个专门小组由世界各地近200万人构成。因此，像通用磨坊这样的公司就可以使用描述性研究——计量消费者的购买频率——来测量消费者的转换行为，比如从它的某个谷类早餐品牌（小麦干）转向另一个品牌（切里奥斯），或是转向竞争对手的品牌（如家乐氏的香脆麦米片）。专门小组的缺点在于，调研公司需要不断补充具有相同人口统计特征的成员，取代那些退出的人，以保持专门小组的代表性。

实验是在严格控制的条件下，改变某些因素，获得相应的数据，以此测试因果关系的方法。问题在于改变其中一个自变量（因）是否会导致被研究因变量的行为（果）发生变化。在营销实验中，自变量有时被称为营销动因，这个自变量往往是营销组合要素中的一个或多个，例如产品的特点、价格或促销活动（如广告信息或优惠券）。理想的因变量通常是个人、家庭或组织购买行为的变化（销售单位或销售额的增加）。例如，食品公司经常使用的试销，就是在特定地区内销售一定量的产品，评价潜在营销行动的有效性。1988年，沃尔玛开设了三家试验性的独立购物中心，以此来测试消费者的接受程度，从而决定是否开办其他门店。现在，沃尔玛在全球经营着4 000多家购物中心。

实验法的潜在困难是外部因素（如竞争对手的行动）可能会扭曲实验的结果，并影响因变量（如销量）。营销调研人员的任务是在外部因素产生影响时，识别出营销变量（价格、产品、地点和促销）对因变量的影响。

大数据和数据分析　大数据是一个模糊的术语，通常用于描述使用越来越复杂的技术分析从各种来源收集的大量数据。**信息技术**（Information technology）包括所有收集、存储和分析数据的计算资源。营销调研人员发现我们今天生活在一个数据泛滥的时代。管理者面临的挑战不是数据收集，也不是数据存储，而是如何有效地将海量数据转化为有用的信息。这种转化要靠数据分析来完成。雅虎的Hadoop和谷歌的Bigtables等产品就是常用的数据分析工具，而分析数据的人被称为数据科学家，他们的工作也创造了一个新的营销研究领域，即数据可视化或分析结果呈现。

如今，企业获取数据的来源越来越多，如收银台的条形码扫描枪、计算机和平板电脑上的在线跟踪软件和电话记录。事实上，物联网的发展让营销人员几乎可以从任何一个消费者的设备上收集数据。营销人员必须综合运用数据、技术和分析，将数据转化为有用的信息，解决营销问题，并引出有效的营销行动。成功达成此目的的组织常被称为"智能企业"。

如图8-5所示，智能营销企业平台的各要素相互作用，大大方便了营销调研人员或数据科学家的工作。图的上半部分显示了如何运用内部和外部收集数据的复杂通信网络创建大数据。这些数据在数据库中存储、组织和管理。这些数据库统称为数据仓库。数据存储（和计算）也可能发生在"云"中，云就是通过互联网访问的服务器的集合。

如图8-5的下半部分所示，数据分析由几个要素组成。营销人员使用计算机找出重要的营销问题，并访问数据仓库（或云）中的数据库。分析工具用于组织和调控数据，以发现任何可能的管理见解。然后，用表格和图形呈现结果，以便于解释。在访问数据库时，营销人员可以使用灵敏度分析，提出"假使……将会怎样"的问题，以确定产品或品牌驱动因素（影响家庭或组织购买决策的因素）发生变化，会对销售产生怎样的影响。

传统的营销调研通常包括识别可能的驱动因素，然后收集数据。例如，我们可以通过收集数据测试这一个假设：在春季增加优惠券发放（驱动因素）将增加首次购买者的尝试性购买（结果）。

数据挖掘 与此相反，数据挖掘是从大型数据库中提取隐藏的预测性信息，

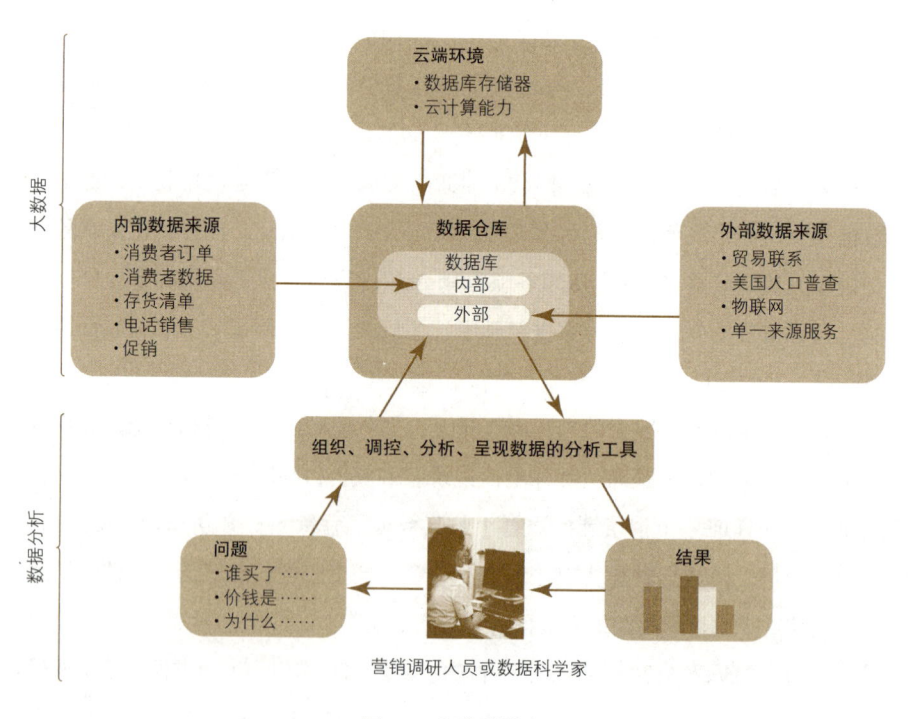

图8-5　智能营销企业平台

找到消费者的购买模式和购买行为在统计上的关联。有些关联是常识性的：因为很多消费者购买花生酱时会同时购买葡萄果冻，那么为什么不把四季宝花生酱和韦尔奇葡萄果冻放在一起联合促销呢？但你能预见晚上买纸尿裤的男士有时还会购买一箱6瓶装的啤酒吗？超市在挖掘收银台数据时发现了这一点。因此，他们把尿布和啤酒靠近摆放，中间再摆放薯片，结果三种商品的销售都增加了！最近，无线射频识别技术（RFID）得到应用，纸尿布和啤酒都贴上了"智能标签"，这样就能分辨它们是否被放进了同一个购物袋中。至于在线数据挖掘会透露多少个人信息，又存在哪些道德问题，可以阅读"负责任地决策"专栏。

负责任地决策　商业道德

失去个人隐私：数据挖掘的坏处

eXelate、Intellidyn、Rapleaf、谷歌的广告偏好、雅虎、BlueKai、联合数据、reputation.com……没错，还有脸谱网和推特！

这些产品的共同点是它们都可以在互联网和社交媒体上进行复杂的数据挖掘，从而获得美国人的大量个人信息。利用在线和离线资源，《时代》杂志记者乔尔·斯坦（Joel Stein）发现别人很容易就可以找到他的社会保险号码，顺着社保号又能得知他的很多私人信息（有些是正确的，有些是错误的）。

例如，他喜欢曲棍球、说唱、摇滚、育儿、食谱、衣服、美容产品和电影。他买的大部分东西都是网购的，每次购买平均花25美元。他使用脸谱网、交友网、领英、聚友网、潘多拉和偶尔发现（StumbleUpon）。他是11月买的房子，这是他的家庭保险要续签的时间。他爸爸的妻子有一张交通罚单。

他用的是苹果一体机电脑，是一个十八九岁的姑娘？！

你瞧，有时数据挖掘确实会出现错误！

你可以在互联网上用很多方法收集这些数据，从网站的跟踪设备（如第21章中讨论的网络跟踪器），到下载到手机、个人电脑或平板电脑上的应用程序，它们会抓取用户的通讯录和位置。

这些个人信息会让营销人员受益良多。数据挖掘已经实现了一对一的个性化，能让广告主针对单个消费者投放广告。这项技术不仅要利用人口统计特征，如年龄和性别，还会利用"点赞"、过去的购买习惯、用过的社交媒体、购买的品牌、观看的电视节目等。

原始数据的优缺点

与二手数据相比，原始数据的优点是对所调研的问题来说更灵活和更详细。主要的缺点在于原始数据的收集往往比二手数据的收集更费钱，也更费时。

使用交叉表分析原始数据

假设温迪公司的管理层想用图8-4的问卷来调查一个美国家庭样本，评估不同年龄的顾客到快餐店就餐的频率。管理层猜测，随着户主年龄的增加，家庭到快餐店就餐的次数会减少。调查问卷提供的数据证实了这一点，但这些信息呈现的形式却不利于针对可行的营销行动提出建议。使用交叉表格可以告诉我们如何行动。

制作交叉表 交叉表（cross tabulation），也叫cross tab，它能够呈现和分析两个或多个变量的数据，并发现数据间的关系。

在图8-4温迪公司的调查问卷中，很多问题都有助于管理层更好地了解快餐业。例如，户主年龄（问题9d）与调研对象去快餐店就餐的频次（问题3）对照来看。

将问题3的答案作为列标题，将问题9d的选项作为行标题，可将586位调研对象的答案制成图8-6的两种交叉表。

图8-6A中所列的是原始数据或具体问题的答案。例如，样本中户主年龄低于25岁的家庭，有144户每周在快餐店就餐一次及以上。该表也列出了顾客对温迪餐厅的忠诚度，每周光顾一次及以上的顾客是每月光顾一次或不光顾的顾客的两倍还多。

图8-6B显示的是水平计算的百分比。户主年龄低于25岁的215户家庭中，67.0%人每周至少光顾快餐店一次，每月只光顾餐厅一次或不去餐厅的人只有

8.8%。此外，在所有年龄组中，46.4%的家庭每周光顾快餐店一次及以上，几乎占到了一半。

A. 绝对频率

户主年龄（岁）	光顾快餐店的频次			总计
	每周一次及以上	每月两到三次	每月一次或更少	
25 岁以下	144	52	19	215
25 岁至 44 岁	46	58	29	133
45 岁及以上	82	69	87	238
总计	272	179	135	586

B. 行百分比：水平运算

户主年龄（岁）	光顾快餐店的频次			总计
	每周一次及以上	每月两到三次	每月一次或更少	
25 岁以下	67.0%	24.2%	8.8%	100%
25 岁至 44 岁	34.6%	43.6%	21.8%	100%
45 岁及以上	34.5%	29.0%	36.5%	100%
总计	46.5%	30.5%	23.0%	100%

图 8-6 将户主年龄和光顾快餐店频次关联起来的两种交叉表

解释交叉表 仔细分析图 8-6A 和图 8-6B，不难看出，光顾快餐店的次数与户主的年龄有关。图 8-6B 中左上到右下呈对角线的一组百分比表明，年轻户主的家庭比年长户主的家庭更可能每周光顾快餐店一次及以上。

如图 8-6B 所示，如果我们想要与快餐店的常客进行交流，就应该针对那些年龄在 25 岁以下一周光顾一次以上的人。营销人员经常要付出特别的努力与这些频繁光顾的忠实顾客进行交流。所以，温迪公司可能要针对户主为 25 岁以下的家庭做广告。但是，图 8-6A 和图 8-6B 并没有告诉我们用什么媒介与他们交流，是电视广告还是社交网络。若要得到答案，我们需要再次将户主的年龄与图 8-4 问题 7 的答案联系起来，而问题 7 可以了解家庭的信息来源。

交叉表可能是在组织和呈现营销数据方面用得最广泛的技术，优势很明显，它格式虽简单，却能让解释变得直截了当，它也是与管理者沟通数据的一种简单易行的方法。交叉表具有很大的灵活性，可用于总结调查问卷、观察数据和实验数据。

交叉表也有缺点。例如，若是样本太少，得出的百分比可能会出现偏差。此外，交叉表无法解释数据的全部联系，因为每个交叉表通常只显示两到三个变量。只要平衡好利弊，交叉表就能比其他数据分析方法更能让管理者做出更好的营销决策。

◉ 第四步：呈现调研结果

马克·吐温曾经说过："收集数据就像收集垃圾，收集之前你要知道如何处理它。"除非仔细分析并转化成信息和发现，否则数据并不比垃圾更有价值，而分析数据并使之转化成有用的信息和发现，正是营销调研方法第四步要讲的内容。

分析数据

舒旺食品公司每天生产300万个速冻比萨，它拥有包括"托尼"和"红男爵"在内的多个品牌。让我们看一看托尼品牌的营销经理特丽·卡拉尔（Tere Carral）如何解决市场细分问题。为保护托尼品牌的专有信息，我们将使用假设的数据。

托尼品牌在过去4年里增长缓慢，这让特丽忧心忡忡。她雇用了一个咨询公司收集和分析数据，帮助她找出品牌出了什么问题，并为提升销量给出建议。特丽要求该顾问将结果总结成一份建议书，内容包括以下两个关键问题的答案：

1. 以家庭为单位看，托尼品牌的销量如何？购买托尼比萨的家庭变少了，还是每个家庭购买的托尼比萨数量变少了？或兼而有之？

2. 是什么因素导致了托尼比萨在过去4年里销量平平？

咨询公司分析数据后的发现至关重要。例如，与前几年相比，平均每个家庭消费的托尼比萨相比前些年是变多还是变少了？托尼比萨的销量平平是否与某个特定因素相关？得到这些问题的答案之后，特丽就可以采取行动，在来年解决营销中存在的问题。

呈现结果

数据呈现的方式必须使调研结果清晰、易懂。营销人员对营销行动负责，通常这意味着要以清晰的图表展示结果，如果可能的话，不要超过一页纸。

咨询公司运用如图8-7的营销数据解答了特丽的问题，这是一种创造性的以图表的形式呈现调查结果的方式。在特丽解释这些发现时，让我们跟随她一起了解一下。

图8-7A是年销售量表，它表明在2012—2015年间，托尼比萨的年销售额平稳缓慢增长。

图8-7B是每个家庭的平均年购买量。请仔细观察这张图。乍一看，2015年平均每个家庭的销量似乎只有2012年的一半多，对吗？但是，请注意纵轴上的数字，它们表明过去4年来，托尼比萨的家庭购买量持续下跌，从2012年的户均3.4个到2015年的户均3.1个。现在的问题是，如果托尼比萨的年销售量是稳定的，为什么每个家庭的平均购买量在减少，为什么会出现这种情况？答案就是，购买比萨的家庭数量增加了，但每个家庭购买的托尼比萨的数量变少了。家庭消费者不再选择托尼比萨才是真正让人担心的地方。但话又说回来了，这又是一个蕴含着机遇的经典问题。越来越多的家庭购买比萨，这对托尼比萨是件好事。

图8-7C是不同规模家庭的年均购买量，揭示了问题的根源：尽管一口或两口之家年均购买比萨的数量是稳定的，但是家庭规模为3~5人的年均比萨消费量却在不断减少。哪些家庭的成员会不断增长，超过两人呢？答案就是有孩子的家庭。因此，我们应该更关注有孩子的家庭购买比萨的行为。

图8-7D是按家庭中孩子的年龄划分的家庭年均购买量。它揭露了真正的问题所在，即孩子年龄较小的家庭的平均购买量大幅下降，尤其是孩子处于6~12岁的家庭。

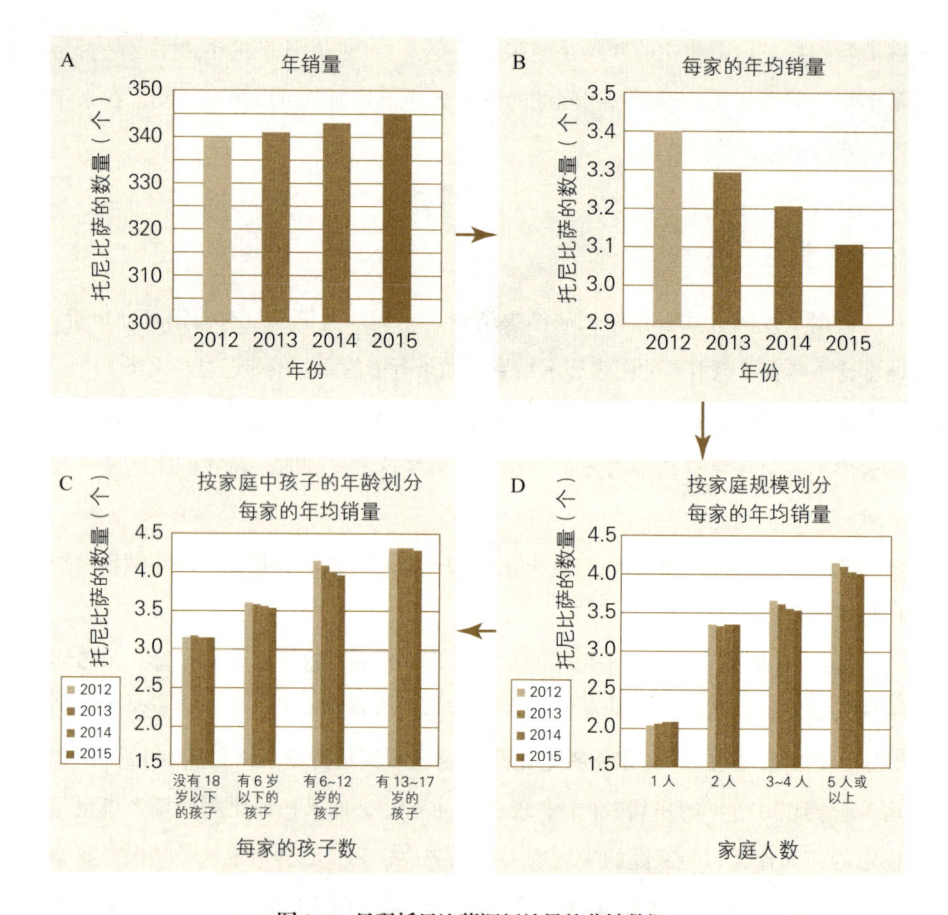

图 8-7　呈现托尼比萨调研结果的营销数据

认识到销售问题出现在孩子为 6~12 岁的家庭是个重要的发现，这正是购买比萨数量最多的细分市场之一，托尼比萨正是在该市场的销量下降了。

◎ 第五步：采取营销行动

有效的营销调研不能止步于获得结果和建议，营销人员必须据此确定营销行动，付诸实施，并监控决策的效果，这些就是第五步的主要内容。

提出行动建议

托尼比萨的营销经理特丽·卡拉尔与她的团队一起将营销调研结果转化成了具体的营销建议，而且明确一个目的：把孩子处于6~12岁的家庭定为目标，扭转公司在该细分市场中的销售颓势，并在这个对速冻比萨来说非常重要的细分市场中重获优势。她建议采取以下行动：

· 开展针对6~12岁孩子的广告活动。
· 制订以6~12岁孩子为目标受众的月度促销进度表。
· 组织能接触到6~12岁孩子的特别活动。

实施行动建议

作为营销行动的第一步，为制作出能吸引6~12岁孩子及其家庭的广告，特丽对广告展开了调研。调研结果表明，这个年龄段的孩子喜欢色彩丰富的广告，人物要有趣而亲切。她把这些结果交给了广告代理商，后者制作出几个广告样本供她审定。特丽选择了其中的三个，并在这个年龄段的孩子中进行了测试，找出最具吸引力的广告，在托尼比萨接下来的广告活动中投放。

评估结果

对于高效的营销经理来说，结果评估是一种持续的生活方式。评估过程实际上有两个部分：

· **评估决策本身**。这涉及监测市场动向以确定未来是否有必要采取行动。对特丽来说，就是她的新广告能否成功吸引6~12岁的孩子和他们的家庭。托尼比萨的销量会在这个目标细分市场不断增加吗？广告策略的成功使特丽考虑增加更多五颜六色、形象有趣而亲切的广告。

· **评估决策制订过程**。用于得出建议的营销调研和分析是否有效？它有缺陷吗？能否对它进行改善以应对未来类似的情况？特丽和她的营销团队必须仔细寻找方法来改进分析和结果，吸取经验教训，以避免重蹈覆辙。

系统化的分析并不能保证成功。但是，正如托尼比萨的案例所述，它能提高企业营销决策的成功率。

◎ 销售预测技术

预测或估计潜在的销量通常是营销调研的一个关键目标。高质量的销售预测对于公司非常重要，因为它可以作为计划生产的依据。**销售预测**（sales forecast）指在特定的时间段内，公司在特定的环境条件和营销投入下期望的产品总销量。例如，贝蒂妙厨（Betty Crocker）假设消费者对于甜点的偏好保持不变，且竞争者不会改变价格，预计在 2021 年向美国消费者销售 400 万箱蛋糕粉。

常用的销售预测技术主要有三种：（1）决策者的判断；（2）调查了解情况的群体；（3）统计方法。

决策者的判断

大概 99% 的销售预测是出于个人判断，个人指必须为自己预测的后果承担责任的单个决策者。直接预测是指未采取干预手段时的预测。这种例子我们每天都能看到：我应该买多少夸脱牛奶？我应该在自动取款机上取多少钱？

失马预测（lost-horse forecast）指从预测对象的最后一个已知值开始，列出可能影响预测的因素，评估它们的正面或负面影响，并进行最终预测。这项技术因如何找到一匹丢失的马而得名：去最后看到马的地方，设身处地假设自己是马，考虑哪些因素会影响你的前进方向（诸如如果渴了，你就会去水塘；如果饿了……），然后去那里寻找。

例如，新百伦最近推出了全掌发泡材料的新型运动鞋，实现了缓冲和稳定的最佳平衡，此设计旨在使运动鞋更轻、更合脚、功能更强。假设新百伦的营销人员需要做出销售预测。已知目前的销售额，列出正面因素（年度骑行鞋奖、磨损测试者的正面评论）和负面因素（竞争加剧、经济增长缓慢），最终做出销售预测。

调查了解情况的群体

如果你想知道自己公司明年的销售额是多少，可以去询问可能知道未来销售情况的人。进行销售预测要调查两个群体：潜在购买者和公司销售人员。

预测购买者意向，我们可以询问潜在客户在未来一段时间内是否购买其产品。如果准买家不多，这种预测可能是有效的。波音的大型飞机在全世界只有几百家客户，波音公司就可以向这些客户了解情况，以便对销售做出预测，并相应地制订生产计划。

通过销售人员进行预测，可以要求公司的销售人员估计未来一段时间内的销售额。因为销售人员与消费者联系最为紧密，最了解消费者喜欢什么和不喜欢什么。然而，销售人员可能并不可靠，因为如果他们非常喜欢新产品，就会把销售情况说得非常乐观，如果要基于预测制定目标销售额和未来报酬，他们就会把销售预测说得一片渺茫。

统计方法

用于预测的最著名的统计方法是趋势外推法，它是把从过去的数据中观察到的模式扩展到未来。当用直线描述该模式时，它就是线性趋势外推法。假设在2000年初，你是施乐公司的销售预测员，并拥有1988—1999年的实际销售数据（见图8-8）。利用线性趋势外推法，你可以画一条线，既契合过去的销售数据，又可据此推算未来，从而给出2000—2016年的销量预测。

比较一下2015年的实际情况与预测结果，你会大吃一惊，它说明了趋势外推法的优点和缺点。趋势外推法假定过去存在的某种潜在关系会持续到未来，"简单"是该方法主要的优点。如果假设是正确的，那你的预测就是准确的。然而，若假设是错误的，预测可能就是错误的。在这种情况下，你对2000—2014年的预测就太高了，如图8-8所示，销售收入下降的主要原因是复印机行业的竞争太激烈了。2010年的销售收入激增主要是新的收购带来的。

242 市场营销

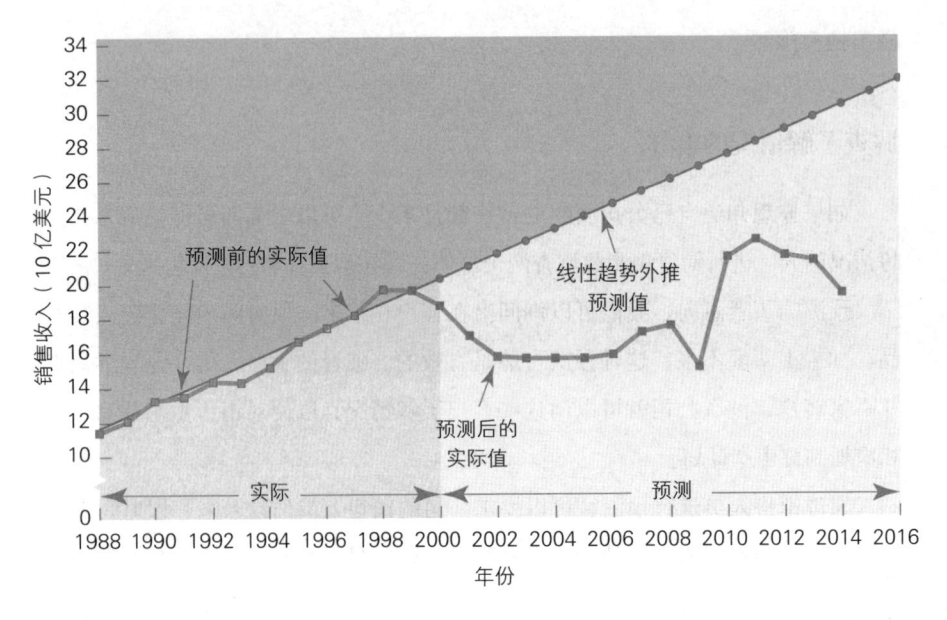

图 8-8 始于 2000 年初的施乐公司销售收入线性趋势推测

营销知识应用

1. 假设大学的招生办主任正在考虑调查高中应届毕业生对大学的看法，以便设计更好的宣传手册。对那些想要了解大学信息的高中毕业生来说，（1）电话访谈和（2）在线调查各有哪些优缺点？

2. 维斯克洗涤剂决定进行一次试销，以了解优惠券和店内广告对销售的影响。销售指标如下所示：

试销中的变量	发放优惠券前几周	发放优惠券当周	发放优惠券后一周
无店内广告	100	144	108
有店内广告	100	268	203

你的结论和建议是什么？

3. 通过让家庭填写日记调查表，尼尔森公司获得了当地电视台的收视率。它们提供了（1）谁在看电视和（2）在看什么节目的信息。这种问卷调查法有哪些局限？

4. 呈现信息的形式往往非常重要。（1）如果你是一个忙碌的营销经理，在查询信息系统时，你更喜欢以表格、图形还是折线图的形式看到结果？（2）说出每种格式的优缺点是什么？

5.（1）为什么营销调研人员在调研中更喜欢用二手数据，而不是原始数据？（2）何时情况相反？

6. 回顾图8-4。在制作交叉表揭示下述关系时，你会将哪些问题对照？（a）光顾快餐店的次数和对顾客来说重要的因素；（b）户主年龄和从哪里得知了快餐店；（c）光顾温迪餐厅的频率和从哪里得知了快餐店；（d）孩子想要去哪里用餐和家中孩子的数量。

7. 回顾图8-6A。（a）垂直计算百分比，并解释它们的含义。（b）将表格中的所有数字表示为抽样总人数（586）的百分比，并解释百分比的含义。

8. 以下哪个变量用线性趋势外推法更准确？（a）美国每年的人口；（b）福特汽车的年销售额。为什么？

创新案例思考

小蜜缇（1）：利用脸谱网进行营销调研

博林营销公司管理小蜜缇社交媒体内容的杰夫·格斯特（Jeff Gerst）说："社交媒体之所以能'社交'在于它的给予和获得。"格斯特说的"给予"指的是消费者对社交媒体的反馈，"获得"则是他们收到的东西，比如新闻和优惠券。"对于小蜜缇来说，脸谱网不仅是分享优惠券或最新产品新闻的方式，也是营销调研的一种资源。我们可以获得消费者的实时反馈。"

"有些人认为社交媒体是'免费'的，这是不对的。在社交媒体中，几乎所有的东西都比线下传播得更快，也更便宜，"博林数码公司的总经理戴恩·哈策尔（Dane Hartzell）补充道，"许多平台已经搭建好了，我们营销人员只需稍加修改就可以利用它们进行调研。"

小蜜缇及其产品线

小蜜缇自1937年以来一直生产润唇膏，但在过去的5年里，它大力强调增长，变得更具竞争力了。例如，小蜜缇：
- 扩展润唇膏产品线，推出新的香味和新的品种。
- 拓展至近30个国际市场。
- 为女性开发了小蜜缇优质保湿防晒润唇膏。
- 推出了一系列护肤品，这是公司第一次对润唇膏产品之外的产品进行投资。

小蜜缇使用社交媒体工具获得了这些创意，但此案例的重点是小蜜缇如何利用脸谱网开展营销调研，扩大润唇膏系列产品在美国的销售。

脸谱网营销调研：发现趋势

品牌可以利用脸谱网和所有社交媒体平台测试受众参与最多的话题和主题，并验证自己的概念和想法。2012年，小蜜缇发现了消费者对产品定制的需求日益增长的趋势。于是他们结合脸谱网的参与度数据展开调研，参与度数据有助于确定消费者的兴趣，基于这些调研它开发出了两个系列的限量版润唇膏新产品，并于2013年推向市场。

第一个产品系列是小蜜缇"城市唇膏棒"套装，其中包括纽约、芝加哥和拉斯维加斯版，包装设计使用了各城市的地标建筑。该品牌与沃尔格林连锁药店合作，分别在三个城市独家销售"城市唇膏棒"。在此期间，小蜜缇利用其在脸谱网和instagram等社交媒体上的渠道，征集在各自城市地标前手持自己最喜欢的小蜜缇润唇膏的粉丝照片。小蜜缇收集这些照片，决定未来加入限量版"城市唇膏棒"系列的新城市。

小蜜缇的第二个新产品系列是四种小蜜缇保湿防晒润唇膏，包装都采用了时尚前沿设计。他们研究了最新的女性时尚设计趋势，确定了四种不同风格的设计方案，而脸谱网社区的"时尚主题"帖中用户也给予了积极回应，正好验证了这个概念。这四种设计方案是：黑白交错花纹的"别致"，亮紫色圆圈的"晶圆"，豹纹的"冒险"，以及蓝、橙、绿和粉红色丝带缠绕的"异想天开"。小蜜缇首先向其脸谱网关注者宣布了这一产品线，引起消费者的兴趣，并于2013年夏天投放市场。

脸谱网营销调研：两个关键指标

杰夫·格斯特向其团队解释说："我们有三种潜在的新香味，我们只能对其中两个进行定量测试。因此，我们此次的营销调研有两个目标。一是使用脸谱网帮助我们确定应该继续开发哪两种香味。第二个目标是优化脸谱网数据。"

小蜜缇营销团队选择了两个关键的脸谱网指标："点赞"和"参与度"，以便将香味的选择数从三个减到两个。"点赞"是指该品牌脸谱网页面的新点赞者人数，这个指标衡量的是该品牌的脸谱网受众数量。相比之下，"参与度"衡量的是脸谱网受众参与小蜜缇帖子的活跃程度。每当有点赞者在小蜜缇的留言板上发帖评论，参与度都会增加。

小蜜缇在脸谱网页面上增加"点赞"数的最简单方法是活动和促销。如果分发奖品，消费者就会被吸引到网站，"点赞"数就会增加。然而，这些人可能实际上不是小蜜缇产品的粉丝，在促销结束时，他们可能就"不喜欢"小蜜缇了，或者可能仍然是粉丝，但不再参与小蜜缇主页的活动。

博林营销公司体验规划总监霍莉·马特森（Holly Matson）表示："脸谱网品牌管理者面临的最大挑战之一是如何在不损害参与度的情况下增加'点赞'数。"

格斯特补充道："我们可以提升脸谱网社区的参与度，这取决于我们如何开展调研，我们可以把它当成发展脸谱网社区的机会，或者我们可以二者得兼。"小蜜缇的脸谱网营销策略有两方面的好处：（1）将需要调研的香味从三个缩减到两个；（2）增强消费者与小蜜缇脸谱网社区的联系。

如何运用衡量指标

小蜜缇的成功源于：（1）投票提升参与度；（2）组织活动增加点赞者的数量；（3）将投票和活动相结合，既提升参与度，又增加点赞者数。

"参与度"策略：利用投票

让我们看看在脸谱网上运用两种参与度策略的实例。首先，小蜜缇可以在脸谱网的留言板上贴一个开放性的问题，例如"未来你最想看到的是哪种香味的小蜜缇润唇膏：西瓜味、青苹果味，还是桃子和芒果味？（图1）。但是，如果消费者必须输入内容，并附上自己的名字，他们可能不会积极回应。

> **CARMEX 小蜜缇**
> 未来你最想看到的是哪种香味的小蜜缇润唇膏：
> 西瓜味、青苹果味，还是桃子和芒果味？
> 赞　　评论

图 1　脸谱网开放式投票问题

小蜜缇可以将问题贴在留言板上作为投票，给出固定选项，让消费者选择（图2）。消费者只需点击其中一种香味就可以投票，这种办法速度快而且匿名，可以吸引更多的人投票，投票越多意味着参与度越高。

在这种情况下，消费者会感到满意，因为他们能够接触到自己喜欢的品牌，并且还能让自己的意见为人所知。小蜜缇也感到满意，因为粉丝参与到脸谱网主页的活动中来，公司获得的结果对于决定哪些香味进入测试程序非常有帮助。这种情况能快速得到一个答案，但它只能增加现有粉丝的参与度，并不能增加小蜜缇脸谱网页面的点赞者数量。

> **CARMEX 小蜜缇**
> 未来你最想看到的是哪种香味的小蜜缇润唇膏：
> ・西瓜味
> ・青苹果味
> ・桃子和芒果味

图 2　脸谱网选答式投票问题

"赞"的策略：利用活动

如果小蜜缇想扩大脸谱网社区的规模，也就是增加其品牌页面的点赞量，就要综合运用各种策略。小蜜缇可以发布消息，如果消费者在小蜜缇的脸谱网主页上点赞，并分享评论，他们就有资格赢得三种限量版香味的润唇膏。赢得限量版香味润唇膏的机会让小蜜缇的爱好者感到兴奋，此类比赛会吸引新的消费者访问该网页。小蜜缇可以要求获奖者评论限量版的香味，看看能否就哪种香味应该推进到定量测试达成共识。组织一次比赛，制定正式的规则，通过脸谱网广告进行宣传，最后完成该活动，这种做法可能费用高昂，而且耗时。

综合策略：投票和活动并用

小蜜缇还可以选择将这两种策略结合起来推进限量版香味的测试，以增加点赞数，与此同时，在其脸谱网留言板上张贴投票问题，提升参与度。

最终决策

图3显示了投票、活动、投票和活动并用这三种脸谱网营销策略的可能结果。假设小蜜缇营销团队在选择策略时寻求你的帮助，并需要你回答以下问题。

脸谱网营销策略	可能的影响		
	参与度的提升	点赞数增加	成本
投票	高	低	低
活动	低	高	适中
投票+活动	高	高	从适中到高

■ 优势　■ 中性　■ 不利

图3　三种可用的脸谱网营销策略可能出现的结果

思考题

1. 对于小蜜缇的营销团队来说，使用（a）互联网用户在线截面调查，（b）小蜜缇脸谱网点赞者在线调查收集数据有什么优缺点？

2.（a）在脸谱网的品牌页面上，"参与度"和"点赞"的真正含义是什么？（b）对小蜜缇来说，哪个更重要？为什么？

3.（a）怎样提升消费者在脸谱网品牌主页上的"参与度"？（b）什么会吸引消费者在脸谱网品牌主页上点赞？

4.（a）在脸谱网上使用选答式投票问题有什么好处？（b）你认为何时使用开放式问题比较好？

5.（a）如果你的预算有限，时间只有两周，但要决定选择哪两种香味进行定量测试，你会使用"投票"法还是"活动"法？为什么？（b）如果你的预算很高，而且有两个月的时间来做出决定，你会选择哪种方案？为什么？

9

市场细分、目标和定位

学习目标

1. 解释什么是市场细分，以及何时使用；
2. 了解市场细分和选择目标市场的五个步骤；
3. 找出细分消费者市场和组织市场的不同依据；
4. 绘制市场–产品方格图，找到目标市场，并提出营销行动建议；
5. 描述营销经理如何在市场中定位产品。

服务和市场细分助力美捷步

谢家华从小就显露出企业家潜质。上初中时，他就做起了邮购定制徽章的生意，到了高中，他开发了一个在计算机上填写表格的软件，读大学时，他在自己的宿舍里卖比萨。现在，他正管理着一家不走寻常路的卖鞋网站美捷步（Zappos.com）！

成功的关键在于细分市场

因为在当地的购物中心找不到云中漫步牌沙漠靴，尼克·斯威姆（Nick Swinmurn）创立了美捷步。谢家华投资了该公司，并作为顾问为美捷步确立了市场细分策略，即专门服务那些在网络上买鞋并喜欢使用移动技术的人。一开始销售的鞋子只有有限的几个款式，随后美捷步品牌逐渐增加到1 000多个款式，最终还增加了衣服、配饰、化妆辅助品和家庭用品。专注于在线买家的细分策略使它每年创造了10多亿美元的销售额。亚马逊网站以10多亿美元收购了美捷步网站，现在谢家华是该电商的首席执行官。

除了提供大量可选择的商品，美捷步还提供与众不同的客户服务和免费送货服务。新泽西州的顾客帕梅拉·里奥（Pamela Leo）说："有了美捷步，我可以在自己家中舒舒服服地试鞋了……感觉太棒了。"

令顾客惊喜的服务

谢家华解释道："我们想方设法花大量时间提高客户服务水平。"他所说的客户服务主要关注在线客户这一市场细分，这意味着无论是首席财务官，还是儿童鞋类采购员，所有美捷步的新员工都要经过4周的忠诚培训。完成培训却想离开美捷步的人，谢家华会给他们发2 000美元。这背后的逻辑是：如果你拿着钱跑了，说明你不适合美捷步。很少有人拿钱离开！

美捷步的文化、品牌和商业战略的基础是10个核心价值。例如：

第一个核心价值：提供令顾客惊喜的服务。这种对优质顾客服务的关注涵盖了全部10个核心价值。

第三个核心价值：制造乐趣和搞怪。在美捷步日，牛铃会响起，游行队伍会出现，模拟枪战也会登场。

  第六个核心价值：**通过交流，建立开放而坦诚的人际关系**。要求员工说出他们的想法。

  其他美捷步的核心价值在其网站上可以看到。

  美捷步的策略是市场细分和目标定位的一个成功案例，这是本章的第一个主题，而本章最后一个主题则是企业、产品或品牌的定位。

为何要细分市场

企业进行市场细分，以便更有效地回应潜在购买群体的需求，从而增加销售额和利润。为了更好地服务客户，实现组织目标，非营利组织也会将其客户加以细分。下面我们要讲的是：（1）什么是市场细分；（2）何时进行市场细分。我们仍然会讲到美捷步的细分策略案例。

市场细分意味着什么

消费者有不同的需求和欲望，如果他们的需求和欲望没有差异，营销人员的工作就会容易很多。**市场细分**（market segmentation）基于以下两点把潜在消费者分成不同的群体：（1）具有相同的需求；（2）对同样的营销行动具有类似的反应。如第1章定义所示，细分市场是经过市场细分划分出的相对同质的潜在购买者群体。每个细分市场都由消费行为比较相似的消费者组成。

不同细分市场的存在要求企业采用**产品差异化**（product differentiation）的营销战略，即企业运用不同的营销组合行动（如产品特点和广告），使消费者意识到该产品不同于竞争产品，且优于竞争产品。这些差异可能是外形特点，如尺寸和颜色，也可能是非外形的特点，如形象和价格。

细分：将消费者的需求和营销行动连接起来 如图9-1所示，细分市场和选定具体细分市场为目标市场的过程，就是把多种多样的购买者的需求和企业的营销计划联系起来的过程。市场细分只是达成目的的手段，它引出实实在在的营销行动，从而提高销售额，增加利润。

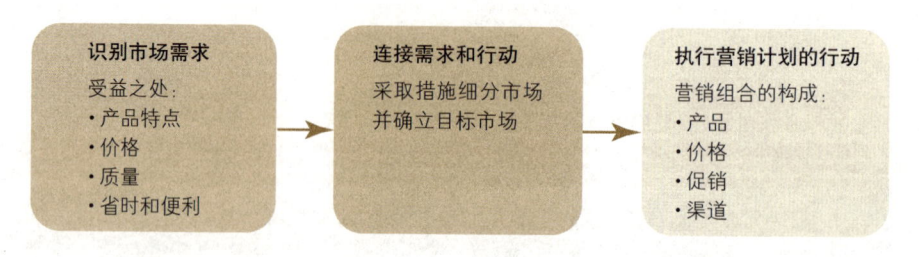

识别市场需求	连接需求和行动	执行营销计划的行动
受益之处： • 产品特点 • 价格 • 质量 • 省时和便利	采取措施细分市场并确立目标市场	营销组合的构成： • 产品 • 价格 • 促销 • 渠道

图9-1 市场细分将市场需求、企业营销计划和具体营销行动连接起来

市场细分首先强调将市场中的消费者或企业进行分组，而分组的依据是他们有相似的需求，或在购买中寻求相似的收益。其次，这些需求和好处必须与企业采取的特定营销行动相关，如新产品的促销或特别优惠活动。

美捷步的市场细分策略　美捷步的目标消费者最初是这样一群人：他们希望（1）买鞋时有多种选择；（2）在自己的家中方便地网购；（3）快速收货、免费退货。美捷步的营销行动包括提供大量的款式，在线销售，隔夜交货，从而让消费者获得积极的消费体验，并促成再次购买。在售鞋业务取得成功后，美捷步增添了服装、手袋、配饰（如太阳镜）和家庭用品，开辟新的购买者细分市场。

由于消费者已经达到800多万人，服务中心每天会接到5 000次电话。在这种情况下，美捷步的高管们认为，消费者在线购买的速度对赢得回头客起着重要的作用。该公司会继续致力于强化"提供超过其他电商的服务"这一差异点。

使用市场-产品方格图　你用什么姿势睡觉，侧卧、仰卧还是俯卧？这其实就是细分睡眠者的几种主要市场。睡眠研究人员发现，如果你的脑袋枕在软硬度适当的枕头上睡觉，就有可能睡个好觉。因此，我们可以绘制图9-2所示的市场-产品方格图。

市场-产品方格图（market-product grid）是将潜在购买者的细分市场与提供产品的市场或潜在营销活动关联起来的框架。在图9-2的市场-产品方格图中，水平方向显示的是枕头的不同细分市场，即侧卧、仰卧和俯卧。垂直方向显示

细分市场	枕头产品		
	硬实枕头	软硬适中的枕头	柔软枕头
侧卧者	⬤=73%		
仰卧者		⬤=22%	
俯卧者			⬤=5%

图9-2　睡眠者种类的市场-产品方格图

的是不同软硬度的枕头产品：硬实、软硬适中和柔软。

如图9-2的百分比和圆圈所示，市场调研揭示了每种睡眠者细分市场的大小。枕头制造商从而得知了三种细分市场的相对重要性，这是计划生产所需的关键信息。它还强调了硬实枕头的重要性，这种枕头针对的是侧身睡的细分市场。如图9-2所示，此细分市场几乎是其他两个细分市场加起来的三倍大。因此，用软硬度适当的枕头满足这一细分市场的需求尤为重要。

何时以及如何进行市场细分

一种产品适合所有人的大众市场——比如40年前的汰渍洗衣粉——已不复存在。宝洁公司汰渍洗衣粉的营销负责人说："我们的每个品牌都有其目标市场。"由于最近的经济衰退，中产阶级的市场规模正在萎缩。作为回应，宝洁已经开始实施一个新的细分战略：向高收入家庭和低收入家庭提供不同的产品。

只有认识到市场细分能增加销售量、利润和投资回报，企业才会花钱、花精力进行市场细分。如果实际支出大于细分市场所带来的销售量的潜在增长，企业就不会细分市场。具体细分策略有三种：（1）一种产品和多个细分市场；（2）多种产品和多个细分市场；（3）单一产品的细分市场，或称大批量定制，它们可以说明上述问题。

一种产品和多个细分市场　如果企业仅生产一种产品或提供一种服务，并设法将其出售给两个或两个以上的细分市场，就能够避免额外的开发成本，也不必再生产或提供另外版本的产品或服务。在这种情况下，将产品推向新细分市场的额外成本通常源自举办独立促销活动或开辟全新分销渠道。

杂志是针对两个或两个以上细分市场的单一产品。《体育新闻·棒球年刊》使用17种不同的封面，每期封面人物都是美国各地的棒球明星。然而，各个地区发行的杂志内容却是相同的。

书籍、电影和很多服务也是单个产品对应多个细分市场的例子。《哈利·波特》《暮光之城》和《饥饿游戏》等系列书籍取得了惊人的成功，部分原因在于出版商的创造性营销，它们将目光盯住儿童、青少年和成人细分市场。电影也面临类似的挑战，特别是当电影是通过不同的渠道进入不同的细分市场时更是如此，这些渠道有电影院、流媒体服务和按次付费的有线电视频道。最后，迪士尼乐园的服务至少为三个不同的细分市场——儿童、父母和祖父母——提供相同的基本经验。虽然为这些产品单独安排广告、促销和分销可能成本不菲，但与分别为每个细分市场建立不同的娱乐场所相比，这些费用要小得多。

多种产品和多个细分市场 福特公司分别针对不同需求的消费者生产不同系列的轿车、越野车和皮卡小货车，这是多个产品对应多个细分市场的典型例子。生产这些不同类型的车辆显然比只生产一种车要更有利。如果它能更好地满足消费者的需求，在不降低质量的同时还能提高价格，并增加福特公司的销售收入和利润，那么这个策略会更有效。

遗憾的是，汽车行业的产品差异化策略暗藏着一个巨大的缺陷：不同的车型和可供选择的配件多种多样，这种分散化会导致质量下降和价格提升，若是涉及进口配件，情况尤其严重。1982年或许是极端的一年，那时的福特雷鸟有69 120种可供选择的配件，相比之下，1982年版的本田雅阁却只有32种（包括颜色）。

30多年后，福特公司再次在车型和可选配件上栽了跟头。于是，福特公司将其车型从97个减少到36个，并廉价出售了捷豹、路虎和沃尔沃品牌，停产了水星品牌车，这才渡过了难关。尽管选择变少了，福特公司简化产品线的做法却给消费者带来了两个好处：（1）福特通过大规模生产少数几个车型降低了价格；（2）因为有能力调试少数几个基本设计而提高了汽车的质量。

单一产品的细分市场：大批量定制 美国营销人员重新发现了他们街角经营杂货店的祖先在一个世纪前认识的东西：每个消费者都有独特的需求和欲望，渴望受到特殊的细心关照。在20世纪，制造和营销的规模经济降低了大批量生产的产品价格，大多数消费者也都愿意做出让步，不再坚持自己的品味，接受标准化的产品。今天，网上订购和灵活的制造和营销流程使得大规模定制成为可能，这意味着企业可以提供定制服务，即依据个别消费者的品味为其量身定制产品或服务。

大批量定制比按订单生产（BTO）更进一步，按订单生产指的是仅当消费者下了订单之后才会生产产品。苹果公司使用按订单生产系统来削减产品库存，并缩短给消费者的交货时间。为此，苹果公司的计算机生产线只有有限的几个基本机型，而且一台电脑必须要在4分钟之内组装完成。因此，他们能做到快速交货。但即使消费者对产品特性不挑剔，这样的系统应付起大批量定制还是略显不足。

市场细分的权衡：协同还是内耗 产品差异化和市场细分策略成功的关键，是在满足消费者个人需求和实现企业协同效应之间找到理想的平衡点，而企业的协同效应指通过更有效地发挥企业职能（如营销、生产等）来增进消费者的价值。这个增值表现为许多形式：更多的产品、更高的产品质量、更低的价格、产品更容易买到等。因此，消费者是否因协同效应而更受益是判断一个企业营销是否成功的最终标准。

企业也应从产品差异化和市场细分策略的实施中实现收入和利润的增加。如果增进消费者的价值需要企业增加新产品或开设新的连锁店，产品差异化和市场细分策略之间的权衡就会面临一个关键性的问题：新产品、新连锁店是否会直接抢夺现有产品和店铺的消费者或顾客？这就是所谓的内耗。

营销人员越来越重视蒂芙尼/沃尔玛式的双重营销策略。目前，许多公司都使用同一基本产品或服务的不同版本分别服务高端市场和低端市场。在GAP的香蕉共和国连锁店，蓝色牛仔裤标价58美元，而在它的老海军连锁店，略有不同的牛仔裤仅售22美元。

遗憾的是，消费者细分的界线常常模糊不清，并带来一系列的问题。例如，细想一下安氏集团（ANN INC.）的两个连锁店安·泰勒（Ann Taylor）和阁楼（LOFT）之间的竞争。安·泰勒连锁店的目标市场是"事业成功、相对富裕、追逐时尚的女性"，而其姊妹品牌阁楼连锁店的目标市场则是"想在工作和居家时过一种休闲生活、重视价值的女性"。最终，阁楼连锁店抢夺了安·泰勒连锁店的销售额。结果是双方最近有100多家连锁店关门。现在，通过大力发展网售和开设新的工厂直销店，这两家连锁店正积极地发展各自的消费者。

沃尔玛开设了沃尔玛社区店，面积大约是沃尔玛购物广场的1/5。这些小商店的目标是要跟1元店等折扣连锁店争夺细分市场。沃尔玛的社区店旨在通过提供新鲜的产品、保健和美容用品、家庭用品、汽油和药品，满足消费者的一系列需求。沃尔玛的蒂芙尼/沃尔玛双重策略或许该叫"沃尔玛/1元店"策略，它会成为一种成功的策略，还是会导致商店之间的内耗？在接下来的几年里，请注意观察你周边的新店，就能找到答案。

◯ 细分市场与确定目标市场的步骤

图 9-3 列出了细分市场并选择企业想要重点开发的目标市场的五个步骤。市场细分不仅需要细节分析，还需要丰富的常识和恰当的管理决策。因此，市场细分既是科学，又是艺术！

假设你刚刚买下一家温迪餐厅，它靠近一所城市大学，该大学白天和晚上都上课。你的这家温迪餐厅提供基本食品：汉堡、炸鸡、熟食三明治、沙拉、法式炸薯条和甜点。尽管你开的是一家连锁店，在菜品和装饰上有所限制，但你可以自由安排营业时间并发挥当地广告的优势。市场细分能帮上什么忙呢？在随后的章节中，你将应用细分市场和确定目标市场的五步法，了解如何为自己的温迪餐厅开展营销活动。

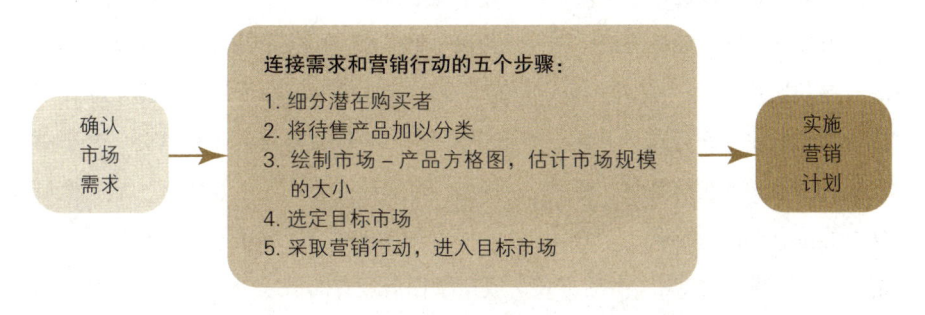

确认市场需求 → 连接需求和营销行动的五个步骤：
1. 细分潜在购买者
2. 将待售产品加以分类
3. 绘制市场 – 产品方格图，估计市场规模的大小
4. 选定目标市场
5. 采取营销行动，进入目标市场
→ 实施营销计划

图 9-3　细分市场和确定目标市场的五个关键步骤

步骤1：细分潜在购买者

细分市场并不总是好主意。把潜在购买者分成有意义的细分市场需要满足一些具体的标准，以回答以下问题：市场细分是否值得做？如果回答是肯定的，营销人员就必须找到可用于市场细分的具体变量。

细分市场的标准 营销经理进行市场细分应符合以下五项基本标准：

· 简单且低成本地把潜在购买者划分为不同的细分市场。营销人员必须有能力将市场细分计划付诸实施。这就需要他们能辨识市场中潜在购买者的特点，并低成本地把他们划归各个细分市场。

· 增加利润的潜力。细分市场的最好方法是能使未来获得利润的机会和投资回报率最大化。如果不用细分利润就已经最大化了，那就不必再细分。对于非营利组织来说，是否细分市场的标准则是看其能否更有效地为客户服务。

· 相同细分市场的购买者具有相似的需求。同一细分市场中的潜在购买者在需求方面是相似的，反过来，这些共同的需求会导致共同的营销行动，例如产品特性或所用的广告媒介应该是相似的。

· 不同细分市场的购买者有不同的需求。如果不同细分市场的需求差别不大，那就把它们合并，以减少细分市场。不同的细分市场往往要求不同的营销行动，反过来这又意味着更高的成本。如果增加的销量无法补偿额外的成本，就应该合并细分市场，并减少营销行动。

· 营销活动影响细分市场的潜力。打进细分市场的营销行动需要简单而有效，如果不能进行这样的行动，那就不要细分市场。

细分消费品市场的方法 图 9-4 指出了四个细分依据和可用于细分美国消费品市场的典型变量。这四个细分的依据是：（1）按地理特征细分，基于潜在消费者的住址或工作地点（地区、城市规模）；（2）按人口统计特征细分，基于潜在消费者客观的身体特征（性别、种族）、可统计变量（年龄、收入）或其他可分类的特点（出生年代、职业）；（3）按心理特征细分，基于主观的精神或是情绪特点（个性）、志向（生活方式）或是潜在消费者的需求；（4）按行为特征细分，基于观察到的潜在消费者行为或态度，比如在哪里购物、寻求哪方面的收益、购买频率以及为何购物等。以下是几个例子：

· **按地理特征细分：地区**。金宝汤业公司的罐装奶酪酱可在加热后直接浇在墨西哥辣炸玉米片上，但该公司发现这种酱对于东部美国人来说太辣了，而对西部和西南部美国人来说又不够辣。结果就是金宝汤业在得克萨斯州和加利福尼亚州的加工厂生产比较辣的酱，以更好地为该地区服务。

· **按人口统计特征细分：家庭规模**。美国有一半以上的家庭仅由一到两个人组成，因此金宝汤业的外卖是按一至二人的分量设计的。

·**按心理特征细分：生活方式**。尼尔森公司按生活方式的细分是基于"物以

细分依据	细分变量	典型细分
地理	地区	东北部；中西部；南部；西部等
	城市规模	10 000 人以下；10 000~24 999 人；25 000~49 999 人；50 000~99 999 人等
	统计区	大都市统计区；小都市统计区；人口普查区等
	媒体-电视	美国 210 个指定的市场领域（尼尔森）
	密度	城市；郊区；小城镇；农村
人口	性别	男；女
	年龄	6 岁以下；6~11 岁；12~17 岁；18~24 岁；25~34 岁等
	民族/种族	非裔；亚裔；西班牙裔；白人/高加索人等
	生命阶段	婴儿；学前儿童；儿童；青少年；大学生；成年人；老年人
	出生时代	婴儿潮时期（1946—1964 年）；X 一代（1965—1976 年）等
	家庭成员人数	1 人；2 人；3~4 人；5 人及以上
	婚姻状况	未婚；已婚；分居；离婚；丧偶；同居
	收入	15 000 美元以下；15 000~24 999 美元；25 000~34 999 美元等
	教育程度	高中肄业或高中以下；高中毕业（或普通同等学历证书）等
	职业	管理人员或专家；技术人员；销售人员；农民等
心理	个性	合群；强迫；外向；进取；雄心勃勃等
	价值观（VALS2）	创新者；思想家；功成名就者；有经验的人；有信仰的人；奋斗者等
	生活方式（尼尔森 PRIZM）	贵族或社会名流；某城市的贵族等（总计 66 个社区群）
	需求	质量；服务；价格/价值；健康；方便等
行为	零售商店类型	百货公司；专卖店；经销店；便利店；大卖场等
	直销	邮购/目录；挨家挨户推销；直接反应式推销；网购
	产品特性	特定情形的；通用的
	使用率	较少；中度；频繁
	用户状态	未使用；曾经使用；潜在用户；第一次使用；定期使用
	认知/意向	不清楚；有所知；有兴趣；有意购买；购买；拒绝购买

图 9-4　美国消费市场的细分依据、变量和细分

类聚，人以群分"的理念。因此，有相似生活方式的人倾向于生活在一起，且有相似的兴趣，并购买相似的产品和服务。这对营销人员很有价值。尼尔森的PRIZM指数把美国家庭分为66个独立的细分市场。阅读"营销洞见"专栏大致了解自己住在什么地方。

·按行为特征细分：产品特性。了解哪些产品特性是消费者看重的，这是一种很有用的细分方法，因为这会直接导致具体的营销行为，如新产品、广告活动或分销渠道。比如，住在宿舍的大学生常想自己制备食物，以省钱或吃顿夜宵，但悲摧的是，他们的寝室往往空间不足。微型冰箱公司（MicroFridge）了解到这一点后，针对这样的学生推出了一个组合产品，它既有微波炉，又有冰箱和冷冻箱，还有充电装置。

·按行为特征细分：使用频率。使用频率（usage rate）指一定时间内的购买量或光顾商店的次数。消费群体不同，使用频率相差很大。航空公司推出了飞行常客计划，以鼓励乘客多次乘坐同一航空公司的航班，从而培养忠诚顾客。这种方法着重于使用频率，有时也叫作"频率营销"。关于使用频率的一个关键结论，是在市场细分的研究中，通过不同细分市场得到的使用频率或销售量对于分析极为重要。

阿伯丁集团最近分析了220家企业，试图发现前20%最赚钱的企业使用的是什么细分依据。若按照比例从高到低排列，他们所用的细分依据如下：

· 88%依据地理特征。

· 65%依据行为特征。

· 53%依据人口统计特征。

· 43%依据心理特征。

在他们的市场细分研究中，前20%通常使用以上这些依据中的一个，再加上购买历史和消费者使用频率等衡量指标。

益博睿下属的西蒙斯公司（Experian Simmons）每年会连续调查超过2.5万名成年人，以此推测全体美国人每个季度对500多种消费品和8 000多种品牌的使用频率数据。其目的是发现他们购买的产品和服务以及使用的媒体与其行为、心理和人口统计特征有何联系。

营销洞见

你属于哪一群人

老话说得好:"人以群分。"这也适用于市场细分。营销人员必须回答这些问题:谁是你的目标消费者?他们是什么人?他们住在哪里?你怎么能找到他们?

尼尔森公司给出了部分答案,其 PRIZM 消费者细分系统在一个明确的地理市场中区分了 66 个在人口统计特征和行为上截然不同的细分市场,每个家庭都可以分配到其中一个细分市场中,不同细分市场中的消费者的生活方式和购买行为不同。如今,许多企业都在利用这些邻里细分市场,尤其是社交媒体。

想知道你的社区属于哪类细分市场吗?登录 www.claritas.com/MyBestSegments/Default.jsp,单击"邮政编码查找"链接,或在 MyBestSegments 主页点击"输入邮政编码"按钮。然后,键入五位邮政编码和密码。最后,单击"提交"按钮,就能找到你所在社区的最常见细分市场。

有关这些细分市场的说明,请单击"细分市场资源管理器"选项。这是你所在的人群吗?若以这些细分市场为目标市场,企业会对哪种产品或服务感兴趣?

光顾快餐店 图 9-5 显示的是西蒙斯公司询问调研对象(都是成年人)光顾快餐店频率的调查结果。如图 9-5 最右侧的箭头所示,细分市场的重要性自下而上逐渐增加。在快餐店的"非消费者"中,潜在顾客(可能变成消费者的人)显然比非潜在顾客(绝不可能变为消费者的人)更为重要。再往上看"消费者"一栏,较少消费的顾客(每月光顾 0~5 次)很重要,但没有中度消费顾客(每月光顾 6~13 次)重要,中度消费顾客又没有快餐店的关键消费群——频繁消费顾客(每月来 14 次或更多次)重要,这似乎是顺理成章的。图 9-5 中的"实际消费百分比"一列显示的是频繁消费者、中度消费者和较少消费者光顾快餐店的百分比。

消费率有时被用来讲解**二八法则**(80/20 rule),意思是公司销售量的 80% 源自 20% 的消费者。二八法则中的百分比并不真的就固定在 80% 和 20% 上,它们只是表明一小部分消费者贡献了企业的大部分销售额。例如,图 9-5 中显示

消费者或非消费者	顾客细分	人数（千人）	百分比（%）	实际消费百分比（%）	人均消费率指数	细分市场的重要性
消费者	频繁消费者（每月14次以上）	82 502	36.1	63.6	640	高 ↑
	中度消费者（每月6~13次）	68 634	30.0	31.4	380	
	较少消费者（每月0~5次）	41 264	18.1	5.0	100	
消费者总数		192 400	84.2	100.0	—	
非消费者	潜在顾客	2 708	1.2	—	—	
	非潜在顾客	33 459	14.6	—	—	
非消费者总数		36 167	15.8	—	—	低
总计	消费者+非消费者	228 567	100.0			

图 9-5　消费者调研：光顾快餐店的频率

36.1%频繁光顾快餐店的美国人贡献了63.6%的实际消费量。这一高百分比说明了某一群消费者贡献了超过比例的销售额。

图 9-5中的人均消费率指数进一步强调了频繁消费者群体的重要性。假定较少消费者（每月去饭店0~5次）的人均消费率指数是100，那么频繁消费者的指数高达640。换言之，较少消费者每消费1美元，频繁消费者就消费6.4美元。作为温迪餐厅的老板，你就要集中大部分的营销工作，大力吸引频繁消费者这个细分市场。

作为调研的一部分，西蒙斯公司询问消费者他们光顾的快餐店是：（1）他们去的唯一一家餐厅；（2）他们的首选餐厅；（3）他们的次要选择。作为温迪餐厅的老板，图 9-6描述的信息应该会让你在制订当地营销计划时产生一些创意。如图 9-6中温迪餐厅的条状图所示，只光顾温迪餐厅的顾客占0.7%，主要光顾温迪的顾客占12.5%，稍微落后于汉堡王，远远落后于麦当劳。因此，你的挑战是盯住这两个竞争对手，制订相应的营销计划，跟它们竞争顾客。

图 9-6温迪餐厅的条状图中，"未消费者"部分表明14.6%的美国成年人在某个月份中一次也没有去过快餐店，他们确实不是潜在顾客，也就是不可能去任何快餐店的人。但也有57%未曾去过快餐店的人是潜在顾客，值得为他们制

订一个有针对性的营销计划。这些成年人消费该类产品（快餐），但不去温迪餐厅。推出新的菜品或开展促销活动可能会成功地将这些潜在顾客转变为光顾者。

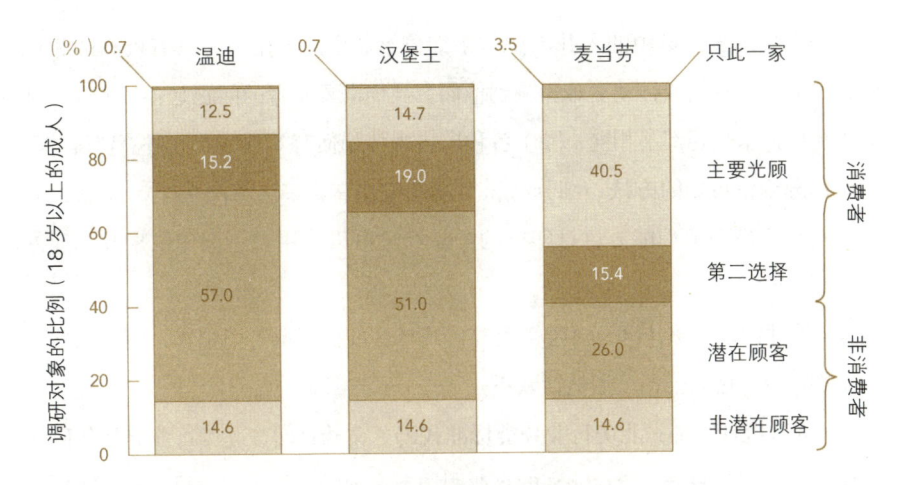

	温迪	汉堡王	麦当劳		
只此一家	0.7	0.7	3.5		
主要光顾	12.5	14.7	40.5		消费者
第二选择	15.2	19.0	15.4		
潜在顾客	57.0	51.0	26.0		非消费者
非潜在顾客	14.6	14.6	14.6		

（调研对象的比例，18岁以上的成人，%）

图9-6　比较三家餐厅的顾客构成

对温迪进行市场细分时用的变量　为了分析温迪餐厅的消费者，你需要确定将他们加以细分的变量。因为该餐厅靠近一所城市大学，最符合逻辑的细分起点就是行为特征：潜在消费者是不是学生？

为了细分学生市场，我们可以尝试采用几个变量：（1）地理变量，比如城市和邮政编码；（2）人口统计特征变量，比如性别、年龄、年级或者主修专业；（3）心理变量，比如个性或需求。但是，这些变量都不能真正满足之前所列的五项标准。尤其是第五个标准，即推导出可行的营销行动来打入不同的细分市场。"学生"这一细分市场的行为依据包含两个变量：（1）学生居住地；（2）他们何时在校园。可以分为四种"学生"细分市场：

- 住在学生宿舍的学生（大学宿舍楼、女生联谊会、兄弟会）
- 住在大学附近公寓里的学生
- 住在校区之外的白天走读生
- 住在校区之外的夜间走读生

"非学生"的三个主细分市场包括：

- 大学的教职工

- 住在该地区但与大学没有关系的人
- 在该地区工作但与大学没有关系的人

非学生细分市场中的人并不像学生细分市场中的学生那样具有极高的相似性，因此营销计划或行动更难影响到他们。我们需要思考的问题是：（1）这些细分市场的需求是否都不相同；（2）各种广告媒体如何有效地触及这些消费群体。

细分组织市场的方法 细分组织市场的方法有很多（见图9-7）。例如，施乐公司负责新型多功能彩色打印机的产品经理可以采用以下细分依据和相应的变量：

- **地理特征：统计区**。对位于大都市统计区的公司可上门销售，而对那些位于小都市统计区的公司可用电话联系。

- **人口统计特征：北美行业分类标准代码**。文档打印按北美行业分类代码属于制造商，而且服务于全球顾客的企业跟服务本地顾客的零售商可能有所不同。

- **人口统计特征细分：雇员人数**。公司规模与产生的电子文档的数量存在相关性，因此，在选定目标市场时，施乐应提供不同的多功能彩色打印机给员工

细分依据	细分变量	典型细分
地理特征	全球地区或国家 统计区 人口密度	欧盟、南美等；美国、日本、印度等 大都市统计区；小都市统计区；人口普查区等 城市；郊区；小城镇；农村
人口统计特征	北美行业分类标准代码 北美行业分类标准部门 雇员人数 年销售额	2位：部门；3位：子部门；4位：行业组等 农业、林业（11）；采矿业（21）；公用事业（22）等 1~99人；100~499人；500~999人；1 000~4 999人；5 000人以上 100万美元以下；100万~999万美元；1 000万美元~4 999万美元等
行为特征	店铺数量 商品种类 用途 应用 购买地点 购买者 购买类型	1~9；10~49；50~99；100~499；500~999；1 000以上 产品；服务 设施；组件；供应品等 办公；生产等 集中；分散 个人购买者；行业采购集团 新购；调整之后再购；直接重购

图9-7 美国组织市场的细分依据、细分变量和典型细分

数量不同的公司。

· **行为特征：使用率**。这个细分变量与消费品市场类似，产品特性在组织市场上往往极其重要。所以，施乐可以将其目标客户定位为需要彩色打印、复印、传真与扫描的企业，在其彩色多功能一体机7775/7765/7775的广告中，施乐强调了这一优势和特点。

步骤2：分类待售商品

作为老板，你经营的温迪餐厅应该卖些什么？毫无疑问是冷冻奶昔、汉堡和炸薯条之类的单个商品。但是出于营销的目的，你实际销售的是单个商品的组合，也就是"一顿饭"。这种区分很关键，所以让我们分别讨论一下：（1）单个产品；（2）产品组合。

单个产品 戴夫·托马斯于1969年创立温迪快餐店，起初他只供应4种基本的食品：热汁汉堡、冰冻奶昔、法式薯条和软饮料。从那以后，温迪快餐店推出了许多新食品，也进行了很多创新，以竞争客源。图9-8显示了部分产品，包括沙拉、低反式脂肪鸡肉三明治、海盐自然切薯条和戴夫热汁汉堡。在非食品方面，它也采取了一些创新方便消费者，如免下车取餐服务以及电子支付。

图9-8还表明，每种产品或创新都不是丝毫不差地针对所有细分市场，这些市场是按性别、需求或与大学的关系划分的。图9-8中标"P"的单元格代表的是温迪快餐店在推出每种产品或创新时的主细分市场。标"S"的单元格代表的是也会购买这些产品或使用这些创新的次细分市场。有时，温迪餐厅发现，在某个细分市场中的很多人并不是最初会购买或使用某一特定产品或创新的目标消费群体。

温迪的组合食品：一顿饭 找一种方法将公司所售产品有目的地搭配起来，这跟细分顾客一样重要。如果公司只有一种产品或服务，便不存在这个问题。但当公司经营数十种甚至上百种产品时，就必须按照某种方式对其进行分类，方便购买者把自己与产品联系起来。这就是百货公司和超市以产品种类排列布局，且每个分区或过道摆放的都是相关产品的原因。同样，在发送给消费者的目录中，制造商也是按照产品种类编组的。

细分市场		产品和创新							
总体分类	需求类别	热汁汉堡(1969)	免下车联餐服务(1970)	99美分超值套餐(1989)	色拉的感觉(2002)	电子支付(2003)	早餐三明治(2007)	海盐自然切薯条(2010)	戴夫热汁汉堡(2011)	温迪手机应用程序(2014)
		(1969)	(1970)	(1989)	(2002)	(2003)	(2007)	(2010)	(2011)	(2014)
性别	男	P	P	P	S	P	P	P	P	P
	女	S	S		S					P
需求	价格/价值	P	S	P						
	健康意识				P		S	S		P
	方便	P	P	S		P	P		S	P
	喜欢吃肉	P	S	P	S		P		P	P
与大学的关系	大学内的(学生、教职工)				S	P	S			P
	大学外的(居民、工人)	S	S	S	S	S	S	S	S	S

P 主细分市场　　S 次细分市场

图 9-8　温迪餐厅针对细分市场的新产品与其他创新、基于消费者的性别、需求或与大学的关系

你的温迪餐厅是如何进行产品分组的？可能是按照购买的食品类别，如汉堡、色拉、甜品和薯条。这时就需要从营销质量的角度来判断。顾客购买的其实是一次就餐体验，是为了满足一天中某些特定时间的需求。因此，最符合营销目的的产品组合，是按照膳食或一天中的某些时间来分类的产品，如早餐、午餐、晚餐和夜宵。这些组合与实际的购买方式紧密相关，你可以营销整套膳食，而不仅仅是法式薯条或汉堡。

步骤3：绘制市场-产品方格图并估计市场规模

如本章前述，市场-产品方格图是一个将潜在购买者的细分市场与企业提供的产品或潜在营销行动关联起来的一个框架图。在完整的市场-产品方格图分析中，图中的每个单元格表明了某既定产品销往某细分市场的规模的估计值。首先，绘制你的温迪餐厅的市场-产品方格图，然后估计各个细分市场的大小。

绘制市场-产品方格图 如图9-9所示，绘制市场-产品方格图就是进行市场的识别与归类（横行）和产品的归类（竖列）。通过前面的讨论，我们已经确定将细分市场划分为"学生"和"非学生"，并各自分为几个子类。竖列的产品是顾客在店中真正享用过的一顿饭（或就餐时间）。

图9-9绘制的是你的温迪餐厅的市场-产品方格图。单元格内的数字表明预计的市场规模，目标市场则用阴影标出。

预计市场规模 现在要预计图中每格的市场规模（市场和产品分类的交点）。对于你的温迪餐厅来说，就是预期卖给学生和非学生细分市场的各种套餐的销量。

图9-9中每格代表的是市场规模的估值，范围介于大市场（3）和无市场（0）之间。如果你没有时间或资金组织正式的市场调研（已在第8章中讨论过），那就凭主观猜测一下。但即便像这样使用市场-产品方格图对特定市场规模进行粗略的估计，它仍然有助于你决定选择哪个目标细分市场、供应哪种产品组合。

细分市场		产品或创新				
市场细分	住处	早餐	午餐	下午茶	晚餐	夜宵
学生	学生宿舍	0	1	3	0	3
	公寓	1	3	3	1	1
	白天走读生	0	3	2	1	0
	夜间走读生	0	0	1	3	2
非学生	教职工	0	3	1	1	0
	该区的居民	0	1	2	2	1
	该区的上班族	1	3	0	1	0

图例：3＝大市场　2＝中市场；　1＝小市场；0＝无市场

图9-9　温迪餐厅的市场-产品方格图
（单元格内的数字表明预计的市场规模，目标市场则用阴影标出）

步骤4：选择目标市场

企业须慎重选择目标市场。如果选取的细分市场过于狭小，就可能无法实现想要的销量和利润。相反，如果企业选择的细分市场过大，则可能导致营销投入过于分散，虽然销量和利润有所增加，但额外付出的成本却要大得多。

选择目标市场的标准　目标市场的选择有两种不同的标准：（1）用于细分市场的标准（前面已经讨论过）；（2）用于选择目标市场的实际标准。即使是经验丰富的营销人员也常常将二者混淆。以下五个标准可用来选择温迪餐厅的目标市场：

・**市场规模**。预期的细分市场规模是判断其是否值得继续跟进的一个重要因素。住学生宿舍且有就餐打算的学生其实没有早餐需求，为什么还要投入营销精力来进入这个很小的细分市场呢？在你的市场-产品方格图中（见图9-9），这一细分市场标的是"0"，意味着无市场。

・**预期增长**。尽管当前细分市场的规模可能很小，但也许它正在快速增长或预期将来会增长。外卖快餐的销量预计会超过店内用餐。事实表明，温迪餐厅的免下车订餐的平均服务时间已经业内领先，出餐速度快过麦当劳。这种速度和便利性对上成人教育夜校的人来说可能非常重要。

·**竞争状况**。当前或未来的细分市场是否竞争激烈？竞争越少，市场就越有吸引力。例如，如果大学生宿舍公布"周末不提供膳食"的新政策，那么突然之间，你的温迪餐厅在这个细分市场就会变得大有可为。温迪餐厅新近推出了"我的温迪"移动应用程序，用它可以下单和付款，目的是追赶提供类似服务的汉堡王。

·**进入目标市场的成本**。企业不应追逐营销行动难以影响到的细分市场。例如，报刊或其他媒体上的广告可能影响不到住在该区域的少量非学生人员，因此不要在他们身上浪费广告资金。

·**与组织目标和资源的匹配**。如果你的温迪餐厅还没有制作早餐的设备，且不打算在餐厅设备上更多地投资，那就不要设法进入早餐细分市场。营销决策会常常遇到这样的情况：根据某些标准看，某个具体的细分市场可能很有吸引力，而根据另一些标准看，可能毫无吸引力。

选择细分市场　最后，营销经理不得不使用这些标准选出某个细分市场，以实施特定的营销活动。如图9-9所示，假设你出于两个原因放弃了早餐市场：一是市场规模太小，二是与你的目标和资源不匹配。鉴于所处的竞争状况和细分市场的开发成本，你最终锁定了四个学生市场，放弃了三个非学生市场（当然你也不会拒绝非学生市场的生意）。图9-9的阴影部分标出了市场-产品的细分市场组合，即你的目标市场。

步骤5：采取营销行动进入目标市场

绘制市场-产品方格图的目的是采取营销行动，以此增加销售额和利润。这意味着必须有人制订营销计划，并落实行动方案。

当前的细分市场策略　对于你的温迪快餐店，你做出了一个重要的决定：早餐市场有限，因此你要到上午10:30再开门营业。实际上，温迪餐厅首次尝试推出早餐便生意惨淡，并于1986年停售。然而，这一策略再次改变，在它的大多数店中,新菜单上已经添上了"新鲜自制早餐",并开始销售。

另一个重要决定是:为了进入具体的细分市场,要在什么地方给什么产品做广告。刊登在学生报刊上的广告可让所有的学生看到,但可能费用很高。如果你选择三个细分市场采取特别行动(见图9-10),打进这些市场的广告活动可能包括:

· **白天走读生(整个细分市场)**。在公交车里做广告,并把传单放在停车场里白天走读生的汽车雨刷下。这些广告和传单会向白天走读生这个细分市场推销店里的全部食品,即市场-产品方格图的表头行,包括了全部的产品组合。

· **下午茶(针对全部四个学生细分市场)**。为了在生意不好的时间促销店里的食品,你会这样打广告:春季学期下午2:00—4:30,所有食品九折销售。该广告意在向全部四个学生细分市场促销单一产品,即市场-产品方格图的一列。

· **夜间走读生的晚餐(选择唯一的市场–产品组合)**。在全部三项营销活动中,它是集中度最高的一项,这种策略是向单一细分市场推销单一的食品,这

细分市场	产品分组:就餐的时间			
行为特征: 他们住在何处	午餐	下午茶	晚餐	夜宵
住学生宿舍的学生	1	3	0	3
住公寓的学生	3	3	1	1
白天走读生	3	2	1	0
夜间走读生	0	1	3	2

公交车上的广告;停车场中汽车雨刷器下的传单

广告促销活动:"在春季学期,下午2:00—4:30所有食物九折优惠"

夜间停车场汽车雨刷器下的传单广告:"下午5:00—8:00在免下车窗口购买食物者凭此优惠券可免费得到一份冰冻奶昔"

图例: 3 = 大市场; 2 = 中市场; 1 = 小市场; 0 = 无市场

图9-10 向各个可能的学生细分市场销售各种餐饮的广告活动

个单一的市场是夜间走读的学生。这项营销活动是在停车场的汽车雨刷下放传单。为鼓励顾客到温迪餐厅吃午餐，下午5:00—8:00在免下车窗口购买食物可以凭该优惠券免费得到一份冰冻奶昔。

根据营销活动的效果，你可以重复使用、调整或舍弃它们，并为你觉得值得进入的其他细分市场设计新的营销活动。给餐厅做广告的例子只是整个温迪餐厅营销计划的一小部分而已。

密切关注竞争 竞争对手不会按兵不动，所以你在经营温迪餐厅时必须了解他们的策略。例如，麦当劳向喜欢饮食健康的消费者试销一种早餐：碗装墨西哥卷饼配蔬菜汤。此外，麦当劳在其88家店里试行新的家庭送餐服务"麦乐送"，它还在试用一种免动手的支付应用程序，顾客只需说出他们的名字即可付款。与此同时，汉堡王试销的"鸡肉薯条"很受欢迎，于是便在其全年菜单上添加了这一产品，并将软饮料广告移出儿童菜单，以回应家长的关切。

新的汉堡连锁店也在不断涌现。1986年，弗吉尼亚夫妇创立了"五个家伙汉堡和薯条餐馆"，15年后在华盛顿特区只开设了5家餐馆。但从2003年到2015年业务突飞猛进，全国1 000多个地点有1 500家新餐馆开张。它跟其他店的不同点在于：菜单和装修都很简单，价格适中，只有新鲜的碎牛肉（非冷冻）和无反式脂肪菜（用花生油烹调）。谁在关注它的动向？当然是麦当劳、汉堡王和温迪餐厅这三大巨头。

除了来自五个家伙这样的传统汉堡连锁店的竞争外，三大巨头都在积极应对，欲抢夺"休闲快餐"这个新的细分市场。顾客想要在餐馆里吃到价格更低且更健康的食物，而这个细分市场已经被某些休闲快餐店当成了目标市场，如墨西哥烤肉快餐店和帕尼罗面包店等。

还有一伙新的竞争对手，它们跟快餐店完全不搭界，包括7-Eleven之类的便利连锁店、星巴克之类的咖啡店、坚宝果汁之类的冰沙店和提供可加热预包装熟食的加油站。这些商店现在都在销售食品，跟三大巨头抢夺市场份额。

你的温迪快餐店的长远策略 顾客口味的改变和竞争意味着你必须在必要时改变策略。你需要关注：（1）温迪总部在做什么；（2）竞争对手在做什么；（3）你的快餐店服务的区域可能会发生什么变化。

温迪餐厅最近推出了积极的新营销计划，包括：

- 试销新的菜品，如针对关注健康的消费者推出的蔬菜汉堡和有机茶。
- 通过与脸谱网全球营销服务合作，增加数字营销活动。最近的宣传活动包括利用社交媒体征集椒盐脆饼歌词，以及为新的托斯卡纳鸡肉三明治征集广告剧本。
- 提供移动应用程序。通过智能手机下订单的用餐者抵达快餐店时，这款免费的应用程序就能检测到。

温迪的策略非常成功，它取代汉堡王成为第二号汉堡连锁店，销售额仅次于麦当劳，据报道，在麦当劳需求不断下降期间，温迪餐厅的销售反而增长了。此外，《消费者报告》最近开展了一次美国最好和最差快餐店的调查，认为温迪餐厅的汉堡比麦当劳、汉堡王和其他五家快餐店的汉堡都要好。

看到温迪餐厅的这些计划和营销新活动，也许你应重新考虑一下自己的市场细分决定。此外，如果新的企业进入了你所在的地区，你会采取什么样的新对策，以争取在此区域工作的人呢？或者你可能会考虑对夜猫子和早起的鸟儿开展新的促销活动，这两种人指的是在半夜至凌晨5点之间进餐的顾客。

苹果公司不断变化的市场细分策略　1976年的愚人节，史蒂夫·乔布斯和史蒂夫·沃兹尼亚克在一个车库里发明了第一代苹果电脑，他们并没有意识到自己正在开创一个价值数万亿美元的计算机产业。不过，直到1977年第二代苹果电脑在一个计算机展销会上展出时，消费者才喜欢上它，苹果电脑由此诞生。作为一家典型的新创公司，苹果公司专注于产品，很少考虑市场。人们往往把它那些富有创造力的年轻工程师比作"没有成人监督的神童"。然而到了1984年，新苹果电脑麦金塔彻底改变了计算机，它在1984年的超级碗比赛中的电视广告被普遍认为是有史以来最好的电视广告。

1997年，史蒂夫·乔布斯描述了他称之为"苹果产品矩阵"的新市场细分策略，详细讲述了让苹果公司脱胎换骨的愿景。具体策略包括针对一般消费者和专业用户两个细分市场开发两款通用型电脑，即笔记本和台式机。

在大多数细分市场中，单一产品不适合单一小众市场。然而，产品线和细分市场会出现重合。所以，正如"营销无小事"专栏所示，苹果公司的市场细分策略使它能够迎合不同细分市场的需求，为其提供不同的产品。

营销无小事　技术

苹果公司的细分市场策略：告别"横冲直撞的营地"

20世纪80年代初，人们给苹果公司起了一个绰号叫"横冲直撞的营地"，因为这家创新型公司没有明确的目标细分市场，产品系列也不清晰。今天，苹果公司已经在有针对性地将其各个系列的电脑销往特定的细分市场（见下面的市场-产品方格图）。

市场-产品方格图随着企业战略的变化而改变，因此下面的方格图是基于苹果公司2015年中期的产品线绘制的。该图表明了苹果公司在数字时代使用的市场细分策略。

市场		硬件产品				
消费者群组	细分市场	Mac Pro	MacBook Pro	iMac	MacBook Air	Mac Mini
一般消费者	个人			✓	✓	✓
	小型办公室		✓	✓	✓	✓
	学生			✓	✓	✓
	教师		✓	✓		
专业用户	大中型企业	✓	✓	✓	✓	✓
	创意人员	✓	✓	✓		
	大学教师		✓		✓	
	大学职工			✓	✓	

市场-产品协同效应：平衡法

要成功地选择目标细分市场并做出营销决策，抓住关键性协同效应（即效率）极为重要。市场-产品方格图说明了在哪里可以找到这样的协同。怎么找？不妨琢磨一下"营销无小事"专栏中苹果公司的市场-产品方格图，分析该图所示的营销协同效应和产品协同效应之间的不同之处。

·营销协同效应。从细分市场的角度讲，方格图的每一行都代表一种可以获得协同效应的机会。如果苹果公司只重点关注其中一组消费者，如大中型企业细分市场，那它的营销活动就简单多了，它无须花时间研究学生或大学教师的购买习惯。这样可能只要制作一个广告就能打入大中型企业目标市场，只需要他们时刻想着开发的产品：Mac Pro、MacBook Pro、iMac、MacBook Air 和 Mac mini。尽管只着眼于单一的细分市场显然不是苹果公司目前的策略，却是新公司普遍采用的营销策略。

·产品协同效应。按列看，市场-产品方格图的每一列代表了在研发和生产方面提升效率的机会。如果苹果公司想简化生产线，减少研发和生产的开支，且只制造一种电脑，它会选择哪一种？基于市场-产品方格图，苹果公司选择 iMac（深灰色的一列）比较好，因为每个细分市场的消费者都会购买它。

选择利用营销协同效应往往会以产品协同为代价，因为单一消费者细分市场可能需要各种各样的产品，而公司必须设计和制造每一种产品。公司在营销方面节省了资金，在产品上就会增加支出。反之，如果强调产品协同效应，营销活动就必须重点关注各种消费者关心的问题，也就需要花费更多的时间和资金。若想增加公司的利润，负责发展公司产品线的营销经理必须在产品协同和营销协同之间寻求平衡。

◎ 产品定位

公司推出某项新产品时，潜在消费者如何看待它与竞争者提供的产品之间的区别，这对于公司的长期成功来说至关重要。**产品定位**（product positioning）指在重要的产品特性上，自己的产品相较于竞争产品在消费者心目中的位置。通过了解当前消费者如何看待公司的产品或品牌，营销经理可以设法改变未来它在消费者心目中的地位。这就需要**产品重新定位**（product repositioning），即改变自己的产品在消费者心目中相对于竞争产品的地位。

产品定位的两种方法

新产品定位主要有两种方法。迎头定位策略指在同一细分市场上产品特性相似的竞争者之间展开的直接竞争。道乐租车公司正是利用这一策略与阿维斯租车公司和赫兹租车公司直接展开竞争的。

差异化定位指寻找竞争不太激烈、规模较小的细分市场推销自己的品牌。麦当劳推出低脂肪的豪华瘦身汉堡，试图吸引注重健康的消费者，从而避免与温迪餐厅和汉堡王发生直接竞争。但最终麦当劳放弃了这一计划。

编写定位陈述

营销经理通常要把产品定位的想法转换成简洁的书面说明。定位陈述不仅在营销部门内部使用，还要供非营销部门使用，如研发工程师或广告公司。这里有一份沃尔沃公司的北美市场定位陈述：

> 沃尔沃将为那些渴望自由驾驶的美国高消费家庭服务，最大限度地提供安全性和可靠性。

该陈述明确了沃尔沃在北美地区的营销策略，沃尔沃的广告始终会提及安全性和可靠性。

使用感知定位图定位产品

对顾客的理解是有效定位产品或品牌的关键。通过以下四个步骤，可以发现潜在消费者是如何看待你的产品或品牌的：

1. 确定该类产品或品牌的重要特性。
2. 了解目标消费者在这些特性上如何比较你的产品跟竞争产品。
3. 了解自己的产品或品牌的特性在潜在消费者心目中的位置。
4. 重新定位自己的产品或品牌在潜在消费者心目中的位置。

如图9-11所示，利用这些数据就可绘制一个**感知定位图**（perceptual map），这是一种从两个维度描述产品或品牌在消费者心目中地位的方法，它能使管理者看清消费者是如何看待自己或竞争者的产品或品牌的。

定位成人巧克力牛奶的感知定位图

美国乳制品公司决定重新定位巧克力牛奶在美国成年人心目中的地位，以增加其销量。以下是乳制品公司使用上述四步骤为美国成年人重新定位巧克力牛奶的做法：

1. 确定成人饮品的重要特性（或衡量标准）。研究显示，成年人用来判断各种饮品的关键特性包括：(a) 营养的低与高；(b) 儿童饮品还是成人饮品。详见图 9-11 中的两个坐标轴。

2. 了解成人如何看待各种竞争性饮品。在这些坐标轴上标出各种成人饮品定位，详见图 9-11。

3. 了解成人如何看待巧克力牛奶。图 9-11 表明，成人认为巧克力牛奶有适量的营养（竖轴），但主要还是儿童饮料（横轴）。

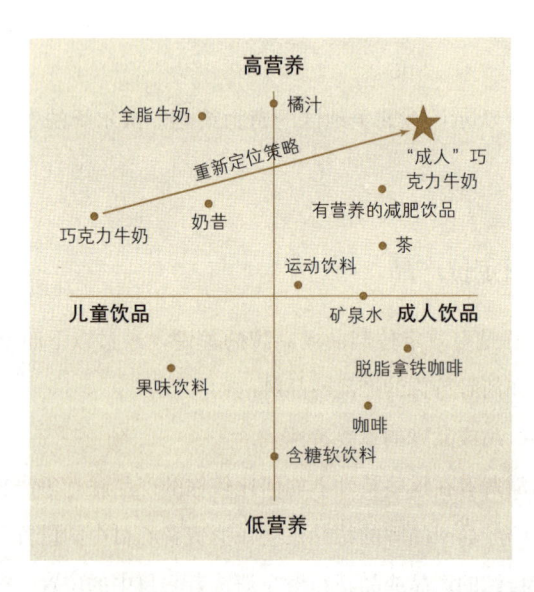

图 9-11　美国乳制品公司为了将巧克力牛奶推销给成人而对其进行重新定位
这能让成年人觉得巧克力牛奶更有营养，也更"成人化"吗？

4. 重新定位巧克力牛奶，使其更吸引成人。美国乳制品公司采取了哪些行动来增加销量？他们将巧克力牛奶重新定位在图9-11的红星位置。

乳制品公司在广告中对于巧克力牛奶有营养的解说很有说服力。对女性来说，巧克力牛奶可以补充钙，而钙在女性饮食中至关重要。相比相同热量的软饮料，巧克力牛奶对于节食者来说更易止饿，而且能补充更多的营养。这些解说会让巧克力牛奶的销量急剧增加，其中大部分来自于成人消费。部分原因在于乳制品公司彰显了巧克力牛奶对成人是有营养的这一品质，其他原因包括包装创新，新的巧克力牛奶包装罐可以放进汽车的杯座里。

营销知识应用

1. 哪些变量可用于细分这些消费者市场？
（1）割草机；（2）冷冻食品；（3）干麦片；（4）软饮料。

2. 哪些变量可用于细分这些工业品市场？
（1）工业清扫机；（2）复印机；（3）智能化的生产控制系统；（4）汽车租赁公司。

3. 在图9-9中，学生住宿细分市场包括住在校内学生宿舍、女生联谊会和兄弟会里的学生。对于这些学生来说，共同的市场需要是什么。在为温迪餐厅调研市场时，为什么把这些学生划归到同一个细分市场？

4. 你可能不同意图9-9市场-产品方格图中各行对市场规模的估计。请估计以下市场规模的大小，并为这些细分市场简要给出理由：（1）住学生宿舍的学生；（2）白天的走读生；（3）在学校驻地上班的人。

5. 假设你想进一步增加快餐店的收入。参考图9-10，你会采取哪些广告活动来增加收入：（1）针对住学生宿舍的学生；（2）晚餐；（3）夜间走读生消费的夜宵？

6. 在图9-11的感知定位图上为（a）卡布奇诺热牛奶咖啡；（b）啤酒；（c）豆浆等饮料定位。

创新案例思考

王子体育器材公司：把网球拍销售到各个细分市场

王子体育器材公司的体育营销和品牌形象副总裁琳达·格拉塞尔（Linda Glassel）说："过去10年来，我们看到媒体在争取消费者方面已经发生了巨大的变化。"

不断变化的世界中的王子

她补充说："特别是在争取年轻消费者方面，我们现在更关注社交媒体营销和社交网络，比如脸谱网、推特等。"

琳达·格拉塞尔的评论让我们对王子在21世纪面临的这个变幻莫测的网球世界有了大致印象。

王子是一家生产球拍的体育器材公司，包括王子（主要生产网球、壁球和羽毛球球拍）、Ektelon（主要生产短柄墙球拍）和Viking（主要生产乒乓球拍）三个品牌。它的全系列网球产品数量惊人：150多个球拍型号，50多种网球线，50多个鞋类型号和无数类型的箱包、服饰和其他配件。

王子以其在网球拍方面的创新历史为荣，其发明包括第一只"大拍面"球拍和"加长"球拍，第一根"人造肠线"网球线，以及第一双"自然足形"网球鞋。今天，它面临的挑战是继续创新，以满足不同水平的网球运动员的需求。

资深营销经理尼克·斯卡利（Nick Skally）表示："现在对于王子最有利的事情是打网球的人迅速增多，已达到历年最高。"体育用品制造商协会最近的一项研究证实了这一点：美国的网球爱好者增长了43%，网球是美国增长最快的传统单项体育运动。

改进技术，满足球员的需求

网球运动员的追求都是一样的，那就是"打得更好"。但他们的技术水平差异很大，快速挥拍的能力也不尽相同。因此，成人网球运动员可以宽泛地分成三组，每一组都有其特殊的需求：

- 击球短而慢的人，他们需要力量最大的轻框球拍。

- 击球力度适中到最大的人，他们需要力量和控制达到完美结合的球拍。
- 击球长而快的人，他们想要力量较小，控制力更强的球拍。

这些需求很难用一种球拍满足。

网球拍全球业务总监泰勒·赫林（Tyler Herring）解释道："设计网球拍时，需要对水平不同的球员进行大量市场调研。"王子进行调研后引入了突破性的O3技术。他说："我们的O3技术解决了球拍速度和最佳击球点之间的内在矛盾。"既能提供更快的球拍速度，同时又能增大"最佳击球点"，以前从来没有人设计过这样的球拍。球拍的"最佳击球点"处于拍框的中心位置，击球时能产生最大的反弹力和稳定性。最近，王子又推出了O3的最新版平台EXO3。它的新专利设计使得线床就像悬挂在拍框上一样，从而使最佳击球点增大了83%，球拍振动减少了50%。

网球的细分市场

赫林说："我们的网球拍有三个主要细分市场，分别是高性能款、休闲款和青少年款。"他解释说，在这些细分市场中，王子体育需要在设计上做出艰难的权衡，以平衡（1）球员愿意支付的价格；（2）展现他们想要的特点（速度与旋转、最佳击球点与控制等）；（3）为了能卖至最佳价位，需要将什么技术应用到球拍中。

在这三个主细分市场中，至少有两个次细分市场会出现重叠。图1概述了王子的市场细分策略，并确定了球拍样品的型号。右边三列显示的是长度、拍体重量和拍头大小等设计变量。该图显示了王子在将技术转换成拥有满足球员需求的物理特性的球拍时面临的复杂性。

分销和促销策略

尼克·斯卡利说："王子有很多不同的分销渠道，有沃尔玛和塔吉特这样的大卖场，也有体育用品连锁店，还有小型网球专卖店。"在大型连锁店内，王子与卖场联合发布店内广告、柜台展示、店内标识、消费者宣传册，甚至是"空间陈列图"，帮助零售商规划网球区的王子产品布局。王子为小型网球专卖店提供的帮助包括提供球拍样品、详细的产品目录、海报、球拍和引弦器、销售固定装置和硬件，如球拍钩和鞋架，以及其他物品。王子还为这些商店提供了"球员立牌"，这是真人大小的职业网球运动员的硬纸板人像。

细分市场		细分市场特征	品牌名称	球拍产品的特性		
主细分市场	次细分市场	（技术水平、年龄）		长度（英寸）	拍体重量（盎司）	拍头大小（平方英寸）
高性能	精准度	针对在感觉、控制和旋转上要求更高的职业巡回赛球员	EXO3 Ignite 95	27.0	11.8	95
	力度	针对在最佳击球点和反弹力上要求更高的比赛选手	EXO3 Red 95	27.25	9.9	105
休闲	拍头小	针对追求控制力强、容错性好的球拍的选手	AirO Lightning MP	27.0	9.9	100
	拍头大	针对追求最佳击球点更大和反弹力强的选手	AirO Maria Lite OS	27.0	9.7	110
青少年	有经验的年轻球员	用于8~15岁的网球手，比高中生和成人的球拍稍短而轻	AirO Team Maria 23	23.0	8.1	100
	初学者	用于5~11岁的网球手；球拍更加短而轻；网球球速比年轻初学者低50%~75%。	Air Team Maria 19	19.0	7.1	82

图1　王子球拍瞄准了专业细分市场

王子通过其网站（www.princetennis.com）可以直接与网球运动员交流，该网站提供产品信息、网球技巧和最新的网球新闻。除了使用脸谱网和推特这样的社交网络，王子还在地区性和国家级的网球刊物上刊登广告，并通过网站和广播电台进行广告宣传。

除了店内活动、广告和网络营销，王子还投入巨资发展职业教练计划。这些赞助使得职业教练可以从王子获得最新的产品信息、球拍样品和设备，这些教练也就成为所在社区王子品牌大使。除了定期的课程外，网球指导和职业教练还在全国各地举办"王子样品展示活动"，让潜在用户有机会亲自看到和试用各种王子球拍、球线和握柄。

王子还赞助了100多名职业网球选手，这些球员会参加一些大比赛，比如四大满贯赛事（温布尔登、澳大利亚、法国和美国公开赛）。电视观众可以看到俄罗斯的玛丽亚·莎拉波娃（Maria Sharapova）背着王子球拍包走上网球场，或看到法国的盖尔·孟菲尔斯（Gael Monfils）用他的王子球拍发球直接得分。

21世纪王子何去何从？格拉塞尔认为："作为一个营销人员，最大的一个挑战是保持领先。"她强调说："这关乎学习和研究，要跟了解市场走向的人交谈。"

思考题

1. 在21世纪，有助于和阻碍王子发展的环境因素（社会、经济、技术、竞争和监管）有哪些？

2. 王子体育销售网球相关的产品严重依赖网球行业的增长，若想在美国推广网球比赛，王子需要开展什么营销活动？

3. 王子会用什么促销活动争取（a）休闲网球爱好者和（b）青少年球员？

4. 为了促进在（a）塔吉特、沃尔玛这样的大卖场和（b）网球专卖店的销售，王子应分别采取哪些措施？

5. 为打入美国以外的全球市场，（a）王子应该以什么标准选择需要推广的国家？（b）哪三个或四个国家最符合这些标准？（c）王子要采取哪些营销行动才能进入这些市场？

10

开发新产品和新服务

学习目标

1. 了解与产品和服务有关的术语;
2. 明确消费品、工业品和服务的分类方法;
3. 解释与消费者学习程度有关的新产品和新服务中"新"的意义所在;
4. 分析决定新产品或新服务成败的因素;
5. 解释新产品开发流程各阶段的目的。

苹果公司：世界级创新机器

一家公司如何成为世界上最受推崇和最具经济价值的企业？只需看一看苹果公司及其传奇的产品创新就会明白。在40年里，苹果公司的创新影响了全世界所有人的生活。

创新机器苹果公司

苹果公司新产品的成功是由其已故的共同创始人史蒂夫·乔布斯精心策划的，它彻底颠覆了五个不同的行业：个人电脑、音乐、智能手机、平板电脑和数字出版。苹果公司的创新产品改变了市场，比如：

· 第二代苹果电脑（Apple II）——第一台商业性个人电脑（1977年）

· 麦金塔（Macintosh）——第一台使用鼠标和图形界面的个人电脑（1984年）

· 苹果音乐播放器iPod——第一台也是最成功的MP3音乐播放器（2001年）

· 苹果手机iPhone——世界上最好的多点触控智能手机和媒体播放器，可使用100万个应用程序（2007年）

· 苹果平板电脑iPad（2010年）和迷你iPad（2012年）——可以阅读书籍、报纸、杂志甚至教科书的平板设备。

· 苹果车载系统CarPlay——让驾车者边开车边使用iPhone拨打电话、听音乐或通过声控或触摸查看短信（2014年）

苹果公司也有失败

在不断追求创新方面，苹果公司有时也会失败。明显失败的例子有：

· 第三代苹果电脑（Apple III）（1980年）和苹果丽莎（Apple Lisa）（1983年）——这是为企业用户开发的两个产品，由于设计缺陷而失败，在推出4年后停产。

· 苹果牛顿掌上电脑（Apple Newton）（1987年）——个人数码助理（PDA），具有手写识别软件，上市10年后停产，因为它的电池寿命太短、屏幕不方便阅读。

·手提麦金塔（Macintosh Portable）（1989年）——苹果首次尝试开发的靠电池供电的便携式电脑，价格高昂且16磅的重量不太便携，导致这款产品在发布两年后下线。

·"冰球"鼠标（1998年）——第一个使用USB连接的苹果鼠标，该鼠标的圆形设计不方便使用，它于2000年停产。

这些例子表明开发新产品是一项挑战，即使苹果公司也不例外。苹果公司从每一次失败中吸取教训，并从失败中获得宝贵的见解，帮助他们在接下来的产品创新中取得成功。简而言之，即使苹果公司在一款新产品的开发上失败了，却是好的失败。例如，麦金塔从苹果丽莎的失败中诞生。苹果手机则是苹果音乐手机失败之后进行调整的结果，苹果音乐手机是与摩托罗拉联合生产的。

苹果故事的新篇章：苹果手表

2015年，苹果公司推出了苹果手表，这是市场上最先进的可穿戴设备。苹果手表是该公司自2010年推出iPad以来的又一个全新产品。蒂姆·库克是苹果公司的首席执行官，也是乔布斯亲自挑选的接班人，按照他的说法，"苹果手表是苹果公司故事的新篇章"，也是"我们有史以来创造的最人性化的设备"。苹果手表的定位是万事通，能够跟踪活动、发送和接收短信、提醒用户预约的事情，并可为新的苹果软件和服务创建一个平台。苹果手表也会为用户显示时间，不论用户在地球的哪个地方。价格从最低的349美元到金壳手表的1.7万美元，苹果手表被消费者当成是必须拥有的智能设备和真正的奢侈品。苹果手表会像早期很多创新产品一样取得成功吗？时间会证明一切。

企业的存续取决于它如何构思、生产和销售新产品和服务。本章描述了产品和服务的性质，强调了新产品成败的原因，并详细介绍了新产品的开发流程。第11章将讨论企业如何管理现有的产品、服务和品牌。

◎ 何谓产品和服务

营销的精髓在于开发产品和服务以满足买方的需求。**产品**（product）是包含一系列有形和无形属性的商品、服务或创意，这些属性能满足消费者的需求，并需要通过金钱或其他有价值的东西交易获得。下面让我们逐一阐明商品、服务和创意的含义。

商品、服务和创意

商品的有形属性，是消费者凭借五官就可以感知的。例如，苹果手表可以摸到，其特点也可被看到和听到。商品也拥有无形的属性，包括交货或质量保证，以及更抽象的好处，如消费者使用之后会变得更健康或更富裕。商品也可分为非耐用品和耐用品。非耐用品是只使用一次或几次的物品，如食品和燃料。耐用品通常是可以多次反复使用的物品（如家电、汽车和智能手机）。此分类方法也为营销行动提供了指导。例如，箭牌口香糖等非耐用品严重依赖消费品广告。相比之下，汽车等昂贵耐用的商品通常强调人员推销。

服务（services）是组织提供的一种无形的活动或利益，用于满足消费者的需求，以换取金钱或其他有价值的东西。服务已成为美国经济的重要组成部分，而且往往会增加产品的效能。例如，苹果手机 iPhone 是产品，而通信网络则是一个无线网络。

最后，在营销中，创意就是形成产品或行动的想法，如一个新发明的概念，或能让消费者走出来投票的概念。

本书所指的"产品"不仅包括实物产品，还包含服务和创意。从例子和句子中，我们能够分辨"产品"是否表示狭义的"商品"。

产品分类

营销中广泛使用的两大类产品与用户的类型有关。**消费品**（consumer products）是最终消费者购买的产品，而**工业品**（business products）也称B2B商品、工业用品，组织购买工业品用于生产制造其他产品并进行再销售。有些产品既可以视为消费品，也可以作为工业品。例如，苹果电脑可以出售给消费者个人使用，也可卖给公司用于办公。分类不同则相应的营销行为也会不同。作为消费品的苹果电脑通过苹果零售店或直接从其网店销售。作为工业品的苹果电脑，需要销售人员直接与公司采购部门联系，并按照大宗采购提供折扣。

消费品 图10-1显示了四种消费品，它们的不同之处在于：（1）消费者花在决策上的精力和时间；（2）决定购买时所依据的产品属性；（3）购买的频次。**便利品**（convenience products）是消费者购买频繁、方便且耗费精力最少的产品。**选购品**（shopping products）是指消费者基于价格、质量或款式等标准比较几种替代品后购买的产品。**特殊品**（specialty products）是需要消费者专门寻找和购买的产品。**非渴求品**（unsought products）是消费者并不了解，或即便了解但一开始也不想要的产品。

比较的基础	便利品	选购品	特殊品	非渴求品
产品	牙膏、蛋糕粉、洗手液、ATM	相机、电视机、公文包、机票	劳斯莱斯汽车、劳力士手表、心脏手术	丧葬保险、辞典
价格	相对便宜	较贵	通常很贵	价格千差万别
地点（分销）	分布广，门店很多	很多可选择的销售点	非常有限	通常是有限的
促销	强调价格、可得性和产品认知	强调与竞争者的差异	强调品牌的独特性和地位	产品认知至关重要
消费者的品牌忠诚度	有品牌意识，但会接受替代品	偏爱特定的品牌，但会接受替代品	品牌忠诚度很高，不接受替代品	愿意接受替代品
消费者的购买行为	购买频繁，花费很少的时间和精力购物	购买不频繁，选购时间较长	购买不频繁，用大量的时间搜寻和决策	购买极不频繁，需要花一定时间选购

消费产品的类型

图 10-1 消费品的分类如何显著影响消费者购买的产品和企业采用的营销策略

图10-1显示了各类消费品如何强调营销行动、品牌忠诚度和购物所耗费的精力。但消费品如何分类取决于个人。某位消费者可能会把相机看成选购品，在选购前会先去几家商店看看，而另一位消费者则把相机视为特殊品，他只会购买尼康相机。

工业品 工业品的一个主要特点是它们的销售往往来自衍生需求，即工业品的销售经常源自消费品的销售。例如，随着消费者对福特汽车（消费品）需求的增加，福特公司对喷漆设备（工业品）的需求可能也会增加。

工业品可划分为组件或支持品。组件会成为最终产品的一部分，它包括木材和装配件，比如福特汽车的发动机。支持品是用来辅助生产其他产品和服务的物品，包括：

· 设施，如建筑物和固定设备。
· 辅助设备，如工具和办公设备。
· 易耗品，如文具、回形针和扫帚。
· 工业服务，如维护、维修和法律服务。

营销工业品的策略既反映所涉及产品的复杂性（从回形针到私人喷气飞机），又反映第6章讨论过的采购类别状况。

服务分类

服务可以根据其提供者分为：（1）人或设备；（2）企业或非营利组织；（3）政府机构。我们将在第12章深入讨论这些分类。

产品类别、产品形态、品目、产品线和产品组合

大多数企业都会为消费者提供一系列产品和服务，并根据产品类别或行业将产品和服务划分为不同的类别，比如苹果iPad被归类为平板电脑。产品以产品类别的某种产品形态而存在（参见第2章和第11章）。**品目**（product item）是具有独特品牌、尺寸或价格的一类具体产品。例如，超级当妮（Ultra Downy）衣物柔顺剂有不同的形态（液态的用于洗衣机，片状的用于烘干机）和不同的容量。不同的品目代表的是不同的单品，它们有独一无二的标识号，用于管理

订单或库存。

产品线（product line）是一组密切相关的产品或服务项目，因为它们都满足某一类需求，可以一起使用，销售给同一消费者群体，通过相同的门店分销，或价格处于同一个范围内。耐克公司的产品线包括鞋和服装，而梅约诊所（Mayo Clinic）的服务线包括住院病人护理和门诊医生服务。每个产品线都有各自的营销策略。

布莱恩·斯特罗姆和安德烈亚·斯特罗姆经营着一家小型的面包店，店名叫"头脑风暴面包店"，而Crapola格兰诺拉燕麦片产品线起源于他们在一次聚会上的玩笑话。Crapola这个名字来自蔓越莓（CRanberries）干、苹果（APples）干和燕麦（granOLA）的缩写组合，除此之外，这款麦片还含有坚果和五种有机谷物，且添加了枫糖浆和蜂蜜。其包装上夸口说："Crapola能让怪人变正常"。

Crapola在美国的中西部、加利福尼亚州、俄勒冈州的零售店销售，也在www.crapola.us上在线销售。斯特罗姆的策略是将其开发成范围更广的产品线。目前，他们还提供了另外三种口味的Crapola。这些产品线的扩展简化了消费者和零售商的购买决策。如果一个家庭消费Crapola时感觉不错，它可能会购买另一产品线的产品。拥有较宽泛的产品线，能让斯特罗姆在超市进行分销，争取到货架空间，这样一来他们只需和少量供应商打交道，效率也提高了。

很多公司会以**产品组合**（product mix）的方式出售产品，包含了组织的所有产品线。例如，克雷公司的产品组合只有三条产品线（超级计算机、存储系统和一个"数据应用"产品），主要是卖给政府和大企业。然而，宝洁公司有一个大产品组合，它包括美容和个人护理（佳洁士牙膏和吉列剃须刀）产品线，以及居家护理（织物软化剂、汰渍洗涤剂和帮宝适纸尿裤）产品线。

◎ 新产品及其成败原因

新产品是企业的生命线，能够促进企业的成长，但其财务风险非常巨大。在讨论新产品如何进入市场之前，我们先来看一下什么是新产品。

什么是新产品?

"新"这个词很难定义。索尼 PS3 还在销售时,索尼 PS4 算是新产品吗?也许是,因为索尼 PS4、任天堂 Wii U 和微软的新家庭游戏机 Xbox One 都将其游戏机定位为娱乐"中心",而不仅仅是游戏机。对于新产品营销来说,"新"意味着什么?下面将从不同的观点出发探讨这个"新"。

较之现有产品的新产品 如果一件产品的功能与现有产品不同,它就可以定义为新产品。有时新产品是革命性的,能创造出一个全新的产业,例如苹果二代电脑。在其他情况下,这些新产品只是在现有产品基础上增加一些特性,以此来吸引更多的顾客。随着高清电视、智能手机和平板电脑越来越复杂,消费者的生活也变得复杂很多。这种额外功能的增加(有时称为"功能膨胀")让很多消费者不知所措。"营销无小事"专栏讲述了创始人罗伯特·斯蒂芬斯是怎样创建极客帮解决日益加剧的产品功能膨胀问题的。

营销无小事　客户价值

功能膨胀:极客帮前来救援

增加产品的功能,满足更多消费者的需求,这似乎是一个显而易见的成功策略。是这样吗?

功能膨胀

事实上,大多数针对某产品潜在消费者的营销调查表明,虽然消费者总是说想要更多的功能,但在现实中,新产品如果过于复杂,即"功能膨胀",他们将无力驾驭。

对于家庭用户来说,电脑就是一道特殊的难题,而且家庭用户也不能像大型企业用户那样获得技术支持。拨打制造商的免费求助热线?调研表明,29% 的热线拨打者都在骂客服,21% 的人只会抓着话筒大喊大叫。

极客帮前来救援

诚如电视节目《60分钟》所说,计算机的功能膨胀致使"这个价值数十亿美元的服务行业让一群过去只能躲进高中食堂的人占据了,比如罗伯特·斯蒂芬斯那样的极客。"

十几年来,他发展了一帮极客,这是一群几乎能够排除任何电脑故障的技术高手。

斯蒂芬斯说:"抱怨最多的是技术支持人员的无礼和自以为是。"所以,他建立的极客帮让团队成员在一展身手的同时,还要展示友好的态度和谦虚的精神:

1. 表达对消费者真正的关心。
2. 统一穿极客的白衬衫和白袜,系黑色别针领带,这身行头模仿了美国宇航局工程师的"制服"。
3. 驾驶大众牌黑白"极客维修车"拜访消费者的住处或办公室。

百思买收购了这支两万人的极客帮团队。消费者欣赏他们吗?罗伯特·斯蒂芬斯回答道:"人们会说'他们救了我……他们挽救了我的数据'。"这些人包括无数正在写学期论文或毕业论文的大学生,他们本来打算下周备份数据,现在电脑中的数据却不知道丢到哪里了。

消费者角度的新产品 第二种定义新产品的方法是看它对消费行为的影响,也就是按照消费者所需的学习程度划分新产品(见图10-2)。

无须消费者学习新的消费行为的创新称为连续创新。当牙膏制造商推出新产品或改进的产品时,会增加新的属性或功能,如"增白牙齿"或"去除齿垢",如高露洁全效牙龈护理牙膏。但新牙膏增加的功能并不要求购买者学习新的刷牙方式,所以这是连续创新。这种简单创新的好处在于主要依靠提高知名度就可有效展开营销,无须重新教育消费者。

需要消费者略微改变消费行为的创新称为动态连续创新。宝洁的速易洁除尘拖把是一个成功的动态连续创新。其新颖的设计减轻了又脏又累的工作,也不再需要笨重的地板清洁工具,用户在行为上无须做出任何实质性的改变。因此,公司的营销策略是把产品的好处、优势告诉潜在的购买者,并教给他们如何使用。速易洁做到了这一点给宝洁公司带来了每年10亿美元的销售额。

产品需要消费者学习全新的消费模式才可以使用,这种创新就是非连续创

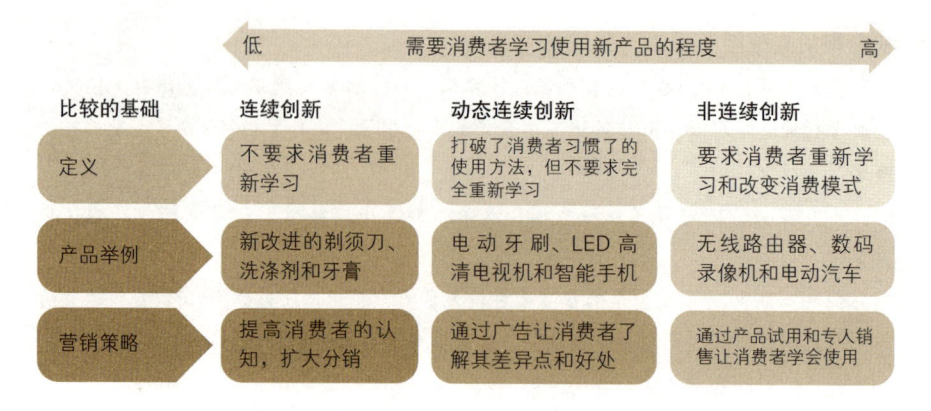

比较的基础	连续创新	动态连续创新	非连续创新
	低　　←　需要消费者学习使用新产品的程度　→　高		
定义	不要求消费者重新学习	打破了消费者习惯了的使用方法，但不要求完全重新学习	要求消费者重新学习和改变消费模式
产品举例	新改进的剃须刀、洗涤剂和牙膏	电动牙刷、LED高清电视机和智能手机	无线路由器、数码录像机和电动汽车
营销策略	提高消费者的认知，扩大分销	通过广告让消费者了解其差异点和好处	通过产品试用和专人销售让消费者学会使用

图10-2　新产品"新"的程度与消费者使用新产品的学习努力

新。你买了无线路由器吗？如果你自己动手安装好了，那么恭喜你！最近，在百思买购买的无线路由器有三分之一被退货，因为太难安装了，这正是非连续创新的问题所在。所以，非连续创新的营销通常不仅包括增进消费者的原有认知，还包括说明新产品的好处和正确的使用方法，这些活动有时要耗费上百万美元，可能还需要极客帮伸出援手。

法律意义上的新产品　美国联邦贸易委员会提议只有进入常规分销渠道6个月以内的产品才能称为新产品。但该提议的难点在于如何解释常规分销渠道。

从企业角度看的新产品　成功的企业看待其新产品和创新有三个层次。最低层次是产品线的拓展，通常风险最小。它是企业现有产品线的增量式改进，例如在现有的50余种珍致牌猫粮之外，普瑞纳公司又增添了精致多味（Elegant Medleys）这条"新"产品线，这是一种"灵感得自餐馆的猫粮"。它的潜在好处是会增加新用户，却有增加开支和冲击现有产品销量的双重风险。

第二层次是（1）创新或技术的重大飞跃或（2）品牌延伸，即用现有的品牌在陌生市场上推销新产品。第一种情况，制造商推出新的智能手机或数码相机可能标志着技术的显著飞跃。

第二种情况，对拥有影响巨大的全国性品牌的公司来说，使用现有的品牌将新产品推向陌生的市场看似容易，实则不然。高露洁公司对此深有体会。因为高露洁曾开发了冷冻食品"高露洁厨房主菜"，但该产品线很快就完蛋了。因为在人们的心目中，高露洁与牙膏牢固地联系在一起，该品牌并没有真正"刺激到人们的味蕾，某营销专家称这是"有史以来最离奇的品牌延伸之一"。

第三个层次也是最高层次的创新涉及突破性发明，即一个真正的革命性新产品。苹果公司的二代电脑是第一个在商业上取得成功的"个人电脑"，其平板电脑 iPad 和音乐播放器 iPod 都是典型的突破性发明。在大型公司里，有效的新产品计划在这三个层次上都有所涉及。

产品和服务成败的原因

众所周知，有些产品和服务取得了巨大的成功，比如苹果的平板电脑、网飞（Netflix）和美国有线电视新闻网（CNN）。然而，每年都有成千上万的产品失败，悄无声息地被人遗忘，企业也付出了数十亿美元的代价。理想的情况，新产品或新服务需要一个明确的**草案**（protocol），即在产品开发开始之前确定：(1)明确的目标市场；(2)明确的消费者需求和偏好；(3)新产品的特性与功能。

研究表明，生产在商业上取得成功的单个新产品非常困难，尤其是那些出现在超市货架上的大众消费品，它们往往会在几个月之后就永远消失。多数美国家庭会重复购买 150 种同样的商品，因此新产品很难争取购买者。因此，第一年销售额超过 5 000 万美元的大众消费品还不到 3%，"5 000 万美元的销售额"成为大众消费品成功推向市场的基准点。

为了吸取营销上的经验教训，并将潜在的失败转化为成功，我们要分析新产品失败的原因，然后详细研究失败的几种情况。虽说是后见之明，但按照本章稍后介绍的新产品开发流程的几个阶段前进，我们还是可以找到避免失败的方法。

营销导致的新产品失败 营销和非营销因素都有可能导致新产品的失败。总结关于新产品成败的几项研究结果，我们可以归纳出影响新产品成败的关键营销因素，当然它们之间可能会出现重叠。这些因素常常是新产品开发成败的决定因素：

1. 产品的差异点不明晰。研究表明，拥有一个与众不同的差异点是新产品击败竞争对手的最重要因素，这个差异点就是能够为用户带来独特益处的卓越特性。比如通用磨坊Fingos，它是玉米片大小的甜味谷物片，推广预算达到了3 400万美元。他们期望消费者把它当成零食干吃，结果事与愿违。Fingos的差异点还没有大到足以让消费者放弃竞品，如爆米花和薯片等。

2. 产品开发开始之前，市场和产品的草案不完整。没有草案，公司就是在为一个虚幻的市场设计一个模糊的产品。金佰利-克拉克公司开发出Avert牌杀菌（Virucidal）纸巾，它含有维生素C的衍生物，当用户打喷嚏、咳嗽或擤鼻子时能杀死病菌。该产品的试销以失败告终。消费者不相信这种说法，并且被杀菌一词中"cidal"吓坏了，他们联想到了suicide（自杀）等词。Avert牌纸巾之所以失败，很大一部分原因是缺乏一个清楚描述产品如何满足消费者需求的草案。

3. 在关键因素上不能满足消费者的需求。这一点与第一点有些重叠，它强调的是：尽管总体质量很高，但如果在一个或两个关键因素上出现问题就有可能葬送一个产品。例如，跟英国人一样，日本人开车靠左行驶。直到1996年，美国汽车制造商才在日本市场上销售为数不多的右侧驾驶汽车，而德国汽车制造商就不同，有几个品牌早就向日本出口了右侧驾驶车型。

4. 时机不对。当产品推出得过早、过晚或消费者的品味发生巨大变化时，就会产生这种结果。时机选择不当是新产品经理的噩梦。例如，在苹果公司推出音乐播放器iPod，其他竞争者也推出各自的新MP3播放器的几年之后，微软才推出Zune播放器。微软显然没能从苹果iPod手中夺得市场份额，最终停止了Zune的生产和销售。

5. 缺乏经济的销售渠道。日用杂货就是一个例子。今天的大型超市拥有6万多个不同的存货管理单元。美国每年推出约4万种新的大众消费品（食品、饮料、健康美容产品、家用品和宠物用品），为了能摆上经销商的货架，竞争成本非常高昂。"口渴的狗"是一种供宠物狗饮用的瓶装水，牛肉口味，富含维生素，且添加了矿物质，但能否上架要看每平方英尺的销售额，要代替现有产品摆上货架就必须完成销售额，这是一项艰巨的任务。"口渴的狗"还有一个配套产品"口渴的猫"，它们产生的销售额还不足以满足这些要求。

6. 产品质量差。该因素常常是产品未经彻底测试的结果。质量低劣为企业带来的成本令人震惊，包括劳动力、原材料和其他用于解决问题的开支，更不用说由此导致的销售额、利润和市场份额的损失。2007年初，微软用5亿美元的推广预算推出了Vista系统，想取代之前成功的XP系统。但Vista的软件有很多兼容和性能方面的问题，甚至微软最忠诚的用户也持否定态度。

7. 品牌、包装、价格、促销和分销等营销组合执行不力。营销组合的某个要素可能导致产品的失败。冈德森和罗萨里奥公司推出了蒜头蛋糕，认为它可以成为主菜前的一个开胃点心，该蛋糕包含了甜面包、涂抹酱和肉，但不知何故，该公司忘记把这一点告诉潜在消费者。消费者很奇怪什么是蒜头蛋糕，究竟什么人会想吃蒜头蛋糕，最终蒜头蛋糕失败了。

8. 市场吸引力太小。拥有一个大的目标市场，增长迅速，且有实实在在的买方需求，这是一种理想状态。但情况往往是目标市场规模太小或竞争激烈，无法保证投入巨额费用就达到目的。全扫光国际公司（OUT! International）的"喂！我房间里有个怪兽"喷雾剂，旨在除掉孩子卧室里吓人的生物，且有一种口香糖的香味。虽然它是一个有创意且可爱的产品，但品牌的名称可能比对怪物的恐惧更能让孩子们半夜惊醒，因为它暗示怪物仍然藏在卧室里。而且它真的有市场吗？

简单的营销调研应该能揭示新产品失败的问题所在。开发出成功的新产品有时存在运气的成分，但最重要的是新产品具备真正能够满足需求的属性，且与竞争产品有显著的差异。

新产品失败中的企业惰性　企业的问题和态度也可能会导致新产品失败，其中有两个关键因素。

在特别小组和委员会会议中存在"群体思维"。在新产品计划会议上，有人知道或怀疑产品概念是一个愚蠢的想法。但是他害怕被当成"消极的思考者"或"团队里的不合作者"被逐出团队，因此不敢说出来。"救星"（Life Savers）的新产品团队中有人怀疑"救星"汽水不是一个好主意，你觉得他会说出来吗？同样，若新产品的主要倡导者公开做出强有力的承诺，即使有新的负面信息出现，也很难"杀死"该产品。要最小化"群体思维"，团队领导应鼓励成员提出质疑的设想，表达建设性的异议，并提出替代性方案。

避免"非我所创"综合征。"无论出处，高见就是高见。然而，大企业可能存在官僚主义，因此来自外部的想法往往被拒绝，这就是所谓的'非我所创'

（NIH）综合征。"有前瞻性眼光的公司会实行开放创新政策来解决这个问题。**开放式创新（open innovation）**包括一系列的做法和流程，目的是在构思、生产和销售新产品和服务时鼓励使用外部和内部创意，以及鼓励内外部的协作。我们很快会讨论的新产品开发流程，其中就强调了开放式创新的方法。

这些企业问题就是因营销而致新产品失败的八大原因。

如何利用营销仪表盘监控新产品的业绩

"营销仪表盘"专栏讲述的是营销人员如何比照新产品设定目标，衡量实际营销业绩。你为新零食设定了10%的年增长目标，且选择"年销售额变化百分比"这个营销指标，衡量2014年和2015年50个州的增长率。

你会特别关注实际销售额下降的州。如专栏所示，美国东北部为问题区域，你可以进行深入的市场调研，以采取相应的纠正措施。例如，该区域销售额的下降是由于外部因素（如消费者偏好）吗？也许美国东北部的消费者喜欢比较带有区域性口味的小吃，或者认为你的零食太甜了。又或者，问题源于内部的营销策略，比如分销不畅、价格过高，或者广告效果不佳。

营销仪表盘

哪些州表现不佳

2012年，你创办了一家公司，销售你开发的营养丰富且高能量的小吃。现在是2016年1月。作为一名营销人员，你自问："我的生意发展得如何？"

你面临的挑战

该小吃在全部50个州都有销售。你的目标是年增长10%。2016年伊始，你想要快速解决2015年发生的销售问题。你心里清楚，有些州的销售停滞或下降了，而有些州的销售增长了超过10%，它们相互抵消了。

研究一下50个州的销售额和百分比，以及跟一年前相比发生了哪些变化，并制作表格，这种方法直观好用但非常耗时。若有一个更方便的图表就更好了。你选择了以下营销指标，其中"销售额"以百分比度量：

年销售额变化百分比=（2015年的销售额－2014年的销售额）×100 / 2014年的销售额

你希望迅速采取行动，以提高销售额。

你的发现

你发现东北地区的销售额增长低于10%的目标，还有很多州的销售额实际上正在下降。

你的行动

营销经常是为了解决销售不足。首先，你需要设法识别和纠正业绩最不好的州的问题，在此例中指的是美国东北部。

你可以做营销调研，看看问题是否是：(1)外部因素，如消费者口味；(2)内部因素，如分销系统中的薄弱环节。

◎ 新产品开发流程

为了有效开发新产品，通用电气和3M等公司在新产品上市前采取了一系列具体的措施。图10-3显示的是**新产品开发流程**（new-product development process），即企业确定商机，并将其转换为可销售的产品或服务需要经历的7个阶段。今天，许多公司使用正式的阶段-关卡（stage-gate）流程，评估新产品开发流程的各阶段取得的成果是否足够推进下一阶段的开发。如果某个阶段的问题得不到纠正，开发项目就无法继续，产品开发将就此止步。

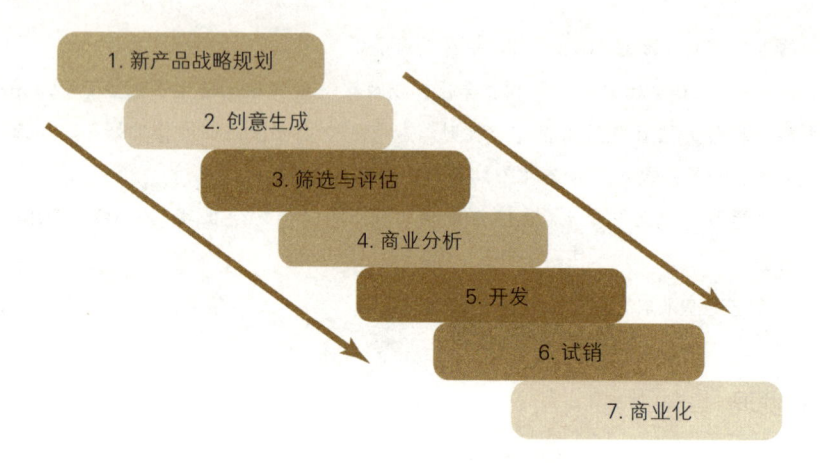

1. 新产品战略规划
2. 创意生成
3. 筛选与评估
4. 商业分析
5. 开发
6. 试销
7. 商业化

图 10–3　新产品开发流程的 7 个阶段

阶段1：新产品战略规划

对公司而言，**新产品战略规划**（new-product strategy development）是根据公司总体目标界定新产品角色的阶段。在此阶段，公司会使用SWOT分析（第2章）和环境扫描（第3章），根据认定的机遇或威胁评估新产品的优势和劣势。评估结果将为每个新产品的创意勾画出重要的"草案"，同时确定新产品在公司业务组合中可能发挥的战略作用。

公司第一阶段的活动偶尔也会受到革命性新产品或技术出其不意的打击，导致业务进程完全被打乱，这种产品或技术有时被称为"破坏性创新"。例如：

· 维基百科。它是一个免费且由社群共同编辑的在线百科全书，导致具有244年历史的大英百科全书停止印刷。

· 数码摄影。柯达公司发明了数码相机，让胶卷和胶卷相机在21世纪初过时，并导致柯达公司于2012年破产。柯达公司想要保护其胶卷生意，胶卷在当时是柯达的摇钱树，因此它没有积极地推销数码相机。

显然，一家公司的新产品战略规划必须留心观察可能会打乱其计划的创新产品或技术。

服务类新产品开发，如购买股票、机票或全国橄榄球联赛等，往往比较困难。为什么？因为服务是无形的，且以绩效为导向。然而，服务创新可能会对我们的生活产生巨大的影响。例如利用在线投资交易，网上经纪公司 E*TRADE 为金融服务业带来了革命性的变革。

阶段 2：创意生成

创意生成（idea generation）是新产品开发流程的第二阶段，指基于前一阶段的结果，提出一系列的概念，作为新产品的备选方案。许多有前瞻能力的企业都没能提出足够好的新产品创意。在公司内部获得创意的一个方法是提升员工的艺术和科学素养，使他们能够提出具体而带有探索性的问题。产生新产品创意和策略的目标是实现问题的转换，从描述情况的"是什么……"转到重点关注解决方案和营销行动的"假如……将会怎样"。以下讨论提出了在企业内部和外部产生新产品创意的方法，如果是从外部获得创意，企业往往要走开放式创新的路子。

来自员工和朋友的建议 企业通常通过工作场所周围放置的意见箱来寻求员工的新产品创意。通用磨坊有一个产品是"自然谷"燕麦条，它的创意来自一位营销经理看到同事带着塑料袋装的燕麦条上班。

生活多美好T恤的生意最初在1994年实现突破，公司创始人约翰·雅各布斯和伯特·雅各布斯兄弟跟朋友们组织了桶装啤酒会。在聚会上，兄弟俩经常在客厅的墙上贴一些画，上面写有可能成为T恤创意的语录，并要求朋友们在这些图画上简略地表达各自的感想。在某次聚会上，一张戴着贝雷帽微笑的简笔人物画得到的好评最多。他们给这个人物取名"杰克"，制作了48件印有微笑的杰克和"生活多美好"文字的T恤，并在当地的一个街头市场售卖，结果不到1个小时就卖光了。时至今日，这些积极、乐观的语句仍能促进销售，生活多美好服装公司的年销售额已达1亿美元，除T恤外，产品线还扩展到了帽子以及其他男性和女性用品，零售店扩大至4 500家，遍布全美国。

消费者和供应商的建议 公司要求销售人员与消费者交流，还要求采购人员与供应商交流，从中发现新产品的创意。惠而浦公司从消费者那里获得了将组件标准化的想法，从而减少了产品平台的数量，降低了成本。企业研究者强调，要积极地让消费者和供应商参与到自己的新产品开发流程。这意味着把重点放在切实开发适合消费者的新产品,而不仅仅是满足消费者想要什么。

宝洁公司的首席执行官雷富礼(A. G. Lafley)给高管灌输了一个革命性的理念:"在公司之外寻找解决问题的办法,而不是一味地坚持宝洁什么都知道。"有一个案例就是在他经营宝洁衣物清洁剂时出现的,他重新设计了衣物清洁剂的包装盒,以便顾客能够更容易打开。为什么呢?虽然消费者说宝洁的衣物清洁剂的盒子"容易打开",但通过他们同意安装在自己洗衣房的摄像头不难看出,他们竟然要用螺丝刀打开盒子!

凭借1.5亿美元的营销预算,宝洁公司将汰渍洗衣凝珠推向市场,它的外形是革命性的三色球,三个空腔中都含有液体洗涤剂,分别起清洁、去污和增白的作用。宝洁公司形容汰渍洗衣凝珠是"四分之一个世纪以来最大的洗衣革新"。宝洁公司称汰渍洗衣凝珠在消费者满意度上得到了最高评分,这是其他新洗涤产品从来没有得到过的评价。然而,在成功推出新产品之后,宝洁公司重新设计了包装,因为他们发现有些孩子把洗衣凝珠当作糖果。洗衣凝珠有多成功?在它推出的第一年,以"单位剂量"计,在销售额为5亿的洗涤剂市场中获得了73%的市场份额,为最成功的新产品之一!

如果研发和营销团队想要知道数万消费者或供应商的想法,可以使用"众包",它是另一种产生创意的创造性方法。众包根据众多人的想法产生出能够引发营销行动的洞察力。这种开放的创新实践需要找到一个明确的问题,专注于创意的产生过程。戴尔公司利用众包开发了一个网站,收集了新产品以及网站和营销改进方面的13 464种创意,其中402项得到了实施。

研发实验室　新产品的另一个来源是公司自己的研发实验室。苹果公司那些线条流畅、引领潮流的平板电脑、手机、电脑和手表就出自苹果工业设计组,该小组由高级设计副总裁乔纳森·埃维(Jonathan Ive)领导。苹果公司能将模糊的概念转化为有形的产品,这种世界一流的能力有什么秘诀吗?那就是每次会议的任务项列表,它的重点是何时由谁做什么!

大公司之外的专业研发和创新实验室也是开放式创新的源泉,也能提供新产品的创意。艾迪欧公司(IDEO)是一家世界一流的、运用"设计思维"的新产品开发公司,在创新设计过程中,它会把人的行为和其他人的想法融合起来。作为世界上最多产和最具影响力的设计公司,它为客户创造了数以千计的新产品。艾迪欧的头脑风暴会议能在1小时内产生100种新想法！

艾迪欧曾经开发出佳洁士直立式挤牙膏器，也曾对苹果公司最初的鼠标进行了改进。最近，鲜果速递要求艾迪欧设计一种新单份沙拉包装。艾迪欧的解决方法是分装成五包，最大的装绿叶蔬菜，四个小包分别装蛋白质、配料等，各部分皆用塑料密封。

竞争产品 分析竞争对手的新产品创意。通用汽车公司已经将特斯拉汽车当成其新雪佛兰博尔特（Bolt）的参考对象，博尔特是2017年推出的一款3万美元的纯电动汽车，一次充电可续航200英里，两厢设计，看起来更像是一辆混合动力车。据通用汽车公司的一位高管称："作为市场上第一款廉价远程电动汽车，博尔特将彻底改变电动汽车行业的现状。"博尔特也被当成特斯拉3型车的直接竞争对手而设计，特斯拉3型电动车每辆3.5万美元，也是2017年亮相。

小公司、大学和发明人 许多公司都在寻找有远见的外部人士，他们有发明或创新的点子，可以转化成新产品。这种开放式创新策略的部分来源包括：

· **规模较小的非传统公司**。小型科技公司甚至是关联行业的小型非传统公司都会提供创造性进步。通用磨坊与慧优体公司（Weight Watchers）合作开发浦氏（Progresso）清汤，这是第一款在食品杂货店出售的进入慧优体0分清单的罐装汤。

· **大学**。许多大学都设有技术转让中心，它们经常与企业合作，推动学术发明商业化。通用磨坊与杨百翰大学合作推出了第一款碳酸酸奶，运用杨百翰大学的专利让酸奶"起泡"。

· **发明人**。许多单打独斗的发明人和创业者都拥有绝妙的新产品创意，比如加里·施瓦茨贝里（Gary Schwartzberg）的管状百吉饼，里面裹着奶油奶酪。它给忙碌的人提供了便携式早餐，但这种创新的百吉饼却没有得到广泛的分销。因此，加里·施瓦茨贝里把他的创意卖给了卡夫食品公司，现在卡夫公司在全美国销售百吉福，它里面加入了该公司最畅销的费城奶油奶酪。

对于发明人和创业者来说，早期通常面临融资困难。众筹是一种将支持者聚集在一个网络社区，围绕一个特定的项目筹集资金的方法，而该项目不太可能从传统渠道获得资金，如银行或风险投资公司等。例如，Kickstarter.com为新创企业智能家居（SmartThings）筹集了120万美元，智能家居推出了一种新产品，可以让用户通过远程控制来监视自己的住宅。其最大的众筹项目是卵石数字智能手表，集成了苹果手机和安卓系统，为开发这款令人惊奇的产品，差不多有7万支持者贡献出1 000多万美元，该手表最初只售150美元！如果你想为众筹项目捐款，这是个很好的选择，Kickstarter网站的捐赠者人均供款25美元。

支持开放式创新的关键在于：几乎任何地方都能产生出色的创意。挑战在于发现它们，并付诸实施。

阶段3：筛选与评价

筛选与评价（screening and evaluation）是新产品开发流程之一，指从内部和外部对新产品创意进行评价，以剔除那些不值得进一步开发的创意。

内部法　在这种筛选和评价方法中，公司员工评估新产品创意在技术上是否可行，确定它是否符合新产品战略规划阶段确定的目标。例如，3M公司的科学家在公司实验室里开发出许多世界一流的创新产品。最近的一项创新是微复制技术，它能在每平方英寸的空间里安装3 000个抓握指。内部评估表明这项技术可运用在击球手套和劳保手套上，从而提高其握力。

企业如果开发以服务为主的产品，需要确保员工拥有满足用户期望和维持用户忠诚度的敬业精神和技能，这是一项筛选新服务理念的重要标准。这是用户体验管理（CEM）的精髓，而用户体验管理是管理公司内用户体验的流程。营销人员必须考虑员工与用户的互动，以将新的服务始终如一地提供给用户，让用户获得与其他服务产品显著不同的体验，并契合目标市场，为目标市场带来价值。

外部法　公司会使用概念测试而不是真实产品的测试来进行外部评价，也就是让消费者对新产品创意进行初步测试。一般来说，相较于不为消费者熟悉的完全创新产品，概念测试在针对仅有较小修改的现有产品时更有帮助。

概念测试主要依赖产品的书面描述，还可能利用草图、实物模型或促销资料加以补充。概念测试的关键问题包括：消费者如何看待产品？谁会用它？如何使用？如果不能解决这些问题，可能会产生灾难性的结果。"营销无小事"中详细讲述的消费者对谷歌眼镜的反应恰恰说明了这一点。

营销无小事　技术

谷歌眼镜喜忧参半

谷歌眼镜是如何从 2012 年《时代》杂志评选的年度最佳发明之一，变为 2015 年令人尴尬的失败产品？也许谷歌的产品开发团队没有问这三个简单的问题：消费者如何看待谷歌眼镜？谁会用它？如何使用？

谷歌眼镜就像是一副带有小屏幕的眼镜，其显著的特点包括一个触摸板和一架摄像头，触摸板可让佩戴者"看到"当前和过去的事件，如电话、照片和更新，摄像头则用于拍照和录制视频。屏幕上的声音、视频和图形创建了一个增强现实，同时又把现实环境的物体叠加其上。

2013 年 4 月，谷歌开始向 8 000 名合格的"眼镜探险者"销售样品眼镜（不是成品），售价 1 500 美元。目的是收集使用者对该产品的反馈，迅速根据反馈对产品进行升级并解决问题，谷歌计划于 2014 年 5 月以相同的价格推出该产品。遗憾的是，由于谷歌眼镜发行广泛，且收取 1 500 美元，让公众认为该产品是成品，而非样品。很快，样品的问题就暴露出来了，如电池寿命短、音质差、图像失真。

技术问题可以解决。但是谷歌眼镜还有更严重的问题，这些问题都与没有进行完全的概念测试有关。例如，谷歌公司从来没有真正地了解消费者是如何看待这个设备的。它只是一个很酷的数码小玩意，还是大部分人都能接受的别致的可穿戴眼镜技术？佩戴的人如何使用这项技术？巧的是，用户立刻接受了它的照相和录像能力，但出于隐私和知识产权方面的顾虑，谷歌眼镜穿戴者却被逐出了酒吧，并被禁止进入剧院。更令人苦恼的是，人们不无讽刺地称谷歌眼镜穿戴者为"眼镜痴"。

结果如何？谷歌眼镜于 2015 年 1 月退出市场。

阶段 4：商业分析

商业分析（business analysis）详细说明了产品或服务的特性，以及将产品或服务推向市场并进行财务分析所需的营销策略。这是在投入大量资源制作样品之前的最后一个关卡，这个样品是与实际成品或服务一模一样的模型。商业分析阶段要评估新产品与企业使命和目标的"商业契合度"，不但要考虑产品或服务的生产是否有利可图，还要考虑成功打入市场所需的营销策略。

在这个阶段，公司不仅要进行详细的财务预测，还需要评估新产品与公司现有产品和营销的协同效应。新产品的生产是否需要很多新设备，是否可以使用现有机器的闲置产能进行生产？新产品是否会冲击现有产品的销售，还是能进入新细分市场来增加收入？新产品能否得到专利或版权保护？包含预期利润的财务分析需要估计单位售价和销售量，并对研发、生产和销售成本进行详细估计。

阶段5：开发

开发（development）是新产品开发流程的一个阶段，它把写在纸上的创意转化为实际的样品，得到一个可展示可生产的产品。它不仅需要高效地生产出来，还要经得起实验室检验和消费者测试，以确保该产品符合开发草案所制定的标准。

极端案例包括谷歌的无人驾驶汽车，它反映了耐用消费品开发流程第五阶段的复杂性。谷歌无人驾驶汽车的团队由15名工程师组成，测试模型有10辆汽车，其中包括丰田普锐斯和雷克萨斯RX 450h。2015年初，谷歌团队宣称其汽车已完成70多万英里无事故的"自主驾驶"。这些里程来自一位驾驶记录无瑕疵的司机，一位谷歌工程师则坐在副驾驶座上，驾驶途经旧金山的急转弯道路、弯曲的太平洋海岸高速公路，以及金门大桥，由车顶安装的一个不断旋转的激光测距仪和复杂的软件进行导航。

谷歌无人驾驶汽车将走向何方？谷歌公司还没有将无人驾驶汽车商业化的计划，而是想把这项技术推销给汽车制造商。在任何人都可以购买无人驾驶汽车这种典型的高科技装备之前，谷歌公司需要投入数亿美元进行额外的开发和测试（见后面的阶段6）。现在，只有内华达、加利福尼亚和佛罗里达州在法律上允许无人驾驶汽车上路。

对谷歌公司来说，好消息是它是"安全"的。如果无人驾驶汽车得到完善，并获许在美国高速公路上行驶，那么交通事故导致的死亡和医疗就会逐年下降。这肯定将是谷歌营销活动的一部分！

阶段6：试销

试销（market testing）是新产品开发流程的阶段之一，指在实际购买环境中，把真实的产品展示给潜在消费者，看看他们是否购买。在预算允许的情况下，生产大众消费品的公司会进行有限制的试销，即在特定的时间段和限定的区域内销售产品。主要的试销方式有三种：（1）标准试销；（2）受控试销；（3）模拟试销。由于标准试销非常耗时且成本较高，还会暴露公司的计划，有些公司就会完全跳过试销，或者采用受控试销或模拟试销。

标准试销 使用标准试销的方式，公司在开发出一个新产品后会设法通过正常的销售渠道在多个城市进行销售。对于新产品来说，试销城市必须是在人口统计学上具有代表性的市场，公司可以通过有线电视网向不同的家庭播放不同的广告，零售商的扫码收银机可以估计销售额的大小。标准试销的一个显著特点是生产者把产品卖给分销商、批发商和零售商，跟其他产品的销售没有什么两样。

受控试销 受控试销指将整个测试程序外包给外部的服务公司。该服务公司花钱购买零售商的货架空间，以此保证测试产品的潜在分销量能达到规定的百分比。IRI公司就是提供此类服务的领军者，它在向通用磨坊等生产大众消费品的公司提供受控试销服务。它的行为扫描（BehaviorScan）服务在5个在人口统计学上有代表性的城市跟踪新产品在一组家庭中的销售情况，有时还可以评估不同的电视广告和其他直接面向消费者的促销能够产生什么样的效果。

模拟试销 为节省时间和资金，企业往往转而采用模拟试销（STMs）或实验室试销，这种技术可以复制一个完整测试市场。模拟试销经常在购物中心开展，以便寻找相关的消费者。接下来，向合乎这一要求的测试者展示产品，介绍产品概念，询问他们的使用情况、购买原因以及是否了解重要的产品属性。然后，让他们观看试销公司和竞争对手有关测试产品的广告。最后，在一个真实的购物环境或模拟的商店环境中，给参与者一笔钱，让他们在试销产品或竞争对手产品之间选择购买。

试销无效 并非所有的产品都要试销。服务试销非常困难，因为消费者看不到他们要买的是什么。例如，一家艺术博物馆新盖了一座大楼，你如何试销？

同样，试销昂贵的消费品也是不切实际的，如汽车或喷气发动机等昂贵的工业品。对于这些产品，完全可以观察潜在买家对实物模型或样品的反应（这些产品的样品往往也是独一无二的）。

阶段7：商业化

最后，产品到了**商业化**（commercialization）的时候了，在新产品开发流程的这一阶段，就要定位和推出一种新产品，全面开工生产和销售了。对大多数新产品来说，这一阶段的支出最高。如果竞争者推出的新产品超过了本公司，或新产品冲击了本公司现有产品的销量，该公司就有可能停止上市新产品。无论是销售工业品还是消费品，企业都有可能在商业化阶段遭遇灾难。接下来讨论的波音公司787梦幻客机和汉堡王法式薯条就是这样的例子。

波音787梦幻客机的教训 2004年，波音宣布将设计波音787梦幻商用飞机。相比目前的航班，它采用的技术更先进，燃油损耗将减少20%，维护成本也将减少30%。波音公司为787的开发投入了数十亿美元，航空公司也已经预订了930架梦幻客机。

随着梦幻客机进入商业化阶段，世界各地的航空公司开始提货。但由于梦幻客机采用的全是新技术，尽管经过了大量的测试，新飞机在技术上仍旧故障频发。梦幻客机的机翼由碳纤维强化树脂而不是铝制成，因此生产和安装不便，而新的"高科技蒙皮"也不像以前的铝皮那样能防闪电。更严重的问题发生在2013年初，有两架梦幻客机上的锂离子电池起火，这促使监管机构将在世界各地服务的50架梦幻客机全部停飞。《华尔街日报》对波音787梦幻客机的总结堪称是最好的新产品教训："尽管很有价值，创新可不像喊几句口号那么轻而易举，它有可能让事情变得一团糟。"

汉堡王的法式炸薯条：商业化的复杂性 麦当劳的法式炸薯条是快餐业炸薯条的黄金标准。1997年，汉堡王决定与麦当劳炸薯条一较高下，投资数百万美元开发出一种裹有乳清或淀粉的炸薯条，旨在延长保温时间，且使之更加松脆。

汉堡王的厚切薯条于2011年上市，裹上了一层新的"外衣"，炸出一种"金黄色的酥脆美味"，同时保温时间更长，至少可以保温10分钟，因为75%的顾客是在他们的汽车、办公室或家中"边忙边吃"。汉堡王还发起了有史以来最大的电视广告宣传活动,来推广这种新薯条。但推广变成了一场灾难。新薯条的制作过于复杂,事实证明,除非在理想的条件下,汉堡王餐厅无法日复一日、始终如一地炸制这种薯条,这就是它失败的原因。

2013年底,汉堡王推出了"低脂薯条"进入儿童套餐,旨在消除人们对儿童肥胖的顾虑。低脂薯条的卡路里比普通薯条少了20%,脂肪也少了25%。汉堡王又碰上了新的商业化问题,因为它无法让顾客感受到有意义的差异点,而且低脂薯条比普通薯条贵。2014年中,汉堡王在大多数餐厅停售了低脂薯条。

食品杂货商业化的特殊风险　新的食品杂货引发了特殊的商业化问题。由于货架空间非常有限,许多超市向新产品收取上架费,即制造商为了在零售商的货架上陈列新产品而支付的费用。单个产品的上架费可能高达几百万美元。甚至还存在另外一项潜在的费用。如果新的食品杂货没有达到预定的销售目标,有些零售商还要索取赔偿费,即制造商因为未能卖出产品占用了宝贵的货架空间而支付给零售商的补偿,这是一种惩罚性费用。

这些昂贵的上架费和赔偿费进一步说明了大型食品杂货制造商为什么要采用区域展示了。销售消费品且使用区域推广的公司,将产品依次引入美国的各个地区,逐步提高生产水平,确立营销活动,从而尽量减少新产品失败的风险。食品杂货制造商和电话服务供应商都使用该策略。

新产品成功的一个因素:速度　速度或进入市场的时间(TtM)在推出新产品时往往是至关重要的。最新研究表明,及时进入市场的高科技产品比那些晚进入市场的产品获得的利润更高。所以,索尼、宝马、3M和惠普等公司常常会让几个新产品开发阶段同时进行。

这种方法被称作平行开发。采用这种做法,跨职能团队的成员会同时进行产品开发和生产流程,让创意生成到生产同步进行。这种方法让惠普将笔记本电脑的开发时间从12个月缩短至7个月。在软件开发行业,快速原型开发使用的是"编程、试运行、修改"的方法,他们甚至鼓励在初步设计后便持续不断地进行改进。为了缩短进入市场的时间,很多公司会让新产品团队免受日常行政管理的束缚,避免陷于繁文缛节的困境。

营销知识应用

1. 产品可分为消费品或工业品。如何划分以下产品的类别？（1）强生婴儿洗发水；（2）百得双速电钻；（3）弧焊机。

2. "自然谷"燕麦条和艾迪堡远足靴是便利品、选购品、特殊品还是非渴求品？

3. 根据你对问题2的回答，每种产品的营销行动有何区别，你将选用哪种营销行动？

4. 从对消费者行为的影响角度考虑，电脑如何分类？比如苹果电脑。按照这种分类，你会建议这些产品的制造商采取哪些行动提高市场销量？

5. 你建议用什么方法评估以下新产品潜在的商业成功？（1）新改进的番茄酱；（2）花费10年时间开发的立体电视；（3）拥有专利的新款儿童玩具。

6. 概念测试是新产品开发流程的一个重要阶段。概述以下产品的概念测试：（1）电动汽车；（2）基于可变利率的汽车贷款的新还款方式。对产品和服务进行概念测试有何区别？

创新案例思考

X-1：利用新产品开发突破音障

X-1是一种运动员用的音频播放器，防水、防汗且防风雨。一开始，它只是一个简单的商学院项目，但很快发展成为此类产品中的领先者。首席执行官卡尔·托马斯（Carl Thomas）解释道：许多因素促成了X-1的成功，"但新产品开发是推动这一切的引擎"。

如果你是游泳、跑步、滑雪、冲浪、铁人三项、登山、自行车或者其他运动的爱好者，并且喜欢在运动的时候享受音乐，你可能曾见过X-1产品。它一开始只是苹果公司音乐播放器的防水外壳，但这个外壳成了X-1新产品的起点。在此基础上，它添加了耳机、耳塞、盒子、臂带和配件，创造了该公司音频产品的一条产品线。

对新产品的投入获得了成功。公司现在拥有8项技术专利，并被《公司》杂志评为美国增长最快的500家公司之一。因此难怪托马斯会说，市场营销和新产品开发"对于任何一家公司来说都是十分关键的职能，对我们来说尤其重要"。

成立公司

X-1有着引人注目的历史。它的创始人是几位水肺潜水员,他们想边潜水边听音乐,于是开始研究如何在水下使用电子设备和扬声器。他们开发的防水外壳能够在100米的水下使用,并获得了美国"音频播放器防水外壳"专利。当时,他们正在学习商学院的课程,作业是制订一份商业计划书。他们根据自己的新技术撰写了计划书,并为公司起名"潜水者娱乐设备",开始向其他潜水者推销自己的产品。

很快他们发现,相比水肺潜水,防水音频播放器的概念显然更有吸引力。公司开始开发防水耳机,并将其命名为"H2O音频播放器",继而推出新的广告语"你的运动,你的音乐"。游泳、冲浪和铁人三项的运动员显然是潜在用户,奥运会游泳运动员娜塔莉·考夫林(Natalie Coughlin)和迈克尔·菲尔普斯(Michael Phelps)、专业冲浪者莱尔德·汉密尔顿(Laird Hamilton)、铁人三项运动员格雷格·班尼特(Greg)和劳拉·班尼特(Laura Bennett)成为H2O音频播放器的签约形象大使。其他运动员也逐渐了解和使用H2O音频播放器,该品牌的知名度迅速提升。

H2O音频产品成功打开了水上运动员市场,公司开始寻找下一个增长的机会。显而易见的措施自然是将目光扩展至其他运动项目,吸引其他运动员,如跑步、皮划艇、滑雪、登山和举重运动员。事实上,H2O音频很快意识到市场可以囊括所有的运动员,无论他们从事哪项运动。

然而,新策略遇到了一个意想不到的问题。虽然H2O品牌的名称非常直观,并促成了产品的初步成功,但它也限制了人们对水上运动产品的看法。对零售店经理来说,它在其他运动项目上的应用并不明显。托马斯解释道,自行车零售店和鞋店往往会拒绝搭售H2O音频产品,它们会说:"你只是一家游泳公司。"因此,H2O音频公司对其品牌进行了6个月的检视。

检视过程包括与运动员、零售商、制造商和当前用户进行访谈。一家品牌机构受雇帮助评估信息和确定产品和品牌可能会发生的变化。它提出了一个问题:"如果用音乐让所有运动员取得最佳训练效果和比赛成绩,重要的是具备什么样的产品特性?"答案是将原来的"防水"概念扩展至"防水、防风雨、防汗,并做到经久耐用和穿戴舒适"。

托马斯说:"我们了解到,运动员希望耳机在任何环境下都耐用、稳定,还希望它佩戴舒适,不易掉落。"检视过程还确定了一个新的品牌名称X-1,它的灵感来自第一架超音速飞机贝尔X-1。更换新名字后,广告主题语随之变更为"超音速",这些做法很快改变了人们对产品的印象。

扩大了的 X-1 产品线能够满足所有运动者更宽泛的诉求。该产品线包括：

·Momentum 型：防风雨和防汗的可洗入耳式超轻型耳机。

·Surge 型：防水、防风雨、防汗，并有低音扩声功能的运动型入耳式耳机。

·女用 Momentum 型和 Surge 型：为女性设计的耳机。

·Amphibx 型：可装下大多数音频播放器的臂带和防水盒，这些播放器包括各型号的苹果音乐播放器和苹果手机。

·Interval 型：专为游泳者附加到护目镜系带的耳机。

所有耳机都可定制，并附赠 3~5 个大小不同的耳塞垫，防水盒不影响所有触摸屏和按键操作。整个产品线既是产生开发流程的结果，也反映了开发流程的重要性。

X-1 公司的产品开发流程

X-1 公司的产品开发总监彼得·迪克森（Peter Dirksing）解释说："在 X-1，新产品开发是必不可少的。我们不断地监控市场并与我们的零售商交流，确保能为市场提供最好的产品组合。"一般而言，X-1 公司遵循下述严格的步骤或阶段。

第一阶段是新产品的战略规划，它反映的是 X-1 公司对市场环境的扫描。他们观察到：尽管音频行业已经成熟，但随身听、CD 机、iPod 以及智能手机等产品引领了个人或移动音频设备的出现，为新产品的开发带来了机会。

第二阶段是创意生成。X-1 公司利用多个来源孵化新创意。例如，员工可以在"蓝天"会议上提出建议，按照迪克森的说法，"没有哪个创意是坏主意"。该公司还利用开放式创新产生新的想法，比如吸引零售商的参与，吸纳一群叫作"X-1 团队"的志愿者运动员，征求他们的想法。

下一阶段是筛选和评价，包括评价每个想法，确定是否进一步开展工作。X-1 公司会评估新技术的可行性，与现有技术能否产生协同作用，以及所需资源的多少。迪克森解释说：所有的因素"混合在一起，确定最优先考虑的事情"。

第四步是商业分析，为新想法创建一个"商业案例"。X-1 公司的产品开发团队与销售和市场部门密切合作，对产品投放后 12 个月的情况做出预测，以反映现有产品是否会受到侵蚀，并估计该产品需要在市场上销售多长时间才能达到收支平衡点。

在此开发阶段，X-1 公司制作出一个模型，使用 3D 打印机来检查其外观和尺寸，看看它是否真的适合个人佩戴。一旦确定了尺寸，就需要制作一个功能性的样品。迪克森解释说："检查了 3D 样品的外部尺寸后，我们会将最终的 3D 绘图发送到工厂，让他们制作功能性的样品。"

最初的原型用于安全测试和第一次功能测试。迪克森说："确保产品的功能达到预期的目的是我工作的一部分。早晨开始工作前，我会戴着样品去游个泳，或者在进入办公室之前，戴着耳机去海里冲个浪，都是要确保新产品确实能在真实的环境中正常运行。"

一旦样品的质量要求达到产品级，X-1公司就开始进入第六阶段：试销。迪克森说："我们有一支由几百名业余运动员组成的团队，他们会帮我们测试产品，并提供反馈意见。X-1公司还使用其网站与各专业用户建立联系，以获得反馈。产品会在这一过程中做些调整，最终进入新产品开发流程的最后一个阶段：商业化。X-1公司制订了一个上市营销计划，提醒销售人员和零售商推销新产品，并着手生产。因为X-1是一个国际品牌，这一阶段还包括为欧洲、亚洲、澳大利亚和世界各地的用户开发广告和包装。

新产品开发流程在X-1公司是一个持续的活动。在某一特定的时间，该公司可能有10~15种新产品创意处在流程的不同阶段。X-1公司的新技术（如3D打印机）及快速制作样品的开发导向加快了产品的开发时间，让产品从开始到商业化只需要12个月。一旦新产品开始面向消费者销售，市场营销部门就开始发挥其专长，以确保产品的成功。

营销高级音响产品

X-1公司的营销活动非常全面。X-1公司的营销总监德纳·斯旺森（Dana Swanson）说："我们什么都做，印刷广告、数字广告、举办活动、展销会、社交媒体，你能想到的营销我们都做。"许多营销活动有助于实现不同的目标，如改变公司名称、产品的品牌再造、推出新产品以及与各类消费者进行交流。

例如将名称从H2O更改为X-1就需要营销，以便将产品推介到用户手中，让他们了解产品的价值。斯旺森解释说："有些做法会让我们的标志无处不在，比如赞助一个大型比赛或活动，但对我们来说，没有比亲自参加活动摆放一个摊位更重要的了，设立展位可以与顾客真实地互动，谈论我们的产品，并把产品送到他们的手中。"这也是X-1设立产品形象大使的原因之一。首先，X-1公司会与使用X-1产品的专业运动员和奥运会运动员签订合同。其次，X-1公司建立了一支业余运动员队伍，他们会在业余体育赛事中试用产品样本。在这两种情况下，形象大使们都会把X-1产品带到市场上，展示它们的功能。

X-1公司也借助社交媒体的力量，特别是在开发和推介新产品时会这样做。斯旺森解释道："新产品问世后，我们会在脸谱网、推特或instagram上做一个页面，用户会聚集在页面上，我们可以与他们互动、交流、回答问题。"社交媒体可以让X-1公司随时调查产品的满意度、消费者的颜色偏好以及产品的使用情况等。现在许多用户喜欢这种"参与感"，当X-1推出新产品时，他们的参与特别有益。

与不同运动员用户沟通交流也是一个重要的营销目标。目前，这些专业领域主要有三个：

- 耐力运动，包括所有对体能要求很高的运动（如马拉松和铁人三项等）。
- 户外运动，包括户外活动，如徒步旅行。
- 俱乐部运动，包括去健身俱乐部、瘦身坊或健身房。

借助公司的销售渠道，X-1公司确保能接触到这些专业运动员。通过体育用品商店（如REI、体育小屋和东部山地运动）、专业零售店、网店（如亚马逊网站的网店）和自己的网站，X-1公司可以与各个领域的潜在消费者交流。

公关活动也有助于增加产品的曝光度。幸运的是，X-1产品有许多独特的属性，如反光电线、可定制的耳塞、环境噪音容限和适合女性的特定尺寸，这些都会引发媒体的兴趣。例如，《健身》《女性跑步》《MSN新闻》《福克斯新闻》《华尔街日报》和《旅游周刊》最近都对X-1产品进行了报道。

X-1的成功得益于出色的创意、严谨的产品开发流程和高效的营销行动组合。斯旺森说："我认为X-1产品之所以成功，是因为我们实际上是一个提供解决方案的公司。我们想找到一种对运动员真正有效的产品，让他们在做任何运动时都能享受音乐。"

思考题

1. X-1产品有哪些差异性或独特属性？
2. X-1产品的主要目标市场是什么？
3. 描述X-1公司采用的新产品开发流程。它与图10-3描述的新产品开发流程有什么相似之处和不同之处？
4. 在导致新产品失败的8个原因中，X-1公司避免了哪一个才确保了X-1产品的成功？
5. 提出一个你认为X-1公司会进行评估的新产品创意。

11

管理成功的产品、服务和品牌

学习目标

1. 解释产品生命周期的概念；
2. 确定营销主管管理产品生命周期的方法；
3. 了解品牌化和选择性品牌策略的重要性；
4. 描述包装、标签和质量保证在产品营销中的作用。

佳得乐：满足难以抑制的渴望

为什么会忍不住地想喝佳得乐？只需看看它持续的产品改进和出色的品牌管理就明白。

就像纸巾市场的舒洁、果冻市场的吉露和透明胶带市场的苏格兰一样，在运动饮料市场，佳得乐有着同样的地位。1965年，佛罗里达大学调制出一种饮料，并把它作为该校橄榄球队的补水饮料。其对手队的教练看到自己的球队在橘子碗比赛中输给佛罗里达大学短吻鳄队（Gators）后为这种饮料起了一个名字——Gatorade，即"佳得乐"。从此这个名字就被确定下来，一种新型饮料由此诞生。斯托克利-范坎普公司于1967年购买了佳得乐的配方，并对产品进行了商业化。

创建佳得乐品牌

1983年，桂格燕麦公司收购了斯托克利-范坎普公司，并采取一系列措施快速提升佳得乐的销量。它的口味增多，瓶子形状更为多样，包装的规格多样化，分销渠道也由最初的便利店、超市扩展到沃尔玛之类的大卖场。持续的广告宣传和促销有效地传播了该产品的独特优势，同时，它还积极地寻求国际市场的发展机遇。

今天，佳得乐已销往80多个国家，变身全球品牌。它也是全国运动汽车竞赛协会、橄榄球联盟、职业棒球大联盟、国家篮球协会、国家冰球联盟、美国职业足球大联盟和女子篮球协会的官方运动饮料。

出色的品牌管理推动了佳得乐的成功。佳得乐"霜冻"于1997年推出，意图将品牌范围扩大至体育运动之外的其他场合。佳得乐"猛烈"则于1999年上市。同年，佳得乐携"促进健康水"打入瓶装水市场，这是一种添加维生素以增加营养的淡味水。2001年，佳得乐推出"表现"系列，特色产品有佳得乐能量棒、佳得乐能量饮料和佳得乐营养奶昔。

打造佳得乐品牌

在2001年收购桂格燕麦和佳得乐品牌后，百事公司加快了品牌开发。为拉美裔消费者生产的双语标签版佳得乐Xtremo于2002年推出。紧随其后的是2003年推出的佳得乐"X因素"。2005年，佳得乐为热衷跑步者、建筑工人和其他长时间工作或锻炼且流汗的人开发出了耐力配方。佳得乐雨是一种口味更清淡的普通佳得乐，于2006年问世。低卡路里佳得乐G2则于2008年上市。

2009年，佳得乐的高管采用大胆的新包装推出了一系列强化饮料。佳得乐首席营销官说："就像任何优秀运动员一样，佳得乐正在更上一层楼。无论你喝它是为了取胜、为了兴奋，还是为了健康，如果你的身体在动，佳得乐就会把你视为运动员，我们邀请你加入这个品牌。"一份公司公告说："透过整体包装的重新设计，新佳得乐的态度再明显不过了。"例如，佳得乐"解渴"现在将字母G连同品牌标志性的闪电打印在正面的中心位置。"对于佳得乐，G代表了竞赛、喧嚣和灵魂，对于任何想要挥洒汗水的人来说，无论在哪里，G都是他们骄傲的徽章。"

为了与传统的佳得乐"解渴"系列区别开来，新品通过标签上的抢眼标识和营养成分表，传达出强硬的健身教练的态度。例如，佳得乐"猛烈"的标语是"放马过来"，佳得乐"X因素"的标语是"强硬起来"。持续不断的产品开发让G产品系列于2010年和2011年诞生。

从2011年开始，佳得乐对品牌进行了重新定位，在此期间，它针对不同类型的运动员开发了不同种类的佳得乐产品。这些产品线包括面向运动员的传统G系列和面向极限运动员的G系列耐力产品。这些产品线内的产品开发直到今天还在继续，佳得乐耐力碳酸口香糖即是证明。

佳得乐的营销体现了产品在动态市场中的持续开发和高超的品牌管理水平。难怪创建50年后，佳得乐仍然是一个充满活力的品牌。本章以佳得乐为例，说明成功的营销人员应该如何采取行动。

图解产品生命周期

产品同人一样有生命周期。**产品生命周期**（product life cycle）概念描述了新产品在市场中所经历的不同阶段：导入期、成长期、成熟期和衰退期（如图 11-1）。图中的两条曲线是行业总销售收入曲线和行业总利润曲线，分别代表了生产该产品的所有公司的总销售收入和总利润。每条曲线和相应的营销决策变化的原因将在下面详细介绍。

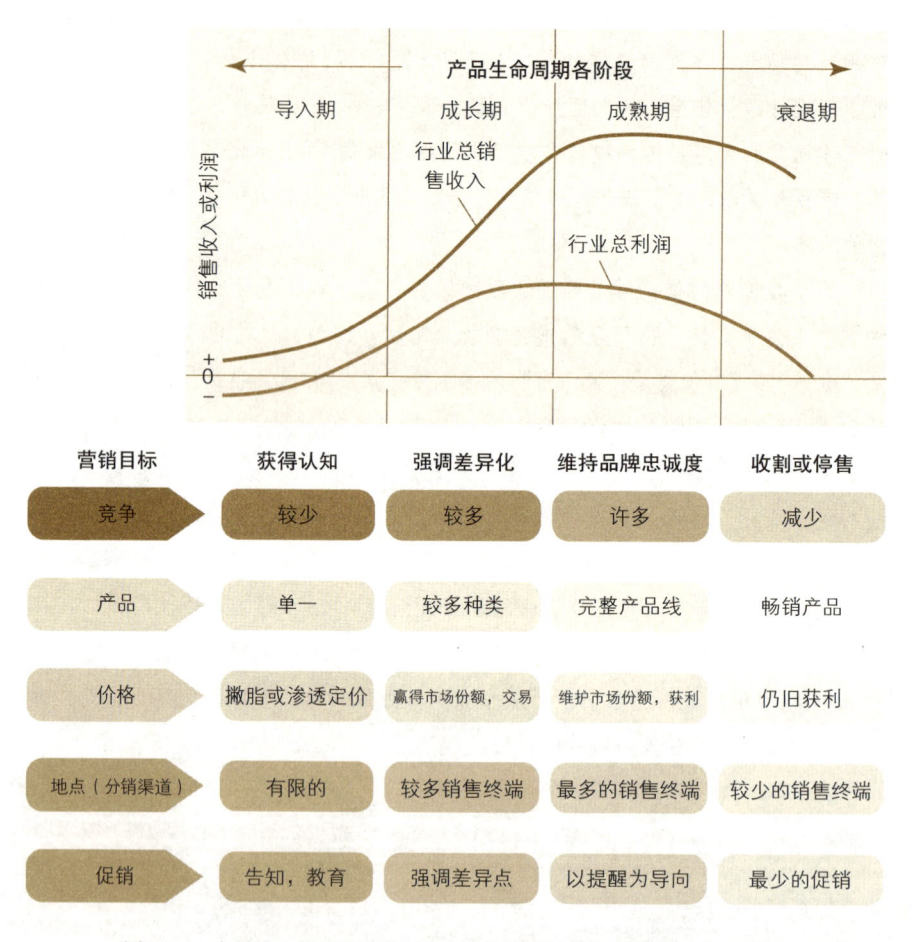

	导入期	成长期	成熟期	衰退期
营销目标	获得认知	强调差异化	维持品牌忠诚度	收割或停售
竞争	较少	较多	许多	减少
产品	单一	较多种类	完整产品线	畅销产品
价格	撇脂或渗透定价	赢得市场份额，交易	维护市场份额，获利	仍旧获利
地点（分销渠道）	有限的	较多销售终端	最多的销售终端	较少的销售终端
促销	告知，教育	强调差异点	以提醒为导向	最少的促销

图 11-1 产品生命周期各阶段与公司的营销目标和营销组合行动的关联图

导入期

产品初次进入预定目标市场的阶段即是产品生命周期的导入期。在此期间，销售额增长缓慢，利润很低。利润低常常是因为在产品开发中投入了巨大的成本。例如，吉列公司耗资数百万美元开发了吉列锋速剃须刀系统。公司在这一阶段的营销目标就是要让消费者知道该产品的存在，并鼓励试用，即引导消费者初次购买某种产品。

在导入期，为了提高在消费者群体中的知名度，鼓励产品试用，公司往往会花费巨资做广告，并利用其他促销工具。例如，为了把锋速系列的剃须刀推荐给男性使用者，吉列公司划拨了 2 亿美元的预算来做广告。结果如何呢？在 6 个月内，超过 60% 的男性剃须刀使用者知道了这种新剃须刀的存在，并有 26% 的人试用了该产品。

在导入期，广告及促销支出通常用于刺激初步需求，即消费者对某类产品而非某一特定品牌的渴望。因为在此阶段，几乎没有生产相同产品的竞争者。然而，随着更多的竞争者推出其产品，这类产品沿着生命周期不断发展，公司就应该重视创造选择性需求，即对特定品牌的偏爱。

在这一阶段，其他类型的营销组合也很重要。渠道中间商可能对是否要销售新产品犹豫不决，因此，获得分销渠道不无挑战性。而且，为了确保对产品质量的控制，公司常常会限制产品的种类。比如，佳得乐最初进入市场时只有柠檬这一种口味。

在导入期，产品定价可高可低。初始价格定得高可以被视为一种撇脂定价策略，既可以帮助公司弥补开发成本，又可以利用早期购买者对价格的不敏感性。3M 公司是采用这种策略的高手。一位 3M 公司的经理说："我们快速出击，高定价，当相似产品大量涌入市场时，我们已经离开了。"但高定价容易吸引竞争者急于进入该市场，因为他们从中看到了盈利的机会。为防止竞争者进入，公司也可以定低价，即采用所谓的渗透定价策略。这种定价策略有助于提高产品销量，但同时公司也必须密切关注成本。此处所述的定价法以及其他定价技巧将在第 14 章讨论。

图 11-2 为美国商用单机版传真机从 20 世纪 70 年代到 2016 年的产品生命周

期。20世纪70年代至80年代初，也就是施乐公司开发出第一台便携式传真机之后，销售额开始缓慢增长。传真机最初是由公司销售人员直接出售给企业的，并且定价很高。1980年时，一台传真机的平均价格高达1.27万美元，折算成现今的美元，差不多为3.5万美元！依现在的标准看，那些传真机都很简陋。它们是由机械零件而非电子线路组装起来的，缺少当今传真机常见的一些性能。

包括智能电视和新能源汽车在内的几种产品目前正处于产品生命周期的导入期。

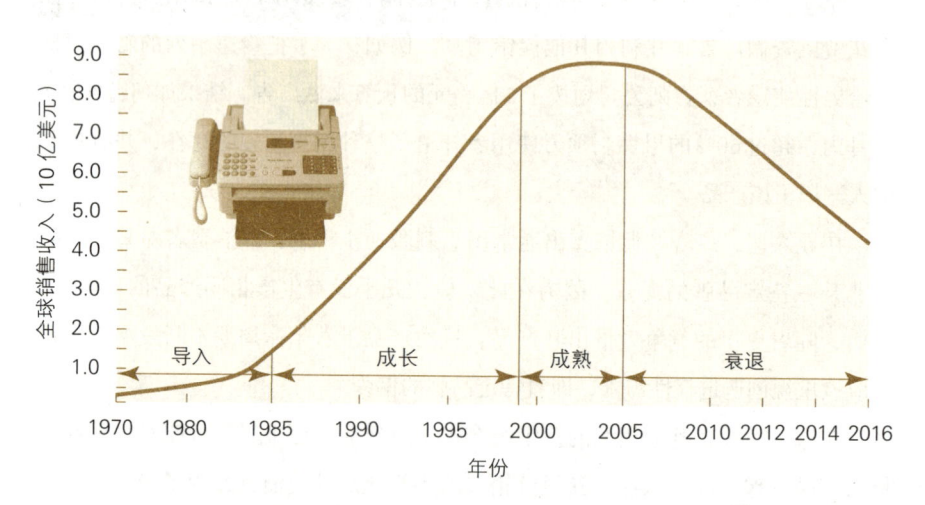

图11-2　1970—2016年商用单机版传真机产品生命周期的四个阶段（导入、成长、成熟和衰退）

成长期

产品生命周期的成长期以销售额的快速增长为特征。在这一阶段，竞争者开始出现。如图11-2所示，1986—1998年间传真机销量迅速增长。销售传真机的公司数量也开始增加，从20世纪70年代初的1家生产商到70年代末的4家，再到1983年的7家生产商销售9个品牌，截至1998年，约有25家生产商，并有60个品牌可供选择。

更多的竞争者以及更具进攻性的定价让利润常常在成长期达到最高点。比如，传真机的平均价格从1985年的3 300美元大幅下降至1995年的500美元。在这一时期，广告的重点转移到刺激选择性需求上来。在这种情况下，为了获得市场份额，产品常常拿来与竞争产品相比较。

新的消费者试用新产品，感到满意后又再次购买，从而让重复购买者的比例逐渐增加，因此，成长期的产品销量是加速增长的。对于吉列锋速剃须刀来说，试用过该剃须刀的男士60%以上成为其终生用户。对于成功产品而言，随着产品经历生命周期的各个阶段，尝试购买的重复率逐步增加。传真机的耐用性意味着重置购买的可能性几乎没有。然而，随着传真机使用范围的逐步扩大，使用一台以上传真机的公司也变得非常普遍。

到了成长期，产品开始出现变化。为了使自己的品牌跟竞争者区分开来，公司在最初产品设计的基础上改进型号或添加新功能，产品由此开始衍生。传真机的变化包括：（1）内置电话；（2）使用普通白纸而非热敏纸；（3）内置收发电子邮件功能。

在成长期，重要的是扩展产品的分销渠道。例如，在零售店，这通常意味着相互竞争的公司抢占展台和货架空间。传真机行业中不断扩展的分销渠道就是一个实例。在传真机成长期的初期，只有11%的办公设备经销商销售这种设备；然而到了20世纪90年代中期，有70%以上的办公设备经销商销售该产品，并且销售渠道也扩展到了其他销售电子设备的商店，比如百思买和欧迪办公用品公司。

当前，无数种产品或行业正处于产品生命周期的成长期，其中包括智能手机、电子书阅读器和其他平板设备，如苹果平板电脑。

成熟期

成熟期的特征是行业总销售额或产品收益增长变缓，边缘化的竞争者开始退出市场。大部分购买此产品的消费者是重复购买者。由于新进入市场的购买者越来越少，成熟期的销售增加额是递减的。众多销售者之间激烈的价格竞争导致利润下降，为赢得新购买者而耗费的成本在增加。

在成熟期，营销重点通常是通过进一步的产品差异化和寻找新的购买者和应用来维持现有的市场份额。例如，吉列修改了其锋速剃须系列，增加了吉列无感剃须刀（ProGlide），这是一个有5层刀片的剃须刀，另外一个刀片放在背面，用于精修。传真机制造商开发了一种可接入互联网的多功能传真机，这种传真机具有扫描、复制、彩印等新功能。除此之外，它们还设计了一种适合小型企业和家庭企业使用的传真机，现在相当大一部分销售额是它们带来的。此外，在此阶段，公司战略重点要考虑的是通过提高促销和分销的效率来控制整体的营销成本。

20世纪90年代末，传真机进入成熟期。当时，该行业约90%的销售额被5家制造商（惠普、兄弟、夏普、利盟和三星）瓜分，竞争力不强的制造商已经被淘汰出局。到2004年，世界各地共安装了2亿台单机版传真机，每年发送1 200多亿份传真。

许多产品和行业处于产品生命周期的成熟阶段，其中包括碳酸软饮料和加糖的早餐谷物。

衰退期

当销售额开始下降时，产品就进入了衰退期。2005年初，商用传真机开始进入这一时期，当时的平均售价已经低于100美元。产品进入衰退期往往并非由于公司战略有误，而是环境发生了变化。例如，在音乐录制行业，数字音乐促使光盘进入衰退期。互联网技术和电子邮件是否意味着传真机即将消失？"营销无小事"专栏阐述了一种观点，可能会让你大吃一惊。

许多产品或行业处于其产品生命周期的衰落阶段。模拟电视和个人台式电脑就是两个突出的例子。

处于衰退期的产品所耗费的管理及财务资源与其未来的价值不成比例。公司对处于衰退期的产品可以采取两种策略：停售或收割。

停售 产品停售或从公司的产品线中撤下是最极端的一种策略。即使处于产品的衰退期，仍有一些核心消费者在使用该产品，所以，不能轻率地决定停售产品。例如，在文字处理设备普及之后，桑福德公司（Sanford Corporation）依然在销售打字机使用的修正液。

营销无小事　客户价值

电子邮件意味着传真机的衰亡吗

为消费者创造价值的技术替代往往会让产品进入生命周期的衰退期。电子邮件会取代传真机吗？

这个问题已经争论了好多年。尽管随着互联网接入的扩大，电子邮件持续增长，但每年还会售出数百万台传真机。据业内分析人士估计，到 2018 年，全世界的电子邮箱数量将会增长到 52 亿。然而，电子邮件的飞速普及并没有使传真机走向消亡。原因何在？因为这两项技术并不在同一信息应用领域里直接竞争。

电子邮件用于文本信息的收发，而传真则主要是对互联网安全心怀忧虑的商业用户使用，尤其是医生，用于传递标准化的文件。尽管在全世界范围内传真机的销量有所下降，但预期到 2018 年传真的使用还会继续增长。互联网技术和电子邮件可能最终会取代复制技术和纸张，并导致传真机消亡，但绝不是近期。

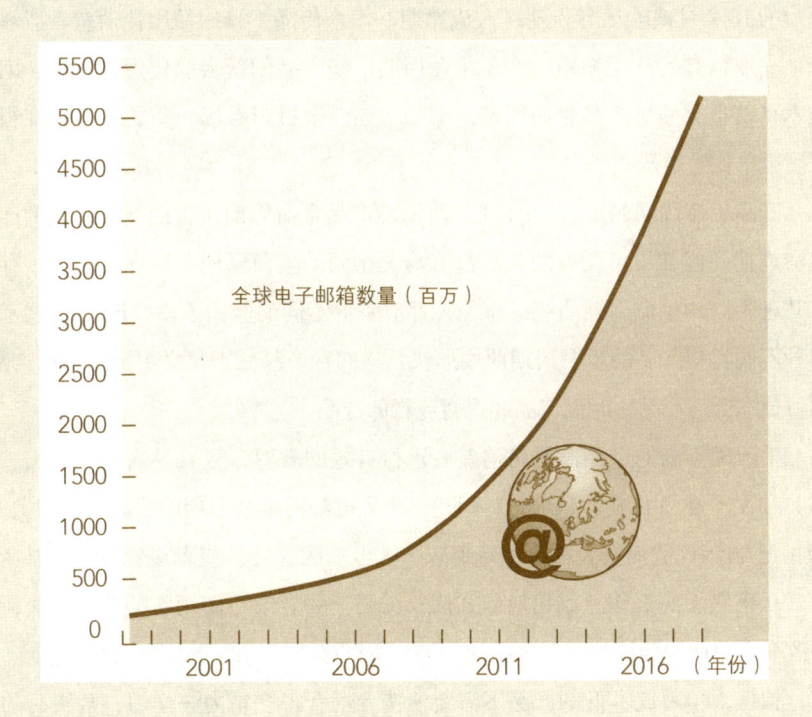

全球电子邮箱数量（百万）

收割 第二种策略是收割，即公司仍保留该产品，但会削减营销支出。公司继续提供产品，但营销人员不再花时间推销，也不再花钱做广告。采取收割策略的目的是维持满足消费者需求的能力。以可口可乐公司为例，它依然向其一小部分忠实的粉丝销售泰波（TaB），它是该公司的第一种减肥可乐。据可口可乐公司的首席执行官说："这能体现你的关怀精神，我们想要确保那些想喝泰波的消费者能够买到泰波。"

衡量产品生命周期的三个维度

产品生命周期的一些重要维度包括：（1）产品生命周期的长度；（2）其销售曲线的形状；（3）消费者接受产品的程度。

产品生命周期的长度 产品所经历的产品生命周期不是固定的。通常来讲，消费品的生命周期要短于商用品。例如，菲多利公司的乐事炸薯片等消费品在短短的18个月内就从导入期进入成熟期。大众传播工具的使用让消费者能够快速地获取信息，从而缩短了产品生命周期。新产品创新会取代现有产品，因此技术革新也会缩短产品生命周期。例如，在业余摄影市场，智能手机已在很大程度上取代了数码相机。

产品生命周期的形状 图11-1所示的产品生命周期销售曲线是广义的产品生命周期，但并不是所有的产品都有与之相同的生命周期曲线。事实上，存在着几种不同的生命周期曲线，每一种都应采取不同的营销策略。图11-3展示了四种不同类型产品的生命周期曲线形状，这四种产品分别是学习成本高的产品、学习成本低的产品、时尚产品和短暂流行的产品。

学习成本高的产品需要对消费者进行有效的教育，且其导入期比较长（见图11-3A）。也许你会感到惊奇，但是，个人电脑的生命周期曲线就是这种类型。20世纪80年代的消费者需要了解拥有个人电脑的好处，或者接受培训，以新的方式从事熟悉的工作。家用对流式烤箱需要消费者学习使用新的烹饪方法，还要改变之前使用传统炉灶时熟悉的食谱。所以这些烤箱的导入期长达数年。

相反，学习成本低的产品不需要消费者耗费很多精力去学习，购买后的收益也能很快被感知，销售可以立即开始（见图11-3B）。这种产品很容易被竞争

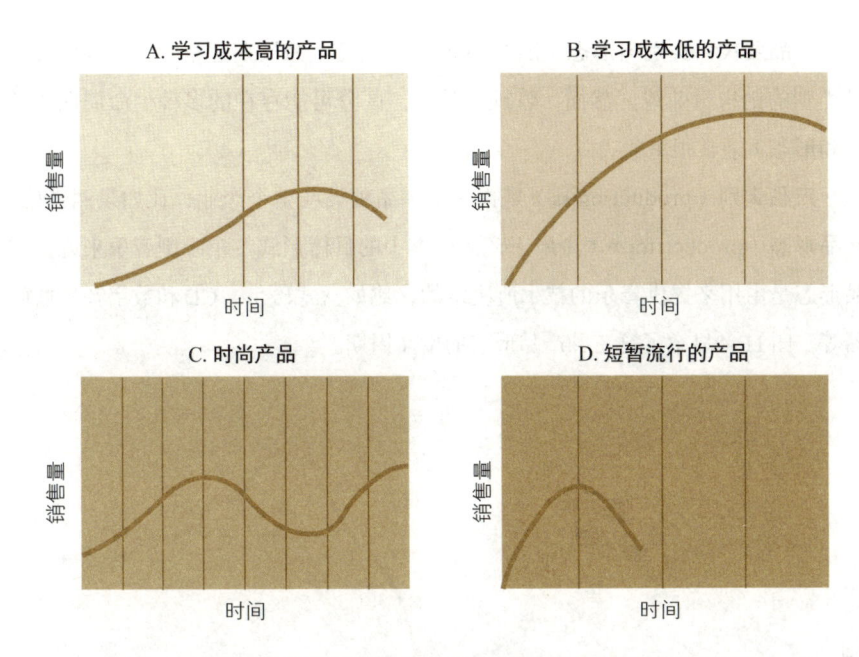

图 11-3　不同类型产品的产品生命周期曲线（与学习成本低的产品相比，学习成本高的产品导入期更长）

者模仿，因此，它们的营销策略应该是迅速拓宽分销渠道。如此，即使竞争者迅速进入，大部分零售终端已经在销售创新者的产品了。此外，保证拥有足以应对市场需求的生产能力也很重要。吉列锋速剃须刀就是一个消费者学习成本低的成功产品，在不到3年的时间里，该产品在全世界的销售额就达到了10亿美元。

时尚产品代表了某一时期的风格（见图11-3C）。服装一般属于时尚产品。时尚产品被导入市场，经历衰退期，然后似乎又开始流行起来。它的生命周期长度可能是几个月、几年或几十年。以女袜业为例，其销量多年来一直在下滑。现在的女性认为不穿袜子更时髦，这对于女士丝袜的领导品牌恒适来说可是坏消息。但时尚界的一位权威人士说："公司可以任时尚自然流转，坐等连裤袜的再次流行。"

短暂流行的产品在导入期销售会迅速增加，之后迅速进入衰退期（见图11-3D）。这些产品一般非常新颖但生命周期短暂。这类产品包括汽车文身（在南加州出售的第一代可移动、可重复使用的汽车图标），以及用乙烯基为原料的服装和明尼苏达州一家服装厂生产的羊毛比基尼泳衣。

产品层次：类别与形态 图11-1所示的产品生命周期是整个行业或广义产品类别的销售量曲线。然而，管理产品时，区分可能存在的多种生命周期（类别和形态）通常很重要。

产品类别（product class）是指整个产品种类或整个产业，比如录制音乐。**产品形态**（product form）则属于产品门类中的具体形式。拿录制音乐来说，产品形态是由用来提供音乐的技术所决定的，比如盒式磁带、CD和数字音乐播放器等。图11-4显示了这三种产品形态的生命周期。

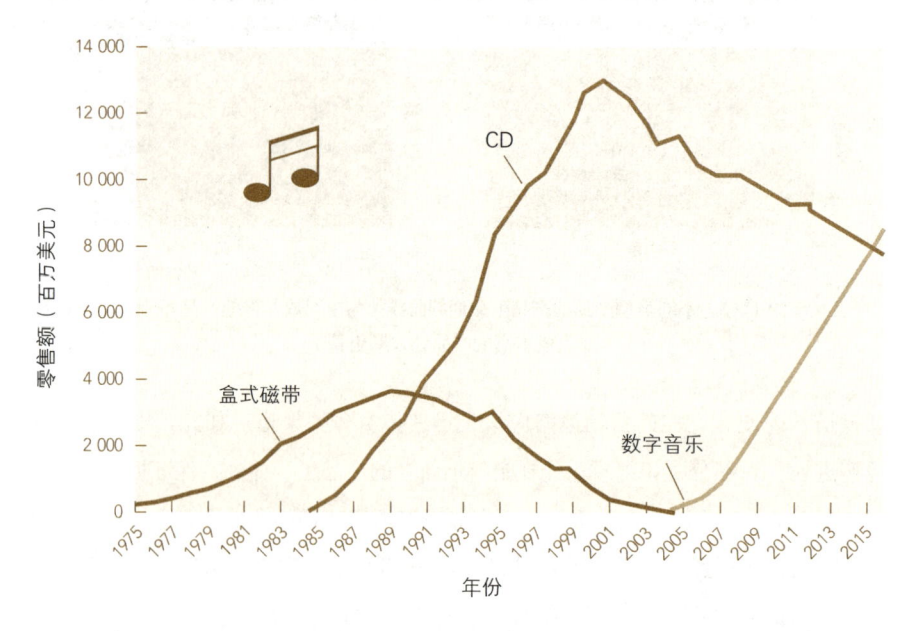

图11-4 不同形态的录制音乐产品的生命周期说明了技术创新对销售量的影响
（CD取代了盒式磁带，2015年，数字音乐又取代了CD）

产品生命周期和消费者行为 产品的生命周期取决于对消费者的销售。并非所有的消费者都急于在导入期购买产品，而产品生命周期曲线的形状表明大多数销售是在产品上市的一段时间之后发生的。实质上，产品是通过某类群体扩散开来的，这一概念称为"创新的扩散"。

有些人很早就受到产品的吸引。而其他人则只会在看到他们的朋友或意见领袖使用该产品后才会购买。图11-5显示的是按照接受新产品的时间来分类的五种产品采用者的消费者群体，每一类都附有简短的介绍。任何产品想要获得成功，都必须首先被创新型消费者和初期采用者购买。这就是新药生产商要想方设法让有声望的医院、诊所和医生采用他们的产品的原因。一旦产品被创新型消费者和初期采用者接受，成功的新产品就会相继进入早期大多数、晚期大多数以及滞后者的购买视野。

有几个因素会对消费者是否采用新产品产生影响。若消费者拒绝接受导入期的新产品，常见原因有：使用壁垒（产品不符合现有习惯）、价值壁垒（产品未能提供改变消费行为的激励因素）、风险屏障（存在人身、经济或社会的风险）和心理障碍（文化差异或形象问题）。

这些因素有助于解释美国全电动汽车的市场接纳为什么如此缓慢。在2015年售出汽车中约有0.33%为全电动车。行业分析师列举出了导致销售不力的使用壁垒。他们注意到，潜在买家认为这些汽车不符合现有的驾驶习惯。分析师们还提到了价值壁垒。消费者还没有意识到全电动汽车相对于内燃机车的优越性。在很大程度上，买方对于拥有全电动汽车的实际成本心里没有底，这种不确定性就是风险屏障。据一位汽车行业分析师称："创新型消费者和初期采用者已经购买了全电动汽车，但主流消费者并未跟随。"毫不奇怪，全电动汽车仍然处于

创新型消费者
喜欢冒险，受教育程度高，利用多种信息来源

早期大多数
谨慎，有多种非正式的社会关系

滞后者
害怕欠债，从邻居和朋友处获得信息

初期采用者
社交场合的领导者，受教育程度略高于平均水平

晚期大多数
持怀疑态度，社会地位低于平均水平

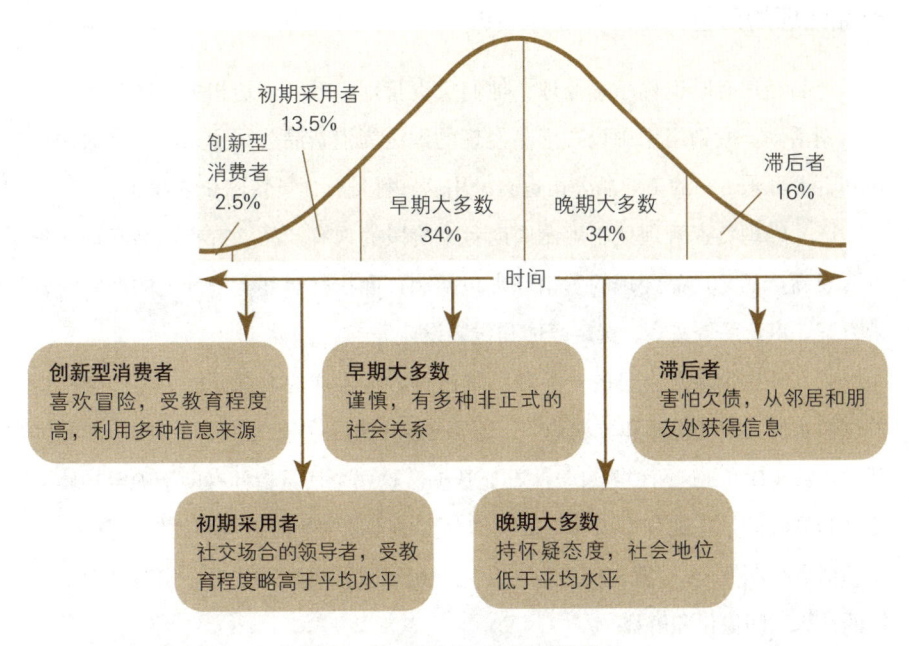

图11-5　五类产品采用者及其简介

产品生命周期的导入阶段。

公司采取了很多办法努力克服这些壁垒。例如，全电动汽车制造商提供费用低廉的租赁服务，以克服使用壁垒、价值壁垒和风险屏障。其他公司则提供保修单、退款保证、大量的使用说明、产品演示和免费样车，以鼓励消费者试用新产品。免费样品是让消费者试用的最普遍的方法之一。事实上，71%的消费者都认为试用样品是评价新产品的最佳方式。

◎ 产品生命周期的管理

企业的一项重要任务是管理处于生命周期各个阶段的产品。本节将阐述负责这项任务的产品经理的职责，并给出在整个生命周期中管理产品的三种方法：调整产品、调整市场和重新定位产品。

产品经理的角色

产品经理有时也称品牌经理，他们负责管理一系列密切相关的产品或品牌的营销活动。营销组织中设置产品经理的做法为消费品公司所采用，如通用磨坊和百事可乐，有的工业品公司也会采用这一称号，如英特尔和惠普等。

产品经理负责管理处于生命周期各个阶段的现有产品，有些产品经理还负责开发新产品。产品经理的营销职责包括制订和执行年度营销计划的产品线营销方案、审定广告文案、选定媒体和包装设计等。

产品经理也会对自己的产品和品牌进行各种各样的数据分析。他们会密切关注销售额、市场份额和盈利趋势，通常还会利用品种开发指数（CDI）和品牌开发指数（BDI）这两种测量方法补充数据。这两个衡量指标有助于确定具体消费品和品牌的景气细分市场与不景气细分市场（通常按照地理和人口细分），为营销活动指明方向。"营销仪表盘"专栏介绍了夏威夷宾治饮料公司对这两个指标的计算、图像化和解释。

营销仪表盘

了解你的 CDI 和 BDI

在产品的品种与品牌的销售中，何处最强和最弱？营销仪表盘显示了与此问题有关的数据，其中有两个指标：(1) 品种开发指数；(2) 品牌开发指数。

你的挑战

你已经加入夏威夷宾治的营销团队，它是全美销量第一的果汁饮料。该品牌被推销给有 13 岁以下孩子的妈妈，1 加仑（约 3.785 升）和 2 升的瓶装夏威夷宾治占到了其销量的大部分。你的任务是检查该品牌的业绩，并确定夏威夷宾治在消费瓶装果汁饮料（产品类别）的家庭中有多大的增长机会。

你的营销仪表盘展示了由一家联合营销研究公司提供的品种开发指数和品牌开发指数。每项指标都是基于以下公式计算的：

$$品种开发指数（CDI）= \frac{某类产品在某一细分市场的销量占全国总销量的百分比}{该细分市场的人口占全国总人口的百分比} \times 100$$

$$品牌开发指数（BDI）= \frac{某品牌在某一细分市场中的销量占全国总销量的百分比}{该细分市场人口占全国总人口的百分比} \times 100$$

CDI 超过 100 表明某品种在细分市场上的购买高于平均水平，而若低于 100，则表明低于平均水平；BDI 超过 100 表明此品牌在该细分市场上的地位很牢固，而若低于 100，则表明品牌地位较弱。

你会对瓶装果汁饮料的四个家庭细分市场的 CDI 和 BDI 感兴趣：(1) 无子女的家庭；(2) 有 6 岁或以下幼儿的家庭；(3) 有 7～12 岁儿童的家庭；(4) 有 13～18 岁青少年的家庭。

你的发现

以下显示的 BDI 和 CDI 指数表明消费夏威夷宾治的家庭是有子女的家庭，特别是孩子在 12 岁以下的家庭。夏威夷宾治在这两个市场上的 BDI 都超过了 100，所以该品牌就是要销往这些细分市场。孩子在 13～18 岁家庭的 CDI 超过了 100，表明他们消费果汁饮料比较多。但是，夏威夷宾治在 BDI 低于 100 的细分市场上相对弱势。

你的行动

夏威夷宾治的商机存在于有 13~18 岁孩子（青少年）的家庭。你可能建议夏威夷宾治针对这些青少年进行重新定位。除此之外，你还可以建议夏威夷宾治像软饮料那样，使用单杯罐装或瓶装，以增强对该细分市场的吸引力。广告和推销活动也可以针对青少年开展。

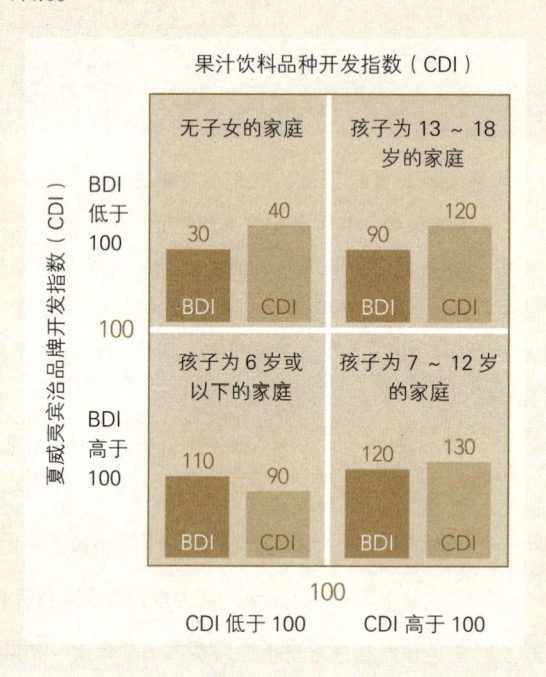

果汁饮料品种开发指数（CDI）

	CDI 低于 100	CDI 高于 100
BDI 低于 100	无子女的家庭 BDI 30, CDI 40	孩子为 13~18 岁的家庭 BDI 90, CDI 120
BDI 高于 100	孩子为 6 岁或以下的家庭 BDI 110, CDI 90	孩子为 7~12 岁的家庭 BDI 120, CDI 130

调整产品

产品调整（product modification）是指改变一种或多种的产品特性，如质量、性能或外观，以增加产品带给消费者的价值，并提高销量。采用了纳米技术的抗皱抗污服装引发了服装业的革命，刺激了休闲裤和男女衬衫的销售。至于调整产品以增加产品带给消费者的价值，有一个通用的方法叫"产品捆绑"，即把两个或多个独立产品打包销售。例如，微软的办公软件 Microsoft Office 就是一个软件包，其中包括 Word、Excel 和 PowerPoint。

新的功能、包装或气味都可以被用来改变产品的特性，并给人以改进产品的感觉。宝洁公司改进了潘婷洗发水和护发素，添加了新的维生素配方，并借助耗资数百万美元的广告宣传和促销活动重新推广品牌。结果如何？潘婷是20世纪40年代推出的品牌，现在，在一个有1 000多个竞争产品的行业里，它已成为美国最畅销的洗发水与护发素品牌。

调整市场

企业运用**市场调整**（market modification）策略寻找新的消费者、增加现有消费者的用量或开辟新的使用情境。

发现新的消费者 作为市场调整策略的一部分，乐高集团正在推出新的产品线，以吸引其传统市场之外的消费者。乐高集团以其受欢迎的系列积木玩具而闻名，它为年轻女孩推出了一款名为"乐高好友"的系列产品。哈雷公司则调整其营销计划，鼓励女性骑哈雷摩托，从而使其潜在用户数量加倍。

增加产品使用量 促进消费者更频繁地使用一直是金宝汤公司的策略。汤有个特点，那就是冬季消费量增多，夏季消费量减少。因此，该公司现在会在温暖的季节加强广告宣传，以使消费者意识到汤不只是寒冷季节的食物。类似地，佛罗里达橙农协会则提倡全天饮用橙汁，而非仅仅在早餐时饮用。

开辟新的使用情境 为现有产品寻找新的使用情境已成为世界男子剃须产品领导者吉列的战略。该公司现在销售的男式脱毛系列剃须刀、刀片和剃须膏即是开辟新的使用情境，男式脱毛是一种去除领口以下体毛的技术。

重新定位产品

为了增进销售，公司往往会决定重新定位产品或产品线。重新定位产品就是改变产品在消费者心中相对于其他竞争产品的位置。公司可以通过改变营销组合四要素中的一个或多个来对产品重新定位。引发企业采取行动重新定位的四个要素将在后面讨论。

针对竞争者定位的对策 需要对产品重新定位，是因为竞争产品根深蒂固的定位不利于自己产品的销售和市场份额的扩大。新百伦公司成功地将产品重新定位为合脚、耐穿和舒适，而不是与耐克和阿迪达斯在时尚与专业运动鞋上正面竞争。该公司还扩展了鞋码范围，并与足科医生而不是运动明星建立合作关系网络。

进入新市场 联合利华在英国推出冰茶时，销售情况令人失望。英国消费者认为冰茶是喝剩下的茶叶渣，不适合饮用。于是公司将茶碳酸化，并将其重新定位为冰凉软饮料，与其他碳酸饮料竞争，销售量由此增加。强生公司则成功地将婴幼儿用的圣约瑟夫阿司匹林重新定位为成人用的低浓度阿司匹林，以降低心脏病发作和中风风险。

借助新兴的趋势 改变的消费趋势也能导致产品的重新定位。消费者对有利健康的食品越来越感兴趣就是例子，很多产品利用这一趋势进行重新定位。桂格燕麦公司声称燕麦片饱和脂肪含量低、胆固醇含量低，可以降低心脏病的发病率，这一点已经过美国食品及药物管理局认可。富含钙的食品，如卡夫的乳酪和本叔叔（Uncle Ben）的加钙米则强调产品对儿童和成年人骨骼健康的重要性。在意体重的人越来越多地强调想要低脂肪和低热量的食物，所以现在大多数食品公司和饮料公司都推出了低热量低脂肪的产品。

改变提供的价值 重新定位产品时，公司可以改变提供给购买者的价值，提供价值更高或低的产品。**高档化策略**（trading up）指通过增添特性或采用高质量的原料来提高产品或产品线的价值。米其林、普利司通和固特异公司都通过这种方法推出了"漏气续行"轮胎，这种轮胎可以在完全无气的情况下以55英里的时速行驶50英里。罗尔斯顿·普瑞纳（Ralston Purina）等狗粮生产商也走提高产品价值的路子，它们根据小狗各生命阶段所需营养提供特级营养食物。比如塔吉特和沃尔玛等大卖场则通过在店中增添名牌服装专柜来提升价值。

低档化策略（trading down）指减少产品的特性、降低质量或价格。例如，航空公司增加座位，从而减少乘客的腿部空间，还限制餐饮服务，对于多数国内航班只提供快餐。公司决意偷工减料时，低档化策略就启动了。所谓偷工减料是指在不改变包装大小的前提下减少包装的分量，同时保持或提高以整个包装为单位的价格。正如"负责任地决策"专栏描述的那样，如法炮制的公司受到了指责。

负责任地决策

精简版的消费者经济学——获得更少,支出更多

30多年里,星牌(Starkist)公司一直在标准尺寸的罐头里装6.5盎司金枪鱼。现在,它的罐头却只装6.125盎司,价钱却没变。虽然菲多利(立体脆和乐事薯片)、百事(纯果乐橙汁)和哈根达斯(冰激凌)的产品包装尺寸、规格和价格没有改变,它们的包装分量却减少了5%~10%。

最近,宝洁公司的帮宝适和乐芙适纸尿裤大包装零售价格没有变,但每包的尿裤数量却从140片减到了132片。同样,联合利华将每包棒冰的包含数量从24支减少到20支,却没有改变整包的价格。在不降低价格的情况下,佐治亚太平洋公司将其6卷装的Brawny纸巾减少了20%。

消费者保护团体指责道:不改变价格而减少包装分量的做法利用了消费者的购买习惯,属于不事先告知的狡猾做法。他们还认为偷工减料是伪装和欺骗,是变相的涨价,然而却合法。其他生产商则辩解说价格是由个别商店定的,而不是他们。

若生产商不告知消费者包装分量比之前的要少,这种偷工减料的做法是不道德的吗?

◎ 品牌化和品牌管理

营销产品的一个基本决策就是**品牌化**(branding),即企业运用名称、短语、设计、图标及其组合来标识产品,并将其与竞争产品区分开来。**品牌名称**(brand name)是用以区分销售者产品或服务的任何词语、方法(设计、声音、形状或颜色)及其组合。有些品牌名称可读,如佳得乐。其他品牌名称则不能读,比如苹果公司产品上和广告中的白色苹果标志(标识或徽标)。**商号**(trade name)是一种商业性的法定名称,公司要以其名义开展经营。"可口可乐公司"即是该公司的商号。

商标(trademark)表明公司已经合法注册了品牌名称或商号,因而对其享

有专用权,从而防止其他公司的使用。在美国,商标要到美国专利与商标局注册,并受《兰哈姆法案》的保护。知名商标能够帮助公司宣传其产品,并培养消费者的品牌忠诚度。例如,《与卡戴珊姐妹同行》电视真人秀的演员凯莉·詹娜(Kylie Jenner)和肯德尔·詹娜(Kendall Jenner)姐妹已经申请将她们的名字注册为商标,应用范围则是"娱乐、时尚和流行文化"。

由于好的商标有利于产品销售,假冒产品成为一个严重的问题,假冒指非原生产者对流行品牌的低成本仿造。冒牌产品会窃取原生产商的销售额,对其声誉造成损害。美国公司每年因假冒产品而遭受的损失高达2 500亿美元。五种假冒最多的品牌产品依次是手袋和钱包、手表和珠宝、服装和配饰、家用电子产品、鞋。为抵制产品假冒,美国政府通过了《制止假冒制成品法案》(2006年),该法规定假冒者会被处以20年监禁和1 500万美元的罚款。

消费者从品牌化中获益最多。他们通过有区别的商标来识别竞争性的产品,从而成为更有效率的购物者。消费者可以识别并避免购买自己不满意的产品,同时又忠诚于其他更令他们满意的品牌。如第5章讨论的那样,忠诚于品牌往往会让消费者省掉外部搜寻的麻烦,从而让消费决策变得容易。

你是否有兴趣创建一家以自己的名字命名的企业?若是感兴趣,可以先访问美国专利和商标局的网站,查一下你的姓名是否已被注册。

品牌个性和品牌资产

产品经理认识到品牌不只是提供了产品标识,还是将产品与竞争对手区分开来的一种方法。成功建立的品牌都呈现出某种**品牌个性**(brand personality),即与品牌名称相连的一系列人的特性。研究表明,消费者常常赋予产品以人格特征,比如传统的、浪漫的、粗犷的、老练的、叛逆的,并会选择那些与自我形象或心中期望的自我形象相吻合的品牌。

通过广告展示产品的某类用户或适用场合,并传递与品牌相关的某种情感或感觉,营销人员能够而且可以使品牌呈现出某种个性。例如,与可口可乐相联系的个性特点就是十足美国货和正宗;百事可乐的个性特点是年轻和兴奋;胡椒博士的个性特点是不墨守成规和独特;哈雷摩托的个性特点则是男子气、挑战和我行我素。

品牌名称对公司来说非常重要，由此产生了**品牌资产**（brand equity）这个概念，即品牌名称赋予产品所提供功能收益之外的附加值。这个附加值有两个明显的好处：一是品牌资产会带给企业以竞争优势。例如，新奇士（Sunkist）品牌代表高质量的水果，迪士尼的名字意味着儿童娱乐。二是消费者往往愿意为拥有品牌资产的产品支付更高的价格。在这种情况下，品牌资产就体现为一种溢价，即当两种产品的功能性利益完全相同时，消费者愿意为其中一个品牌多支付的价格。吉列剃须刀和刀片、博士音响系统、金霸王电池、卡地亚珠宝和路易威登皮箱都享有源自品牌资产的溢价。

创造品牌资产　品牌资产可不是说有就有的，它是经过营销计划精心策划和培育出来的，这些营销计划旨在让消费者形成互利、牢固而独特的品牌联想和体验。品牌资产根植于消费者心中，是消费者一段时间内对品牌所学、所感、所见、所闻的结果。营销人员意识到品牌资产不可能轻而易举迅速获得，它需要经历由四个连续步骤组成的塑造过程（见图11-6）。

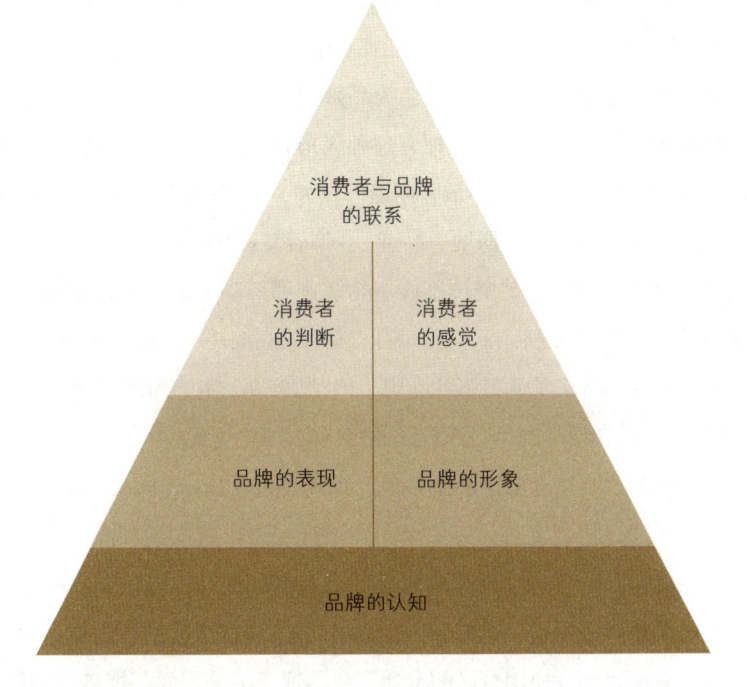

图11-6　基于消费者的品牌资产金字塔显示了在消费者与品牌之间建立互利、牢固和独特联系的四个步骤

- 第一步，就产品种类或需求在消费者心中建立正面的品牌认知和联想，以识别品牌。佳得乐与舒洁已经分别在运动饮料和面巾纸产品类别中达此目的。

- 第二步，营销人员必须在消费者心中确定品牌的含义。这种含义产生于品牌所代表的东西，包括与产品性能相关的功能维度和与形象相关的抽象维度这两个方面。通过持续不断的产品开发和改进，以及在整合营销传播活动中与顶级运动成绩联系在一起，耐克做到了这一点。

- 第三步，引领消费者对品牌识别和品牌含义产生恰当的反应。它要关心的是消费者如何看待该品牌，以及有何感受。消费者思考的重点是本品相对于其他品牌的品质认知度、可靠性和优势。感受则与消费者对品牌的情感反应有关。米其林就让消费者对其生产的轮胎产生了这两种反应，它不仅被认为是一个可靠而高质量的品牌，还让消费者感受到了温暖、安全、舒服和自信，他们对该品牌没有任何的担心或顾虑。

- 第四步，也是最难的一步是在消费者与品牌之间建立一种积极而强烈的忠诚关系。消费者和品牌之间的联系和消费者个人对品牌的认同的特征体现为深层次的心理纽带。已经达到此境界的品牌有哈雷、苹果和亿贝等。

为品牌资产定值　品牌资产也会为品牌拥有者创收。吉列、路易威登、耐克、佳得乐和苹果等成功品牌就拥有这种无形资产的价值。在决定购买和出售品牌时，"品牌是资产"表现得最为明显。例如，三弓公司（Triarc）以3亿美元从桂格燕麦公司手中购买了斯纳普品牌，3年后又以9亿美元转卖给了吉百利史威士公司。该案例表明品牌资产不像实物资产那样随着时间和使用而贬值，若善加营销就能升值。细想一下兰德尔百吉饼（Lender's Bagel）的制作和销售。家乐氏公司花费4.66亿美元买下此品牌，但在3年后，由于销售不景气和利润的下滑，将其卖给了奥罗拉食品公司，价格只有2.75亿美元。

品牌许可的盈利机会源于品牌价值。**品牌授权**（brand licensing）指一家公司（许可方）通过协议允许另一家公司（被许可方）以缴纳利润分成或使用费的形式，在其产品或服务上使用许可方的品牌名称或商标。例如，通过将品牌和标志授权某些商品使用，花花公子赚到了超过2.6亿美元的授权费。通过授权儿童玩具、服装和游戏使用自己的卡通形象，迪士尼公司每年能赚数十亿美元。其中仅小熊维尼的授权费每年就有30多亿美元。

成功的品牌授权经营需要认真地进行市场分析，从而确保品牌许可方的品牌和被许可方的产品相互契合。世界知名设计师拉尔夫·劳伦（Ralph Lauren）每年赚取1.4亿多美元的授权使用费，方法就是允许几十种产品使用他的拉尔夫·劳伦、保罗和查普斯品牌，比如格利登的涂料、亨利顿的家具、乐步的鞋、陆逊梯卡（Luxottica）的眼镜和欧莱雅的香水。舒洁的纸尿裤、比克（Bic）的香水和达美乐的水果味泡泡糖则是少数几个匹配不佳和授权失败的案例。

为品牌取个好名字

我们能很自然地说出红牛、iPod、安卓和斧头这些品牌，但事实上，选择一个好的品牌名称通常是既困难又烧钱的过程。为了确定和测试一个新的品牌名称，公司通常要花费2.5万~10万美元。在选择好的品牌名称时最需要参照的是以下6项标准：

·品牌名称应该能让人想到产品的好处。如Accutron（电子手表）、Easy Off（烤箱清洗剂）、Glass Plus（玻璃清洗剂）、Cling-Free（防静电布料）、Chevrolet Spark（电动汽车）和Tidy Bowl（马桶清洁剂），它们都清楚地表示出了购买产品的好处。

·品牌名称应便于记忆、与众不同且积极向上。在汽车行业中，一旦某个竞争者有了好记的名称，其他竞争者很快就会效仿。当福特公司为其一款汽车取名"野马"时，"斑马""烈马"等名字就冒了出来。同样，"雷鸟"的名称出现后，其他汽车公司便纷纷称自己的车为"凤凰""鹰""太阳鸟"和"火鸟"。

·品牌名称应该与公司或产品的形象相吻合。夏普很适合作为视听设备的名称。百服宁、埃克塞德林、安乃近和努普林这几个名字听上去有科技意味，适合止痛药。永备、金霸王和恒久这几个名称都让人想到"可靠"与"长寿"，这是消费者希望电池所具备的两大特质。

·品牌名称不应违反法律和法规。根据法律，公司如果侵犯他人的商标权，就会面临司法诉讼。此外，还有一些规章限制是针对不恰当用词的。例如，美国食品和药品管理局就不鼓励在食品的品牌名称中使用"心"这个词，这一限制迫使家乐氏的Heartwise麦片更名为Fiberwise，高乐氏公司的密谷大牧场Take

Heart沙拉酱调料不得不更名为密谷大牧场Low-Fat沙拉酱调料。现在，越来越多的品牌名称需要对应一个网址，这就进一步增加了选择品牌名称的难度，因为全球已经有2.5亿多个域名被注册了。

·品牌名称应该简洁，如波德牌洗衣粉、斧头牌除臭香体喷雾剂以及比克牌钢笔，还要带有感情色彩，如欢乐牌和迷惑牌香水，爱抚牌肥皂、沐浴露和洗液。

·在其他语言的语音和语义上，品牌名称不应令人产生不好的联想。开发国际性品牌名称时，没有实际含义往往是一个优势。例如，在这个由不同语言和文化组成的多样化世界，"埃克森"这个品牌名称不会事先给人某种印象，或产生令人不悦的联想。而"七喜"这个名称则另当别论，在中国的某种方言中，这个词是"喝死"的意思，因此，它的销售深受其害。

品牌策略

企业可选择几种不同的品牌策略，包括多产品品牌策略、多品牌策略、自有品牌策略或混合品牌策略（见图11-7）。

多产品品牌策略 多产品品牌策略（multiproduct branding）指公司对某一类别的所有产品使用同一个品牌。当公司使用商号做品牌时，这种方法有时也被称为产品系列品牌或公司品牌。例如，微软、通用电气、三星、嘉宝和索尼

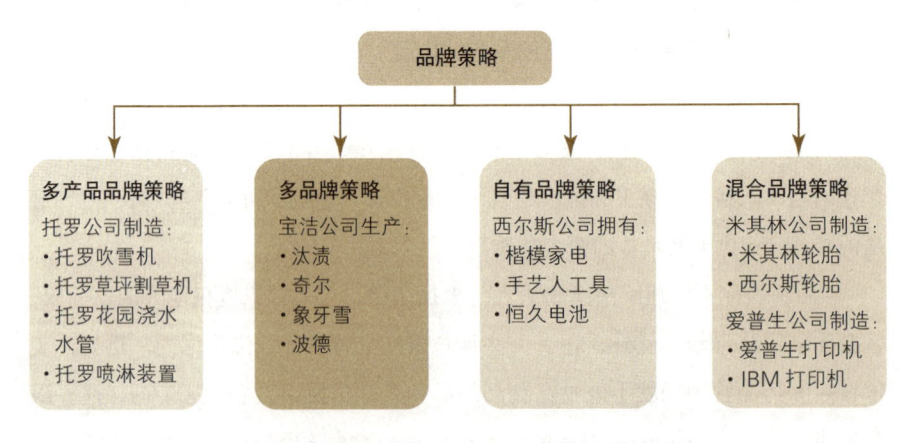

```
                        品牌策略
        ┌──────────┬──────────┬──────────┐
    多产品品牌策略  多品牌策略  自有品牌策略  混合品牌策略
    托罗公司制造：  宝洁公司生产： 西尔斯公司拥有： 米其林公司制造：
    ·托罗吹雪机    ·汰渍        ·楷模家电      ·米其林轮胎
    ·托罗草坪割草机 ·奇尔        ·手艺人工具    ·西尔斯轮胎
    ·托罗花园浇水   ·象牙雪      ·恒久电池     爱普生公司制造：
     水管          ·波德                       ·爱普生打印机
    ·托罗喷淋装置                              ·IBM打印机
```

图11-7 选择性的品牌策略对营销者来说各有利弊

都使用公司品牌，即公司商号与品牌名称完全相同。切迟杜威公司（Church & Dwight）对其所有以发酵粉为主要原料的产品统一使用"铁锤"这个系列品牌。

使用多产品品牌有不少好处。加强品牌价值能让企业受益，那些对产品有过良好体验的消费者会爱屋及乌，喜爱同一品牌的其他产品。因此，运用这种品牌策略可以扩展产品线，即利用一个现有品牌将产品打入同类产品的新细分市场。

金宝汤公司就在其扩展的汤产品线运用了这一品牌策略，它的产品有普通的金宝汤、家庭烹饪系列和肉块汤系列，有100多种口味。由于所有产品使用同一品牌，该策略降低了广告成本和促销成本，提高了品牌认知度。产品线拓展的风险在于延伸产品的销售可能会损害公司产品线中其他产品的销售。因此，仅当公司能通过与竞争品牌抢夺销售额或吸引新购买者而增加收入时，产品线的拓展才会取得最好的效果。

此外，有些采用多产品品牌策略的公司还采用了子品牌策略，即将公司品牌或产品系列品牌与新品牌相结合，使其部分产品线与其他产品区别开来。以美国运通为例。它已有的子品牌包括美国运通绿卡、金卡、白金卡、蓝卡和黑金卡等签账卡，不同卡种提供不同的服务。类似地，保时捷成功地将其高端的卡雷拉（Carrera）和低端的博克斯特（Boxster）品牌推向市场。

实力雄厚的品牌资产也会促进品牌的延伸，即用现有的品牌名称进入产品种类完全不同的细分市场。例如，哈吉斯系列产品的品牌资产就帮助金佰利-克拉克公司将其品牌成功地延伸至所有婴幼儿洗护用品，该品牌延伸策略每年为公司带来5亿美元的全球销售额。本田在汽车品牌上取得的成功使之很容易就能扩展至吹雪机、草坪割草机、船用引擎和雪地摩托等产品。

然而，品牌延伸也有一定的风险。某个品牌使用次数过多会削弱消费者眼中的品牌意义。有些营销专家指出，"铁锤"就出现了这种情况，因为该公司将此品牌应用到了牙膏、洗衣粉、口香糖、猫砂、空气清新剂、地毯除臭剂和止汗剂等多种产品上。

多品牌策略 企业还可以选择采用**多品牌策略**（multibranding），即每种产品拥有一个独特的品牌名称。若是各个产品要进入不同的细分市场，多品牌策略便大有用处。宝洁公司为那些想要滋润皮肤的消费者生产了佳美香皂，为那些想要抑菌除臭的消费者生产了舒肤佳香皂；百得公司以"百得"品牌销售家用系列工具产品，而用"得伟"品牌销售专业工具产品。

多品牌策略有多种使用方法。有些公司基于质价比维度配置品牌。例如，万豪国际酒店集团共拥有18个酒店与度假村品牌，分别与某种特定的旅客体验和预算相适应。例如，万豪艾迪逊和万豪度假会以超值价格为消费者提供奢华食宿服务，万豪和万丽酒店则提供高价中档的食宿，万怡酒店和万豪广场套房则对想省钱的旅行者有吸引力，而万枫酒店则针对那些旅游预算非常低的旅客。

其他走多品牌路线的公司则引入新的产品品牌，以此作为应对竞争的防御性手段，它们被称为搏杀品牌，主要目的是对抗竞争者的品牌。例如，菲多利公司引入Santitas牌墨西哥炸玉米片迎击区域性的玉米片品牌，这些品牌已经严重影响其旗舰品牌立体脆和托斯蒂多滋玉米片的销售。福特推出了新蒙迪欧品牌，以阻止意欲购买竞争对手中型车的福特车主的叛逃。据福特汽车集团营销经理所说："因为用户转而购买竞争对手的中型汽车，我们每年流失约5万人。我们失去了野马、福克斯和金牛座的车主。新蒙迪欧就是我们的截击机。"

与多产品品牌策略相比，多品牌策略的广告与营销成本要高一些。公司必须让消费者和零售商了解每一个新品牌，因为任何一个新品牌都无法享有以前品牌的声誉。但这一策略的优点在于每一个品牌在各自的细分市场都是独立的，一个产品的失败不会影响到本产品线的其他产品。此外，一些大型多品牌公司发现执行该策略的复杂性与成本超出了它带来的收益。例如，宝洁公司最近宣布将通过精简产品和卖给其他企业将品牌删减100个。

自有品牌策略　公司可以采用**自有品牌策略**（private branding），自有品牌通常又称自有标签或经销商品牌，即制造商生产产品，但以批发商或零售商的品牌销售。雷特威、派拉冈贸易品牌和康尼格拉分别是碱性电池、尿裤和食品杂货的主要自有品牌供应商。开市客、西尔斯、沃尔玛和克罗格则是拥有自有品牌的大型零售商。由于自有品牌可以为制造商和经销商带来高额的回报，目前非常流行，消费者也愿意购买它们。据估计，美国的超市、杂货店和大卖场里销售的产品约有1/5为自有品牌。

混合品牌策略　第四种品牌策略是**混合品牌策略**（mixed branding），即公司利用自有品牌和经销商的品牌销售产品，原因是吸引经销商的细分市场和公司自身的细分市场并不相同。德尔蒙特、惠而浦和代尔（Dial）公司分别生产自有品牌的宠物食品、家用电器和肥皂。

◎ 产品包装与标签

包装（packaging）是产品的一部分，它包括盛放待售产品的容器和传递产品信息的标签。标签（label）是包装不可分割的一部分，主要用于识别产品或品牌、生产者、生产地点和时间、使用方法、包装内容和其成分。在很大程度上，消费者对产品的第一印象就来自产品的包装和标签，在营销策略中，两者既费钱又重要。对于倍滋糖果公司而言，其营销策略的核心元素在于一端是各色人物头像的柱状塑料包装容器，这个容器可用来分发糖果。若想更多地了解包装如何为倍滋糖果创造客户价值，请阅读"营销无小事"专栏。

营销无小事　客户价值

通过包装创造客户价值：倍滋人物头像不只分发糖果

客户价值有多种体现形式。对于倍滋糖果公司（www.pez.com）来说，客户价值体现在450个带有人物头像的自动分发盒上。分发盒可重新装填，它们会弹出多种口味的美味糖果，受到60多个国家青少年的喜爱。

1927年，奥地利食品业大亨爱德华·哈斯三世研制出了倍滋的配方，作为一种供成年人食用的薄荷糖，它在欧洲销售得很成功。Pez（倍滋）源自一个德语单词Pfefferminz，意为"薄荷"或"薄荷糖"，最初的包装是没有人物头像的卫生塑料分发盒。倍滋于1953年首次在美国上市，同样使用无人物头像的分发盒，且出售给成年人。经过广泛的市场调研之后，倍滋于20世纪50年代中期将产品重新定位为水果口味，重新设计包装，在包装盒的一端添加了授权使用的人物头像，并作为儿童食品重新进行推销。从那以后，绝大多数顶级影视角色和数百个其他人物都有了得到授权的倍滋头像。仅在美国，消费者每年购买 8 000 万个倍滋分发盒和 30 亿颗倍滋糖果，该公司的销售额增长超过了整个糖果行业的水平。

独特的倍滋包装还让消费者享受到了超出糖果本身的"使用体验"，即"乐趣"。这种乐趣使得 98% 的青少年和 89% 的妈妈认识了倍滋。倍滋已经多年不做产品广告了。有了这种知名度，谁还需要广告呢？

利用包装和标签创造客户价值和竞争优势

美国公司在包装与标签上付出的成本大概占消费者总支出的 15%。虽然代价很高，它们却是必不可少的，因为它们会让生产商、零售商和最终消费者受益良多。包装和标签还有助于增强竞争优势。

传播收益 包装的主要好处在于其标签可以传递给消费者相关的信息，诸如何时、何地、如何使用，以及产品的源头和成分等，它们需要满足有关产品信息披露的法律要求。例如，美国预包装食品或加工食品的标签制度就统一规定了营养和饮食的信息格式。很多预包装食品都提供食谱，以便推广产品的使用。据金宝汤公司估计，在每年的汤罐头销售中，利用金宝鲜奶油蘑菇汤罐头制作焗烤四季豆的食用方法就带来了 2 亿美元的销售额！其他信息还包括各种认证和标志，它们可能是政府要求的，也可能是商业性的认证标志（例如好管家认证）。

功能收益 包装通常还有功能上的作用，诸如产品的储藏、便利性、保护或保质等。可堆叠食品容器便是包装具有功能性好处的例子。比如，饮料公司为货架和冰箱的商品堆放设计出了更轻和更简单的包装。可口可乐的饮料包装设计就非常适合冰箱的储层，而相对之前装 8 个单位的圆形瓶子，优鲜沛蔓越莓的长方形瓶子每件能装下 10 个单位的果汁。

包装的便利性也变得日益重要。卡夫奇妙沙拉酱、亨氏番茄酱和四季宝花生酱等都使用塑料挤压包装；微波爆米花的营销取得了巨大的成功；海底鸡金枪鱼和福爵咖啡使用独立小包装；纳贝斯克公司为很在意体重的消费者提供了控制某些成分的包装,它还为奥利奥、芝士饼干以及其他产品提供了热量为100卡路里的单独包装。

消费者保护是包装的另一项重要功能,其中包括防拆封包装容器的开发。如今,企业普遍使用安全封条或易拉盖设计,拆封后容易识别。标签对消费者的保护也体现在"日期明码标示",它标明了预期的产品保存期限。

包装的功能特性也会影响产品质量。品客薯片采用了圆桶包装,薯片大小一致,将破损程度降到最低,对某些消费者来说,这要比采用易变形包装的薯片更有优势。

认知收益 包装和标签的第三个好处是在消费者心中形成认知。包装与标签的形状、颜色和图案让一个品牌与其他品牌相区别,既表明了品牌的定位,又创建了品牌资产。雷格斯丝袜的营销总监说:"包装对于雷格斯丝袜的品牌定位和品牌资产都十分重要。"为什么呢?因为事实证明包装和标签能够强化品牌认知,并有助于让消费者产生强烈、令人愉快和独特的品牌联想。

成功的营销人员认识到产品包装与标签的改变可以更新并保持消费者心中的品牌形象。百事可乐公司已经着手改变包装,以期保持它在年轻人心中的形象。从2013年开始,百事可乐公司每隔几周就会推出新包装图案,以体现不同的主题,如运动、音乐、时尚和汽车。

由于标签列出了产品的源头,全球市场上的品牌竞争得以从第7章描述的"对原产地和制造国"的认知中受益。消费者对哪些国家的哪些产品"质量最好"有他们自己的固定看法,比如,英国的茶、法国的香水、意大利的皮革和日本的电器等,这些都会影响品牌的形象。中国公司开始越来越多地在其本国出售的产品品牌标签上使用英语和罗马字母,这种做法源于许多亚洲国家的一个普遍看法:洋货更好。

包装和标签的挑战及对策

包装与标签设计师面临着四项挑战:(1)持续与消费者保持联系;(2)环保问题;(3)健康、平安和保障问题;(4)降低成本。

与消费者保持联系 为了保持与消费者的联系,包装和标签必须持续更新。

挑战在于要使设计兼具审美趣味和功能性，能够吸引消费者的注意，并令其在使用过程中受益。如果做得恰当的话，回报将非常丰厚。例如，舒洁纸巾的营销团队将其包装由标准的长方形盒子改成带有季节性彩色图案的椭圆形，结果销售额随着包装的美学改变而急剧上升。经过几个月的家访调查，卡夫公司的生产经理发现，为了便于取用，并避免食物变质，消费者常常将趣多多饼干换装到广口瓶中，为此，该公司研发出一种专利技术，使得袋子的顶部可多次开闭，同时解决了这两个问题。结果如何呢？新包装饼干的销量是旧包装的两倍。

环保问题　目前，固体垃圾不断增加，却又缺乏可用的垃圾填埋场，这引发了全世界的普遍担忧，因此，包装物的数量、成分和处理问题仍旧备受关注。例如，百事可乐、可口可乐和雀巢公司已经减少了饮料瓶的塑料用量，以减少固体废弃物。可循环利用的包装材料是另外一个主要推手。宝洁公司现在的纸质包装物70%以上用的是可回收利用的纸板箱，其斯潘清洁剂则完全采用了可循环利用的包装材料。沃尔玛等公司也在强调要减少包装材料的使用。自2008年始，该公司与其全球60万家供应商携手努力，将包装和运输物料总体减少了5%。

健康和安全问题　第三个挑战涉及对包装材料的健康和安全问题的日益关注。如今，大多数消费者认为企业应该不惜代价确保其产品及包装安全可靠，企业也正以各种方式提出自己的对策。当前出售的大多数气体打火机都带有防止儿童使用的安全闩，如斯奎普托公司生产的打火机，以防止误用和引起意外的火灾。药品和家用清洁剂上防止儿童打开的盖子以及食物包装上的密封盖现在也很常见。企业也在继续研发新的包装技术和材料，以延长产品的储存期限，防止产品变质腐败。

降低成本　全世界大约80%的包装物是由纸、塑料和玻璃制成的。由于这些材料成本的上升，公司不得不在向顾客传递价值的同时不断寻找缩减包装成本的创新方法。例如，惠普公司减少了它的Photosmart产品和货运包装的大小和重量。通过改变设计和材料，包装材料成本下降了超过50%，每单位运输成本下降了41%。

◎ 产品质量保证

最后需要考虑的是**产品质量保证**（warranty），即生产商对于承担产品缺陷责任的声明。不同的生产商和消费者对应着不同类型的产品质量保证。

现代等公司提供的是明示保证，即公司关于产品质量的书面声明。近几年，美国联邦贸易委员会要求企业加大明示保证的披露力度，以表明公司的保证是有限质量保证还是全面质量保证。有限保证要具体指明质量保证的覆盖范围，更重要的是要指明不覆盖的范围。全面保证则没有不覆盖的限制。1975年通过的《马格努森-莫斯保修法案》规定了应从哪些方面对消费者做出保证，从而大大强化了消费者在质量保证方面的权利。越来越多的生产商被要求做出默示保证，也就是必须对产品缺陷承担责任。研究表明，质量保证的类型会影响消费者对产品的评价。与全面质量保证相比，有限质量保证的品牌获得的正面评价较少。

质量保证对于产品责任的索赔也很重要。20世纪初，法庭倾向于保护企业。目前，则倾向于裁定"严格赔偿责任"，即无论产品是否达到标准，制造商都要为产品的缺陷负责。企业和消费者保护主义者仍就此问题进行着激烈的争论。

营销知识应用

1. 下列三种产品处于生命周期的不同阶段。你会为这些公司推荐什么样的营销策略？（1）成熟期的佳能数码相机；（2）成长期的惠普平板电脑；（3）衰退期的手工开瓶器。

2. 人们常常认为厂商有意将产品制造得容易出现故障或损耗。这是一种有计划的产品调整方法吗？

3. 通用公司的产品经理正在评估垃圾压实机在美国家庭中的普及情况。虽然这种产品已经出现了20多年，使用该产品的家庭仍然少之又少。采用率低的原因何在？垃圾压实机的生命周期曲线呈什么形状？

4. 多年以来，法拉利一直是一家著名的豪华汽车生产商。该公司计划吸引汽车购买市场的主要消费者——中档车的购买者。面对法拉利公司这种低档化的做法，你会为其推荐什么品牌策略？你的策略需要权衡哪些因素呢？

5. 随着联邦法院系统对产品质量保证含义的重新评价，产品质量保证的性质有所改变。产品质量保证的监管趋势将如何影响产品开发？

创新案例思考

宝洁的"秘密"止汗剂：从汗水中寻找灵感

对于一个已经有50多年历史的品牌，你用什么办法可以使之重振？那就是将品牌营销集中于它的核心目标上，即它的宗旨是既要追求利润，又能鼓舞人心，同时，利用这一宗旨与消费者建立必不可少的一对一联系。

1956年，宝洁推出了"秘密"品牌，多年来，它一直雄霸女性止汗产品市场。很多产品常被认为市场参与度较低，而"秘密"却保持着自己的领导地位。腋下止汗剂不是传统意义上那种消费者想要以持续、有意义的方式参与的产品。然而，"秘密"品牌表明产品的优势对于建立信任和参与十分重要。这种类型的参与通常会放大品牌营销的投资或广告的效果。自2009年以来，"秘密"品牌的宗旨一直是其营销活动的核心，其销量和支持该品牌的消费者都获得了巨大增长。

产品的背景

"秘密"是第一个专门卖给女性的止汗剂。20世纪六七十年代，一轮又一轮的广告帮助"秘密"实现了增长，这些广告的主角是处理日常生活问题的丈夫和妻子，比如生儿育女，之后又重返职场。时任北美护肤和个人护理品营销总监凯文·霍克曼表示："这些讲的都是女性有能力为自己做出正确的选择，并勇敢地接受这些选择。"

然而，2004年至2005年，品牌主管们觉得这个主题已经过时了，"秘密"因此舍弃了此定位。霍克曼说："我们认为，女性的确应该获得权利，但跟品牌的联系可能没有那么大。这是个错误。当然，观念仍旧很重要，我们只是没有用当代的方式表达出来。"经过深思熟虑，"秘密"决定回归根本。

实现宗旨之路

2008年，由于经济不景气，"秘密"品牌开始步入缓慢增长期。超值产品"秘密"止汗香体膏的推出有助于增加销量和市场份额，但竞争对手很快就仿制出了类似的产品。同时，宝洁的高管开始在整个公司灌输以宗旨为导向的营销理念。公司的愿景专注于通过终身、一对一的个人联系来培育品牌，而这种个人联系最终会建立客户关系，从而实现"更全面地触及和改善更多消费者的生活"这一公司宗旨。确立了这一点，秘密的品牌管理者意识到需要明确一系列的定义："秘密"是什么，"秘密"为什么存在，以及"秘密"的宗旨是什么。品牌需要给消费者一个关注它、分享它的理由。

"秘密"的高级品牌管理和合作机构有我和你公司（MEplusYOU，原imc^2）、李奥贝纳广告公司、SMG、马里纳马赫通信公司和明屋咨询集团，通过它们的领导和努力，"秘密"品牌团队开始确立品牌宗旨，并以与目标消费者的核心价值观和信念相呼应的方式，在所有营销触点加以传播。霍克曼说："这不只是在销售止汗剂或增加功能上的收益，更重要的是支持更高层次的追求。"

"秘密"品牌的团队首先定义了品牌的核心信念："我们信仰男女平等，所有人都应毫不畏惧地追求自己的目标。我们认为通过勇敢地行动，支持他人，理解她们面临的挑战，找到解决问题的创新方案，我们就能帮助女性更加勇敢无畏。"凭此核心信念，该团队拟定了一份宗旨声明，它建立在产品收益基础上，当你不再出汗，也就无所畏惧了："帮助各个年龄段的妇女更加勇敢。"

我和你公司的负责人和首席营销官伊恩·沃夫曼说："就在几年前，大多数营销人员的活动和支出都发生在单向媒体渠道上，它们只能向消费者不停地说。这限制了营销在培养品牌与消费者之间关系上发挥作用。如今，新媒体与成熟媒体相结合，使营销人员能够在推动非常活跃的交易活动的同时，也在加深品牌与消费者信任关系方面发挥更复杂的作用。'秘密'这样的品牌认识到，表明立场，与消费者分享价值，是将品牌宗旨转化为有意义的客户关系和利润的关键。"

该品牌精心构建了一个战术营销"启动"生态系统。每次"启动"都专注于激发具有相似理念的消费者的兴趣，并按照品牌的需求进行调整。品牌的宗旨构成了每次营销启动的基础，目的是吸引所有渠道（在线和离线）的消费者参与。以脸谱网为中心，"秘密"品牌的管理者使用Secret.com网站、印刷广告、公共关系、创意媒体和社交媒体以及适当的付费和有机搜索程序来完成每次启动。

借助启动活动促进消费者的参与并增加销量

"秘密"的品牌管理专注于激活品牌的宗旨，围绕"更加无畏"这个永恒的理念，用当代的主题和流行文化使之焕然一新。它策划了几次启动活动，其中两个是"让她跳"和"刻薄之恶"。

让她跳

"秘密"品牌通过专注于宗旨而挖到的第一桶金是提出了"让她跳"的倡议，它意在推动批准女子跳台滑雪成为奥林匹克的正式比赛项目。"让她跳"是宝洁为2010年冬季奥运会所做工作的姊妹篇。

"秘密"品牌发起了"让她跳"活动，在一个小型网络媒体和脸谱网上购买广告空间，在这些页面上可以看到一个鼓舞人心的视频和请愿书，在脸谱网上还建立了粉丝页面。鼓励观众访问LetHerJump.com（脸谱网的定制粉丝页面）积极进行互动，推动将女子跳台滑雪纳入2014年冬季奥运会。2011年，国际奥林匹克委员会批准将女子跳台滑雪列入2014年冬季奥运会的比赛项目。

过去一年里，以品牌宗旨为指引，"让她跳"成了助推销售增长的一个重要因素。除了视频被观看过70多万次以外，57%的访问者声称此倡议加深了消费者对该品牌的认知，让有购买意向的女性和青少年呈现出两位数的增长。霍克曼说："这次启动是我们第一次发现激活目标带来了巨大的销量提升。在2010年奥运会期间，我们看到了Clinical Sport（单品）增长了85%。我们让世界变得更好了。没有花多少钱，是的，但令人非常兴奋的是，止汗剂品牌影响了流行文化，而且为你带来了直接的经济效益。"一个额外的奖励是，"让她跳"项目还在2010年赢得了令人羡慕的福雷斯特风潮奖。该奖项旨在表彰社交技术应用领域中最好的社交媒体项目，它们在将业务和组织目标相结合方面取得了卓越的成绩。

"让她跳"的成功为另一次启动营销铺平了道路。在证明了围绕宗旨开展营销可以提升品牌的盈利水平后，该团队准备消除年轻女孩面临的最大恐惧之一。"让她跳"与当时一个独特的事件联系在了一起，该团队兴奋地期待着团结一致做一件既能以此为生，又能继续让这个世界更加美好的事情。

刻薄之恶

"秘密"品牌通过"刻薄之恶"项目发起了一场公益运动，这是继"无畏"运动之后的一个大动作。通过媒体监测和社群聆听，"秘密"品牌的团队发现霸凌是许多女孩面临的一个重要问题，这就引出了"刻薄之恶"项目。它于2011年初推出，重点是制止女孩对女孩的卑劣行为，鼓励女孩不要在恐惧中成长，同时提供一个安全的对话中心，为"秘密"培育品牌亲和力。

通过"刻薄之恶"项目，"秘密"品牌给高中学校带去了积极的信号，告诉女孩心胸狭窄并不可爱，鼓励她们率先约束内心卑劣的一面。提升对霸凌的认识很有意义，"需要大力进行教育，人们不知道如何识别霸凌，或当它发生时如何应对。"霍克曼说，"'刻薄之恶'项目令人叹服的地方在于这正是该品牌的本意。"

"秘密"品牌团队发起了一场"秘密刻薄之恶项目"购买脸谱网空间的活动，以便让更多的人了解该项目，并邀请粉丝（主要是年龄在13～24岁的女孩和25岁以上的模范人士）分享他们的故事。"刻薄之恶"项目的脸谱网留言板上灌满了成千上万的公开道歉和真心实意的同情和鼓励的留言。而随着影响的深入，知名女性也加入进来，表明自己的立场，并通过"刻薄之恶"项目的脸谱网应用程序和iAd为女孩提供"好建议"。

一天之内，"秘密"品牌的脸谱网粉丝就增加到20多万，使其粉丝总人数超过了100万，"刻薄之恶"项目的主页获得了2万多新粉丝。在头两周内，访问"刻薄之恶"项目脸谱网应用程序的人就超过了25万次，"秘密"成为全球一周之内第二个增长最快的脸谱网主页。这次启动活动也让整个财政年度的销售实现了10%的增长，在"刻薄之恶"项目发起之后的6个月内，销售也增长了11.5%。

2011年夏天，"秘密"和苹果公司联手打造了一款iAd体验，在最贴身的设备——iPhone上为女孩们解决了这个问题。启动活动参与度非常高，并让"秘密"品牌得到了很多个"第一"：

· 第一个通过苹果手机和音乐播放器创建和分享自定义壁纸的品牌，让产品的"平均耗时"率高出平均水平16%。

· 第一个在iAd网络上使用网页悬浮横幅的品牌，"点击转化率"超过了横幅的基准水平（高出iAd平均水平的50%）。

· 第一个通过iAd推动为某项捐赠的品牌，为PACER国家霸凌预防中心筹集了资金。

启动后的10天内，有2.3万名用户参与"秘密"品牌的iAd体验，每次访问都要浏览超过8个网页，花在广告上的时间平均为80秒。

"秘密"品牌的下一步棋

一年之后，"秘密"品牌管理人看到了激活宗旨带来的成功，但他们发现这还不是品牌基因的真正组成部分，或者说它不能完全融入每一个营销元素中。"(起初)我们有很多宏伟的设想，它们充实了我们现有的计划。资金很紧，围绕着品牌宗旨开展活动的创意被削减。Old Spice领先于我们，我想知道他们能否玩出不同的花样，"霍克曼说，"通过与代理伙伴合作，我们终于能够确保启动活动不只是计划的组成部分，它们就是我们的计划。与4年前相比，'秘密'品牌团队现在的运营方式完全不同了。"

霍克曼认为，在教育、增进了解、鼓励消费者采取有意义的行动方面，品牌方还是大有可为的。秘密被认为是同类品牌中做得最好的，它拥有一些可以推广的东西。霍克曼说："但成功并非只有'秘密'一家在追求，这是所有品牌优先考虑的事情。把'秘密'带在身边，人们就会更有激情地工作。这更有帮助，也更鼓舞人心。"为了将这一成功保持下去，霍克曼建议：不要忘记品牌的宗旨与整体计划是密不可分的，它涵盖了企业的一切，其中包括团队文化，它是企业的立身之本。

霍克曼强调透明的重要性，他认为这是"秘密"品牌能否在未来继续胜出的关键。"当今社会，信息是免费的、丰富的。如果缺乏诚意，消费者立刻就会知道。"

思考题

1. 从宝洁产品和品牌管理角度讲，什么是"以宗旨为导向的营销"？
2. "秘密"止汗剂的"以宗旨为导向的"营销与第4章详述的需求层次概念有什么关联？
3. 品牌资产金字塔的哪些维度让"秘密"品牌团队专注于"让她跳"和"刻薄之恶"营销启动活动？

12

服务的营销

学习目标

1. 描述服务的四个特性;

2. 了解服务的差异性以及服务的分类;

3. 解释消费者如何购买和评价服务;

4. 设计用户接触点核查图,以确立服务的优势;

5. 阐释7P在服务营销组合中的作用;

6. 讨论内部营销和消费者体验管理在服务企业中的重要作用。

爱彼迎：重新定义服务和经济

"我们只不过是想解决自己的问题。"布莱恩·切斯基（Brian Chesky）解释说，他与共同创始人乔·杰比亚（Joe Gebbia）开创了第一家"共享经济"企业。

作为旧金山的新居民，他们的问题是如何赚钱。除了所租公寓的空间，他们空无一物，所以，他们创建了一个网站 Airbedandbreakfast.com，为有空闲地板的人做广告，因为在附近开会的人可以临时睡在气垫床上。这个想法很是成功，于是他们将网址缩短为 Airbnb.com，并扩大了业务，将很多其他类型的空间也纳入进来，如住宅和别墅，甚至是船。

起初，他们盯着大型活动，如民主党和共和党的全国代表大会，因为在此期间，酒店房间会订满。爱彼迎旨在帮助游客"找到住的地方"，让他们从愿意分享自己空间的人那里租到落脚之地。作为提供服务的交换，爱彼迎按租金收取房东3%和旅行者6%～12%的费用。市场对此服务的需求迅速增加，很快每晚就有平均42.5万人入住爱彼迎的房源。此外，据《福布斯》估计，切斯基和杰比亚现在各自的身价为15亿美元，爱彼迎也被《公司》杂志认定为"年度杰出企业"。

爱彼迎是所谓共享经济的发源地。事实证明，点对点共享或合作消费完美地契合了消费者对于所有权态度的转变。千禧一代通常不买报纸、影碟或音碟，而是在脸谱网上搜寻新闻，在葫芦网（Hulu）上直接看电影，从潘多拉网络电台上订音乐。相比前几代的消费者，他们更愿意借、租和分享。

因此，为了迎合这种态度，许多新的服务应运而生。优步和来福车（Lyft）现在提供点对点的拼车服务（类似于出租车），而RelayRides和Getaround提供点对点的汽车共享（类似于租车）。泊车熊猫（Parking Panda）可让司机找到想要出租私家车道额外空间的房东，DogVacay帮助宠物主人找到让他们的宠物狗待上一天且受到善待的地方。Rentoid和Spinlister帮助人们租用产品、工具和自行车，而不是把它们买回家。同样，跑腿兔（TaskRabbit）允许用户将小规模的工作和任务外包给住在附近的人。甚至有鼓励自由交流的分享网站，如couchsurfing.org，这是一个志愿者网络，旨在给国际旅客提供免费的款待、建议和住宿。

据专家估计，目前运营的新型点对点共享服务达数百种，共享经济产生的收入每年超过150亿美元。adverCar是一种帮助司机出租自己车上的空间用于广告的服务，它的创始人兼首席执行官尼尔·特纳（Neil Turner）表示："这就是未来要走的路。"当我们把目光从所有权转向共享和租赁的新方法时，传统企业就需要做出改变。例如，安飞士·巴吉集团（Avis Budget Group）最近以5亿美元收购了热布卡公司（Zipcar），通用汽车公司投资了RelayRides。家得宝家居连锁店则在其大约一半的商店中引入了产品租赁。

正如这些案例所示，服务是一个充满活力和令人振奋的经济组成部分。在本章，我们将讨论服务与传统产品（商品）的不同之处，服务如何促使消费者做出购买决定，以及服务运用营销组合的方式。

◎ 服务的独特性

服务（services）是企业所提供的满足消费者需求的无形活动或益处（如航空旅行、理财咨询或汽车修理），并以此换取货币或其他有价物。

服务现已成为全球经济的重要组成部分，也是美国经济最重要的组成部分之一。据世贸组织估计，全球出口商品和商业服务的总额分别为18.8万亿美元和4.6万亿美元。如图12-1所示，美国现在46%以上的国内生产总值源自服务业，超过了商品和国内生产总值其他三大构成部分：企业投资、政府支出和净出口（图中未显示）。自1990年以来，经济中的服务价值增长了100%以上。预测显示，到2022年，商品生产公司和服务公司分别雇用1 950万人和1.3亿人。服务业也体现为巨大的出口贸易，而且是美国为数不多的几个存在贸易顺差的行业之一，2014年，服务出口达到7 220亿美元。

人们对现存服务的需求在增加，再加上对新型服务日益浓厚的兴趣，这些促进了服务业的发展。例如，长期以来，礼宾服务一直很受欢迎，如佛罗里达

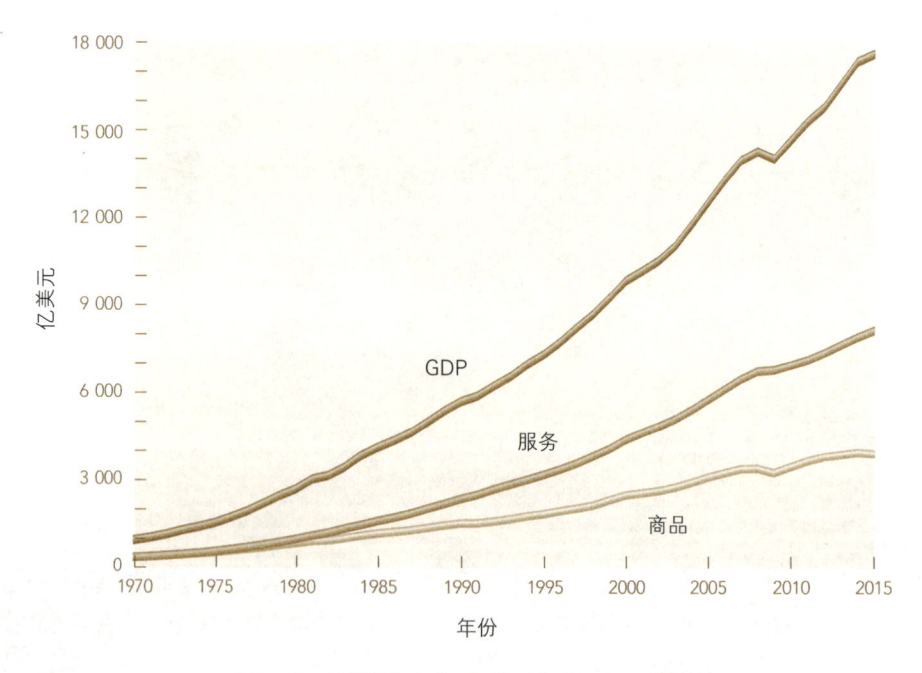

图12-1 目前服务在美国国内生产总值中的比重大于商品

州棕榈滩的浪花酒店就拥有一支 11 人的礼宾服务队，丽思卡尔顿酒店专门提供技术支持、购物和医疗事宜等方面的礼宾服务。目前，酒店业之外也提供类似的服务。例如，唯一礼宾服务公司（One Concierge）可为个人和公司提供全球 115 个国家的私人飞机、游艇包租、礼品采购和活动策划服务。礼宾服务甚至可满足日常生活需求。例如，艾斯礼宾服务公司（Ace Concierge）可安排汽车维修、接机或接站、干洗服务和遛狗，甚至购买杂货！其他新型服务公司包括：行李俱乐部在 220 个国家提供送行李上门服务，维珍银河公司提供私密空间旅行，优必达的游戏云（Ubitus GameCloud）最近推出了基于云的游戏服务，可将游戏投送至智能手机、平板电脑和电视。这些公司和其他许多类似的公司正在提供富于想象力的服务，这在未来的经济中必将发挥作用。

服务的 4I

服务有 4 个独特的要素：无形（Intangibility）、易变（Inconsistency）、不可分（Inseparability）和储存（Inventory），这些要素被称为**服务的 4I**（four I's of services）。

无形　服务是无形的，也就是说，在决定购买之前，消费者不会拿到、触摸或看到它。相反，在购买传统产品之前，消费者可以触摸到一盒洗衣粉，踢到汽车轮胎或尝一口新的早餐麦片。因为服务更趋于一种表现，而非实物，因此消费者更难对其进行评估。为了帮助消费者评估和比较服务，营销人员会设法使其变得有形，展示出使用该服务的益处。

美国航空公司的广告展示了航空公司的新座椅，强调了其大小和其他有形的优势。美国运通公司也通过允许持卡会员利用会员奖励计划赚取积分以兑换机票、电子产品和礼品卡，从而获得实实在在的好处。

易变　由于服务的质量往往是易变的，因此它们的开发、定价、促销和交付都具有挑战性。因为服务取决于提供的人，它们会随着每个人的能力和每天的工作状态而变化。与有形产品相比，服务易变性问题更大。有形产品在质量上可能有好有坏，但因为是现代化生产线，产品质量至少是一致的。相反，费城人棒球队可能在某一天击球和投球都很棒，看上去像个冠军，但第二天却以

10分之差负于对手。纽约大都会歌剧院的一位女高音可能患了重感冒，你去观看的那晚给观众的表演不甚完美。无论是HRB税务咨询公司提供的报税服务，还是丽思卡尔顿酒店提供的客户关系服务，企业都会设法利用标准化和培训来减少不一致。

不可分 服务和产品的第三种区别以及与易变有关的问题在于它是不可分离的。在大多数情况下，消费者不能（也不会）把服务的交付和服务本身分开。例如，好事达保险公司的提示语"你的得力助手"就强调了他们的保险代理人的重要性。同样，为了接受教育，某人会去读大学。该大学的教育质量可能挺高，但如果学生难以与导师互动，辅导服务很差，或没有足够的图书馆及电脑给予辅助，他或她可能会对教育体验不满意。学生对教育质量的评估主要受其对教师、辅导员、图书管理员和大学中的其他人看法的影响。服务提供商和使用者之间的这种相互作用意味着他们经常共同创造价值。

消费者和服务提供者之间的互动多少取决于消费者在多大程度上必须亲自接受服务。理发、高尔夫课程、医疗诊断和餐饮服务都要求消费者参与服务的提供过程。其他服务，如汽车修理、干洗和废物处理则不需要消费者太多的参与。而银行、咨询和保险服务常常以电子方式提供服务，不再需要客户面对面地交流。甚至药店很快也会自动为购物者服务，只要他们愿意进行指纹扫描。虽然这种方法能够为消费者创造价值，但对于一些自助技术来说，如自动柜员机、杂货店扫描点和自助加油泵，缺点在于它们被认为缺少人情味。

储存 服务的储存有别于产品。产品之所以存在储存问题是因为很多东西容易腐坏，并且存储也有成本。而对于服务来说，储存成本更具主观性，并与闲置生产能力有关，**闲置生产能力**（idle production capacity）指的是服务提供者可以提供服务，却没有消费此服务的需求而造成的闲置。服务的储存成本是支付给服务者的薪酬及购置必要的设备的费用。如果医生领取薪水，给病人看病，却没有人预约，那么，闲置医生的薪水这个固定成本就是高额的储存成本。然而在有些服务行业，服务提供商是收取佣金的（如美林证券的理财顾问），或是兼职员工（如梅西百货的售货员）。在这些企业中，储存成本可以大大降低或完全避免，他们可以通过减少服务时间，或利用佣金补偿机制不支付工资，来削减闲置生产能力。

图12-2显示的是一个存储成本的等级表，处于低端的是房地产中介和发廊，处于高端的是航空公司和医院。航空公司的高储存成本源于高薪的飞行员和极为昂贵的设备。相比之下，房地产中介和发廊的雇员是抽取佣金的，其开展业务也完全不需要昂贵的设备。服务供应商必须保持生产能力的原因就在于当今的消费者时间观念很强。

成本低 ← 储存成本 → 成本高

房地产中介、发廊 | 保险公司 | 干洗店 | 汽车维修中心 | 饭店 | 宾馆 | 游乐园 | 航空公司、医院

图12-2　服务的储存成本取决于雇员和设备所需的费用

服务连续体

多数情况下，4I可以把服务和产品区分开来，但是我们很难分清很多企业到底是以服务为主的公司，还是以产品为主的公司。惠普算是制造商，还是服务提供商？尽管惠普制造打印机和其他产品，但公司雇员很多都在服务部门工作，提供系统集成、网络铺设、咨询、培训和产品支持等服务。公司提供给市场的商品，既有有形的，也有无形的；这种从以产品为主到以服务为主的系列出售物被称为**服务连续体**（service continuum）（见图12-3）。

教学、护理和剧院是以服务为主的无形的活动，它们的营销主要关注的是无形、易变、不可分和储存。食盐、领带和狗粮属于有形商品，它们的营销就不涉及4I问题。然而，有些企业既提供无形的服务，又生产有形的产品。例如，裁缝既提供服务，又提供产品，即成衣，对消费者来说，裁缝是否让人愉快、礼貌和周到是其服务的重要内容，而服装是否合身则是产品的重要内容。如图12-3所示，快餐店一半左右是有形的商品（食物），另一半则是无形的服务（礼貌、整洁、迅速和方便）。

对现今的许多企业来说，区分开自己的核心出售物（产品或服务）和补充服务非常有用。例如，银行提供的核心服务是银行账户，但也有诸如协助存款、

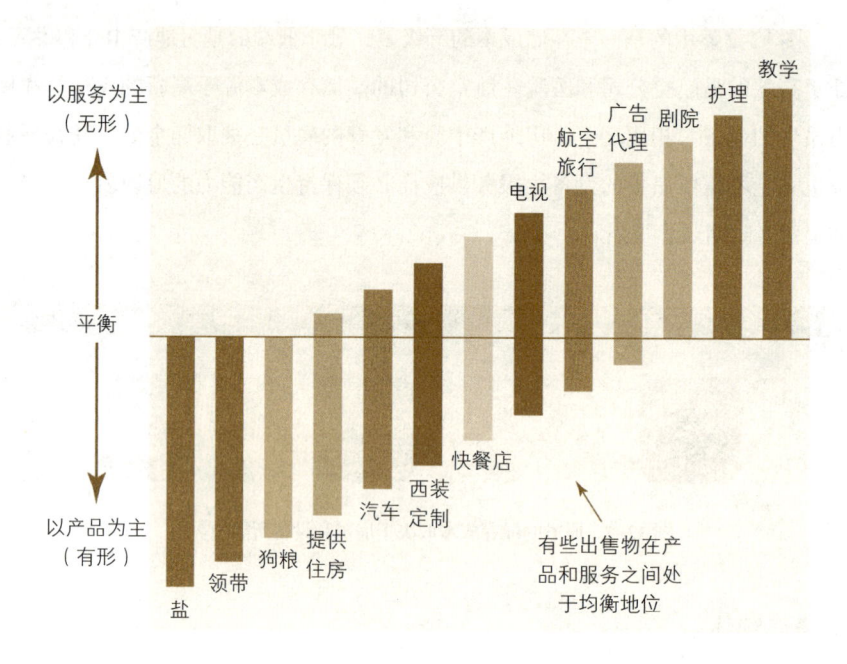

图 12-3 服务连续体显示了出售物在产品和服务之间的不同定位

停车或免下车服务、自动柜员机及月结单等补充服务。补充服务往往使服务提供商提供有别于竞争对手的服务，并可为消费者带来增值。潜在的补充服务多种多样，其主要类别包括咨询、理财、运送、安装、维修和升级。当今核心服务的创新往往依赖于企业的创造性活动。但是，了解补充服务的影响却最有可能是通过消费者的评价实现的。

服务分类

全书对营销组织、技能和概念做了分门别类，以便在一个有组织的架构中显示它们的异同。服务的分类方法有很多种，可以根据：(1) 是基于人的，还是基于设备的；(2) 是营利性的，还是非营利性的；(3) 是否得到政府的赞助来进行划分。

基于人还是设备 如图 12-4 所示，众多公司提供服务。专业服务公司包括博思艾伦或埃森哲等管理咨询公司。有些服务要求员工技能熟练，比如西尔斯百货会提供家电修理等服务，再如喜来登酒店会提供宴会服务。有些服务则是

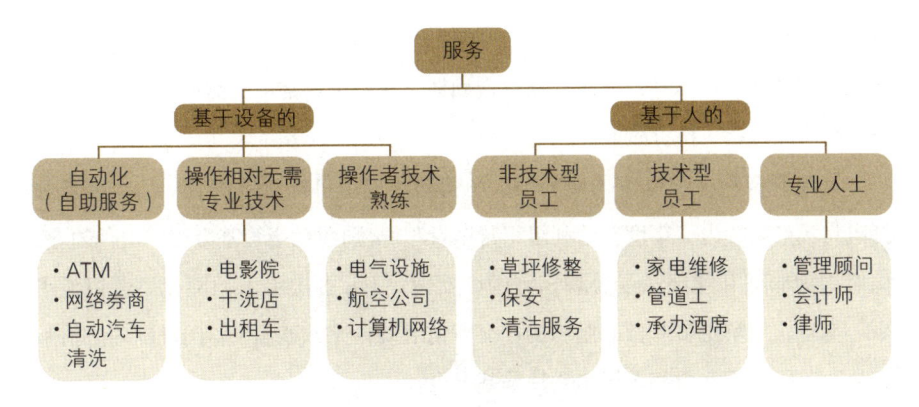

```
                              服务
                ┌──────────────┴──────────────┐
            基于设备的                      基于人的
      ┌─────────┼─────────┐          ┌─────────┼─────────┐
   自动化    操作相对无需   操作者技术    非技术型   技术型    专业人士
  （自助服务） 专业技术      熟练        员工      员工
   ·ATM      ·电影院      ·电气设施    ·草坪修整  ·家电维修  ·管理顾问
   ·网络券商   ·干洗店      ·航空公司    ·保安      ·管道工    ·会计师
   ·自动汽车   ·出租车      ·计算机网络  ·清洁服务  ·承办酒席  ·律师
    清洗
```

图12-4　服务可以分类为基于设备的或基于人的

非技术性工作，由非技能型员工完成即可，如布林克斯公司雇用的商店保安。

基于设备的服务不会产生服务易变性导致的营销问题，因为消费者不参与服务的提供过程。例如，电气设施就可以在员工与消费者不频繁接触的情况下提供服务。电影院里的观众也从不会见到影片放映员。越来越多的消费者开始利用自助技术，如家得宝的自助结账零售系统，西南航空公司的自助办理登机手续，以及嘉信的网上股票交易系统，它们都不需要消费者与任何服务员工互动。

营利或非营利组织　从事服务的组织有很多，按纳税状况，它们被分为营利性组织或非营利组织。与营利组织相比，非营利组织的盈余是不需纳税或分配给股东的。若存在盈余，它们就要再次投入该组织，以便继续提供服务。如果非营利组织采用公司制，那么，与其核心业务不直接相关的业务仍要缴税。目前，美国非营利组织的收益为1.77万亿美元，占全部工资和薪金的8%。

联合劝募会、绿色和平组织、户外拓展训练、救世军和女童子军都是非营利组织。历史上，一些误解限制了此类组织对营销的运用。然而，近年来，非营利组织已经转向借助营销手段来实现目标。美国红十字会就是一个很好的案例。为了扩大献血者规模和增加捐赠，它雇用了创意机构天联广告公司，发起了一项包括电视和印刷广告、直复营销、公共关系和社交媒体在内的新营销运动。此外，为了帮助其700个网点整合信息，美国红十字会聘请了另一家机构创建了一个名为"品牌中心"的门户网站，为地方性的宣传材料提供标准化模板。其他宣传活动还有"红十字会赛车"，该活动针对的是美国7 500万个全国运动汽车竞赛协会（NASCAR）的车迷和美国名人堂成员，目前，名人堂的成员有米莉·赛勒斯、皮尔斯·布鲁斯南、詹姆斯·托德·史密斯、海蒂·克鲁姆、佩顿·曼宁和佩蒂·拉贝尔。

其他非营利组织也成功地利用市场营销实现了目标。美国营销协会最近选择凯特·格兰特为"年度非营利组织营销者"，奖励她对瘘管基金会的出色领导，该组织为非洲和亚洲遭受分娩伤害的妇女做了1万多次手术。阅读"营销无小事"专栏，了解更多非营利组织的社交营销活动，比如苏珊·科门乳腺癌防治基金会、美国红十字会和美国出生缺陷基金会。

营销无小事　技术

对非营利组织来说，社交营销必不可少

"利用社交营销"是当今许多非营利组织的座右铭。近年来的经济衰退使得慈善捐款大为减少，因此，150万个公益慈善机构、私人基金会、大学、宗教团体和其他非营利组织已经转而利用社交营销和社交媒体，以吸引潜在的捐赠者。

在使用新方法的组织中，苏珊·科门乳腺癌防治基金会是最为成功的一个。除了广为人知的散步和比赛活动，该基金会还使用脸谱网、推特、YouTube和Flickr来推广其事业和筹款活动。例如，它的香水"答应我"就在其网站和社交网站上营销。它还允许用手机发送短信KOMEN来捐款。营销活动的成功使得该组织为乳腺癌研究和社区扩大服务范围计划筹集了20多亿美元。

美国红十字会也很快开始使用社交营销工具。该组织最近在华盛顿特区开设了一个社交媒体数字运营中心，以便与普通公众、志愿者和捐助者进行沟通。此外，红十字会还开发出了一些网络工具，诸如手机上用的"献血应用程序"和在IndieGoGo和Crowdrise上运行的众筹网站，它为飓风"桑迪"的受害者捐赠了数百万美元。随着为大多数人所熟悉，这样的社交媒体工具在红十字会的经营中正越来越发挥重要的作用。

非营利组织应该遵循的原则与企业用社交媒体吸引消费者的原则相同。首先，他们应该明白是什么原因激励着人们投入某项社会事业之中的。最重要的一个原因

是感觉他们正在做什么，即使简单到在脸谱网上点个赞。第二，非营利组织需要创造性地利用社交媒体，综合使用数字照片、视频和游戏技能。正如350.org的通信总监杰米·亨（Jamie Henn）所解释的："通过使用图像和视频，我们能够表达影响情绪的故事。"例如，联合慈善总会（United Way）与CNN合作，将其教育目标做成了一个在线专题讨论会。非营利活动应该允许信息共享。例如，美国出生缺陷基金会创建了一个网上论坛，用户可以分享故事，现在每月平均发表8 100个帖子。

社交营销活动和社交媒体为非营利组织吸引成员、粉丝、好友和公众提供了非常有效的互动工具。虽然成功的故事在不断地增加，但重要的是，要心中牢记目标，并监测通往目标的工作进展。参与率、捐款、文本数量、博文以及其他衡量效果的维度都有助于获得大众对品牌的认知！

是否得到政府赞助　第三种分类是根据服务是否是政府主办的来划分。虽然没有直接拥有所有权，且属于非营利组织，但联邦、州和其他地方政府都提供广泛的服务。例如，美国邮政署开展了很多营销活动。随着邮政服务的消费者越来越多地通过互联网发送电子邮件、支付账单和缴税，一类邮件的邮资收入减少。但是，美国邮政署没有抗拒这一潮流，而是开始接受互联网。在其网站www.usps.com上，消费者可以支付邮资、打印配送标签、预约免费取包裹。此外，他们还设计了新尺寸的邮政信箱，以便更好地满足网购用户的需求。他们还与贺曼贺卡公司合作，提供邮资已付的贺卡。你可能注意到了，许多邮局现在成了零售店，出售日常用品、集邮邮票甚至是领带。这些营销活动旨在促进用户的使用，并与联合包裹速递、联邦快递、敦豪速递和外国邮政服务竞争包裹寄送业务。美国邮政署也在推广网络邮件列表管理和直邮推销。和平队（The Peace Corps）是政府赞助的另一个案例。

◎ 消费者如何购买服务

大学、医院、酒店甚至慈善机构都面临着日趋激烈的竞争环境。跟以产品为主的成功企业一样，成功的服务组织必须：(1)了解消费者如何做出购买服务的决策；(2)了解消费者如何评价质量；(3)确定自己的服务相对于竞争对手的差异化优势。

服务购买过程

服务的很多方面会影响消费者对于是否购买做出评估。因为服务不能陈列，无法展示或图示，消费者无法对服务的全部特征做出购前评价。同样，由于服务提供者在交付服务过程中会有所改变，因此，即使是同一项服务，每次购买时对它的评价也会不同。图12-5描绘了消费者如何评价不同类型的商品和服务。服装、珠宝和家具等有形商品具有可搜寻性，比如颜色、大小和款式，在购买之前，消费者可以确定从哪些方面去寻找。而餐馆和儿童看护等服务具有体验特性，只有在购买之后或消费过程中才能识别出来。最后，像医疗诊断和法律服务等由专业人员提供的服务具有信任特性，或者说是消费者可能在购买和消费之后也无法评估其好坏。为了降低这些特性带来的不确定性，服务消费者会在购买决策过程中求助于一些个人信息来源，如早期使用者、意见领袖和参照群体。研究表明，消费者需要搜索更多的信息，并且在评估具有信任特性的服务时，强调信任、承诺和专业知识。为满足这种对更多信息的需求，梅奥诊所

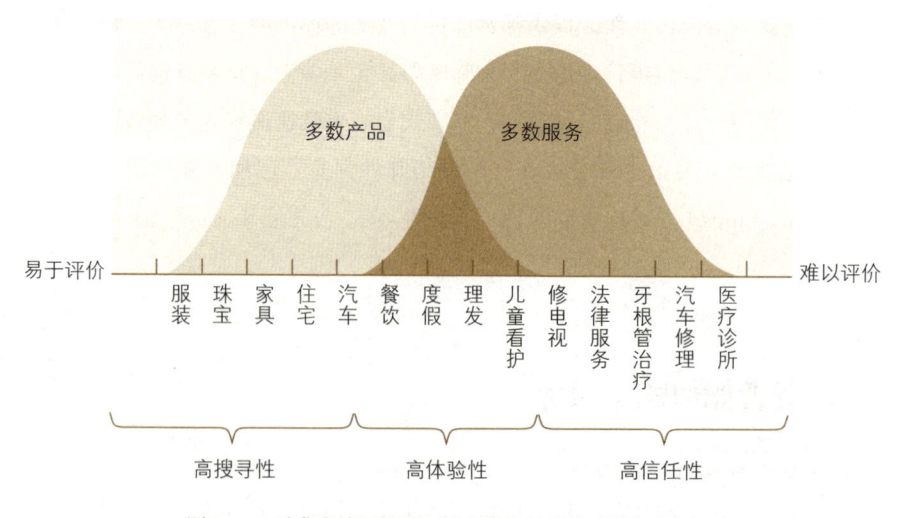

图12-5 消费者使用搜寻、体验和信任特性对服务进行评估

采用了一种明确而有条理的方法，即所谓的"证据管理"，以向消费者展示其优势的具体实据。

服务质量的评估

消费者试用了服务，会如何评价它呢？消费者主要靠对比对服务的预期和实际接受服务的体验。消费者预期和实际体验之间的差异可以采用**差距分析**（gap analysis）的方法加以识别。比如，该分析方法需要消费者从图 12-6 描述的几个维度评估其对服务质量的预期和体验。口碑的传播、个人的需求、过去的体验和促销活动都会影响消费者的预期，而消费者的实际体验则取决于企业提供服务的方式，特别是服务者进行人际互动时的职业素养。不同评价维度对于服务质量的重要性会因服务类型的不同而不同。如果有消费者不满意并投诉，该怎么办？最近的研究表明，若是服务提供商积极应对，采取了令人满意的补救措施，体验过"失败服务"的消费者也会提高其满意度，即便他们再次购买的打算可能没有得到提升。此外，服务运营商可以通过解释服务失败的原因，让消费者在多个补救选项之间进行选择来提高其满意度。若想了解人们对服务失败的检测，请阅读"营销无小事"专栏。

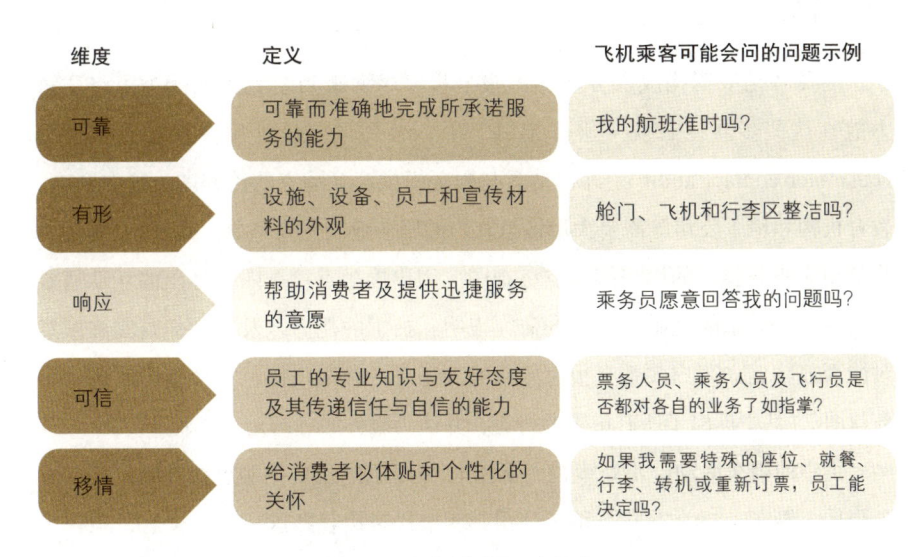

维度	定义	飞机乘客可能会问的问题示例
可靠	可靠而准确地完成所承诺服务的能力	我的航班准时吗？
有形	设施、设备、员工和宣传材料的外观	舱门、飞机和行李区整洁吗？
响应	帮助消费者及提供迅捷服务的意愿	乘务员愿意回答我的问题吗？
可信	员工的专业知识与友好态度及其传递信任与自信的能力	票务人员、乘务人员及飞行员是否都对各自的业务了如指掌？
移情	给消费者以体贴和个性化的关怀	如果我需要特殊的座位、就餐、行李、转机或重新订票，员工能决定吗？

图 12-6　服务质量的 5 个维度

营销无小事　技术

失败服务的管理：监测和保证的重要性

只有5%～10%的不满意消费者选择投诉，其余的人会选择购买其他公司的服务，或向其他人介绍时给予差评。个人评价越来越多地发布在消费者使用的多种社交媒体上。公司可以使用www.blogsearch.google.com等搜索引擎搜索评论，在谷歌上搜索图片，在YouTube上搜索视频。例如，达美乐比萨店发现消费者评论说它的比萨饼"像纸板"。www.technorati.com和www.reputationdefender.com等网络服务也可用于监控博客，而媒体监控公司甚至会在推特上留意不满意的消费者。

多数营销专家认为，如若服务失败，应该最积极做出响应，尤其是当失败被看作一个可控因素的结果时更要如此。对于将其产品比作纸板，达美乐在YouTube上发布了一个回应帖子，创建了一个推特账户，然后在时代广场的广告牌上发布了实时的推文！最近的研究还表明，服务提供商应提供服务保证，承诺有两个部分：提供良好的服务，以及在没有提供良好服务时对消费者进行补偿。

若要了解消费者对你喜爱的品牌有什么评价，现在就试着自己搜索一下吧。

用户接触点和关系营销

消费者是根据构成服务流程的整个步骤序列来判断服务的。为了将注意力放在这些步骤或者说"服务接触"上，公司可以设计**用户接触点核查图**（customer contact audit），即消费者与服务提供商互动点的流程图。这在酒店、教育机构和租车公司等需要大量接触客户的服务业中尤为重要。图12-7便是一张某租车服务公司的用户接触点核查图。用户接触点核查图中标出的互动通常是培养客户关系的基础。最近的研究表明，员工的能力以及互动的真实和诚意对能否成功建立客户关系有很大的影响。还有一种用户接触点核查图叫作"服务蓝图"，其中标出了所有员工的行为，并认为服务的关键是"体验"。

用户的租车活动　不妨审视一下图12-7所示的用户接触点核查图。用户决定租赁一辆车（1），并联系租车公司。客服代表接收到这一信息（2），检查用户希望取车的地点的汽车是否可用。用户登录租车网站（3），再次访问预订系

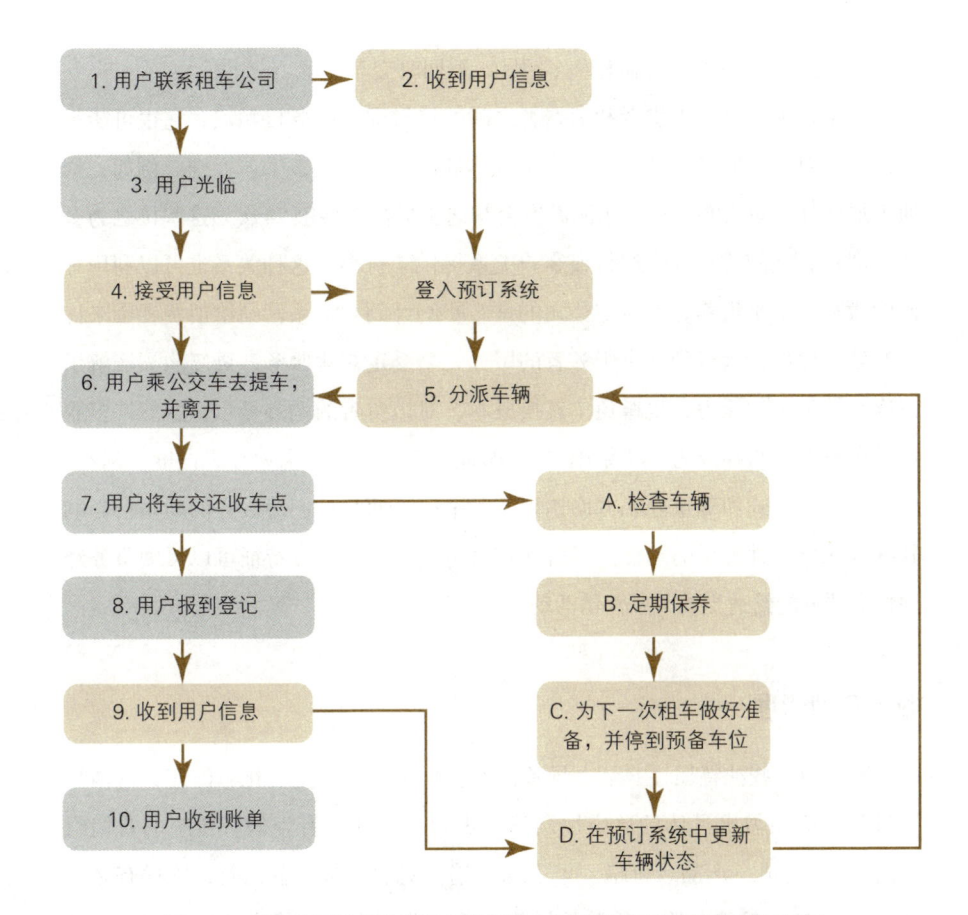

```
1. 用户联系租车公司  →  2. 收到用户信息
        ↓
3. 用户光临
        ↓
4. 接受用户信息  →  登入预订系统
                        ↓
6. 用户乘公交车去提车，←  5. 分派车辆  ←──────┐
   并离开                                      │
        ↓                                      │
7. 用户将车交还收车点  →  A. 检查车辆          │
        ↓                     ↓                │
8. 用户报到登记          B. 定期保养           │
        ↓                     ↓                │
9. 收到用户信息  →  C. 为下一次租车做好准      │
        ↓              备，并停到预备车位      │
10. 用户收到账单             ↓                 │
                        D. 在预订系统中更新────┘
                           车辆状态
```

图12-7　租车公司的用户接触点核查图（灰色阴影框表示消费者的活动）

统，并提供有关付款、地址和驾照等信息（4）。接着，分派一辆汽车给该用户（5），他乘坐公交车前往取车点（6）。用户返回租车点还车时（7），用户办理报到登记手续（8），客服代表收集有关里程数、汽油消耗量和汽车损毁的信息（9），并打印账单（10）。

图中1—10的每个步骤都是用户接触点，用户可以从中看到公司那些看得见摸得着的方面。但是，图12-7还显示了一系列标记为A—D的步骤，它们涉及检查、维护、为下一个用户做准备，以及更新预订系统。这些步骤对于提供整洁、保养良好的汽车来说至关重要，但它们不是与用户互动的节点。跟任何服务公司一样，为了确立服务优势，租车公司必须在一系列与用户的互动中创造竞争优势。例如，赫兹公司设法利用金卡会员奖励计划为这些用户消除步骤4、

8和9。这些用户只需在光临时拿车钥匙，返回时交车即可。

关系营销 服务提供者和消费者之间的接触即为服务接触点，它很可能影响消费者对购买服务的评价。一次服务体验中的接触次数千差万别。例如，据迪士尼估计，单次游览中，乐园游客会与迪士尼员工接触74次。这些接触为企业与消费者之间建立社会纽带或客户关系提供了机会。这种关系也可以利用忠诚度激励方案来培养，如航空公司的常客奖励计划。关系营销给消费者带来许多好处，比如持续得到固定服务者的服务，享受定制化服务，重复购买缓解了不确定性带来的压力，也避免了转换成本。对消费者的调查显示，虽然许多服务的用户都有兴趣成为"关系用户"，但他们要求的关系需要在忠诚度、利益、价值、接触方式和尊重隐私方面达到某种平衡，而且他们对服务的期望会影响其继续保持这种关系的动机。了解能带来重复购买的服务特征可以帮助服务经理将资源分配给适当的关系营销活动。

服务营销管理

服务的一些独特属性必然会导致消费者购买过程发生变化，因此，营销管理过程也必须做出具体的适应性调整。正如在前几章看到的，传统的营销组合由4个P组成：产品、价格、渠道和促销。对服务进行营销时，同样有必要认真管理4P。然而，服务的独特性要求服务营销人员也能有效地管理其他变量。扩大的服务营销组合概念已被许多服务营销组织采用。除4P之外，服务营销组合还包括员工、实体环境和流程，统称为**服务营销**7P（seven Ps of services marketing）。

产品（服务）

我们在第10章和第11章讨论了营销组合，其产品构成的概念既适用于脆谷乐麦圈（产品），又适用于美国运通（服务）。产品和服务的管理者必须设计出拥有消费者所需功能和益处的产品概念。产品概念的一个重要方面是品牌。服务是无形的，而且更难以描述，在消费者做出购买决定时，服务组织的品牌名称或用于识别的徽标尤为重要。因此，银行、酒店、租车公司和饭店等服务企业要依靠品牌战略在消费者心目中脱颖而出。强大的品牌名称和标识对服务营销人员来说非常重要，它不仅是一种差异化手段，也是品质形象的体现。与没有品牌声誉的公司相比，一家拥有良好品牌声誉的服务公司还更易于推出新的服务。

很多服务都开展了创造性的品牌活动。例如，酒店已经通过"家中酒店"等服务，将品牌营销扩展至消费者的家中。它制作了室内产品目录，上面有威斯汀酒店的"天梦之床"和希尔顿酒店的浴袍，甚至还有喜来登酒店房间中的艺术品，供消费者买回家使用。同样，费尔蒙特酒店与阿迪达斯、宝马等公司结成联合品牌合作伙伴，前者为参与忠诚度激励计划的成员提供运动装备，后者为客人提供宝马休闲自行车。

价　格

在服务业，价格表现为多种形式。医院收取的治疗费，顾问、律师、医生和会计师收取的服务费，航空公司收取的票价，酒店收取的住宿费，大学收取的学费都可以称为价格。由于服务的无形性，价格往往被消费者视为衡量服务质量的合理指标。你会期望昂贵的餐馆有更高的质量吗？你想知道100美元的手术质量吗？许多情况下，可能没有多少其他提示可供客户判断服务质量，因此，价格就成了衡量质量的一个重要指标。

服务定价已经不是传统意义上的制定销售价格。消费者购买服务时，他们还会考虑非货币成本，如消费服务所需的身心付出。服务营销人员必须尽量减少消费者购买和使用服务所需的动作。定价在平衡消费者对服务的需求方面也发挥着作用。许多服务企业使用**非高峰定价法**（off-peak pricing），即在一天的不同时间或一周的不同日子收取不同的价格，以反映服务需求的变化。例如，航空公司提供周末旅行折扣，而电影院则提供午后场票价。

渠　道

服务和服务提供商密不可分，因此，分销渠道就成为开发服务营销策略的一个主要因素。在服务的分销中，很少有中间商的参与，分销地点和服务提供者是服务的有形构成。直到最近，消费者一般都要到服务提供商的实际营业地点购买服务。然而，随着竞争的加剧，很多服务公司不得不考虑便利分销的价值，并寻找向消费者分销服务的新方式。Cost Cutters家庭发廊连锁店、布洛克等税务公司以及安永会计师事务所都在多个地方设立分销网点或办公室。供应商还利用技术提供实际网点没法提供的服务。例如，在银行业，使用Cirrus系统的银行用户可以使用93个国家的100万台自动柜员机中的任何一台。网上电子分销还可以覆盖全球各种服务，包括旅行、教育、娱乐和保险。随着消费者在选择服务提供商时越来越看重速度和便利性，服务公司可以利用互联网在全球范围内实时提供服务。不过，这一优势因服务类型而异：英国食品零售商乐购有100万消费者在网上购物，而大多数医疗服务仍然要依靠面对面的互动。

促　销

对于很多服务来说，促销的价值在于向消费者展示购买服务会获得的益处。强调可得性、位置、品质始终如一、高效周到的服务、让服务有实际的呈现效果，以及提供服务接触点是非常有价值的。例如，埃森哲咨询公司的广告描述了用户可以获得的好处："成就卓越绩效。"太空探险公司的广告将其服务的优势描述为"世界上第一个环游月球的民间探险家"，它还提供了一张服务接触点的照片：一张月球的特写镜头！在大多数情况下，服务促销的关注点与产品的促销类似。

另外一种形式是宣传，它在很多服务组织的推广策略中扮演了重要的角色。例如，公立学校、宗教组织和医院等非营利组织经常利用宣传来传播它们的信息。对很多类似组织来说，最常见的宣传形式是公益广告（PSA），因为它是免费的。正如后面第18章讨论的，将公益广告作为推广计划的基础是不可能有效的，因为公益广告的播放时间和位置由媒体决定，不受组织控制。

人员推销、促销和直复营销也可在服务营销中发挥重要作用。酒店办理入住手续的员工或餐馆侍者等服务公司的代表往往负责销售它们的服务。同样，优惠券、免费试用和有奖竞赛等促销活动往往是服务公司的有效工具。最后，直复营销活动往往被用来接触对特定类型服务感兴趣的特定受众。服务公司越来越多地采用整合营销法（见第17章），类似于很多预包装消费品公司使用的方法，以确保多种形式的促销提供一致的信息，并有助于实现共同的目标。

员　工

许多服务要依赖员工创建和提供用户服务体验。员工和用户之间互动的性质对于用户感知服务体验有着非常大的影响。用户往往会根据服务提供者的表现来判断服务体验的质量。服务营销的这一特性促生了"内部营销"的概念。

内部营销（internal marketing）基于这样一种理念：服务组织必须关注其员工，或称内部市场，然后才能针对用户成功实施营销计划。服务公司需要确保其员工具备满足用户期望和维持客户忠诚度所需的态度、技能和奉献精神。致力于与用户建立互利关系的员工是当今最适合提供服务的人。由此理念不难看出，利用招聘、培训、沟通、辅导、管理和引导培养员工对服务组织的成功至关重要。最后，如教育机构和运动团队等很多服务组织必须认识到单个用户的行为也会影响服务于其他用户的结果。这些互动表明，服务中的人的因素既包括员工，也包括所有用户。

一旦内部营销计划为员工与客户的互动做好了准备，组织就可以更好地管理其提供的服务了。我们在第10章提及过**消费者体验管理**（customer experience management），它是管理整个公司消费者体验的过程。消费者体验管理专家建议这一过程应该是有目的、有计划和前后一致的，从而使每一次的体验都是相似的，它们不同于其他的服务产品，契合目标市场，且对目标市场有价值。迪士尼、西南航空、丽思卡尔顿酒店和星巴克等公司都在管理其消费者体验。它们在各个接触点将自己的活动整合起来，以便与消费者建立联系，并将客户关系转化成消费者的忠诚。例如，第9章的开篇故事介绍的网络零售商Zappos.com，它要求所有员工完成为期4周的消费者忠诚度培训计划，以利于实现公司的核心理念：提供令消费者惊喜的服务。

实体环境

提供服务的环境、公司，以及用户互动的场所会影响用户对服务的感知。

服务的实体环境包括围绕着服务的所有有形物：建筑物、景观美化、车辆、家具、标识、小册子和设备。服务公司需要谨慎而系统地管理实体环境，以便向用户传达服务的正确印象。有时它也指印象管理或证据管理。对于很多服务而言，实体环境使得公司有机会就其服务的性质传递一致而强烈的信息。

流　程

流程是指创建和交付服务的实际程序、机制和活动流。消费者体验的实际创建和交付步骤为用户提供了判断服务的依据。这些步骤不仅涉及创建"什么"，还涉及"如何"创建。本章前面讨论的用户接触点核查图与此处讨论的对服务过程的理解有关。用户接触点核查图为确保公司创建更好的服务和交付流程打下了基础。油猢狮汽车快修国际公司认为其机油和液体更换服务有正确的流程。用户不需要预约，商店每周营业6天，服务在15~20分钟内完成，在服务进行期间用户可以在休息室阅读或工作。

服务与服务提供者不可分离，并且服务具有短暂性，因此，大多数组织的服务供应能力是有限的。例如，要"购买"阑尾切除服务，病人必须在外科医生上班时住院，而且一名医生一次只能帮助一位病人。同样，今天空闲的手术室或外科医生也无法用来安排明天多出来的手术。如果不使用，服务供应能力就会白白浪费。因此，营销组合的服务构成必须与影响消费需求的努力相结合。这被称为**产能管理**（capacity management）。

服务组织必须管理服务产品的可得性，以便使（1）在需求周期内（例如1天、1周、1月或1年）需求与能力相匹配，（2）组织的资产要用于实现投资回报的最大化。图12-8显示了酒店如何在旺季和淡季管理其服务供应能力。应为不同的消费者设置不同的价格套餐，这样做有利于缓和或调整消费者对服务的需求。航空公司的合同每年都会定下固定数量的房间。在淡季，有更多的房间可用，价格诱人的旅游套餐价被用于吸引旅游团或会议，比如以更低的价格在奥兰多住7晚。酒店还为度假者提供周末住宿优惠套餐。在旺季，团体优惠就没有那么有效了，因为愿意支付高价的客人会自己前往佛罗里达。"营销仪表盘"专栏讲的是捷蓝航空公司如何利用"乘客运载率"这个服务供应能力管理指标来评估其盈利能力。

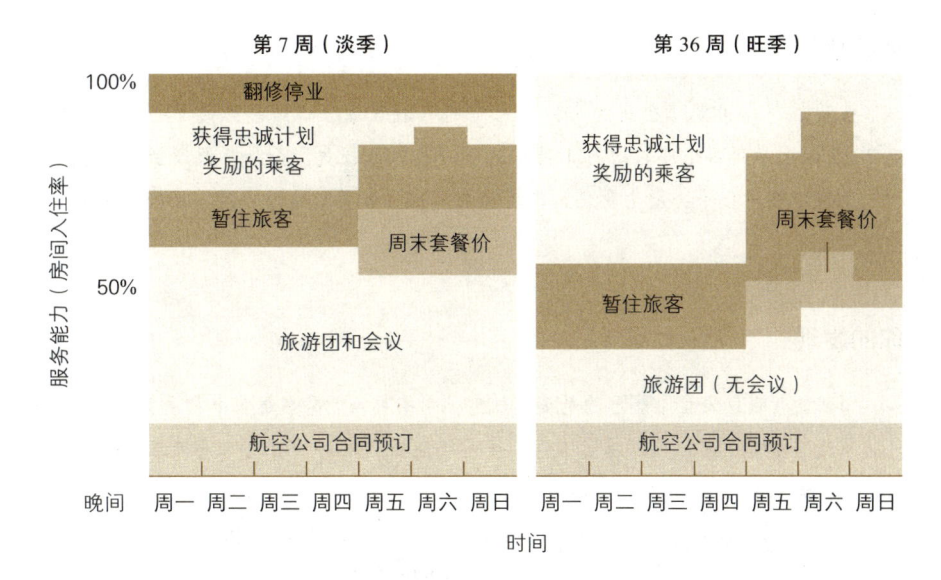

图 12-8　不同的价格和套餐有助于服务供应能力和市场需求的匹配

营销仪表盘

捷蓝航班的运载量能否盈利

对很多服务来说，服务产能管理至关重要。例如，能否在适当的时间和地点，以适当的价格提供适当数量的航班座位或酒店客房，决定了服务能否盈利的基准线。

航空公司主要以"乘客运载率"作为其营销仪表盘中的容量管理方式，此外还包括两个衡量指标，即每个座位飞行 1 英里的"运营成本"和每个座位飞行 1 英里的"收入"。乘客运载率是购票的乘客占用座位的百分比。

这三个衡量指标结合起来，即可表明航空公司每个座位飞行 1 英里的营业收入或损失：

$$\text{每个座位飞行 1 英里的营业收入（亏损）} = (\text{收入} \times \text{乘客运载率}) - \text{运营成本}$$

你的挑战

捷蓝航空公司坐落在纽约市,作为它的一名营销分析师,你接受的任务是确定 2013 年上半年每个座位飞行 1 英里的营业收入或损失。此外,假设目前的收入和运营成本在近期不会发生变化,你还需要算出让捷蓝航空公司盈亏平衡的乘客运载率。

你的发现

下面的营销仪表盘上显示的是捷蓝航空公司的收入、乘客运载率和运营成本。

从这些指标中,你可以得出结论,捷蓝航空公司 2013 年上半年每个座位每飞行 1 英里亏损 0.21 美分:

$$每个座位每英里的营运亏损 = 9.83 \text{ 美分} \times 82.1\% - 8.28 \text{ 美分}$$
$$= -0.2096 \text{ 美分}$$

假设捷蓝航空公司的收入和运营成本不变,简单计算可知,该航空公司的乘客运载率要从 82.1% 提高至 84.23% 才能实现盈亏平衡:

$$每个座位每英里的营业收入(亏损) = 9.83 \text{ 美分} \times 乘客运载率 - 8.28 \text{ 美分}$$
$$= 0 \text{ 美分}$$
$$乘客运载率 = 84.23\%$$

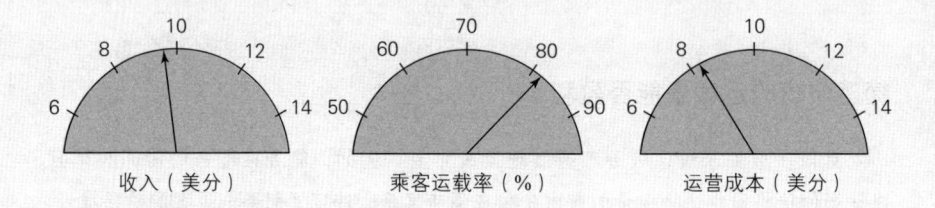

你的行动

假设收入和运营成本不变,你应该建议捷蓝航空公司考虑改进其航班时间表,以更好地适应旅客的需要,同时也要将这些变化广而告之。还可以考虑一下捷蓝航空公司如何利用现有的航班服务旅客,并且盈利。

◎ 未来的服务

对于未来的服务，我们有何期望呢？当然是希望出现新的和更好的服务，以及前所未有的诸多选择。很多改变都是以下三个因素的结果：技术进步，对服务的交付和消费的更深层次的了解，以及整个社会对可持续发展的迫切要求。

技术进步正在迅速推动整个服务业的改变。移动性和个性化成为未来服务的关键要素。例如，美国电话电报公司（AT&T）最近推出了移动订阅服务"手机电视"，它可以让消费者在智能手机上查看ESPN、迪士尼、福克斯新闻等节目。同样，谷歌也推出了带有安卓电视的奈克瑟斯播放器（Nexus），它是一个智能电视平台，通过语音识别和应用程序接口提供编程、应用程序和游戏的选项，而且该系统会根据用户的观看和使用行为提出建议。以技术为中介的个性化服务可以增强用户对其价值的认知，但是，过度的个性化也会引发隐私问题。

有关消费者和提供者的新数据和信息也会促使服务的交付和消费发生变化。弗吉尼亚大学健康科学中心的医生发现，如果心脏病患者在90分钟的预约门诊期间与其他患者同时就诊，而不是通常一对一地迅速跟医生交流，他们会了解更多的知识，报告的满意度也会提高到98%。其他服务研究发现，在零售、餐馆、维修和安装等企业中，用户满意度被夸大了，因为员工经常会提供一些"贴心服务"，即未经组织同意就向用户免费提供产品或服务。很多上述企业正在改变招聘和培训重点，以限制此类行为。这两个例子说明了对服务细节的了解是如何引发新的服务形式的出现的。

最后，人们对可持续性和"绿色"企业的兴趣越来越大，这会推动服务业发生改变。这一趋势的产生源于消费者意识到了汽车、家电和清洁用品等对环境的影响。如今，它已经影响到了消费者对服务的评价。最近的调查表明，环保行为影响了许多消费者购买服务的决定，其中包括干洗店、承包商和酒店提供的服务。对此，许多服务提供商正在开发新的服务方法。希尔顿制定了环保目标，帮助其酒店获得国际标准化组织（ISO）的环境管理认证。同样，美国邮政署也提出了可持续发展方案，以减少能源、水和石油的消耗，并扩大其回收活动。随着服务为企业带来了竞争优势，这些方法和其他方法可能会在全球范围内扩展开来。

营销知识应用

1. 解释服务的4I如何应用于万豪酒店。

2. 闲置生产能力与储存或产能管理有关。营销组合的定价怎样为下列服务或组织减少闲置生产能力？（1）洗车服务；（2）舞台剧团；（3）大学。

3. 回顾一下图12-3的服务连续体。解释下列产品在连续性方面有哪些不同：（1）盐；（2）汽车；（3）广告公司；（4）教学。

4. 航空公司的（a）商务旅客和（b）休闲游客的搜寻、体验和信任特性各是什么？对每一个群体来说，哪种特性最重要？

5. 为你在附近银行经常进行的存钱过程绘制一幅简略的用户接触点核查图。

6. 非高峰定价法如何影响对服务的需求？

7. 描述下列服务的分销渠道：（1）饭店；（2）医院；（3）酒店。

8. 如正文所述，在成功实施针对消费者的营销方案之前，内部营销是必不可少的。为什么服务组织尤其要做到这一点呢？

9. 概述航空公司必须考虑的产能管理战略。

10. 近年来，许多服务组织开始为员工配备统一制服。根据本章讨论的概念，解释此策略背后的原理。

创新案例思考

洛杉矶银河队：体育营销的标杆

洛杉矶银河足球俱乐部总裁克里斯·克莱恩惊呼："我们带给观众的是一个独特的产品。"足球结合了运动技能、团队合作和竞争等许多元素，使得它快速、令人兴奋、引人入胜、有趣且日益受人欢迎。克莱恩接着解释道："这是一项很酷的运动，而且正在成长。"他的热情有精妙的策略作为支撑。克莱恩及其营销团队想要利用此策略帮助观众体验其产品的刺激性。

洛杉矶银河队

洛杉矶银河队是征战美国职业足球大联盟的一支职业足球队。该俱乐部是联盟创始时的十大注册俱乐部之一，现在属于西区联盟。"洛杉矶银河队成立于1996年，"克莱恩说，"在联盟的历史上，银河队一直是最成功的大联盟注册足球队。"该球队已经获得了9次分区冠军、4次常规赛冠军和5次大联盟冠军。

银河队的第一次比赛是在加利福尼亚州帕萨迪纳市的玫瑰碗体育场举行的，后来移师到目前的加利福尼亚州卡森市的尊严健康体育场。球员主要来自美国，但也有来自巴西、爱尔兰、意大利和巴拿马等国家的球员。克莱恩解释说："我们已经签下了几位最出色的球员，不仅是本国球员，比如科比·琼斯和兰登·多诺万，我们也签了一些世界上最出色的球员。"英国足球巨星大卫·贝克汉姆2007年加盟洛杉矶银河队，并效力到2012年，期间帮助该球队赢得了两次冠军。

如今，洛杉矶银河队每场比赛平均吸引2.3万名球迷到现场观看。虽然铁杆球迷往往为18~34岁的男性，但该球队也吸引了很多其他人。比如，因为足球是美国参与人数最多的运动，很多孩子和青年足球队会参与其中。此外，许多大学生和家人也会参加。克莱恩认为这是一个热情友好的环境，"你可以脸绘，并大喊大叫"，或者带上你的孩子，仅仅是"看比赛，寻开心"。银河队的吉祥物科兹莫（Cozmo）是一个长得像青蛙的外星人，它在比赛时会娱乐球迷，在整个南加州也很受欢迎。

职业足球大联盟

美国曾经申请主办1994年国际足联的世界杯比赛，作为谈判的一部分，美国足协承诺组建一个职业足球联赛，职业足球大联盟就应运而生了。大联盟1996年成立时有10支球队，后来扩大到20支球队，其中包括加拿大的3支球队。每年3月至10月进行常规赛，每支球队打34场比赛，成绩前12名的球队参加季后赛，12月进行决赛，争夺大联盟杯。

尽管足球在全世界流行，但在美国引进职业足球还是遇到了一些困难。克莱恩描述了这个问题："足球是世界上最大的运动，但在美国我们有很多竞争者。足球大联盟的对手是棒球大联盟、全国橄榄球联盟、全美职业篮球联赛和国家冰球联盟。它们都是老牌的联赛，而足球大联盟排名第五。1996年，我们一开始就考虑必须让每一个棒球迷、篮球迷和橄榄球迷都能享受我们的运动。"

为了吸引其他运动项目的球迷，足球大联盟尝试修改传统足球的规则。例如，增加了点球大战，以解决平局问题；采用倒计时至零，而不是渐进计时；允许额外的替补，甚至考虑加大球门，以增加得分。最终，联盟认为，这些变化会推开一些传统的足球迷，却不能吸引其他运动项目的球迷过来，因此决定维持足球的传统规则。

该联盟不再坚持"吸引所有体育迷"，转而关注对足球有一定兴趣的人，随着理念的转变，它还做出了其他几项改变。首先，它开始将比赛从大型租赁的足球场转到更小但更亲密的新足球专用体育场。此外，该联盟还努力推动球队国际化，允许每支球队可以签约8名美国以外的球员。最后，它鼓励所有球队制订青年培养计划，寻找有天赋的当地球员。此外，每个球队都可以管理自己的营销计划。

洛杉矶银河队的营销方案

营销和传播高级总监凯西·莱帕宁说："银河的主要营销目标是门票销售。我们的产品是足球，"他接着解释说，"但我们有的不止这些。我们卖的是体验。"因此，为了销售单场比赛的门票和季票，银河队制订了一个综合的营销方案。莱帕宁认为："我们的营销组合与你看到的任何其他运动队或公司都很相似。"营销一项体育运动或任何服务的关键区别在于每场比赛都要为球迷提供不同的体验。球员、对手、天气和比赛结果都在不断变化。

银河队是如何销售不断变化的产品的？首先要理解的是，观看足球比赛的不同人群需要不同类型的体验。例如：

- 球迷俱乐部。探讨比赛策略，关注银河队的比分。
- 家庭。想玩得开心，购买吉祥物，并得到纪念品。
- 拉丁裔社区。享受足球并与来自中美洲和南美洲的球员建立联系。
- 引领潮流的青年。会朋友，享受一项运动，并看到明星球员。
- 团体（团队、公司、宗教团体等）。希望有机会社交并组建团队。

消费者不同的兴趣再加上"产品"的不稳定性让营销特别具有挑战性。

银河队为球迷提供的体验远不止是观看一场足球比赛，它还包括比赛质量、球

队中的特别成员、商品、食品、设施、活动以及与工作人员、其他球迷和球员的互动。银河队比赛体验的一些具体元素包括:

· 明星球员。罗比·基恩、史蒂文·杰拉德、塞巴斯蒂安·勒特吉和乔瓦尼·多斯桑托斯都是吸引球迷的足球明星。

· 洛杉矶队商店。在尊严健康体育场和其他地点提供洛杉矶银河队的商品。

· 球迷俱乐部。三大俱乐部:天使之城旅、防暴队和银河人,它们给球迷提供了体验紧张比赛和节日氛围的机会,包括唱歌和一遍遍地欢呼。

· 促销之夜。特别活动包括家庭之夜、玩偶之夜、运动衫拍卖会和学生之夜。

· "彰显你的名字"。允许观众通过捐赠将个人信息显示在主场比赛记分牌上。

· "科兹莫"。每场比赛都能给球迷带来快乐的球队吉祥物。

· 尊严健康体育场。这个足球专用体育场提供了一个极好的氛围,它有令人惊讶的视野,提供观赛包厢、露台小屋、餐厅、预订座位、普通票座位和野餐风格的倾斜草坪(也称坡台)座位。

当然,还有许多其他元素,它们都是银河营销团队在每场比赛中管理和提供观赛体验的一些做法!

接下来,银河队必须向每个人群传递相关的消息。莱帕宁解释,银河队"希望确保我们传递的是真实的信息,但要用大家想谈论的内容与大家交谈"。他们实现这一目标的方法就是直复营销,其中包括发送电子邮件和直接邮寄宣传材料。这些信息与传统媒体广告、户外广告和数字广告相辅相成。传统媒体包括广播、电视和印刷品。户外广告包括广告牌和公交车车身广告。数字平台拥有130万银河粉丝用户,包括脸谱网、推特、Youtube、谷歌+、Instagram、缤趣(Pinterest)、Flickr和四方网(Foursquare)。数字平台是营销组合中非常重要的一部分,莱帕宁解释说,因为"我们可以真正细致地规划针对哪些用户和如何与之对话"。

银河队还将人员推销用作其营销方案的一部分。有一个25人组成的团队会亲自打电话,帮助销售单场比赛门票、家庭套票、团体票和季票。还有两个名为"明星队"和"银河街头队"的品牌形象大使团队,每年参与约500个社区活动。银河队的营销协调人和前街头团队成员洛里·内瓦雷斯解释说:"我们必须出去到不同的社区开展各种促销活动,看望球迷,看看他们对银河队有多么地投入。"一个名为"银河未来"的技能团队也进入社区开展活力四射的表演。最后,吉祥物科兹莫多次亮相,向当前和潜在的球迷传递银河足球队的信息。

售票过程最后一步要做的是确定票价。票务总监希瑟·皮斯认为:"我们每年都会对售票进行非常深入的分析。我们会逐座、逐排、逐类地查看有多少人购买了座位，以及票价是多少。"分析还包括对该地区其他运动队票价的比较。然后，皮斯使用这些信息为不同类型的球迷制定相应的价格和套餐，从冠军休息室成员到季票持有者，从团体或家庭到观看单场比赛的球迷，她甚至提供学生和孩子的打折门票。

银河队有很多营销活动。事实上，凯西·莱帕宁说："我在银河队的作用是整合营销部门的所有资源。"整合正在见效，因为观看洛杉矶银河队比赛的观众人数远高于联盟的平均水平。此外，该队目前还有8 500名季票持有者，并计划在3年内增加到12 500人！

足球生意

虽然门票销售是银河队的重要收入来源，但足球"生意"还有其他几个重要元素，比如转播权、赞助和商品开发，团队必须要经营好。在联盟历史的初期，为了播出其比赛，足球大联盟不得不向电视和有线电视网络交纳费用。然而，随着观众数量的增加，大联盟吸引了娱乐体育节目电视网、美国广播公司、美国全国广播公司和福克斯电视台参与报道。银河队最近开始与时代华纳有线体育网达成了为期10年、价值5 500万美元的合约。目前，所有比赛都有英语和西班牙语转播，除了看实况直播，还可以在LAGalaxy.com上实时聊天。

足球大联盟和银河队若想在财务上取得成功，赞助也至关重要。百事可乐是足球大联盟的官方软饮料，阿夸菲纳（Aquafina）是足球大联盟的官方用水。同样，康宝莱（Herbalife）是洛杉矶银河队的官方营养品公司。此外，康宝莱最近宣布签署了一项为期10年的协议，成为银河队球衣的官方赞助商，它每年支付400万美元赞助球队，将其标识放在球队球衣的正面。其他赞助商包括雪佛兰、雀巢、阿拉斯加航空公司、沙斯塔创投公司和水牛城狂野鸡翅。赞助商参加团队的许多竞赛、促销和活动，以支持团队，并接触具有类似价值观和兴趣的客户。

洛杉矶银河队的营销团队总是忙忙碌碌。"有生意要做，这关系到最终的收入增长，"皮斯继续说，"最开心的事情就是在比赛日那天看到座无虚席的球场。"不过看到座无虚席的球场令人兴奋，并不只是因为它是一种生意，还因为营销团队喜欢足球。银河队总裁克里斯·克莱恩在大学里学的是商业和营销，他本身的经历就能很好地说明这种态度。"我是靠足球奖学金上大学的，"克莱恩说，"然后在联赛中当职业球员，而现在我是一家大俱乐部的总裁。"面对"营销一项我热爱的运动、我参加过的运动和潜力巨大的运动"所带来的挑战，他感到激动不已。

思考题

1. 洛杉矶银河队的"产品"是什么？
2. 在洛杉矶银河队的营销方案中，服务营销组合7要素中哪一个最重要？
3. 洛杉矶银河队如何促销（广告、人员推销、公共关系、促销、直复营销）？这些活动是否取决于具体的目标市场？
4. 洛杉矶银河队的营销策略是如何整合利用社交媒体的？
5. 洛杉矶银河队如何评估其营销活动的影响？它的计划成功了吗？

13

确立价格的基础

学习目标

1. 了解构成价格的要素;
2. 确立公司的定价目标,了解限制定价范围的约束条件;
3. 解释什么是需求曲线以及收入在定价决策中的作用;
4. 描述需求的价格弹性对做出定价决策的营销经理有什么意义;
5. 解释成本在决定定价时的作用,描述价格、固定成本以及单位可变成本的不同组合如何影响公司的损益。

VIZIO公司 ——交付精美超值的智能产品

你能说出北美最好的智能电视公司是哪一家吗？难住你了吧？是VIZIO公司，这是坐落于加利福尼亚州尔湾市的一家创业企业，充满雄心壮志。VIZIO的联合创始人兼首席执行官王蔚（William Wang）出生于中国台湾，13岁时移民美国，他表示："我们的目标是在20~30年后成为下一个索尼。"

2002年，在看到一款售价1万美元的平板高清电视的广告之后，王蔚被触动了，立即从中看到了商机。他认为，与其把这些电视机当奢侈品来营销，不如制造和营销普通用户都能买得起的高清电视。

跟很多创业者一样，他向朋友和家人借钱，并抵押了自己的房子。前后不到1年，他就成立了一家公司，现在名为VIZIO，并将该公司第一批VIZIO高清电视交给开市客，利用其连锁店销售。VIZIO高清电视现在通过开市客、沃尔玛、BJ's批发会员店、百思买、山姆会员店和塔吉特超市在全美范围内销售，并授权亚马逊等网络合作伙伴销售。自2002年以来，该公司已售出3800多万台高清电视。

VIZIO能向普通消费者提供经济实惠的高清电视是基于一种新的策略。VIZIO没有投资于昂贵的制造设备，而是依靠代工制造商为其制造产品。美国的产品开发和营销专家负责产品设计和营销。公司发言人称："整体目标是确保我们在合适的时间以合适的价格获得合适的产品，切实促进无缝衔接的点对点价值链。"

VIZIO的联合创始人兼首席营销官莱尼·纽瑟姆（Laynie Newsome）补充说："VIZIO高清电视比以往任何时候更受欢迎，需求量也更大。消费者希望省钱，但不能牺牲质量，或降低技术要求。"VIZIO的首席技术官马特·麦克雷（Matt McRae）补充道，VIZIO的策略是生产具有创新功能的经济实惠的产品，"我们远远没有成为目前市场上最便宜的品牌。每个人都应该享受最新的技术"。

2010年，VIZIO为消费者推出了超值的高品质智能电视，这很有远见和开拓性。智能电视让观众能够直接在电视上观看互联网上的内容，获得更具互动性的观看体验。自2010年以来，VIZIO已售出320多万台智能电视，成为北美首屈一指的智能电视机制造公司。

VIZIO有力且能带来收益的价格-价值定位显然引起了消费者的共鸣。

VIZIO常被J. D. Power评为"消费者满意度最高"的高清电视，跻身美国最大的私营公司名单。对于一家拥有约400名员工且只经营了14年的公司来说，相当不错！

欢迎来到奇妙而又激烈的定价世界。本章介绍了组织在为其产品和服务制定价格时需要考虑的重要因素。

◎ 价格的本质与重要性

商品和服务的价格有多种称谓。接受教育要交学费，租房要交租金，使用银行的信用卡要支付利息，为汽车上保险要缴纳保费，牙医或内科医生要收诊疗费，专业或社交组织要收会费，航空公司则收机票费。在企业里，高级管理者拿薪水，销售员拿佣金，工人领工资。你购买衣服和理发支付的费用被称为价格。

在企业所有的营销和运营因素中，价格具有独特的作用。它是所有其他商业决策的交汇点。价格必须"适当"，即消费者必须愿意支付；必须带来足够的销售收入，以弥补产品开发、生产和营销的费用；还必须为公司赚取利润。即使价格的微小变化也会对销售数量和公司利润产生很大的影响。

什么是价格

从营销学角度看，**价格**（price）指用来交换商品或服务所有权或使用权而需支付的货币或其他等价物（包括其他商品和服务）。比如，威尔金森刀具公司就用一部分刀具支付了剃须刀片的广告费用。这种用商品和服务而非货币交换其他商品和服务的行为被称为**物物交换**（barter）。在美国国内和国际贸易中，每年的物物交换总额高达几十亿美元。仅在美国，每年就有120亿美元的产品和服务在没有使用任何货币的情况下达成交易。

价格等式　大多数产品使用货币进行交换。但是，由于存在折扣、补贴和额外收费，消费者支付的钱数未必等于标价或报价。21世纪的新定价政策包括"特别费"和"附加费"。这种做法是因消费者热衷于追求低价和互联网上易于比较价格而产生的。与较高的标价相比，买者更愿意支付额外的费用，所以，在不提高标价的情况下，卖家往往采用额外收费的方式让消费者支付更多的钱。

如图13-1列出的几种产品所示，所有这些增加或减少价格的因素构成了一个"价格等式"。它们是你想要购买一辆2017版布加迪凯龙跑车时需要考虑的关键要素。这种全驱车从静止加速到每小时60英里只需2.5秒，1 500马力引擎，动力强劲，最高时速可达288英里！其流线型车身由碳纤维制造，虽然车速极高，仍能做到安全驾驶。

价格等式

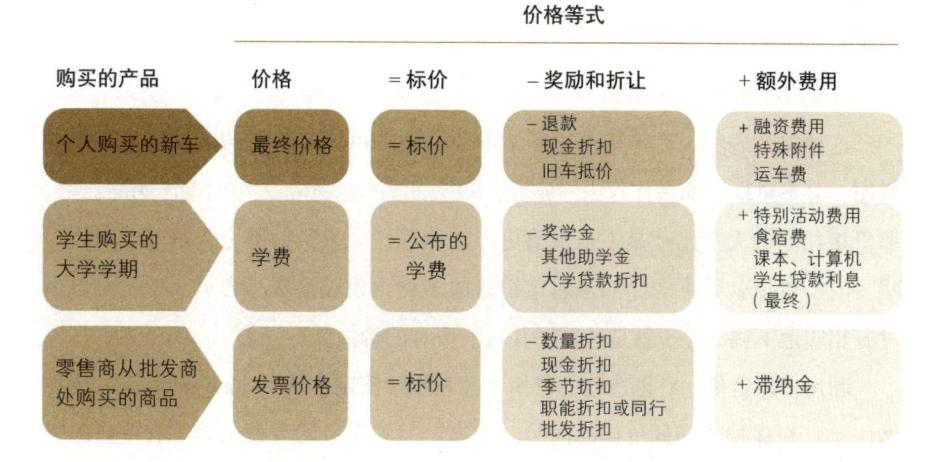

购买的产品	价格	＝标价	－奖励和折让	＋额外费用
个人购买的新车	最终价格	＝标价	退款 现金折扣 旧车抵价	＋融资费用 特殊附件 运车费
学生购买的大学学期	学费	＝公布的学费	奖学金 其他助学金 大学贷款折扣	＋特别活动费用 食宿费 课本、计算机 学生贷款利息 （最终）
零售商从批发商处购买的商品	发票价格	＝标价	数量折扣 现金折扣 季节折扣 职能折扣或同行 批发折扣	＋滞纳金

图 13-1 购买者支付的"价格"因购物的不同而有不同的名字，也会根据价格等式而改变

计算最终价格 布加迪凯龙在美国的标价为250万美元，可能多点，也可能少点，基本上也就是这个价格。但是，基于凯莱蓝皮书网站（www.kbb.com）为你车况良好的2008版迷你库柏四门轿车评估的以旧换新价，经销商同意给你抵扣7 000美元。而你的舅姥爷提出借钱给你，5年无息。其他收费包括：（1）进口税50 000美元；（2）燃油税7 000美元；（3）7.5%的销售税，即229 125美元；（4）州政府收取5 000美元的汽车挂牌费；（5）将车从法国运送给你的运费50 000美元。

应用图13-1所示的价格等式，计算布加迪凯龙的购买价格，最终得到：

最终价＝标价－折让＋额外费用

　　　＝2 500 000－7 000＋(50 000＋7 000＋229 125＋5 000＋50 000)

　　　＝2 500 000－7 000＋341 125

　　　＝2 834 125

请注意你的最终价格比标价多出334 125美元！你仍然对2017版布加迪凯龙感兴趣吗？如果初衷不改，那你就静候佳音吧。

价格是价值的指示器

从消费者的角度看，若将价格与产品或服务的质量或耐久性等可感知收益相比较，往往可以表明其价值。具体来说，**价值**（value）是可感知收益和价格的比值，或以公式表示：

价值＝可感知收益/价格

这种关系表明，在价格既定的情况下，随着可感知收益的增加，价值也会增加。毫不奇怪，如果你过去经常花7.99美元买一个中等大小的冷冻奶酪比萨，那价格相同的大个比萨是不是价值更大？相反，如果价格既定，当可感知收益减少时，价值就会下降。如果超市销售的多种预包装消费品含量减少，但价格没有相应地下调，等于就是降低了其对消费者的价值。

利用价值定价　有创造性的营销者会利用**价值定价法**（value pricing），这种做法是：在保持或降低价格的同时，提高产品和服务的收益。对于有些产品来说，价格影响消费者对其整体质量的认知，并最终影响其所带来的价值。在对家居用品购买者的调查中，84%的受访者同意这一说法："价格越高，质量就越高。"例如，科勒公司推出了一款儿童和老人可安全步入的浴缸。虽然价格高于传统的步入式浴缸，但该产品取得了成功，因为购买它的人愿意为他们感受到的额外的安全价值多掏一点钱。

在这种情况下，相对于满足同样需求的替代品，消费者对产品或服务价值的判断即所谓的"价值"。在比较替代品的成本和收益过程中，形成了一个"参考价值"。对许多消费者来说，为同一城市服务的竞争性航空公司的机票价格即是参考价值。单从票价看，精灵航空公司的票价常常最低。但对价值的评估还包括在既定价格下消费者能够获得的收益。阅读"营销无小事"专栏，确定精灵航空公司是否利用价值定价。

营销无小事　客户价值

精灵航空公司采用的是价值定价法吗？有些人说是，其他人则不同意

精灵航空公司采用的是价值定价法吗？哦，这要取决于某些乘客希望获得哪些

益处，以及他们愿意支付多少钱的票价。

美国运输部报告称，在行程相同的情况下，精灵航空公司比其他航空公司的票价平均低40%。乘客能从这种低票价中得到什么益处呢？一个靠背无法倾斜的飞机座位，并且能让你比汽车或公交车更快地到达预定目的地。你想要登机牌、饮料、头顶行李舱，或者预定的座位或过道的座位吗？你要为这些单独支付费用，这会提高你到达目的地的价格。

那么，精灵航空公司采用的是价值定价法吗？对于那些希望尽可能以目前这样便宜的价格到达目的地的人来说，答案是肯定的。对其他人来说，答案则是否定的。他们期望从付出（票价）中获得更多（好处）。毫不奇怪，在美国航空公司中，精灵航空公司的投诉（如准时、服务表现、腿部空间）排名最高，但票价除外。在回应乘客投诉时，该公司首席执行官表达了自己对价值定价法的看法："精灵航空公司不会仅为减少少数乘客的投诉，就为大多数重视低票价的乘客增加成本。那样做会增加每位顾客的支出，损害我们尽可能低价的承诺，而低价正是乘客不断告诉我们的他们所真正看重的东西。"

营销组合中的价格

价格直接影响公司的利润，所以，定价是营销主管要做的一种至关重要的决定。公司的**利润等式**（profit equation）明显地体现了这一点，其中：

利润＝总收入－总成本

＝（单价×销量）－（固定成本＋可变成本）

如本章后面利用需求曲线描述的那样，价格对销量的影响使得这一关系更为复杂。而且，由于生产效率的原因，销量常常会影响公司的成本，因此价格又会间接地影响到企业成本。所以，定价决策同时影响总收入（销量）和总成本，是营销主管要面对的最为重要的决策之一。

价格在营销组合中的重要性使得营销管理者必须了解企业制定价格的六个主要步骤（参见图13-2）：

1. 确立定价目标及其约束；
2. 评估需求与收入；
3. 确定成本、销量与利润的关系；

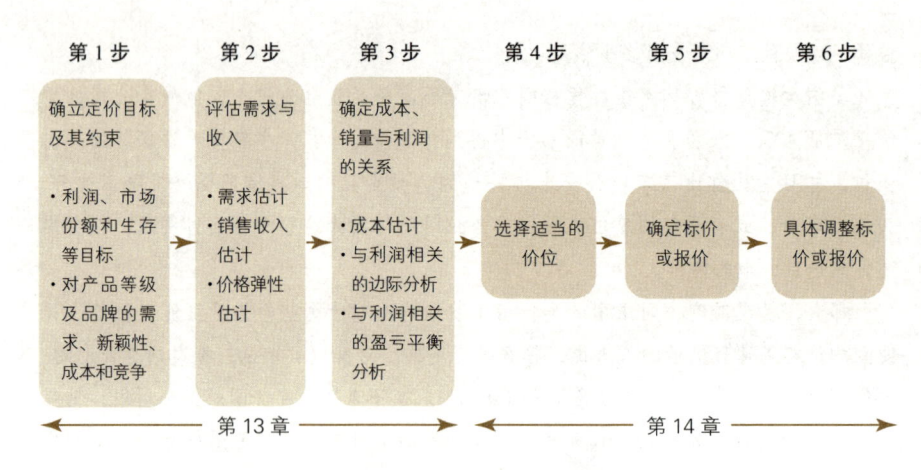

```
第1步          第2步         第3步           第4步      第5步       第6步

确立定价目标    评估需求与     确定成本、       选择适当的   确定标价     具体调整标
及其约束        收入           销量与利润       价位         或报价       价或报价
                              的关系

·利润、市场    ·需求估计     ·成本估计
份额和生存     ·销售收入     ·与利润相关
等目标          估计          的边际分析
·对产品等级   ·价格弹性    ·与利润相关
及品牌的需      估计          的盈亏平衡
求、新颖性、                    分析
成本和竞争

         ←——— 第13章 ———→    ←———————— 第14章 ————————→
```

图13-2 制定价格的六个步骤

4. 选择适当的价位；

5. 确定标价或报价；

6. 具体调整标价或报价。

本章要介绍前三个步骤，后三个步骤将在第14章详述。

◎ 第一步：确立定价目标及其约束

面对各种各样的定价政策，营销经理必须考虑定价目标以及限制选择范围的约束条件。定价目标往往反映公司的目标，而定价约束则与市场现状息息相关。

确立定价目标

定价目标（pricing objectives）明确了价格在营销与战略计划中的作用。这些定价目标要尽可能贯彻到组织较低层级的岗位，比如负责单个品牌的营销经理。这些目标还要根据公司整体的财务状况、产品是否成功或所在细分市场的状况而调整。第2章讨论过一个组织可以追求的宽泛目标，这些目标与接下来要讨论的组织的定价目标直接相关。

利润 与企业利润有关的目标有三种，最常用的是投资回报率（ROI）和资产收益率（ROA）。对于定价政策而言，不同的目标有着不同的含义。第一种目标是长期收益管理。比如，很多日本汽车制造公司和高清电视制造商常常放弃眼前的利益，通过开发优质产品，以图长期占领竞争市场。其产品定价低于研发成本，但这些公司期望通过占据较大的市场份额而获得更大的利润。

很多公司普遍采用"当前利润最大化"的做法，比如一个季度或一年的利润最大化，这样做可以一眼看出绩效，因此，公司大都以此为目标。有时，美国公司会因这种短期行为而饱受批评。公司的利润目标通常由董事会决定。例如，将税前投资回报率确定为20%，利润目标就此诞生。

销售收入 假设一家公司的利润足以维持其业务的运转，那么它的市场目标可能就是增加销售收入，而最终又会引起市场份额和利润的增加。对于负责某个产品线或品牌的营销经理而言，与销售收入或单位销量有关的目标更容易转换成有意义的营销目标。但是，对某个产品降价销售，可能会在增加该产品的销售收入的同时减少了其他相关产品的销售收入。

市场份额 市场份额指公司的销售收入或单位销量在整个行业（所有竞争者加上公司本身）中所占的比例。公司往往在行业销量相对稳定或下降时追求市场份额目标。20世纪90年代末，为与空中客车竞争，波音公司曾大幅降价，以维持其60%的商业航空市场份额，结果损失严重。尽管增加市场份额是某些公司的首要目标，其他公司却视之为达成另外目的的手段，如增加销量和利润。

单位销量 很多公司将单位产量或销量作为定价目标。这些公司往往以差别很大的价位销售多种产品，并将价格与生产能力、消费者的单位需求量相匹配。但如果销量目标要通过大幅降价来达成，那么以销量为目标的做法可能会适得其反。

生存 在有些情况下，利润、销售额和市场份额目标甚至都不及最基本的生存来得重要。例如，因为无法与其他零售商的价格竞争，电子零售连锁企业睿侠品牌店曾经面临生存问题。于是该公司制订了价格匹配计划，并推动其商品大幅打折，以筹集现金，希望能够避免破产。但这些努力最终付诸东流，睿侠品牌店于2015年宣布破产。

社会责任 公司可能会放弃追求更高的利润，并以能体现自己对消费者和整个社会的责任作为定价目标。例如，嘉宝公司向乳糖不耐受的儿童免费提供零乳糖产品。

明确定价约束

限制公司定价范围的因素被称为**定价约束**（pricing constraints）。消费者对产品的需求显然会影响产品的定价范围。其他定价约束因组织内部因素和外部竞争因素的不同而不同。第14章将讨论法律和监管对定价的约束。

对产品类别、产品和品牌的需求 某一产品类别（汽车）、产品组（家用轿车）和具体品牌（丰田凯美瑞V6）潜在购买者的数量会明显影响卖方索要的价格。同样，无论是布加迪凯龙这样的奢侈品，还是面包或住宅这样的必需品，需求都会影响到产品的定价。一般来说，产品需求越大，价格就可以定得越高。例如，纽约大都会棒球队会根据对手的吸引力为比赛设定不同的票价，若跟纽约洋基队打，票价稍高，如果跟匹兹堡海盗队打，票价会稍低。

产品的新颖性：产品生命周期的阶段 产品越新颖，处于生命周期中的阶段越早，其定价往往就越高。你愿意花9 999美元买一台55英寸LG高清3D智能电视机吗？在产品生命周期的初期，由于存在专利保护，再加上市场竞争有限，制造商是可以设定一个很高的初始价格的。不过，当你读到这里时，这种电视机的价格可能已经降下来了。

有时，受怀旧或时尚的影响，价格反而会在产品生命周期的晚期开始升高。例如，收藏品的价格会飞涨。最近，亿贝网的消费者会花250美元买一个Zip黑爪猫豆豆宝宝，花200美元买一个2001年铃木一郎新秀点头娃娃，花29 500美元买一本1963年第一版《神奇蜘蛛侠》漫画书。但随着时尚的逐渐消失或经济衰退，这些产品的价格也可能会暴跌。所以，请将自己收集的盒装芭比娃娃、风火轮玩具小汽车和星球大战的光剑原封不动地保管好，它们不但能保值，说不定赶上机会还能增值，那样的话，你的退休生活就无忧了。

产品的生产和营销成本 在利润上，营销商还要确保加入其分销渠道的公司获得足够的利润。如果渠道成员没有利润，商品就会下架，从消费者眼中消失。例如，消费者花200美元买了一条名家设计牛仔裤，其中有50%分给专业零售商，以支付其成本和利润。另外50%归营销商（34%）以及制造商和供应商（16%）。所以，下次你买一条200美元的牛仔裤时，就可以知道其中有100美元交给了为你储存、展示、销售牛仔裤的专业零售商。

价格变更成本和价格适用时期　如果斯堪的纳维亚航空公司想从通用电气公司购买备用的喷气发动机，为新购入的波音737飞机提供动力，那么通用很容易就可以设定一个新价格，因为这种价格变更只需通知一个购买者即可。但如果在给消费者邮寄了数千份商品目录后，里昂比恩（L. L. Bean）公司觉得毛衣的价格太低，这就是个大问题了。它必须考虑改变价格所需要的成本，这个价格适用于哪个季节，修订新价目表，以及重印、邮寄新版商品目录的成本。然而，对于今天的许多消费品来说，由于互联网价格的透明性，商品价格可能分分钟都在变化。

单个产品与产品线　当苹果推出首款手机时，它不仅是独一无二的，处于产品生命周期的导入期，而且也是首款在商业上取得成功的智能手机。因此，苹果在设定和维持溢价方面有很大的回旋余地。不过很快，竞争对手就制造出了成本较低的智能手机，开始猛攻，其中很多是安装了谷歌安卓操作系统的智能手机。

苹果应该如何应对这种竞争压力？首席执行官蒂姆·库克已经开始放弃公司的长期战略，即只有一个针对高端用户的产品型号。苹果的迷你平板电脑就是一个例子，引入它是为了拓宽平板电脑的产品线。

苹果目前面临的问题是可否以更低的价格扩大苹果手机的产品线，增加迷你苹果手机（4英寸）。苹果如何确定迷你产品的价格很好地说明了挑战的独特性：在一个不断扩大的产品线中，如何为单个产品和多种产品定价。产品线定价将在第14章进一步讨论。

竞争市场的类型　卖方价格受企业参与竞争的市场类型的约束。如第3章介绍的，经济学家通常描述了四种类型的竞争市场，按其竞争的激烈程度由高到低依次是完全竞争市场、垄断竞争市场、寡头垄断市场和完全垄断市场。图13-3表明，市场类型会极大地影响价格竞争的范围，进而影响产品差异化和广

可用的策略	竞争市场类型			
	完全竞争（多个卖家以市场价格出售相同的商品）	垄断竞争（多个家卖家在非价格性因素上展开竞争）	寡头垄断（几个卖家，对彼此的价格十分敏感）	完全垄断（只有一个卖家为其独特产品定价）
价格竞争的力度	几乎没有：市场确定价格	有一些：就价格范围展开竞争	有一些：价格的领导者或竞争者的跟随者	没有：唯一的卖家确定价格
产品差异化程度	没有：产品相同	有一些：与竞争产品区别开来	有一些：依行业而定	没有：没有其他产品
广告的广度	很少：目的在于通知潜在购买者销售商有商品出售	很多：目的在于将公司产品与竞争产品区分开	有一些：目的在于告知，但要避免价格竞争	很少：目的在于增加对该产品类别的需求

图 13-3 处于四种类型竞争市场的公司可用的定价策略、产品策略和广告策略

告力度。所以，企业必须明确自己所处的竞争市场类型，从而更好地理解其定价政策与非定价政策的应用范围。下面的例子说明了四种竞争情形是如何影响定价的：

·**完全竞争**。某地数百家有升降设备的谷仓出售玉米，每蒲式耳的价格由市场决定。由于玉米的品种相同，因此，广告只需告知购买者有玉米出售即可。

·**垄断竞争**。地区性的自有品牌花生酱与四季宝（Skippy）和积富（Jif）等全国性品牌展开竞争。竞争既涉及价格竞争，如地区性自有品牌的定价要低一些，也涉及非价格性竞争，如产品特性和广告。

·**寡头垄断**。几家铝制造商（雷诺兹铝业和美国铝业）或大型喷气客机制造商（波音和空中客车）会想方设法避免价格竞争，因为这会导致灾难性的价格战，从而使每一方都蒙受损失。但这些行业的公司始终对竞争对手的降价或提价行为保持警惕，并采取跟随策略。这类产品可能没有差异（如铝），也可能有差异（如喷气客机），宣传上一般采用避免直接价格竞争的商品说明性广告。在电子游戏市场的初期，微软的游戏机 Xbox 360 与索尼、任天堂之间的寡头竞争十分激烈，以至于微软每销售一台游戏机就要亏损 126 美元，要知道微软游戏机在导入期价格只有 399 美元。

·**完全垄断**。血管内支架利用微小的弹性网状管将堵塞的动脉撑开，凭借这种技术，强生公司彻底改变了冠心病的治疗方式。最初这是一个完全垄断市场，强生的初始单价是1 595美元，短短两年内，它的销售额就达到了10亿美元，占有了91%的市场份额。但它不愿意为大宗采购的医院降低价格，事实证明这是一个拙劣的策略。后来，美敦力等竞争对手以更低的价格推出了改进型支架，两年后，强生的市场份额骤降至8%。

竞争对手的价格和消费者对它们的认识 公司必须了解目前的和潜在的竞争对手现在的具体价格，以及在不久的将来的价格。然后，制定包括定价在内的营销组合策略，以应对竞争对手的价格。如今，互联网使许多产品"现有和潜在竞争对手"的数量呈指数式增加。

只有当潜在购买者（1）了解这些价格，又（2）容易买到产品时，竞争对手的价格才会有较大影响。由于互联网和高效分销的存在，竞争对手的变化和价格更加透明，这让（1）消费者驱动定价行动和（2）销售者或零售商驱动定价行动成为可能。

·**消费者驱动定价行动**。由于能在互联网上比较价格，消费者得以做出更有效的购买决定。比如，消费者光顾某商店的高清电视展区，实际了解一种电视，然后回家在线订购价格更低的同款产品。Redlaser是亿贝网拥有的一款智能手机应用程序，消费者可以用它扫描商店货架上的产品条形码，然后将其价格与在线和附近商店的价格进行比较。

·**零售商驱动定价行动**。航空公司使用收益管理系统不断改变机票价格，以便出售全部的飞机座位时，互联网上便会出现激烈的价格波动。如今，许多卖家的在线价格甚至波动得更快。

例如，2012年感恩节的前一天，网络零售商亚马逊以49.96美元出售广受欢迎的《舞蹈中心3》视频游戏，这个价格与沃尔玛相同，但比塔吉特低3美分。随后，定价开始波动。感恩节当天，亚马逊将游戏价格下调至24.99美元，与百思买相当。同一天，它又将价格降到了15美元，与沃尔玛相当。在接下来的几天里，亚马逊7次改变价格。如果运气好，你花的钱会比那些以最高价购买了《舞蹈中心3》的倒霉蛋少2/3！

法律和道德方面的考虑 确定最终价格显然是一个复杂的过程，而法律和道德问题使得这项任务更加复杂。限价、价格歧视、欺骗定价、分地域定价和掠夺式定价等五种定价法会受到特别的审查，第14章将逐一对它们进行更全面的描述。

◎ 第二步：评估需求与收入

产品定价的基础是消费者的需求。营销主管必须把这种对消费者需求的评估转化成公司对预计收入的评估。

评估需求

在复习功课，准备考试时，你愿意花多少钱买一个冷冻奶酪比萨，在烤箱里加热一下当快餐吃呢？6美元？8美元？10美元？影响这一决定的因素是什么？与其他快餐食物相比，你更喜欢比萨吗？你可以轻松地致电达美乐餐厅或当地的中餐厅，要求将准备好的餐点送到你的住所吗？考虑下个月要交纳的学费时，你的信用卡账户里还剩多少额度？这些因素都会影响需求。

为了说明估算需求所需要的基础知识，让我们假设你是红男爵比萨营销经理的顾问，你的工作是分析消费者对红男爵冷冻奶酪比萨的需求。在此过程中，你必须考虑冷冻奶酪比萨需求曲线可能的形状，以及它如何影响红男爵比萨的销售收入和需求的价格弹性。

需求曲线　需求曲线（demand curve）是体现销售数量与价格关系的曲线，它可以表明某个既定价格下的最大销售量。根据对2014年红男爵冷冻奶酪比萨的年度需求的间接研究，你可以在图13-4A中画出需求曲线D_1，而现在它需要更新，因为2015年的市场环境发生了变化。请注意以下关系：随着价格的下跌，更多的人决定购买红男爵冷冻奶酪比萨，于是销售量增加。但在估计需求时，价格并不是唯一的因素。经济学家还强调了影响产品需求的另外三个关键因素：

A. 初始条件下的需求曲线　　　　B. 条件更有利时的需求曲线的移动

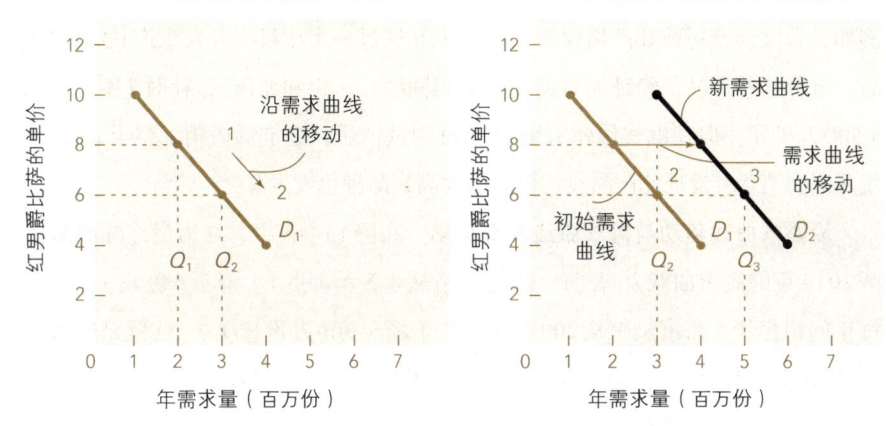

图 13-4　红男爵冷冻奶酪比萨的需求曲线显示了（A）沿需求曲线移动和（B）需求曲线的位移导致的价格的变化对年销售额（每年的需求量）的影响

1. 消费者的口味。如第 3 章所述，它们取决于多种因素，如人口统计特征、文化和科技。由于消费者的口味变化很快，若要评估需求，适时进行最新的营销研究是必不可少的。例如，如果营养学家的研究得出结论：有些比萨饼因不含谷蛋白或肉更有利于健康，那么对它们的需求可能会增加。

2. 同类产品的价格及可得性。竞争对手的比萨是你的比萨的替代品，比如汤姆斯通比萨，如果它的价格下降，会有更多的人购买它，它的需求会上升，对你的比萨的需求会下降。其他低价晚餐也是比萨的替代品。例如，如果你想快一点吃完饭去学习，就可以打电话给达美乐或中餐馆，点一份外卖。因此，随着替代品价格的下降或易得性的提高，红男爵冷冻奶酪比萨的需求就会下降。

3. 消费者的收入。一般来说，随着消费者实际收入的增加（扣除了通货膨胀因素），产品的需求也会增加。所以，若获得奖学金，有额外的现金可自由支配，你可能会满足自己的偏好，多吃红男爵冷冻奶酪比萨，少吃花生酱和果酱三明治。

前两个因素影响消费者想要买什么，而第三个因素影响消费者能买到什么。这些因素与价格一起被称为**需求因素**（demand factors），即决定消费者愿意购买且有能力购买商品和服务的因素。正如第 8 章和第 10 章的讨论，预测新产品的需求颇具挑战性，这主要是因为很难清晰地解读消费者喜欢什么和不喜欢什么。例如，金宝汤公司曾在严格保密的情况下开展过一个项目，开发生产IQ系列产品，宣称这些产品"经证明有助于降低胆固醇、血糖和血压"，耗时7年，投入5 500万美元。但在俄亥俄州为期15个月的试销后，金宝汤撤销了整个IQ产品线，因为消费者发现此产品线不仅价格太高，品种也太少。

沿需求曲线移动与需求曲线本身移动 在图13-4A中，红男爵冷冻奶酪比萨2014年的需求曲线D_1表明，随着价格从8美元（点1）降至6美元（点2），每年的销售量（需求量）从200万份（Q_1）增至300万份（Q_2）。这就是所谓的"沿需求曲线移动"，它假设其他因素保持不变，比如消费者的口味、替代品的价格和可得性、消费者的收入。

但是如果其他因素发生变化了呢？比如说，广告使得更多的消费者想去购买红男爵冷冻奶酪比萨。在这种情况下，新的需求曲线D_2（图13-4B中的黑色线条）代表了对红男爵冷冻奶酪比萨的新需求。经济学家称这种情况为需求曲线的移动，在本例中，即是D_1右移到D_2。这种需求的增加意味着在给定的价格水平上消费者渴望购买更多的红男爵冷冻奶酪比萨。在单价为6美元（点3）时，需求为D_2线上的每年500万份（Q_3），而不是D_1线上的300万份（Q_2）。

需求的价格弹性

面对一条向下倾斜的需求曲线，营销经理尤为感兴趣的是消费者需求和公司收入对于产品价格变动的敏感程度。这通常用**需求的价格弹性**（price elasticity of demand）来衡量，也就是需求量变动百分比与价格变动百分比的比值。需求的价格弹性（E）的公式为：

$$需求的价格弹性（E） = \frac{需求量变动的百分比}{价格变动的百分比}$$

随着价格的提升，需求量通常会减少，所以需求的价格弹性往往是负值。但为了简便和遵从惯例，弹性以正值表示。最后，此处假设需求的价格弹性有两种类型：弹性需求和低弹性需求。

弹性需求和低弹性需求 如果价格下降1%引起的需求增长超过1%，从而使总销售收入增加，就可以说产品有弹性需求。此时，需求的价格弹性大于1。换句话说，具有弹性需求的产品，价格略有下降即可导致需求或销售量相对较大的增长。另一方面，价格的小幅上涨也会导致需求的大幅下跌。因此，营销人员会参考竞争对手的价格，降低有弹性需求的产品的价格，以增加消费者需求、销售量和总收入。

如果价格下降1%引起的需求增长低于1%，从而使总收入减少，就可以说产品有低弹性需求。此时，需求的价格弹性小于1。所以，具有低弹性需求的产品，价格上微小变动不会明显地影响该产品的需求或销售量。面对这种产品，营销经理往往会担心，虽然降低价格能够增加销售量，但实际上却会导致总收入的减少。

价格弹性如何影响市场营销和公共政策的决策 需求的价格弹性是由多个因素共同决定的。产品或服务的替代品越多，价格弹性就越大。例如，新的毛衣、衬衫或者女士上衣都有很多替代品，因此价格弹性较大；但是汽油几乎没有替代品，因此价格弹性很小。事实上，出于对汽车和驾驶的热爱，美国人对汽油的涨价非常不敏感：研究显示，汽油价格上涨10%，其消费量仅下降0.6%。随着混合动力和全电动车的成本竞争力越来越大，这种情况可能会有所改变。

被视为生活必需品的产品和服务是缺乏价格弹性的，所以，开胸手术的价格没有弹性，而出门旅游的机票价格却是有弹性的。牙膏就是一种价格弹性低的消费品。因此，即使在经济衰退期，零售商货架上的宝洁和高露洁牙膏也经常涨价。与可支配收入相比，需要大量现金支出的物品价格弹性较大。因此，汽车的价格弹性较大，而软饮料往往没有价格弹性。

价格弹性不只是一个与营销经理有关的概念，它对于定价实践也很重要，其中包括公共政策的制定。"营销无小事"专栏描述了如何应用价格弹性抑制吸烟。

评估收入的基础

经济学家喜欢谈"需求曲线"，而营销主管更喜欢谈"创收"。需求曲线直接引出了一个对定价决策至关重要的基本收入概念：**总收入**（total revenue），也就是从产品销售中获得的总金额。总收入（TR）等于单价（P）乘以销售量（Q）。将此等式套用到红男爵比萨饼的例子上，假设单价是6美元，每年销售500万份。则：

$$TR = P \times Q$$
$$= 6 \times 5\,000\,000$$
$$= 30\,000\,000$$

计算价格和年销售量，得到每年的总收入为3 000万美元。这样就完事了吗？你有盈利吗？总收入只是我们之前看到的利润等式的一部分：

$$总利润 = 总收入 - 总成本$$

下一节讲述利润等式的另一部分：成本。

营销无小事　客户价值

利用大数据控制吸烟：了解香烟需求的价格弹性

需求的价格弹性常常是研究的对象，用以衡量消费者在联邦、州和地方政府机构征收税费时的反应。公众关注与吸烟和烟草有关的疾病，因此，针对香烟价格的变化和吸烟的致病率的研究多达数百项。这些研究表明，消费者的居住地、教育、收入和年龄都会影响需求的价格弹性。

例如，最近美国针对大约34 000名年龄在15～29岁之间的消费者开展了一项大规模的研究。研究表明，香烟是低价格弹性的，且价格弹性与年龄呈逆向相关：15～17岁为0.83，18～20岁为0.52，21～23岁为0.37，24～26岁为0.20，27～29岁为0.09。因此，年轻消费者（15～17岁）比年龄稍大的消费者（27～29岁）更有可能因价格上涨而减少吸烟的数量。

为了验证这些发现是否准确，纽约市最近将联邦、州和地方政府对单包淡味万宝路香烟的综合税提高到6.86美元。因此，该城市的标准零售价超过了每包12美元。涨价使得纽约市的高中生吸烟人数创下13.8%的新低，远低于全国平均水平。

◎ 第三步：确定成本、销量与利润的关系

销售收入是公司向消费者出售自己产品和服务所赚的钱，成本或费用则是公司支付给员工和供应商的钱。营销经理经常使用盈亏平衡分析将收入和成本联系起来，这就是本节讨论的主题。

控制成本的重要性

理解成本的作用和表现对所有的营销决策都很关键，特别是定价决策。在定价决策中有4个重要的成本概念：**总成本**（total cost）、**固定成本**（fixed cost）、**可变成本**（variable cost）和**单位可变成本**（unit variable cost），见图13-5。

总成本是固定成本和可变成本的总和，成本失控会导致总成本长期超过总收入，进而令公司破产。所以，企业一直在想方设法控制固定成本，如保险费和高管的工资，并通过在美国境外生产来降低制成品的可变成本。这就是富有经验的营销经理要在平衡收入和成本的情况下进行定价决策的原因。

盈亏平衡分析

盈亏平衡分析（break-even analysis）是通过分析总收入和总成本的关系，从

总成本（*TC*）指公司生产和销售产品时发生的所有费用。总成本是固定成本和可变成本之和。

固定成本（*FC*）是公司固定开支的总额，且不因生产和销售的产品数量的变化而变化。例如，房屋的租金、管理层薪水和保险费等。

可变成本（*VC*）指随生产和销售的产品数量的变化而变化的公司费用总额。例如，如果销售量翻倍，可变成本也随之翻倍。可变成本包括用于生产产品的直接人工费和直接材料费，以及与销售量直接相关的销售佣金。如上文所述：

$$TC = FC + VC$$

单位可变成本（*UVC*）指体现在每单位产品上的可变成本，$UVC = VC/Q$。

图13-5　与成本相关的基本概念，指支付给员工和供应商的钱

而确定不同产出水平的利润率的方法。图13-6展示了进行盈亏平衡分析所需的数据。**盈亏平衡点**（break-even point，BEP）是总收入等于总成本时的销量。利润则源于超过盈亏平衡点的销售数量。参照图13-5中相关的定义，则有：

$$盈亏平衡点_{(产量)} = \frac{固定成本}{（单价-单位可变成本）} = \frac{FC}{（P-UVC）}$$

计算盈亏平衡点 假设你拥有一家画框店，而且希望知道在某个价位上必须销售多少幅镶好框的画才能弥补固定成本。我们假设顾客对镶框画的需求很大，因此愿意为每幅画支付的平均价格是120美元。另外，假设你的固定成本（FC）为3.2万美元（房地产税、银行贷款利息和其他费用），每个镶框画的单位可变成本（UVC）是40美元（雇工、玻璃、画框和衬边材料），则你的盈亏平衡产量是400幅镶框画。计算如下：

$$盈亏平衡点 = \frac{32\,000美元}{（120美元-40美元）} = 400幅画$$

绘制盈亏平衡图 如图13-6中的橙色行所示，镶框画单价为120美元时的盈亏平衡产量为400幅。低于400幅，你的店就会处于亏损状态，多于400幅，它就处于盈利状态。图13-7是盈亏平衡分析示意图，称为**盈亏平衡图**（break-even chart）。它表示总收入（DE）和总成本（AC）在销售量为400时相交，此交点即是盈亏平衡点（F），此时的利润正好为0美元。你想要更好的业绩吗？如果能将年销售量增加到2 000幅，如图13-7显示，每年就可以赚取128 000美元（240 000美元-112 000美元，或EC线），如图13-6中最下面一行所示。

画的销量（Q）	单价（P）	总收入（TR=P×Q）	单位可变成本（UVC）	总可变成本（VC=UVC×Q）	固定成本（FC）	总成本（TC=FC+VC）	利润（TR-TC）
0	120	0	40	0	32 000	32 000	(32 000)
400	120	48 000	40	16 000	32 000	48 000	0
800	120	96 000	40	32 000	32 000	64 000	32 000
1 200	120	144 000	40	48 000	32 000	80 000	64 000
1 600	120	192 000	40	64 000	32 000	96 000	96 000
2 000	120	240 000	40	80 000	32 000	112 000	128 000

图13-6 以正文画框店为例计算盈亏平衡点，结果表明年销量达到400幅时开始产生利润（除画的销量外，其余的单位均为美元）

店的盈亏平衡分析图

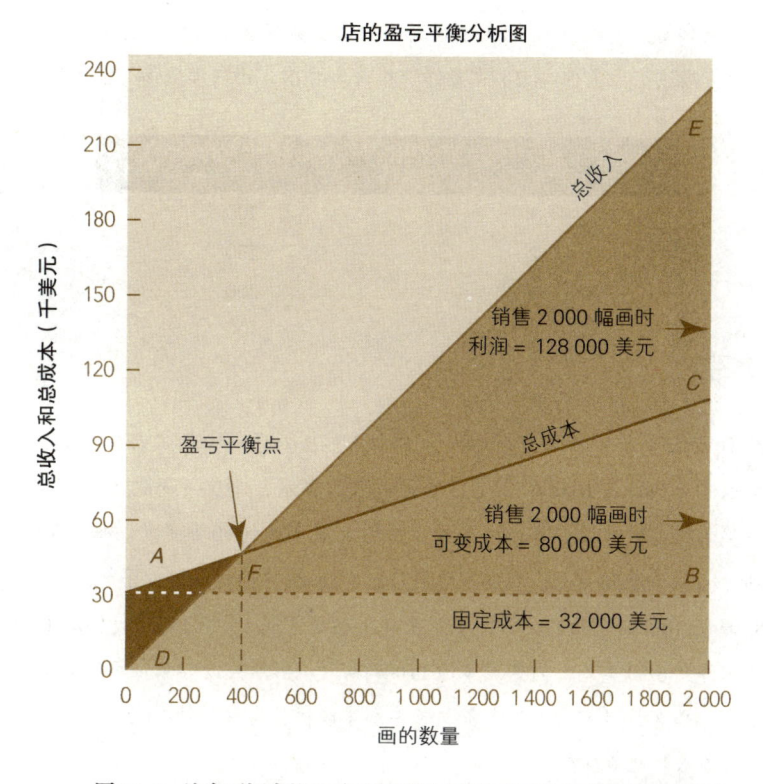

图 13–7　这家画框店的盈亏平衡图显示其盈亏平衡点销量为 400 幅画

营销知识应用

1. 如何在购买汽油、飞机票和活期存款账户时使用价格等式？
2. "利润最大化是定价唯一合理的目标。"你对这句话有什么看法？
3. 呈下降趋势的需求曲线与总收入和边际收入有什么关系？
4. 一位营销经理说："如果产品的需求价格弹性很小，价格就有可能定得太低了。"根据本章节的经济学原理，这位经理陈述了怎样的观点？
5. 一个营销经理对某品牌麦片降价 10%，发现销售量增加了 25%。这位经理认为如果价格下降 20%，销售量就会相应增加 50%。你对他的这个推论有何看法？
6. 一所大学的某个学生剧团根据一项学生调查绘制了一张反映票价和需求关系

的需求表（参看下述表格）。（1）根据这些数据绘制需求曲线和总收入曲线。基于此分析，票价应该定为多少？（2）在最终价格确定之前，还应考虑什么因素？

票价（美元）	购买的学生数
1	300
2	250
3	200
4	150
5	100

7. Touché 化妆品公司为蜥蜴人古龙水系列增添了一个新成员，并试验性地将其品牌取名为 Ode d'Toade。这款 3 盎司一瓶的香水，单位可变成本为 45 美分，若是第一年大张旗鼓地做广告，广告费会使固定成本达到 90 万美元。每瓶 3 盎司 Ode d'Toade 香水售价 7.50 美元。要卖多少瓶 Ode d'Toade 才能达到盈亏平衡？

8. 假设 Touché 化妆品公司的营销主管（参见问题 7）将 3 盎司装 Ode d'Toade 香水的售价降到 6.50 美元，固定成本为 110 万美元。仍然假设其单位可变成木保持 45 美分不变，那么，（1）必须售出多少瓶香水才能保持盈亏平衡？（2）如果售出 20 万瓶，这款香水获利多少？

9. 兰登唱片公司发行了一张星光姐妹乐队的数字专辑《日光/月光》。（1）利用表格里的价格和成本信息，绘制一张类似图 13-6 的表，从 1 万张至 10 万张，以 1 万张为间隔，即 10 000、20 000、30 000……标明总成本、固定成本和总收入。（2）这张数字专辑的盈亏平衡点在哪里？

售价	10 美元/张
专辑封面	1 美元/张
曲作者版税	0.3 美元/张
演唱者版税	0.7 美元/张
制作专辑的直接材料费和人工费	1 美元/张
制作专辑的固定成本（广告、录音棚的费用等）	100 000 美元

创新案例思考

沃什伯恩吉他公司：利用盈亏平衡点进行定价决策

沃什伯恩吉他公司的营销副总裁凯文·莱洛说："我们为不同的弹奏水平提供不同价位的吉他。"沃什伯恩是世界上最负盛名的吉他制造商之一，它供应的乐器包括独一无二的顾客定制原声电吉他和贝斯，以及大批量制作的廉价吉他。莱洛负责销售沃什伯恩的产品，并要确保每个产品的价格与公司的销售、利润和市场份额等目标相匹配。他补充道："我们重视盈亏平衡点。我们需要知道每把吉他的成本到底是多少，总开销又是多少。"

公　司

现在的沃什伯恩公司成立于1977年。当时芝加哥一家小公司购买了百年老字号沃什伯恩的品牌以及少量的吉他、零部件和促销品的存货。那时，公司每年销售约2 500把吉他，销售收入为30万美元。沃什伯恩的第一个产品目录出现于1978年，它揭示了这样一个惊人的事实：

我们的设计由日本经验最丰富的工匠转化为成品，确保质量和工艺始终如一，我们的声誉即源于此。

当时，美国的吉他制造工艺处于历史最低水平。越来越多的专业人士使用依班娜和雅马哈等日本公司制造的吉他。

对于沃什伯恩来说，时代已经改变。这家公司现在每年销售约5万把吉他，年收入4 000多万美元。这些成绩均源于沃什伯恩积极进取的营销策略，即针对不同细分市场的音乐人开发不同价位的产品系列。

产品和市场细分

沃什伯恩早期的一个成功之处是推出了引领潮流的节日系列吉他，此系列吉他拥有双缺角琴型、薄平面板，内置琴桥拾音器和控制器。随着它在摇滚和乡村音乐明星歌手中的普及，这款吉他成了现场表演的标配。很多年过去了，几代音乐人都使用这款吉他。早期音乐家包括鲍勃·迪伦、多莉·帕顿、格雷格·奥尔曼和已故甲壳虫乐队的乔治·哈里森。近年来，全美反对阵线乐队的迈克·肯尼尔提、威豹乐队的里克·萨维奇和邦乔维乐队的休·麦克唐纳等许多音乐人也加入了沃什伯恩使用者的行列。

1991年前，沃什伯恩的所有吉他都在亚洲制作。但从这一年开始，沃什伯恩开始在美国制作高端吉他。今天，沃什伯恩的营销主管将产品分为四个系列，以吸引不同的细分市场，从高端到低端，这些产品分组如下：

· 独一无二的定做乐器；

· 批量定制的乐器；

· 大规模定制的乐器；

· 大规模生产的乐器。

独一无二的定制产品吸引了众多使用和收藏沃什伯恩乐器的明星；批量定制的产品迎合了专业音乐人的需要；大规模定制的产品对并未达到专业水准的中级音乐人有吸引力；而大规模生产的乐器针对的则是初次购买者，并且仍在亚洲制作。

定价问题

为不同系列的产品定价始终是沃什伯恩的一项艰巨任务。价格不仅要反映不同类型的音乐人不断变化的偏好，还必须能与全球其他制作和销售吉他的厂家竞争。沃什伯恩产品的需求价格弹性（或价格敏感度）因不同的细分市场而不同。为了降低某些产品的价格敏感度，沃什伯恩请国际著名音乐人做其代言人，他们使用沃什伯恩的乐器，并把自己的名字授权给沃什伯恩，用于制作签名吉他系列产品。使用沃什伯恩吉他的明星都有自己的签名吉他系列，例如原极端乐队的努诺·贝登科特、KISS乐队的保罗·斯坦利、炭疽乐队的斯科特·伊恩和骚动乐队的丹·多尼加，这种签名系列吉他就属于前面提到的批量定制产品。这些吉他受到好评。比如《完全吉他》杂志近期评价说："如果你想拥有一把真正独创、制作精良的乐器……那么，沃什伯恩的玛雅系列DD75便是最好的选择。"

比尔·埃布尔是沃什伯恩的销售副经理，负责审查和批准公司吉他产品的价格。他为新吉他产品系列制定了2 000把的销售目标，考虑在数百家销售沃什伯恩系列产品的零售店中选择一家进行销售，并建议将产品的零售单价设定为349美元。在规划中，埃布尔估计，在将吉他销售给渠道中的批发商和经销商时，公司只能赚到最终零售价的一半。

根据沃什伯恩现有工厂的财务数据，埃布尔估算出该产品系列必须承担以下固定成本：

$$租金和税 = 14\,000 美元$$

$$设备折旧 = 4\,000 美元$$

管理和质量控制费用 = 20 000 美元

他估计每把吉他的可变成本为：

$$直接材料费 = 每把 25 美元$$

$$直接人工费 = 每把用时 15 个小时，每小时 8 美元$$

沃什伯恩工厂悉心保存的生产记录使得埃布尔相信这些估计是合理的。他解释道："在开始一个生产周期前，我们对产品成本就有很好的认识了。例如，美国制作的 N-4 吉他的成本就高于国外制作的某款电吉他的费用。"

面对吉他销售的全球性竞争，沃什伯恩不断寻找降低和控制成本的方法。举例来说，帕克吉他公司是一家为专业人士和收藏爱好者设计产品的吉他制造商，沃什伯恩最近收购了它，并决定合并两家工厂，迁到新址。沃什伯恩希望这次收购可以降低固定成本和可变成本。沃什伯恩预计新厂址会使租金和税减少 40%，新增加的技术娴熟的员工会让每把吉他的制作时间减少 15%。

通过管理产品的价格，沃什伯恩同样帮助了经销商和零售商。事实上，埃布尔认为，沃什伯恩成功的另一个原因是："我们拥有关系良好的独立零售商。他们是我们的生命线，也是我们销售产品的终端。虽然我们也有连锁店和网店，但真正销售产品的是独立零售商。他们要做更多的工作，所以从他们身上我们只赚取很少的利润。他们表示感激，并且会加倍努力。"

思考题

1. 有哪些因素最容易对以下两种沃什伯恩吉他的需求产生影响？（1）初次购买者；（2）想购买签名吉他的资深音乐人。

2. 对于沃什伯恩来说，下面两种情况有什么具体实例？（1）需求曲线向右移动，使得某种吉他系列产品能够获得更高的价格（需求曲线移动）；（2）有关沿需求曲线移动的定价决策。

3. 在沃什伯恩的工厂，如果吉他新品的零售价格为（1）349 美元；（2）389 美元；（3）309 美元，其盈亏平衡点分别是多少？如果沃什伯恩以每件 349 美元的零售价完成了2 000把的销售目标,利润是多少?

4. 假设与帕克公司的合并确实如案例预计的那样降低了成本。那么,(1)零售价为349美元时,这款新吉他的新盈亏平衡点是多少?(2)如果这款吉他销售了2 000把,那么利润是多少?

5. 如果出于竞争的考虑,沃什伯恩最终必须把所有的生产迁回亚洲,(1)哪些固定成本和可变成本会降低?(2)预期会产生哪些额外的固定成本和可变成本?

14

确定最终的价格

学习目标

1. 描述如何利用需求导向、成本导向、利润导向和竞争导向的方法确立"适当的价位";
2. 明确从适当的价位得出最终标价或报价时需要考虑的主要因素;
3. 识别基于折扣、折让、地理因素而对适当的价位做出的调整;
4. 指出影响具体定价行为的法律和管制因素。

电子书和电子书经济学：一个为利润而定价的奇怪故事

你有没有想过为什么电子书的价格会比一个偶数少几美元或几美分？比如19.99美元。又或者，从商业角度看，考虑到价格的差异，出版商在电子书上赚的钱是否低于纸质书呢？这些问题可能不会让你晚上睡不着觉，但答案却会让你大吃一惊。

用电子阅读器搭建舞台：亚马逊电子阅读器

图书出版业最具破坏性的变化之一是从纸质书到电子书的转变。这一变化不是由图书出版商发起的，而是始于亚马逊在2007年推出了Kindle电子阅读器。继此创新之后，2009年，巴诺书店迅速推出了Nook电子阅读器。2010年，苹果公司推出iPad，据此进入电子书市场。

亚马逊的高管知道，要想成功，纸质书必须迅速转为电子书。这种转换将为Kindle电子阅读器提供内容，从而增加它对消费者的价值。要做到这一点，就要利用数字技术的进步，让电子书比纸质书更便宜。然而，传统纸质书的定价方法已经占据主流。如何解决？当然是改变图书定价的方法。这就是电子书为利润而定价这个新奇故事的开始。

纸质书的定价

纸质书的定价方法是很传统的。根据对需求的预测，出版商会给亚马逊这样的经销商设定一个价格（通常是出版商建议零售价的50%）。经销商将以任何选定的价格将此书卖给消费者。售价减去单位可变成本，如单位制造成本（纸张和油墨）、运费和装卸费以及作者版税（约为定价的15%），就是每本纸质书的单位贡献毛益。建议零售价为20美元（给经销商10美元），出版商通常可以得到4.4美元的单位贡献毛益。这笔款项将用来补偿纸质书的总固定成本，其余的则是利润。

进入电子书市场

事实证明,电子书市场的变革动力与纸质书市场有很大的不同。例如,书店等传统经销商喜欢较高的纸质书零售价。与此形成鲜明对比的是,亚马逊等电子阅读器的供应商希望降低电子书的零售价格,以培育电子阅读器的市场。因此,亚马逊最初决定将电子书的零售价格定在9.99美元,他们认为这样可以刺激电子书的销量。这意味着亚马逊将在许多电子书交易中赔钱:花10美元买一件商品,然后以9.99美元的价格出售,这就产生了一个问题。同时,出版商认为亚马逊和其他分销商推动的电子书低价零售会削弱消费者对图书价值的感知,蚕食纸质书的销售,最终让他们只能给予分销商更低的价格。总之,双方都不会从中受益。

为电子书制定一个有利可图的价格

2010年,图书出版商改变了定价方法。出版商将制定电子书的标价,亚马逊、巴诺或苹果等经销商在售出电子书时将获得佣金。佣金通常是零售价的30%。经销商仍然可以自己设定零售价格,但会受到限制。经销商可以将价格设定在出版商的标价以下,只是降低的幅度不能超过出版商付给他们的佣金。因此,出版商20美元的标价最低可折扣至14美元。但消费者看不到这个零售价。亚马逊和苹果通常以5、7或9作为零头制定价格,14.00美元的后两个零将被其中的一个数或多个数替代,或者就是14.99美元。

在这种定价方法之下,出版商和分销商如何获利呢?假设出版商电子书的建议零售价是20美元。经销商的电子书零售价定在14.99美元。出版商将获得14.99美元的70%,即10.49美元,经销商将获得4.50美元。出版商没有单位制造费、运输费或装卸费,只有作者的版税,而版税降到了约2.62美元。因此,出版商每本电子书的单位贡献毛益为7.87美元(10.49-2.62),用于补偿电子书的总固定成本,并获得利润。要知道,纸质书对出版商的单位贡献毛益是4.40美元。简而言之,电子书分销商和出版商都能从这种定价方法中获益。

◎ 第四步：选择适当的价位

本章介绍公司如何为其产品设定大致的价位，重点介绍在设定标价或报价时需要考虑的重要因素，以及根据公司设定的价格进行价格调整的方法，它们是定价政策的最后三个步骤（图14-1）。此外，本章还介绍了涉及法律和监管的定价问题。

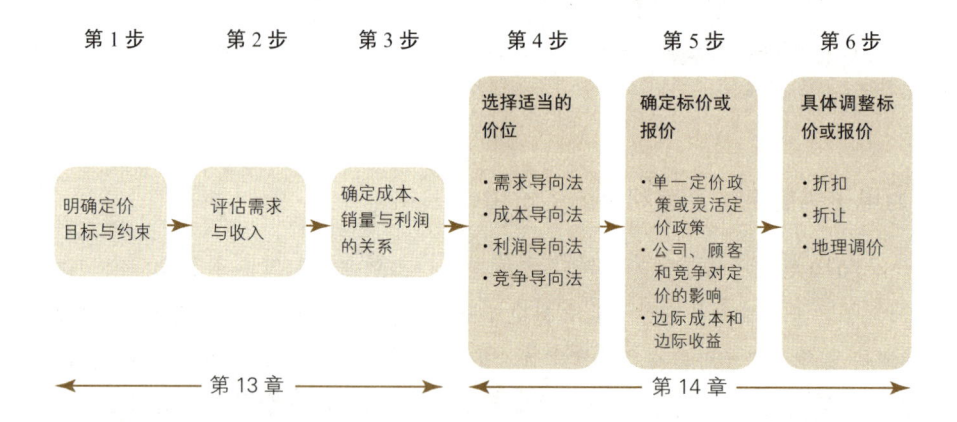

第1步	第2步	第3步	第4步	第5步	第6步
明确定价目标与约束	评估需求与收入	确定成本、销量与利润的关系	选择适当的价位 • 需求导向法 • 成本导向法 • 利润导向法 • 竞争导向法	确定标价或报价 • 单一定价政策或灵活定价政策 • 公司、顾客和竞争对定价的影响 • 边际成本和边际收益	具体调整标价或报价 • 折扣 • 折让 • 地理调价
← 第 13 章 →			← 第 14 章 →		

图 14-1 制定价格的六个步骤（前三个步骤已经在13章中讨论，本章将讨论后三个步骤）

营销经理在制定产品的最终价格时，面临着一个关键问题：找到一个适当的价位作为一个合理的出发点。寻找适当价位的方法常用的有四种：(1)需求导向法；(2)成本导向法；(3)利润导向法；(4)竞争导向法（见图14-2）。下面我们将分别探讨这些方法，其中可能有些重叠。高效的营销经理在选择适当价位时会综合考虑多种方法。

需求导向定价法

需求导向法指在选择价位时，相较成本、利润和竞争方面的因素，更加重视潜在消费者的品味与偏好。

撇脂定价法 公司在推出新产品或创新产品时可采用**撇脂定价法**（skimming

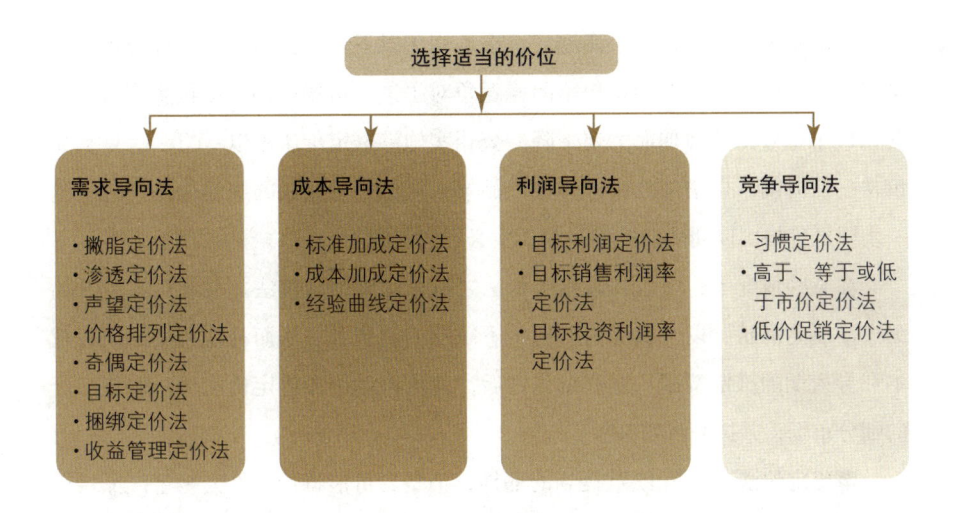

```
                    选择适当的价位
        ┌──────────┬──────────┬──────────┐
     需求导向法    成本导向法   利润导向法   竞争导向法
    ·撇脂定价法   ·标准加成定价法 ·目标利润定价法 ·习惯定价法
    ·渗透定价法   ·成本加成定价法 ·目标销售利润率 ·高于、等于或低
    ·声望定价法   ·经验曲线定价法  定价法       于市价定价法
    ·价格排列定价法            ·目标投资利润率 ·低价促销定价法
    ·奇偶定价法               定价法
    ·目标定价法
    ·捆绑定价法
    ·收益管理定价法
```

图 14-2　选择适当的价位的四种方法

pricing），即当产品是消费者真正渴望获得，且愿意花钱购买的产品时，将其初始价格定至最高。这些消费者对价格不是很敏感，因为他们看重的是该新产品在价格、质量和满足需求的能力方面有着替代品无可比拟的优势。这些消费者的需求得到满足后，公司再通过降价吸引对价格比较敏感的细分市场。该定价方法由于价格会逐步降低，如同连续撇去一层层的奶油，逐层获取不同细分市场的收益，因此得名"撇脂定价法"。

撇脂定价法在这些情况下十分有效：（1）有足够多的潜在顾客愿意在产品处于很高的初始价格时立即购买，从而使这部分销售有利可图；（2）高初始价格不会吸引竞争者加入；（3）降低价格对提升销量和降低单位成本的影响甚微；（4）顾客认为高价格是高品质的象征。当新产品受到专利或版权保护，或是消费者了解并看重其独特性时，这四种情况最有可能出现。例如，吉列公司正是由于符合以上多种情况，为它的锋速五层刀片剃须套装选择了撇脂定价法。吉列的锋速剃须系统拥有70项专利，足以保护其产品技术。

渗透定价法　为产品制定低水平的初始价格，以求迅速吸引大众市场的方法即为**渗透定价法**（penetration pricing），它的做法与撇脂定价法刚好相反。亚马逊在推出金读之光（Kindle Fire）阅读器时，就有意识地选择了渗透定价策略，其售价为199美元，而当时竞争机型的售价为499美元。

与撇脂定价法正相反，渗透定价法适用于以下情况：（1）众多细分市场对价格十分敏感；（2）低初始价格阻碍竞争对手进入市场；（3）单位生产成本和营销成本随着产量增加而大幅下降。公司实施渗透定价法可以：（1）保持初始价格一段时间，以增加收入，弥补产品导入期低销量造成的利润损失；（2）进一步降低价格，以期从新的销量中产生必要的利润。

在某些情况下，可以在撇脂定价法之后采用渗透定价法。公司可在一开始为产品制定高价，以吸引那些对价格不敏感的消费者，从而补偿初期的研发成本和导入期的推销费用。这些做完之后，就可以运用渗透定价法来吸引更广泛的细分市场，并扩大市场份额。

声望定价法 如第13章提到的那样，消费者可能将价格作为衡量产品或服务质量或声望的标准，因此，定价如果低于某个水平，需求量反而会下降。**声望定价法**（prestige pricing）即制定高价格以吸引看重质量和愿意显示地位的消费者购买（见图14-3）。需求曲线在 A 点至 B 点之间向右下倾斜，在 B 点到 C 点间又变成向左下方倾斜，也就是说从 B 点到 C 点实际需求量减少了。从 A 点到 B 点，购买者认为降价是折扣，因而购买更多，而从 B 点到 C 点，他们开始怀疑产品质量和声望，因而减少购买。此时，营销经理的定价政策应该是高于 P_0（初始价格）。

声望定价需求曲线

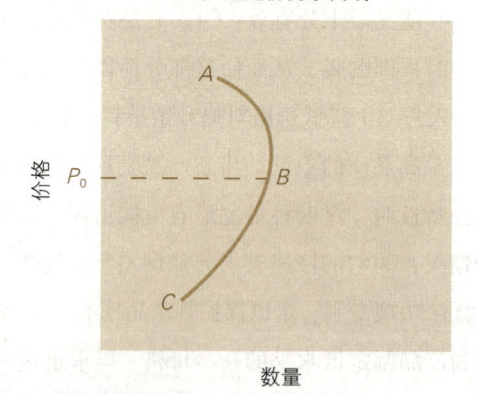

图14-3 对于声望定价法，愿意显示身份地位的消费者购买的优质产品的需求曲线是向后倾斜的

劳斯莱斯汽车、香奈儿香水、卡地亚珠宝、莱俪水晶和劳力士等瑞士手表都拥有声望定价法的元素，低价可能比高价更让销售低迷。瑞士手表制造商泰格豪雅（TAG Heuer）最近的成功就是很好的例子。该公司将旗下手表的平均价格从250美元提高到1 000美元，而它的销量却跃增了7倍。最近，劲量公司认识到高性能碱性电池的购买者倾向于将低价格和低质量联系起来。"营销无小事"专栏将介绍劲量公司在定价上学到的教训。

营销无小事　客户价值

劲量公司在价格感知上的教训：萝卜白菜，各有所爱

电池制造商似乎如敲鼓的小兔子一样不知疲倦，一直努力使其产品表现更好，寿命更长，且不仅仅是偶尔比竞争对手卖得多。最新的碱性锂电池技术的商业化却很难以为顾客创造价值的方式定价。只需询问一下劲量公司的营销主管，了解他们为劲量超能配方和劲量 e^2 AA 碱性电池定价的经历就知道了。

当金霸王（Duracell）以高出其标准电池25%的溢价推出高级AA碱性电池品牌"超能量"时，劲量很快以其高性能电池"劲量超能配方"予以还击。劲量公司认为消费者不会为高溢价买单，便将超能配方电池与其标准电池定为一样的价格，希望能从金霸王那里夺取市场份额。不过，事与愿违，劲量并未实现目标。为什么？根据行业专家的说法，消费者将劲量的低价与高端电池市场的低质量联系在了一起。劲量不仅没有增加市场份额，反而将市场份额输给了金霸王和第三位的电池制造商雷特威（Rayovac）。

吸取这次教训，劲量随后推出了 e^2 高性能电池，这一次的定价超出金霸王超能量电池4%，超出自己的超能配方电池50%。结果呢？劲量收回了失去的销量和市场份额。教训是什么呢？萝卜白菜，各有所爱。

价格排列定价法　通常，销售系列产品而非单一产品的公司会给系列产品制定不同的价位，这种定价方法被称为**价格排列定价法**（price lining）。例如，

一家百货公司的管理者可能给某系列女性休闲裤分别定价59美元、79美元和99美元。正如图14-4所示，这种定价方法假设各个价位上的需求具有完全弹性，但在价位之间弹性较小。有些情况下，所有产品以同样的成本买入，再依据色彩、款式和预期需求以不同的比例加价售出。其他情况下，生产商针对不同的价位设计产品，零售商再以大致相同的比例加价，形成3～4种价位，再提供给消费者。卖家认为有限的价位（比如3～4种）要比8～10种更可取，因为价位过多可能会让潜在顾客难以选择。

价格排列定价法

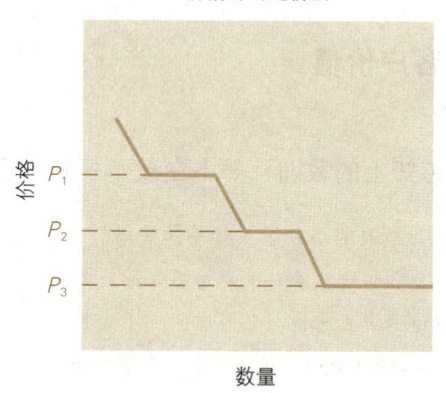

图14-4 对于价格排列定价法，需求曲线在每一个价位上是有弹性的，但在价位之间是缺乏弹性的

奇偶定价法 西尔斯百货以499.99美元的价格销售匠人牌悬臂式圆锯，吉列锋速剃须套装的建议零售价是11.99美元，而亚马逊则以每张3.99美元的价格销售U2乐队的激光唱片。为什么不简单地给它们分别定价为500美元、12美元和4美元呢？这些公司采用的是**奇偶定价法**（odd-even pricing），即低于一个偶数价格几美元或几美分制定价格。一般来说，消费者看到的西尔斯百货匠人牌悬臂式圆锯的价格为"400多美元"，而不是"大约500美元"。理论上，如果价格从500美元降到499.99美元，需求就会增加。一些证据表明这一策略确实能发挥作用。然而也有研究表明，过多使用奇数结尾的价格会削弱这种方法对需求的影响。

目标定价法 制造商有时会估计最终消费者愿意为产品支付的价格，接着采用倒推法，在扣除零售商和批发商的加价后，确定给批发商的价格。这种做法即**目标定价法**（target pricing），制造商为了实现消费者的目标价格，可以有意识地调整产品的构成和性能。

捆绑定价法 需求导向定价常用**捆绑定价法**（bundle pricing），即以打包价销售两种或更多的产品。例如，达美航空公司（Delta）提供了包括机票、汽车租赁和住宿在内的假期套餐。捆绑定价法基于这样的理念：消费者更看重套餐，而不是单项产品或服务。此时，不必单独购买能让消费者受益，而且一种产品的存在能够提升消费者对另一种产品的满意度。这就是麦当劳超值套餐和DIRECTV的电视、电话和互联网套餐背后的玄机。此外，捆绑定价法往往让销售者的总成本和营销成本更低。

收益管理定价法 你是否注意到航班经济舱的票价也不一样？这就是**收益管理定价法**（yield management pricing），即在给定时间和既定产能下，为实现收益的最大化而分别定价。如第12章所述，服务企业在管理产能时，行之有效的方法是根据时间、日期、星期或季节来调整定价。收益管理定价法是一种复杂的方法，通过对服务的差别定价来实现需求和供给的匹配。航空公司、酒店、游艇和汽车租赁公司常用这一方法。据美国航空公司估计，收益管理定价法每年可为其创造5亿多美元的收入。

成本导向定价法

使用成本导向定价法时，价格制定者会更关注定价的成本而非需求。做法是根据公司的生产和营销成本，再加上足够弥补直接费用、日常开支和利润的部分来确定价格。

标准加成定价法 超市和零售商店销售的产品很多，其管理者不可能通过估计每一种产品的需求来确定价格。因此，他们使用**标准加成定价法**（standard markup pricing），即在某一产品类别所有商品的成本基础上加上一个固定的百分比。不同类型的零售店（比如家具店、服装店或杂货店）和商品有着不同的加成比例。大宗商品的加价比例通常要小于小宗商品。

克罗格和喜互惠等超市对主食类商品和自主选购商品的加价比例有所不同。

主食类商品如糖、面粉和乳制品的加价比例从10%到23%不等，而零食和糖果等自主选购商品的加价比例则从27%到47%不等。这些加价必须能够弥补商店的全部直接费用和日常开支，并能带来一定利润。虽然这些加价看上去幅度很大，但即便超市的生意不错，利润也仅能达到销售收入的1%。

相比之下，不妨考虑一下你在当地影院里购买的零食和饮料的加价。软饮料的加价比例是87%，糖果棒是65%，而爆米花更是高达90%。这些加价听起来可能很高，但它们也会考虑影响。美国最大的连锁影院君豪娱乐（Regal Entertainment）的首席执行官说："如果我们不加这么多钱，我们就不能像以前一样提供票价优惠，电影票就要达到20美元了。"

成本加成定价法 很多制造企业、专业服务公司和建筑公司采用的是标准加成定价法的一个变体，即**成本加成定价法**（cost-plus pricing），也就是在所提供的产品或服务单位的总成本基础上，再加上一个特定金额而确定价格。成本加成定价法通常有两种形式。固定比例成本加成定价法是在单件产品总成本基础上加上一个固定比例的价格。这种方法通常被用来给单一产品或稀有产品定价。比如，某建筑公司即按总造价的一定比例收取费用，比如俄亥俄州克里夫兰市的摇滚名人堂博物馆的建造成本是9 200万美元，以此为基础，它的一定比例就是建筑公司的报酬。

在购买水力发电厂、航天卫星等高技术或稀有产品时，政府发现总承包商不愿意为采购给出一个正式的固定报价。因此，政府会使用成本加固定费用定价法，即让供应商在收回所有成本（无论实际是什么）基础上，获得一笔报酬作为利润，总价是固定的，不会按照项目的最终成本进行调整。举例来说，假设美国航空航天局同意支付洛克希德·马丁公司猎户座月球探测器的成本40亿美元，若在2016年交付月球探测器，将支付65亿美元的费用。即使洛克希德·马丁的成本增加到50亿美元，其费用仍为65亿美元。

成本加成定价法在商品定价中的运用最为普遍。在服务行业，B2B营销商之间也喜欢用这种方法。例如，日益增长的律师费促使一些律师事务所采用成本加成定价法。律师会与客户达成一致，根据律师事务所预期的成本和利润收取固定费用，而非按小时计费。许多广告公司现在也使用这种方法。用户同意按照作品的制作成本加上双方协商同意的利润率支付广告公司的费用，这个利润率通常是总成本的一定比例。

经验曲线定价法 经验曲线定价法（experience curve pricing）建立在学习效应的基础上，即公司产品和服务的产销量每增长一倍，其单位成本就会下降10%~30%。这种降低具有一定的规律性或可预见性，因而单位平均成本可以较精确地估算出来。例如，如果公司预计销量每翻一番成本就会下降15%，那么，生产和销售第100个单位的产品时，其成本将是第50个单位产品的85%，同理，第200个单位产品的成本会是第100个单位的85%。因此，如果第50个单位产品的成本是100美元，则第100个单位产品的成本将是85美元，第200个单位产品的成本是72.25美元，依此类推。既然价格往往跟随成本变动，根据经验曲线定价法，价格的快速下降就是可以做到的了。

日本、韩国和美国电子行业的公司经常使用这种定价方法。这种成本导向定价法类似于两种需求导向定价政策的结合，首先采用撇脂定价法，继而采用渗透定价法。索尼、三星、LG、VIZIO和其他电视制造商在为高清电视机定价时便采用了经验曲线法。因为价格会随着累计销量的增长而下降，消费者因而受益。事实上，在过去10年中，高清电视机的价格下降了40%。

利润导向定价法

价格制定者可以选择使用利润导向法平衡收入和成本，从而制定价格。这些方法可能包括设定一定金额的利润作为目标，或将此目标利润表达为销售或投资的百分比。

目标利润定价法 设定年度利润目标的公司可能会采用**目标利润定价法**（target profit pricing）。作为一家画框店的店主，假设你决定使用目标利润定价法来为一幅镶框画定价，并且满足以下条件：

·可变成本保持每幅22美元不变。

·固定成本保持26 000美元不变。

·当单价小于60美元时，需求对价格不敏感。

·年销量为1 000幅（镶框画）时，目标利润为7 000美元。

然后，你可以按如下方法计算价格：

利润 = 总收入 − 总成本

利润 = $(P \times Q) - [FC + (UVC \times Q)]$

$7\,000 = (P \times 1\,000) - [26\,000 + (22 \times 1\,000)]$

$7\,000 = 1\,000P - (26\,000 + 22\,000)$

$1\,000P = 7\,000 + 48\,000$

$P = 55$（美元）

要注意的是，其关键的假设是镶框画均价的提高不会导致需求的减少。

目标销售利润率定价法 目标利润定价法的缺陷在于，尽管很简单，且目标仅涉及一个具体的金额，却没有能用来衡量公司为了实现这一目标需要付出多大努力的销售或投资的基准。像连锁超市这样的企业在制定价格时通常采用**目标销售利润率定价法**（target return-on-sales pricing），即将利润目标确定为销售额的某个百分比，例如1%。假设你决定在自己的商店采用目标销售利润率定价法。为了确定一幅典型镶框画的价格，你首先要提出如前述三个假设一样的假设。不过第四个假设是，在每年成交1 250幅的情况下，你的目标现在要达到20%的销售利润率。结果是出现了以下的价格：

目标销售利润率 = 目标利润/总收入

$$20\% = \frac{(TR - TC)}{TR}$$

$$0.20 = \frac{P \times Q - [FC + (UVC \times Q)]}{TR}$$

$$0.20 = \frac{P \times 1\,250 - [26\,000 + (22 \times 1\,250)]}{P \times 1\,250}$$

$P = 53.50$（美元）

因此，当单价等于53.5美元，年销量为1 250幅时：

$TR = P \times Q = 53.50 \times 1\,250 = 66\,875$（美元）

$TC = FC + (UVC \times Q) = 26\,000 + (22 \times 1\,250) = 53\,500$（美元）

利润 = $TR - TC = 66\,875 - 53\,500 = 13\,375$（美元）

检验：

$$目标销售利润率 = \frac{目标利润}{总收入} = \frac{13\,375}{66\,875} = 20\%$$

目标投资利润率定价法　大型上市公司和许多公用事业单位会设定年度投资利润率的目标，比如20%。**目标投资利润率定价法**（target return-on-investment pricing）就是实现这一目标的定价方法。

作为画框店的店主，假设你决定将10%的投资回报率设为目标，比去年增长一倍。你考虑将镶框画的平均价格从去年的50美元提高到54美元或58美元。为此，你可能要通过提供更好的相框和更高质量的衬边材料来提高产品质量。这样一来必定要增加成本，但是，更高的价格可能会抵销明年销量减少所导致的收益的减少。

为处理好各种各样的假设，管理者会基于一系列假设利用电子表格推算出一份营业损益表。图14-5显示的即是电子表格的模拟结果，顶部是假设，底部是预计结果。上一年的营业损益显示在"去年"这一列上，四组假定数据及其财务结果分别显示在A、B、C以及D列上。

在选择价格或者利用表格结果做出其他决定时，管理者必须（1）研究计算机模拟推算的结果；（2）评估每组推算背后假设的现实性。例如，作为画框店主，你看到图14-5中最后一行全部四种模拟结果都超出了10%的税后投资利润率目标。但在进一步思考之后，由于镶框和衬材成本增加，单位可变成本需要增加20%，而且销量保持去年的1 000单位不变，你就会认为将均价定为58美元更为实际。因此，你在电子表格方法中选择了模拟结果D，并将14%设定为税后投资利润率目标。

竞争导向定价法

除了强调需求、成本和利润等因素，价格制定者还可以从强调竞争对手或"市场"在做什么出发来制定价格。

习惯定价法　对于一些价格受传统、标准化分销渠道或其他竞争因素约束的产品，可采用**习惯定价法**（customary pricing）。例如，斯沃琪手表的定价就主要受传统制约。基本款式通常定价50美元，10年里几乎没有变化。标准自动贩

假设或结果	财务因素	去年	A	B	C	D
			电子表格模拟			
假设	单位价格（P）（美元）	50	54	54	58	58
	销售量（Q）	1 000	1 200	1 100	1 100	1 000
	单位可变成本（UVC）改变量（%）	0	+10	+10	+20	+20
	单位可变成本（美元）	22.00	24.20	24.20	26.20	26.40
	总费用（美元）	8 000	同左	同左	同左	同左
	店主的工资（美元）	18 000	同左	同左	同左	同左
	投资（美元）	20 000	同左	同左	同左	同左
	州税和联邦税	50%	同左	同左	同左	同左
电子表格结果	净销售收入（P×Q）（美元）	50 000	64 800	59 400	63 800	58 000
	减：COGS（Q×UVC）	22 000	29 040	26 620	29 040	26 400
	毛利（美元）	28 000	35 760	32 780	34 760	31 600
	减：总费用（美元）	26 000	26 000	26 000	26 000	26 000
	税前净利润（美元）	2 000	9 760	6 780	8 760	5 600
	减：税（美元）	1 000	4 880	3 390	4 380	2 800
	税后净利润（美元）	1 000	4 880	3 390	4 380	2 800
	投资（美元）	20 000	20 000	20 000	20 000	20 000
	投资利润率（%）	5.0	24.4	17.0	21.9	14.0

图 14-5　选择能够实现目标投资利润率的价格时采用的电子表格模拟结果

卖机售卖的块状糖果通常定价1美元，如果明显背离此价格销量就会减少。根据巧克力原料价格的变化，好时公司会相应改变糖果中巧克力的含量，但不改变日常零售价格，这样产品就可以继续通过自动贩卖机进行售卖了。

高于、等于或低于市价定价法　对大多数产品而言，很难为某一产品或产品类别确定具体的市场价格。而且，营销经理常凭个人经验来评判竞争对手的价格或者市场价格。以市场价格为基准，他们可以有意识地选择**高于、等于或低于市价定价法**（above-，at-，or below-market pricing）。

在钟表制造商中，劳力士一直强调它所制造的手表是最昂贵的手表之一，并以此为傲，这毫无疑问就是高于市价定价法。浩狮迈（Hart Schaffner & Marx）

和迪奥（Christian Dior）等全国性服装品牌生产商以及零售商尼曼百货（Neiman Marcus）等都会有意为其产品制定溢价。

露华浓化妆品和箭牌衬衫的价格通常与市价持平。它们也为采用高于或低于市价定价法的竞争对手们提供了参考价格。

很多公司则采用低于市价定价法。超市自有品牌的生产商和零售商会有意将自己产品的价格定得低于全国性的竞争产品，比如自有品牌的花生酱和洗发水就比四季宝花生酱或维达沙宣洗发水的价格大约低8%～10%。B2B营销也会采用低于市价定价法。例如，惠普办公用个人电脑最初定价就低于竞争者的价格，以便让企业客户产生物超所值的印象。

企业会用"溢价"评估其产品和品牌是高于、等于还是低于市价。"营销仪表盘"专栏描述了溢价衡量指标的计算、展示和解释。

低价促销定价法　为了对特定商品开展促销，零售商店会有意以低于习惯价格的标价销售产品，以吸引消费者的关注。这种**低价促销定价法**（loss-leader pricing）的目的并非增加销量，而是吸引顾客，希望他们可以购买其他产品，尤其是那些大幅加价的自主选购产品。例如，超市经常把牛奶当成这种低价促销品。

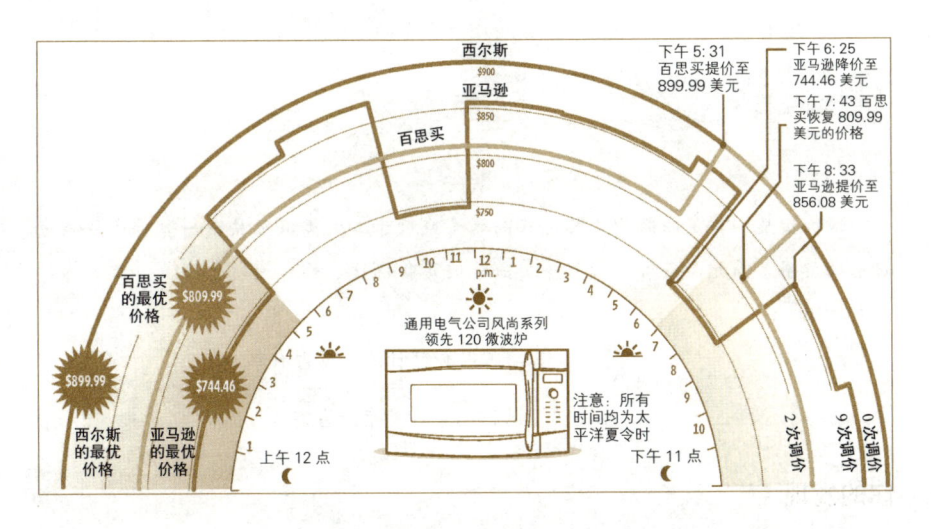

图14-6　网络零售商每天会几次调整价格。此图显示了通用电气的微波炉价格在亚马逊、百思买和西尔斯网站上一天之内的变化

营销仪表盘

红牛的价格高于、等于还是低于市场价格？

你怎样确定一家公司的零售价是高于、等于还是低于市场价格呢？你可能会光顾很多零售店,并记下零售商对这些产品或品牌的定价。有一种办法可以不必这么费劲,在营销仪表盘上,结合以金额和销量计算的市场占有率,便可轻松计算得出"溢价"。

你的挑战

不论是以金额还是以销量计算市场份额,红牛都是美国领先的能量饮料品牌(见下表)。营销高管的研究表明,红牛拥有巨额的品牌资产价值。他们想知道的是,由于便利店渠道的大幅降价,其品牌资产所带来的品牌溢价是否受到侵蚀。该销售渠道占能量饮料销售总额的 60%。

品牌	以金额计的市场占有率 2010	以金额计的市场占有率 2009	以销量计的市场占有率 2010	以销量计的市场占有率 2009
红牛	38%	37%	33%	33%
魔爪能量	18	17	19	18
摇滚明星	7	8	8	9
其他品牌	37	38	40	40
	100%	100%	100%	100%

溢价指某一特定品牌的实际价格高于(或低于)为类似产品或一揽子产品制定的基准价格。因此,溢价显示为一个品牌的定价高于、等于或低于市价。溢价的计算方法如下:

$$溢价(\%) = \frac{某品牌以金额计的市场占有率}{该品牌以销量计的市场占有率} - 1$$

你的发现

以 2010 年美国便利店能量饮料品牌市场占有率的数据计算,红牛的溢价为 1.152,即 15.2%,计算方法如下:(38%÷33%)−1=0.152。红牛的平均价格比便利店销售的能量饮料品牌的平均价格高出15.2%。根据2009年品牌市场占有率数据，红牛的溢价为1.121，即12.1%，计算如下：（37%÷33%）-1=12.1。相对于竞争对手，比如知名的魔爪能量和摇滚明星，红牛的溢价有所上升。红牛和这两个竞争品牌2009年和2010年的溢价显示在下面的营销仪表盘中。

你的行动

红牛在保持以销量计算的市场占有率的同时还提升了溢价，这不仅是该品牌的利好消息，也证明其他品牌在打折。虽然该公司在品牌建设上付出了努力，例如以赞助的方式打广告，并且特别重视消费者看重的品牌属性，但显然，他们还应该继续努力。

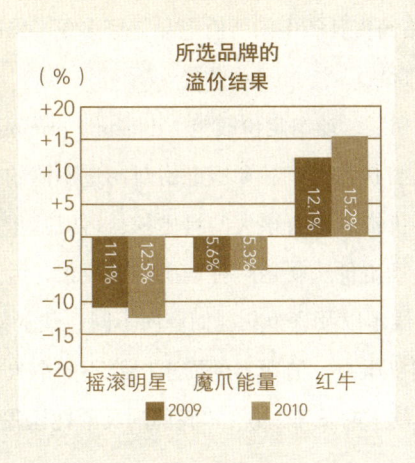

◎ 第五步：确定标价或报价

到目前为止，我们已经介绍了制定价格所涉及的六个步骤中的四个，第13章讲述了步骤1—3，前一节讲述了步骤4。前四个步骤的结果是找出产品的适当的价位。但若要制定具体的标价或报价，营销经理仍需通盘考虑所有相关因素。在决定产品的具体价格时，他们必须选择合适的定价政策，考虑公司、消费者和竞争对定价的影响，并权衡成本和收入的增量。

选择定价政策

制定标价或报价时，选择定价政策十分重要。而常见的两种选择是固定定价政策和动态定价政策。

固定定价政策 很多公司采用固定定价政策。**固定定价政策**（fixed-price policy）又称"不二价"，指对产品或服务的所有购买者制定同一个价格。例如，当你从一家运动用品商店购买威尔胜的云龙网球拍时，它的价格是相同的。你可以买或者不买，但是卖家在固定定价政策下的定价不会有任何变化。卡迈什（CarMax）汽车零售店就使用这种方法，其销售的汽车实行"不还价，不二价"政策。有些零售商将这一政策与低于市价定价法结合起来。1元店和99分店均以1美元或者更低的价格销售其店中的所有商品，家多乐（Family Dollar）则是以2美元的价格出售所有商品。

动态定价政策 相反，**动态定价政策**（dynamic pricing policy）又称灵活定价政策，它指依据供需状态对产品和服务实时制定不同的价格。动态定价政策让销售者在确定最终价格时拥有很大的自主权，可以基于需求、成本和竞争因素做出决定。收益管理定价法就是一种动态定价政策，因为价格会因个别购买者的购买情况、公司成本以及竞争状况而有所不同。戴尔公司采用动态定价法。它根据自身成本、竞争压力、消费者的需求以及不同个人电脑细分市场需求的变化不断调整价格。戴尔的发言人说："我们的灵活性让我们甚至可以在一天之内制定不同的价格。"

由于信息技术日益先进，动态定价越来越受欢迎。如今，很多营销者都有能力根据消费者个人的购物方式、产品偏好和价格敏感度为其定制价格，这些资料会被存储在公司的数据库中。例如，第13章描述的亚马逊等网络零售商会根据网上购物者的购买情况和过去的购买行为定期调整价格。有些网络营销者会监控网络消费者的点击流，即用户浏览网站的方式。如果访问者像是一个对价格敏感的购物者，总在比较许多的产品和价格，就可以考虑给予其较低的价格。

动态定价意味着购买相同的产品或服务，有些消费者花钱较多，而另一些消费者则花钱较少。并非没有人批评动态定价，经常被批评的是"峰时定价"——在需求激增时提高产品或服务的价格。阅读"负责任地决策"专栏，了解优步和来福车使用峰时定价的道德和经济学问题，并确定你对这种做法的立场。

负责任地决策　商业道德

峰时定价的商业道德和经济学评判

优步和来福车改变了出租车服务的运营方式。两家公司都利用数字技术充当中间服务商,使用独立的司机和司机所拥有的车辆向用户提供按需运输服务。然而,优步和来福车的用户经常抱怨这些公司在需求高峰期进行"峰时定价"或"黄金时段定价"。从古典经济学的角度看,这种基于供求关系的动态定价是有意义的。需求量大时提价,即需求曲线向右移动,能够增加司机的供应,乘客也会因此受益。

支持峰时定价或黄金时段定价的人从功利主义的角度解释这种做法,认为提价增加了司机的供应,从而让更多的人能打上出租车。如第4章所述,功利主义致力于实现"最大多数人的利益最大化",而评估动态定价的成本和收益可以达成这个目标。

批评峰时定价或黄金时段定价的人认为,这种做法就是在哄抬物价。在关于峰时定价或黄金时段定价的经济学与商业道德辩论中,你的立场是什么?

考虑公司、消费者和竞争对定价的影响

在确定最终的标价或报价时,管理者接下来必须评估公司、消费者和竞争对定价的影响。

公司的影响　对于经营不止一种产品的公司来说,决定单一产品的价格时必须考虑产品组合中相关产品线或产品线上其他产品项目的价格。在一条产品线或产品组合中,通常存在一些可以彼此替代或补充的产品。菲多利公司认识到,其玉米片产品线之中的烘烤托斯蒂多滋、托斯蒂多滋以及立体脆品牌可以彼此替代,大豆和切片奶酪产品线以及洋葱汁则是玉米片系列的互补品。

销售多种产品时,营销经理面临的挑战是**产品线定价法**(product-line pricing),即为一条产品线的所有产品项目确定价格。制定价格时,管理者寻求的是整条产品线的成本回收和盈利,而不只局限于某一个具体的产品。例如,索尼PS4电子游戏机的渗透定价等于或低于成本,但其中的电子游戏(互补产品)的价格被定得很高,足以补偿该产品线的损失,并带来可观的利润。

产品线定价包括:(1)确定价格最低的产品及其价格;(2)确定价格最高

的产品及其价格;(3)确定生产线上其他所有产品的价格差。产品线上价格最高与价格最低的产品扮演着十分重要的角色。一般来说,价格最高的产品指质量和性能优异的高档产品;价格最低的产品则扮演交易建立者的角色,用来吸引犹豫不决的消费者或首次购买者的注意。产品线上其他产品之间的价格差对消费者是有意义的,它能够反映产品感知价值的差异。行为学研究还表明,随着产品线的延伸,价格差应不断增大。

消费者的影响 制定价格时,营销者会密切关注满足最终消费者感知和预期的因素,例如各种消费品的日常价格。零售商发现,他们不应将商店品牌价格定得比制造商品牌低20%~25%。这样做,消费者往往会视低价为质量低的象征而不去购买。

制造商和批发商选择的价格必须确保销售渠道中的经销商能够盈利,这样才能赢得他们的合作与支持。托罗公司曾经想要借助大卖场来销售割草机和除雪机产品线,拓展其传统的五金商店的分销渠道,然而效果并不尽如人意。为了争取进入大卖场,它提供给大卖场的价格远低于传统的五金商店,五金商店十分不满,纷纷拒售托罗的产品,转而销售其竞争对手的割草机和除雪机。

竞争的影响 管理者的定价决策立即就会被大多数竞争者觉察,他们常常以改变自身价格的方式予以回击。因而,管理者在制定最终标价或报价时必须预测竞争对手潜在的价格反应。一家公司无论是价格领导者还是追随者,都希望避开激烈的价格战,因为这对行业内的所有公司都没有好处。

价格战(price war)指竞争对手为提高或保持其单位产品销量或市场份额而进行的连续降价。从家用电子产品到一次性纸尿裤,从软饮料到航空运输,从杂货零售到智能电话服务,各行各业都有可能爆发价格战。发动价格战的管理者期望低价能给公司带来更大的市场份额、更高的单位销量以及更丰厚的利润。这是可能实现的。但是,如果竞争者随之调低价格,在其他条件相同的情况下,预期的市场份额、销售量和利润都将消失。最近一项对美国大公司的分析显示,假设单位销量和成本不变,价格每下降1%,公司净利润将降低8%。

营销人员得到的建议是:只有出现以下一种或多种情况时,才考虑降价:(1)公司拥有竞争对手比不上的成本优势或技术优势;(2)某类产品的基本需求会因降价而增加;(3)降价只限于某一具体产品或只针对某类消费者(如机票），而不是全面降价。

平衡增量成本与收益

如果公司计划改变价格、发布新广告，或推进个人销售项目，就必须考虑这些措施对销售量的影响，持续对增量成本与增量收入进行权衡。

考虑如下管理问题：

·我们要多销售多少产品才能弥补1 000美元的广告费？

·我们是否应该再雇三个销售人员？

图14-7使用画框店主的例子来说明使用增量分析做出营销决策的优点和缺点。要注意的是，此例中的画框店主要么开展一次简单的广告活动，通过额外的销售偿付其费用，要么就不要搞广告活动。最后的结论也可能是提高镶框画的平均价格，以偿付广告活动的费用，但以下原则仍然适用：预期因定价和其他营销活动带来的增量收入必须多于增量成本。

图14-7的例子显示了增量分析的主要优势和难点。优势在于其普遍适用性，难点在于要获得决策所需要的数据。画框店主可以很容易地算出成本，但广告

设想一家画框店主正考虑购买系列杂志广告，以迎合高端目标市场。广告成本是1 000美元，一个镶框画的平均价格是50美元，单位可变成本（材料费加劳务费）是30美元。

这是增量分析的直接应用，精明的管理者常用它来估算至少能够弥补增量成本的增量收益或增量销量。在本例中，必须多卖出的镶框画数量按如下方式计算：

$$\text{多卖的镶框画数量} = \frac{\text{额外的固定成本}}{\text{价格} - \text{单位可变成本}}$$

$$= \frac{1\,000\text{美元}}{50\text{美元} - 30\text{美元}}$$

$$= 50\text{幅}$$

因此，除非广告能带来其他收益，如长期的信誉等，否则只有确信广告能让她多销售至少50幅镶框画时，她才应购买广告。

图14-7 预期定价和其他营销活动带来的增量收益必须能够弥补增量成本并获得增量利润

带来的增量收益则难以测量。她可以在广告活动中赠送2美元的优惠券，这样就可以大致了解广告带来了哪些销售。

第六步：具体调整标价或报价

当你在自动贩卖机上用1美元购买一包玛氏巧克力豆，或接受一家装修厨房的承包商1万美元的报价时，就意味着进入了前面描述过的定价流程的最后一步：确定标价或报价。但是作为玛氏糖果或沃尔夫煤气炉的制造商，在将产品销售给分销渠道中数十家甚至上百家批发商和零售商时，你可能需要具体调整标价或者报价。批发商也需调整给零售商的标价或报价。零售商接着又会对消费者做同样的事情。标价或报价的具体调整方式有三种，分别是：（1）折扣；（2）折让；（3）地理调整（见图14-8）。

标价或报价的具体调整

折扣
- 数量折扣
  - 累积数量折扣
  - 非累积数量折扣
- 季节折扣
- 交易（职能）折扣
- 现金折扣

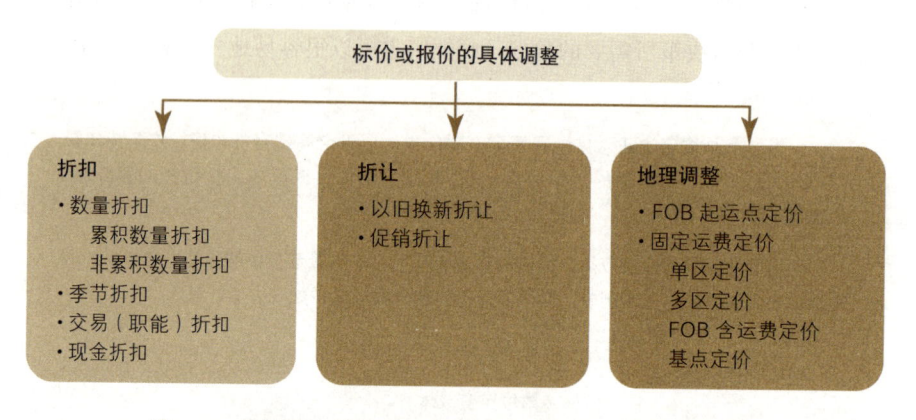

折让
- 以旧换新折让
- 促销折让

地理调整
- FOB起运点定价
- 固定运费定价
- 单区定价
- 多区定价
- FOB含运费定价
- 基点定价

图14-8　具体调整标价或报价的三种方法是折扣、折让和地理调整

折　扣

折扣是卖方给购买者在标价基础上的削价，以回报购买者的某些行为。营销策略中有四种折扣尤为重要，分别是：（1）数量折扣；（2）季节折扣；（3）交易（职能）折扣和（4）现金折扣。

数量折扣 为了鼓励消费者购买更多数量的产品，分销渠道中各层级的公司都会提供**数量折扣**（quantity discounts），即如果大量订购，公司便降低单位定价。阿尔法图文复印服务公司是这样定价的：复印1~25张每张定价10美分，复印26~100张每张定价9美分，101张以上则每张定价8美分。更多的业务和更长的生产过程让公司降低了其处理订单的成本，因此，他们愿意将一部分节约下来的成本以数量折扣的形式转让给消费者。

数量折扣一般有两种：非累积数量折扣和累积数量折扣。非累积数量折扣针对的是单次采购订单。它们鼓励的是大额的单次采购订单，而不是一系列订单。联邦快递使用这种折扣来鼓励客户一次性寄送大量包裹。累计数量折扣适用于在一定时间（通常为1年）内积累的产品采购。累计数量折扣鼓励重复购买的程度远远高于非累积数量折扣。

季节折扣 为了鼓励购买者在正常需求出现之前就及早存货，制造商常常使用季节折扣。生产割草机和吹雪机的托罗公司就提供季节折扣，以鼓励批发商和零售商在一二月份储存割草机，在七八月份储存吹雪机，这比最终消费者的季节性需求提早了5~6个月。这样做可以均衡季节性生产高峰和低谷的影响，有利于提高生产效率，也会给承担风险的批发商和零售商带来回报。这些批发商和零售商增加了存货，增加了成本，不过也能在消费者需要时及时供应。

交易（职能）折扣 为了对批发商和零售商将要履行的营销职能予以奖励，制造商常常给予其交易折扣或职能折扣。根据分销渠道中的经销商（1）所处的层级，以及希望它们（2）未来履行的营销活动，制造商会在标价或基础价格的基础上给予降价。

假设一家制造商以下形式报价：标价"100美元-30/10/5"。这个百分比序列中的第一个数字通常针对分销渠道末端的零售商，最后一个数字针对分销渠道中最靠近制造商的批发商或承销商。交易折扣只是简单地一次性削价。上面的报价表示制造商的建议零售价为100美元；零售商可以得到建议零售价的30%，用30美元（100×0.3=30）弥补成本，剩余的则是利润；分销渠道中最靠近零售商的批发商得到零售价的10%（70×0.1=7）；分销渠道中最靠近制造商的最后一组批发商（也可能是承销商）得到出货价格的5%（63×0.05=3.15）。如此，从生产商的建议零售价开始，依次减去三次交易折扣，则制造商对最靠近它的批发商或承销商的售价为59.85美元（见图14-9）。

传统的交易折扣已被各种产品线所接受，如硬件、食品和药品等。尽管制造商可能建议使用上述例子中引用的交易折扣，但是销售商仍可自由地根据竞争环境随时变更折扣计划。

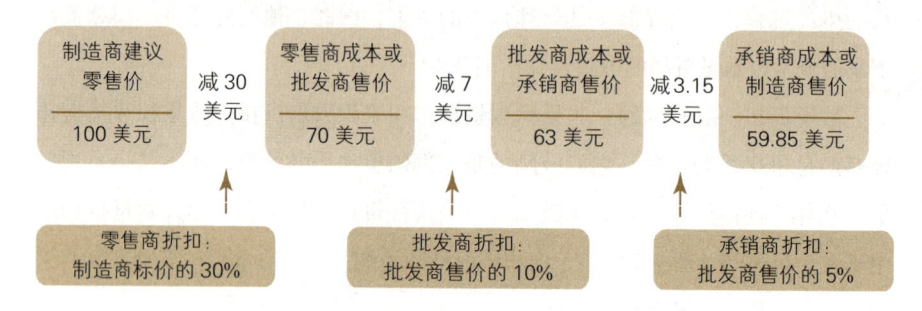

```
制造商建议零售价        零售商成本或        批发商成本或        承销商成本或
  100美元   减30美元   批发商售价  减7美元  承销商售价 减3.15美元 制造商售价
                        70美元              63美元              59.85美元
              ↑                    ↑                    ↑
        零售商折扣：          批发商折扣：          承销商折扣：
        制造商标价的30%       批发商售价的10%       批发商售价的5%
```

图 14-9　交易折扣的结构会影响制造商的销售价格和分销渠道中经销商的利润

现金折扣　为鼓励零售商尽快支付货款，制造商会向它们提供现金折扣。假设一家零售商收到了一张标为"$1,000，2/10 net 30"的账单，这意味着产品报价是1 000美元，但是如果零售商在10天内支付的话，就可以享受到2%的折扣（1 000×0.02＝20），届时只需送出一张980美元的支票即可。如果不能在10天内支付，总金额1 000美元的货款需在30天内付清。购买者通常也就明白了，第一个30天的免息期过后，利息成本就会增加。

为减少消费者使用信用支付所带来的成本，零售商也会向消费者提供现金折扣。这些折扣均采用贴现的方式。

折　让

跟折扣一样，折让也是根据购买者的行为在标价或报价基础上给予降价优惠，包括以旧换新折让和促销折让。

以旧换新折让　把旧本田思域折价1 000美元，新款丰田凯美瑞的售价就会下降很多。以旧换新折让是一种降价行为，指在销售新产品时，用旧产品抵去一部分价格。以旧换新是在不降低标价的前提下减少购买者实际支出的有效方法。

促销折让 分销渠道中的销售商为促销产品承担了某些广告或销售任务，应该享有**促销折让**（promotional allowances）。这类折让的种类繁多，包括实际现金返券或者附赠"免费产品"（如红男爵冷冻奶酪比萨的零售商每买12盒便可享受一盒免费的优惠）。通常，部分节约下来的成本会通过零售商转移给消费者。

宝洁等公司已选择使用天天低价策略来减少对零售商的促销折让。**天天低价定价法**（everyday low pricing，EDLP）是用较低的生产商标价取代促销折让的方法。天天低价定价法承诺在减少促销折让的同时，降低卖给消费者的平均价格，这种做法每年要花费生产商数十亿美元。如"营销无小事"专栏所述，天天低价策略未必能让超市受益。

营销无小事　客户价值

超市天天低价＝天天低利润——创造了客户价值，但要付出代价

谁不欢迎天天低价零售呢？答案就是连锁超市，76%的美国商店没有这样做。超市更喜爱基于高低定价法的经常性降价，价格会短暂下降，随后再次涨价。高低定价法反映了制造商因超市促销其产品而给予的折让。

设想一家超市销售大黄蜂牌白金枪鱼。通常，购买一罐大黄蜂牌白金枪鱼需要1.15美元，不过由于折让使成本降到了96美分，因此99美分的特价仍可带来3美分的零售利润。当金枪鱼的价格回升到正常水平时，商店以折让价买进但在特价促销期间没有卖掉的金枪鱼就会让商店的毛利大增。

天天低价定价法减掉了制造商的折让，零售价格平均降幅多达10%。尽管天天低价定价法比高低定价法的平均价格更低，但天天低价不允许进一步的特价特惠。天天低价每天都在为顾客创造价值，在一定程度上促进了超市的销售，但这是有代价的。在不能享受前述折让优惠的情况下，采用天天低价做法的小型连锁超市的利润可能会下降18%。也有人认为，对于很多喜欢特价的购买者来说，没有特价的天天低价引不起他们的兴趣。

天天低价定价法已被制造商誉为"价值定价法"，但是超市却有不同的看法。在它们看来，天天低价意味着"天天低利润"。

地理调整

制造商乃至批发商会根据地理分布对标价或报价加以调整，以反映产品从卖方到买方的不同运输成本。两种与运输成本相关的通用报价方法是：（1）FOB起运点定价法；（2）固定运费定价法。

FOB起运点定价法 FOB的意思是"离岸价格"，指在某一地点的运输工具上交货的价格，即销售商承担将产品装上运输工具（如驳船、火车车厢或卡车）的成本。FOB起运点定价法（FOB origin pricing）常常需要标出卖方指定的装货地点，如卖方的工厂或仓库，表述为"FOB底特律"或者"FOB工厂"等。货物所有权在装货地点就转移给了买方，所以买方有责任选择具体的运输方式，支付所有的运输费用，并处理产品随后的事宜。离卖方最远的买方需要支付较高的运输成本。

固定运费定价法 采用**固定运费定价法**（uniform delivered pricing）时，卖方的报价包含了一切运输费用。它在合同中表示为"FOB买方所在地"，在货物运达买方前，其所有权仍属于卖方，因此，由卖方选择运输方式、支付运费，并承担期间发生的任何损失。尽管称谓不同，这种定价方法基本上都会采用四种形式：（1）单区定价；（2）多区定价；（3）FOB含运费定价；（4）基点定价。

在单区定价中，无论与卖方的距离有多远，购买者为产品支付的运输费用都是相同的。因此，在大都市区，尽管免费送货的零售商店因消费者离商店的距离远近而不同，但消费者却要支付相同的运输费用。

在多区定价中，公司会将销售范围划分成若干地理上的区域或地区。对同一地区的购买者，运送价格是相同的，但跨越区域的价格则要根据具体区域的运送成本，以及该地区的竞争和需求水平而定。

FOB含运费定价法又称"运费补贴定价法"，卖方以"FOB工厂－含运费"的形式报价，允许买方从产品标价中扣除运费开支，等于说卖方同意支付或承担运输成本。

基点定价法（basing-point pricing）指选择一个或多个地理位置作为基点，买方支付产品标价和运费。例如，一家公司可指定圣路易斯为基点，所有购买者需要支付100美元产品标价加上从圣路易斯到目的地的运费。钢铁、水泥和木材等行业普遍采用基点定价法，因为在这些行业中，产品具有较强的同质性，而运费在购买者的总成本中占有很大的比重。

营销知识应用

1. 在什么情况下，一家数码相机生产商会将撇脂定价法或渗透定价法应用于一款新产品的定价？

2. 撇脂定价法、声望定价法以及高于市价定价法有何异同？

3. 一家微波炉厂商采用经验曲线法为其新型产品定价。该公司认为，每次产量翻倍，该产品的生产成本就会降低20%。生产第一个单位的产品成本是1 000美元。那么第4 096个单位时的近似成本是多少呢？

4. 金星公司是生产高档软垫沙发的领导者。最近的营销计划需要增加60万美元的广告费预算。假如公司以均价850美元销售，且单位可变成本是550美元，那么，需要增加多少销售额才能弥补额外的广告支出？

5. 假设高层主管估计其DVD录放机的单位可变成本为100美元，与产品相关的固定成本是每年1 000万美元，下一年的目标销量是10万台。要达到100万美元的目标利润，销售价格应是多少？

6. 一家车用机油生产商实行同业折扣，该生产商的建议零售价是每箱30美元，条件是40/20/10。这家生产商通过承销商销售其产品，承销商又卖给批发商，批发商再卖给加油站。生产商的销售价格应该是多少？

7. 假设为了与相似器材竞争，一家运动器材制造商建议某器材的零售价为395美元。制造商将器材销售给体育产品批发商，批发商获得售价的25%，零售商得到售价的50%。这里运用了哪种需求导向定价法？制造商又会以多少价格将器材卖给批发商？

8. "对于某些购买者来说，地理定价法总是不公平的"，这样的说法对不对？为什么？

制订你的营销计划

为你的产品确定最终价格：

1. 在第13章，考虑到消费者和竞争对手，你制定了三种可能的价格。现在，根据（a）本章所述的需求导向、成本导向、利润导向和竞争导向定价法；（b）实行折扣、折让和地理调整的可能性修改这三个价格。

2. 对这三个新价格分别进行盈亏平衡分析。

3. 选定最终价格。

创新案例思考

小蜜缇（2）：为最好的润唇膏定价

小蜜缇实验室公司总裁保罗·沃尔宾表示："小蜜缇致力于为消费者提供优质的润唇膏配方，在确保唇部健康和锁住水分的同时，还要起到治疗、舒缓和保护的作用。"

这个使命不无雄心壮志，该公司在已有75年历史的产品上取得了巨大的成功。沃尔宾及其小蜜缇实验室的管理团队将他们的成功归功于强大的品牌、忠诚的用户群、不断拓展的产品线、财务实力，以及既能实现公司的目标又能为用户带来价值的定价上。即使在经济衰退和增长缓慢时期，公司依然取得了成功。"在经济不景气的情况下，购物习惯会改变，"沃尔宾说，"用户购买的数量虽然减少了，但更频繁，人们仍需要个人护理产品。"

公司简介

小蜜缇是保罗的祖父阿尔弗雷德·沃尔宾于1937年在威斯康星州沃瓦托萨市的私人厨房里创建的。阿尔弗雷德很有创业精神，为了制造新的产品，他试验了樟脑、薄荷脑、苯酚、羊毛脂、水杨酸和可可脂等成分。之所以用 Carmex（小蜜缇）这个英文名字，是因为阿尔弗雷德喜欢 Carma 的发音，因此有 Carm，而 ex 是当时流行的许多品牌的后缀，除此之外，它没有任何其他含义。他将香膏装进小玻璃瓶，放入汽车后备厢中，亲自拜访威斯康星州、伊利诺伊州和印第安纳州的药店，以25美分的价格出售自己的产品。销售伊始，价格和价值对产品的成功都很重要。如果药店最初对小蜜缇不感兴趣，阿尔弗雷德就会免费留下一打玻璃罐作为样品。样品很快卖光了，不久之后，药店下了更多的订单！

随着公司的发展，阿尔弗雷德的儿子唐加入进来，帮助开发新产品。例如，20世纪80年代，小蜜缇将香膏装入挤压管，首次进行了重大包装变革。上世纪90年代，小蜜缇以棒状的形式出现，其两个主要竞争对手俏唇和碧唇（Blistex）都采用了这种形式。21世纪头十年，小蜜缇开始提供薄荷、樱桃和草莓口味的产品（找出新口味的研究技术，请参阅第8章）。该公司还扩建了制造设备，新增了一个配送中心，并聘请了首批营销专家。

如今，该公司由阿尔弗雷德的孙子保罗·沃尔宾和埃里克·沃尔宾领导，他们进一步提升了公司的管理水平，并取得了新的成功。他们现身奥普拉·温弗瑞的脱口秀，宣布小蜜缇就要卖到第10亿瓶了。威斯康星州州长宣布设立小蜜缇纪念日，以庆祝其成立75周年。美职篮全明星勒布朗·詹姆斯成为促销搭档。此外，《药学时报》杂志最近将小蜜缇评为连续15年药师推荐的第一大唇膏品牌。沃尔宾说："我们很荣幸获得这一前所未有的认可。"

据业内观察者估计，小蜜缇实验室占据约10%的唇膏市场份额。通过大型药店、食品店、大卖场零售商、便利店和网店，该公司将产品卖到了全球至少25个国家。他们最新推出的产品是小蜜缇治疗霜和小蜜缇保湿洗涤剂，这表明该公司已经迈出了从唇部护理到皮肤护理的重要一步。与阿尔弗雷德创业时相比，现在的小蜜缇产品线扩大了，实行多渠道分销，销量不断增加，积极参与国际贸易和直接竞争。因此，定价决策愈发重要。

为小蜜缇产品定价

博林营销公司的柯克·霍奇登说："有很多因素会影响商店中的零售价格。"作为帮助小蜜缇实验室开展广告、营销研究和定价决策的营销专家之一，霍奇登利用消费者需求、生产和材料成本、利润目标和竞争等信息帮助沃尔宾和小蜜缇的零售商制定具体的价格。许多因素叠加起来，令不同产品、渠道和目标市场的价格出现差异。霍奇登说："这是一个挑战！"

例如，消费者的口味和偏好影响着小蜜缇产品的价格。博林营销总监艾莉莎·艾伦说："消费者会告诉你他们喜欢小蜜缇，因为它有很大的价值。但这未必就意味着它的价格最低，而是意味着它非常有用，他们支付了1美元，从产品中获得的好处超出了预期。"在沃尔玛和塔吉特等大型超市，一瓶原配方小蜜缇售价可能是0.99美元，而在沃尔格林和克罗格等药品和食品零售店，其售价可能在1.59至1.79美元之间。这些价格很好地表明了在制定价格时了解消费者有多么重要。"消费者都有一个神奇的价格点，"艾伦说，"任何时候，你减价1分钱，消费者都有可能对此做出反应。"

小蜜缇还推出了一种优质唇膏产品——小蜜缇超滋润保湿润唇膏，零售价为2.49～2.99美元，它专为女性设计，包装在一支光滑的银管中，打开后一头有一个口红样的斜口，膏体呈缎面般的光泽，膏体中含有维生素E和芦荟，保湿能力更强。高档包装和附加优势让小蜜缇超滋润保湿润唇膏的价格高过了传统的瓶装和管装的小蜜缇。

构成小蜜缇唇膏配方的成分、包装、制造设备和人工成本也被计入产品价格。包装和原料的采购量是成本的关键因素。例如，小蜜缇每年为传统产品购买多达1 200万根黄色管，为较新的超滋润保湿润唇膏购买200万根银色管。数量上的差异导致传统黄管价格较低。同样，配料供应商、标签供应商和包装盒供应商都对大批量采购提供折扣。与小批量生产的超滋润保湿润唇膏相比，小蜜缇制造工厂的设备在大批量生产传统配方产品时效率更高。小蜜缇还努力降低成本，比如采用对环境友好的新瓶，同等大小的膏体唇膏，塑料用量减少了20%，节约了35吨原材料的成本和相应的运费。

在制定价格时，小蜜缇还会考虑零售商的利润率。艾伦认为："我们通常把产品卖给两种类型的零售商。"沃尔玛等天天低价零售商和沃尔格林等高低价零售商。天天低价零售商每天为消费者提供最低的价格，现在无须搞什么促销打折活动。高低价零售商向消费者收取较高的价格，但他们偶尔会进行特别促销，给产品打折，小蜜缇经常用"营销自主资金"来支持这类促销活动。小蜜缇通常在考虑到促销支出的基础上，以不同的价格向这两种零售商提供产品，允许它们实现各自的利润目标。然而，如果考虑到额外支出，这两类零售商的成本是相似的。

最后，小蜜缇也会考虑竞争对手的价格。小蜜蜂、俏唇、碧唇和许多其他品牌都提供唇膏产品，消费者经常拿它们的价格与小蜜缇的价格进行比较。艾伦解释道："研究发现，价格差距不能太大。这一点极其重要，如果这种差距太大了，消费者就会放弃小蜜缇，购买竞争对手的产品。"在准备推出超滋润保湿润唇膏时，小蜜缇对同类产品进行了彻底的分析，以确保它的价格在可接受的范围内。

未来的小蜜缇

过去的小蜜缇配方和包装现在已经成了传奇，未来它会继续保持下去，只是偶尔会改变定价。然而，新产品的出现会对小蜜缇的传统产品和价格构成挑战。所以，超滋润保湿润唇膏将提供限量版设计，并且询问消费者"你是哪种个性"。保罗·沃尔宾对这种新方法做出了解释：

> 唇部护理是日常美容保养的重要组成部分，消费者需要一种可以起到护理作用的打底产品。新的小蜜缇超滋润保湿润唇膏的目标是为消费者提供一款能代表和反映他们独特个性的有效唇膏。

一些新风格有：交错花纹的"别致"、时髦复古的"晶圆"、豹纹的"冒险"、装饰艺术图案的"异想天开"。

"我们对小蜜缇的未来兴奋不已，"霍奇登说，"我们正在规划新产品，对零售商也有新的计划，未来一片光明！"

思考题

1. 在制定价格的四种方法中，小蜜缇可以使用哪种？是否应专门使用一种方法？

2. 为什么多种小蜜缇产品的价格以9结束？这叫什么定价方法？使用这种方法对需求有什么影响？

3. 成本是否应是小蜜缇定价的考虑因素？你认为对小蜜缇及其零售商来说，合理的加价是多少？

4. 天天低价零售商和高低价零售商有什么区别？为什么小蜜缇会向他们提供不同的价格？

5. 在网络上搜索唇膏产品，并将小蜜缇产品的价格与竞争对手的三种类似产品进行比较。你认为竞争对手是如何制定价格的？

15

营销渠道和供应链管理

学习目标

1. 解释分销渠道的含义以及为什么需要中间商；
2. 区分传统营销渠道、电子营销渠道和不同类型的垂直分销体系；
3. 描述营销主管在选择和管理营销渠道时考虑的因素，包括法律上的限制；
4. 解释什么是供应链和物流管理及其与营销策略的关系。

卡拉威高尔夫公司：设计和交付精致的高尔夫用具

摩根·普雷塞尔（Morgan Pressel）和菲尔·米克尔森（Phil Mickelson）这两位世界级的职业高尔夫球手有什么共同点？在投入自己最喜欢的运动时，两人都使用卡拉威高尔夫用具、配件和服装。

卡拉威高尔夫是高尔夫行业最受认可和备受尊敬的公司之一，年销售额接近9亿美元。卡拉威高尔夫致力于不断进行产品创新，除美国外，产品远销100多个国家，不但能满足从业余到专业各个层级球手的需求，在设计和交付产品方面也拥有良好的声誉。

卡拉威高尔夫主要通过15 000多家场内和场外授权高尔夫零售商和体育用品零售商销售其产品，如高尔夫银河公司、迪克体育用品公司和职业高尔夫巡回赛超市，这些零售商销售优质高尔夫产品，并提供与这些产品相适应的服务。卡拉威高尔夫认为其零售商是宝贵的营销资产。

该公司还拥有自己的网店CallawayGolf.com，并将之打造为成熟的多渠道营销商。在CallawayGolf.com推出后不久，美国职业高尔夫首席执行官称，这家店的"创新在于，它将以往与零售渠道的传统关系与网络创新结合了起来"。营销集团的一位发言人称："卡拉威在内部制作了传播广泛、数量庞大的原创内容，从教学视频到对研发领导人和巡回赛专业球手的采访，从博文到卡拉威活动的流媒体直播。制作原创内容能够让消费者在网上和零售店购买用具时对公司及其产品获得更好的体验。"

如今，CallawayGolf.com是一个充满活力、吸引消费者互动的网站，不断提供新而深入的产品信息和原创社交内容、用户发布内容和电子商务功能。这些都有助于消费者在购买过程中更好地了解情况。CallawayGolf.com被列为美国顶级互联网零售商之一也就不足为奇了。

在正确的时间地点为授权的高尔夫零售商和体育用品零售商提供正确的产品是该公司供应链的责任。卡拉威的高尔夫用具、配件和服装的原材料采购自世界各地。他们还通过联合包裹服务（UPS）等外部物流公司向零售商交付成品。

本章首先重点介绍分销渠道，以及为什么它们是营销组合的重要组成部分。

然后，说明这些渠道如何使消费者受益，以及构成营销渠道的一系列公司。最后，阐述影响营销渠道选择和管理的因素，包括与营销渠道的冲突和合作。

然后讨论供应链和物流管理的意义。特别关注供应链管理和营销策略之间保持一致的必要性，以及管理者在总分销成本和消费者服务之间的权衡。

◎ 营销渠道的特性和重要性

直接或间接地接触潜在购买者是营销成功的先决条件。与此同时，购买者也会因公司采用的分销体系而受益。

何为分销渠道

每天你都能看到分销的结果。你可能从7-11便利店买过乐事薯片，在亚马逊网站上买过书，在科尔士百货公司买过李维斯牛仔裤。每件商品都是通过**分销渠道**或**营销渠道**（marketing channel）到达你的手中的，营销渠道由产品或服务的营销过程所涉及的个人和公司组成。

营销渠道好比让水从源头流到终点的管道，它使商品和服务经由中间商从生产者到达购买者手中成为可能。中间商的名称各异（见图15-1），履行各自的职能。有些中间商实际上是从制造商手中购买商品、储存并转售给购买者。比如，诗尚草本（Celestial Seasonings）生产特制的茶，销售给食品批发商，批发商再将这些茶销往超市、杂货店，然后再由他们销售给消费者。经纪人和代理商等中间商代表卖方，但并不真正拥有商品，他们的作用是将买卖双方撮合在

具体名称	概述
中间商	生产商和最终用户市场之间的所有中间商
代理商或经纪人	合法代理生产商事务的所有中间商
批发商	销售给其他中间商（通常是零售商）的中间商，消费品市场常用的名称
零售商	向消费者销售商品的中间商
分销商	不太精确的称呼，常用于描述履行多种分销职能的中间商，包括销售、保持库存、信贷展期等；此名称在企业市场比较常见，但也用来指批发商
经销商	比分销商更不精确的称呼，可能与分销商、零售商和批发商同义

图15-1 消费品市场和企业市场的营销中间商名称各异

一起。21世纪不动产代理商便是此类中间商。

中间商如何为消费者创造价值

考虑到中间商的职能及其为购买者创造的价值，中间商的重要性就更加明确了。

中间商的重要职能 通过履行三个方面的基本职能，中间商使产品从生产者流向了最终消费者（参见图15-2）。在购买和销售产品或服务时，中间商履行交易职能。在按照销售预期储存商品时，批发商等中间商也会分担生产者的风险。如果存货因故未能售出，蒙受损失的是中间商，而非生产者。

交易的物流（本章后面详细介绍）是指准备和将产品送至购买者手中的具体过程。收集、分类和分发产品是中间商的物流职能，想想文学课所需的几本书就摆放在大学的书店架子上！最后一点，中间商还有便利职能，顾名思义，它让购买者进行交易更为便利。比如梅西百货向消费者发放信用卡，这样他们就可以先购物，后付款。

一个营销渠道必须具备这三种职能，然而不是每个渠道成员都要完成全部这三种职能。渠道成员之间经常协商具体履行哪些职能，以及以什么价格履行职能。

职能类型	与该职能有关的活动
交易职能	• 购买：为转售而购买产品，或作为某种产品的供应商 • 销售：联系潜在顾客，促销产品，寻找订单 • 承担风险：拥有过期或腐坏的存货所要承担的商业风险
物流职能	• 分类：对来自几家厂商的产品加以分类，以服务顾客 • 储存：在便利的地点装配和保护产品，以更好地服务顾客 • 分包：大批量购买，并根据顾客想要的数量分成小包装 • 运输：产品向顾客的转移
便利职能	• 提供资金：为顾客提供信贷展期 • 区分等级：检验、测试或判断产品，确定产品质量等级 • 营销信息和研究：为顾客和供应商提供竞争环境和发展趋势的信息

图15-2 营销渠道中间商履行这些基本职能，每个都包括了各种营销活动。

消费者从中受益 消费者也会因中间商而受益。在想要的时间和地点，以想要的形式，拥有想要的产品和服务，是营销渠道的理想结果。

具体说来，通过第1章所述的四种效用方式——时间效用、地点效用、形态效用和占有效用，营销渠道可以为消费者创造价值。时间效用指在需要时获得商品或服务。例如，联邦快递的隔夜送达服务。地点效用指在需要的地点获得产品或服务，比如在漫长而又寂寞的公路上加油。形态效用涉及优化商品和服务，使其更加吸引消费者。想想装瓶商在软饮料行业中的重要性。可口可乐和百事可乐公司生产浓缩浆，比如可乐或柠檬味，并销售给灌装企业（中间商），再由这些企业配上糖浆和碳酸水，继而将这些饮料装瓶或装罐销售给零售商。占有效用指中间商努力帮助消费者占有商品或服务，如获得旅行社交付的飞机票。

◎ 营销渠道的结构与组织

产品有多种途径从生产者到达购买者手中。营销者要从这些途径中选择最有效率的一条。正如你将看到的，消费品和商用品的营销渠道差异很大。

消费品和服务的营销渠道

图15-3显示了消费品和服务最常见的四种营销渠道。每个营销渠道的层级数就是生产商和最终购买者之间的中间商数量。中间商的数量越多，渠道就会越长。比如，"生产商→批发商→零售商→消费者"就比"生产商→消费者"的渠道长。

直接分销渠道 渠道A为直接分销渠道，也就是生产商和最终消费者直接交易。许多产品和服务就是以这种形式分销的。很多保险公司便是通过直接渠道和分公司销售其服务的。明尼苏达州马歇尔市的施万食品公司是美国最大的冷冻食品直销商，他们的销售代表会开着冷藏卡车直接上门销售。由于直接分

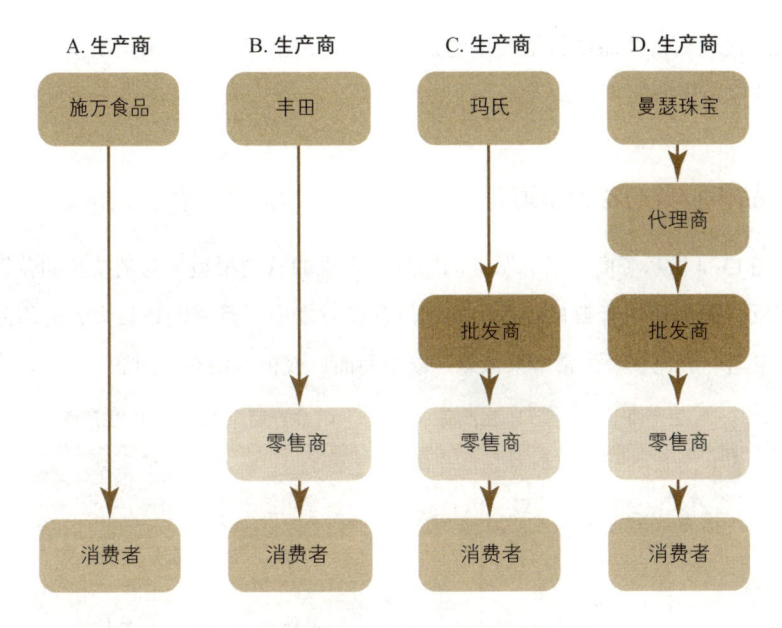

```
A. 生产商          B. 生产商          C. 生产商          D. 生产商
   ↓                ↓                 ↓                 ↓
施万食品            丰田               玛氏              曼瑟珠宝
   │                │                 │                 │
   │                │                 │                 ↓
   │                │                 │               代理商
   │                │                 │                 │
   │                │                 ↓                 ↓
   │                │               批发商             批发商
   │                │                 │                 │
   │                ↓                 ↓                 ↓
   │              零售商             零售商            零售商
   │                │                 │                 │
   ↓                ↓                 ↓                 ↓
 消费者            消费者            消费者            消费者
```

图15-3　消费品和服务的几种常见营销渠道

销渠道没有中间商，生产商就要履行所有的渠道职能。

间接分销渠道　图15-3中的其余三种渠道都属于间接分销渠道，因为在生产商和消费者之间加入了中间商，并由它们履行众多渠道职能。渠道B增加了零售商，如果零售商规模比较大，且可以大批量地购买生产商的产品，或者存货成本过高导致生产商用不起批发商，最常见的选择就是渠道B。丰田等汽车制造商就采用了这种渠道，由当地的汽车经销商从事零售。为什么没有批发商？原因是产品品种太多，批发商不可能储存所有类型的产品来满足消费者的需求，而且存货成本十分高昂。另外，塔吉特、7-11、史泰博、喜互惠和家得宝等大型零售商的采购量足够大，只需一家零售中间商就能让生产商获得规模收益。

渠道C增加了批发商，这种营销渠道广泛应用于成本低、单位价值低、消费者购买频繁的产品上，如糖块、糖果和杂志。例如，玛氏公司会把整箱的糖果销售给批发商，再由批发商拆箱或分类，如此一来，单个零售商就可以按箱或更小的数量订购糖果。

渠道D最不直接，在小生产商和小零售商很多时通常采用这种渠道，其中加入了代理商来帮助协调产品的大量供应。比利时的专业珠宝制造商曼瑟，就是通过代理商将产品销售给美国的批发商，再由批发商将珠宝卖给众多独立的小型珠宝零售商的。

商用品和服务的营销渠道

图15-4显示了商用品和服务的四种最常见的营销渠道。与消费品的营销渠道相反，因为使用者数量较少，地理位置相对集中，且采购量较大，商用品的营销渠道一般比较短，常常只依靠一家中间商，或根本没有中间商。

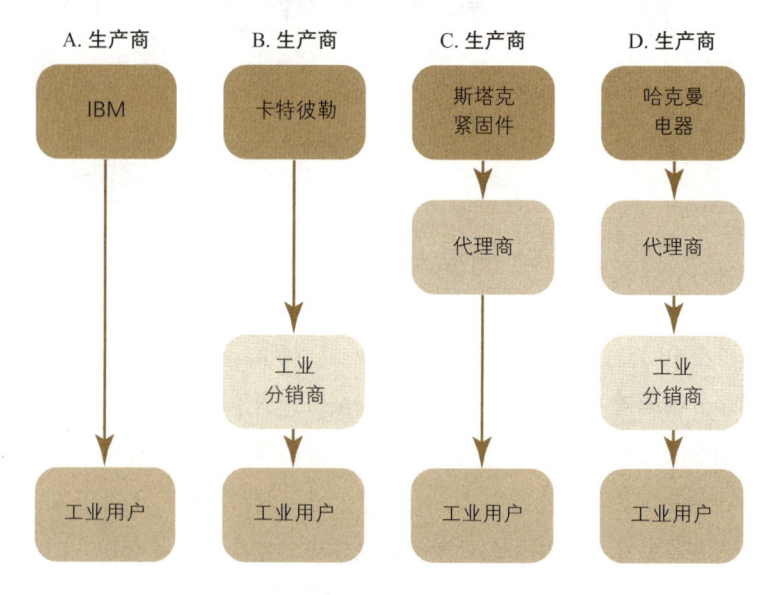

```
A. 生产商        B. 生产商        C. 生产商        D. 生产商
   IBM           卡特彼勒         斯塔克           哈克曼
                                  紧固件           电器
                                    ↓               ↓
                                  代理商           代理商
                    ↓                               ↓
                  工业                            工业
                  分销商                          分销商
    ↓               ↓               ↓               ↓
  工业用户        工业用户         工业用户         工业用户
```

图15-4　商用品和服务的常用营销渠道

直接分销渠道　图15-4中的渠道A是直接分销渠道，以IBM的大型计算机业务为代表。使用这种渠道的公司拥有自己的销售队伍，并履行所有的渠道职能。当购买者规模较大且意向明确、产品销售需要进行多轮谈判、产品单位价值高，并且安装和使用需要操作技能时，就会采用这种渠道。因此，IBM将售价300万美元的沃森超级计算机直接交付给买家也就毫不奇怪了。

间接分销渠道　图15-4中的渠道B、C、D都是在生产商和工业用户之间设置一个或多个中间商的间接分销渠道。在渠道B，工业分销商履行多种营销渠道职能，包括全部产品组合的销售、储存、运输以及融资等。从很多方面看，工业分销商类似消费品营销渠道中的批发商。卡特彼勒公司便依靠工业分销商在180多个国家销售其建筑设备和采矿设备。除了销售，卡特彼勒的分销商还利用训练有素的技术人员储存了4万~5万个零件和维修设备。

渠道C引入了另一个中间商——代理商，主要担任生产商的独立销售机构，代表生产商与工业用户接洽。例如，工业紧固件生产商斯塔克就让代理商拜访工业用户，而不是使用自己的销售队伍。

渠道D最长，其中既有代理商，也有工业分销商。例如，电气产品生产商哈克曼依靠代理商拜访电气分销商，再由电气分销商卖给工业用户。

网络营销渠道

常用的营销渠道并非消费品、商用品及服务进入市场的唯一途径。网络营销渠道也可以将产品和服务卖给消费者或机构采购者，供他们消费或使用。这些渠道的独特之处在于，它们将电子中间商和传统中间商结合起来，为购买者创造了时间效用、地点效用、形式效用和占有效用。

图15-5显示的是图书（Amazon.com）、汽车（Autobytel.com）、预订服务（Orbitz.com）和个人电脑（Dell.com）的网络营销渠道。你是否对它们看上去与

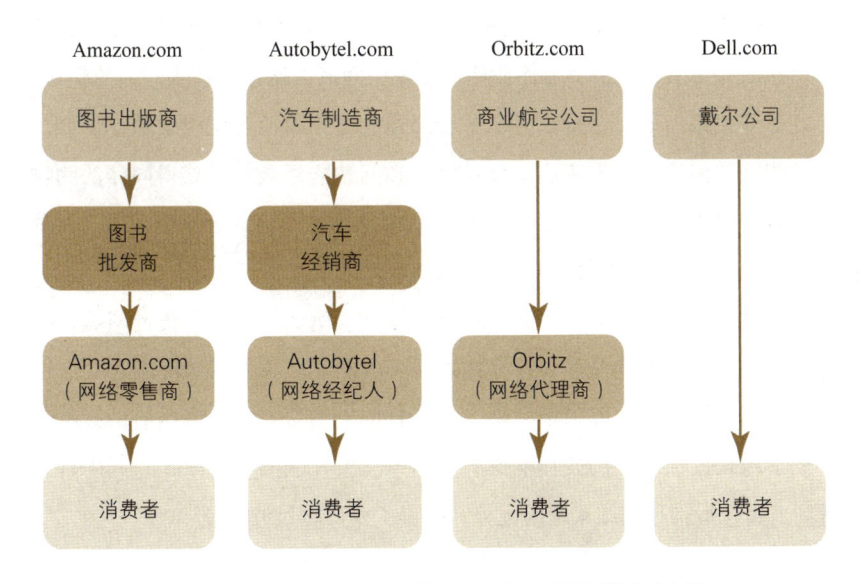

图15-5　网络营销渠道与消费品和服务的营销渠道十分相似

普通营销渠道十分相似而感到惊讶呢？这种相似性的一个重要原因在于图15-2展示的营销渠道职能。网络技术提高了效率，因而能以更低的成本有效地完成交易职能和便利职能。但是，电子中间商并不能履行物流职能，尤其是对图书和汽车这样的产品，物流职能仍然需要由传统中间商或生产商来履行。

许多服务也可通过电子营销渠道分销，例如Alamo.com的租车预订、Schwab.com的金融证券、MetLife.com的保险业务。但是，很多其他的服务仍然需要传统中间商，比如医疗保健和汽车修理。

直复营销和多渠道营销

许多公司也采用直复营销和多渠道营销，以便将产品或服务销售给购买者。直复营销渠道使消费者通过与广告媒介互动购买产品，无须与销售人员当面接触。直复营销渠道包括邮购销售、直接邮售、目录促销、电话推销、互动媒体、电视购物。有些公司的产品销售几乎全部依靠直复营销，比如卖服饰的里昂比恩公司、卖家用电子产品的新蛋网（newegg.com）。除了利用包含批发商和零售商的传统渠道外，雀巢等生产商也利用直复营销，通过目录促销和电话推售接触更多的消费者。

多渠道营销（multichannel marketing）是不同沟通和交付渠道的组合，这些渠道相互促进，从而吸引、留住那些从传统中间商或网络上购买产品的消费者，并与之建立关系。多渠道营销力求整合公司的电子营销和交付渠道，例如，艾迪堡希望能让消费者在零售店、目录促销和网站购买服饰时获得同样的购物体验。正如艾迪堡的一位营销经理所说："我们从不把渠道区分对待，因为对消费者来说，它们都代表艾迪堡。"

多渠道营销还能调动不同渠道的增值能力。例如，允许消费者网购之后去附近商店取货，或退换并非在该零售店购买的产品。正如目录促销对商店销售起到的作用一样，它也可用于网购。网站有助于消费者在逛商店前做好准备工作。史泰博是仅次于亚马逊和苹果的美国第三大互联网零售商，它利用自己的零售店、目录促销和网站渠道的优势，取得了令人瞩目的成绩。

◎ 双重分销和战略渠道联盟

在某些情况下，生产商会采用双重分销（dual distribution），即公司通过两种或两种以上不同类型的渠道向不同的购买者销售同样的产品。例如，通用电气公司将大型电器直接销售给住宅和公寓建筑商，同时也借助劳氏家居中心这样的零售商向消费者销售。有时，公司会综合使用多渠道策略和多品牌策略（详见第10章），以便减小本公司系列品牌之间的竞争并实现渠道的差异化。例如，贺曼公司通过贺曼商店和精品百货商店出售贺曼贺卡，通过折扣店和连锁药店销售大使牌卡片。

战略渠道联盟是营销渠道的一项创新，它允许一家公司的营销渠道用以销售另一家公司的产品。战略联盟在全球营销中十分普遍，这是因为全球市场营销渠道的建立不仅花费巨大，而且耗费时间。例如，通用磨坊和雀巢的联盟跨越了从墨西哥到中国约140个国际市场。阅读"营销无小事"专栏，你就不会因为在北美以外的地区旅游也能享用雀巢（而不是通用磨坊）脆谷乐麦圈而感到惊讶了。

营销无小事　客户价值

雀巢和通用磨坊——全球谷物食品合作伙伴

你知道雀巢脆谷乐蜂蜜杏仁麦圈吗？无数法国人就是吃着这种麦圈开始新的一天的，在欧洲，它相当于通用磨坊的蜂蜜坚果脆谷乐麦圈，由全球谷物食品合作伙伴（CPW）生产。全球谷物食品合作伙伴是一个以开展全球业务为目标而结成的战略联盟，它将美国通用磨坊的谷物食品生产和营销能力与瑞士雀巢的分销优势结合了起来。

1991年，总部位于瑞士的全球谷物食品合作伙伴决定首先在法国、英国、西班牙和葡萄牙推出印有雀巢商标的通用磨坊谷物食品。如今，全球谷物食品合作伙伴已在全球140多个市场展开了竞争。

通用磨坊和雀巢属于世界上管理最为成功的公司，它们的战略渠道联盟也提升了双方在全球即食谷物食品市场的份额。在当今近300亿美元的热食和冷食谷物食品市场上，全球谷物食品合作伙伴占到10%以上，每年创造约40亿美元的收入。

垂直营销体系

以上介绍的传统营销渠道代表了由独立生产商和中间商合力进行商品和服务分销的松散网络。然而，为了提高履行渠道职能的效率，取得更大的营销成效，其他营销渠道就应运而生了。这些安排称为垂直营销体系（vertical marketing systems），是指为了降低渠道成本、实现营销效用最大化而实施的专业化管理和集中协调的营销渠道。图15-6描述了垂直营销体系的三种主要类型：公司型、契约型和管理型。

公司型体系　在单一所有权下，将连续的生产和销售环节结合起来，就是公司型垂直营销体系。例如，生产商可能在渠道的下一层级拥有营销中间商，这叫作向前整合。例如，拉尔夫劳伦公司既有服装加工，也拥有自己的服装店，其他

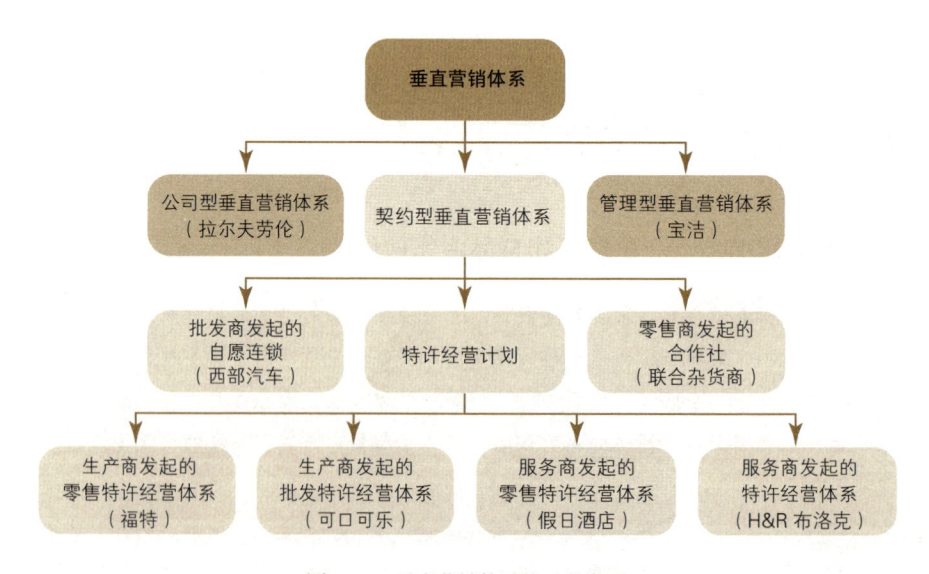

图 15-6　垂直营销体系的三种类型

向前整合的例子还有固特异、苹果和宣威公司。或者，零售商也可能有生产经营，这叫作向后整合。例如，克罗格超市也从事生产，其产品从阿司匹林到白软干酪，全部都贴上了克罗格的商标。蒂芙尼公司是专营珠宝的销售商，在全球范围内拥有250家专卖店和精品店，其中约有一半的高级珠宝是自己生产的。

有些公司为了设法降低分销成本，并对供应来源或产品转售拥有较大的控制权，会进行向前或向后整合。但是，这两种类型的整合会增加公司的资本投资和固定成本。因此，许多公司更愿意采用契约型垂直营销体系，以提升渠道效率和营销效果。

契约型体系 在契约型垂直营销体系下，独立的生产和分销公司会按照契约整合所有力量，以获得更低的职能成本和更大的营销效果。在三种垂直营销体系中，契约型体系应用最为广泛。

契约型体系有三种变体。批发商发起的自愿连锁，即批发商与独立的小型零售商建立契约关系，以协调购买、促销计划和存货管理，并使之标准化。拥有大量独立零售商的组织可以实现规模经济，并通过数量折扣与连锁商店竞争。独立食品商联盟（IGA）和本·富兰克林杂货和手工艺品商店就是批发商发起的自愿连锁的代表。零售商发起的合作社，是指众多小型独立零售商组建一个组织，共同经营一家批发企业。零售商成员通过该批发商集中购买力，并规划联合促销和定价行动。零售商发起合作社的例子还有联合杂货商和第一五金公司。

最显眼的一种契约型体系就是特许经营，即母公司（特许授权人）与个人或公司（特许经营人）签订契约，允许特许经营人使用某个特定的商号，并按照具体的规定经营某种业务。

运用最为普遍的特许经营有四种。生产商发起的零售特许经营体系在汽车行业最常见，福特等汽车制造商授权经销商根据销售和服务的具体情况出售福特汽车。生产商发起的批发特许经营体系主要存在于软饮料行业中，如百事可乐就许可其批发商（装瓶商）购买浓缩浆，然后再加入二氧化碳、装瓶、促销并分销至零售商和饭店。服务商发起的零售特许经营体系指设计出独特服务方法的公司通过向其他公司出售特许经营权而获得更多利润。假日酒店、阿维斯汽车租赁公司和麦当劳就采用了这种特许经营方法。服务商发起的特许经营体系指特许授权人许可个人或公司按照商号和特定方针提供服务，例如，斯内林公司（Snelling and Snelling）的就业服务和布洛克兄弟公司（H&R Block）的报税服务。

管理型体系　相比之下，管理型垂直营销体系是依靠某个渠道成员的规模和影响力，而不是靠所有权来协调连续的生产和分销阶段。由于产品品种繁多，宝洁公司在产品展示、促销和定价方面都能得到超市的合作。作为世界头号零售商，沃尔玛也能与生产商在产品规格、价格水平和促销支持等方面展开合作。

◎ 营销渠道的选择与管理

营销渠道把生产商与购买者连接起来，为公司提供了执行多种营销策略的方法。所以，营销渠道的选择是一个至关重要的决策。

影响渠道选择和管理的因素

在选择营销渠道和中间商时，营销主管一般会考虑以下三个问题：
1. 哪种渠道和中间商的市场覆盖率最大？
2. 哪种渠道和中间商能最好地满足目标市场的购买需求？
3. 哪种渠道和中间商能带来最大的利润？

目标市场覆盖率　要使目标市场覆盖率达到最大就需要关注密度和分销渠道中零售层级上的中间商类型，密度指在某个地理区域内的商店数量。分销密度有三个层次：密集分销、独家分销和选择分销。

密集分销（intensive distribution）指公司设法通过尽可能多的店面销售其产品和服务。密集分销通常适用于糖果、快餐、报纸和软饮料这类便利产品和服务。例如，可口可乐的零售分销目标就是使其产品"在你想要时垂手而得"。维萨公司则密集分销现金，没错，现金，它在200多个国家经营着140多万台自动取款机。

独家分销（exclusive distribution）与密集分销完全相反，因为独家分销指在特定地理区域内，仅有一家零售商经营公司的产品。它一般应用于某些特殊产品或服务，如某些女士香水、男女服装及配饰等。古驰是世界主要奢侈品公司之一，它旗下的伊夫·圣罗兰、塞乔罗西、宝诗龙、黑鸦片和古驰品牌都采用了独家分销模式。

零售商和工业分销商更喜欢独家分销，原因有二。首先，它限制了相同产品的正面竞争。其次，它为零售商或经销商提供了一个差异点。例如，奢侈品零售商萨克斯百货（Saks）为其商店寻找独家产品线。该公司首席执行官说："这不能只是一个可以购买大牌货的地方，这是我们的责任。这些品牌仍然是至关重要的，如香奈儿、普拉达、古驰，但即使有了这些品牌，我们也需要找到独有的东西。"

选择分销（selective distribution）介于上述两极之间，指公司在特定地理区域内选择几家零售店销售其产品。选择分销既能享受密集分销高市场覆盖率带来的部分好处，又可利用独家分销增加对转售的控制。例如，在决定通过美国零售商及其直销渠道销售产品时，戴尔公司选择了选择性分销。据公司首席执行官迈克尔·戴尔介绍："有很多零售商说'请通过我们销售'，但我们不是哪里都可以。"该公司目前通过沃尔玛、山姆会员店、百思买和史泰博销售一部分产品。戴尔的决定与当前趋势是一致的。今天，选择性分销是最常见的分销形式。

购买者的需求 渠道选择第二个需要考虑的问题是选定渠道和中间商，当消费者购买公司的产品或服务时，这些渠道和中间商至少能让消费者获得某方面的利益。这些利益分为四类：（1）信息；（2）便利；（3）多样性；（4）售前和售后服务。每一类都关乎顾客体验。

当购买者对商品或服务的知识有限，或想要得到具体数据时，信息便是一个重要的需求。合适的中间商会通过店内展示、产品演示和人员推销等方式与顾客交流。苹果开设了400多家直营店，配备了训练有素的员工，向消费者展示其产品如何更好地满足每个顾客的需求。

对购买者来说，便利有多重含义，如距离很近或开车即可到达。例如，7–11

便利店在全球拥有5万多家零售店，其中有许多店铺是24小时营业的，满足了购买者对于便利性的需求。糖果和快餐食品公司通过在这些店中获得展销摊位而受益。对于另一些消费者来说，便利意味着用时最少和麻烦最小。捷飞络承诺快速更换机油和过滤器，也是为了满足消费者对便利的诉求。对于网购的消费者来说，便利意味着网站要易于查找和浏览，而且图片的下载速度必须快。网站开发者普遍认可"8秒准则"——如果下载时间超过8秒，消费者就会放弃登录或浏览该网站。

多样性体现为购买者有大量可供选择的竞争品和互补品，也体现为中间商经营的产品和品牌的宽度和深度，这能够增强其对消费者的吸引力。因而，宠物食品生产商和供应商都通过宠物超市来分销，比如沛斯马（PetSmart）和沛可（Petco）等超市就提供多系列的宠物食品和服务。

对于需要配送、安装和贷款服务的大型家电等产品来说，中间商提供的售前和售后服务是很重要的。所以，惠而浦公司寻求能够提供这些服务的经销商。

盈利能力　　选择渠道时需要考虑的第三个因素是**盈利**能力，它由每个渠道成员和整个渠道赚得的利润（收入减成本）决定。渠道成本是衡量盈利能力的关键因素，它与不同类型营销渠道的分销、广告和销售费用有关。渠道成员分担成本的多寡决定了每个成员乃至整个渠道的盈利情况。

公司通常会监测其营销渠道的运行状况。阅读"营销仪表盘"专栏，了解查尔斯堡家具公司是如何看待其营销渠道的销售和利润情况的。

营销仪表盘

查尔斯堡家具公司的渠道营销和利润

查尔斯堡家具公司是美国上千家木质家具生产商之一，它通过家具连锁店、独立家具店和百货连锁店销售其产品，而这些商店大多数位于美国南部。一直以来，该公司根据渠道销售额向联合广告、店内展示和零售支持分配营销资金。

你的挑战

作为查尔斯堡家具公司市场销售部副总经理，你要去评审公司三个渠道的销售和利润情况，并提出解决方案。问题是：查尔斯堡公司是否应该继续根据渠道的销售额或利润来分配营销资金？

你的发现

查尔斯堡家具公司使用营销仪表盘跟踪每个渠道（以及单个顾客）的销售额、利润以及近三年的销售趋势，这些数据展示在下面的营销仪表盘上。

有几点发现甚为突出。家具连锁店和独立家具店的销售额和利润占公司总额的85.2%和93%，按销售额的年增长率衡量，这两个渠道也是增长的。相比之下，百货连锁店的年度销售额增幅正在下降，2015年出现了负增长。该渠道为公司贡献了14.8%的销售额，创造了7%的利润。

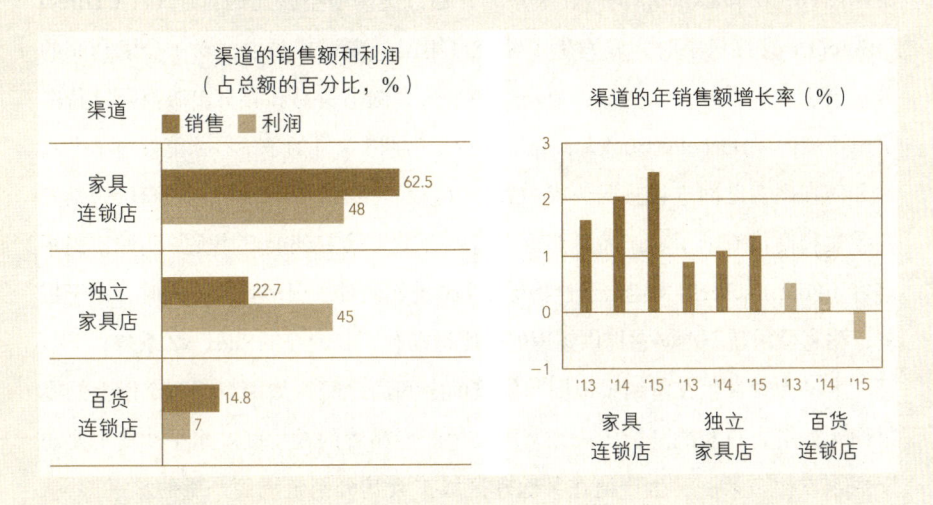

你的行动

查尔斯堡家具公司应该考虑放弃仅仅根据渠道销售额分配营销资金的做法。独立家具店对于该公司利润的重要性使其值得更多的投资，特别是这个渠道还保有良好的销售增长趋势。但是，将分配给这个渠道的资金比例加倍，也显得过于极端。查尔斯堡家具公司也应从长远角度考虑百货连锁这个渠道的作用。

管理渠道关系：冲突和合作

遗憾的是，由于渠道包含许多独立的公司和个人，对于谁履行哪些渠道职能、利润如何分配、由谁提供哪些产品和服务以及由谁进行与渠道有关的关键决策，可能常常难以达成一致。因此，公司需要找到办法解决这些渠道冲突。

营销渠道冲突的根源　当一个渠道成员认为另一个渠道成员的行为妨碍其实现目标时就会出现**渠道冲突**（channel conflict）。营销渠道冲突有两种类型：垂直冲突和水平冲突。

垂直冲突发生在营销渠道的不同层级之间，如生产商和批发商或零售商之间，或批发商和零售商之间。垂直冲突有三大来源。第一，当一个渠道成员绕过另一个成员直接销售或购买产品时就会引发冲突，这种行为叫作**去中间商化**（disintermediation）。例如，当美国航空公司决定终止与两个在线票务和旅游网站Orbitz和Expedia的合作关系，并通过美国航空公司的直连（AA Direct Connect）直接售票时，就发生了冲突。第二，渠道成员之间对于分配利润的分歧会引发渠道冲突。例如，亚马逊和第三大图书贸易和教育出版商阿歇特图书出版集团（Hachette Book Group）进行了为期7个月的争论，未能就电子书收入如何在两者之间进行分配达成一致，这就属于渠道冲突。当生产商认为批发商或零售商没有给予其产品足够重视时就会发生第三种渠道冲突。例如，当福洛客（Foot Locker）决定给予价格低于120美元的鞋子更多货架空间时，出于报复，耐克公司就不再向它提供畅销的胶底运动鞋，如耐克的Shox NZ系列。

水平冲突发生在营销渠道同一层级的中间商之间，如两个或两个以上的零售商（如塔吉特和凯马特）或经营同一生产商品牌的批发商。水平冲突主要源于两个方面。第一，生产商在某地理区域扩大其分销范围而产生的水平冲突。例如，某芝加哥凯迪拉克特许汽车经销商可能会向通用汽车公司抱怨，另一家凯迪拉克特许汽车经销商离自己太近了。第二，当不同类型的零售商销售同一品牌的产品时，双重分销会导致冲突。例如，当固特异轮胎公司决定通过西尔斯、沃尔玛以及山姆会员店出售其品牌产品后，独立的固特异轮胎经销商愤怒了，很多转而服务其竞争品牌的轮胎生产商。

巩固营销渠道的合作　冲突对营销渠道的运行有破坏作用，因此，有必要巩固渠道成员之间的合作。方法之一是借助渠道领袖的力量，渠道领袖负责协调、指导和支持其他渠道成员。渠道领袖可以是生产商、批发商，也可以是零售商。宝洁公司有能力担任此角色，因为它旗下的佳洁士、汰渍和帮宝适等品牌拥有大批老顾客，它可以制定超市需要遵从的政策或条款。药品批发商麦克森公司也是一个渠道领袖，因为它负责协调和帮助药品从许多小型制药商流向美国的药店和医院。沃尔玛成为零售渠道领袖，是因为它在消费者心目中有着良好的形象，而且拥有庞大的零售店数量和采购量。

　　一家公司成为渠道领袖是因为它具有影响其他渠道成员行为的能力。这种影响表现为四种形式。第一，经济影响，凭借良好的财务状况和顾客凝聚力，公司拥有奖励其他渠道成员的能力。微软和沃尔玛便具有这种影响力。第二，专业技术。例如，美国医疗设备供应公司帮助其客户（医院）管理存货，并为其高效率地处理数百个医药供应商的订单。第三，对某一渠道成员的认同，可以为该渠道成员创造影响力。例如，零售商会竞相经销拉尔夫·劳伦的系列产品，或者一些服装生产商可能会争相在尼曼、诺德斯特龙或布鲁明黛（Bloomingdale's）三家百货公司销售其产品。在这两个案例中，希望被认定为渠道成员的愿望，使这些公司具有了影响力。第四，影响可能来自一个渠道成员指导其他成员行为的合法权利。这种情况出现在契约型纵向营销系统中，在这种系统中，特许授权人可以合法地指导特许经营人的行为。

◎ 物流和供应链管理

　　营销渠道依靠物流将产品送达消费者和工业用户。**物流**（logistics）的活动重点是以尽可能低的成本在恰当的时间将正确数量的产品送到正确的地点。这些活动就表现为物流管理，即以经济的方式安排原材料、在制品库存、成品的流动，并将相关信息从信息源送至消费点，以满足消费者的需求。

　　这一定义有三点要素需要强调。首先，物流处理的是将产品从材料来源地转移到消费点（即产品的流动）所需的决策。第二，这些决定必须具有成本效益。第三，虽然降低物流成本很重要，但也有一个限制：企业是需要降低物流成本，但前提是要为客户提供预期的服务，也就是满足客户的需求。管理层的作用是要保证以最具成本效益的方式满足客户的需求。如果处理得当，效果会令人大吃一惊。以宝洁公司为例。通过与供应商和零售商合作，该公司能够更有效地满足消费者的需求，确保将正确的产品在恰当的时间以较低的成本送达商店的货架。它成功了，在18个月的时间里，物流成本节省了6 500万美元，顾客服务反而增加了。

宝洁的经验并非绝无仅有。很多公司现在认识到，将消费或生产所需的物品以适当的成本送到正确的地点往往超出了单独一家企业的能力和控制范围。相反，制造商、供应商和分销商之间的协作、协调和信息共享对于将产品和服务不间断地流向消费者或客户是十分必要的。这种观点体现在供应链的概念和供应链管理的实践中。

供应链与营销渠道

供应链（supply chain）指参与创建产品或服务并将其交付给消费者或工业用户的一系列企业。供应链的构成不同于营销渠道。供应链包括向制造商提供原材料的供应商以及向消费者交付成品的批发商和零售商。二者的管理过程也不同。

供应链管理指整合和组织供应链中跨公司的信息和物流活动，以创造和交付为消费者提供价值的产品和服务。图15-7显示了营销渠道、物流管理和供应链管理之间的关系。供应链管理的一个重要特点是应用先进的信息技术，使得公司之间能够共享和运行订单处理、运输调度以及库存和设备管理等系统。

采购、组装和交付新车：汽车供应链

每个公司都属于一个或多个供应链。本质上，供应链是一系列连接在一起的供应商和客户，每个客户反过来也是另一个客户的供应商，直到成品到达最终消费者手中。即使是图15-8这个简化版的汽车制造商供应链图，也说明了供应链的复杂性。一家汽车制造商的供应商网络包括数千家公司，提供汽车的

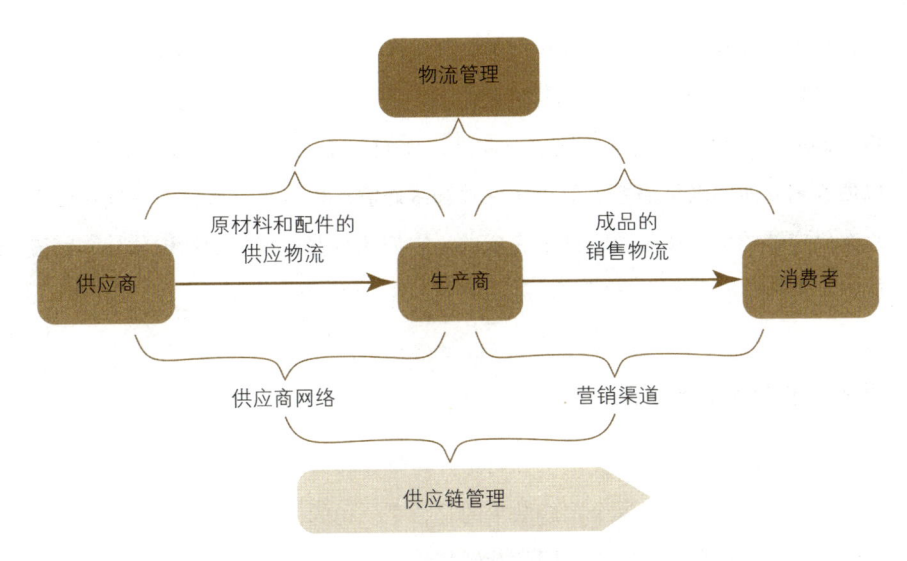

图15-7 物流管理和供应链管理与供应商网络和营销渠道的关系

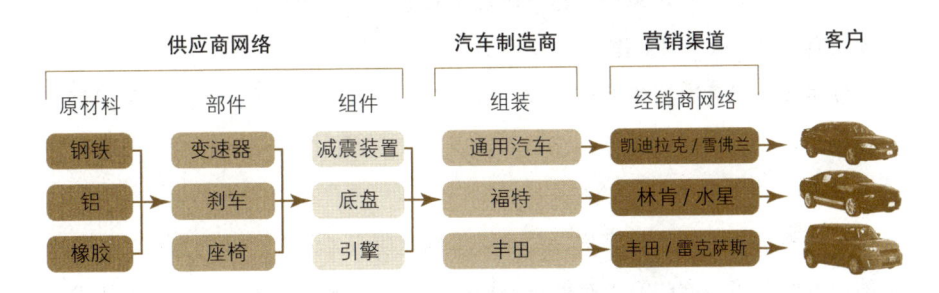

图15-8 汽车供应链包括提供汽车功能组件、软件代码和配件的数千家公司

2 000个功能性部件、30 000个零件和1 000万行软件代码。它们提供的物品从原材料、部件再到复杂的组件，原材料包括钢铁和橡胶等，部件包括变速箱、轮胎、刹车和座椅等，组件则包括底盘和让驾驶平稳顺畅的减震装置。汽车制造商需要协调和安排原材料和部件进入实际的汽车制造的过程，而这在很大程度上取决于物流活动，包括运输、订单处理、库存控制、原材料处理和信息技术。汽车制造商的供应链经理是一个核心环节，他负责将客户需求转化为实际订单，并为汽车经销商安排交货日期和财务事宜。

汽车营销渠道的物流也是供应链的重要组成部分，主要职责包括运输、运营分销中心、管理成品库存和处理销售订单。其中，运输包括选择和监督为经销商运输汽车和零部件的外部承运人，比如卡车、航空、铁路和航运公司。供应链经理在营销渠道中也发挥着重要作用。他们与汽车经销商网络合作，确保将正确的汽车组合送到每个地点。此外，他们还要确保备有配件和服务工具，以便经销商能够满足消费者的汽车保养和维修需求。所有这些都是在连接整个汽车供应链的信息技术的帮助下完成的。它们的总费用是多少？据估计，物流成本占新车零售价格的25%~30%。

供应链管理和营销策略

对汽车供应链的图解显示了如何跨公司整合和组织信息和物流活动，制造并向消费者交付汽车。这个图解缺少的是特定公司的供应链与其营销策略之间的联系。正如每个公司都有不同的营销策略一样，它们也以不同的方式设计和管理供应链。企业营销策略的目标决定了其供应链在满足消费者需求方面是否需要更有针对性或更有效率。

使供应链与营销策略保持一致　供应链的配置有多种形式，每种配置都是为了出色地完成不同的任务。营销人员现在认识到，供应链的选择要基于清晰的营销策略，它包括三个步骤：

1. 了解客户。要了解客户，公司必须确定所服务的客户群的需求，如价格低廉或方便购买，这些需求有助于公司确定效率和响应能力在满足客户要求方面的相对重要性。

2. 了解供应链。其次，公司必须了解，设计供应链是为了让供应链更有效。供应链强调了两个方面：对客户需求的反应，以及以尽可能低的成本供应产品。

3. 使供应链与营销策略相协调。最后，公司需要确保供应链符合目标客户的需求和营销策略。如果供应链的优势与公司的营销策略不匹配，公司就需要重新设计供应链来配合营销策略，否则就要改变营销策略。阅读"营销无小事"专栏，了解IBM如何对整个供应链进行全面改革，使其能够支持公司的营销策略。

这些步骤是如何应用的，以及如何将效率和响应因素纳入供应链？让我们来看看戴尔和沃尔玛这两家知名公司是如何协调其供应链和营销策略的。

营销无小事　客户价值

IBM 的集成供应链：为客户提供全面解决方案

　　IBM 是世界上最优秀的成功企业之一，因为它有能力在充满活力的全球市场中重塑自己，以满足不断变化的客户需求。该公司供应链的转型就是一个很好的例子。

　　IBM 打造了单一的集成供应链，它可以处理整个 IBM 的原料采购、制造、物流、客户支持、订单输入和客户履约。此前还没有人能做到这一点。IBM 为什么要完成这项任务？IBM 前首席执行官彭明盛（Samuel J. Palmisano）认为："一家成本高、行动缓慢的公司，是不可能在 IT 行业蓬勃发展的。供应链是新的战场之一，我们致力于成为行业最高效的参与者。"

　　要做到这一点并不容易。IBM 在 64 个国家开设了 360 个供应链管理分支机构，为 IBM 及其客户跟踪管理 150 多万项资产。该组织还与近 100 个国家的约 23 000 家供应商打交道。IBM 的供应链连接起了从原料采购到售后支持的整个过程，而且效率惊人。

　　如今，IBM 在配置和提供量身定制的硬件、软件和服务组合方面具有独特的优势，可以为客户提供整体解决方案。因此，毫不奇怪，IBM 的集成供应链被誉为世界上最优秀的供应链之一！

　　戴尔：强调响应的供应链　　戴尔营销策略主要针对那些希望拥有最新的计算机系统的客户。这些客户也愿意：（1）等几天得到定制的计算机系统，而不是在零售店选购；（2）接受市场上合理但未必是最低的价格。考虑到戴尔对消费者的细分，该公司可以选择采用高效的供应链或响应迅速的供应链。

　　高效的供应链可能会采用费用低但速度较慢的运输方式，并且通过减少自身系统配置的多样性，将组装和存储产能局限在某地，从而最大限度地发挥生产过程的规模经济。如果戴尔只想提高供应链的效率，只在得克萨斯州奥斯汀总部组装和存储，就很难满足目标消费者对快速交货和私人定制的需求。

　　相反，戴尔选择了响应迅速的供应链。它依靠价格更高的快递服务接收供应商的部件，并将成品交给客户。公司设计出跨产品的通用平台和通用部件，从而实现了产品多样化和制造高效率。另外，戴尔还在信息技术方面投入巨资，将自己与供应商和客户连接起来。

沃尔玛：有效供应链　现在看一下沃尔玛的情况。沃尔玛的营销策略是成为低价且值得信赖的零售商，提供品种繁多的大众消费品。该策略更适合采用高效的供应链，因为它能以尽可能低的成本每周向2.45亿消费者交付产品。它采用了很多方法来提高效率。例如，沃尔玛的库存较少，其中大部分存放在商店中，随时用于销售，而不是积压在仓库里。库存较少的原因是沃尔玛采用了交叉配送，即从供应商那里卸下产品，为各个商店分拣产品，然后迅速将产品重新装上卡车，运送到特定的门店。其间没有任何产品入库，处理货物的时间只有几个小时，最多一天。交叉配送使沃尔玛只需运营少量的配送中心，就可以为其庞大的销售网络提供服务。

沃尔玛对供应链运营方面的信息技术的投资远远超过其竞争对手。该公司将门店消费者的需求反馈给供应商，供应商只生产消费者需要的产品。这笔巨额投资提高了沃尔玛供应链的效率，使其能够应对消费者的需求。

从这两个例子中可以学到三点。首先，不存在一种适用于所有公司的最佳供应链。其次，最好的供应链既能满足消费需求，又能与公司的营销策略相一致。最后，供应链经理常常需要在供应链各要素的效率和反应能力之间做出权衡。

◎ 供应链物流管理的两个概念

供应链中物流管理的目标是在提供适当水平的客户服务的同时，将物流总成本降至最低。

物流总成本

对我们来说，**物流总成本**（total logistics cost）包括与运输、原材料搬运和仓储、库存、缺货、订单处理和退货处理相关的费用。请注意，许多费用是相互关联的，因此，一项成本的变化将影响其他成本。例如，一家公司试图通过大量运输来降低运输成本，而这会增加库存水平。虽然较高的库存量会增加库存成本，但它能减少缺货的发生。因此，在考虑改变存货时，必须研究它对所有物流决策的影响。

客户服务

供应链是一个流程，它的末端（或输出）是提供给客户的服务。在供应链的语境下，**客户服务**（customer service）是指在时间、可靠性、沟通和便利性方面满足客户需求的物流管理能力。如图15-9所示，供应链经理的关键任务是在这四项服务要素和物流总成本要素之间加以权衡。

时间 在供应链中，时间指原材料的订购周期或补货时间，即从订购原材料到收到物品并准备使用或销售的时间。订货周期的构成元素包括订货需求的接收、订单传送、订单处理、文件存档和运输。供应链管理目前的一个重点是减少订货周期时间，从而最大限度地减少客户的库存水平。另一个重点是尽可能简化再次订购和接收过程，这往往要通过库存系统来实现，这个系统叫作"快速响应"和"高效客户响应"交付系统。例如，在萨克斯第五大道精品百

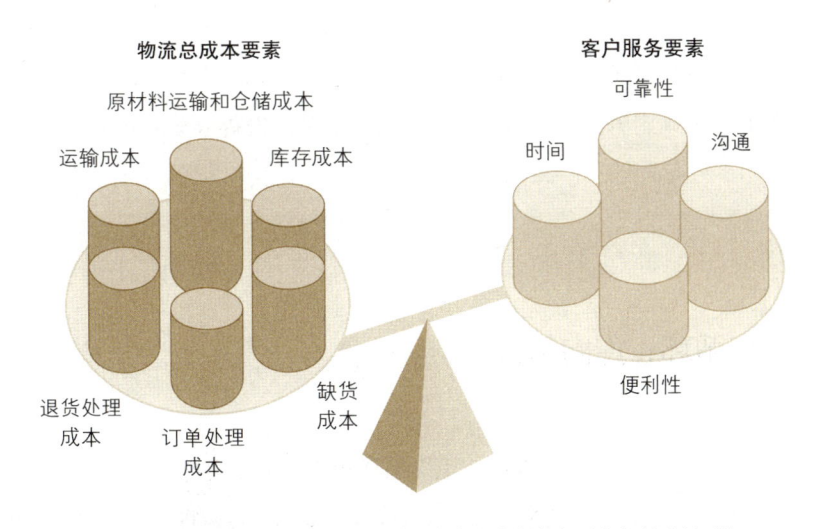

图15-9 供应链经理要在物流总成本和客户服务各因素之间进行平衡

货，销售终端的扫码技术会记录下每天的销售额。当库存低于最小量时，系统就会自动生成补货订单。唐娜·卡兰等供应商将收到订单，且在48小时内处理订单并交货。

可靠性 可靠性指补货的连贯性。它对供应链中的所有公司和客户都很重要。如果商店没有储存你想购买的商品，你何时才会再次光顾该店呢？可靠性分为三个要素：稳定的交货周期、安全交付和完整交付。如果供货服务稳定，客户就可以提前做出规划，如保持适当的库存水平，出现变动会令人措手不及。如果中间商能够提早获得信息并制订相应的计划，他们就愿意接受较长的交付时间。

沟通 沟通是购买方和供应商之间的双向联系，它有助于监测服务和预测未来的需求。订单状况报告是买卖双方沟通的一个典型例子。

便利性 对供应链经理来说，便利性意味着购买者交易时只付出最低限度的努力。订购简单吗？产品是否有多处销售网点？卖方是否考虑到了所有必要的细节，如运输？这一因素推动了**供应商管理库存系统**（vendor-managed inventory，VMI）的应用，即供应商确定产品数量，对客户（如零售商）的需求进行分类，并自动交付相应的物品。

金宝汤可以说明供应商管理库存系统是如何工作的。每天早晨，零售商都会以电子方式把自己对所有金宝汤产品的需求以及配送中心的库存水平通知金宝汤公司，该公司利用这些信息预测未来的需求，并根据每个零售商设定的库存上限和下限确定哪些产品需要补货。当天下午，送货卡车离开金宝汤工厂，当天抵达零售商的配送中心，交付补货。

◎ 结束循环：逆向物流

供应链中的产品流动并非终止于终端消费者或工业用户。如今，企业认识到供应链可以逆向运行。**逆向物流**（reverse logistics）是指将可回收和可再利用的物资，从消费或使用点重新周转、再制造、再分配或再处理的过程。从垃圾填埋场废物的减少和企业运营成本的降低中不难看出逆向物流的效果。"负责任地决策"专栏描述了惠普公司在逆向物流方面成功的做法。

负责任地决策　可持续性

逆向物流和绿色营销在惠普并行不悖：回收电子废物

每年约有 5 300 万吨电子产品和电子设备进入世界各地的垃圾填埋场。仅美国人就丢弃了 4 亿多台模拟电视机和电脑显示器，2014 年，日本消费者销毁了 6.1 亿多部手机。结果如何？电子垃圾中普遍存在的铅、铬、汞和其他毒素正在向环境渗透。

幸运的是，惠普公司采取了负责任的行动，通过其备受关注的逆向物流计划解决了这一问题。自 1987 年以来，惠普公司一直在回收计算机和打印机硬件，成为这种做法的行业领导者。目前，该公司已在 70 多个国家和地区开展回收服务。到 2015 年初，惠普公司回收了超过 20 亿磅的废旧电子产品，对其进行翻新后再转售、捐赠出去或用作回收材料。

惠普公司的回收利用工作也是该公司供应链设计的一部分。此外，公司还强调改变产品和包装，以减少逆向供应链成本和环境成本。例如，该公司 75% 以上的墨盒和 24% 的激光打印机硒鼓现在都由再生塑料制造。

卡特彼勒、施乐和 IBM 都实施了备受赞誉的逆向物流计划，对回收物进行再制造和再利用。其他公司也请第三方物流供应商（比如联合包裹、联邦快递和潘世奇物流公司）帮忙，在履行其他供应链职能的同时进行回收。齐安备科技公司（GNB Technologies）是一家汽车和船用铅酸电池制造商，它已将大部分供应链活动外包给联合包裹供应链服务公司。该公司与联合包裹签订合同，将工厂、分销中心、回收中心和零售商之间的货运交由它管理，包括新电池和可回收废旧产品的运输。这一举措让经济和生态同时受益。废旧电池中 90% 的铅得到了回收，制造商因此减少了对新铅的需求量，消费者需要支付的费用

也减少了。这种做法还降低了固体废物管理成本和垃圾填埋场中的铅对环境的影响。

营销知识应用

1. 塞拉尼斯化工公司的一个分销商储存了大量的化学品,在接到订单后的24小时内,它必须按照用户的需求混合这些化学品,并将混合物送到用户的仓库中。该分销商发挥了哪些效用?

2. 假设一家地毯生产商的总裁要求你调查绕过批发商将产品直接销售给地毯店、公寓和家具店的可能性。你应该注意哪些问题?在决策前,你应该收集哪方面的信息?

3. 双重分销有可能导致哪些类型的渠道冲突?直接分销能减少哪些类型的渠道冲突?为什么?

4. 渠道领袖在采用公司型、管理型、契约型垂直营销体系时,理念会有何不同,特别是在发挥企业不同形式的影响力时有何不同?

5. 列出以下类型公司要注意哪些对买方至关重要的客户服务因素:(a)制造,(b)零售,(c)医院,(d)建筑。

创新案例思考

亚马逊:交付地球上最多的可选产品

亚马逊网站首席执行官杰夫·贝佐斯(Jeff Bezos)说:"秘密在于,我们的配送中心已经更新到第七代了,每次更新都有进步。"这家全球在线零售商是快速、方便、低成本购物的先驱,吸引了无数的消费者。当然,尽管亚马逊改变了许多人的购物方式,但该公司仍然面临着传统且艰巨的任务,即为消费者创造一个不间断的配送流程,每天的交付量高达数百万次。

公司简介

贝佐斯创办亚马逊时只有一个简单的想法：利用互联网将购买图书转变为最快、最简单、最愉快的购物体验。该公司成立于1994年，并于1995年7月推出网站。站在互联网企业大幅增长的最前沿，亚马逊制定了快速发展战略。由于销量迅猛增长，亚马逊开始增加书籍以外的产品和服务。事实上，亚马逊很快将其目标定为"地球上最以用户为中心的公司，用户在此几乎能查找并发现他们想在网上购买的任何东西"。

如今，亚马逊继续通过廉价、选项众多和便利来实现增长。其产品类别广泛，包括：书籍、电影、音乐和游戏、电子产品和计算机、家用和花园用具、美容健康和食品杂货、玩具、服装和鞋以及珠宝、体育和户外活动用具，以及汽车和工业用品。此外，亚马逊还提供数字音乐、安卓应用商店、亚马逊云盘、kindle电子阅读器、Kindle Fire平板电脑、亚马逊Fire电视盒和亚马逊Fire智能手机。用户可以：

- 使用全部或部分名称搜索产品或品牌。
- 使用网站上的"立即购买"按键和手机上的"一键下单"按钮，点击一下即可下单。
- 选择用电子邮件接收根据历史订单给出的个性化建议。

这些产品和服务在全世界吸引了无数用户，并在澳大利亚、巴西、加拿大、中国、法国、德国、印度、意大利、日本、墨西哥、西班牙和英国开通了国际网站，增长令亚马逊成为全球最大的在线零售商。

亚马逊的电子商务平台也被200多万家小企业、零售品牌和个人卖家使用。例如，小企业可以利用亚马逊销售、亚马逊配送、亚马逊网店和亚马逊结账等程序在亚马逊的电子商务平台进行销售。在线零售商将他们的产品存储在亚马逊配送中心，售出产品时，亚马逊就会将其送出！亚马逊还为碧碧（bebe）、玛莎百货（Marks & Spencer）、拉科斯特（Lacoste）和美国在线购物网站Shop@AOL等运营零售网站。个人卖家使用亚马逊网络能够接触到无数的潜在客户。这些伙伴关系都为亚马逊的销售额做出了贡献，目前亚马逊的销售额已超过750亿美元。

贝佐斯认为亚马逊的特点是拥有"大理念，即以用户为中心——将用户置于我们所做的一切的中心，以及创造性——勇于开拓，勇于探索"。亚马逊的成功也是高度重视成本和效率从而降低售价的结果。具体来说，亚马逊在管理其供应链各要素方面非常出色，这些要素构成了公司业务中最复杂、成本最高的一部分。

亚马逊的供应链和物流管理

　　从提交订单到配送至用户之间会发生什么？亚马逊设立了巨大的分销中心或配送中心，储备着无数的产品。这是亚马逊与部分竞争对手的一个主要区别。它确实储存了产品。贝佐斯描述了他们是如何改进的："多年前，我每天晚上都会开着雪佛兰开拓者，拉着亚马逊的包裹到邮局。我的视野一直延伸到了现在，梦想我们有一天能有一辆叉式升降车。时至今日，我们已经建立了96个配送中心。"因此，亚马逊必须管理两个物流，一个是从1 500多万家供应商流向其美国和国际配送中心，另一个是从配送中心流向个人住宅或办公室。

　　这个过程始于供应商。亚马逊与供应商合作，提高效率，并加快库存的周转。例如，亚马逊利用软件预测区域的购买模式，为供应商提供有关交货日期和数量的高质量信息。产品到达配送中心后会扫描入库，放在通常看似很随机的位置上。也就是说，图书可能紧挨着玩具和厨房用具，放在同一个货架上。亚马逊全球运营和客户服务副总裁戴夫·克拉克（Dave Clark）解释道："看看这些物品是如何摆放在货架上的，它们优化利用了可用空间，我们的电脑和算法会找出大楼的哪个区域恰好可以放下当时入库的产品。"克拉克观察到，这个100万平方英尺（20多个足球场的大小）的配送中心，是"地球上产品数量最多的地方"。

　　同时，亚马逊一直在改进按照订单拣选产品的流程。一旦有人在计算机系统中下了订单，复杂的软件就会生成每个产品的位置地图，并由一名"挑选大使"拣选产品。选定每个物品时都要对其进行扫描，以便更新库存级别和位置。在封箱和贴标签之前，包装人员要确保所有物品都已放入。然后，这些箱子沿着传送带移动，并根据交货地点分组。然后，由卡车和区域邮政枢纽组成的网络会进行配送，从而完成订单。实际上，亚马逊使用的卡车比飞机还多！

　　亚马逊物流和供应链管理的成功在年终的购物旺季表现得最为明显。在网购星期一（感恩节后的星期一），亚马逊会收到3 680万个订单，其中Xbox和Playstation游戏控制器的订单每分钟超过了1 000台。在整个购物旺季，亚马逊要向185个国家发货。超过99%的订单会按时装运和配送。

亚马逊的持续改进

在最近给亚马逊股东的信中，贝佐斯说："亚马逊的员工'总是问我们如何让公司更好'。"他还描述了亚马逊持续改进计划，以及如何利用它来简化流程，以减少失误，杜绝浪费。亚马逊正在进行许多新的变革和改进，其中很多与其供应链和物流管理方法有关。

亚马逊比较典型的一项新服务是亚马逊生鲜（Amazon Fresh），它提供食品的当日配送服务。这项服务在西雅图已经试运行了好几年，最近扩展至洛杉矶和旧金山，在这些城市的成功很可能会影响它向其他城市扩张的速度。亚马逊的另一项新服务是根据它与美国邮政服务公司的协议，向某些城市提供周日送货服务。试点城市对这项服务的需求也将影响它向其他城市的推广。另一件引人瞩目的事情是，亚马逊正在开发无人机，这些无人机可以在30分钟内将小批量货物空运给用户。贝佐斯解释道："这种无人机可以携带重达5磅的物品，配送86%的物品。"2015年初，联邦航空管理局批准亚马逊无人机试飞。

自1995年成立以来，亚马逊取得了长足的进步。其物流和供应链管理将自动化和通信技术与卓越的客户服务相结合，打造了一个经济高效的配送系统。为了持续促进销售额和利润的增长，并提升客户服务水平，亚马逊将继续发挥创新精神。贝佐斯认为："我们做的事情充满了挑战和乐趣，我们会持续创新，面向未来。"

思考题

1. 亚马逊的物流和供应链管理如何帮助它为用户创造价值？
2. 亚马逊开发了哪些系统来改善产品从供应商到亚马逊配送中心的流动？哪些系统改善了订单从配送中心向用户的流动？
3. 为什么物流和供应链管理在亚马逊未来的成功中扮演着重要的角色？

16

零售和批发

学习目标

1. 根据零售商提供的效用识别其类型;
2. 解释零售店分类的可选方法;
3. 描述无店铺零售的多种方式;
4. 根据零售定位矩阵将零售商分类,并列举出零售组合行为;
5. 利用零售轮和零售生命周期的概念解释零售的变化;
6. 描述批发公司的类型及其职能。

购物者正穿戴着零售业的未来

未来的零售业会是什么样子？对今天的零售商来说，最具影响的变化会是什么？现在看不到，但答案是：你正戴着它！

可穿戴技术有可能完全改变我们的购物方式，同样重要的是，改变零售商的销售方式。可能你已经拥有了某些形式的早期可穿戴设备，比如跟踪你活动的手环。最近，智能手机和智能上网眼镜等新产品增加了许多新功能。这些技术将如何改变零售业？

对于消费者来说，可穿戴技术有可能会增强消费者的体验。智能手表可以提供有关打折、产品位置和更快结账的信息。例如，塔吉特百货（Target）和柯尔百货（Kohl's）会把特价优惠的信息发送给商店附近的苹果手表佩戴者。一旦购物者进入商店，他们的智能手机应用程序会引导他们走向特价商品，并在他们靠近选定产品时提醒他们。马什超市（Marsh Supermarkets）使用移动营销公司 InMarket 开发的 List Ease 应用程序，引导购物者找到他们清单上的日用品。InMarket 的戴夫·海因青格（Dave Heinzinger）解释说："把它看成你手腕上的一个购物单。"同样，在烹饪应用程序 Epicurious 中给某个食谱点过"赞"的苹果手表佩戴者会被引导至制作该食物所需的配料！

智能手机也会改变购物者的结账体验。Valpak 开发了一个应用程序，可以为苹果手表佩戴者提供所在位置 25 英里半径范围内的商店的优惠券。同样，积分卡应用程序将消除携带和翻找卡片的麻烦，因为它可以存储积分卡的条形码，并在需要时显示。更引人注目的是，苹果支付（Apple Pay）和谷歌钱包（Google Wallet）等近距离无线通信（NFC）产品的使用越来越多，消费者只需把设备靠近支付终端就可付款。苹果手表佩戴者只需将手表移动到扫码器附近，就能从信用卡扣款。

零售商也会受益。智能上网眼镜类似于一副眼镜，如谷歌眼镜，配备一个小显示屏，它具有显示图像和语音识别功能，可以把相关信息展示在显示屏上。虽然消费者由于外观迟迟没有接受此类眼镜，但企业应用已经很成功。零售店员、销售人员和技术人员使用该眼镜检查手册获取技术信息、核对库存、下订单，甚至在商店的任何地方为消费者结账。

不久的将来，消费者和零售商可以使用智能隐形眼镜。这种眼镜有可能创造一个增强现实,将存储的图像或图形与现实环境中的实物重叠在一起。例如,顾客可以看到一件新家具摆在他们公寓里的样子,或者确认一双鞋子的颜色是否与他们衣柜里的衣服匹配。

当今零售业发生了许多激动人心的变化,这只是其中的几个例子。本章要探讨零售在市场中的关键作用,以及零售商在努力为消费者创造价值时所面对的挑战性决策。

消费者会通过邮购目录、电视、互联网或电话购买哪些类型的产品?在哪种类型的商店中消费者会寻找产品,但不直接购买?商店的位置有多重要?消费者期望更换、配送、安装或维修等服务吗?每个产品如何定价?这些困难且重要的问题是零售必然会碰到的。在分销渠道中,零售发生在消费者能接触到产品的地方。交换是营销的核心,必须通过零售才能成为现实。**零售**(retailing)指向最终消费者销售、出租、提供产品和服务,以满足个人、家人或整个家庭使用的所有活动。

◎ 零售的价值

零售是一项重要的营销活动。不仅生产者和消费者能通过零售活动接触，而且零售也能创造客户价值，对经济有重要影响。对于消费者来说，零售的价值在于其提供的效用（见图16-1）。零售行业雇用的人以及零售交易的总金额体现了零售的经济价值（见图16-2）。

零售提供的消费者效用

零售商提供的效用为消费者创造了价值。大多数零售商会在不同程度上提供时间、空间、形态和占有效用，不过他们往往会突出强调某一个效用。看图16-1，你能找到与零售商在说明中强调的效用相对应的项目吗？

零售商	说明	效用
富国银行 www.wellsfargo.com	富国银行是美国最大和运营最好的银行之一，通过8 700家营业部和全球12 500个自动柜员机，拥有7 000万顾客	时间效用
卡迈什汽车超市 www.carmax.com	卡迈什是美国最大的二手车零售商，开设有140家汽车超市。它实行"不还价"的销售政策，提供试车、贷款、以旧换新以及对汽车电子系统的全方位介绍，以鼓励消费者从卡迈什购车	空间效用
拉尔夫·劳伦公司 www.ralphlauren.com	拉尔夫·劳伦网站www.ralphlauren.com的"为自己制造"系列衬衫为消费者定制衬衫，选项有15种式样、13种颜色、2种logo位置和9种logo颜色、12种字体和5种尺码。衬衫1至3个工作日即可交付	形态效用
权威运动用品公司 www.sportsauthority.com	权威运动用品公司是一家体育用品超市，它全年提供任何你能说得出名字的体育器材。即便是在季节性运动的淡季，其450多家店也能提供体育器材	占有效用

图16-1 哪类零售商最擅长提供哪种效用？

在超市里设立迷你银行，使银行的产品和服务更贴近消费者，富国银行等公司提供了空间效用。通过提供贷款、出租和以旧换新折让，卡迈什二手车零售商让购车变得更加容易，提供了占有效用。拉尔夫·劳伦通过在线"定制"程序提供形态效用，通过对产品的生产或调整，满足了每位顾客对衬衫的个性化要求。在淡季找到合适的运动器材是权威运动用品公司提供的时间效用。还有许多零售商能提供四种基本效用的组合。例如，有些超市设立在便利的位置（空间效用），全天24小时营业（时间效用），可在面包店、熟食店和花店定制购买（形态效用），并接受多种付款和信用方式（占有效用）。

零售对全球经济的影响

零售对于美国经济和全球经济都很重要。在美国最大的40家企业中，有4家零售企业，分别是沃尔玛、开市客、家得宝和塔吉特。沃尔玛2014年的销售额为4 850亿美元，超过了当年差不多38个国家的国内生产总值。沃尔玛、开市客、家得宝和塔吉特共拥有300多万员工，比佛罗里达州杰克逊维尔、得克萨斯州奥斯汀和加利福尼亚州圣荷西的总人口还多。图16-2列出了多种类型的零售商，包括食品店、汽车经销商和日用百货店，它们也对美国经济做出了很大的贡献。

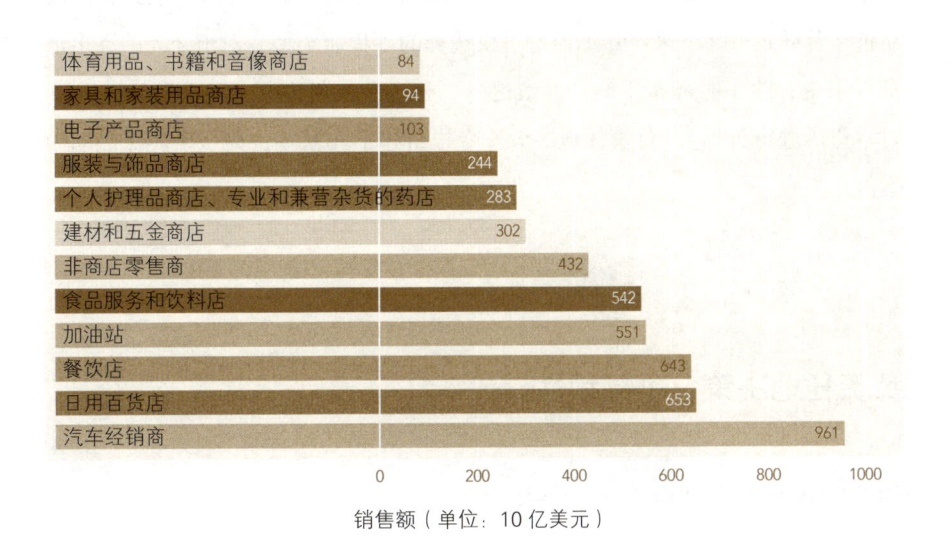

零售商类型	销售额
体育用品、书籍和音像商店	84
家具和家装用品商店	94
电子产品商店	103
服装与饰品商店	244
个人护理品商店、专业和兼营杂货的药店	283
建材和五金商店	302
非店零售商	432
食品服务和饮料店	542
加油站	551
餐饮店	643
日用百货店	653
汽车经销商	961

销售额（单位：10亿美元）

图16-2 你对不同类型零售商的销售额对比感到惊讶吗？

美国以外的大型零售商有日本的永旺、法国的家乐福、德国的麦德龙（Metro）和英国的乐购。在中国、墨西哥等新兴经济体，还出现了本土零售商与全球零售商相结合的形式。例如，沃尔玛在美国以外开设了6 300多家店，在阿根廷、巴西、中国、印度、日本、墨西哥和英国都有店铺。然而，尽管有这么多大型零售商，多数国际市场还是以当地零售商为主。

◎ 零售店的分类

对于制造商、消费者以及整个经济而言，零售是各类营销的重要组成部分。由于零售有大量可供选择的形式，了解零售店不同分类方式，可以更容易理解零售机构之间的差异。首先，以**所有权形式**（form of ownership）划分，可以分为独立零售商、连锁店和契约体系。其次，**服务水平**（level of service）表示向顾客提供服务的三个层次，分别由自助服务零售商、有限服务零售商和全面服务零售商。最后还可以根据**产品线**（merchandise line）分类，即商店经营的商品种类及样式。接下来将详细讨论可供选择的零售店类型。对于今天的许多消费者来说，除了服务水平和产品线之外，还要从环境友好或环保活动的角度对零售店进行评估。"负责任地决策"专栏讲述了几家零售商从事环保活动的案例。

负责任地决策　可持续性

你的零售商有多环保？排行榜出来了

尼尔森公司最近对 60 个国家的消费者进行的一项调查中，55% 的受访者表示，如果一家公司致力于改善社会和环境，他们愿意为该公司提供的产品和服务多掏钱。对此，许多零售商越来越"绿色"，开展全面和复杂的商业活动，体现对社会和环境责任的关注。这一趋势已经变得非常重要，《新闻周刊》对 8 项环境绩效指标进行了评估，列出了大公司的年度"绿色排行榜"。

美国绿色零售协会为实施新做法的零售商提供指导，并提供第三方认证，证明其拥有环保观念。有些做法既直观又简单，如鼓励使用可重复使用的购物袋，安装LED灯具，使用无毒清洁用品。许多零售商甚至用可回收材料代替塑料来制作信用卡和礼品卡。还有一些做法则需要付出更大的努力，如使用经济型的运输车辆，以减少二氧化碳排放，利用雨水进行景观养护，或寻找填埋垃圾的替代用途。不过这些环保举措也能带来收益。家得宝通过将灯光显示换成节能灯和LED灯，将商店的屋顶涂成白色并安装太阳能电池板，使能耗降低了20%。

商场也在采取行动。例如，在纽约的雪城，美国命运之神购物中心通过实施集水、保护空气质量、垃圾填埋场复垦和节能等措施，成为世界上获得能源与环境设计先锋奖（LEED）认证的最大零售建筑。同样，沃尔格林也通过使用太阳能电池板、风力涡轮机、日光采集和节能建筑材料，成为第一家建造零能耗商店的零售商。

这些可持续发展举措会影响你的购买决定吗？如果答案是肯定的，你可以在http://www.newsweek.com/search/site/green 查看绿色排行榜。你最喜欢的零售商是"绿色"的吗？

所有权形式

零售所有权一般有三种形式：独立零售商、连锁店和契约体系。

独立零售商 最常见的零售所有权形式是由个人所有的独立零售商。在美国110万个零售企业中，多数是独立零售商，包括五金店、便利店、服装店以及计算机和软件店。此外还有2.67万家珠宝店、1.85万家花店和2.21万家体育用品和消闲品商店。在独立零售商看来，这种所有权形式的优势简单明了：所有者即是老板。对顾客来说，独立商店可以提供便利和个性服务，也更契合他们的生活方式。

连锁店 零售所有权的第二种形式是连锁店，即共同所有权下的多家零售店。例如，梅西百货在美国45个州经营773家梅西百货公司。它还拥有37家布鲁明黛百货公司，与萨克斯第五大道和尼曼百货等其他连锁店展开竞争。此外，梅西最近还收购了蓝色水星（Bluemercury），将其62家美容护肤服务商店收归旗下。

在连锁经营中，集中决策和采购十分常见。面对制造商，连锁店处于优势地位，特别是当连锁规模扩大时更是如此。大型连锁店可以与制造商讨价还价，以获得优质服务或订单的低价折扣。塔吉特会大批量采购商品，这使它在与大多数产品的制造商做生意时拥有很强的议价能力。对于消费者来说，与其他类型的商店相比，连锁店的购买力可以转化为更低的价格。连锁店有多个网点销售相似的产品，并且管理政策一致，这也可以让消费者受益。

对于许多大型连锁店来说，零售已成为高科技业务。例如，沃尔玛开发了先进的库存管理和成本控制系统，可以确保每一家商店都能迅速改变每一种产品的价格。此外，沃尔玛和塔吉特等商店会采用开拓性的新技术，如射频识别（RFID）标签，提升可获取的产品信息的质量。

契约体系　契约体系是将所有权独立的商店联合起来，像连锁店一样经营。如第15章所述，契约型垂直营销体系有三种类型：零售商发起的合作社、批发商发起的自愿连锁和特许经营（见图15-6）。零售商发起的合作社是联合杂货商，由诸多邻近的食品杂货店组成，它们与其他独立杂货店达成一致，直接从制造商采购商品。这样一来，成员便可以获得通常只会给予连锁店的折扣，打造大型连锁店的印象，从而更受消费者欢迎。独立食品商联盟（IGA）等则属于批发商发起的自愿连锁，寻求同样的益处。

在特许经营体系中，个人或公司（特许经营人）与母公司（特许授权人）订立契约，建立企业或零售店。特许授权人通常会在选址、开设店铺或设施、广告宣传以及员工培训等方面提供帮助。通常情况下，加盟者一次性支付特许经营费和特许经营权年费，后者一般与销售业绩挂钩。有两种常见的特许经营模式：经营模式特许，如麦当劳、7-11、赛百味和随时健身（Anytime Fitness）；产品分销特许，如福特汽车经销商或可口可乐公司的分销商。在经营模式特许中，特许授权人会为加盟者提供大部分经营流程，并为最有可能遇到的决策问题提供指导。在产品分销特许中，特许授权人会提供一些一般准则，加盟商的独立性要大得多。

因为有机会进入制度完善的知名企业，并得到管理上的建议，特许经营很有吸引力。此外，特许经营费可能低于自己创办一家独立企业的成本。据国际特许经营协会最近的估计，美国有769 782家特许经营企业，年销售额达8 450亿美元，雇员超过了850万人。特许经营在国际市场上也很流行，超过一半的美国特许授权人在其他国家开展业务。增长最快的特许经营商是哪一家？赛百味现在拥有42 227家店，其中美国境外有15 610家。

支付给特许授权人的特许经营费高低不等，从赛百味的1.5万美元到麦当劳的4.5万美元。如果再加上房地产和设备等其他成本，总投资会变得很高。加盟者还要不断支付年度特许权使用费，比例从"棒！约翰"比萨餐厅（Papa John's）的5%到布洛克兄弟公司的30%。图16-3为《企业家》杂志根据规模、资金实力、稳定性、经营年限和成本等指标评出的特许经营前5强。企业通过出售特许经营权降低了扩张的成本，但也失去了一定的控制权。不过优秀的特许授权人会利用配送和商品展示等方式保持对零售店强有力的控制，并努力强化消费者对特许经销商商号的认可。

特许经营	业务类型	开办总成本（美元）	加盟数量
希尔顿欢朋酒店	宾馆	4 000 000~14 000 000	1 964
随时健身	健身中心	79 000~371 000	2 839
赛百味	三明治	117 000~263 000	42 227
盒中杰克	汉堡	1 000 000~2 000 000	2 251
超级理发师	美发	114 000~243 000	2 469

图16-3　美国特许经营前5强，包含从宾馆到美发等各行业

服务水平

虽然大多数顾客没有必要注意零售店在所有权形式上的不同，但他们很容易就能看出零售商服务水平的差距。有的百货公司几乎不提供服务，如洛曼公司（Loehmann's）。有的杂货店要求顾客自己将食品装袋，如Cub食品连锁店。而还有一些店铺则提供从礼品包装到服饰参考等多种顾客服务，如尼曼百货。

自助服务　自助服务要求顾客在购买过程中自己履行许多职能。例如，开市客等仓储式会员店通常就是自助服务，去除了所有非必要的顾客服务项目。如今，很多加油站、超市和航空公司也有自助通道和终端。影碟租赁零售商红盒子（Redbox）在美国各地拥有35 000个销售亭，无需员工即可运营。便利店、快餐店甚至咖啡馆都在开发新的自助服务方式！Shop24在全球200多个网点开

设了自助、自动化便利店，并走入了大学校园。在 Zipcar，你可以先注册一张会员卡，在线预订，找到一辆汽车，在挡风玻璃上的读卡器扫描会员卡，打开车门，然后就可以把它开走了！总的来说，如今的趋势正朝着零售体验的方向发展，即让顾客成为他们所获价值的共同创造者。最近的一项调查显示，航站楼的自助值机帮助旅客缩短了 22% 的等待时间。

有限服务 有限服务的店铺提供诸如分期付款和退货服务，但不提供服装修改等其他服务。大卖场通常采用有限服务的方式，如沃尔玛、凯马特和塔吉特。虽然家用电子产品、珠宝、草坪和园艺等销售部有销售人员，但大多数的购物活动都要由顾客自己完成。

全面服务 提供全面服务的零售商包括大多数专卖店和百货公司，他们会为顾客提供多种服务。例如，尼曼、诺德斯特龙和萨克斯第五大道都靠优质服务销售高利润精品，并借此留住顾客。诺德斯特龙提供各种服务，包括现场修改和裁剪、免费更换和方便退货、礼品卡、诺德斯特龙银行的信用卡支付、每周 7 天的客服热线、能随时联系到美容师、设计师和婚礼专家聊天热线、网上购物可到店内取货和产品目录，此外还有一个名为"诺德斯特龙奖"的 4 级忠诚度活动。在未来几年里，该公司计划投入 43 亿美元用于额外的服务和改进，如网购之后到店内退货、给成员的个性化奖励和"智能"试衣间。

产品线的类型

零售店在产品线方面各有不同，其中最关键的区别是提供给顾客的商品宽度和深度（见图 16-4）。**产品线深度**（depth of product line）指商店销售的每类产品各色具备，如鞋店销售运动鞋、皮鞋和童鞋。**产品线宽度**（breadth of product line）指商店销售不同类别的产品，如家电和图书。

产品线深度 在相关产品线上经销多种类产品（深度）的商店是有限产品线商店。权威体育用品商店的体育器材的产品线深度比较深，从举重配件一直到跑鞋。有些商店经销的一条主要产品线深度极深，是单一产品线商店。维多利亚的秘密是一家全国连锁店，其女式内衣的产品线就很深。有限产品线商店和单一产品线商店通常称为专卖店。

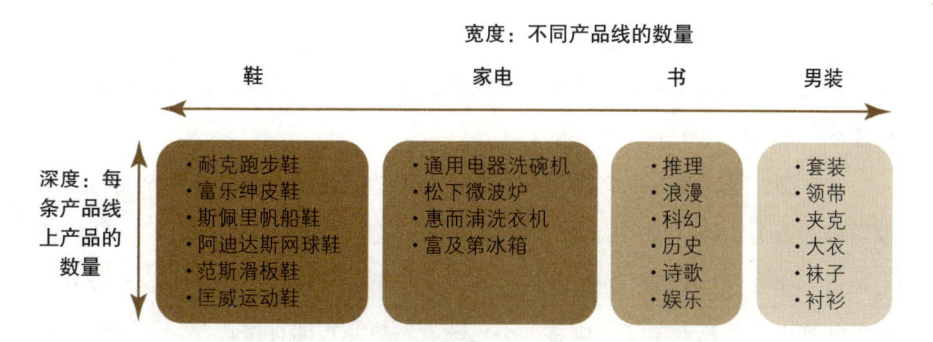

```
                         宽度：不同产品线的数量
                    鞋            家电            书           男装
                 ┌─────────┐ ┌─────────────┐ ┌────────┐ ┌────────┐
深度：每         │·耐克跑步鞋│ │·通用电器洗碗机│ │·推理  │ │·套装   │
条产品线         │·富乐绅皮鞋│ │·松下微波炉   │ │·浪漫  │ │·领带   │
上产品的         │·斯佩里帆船鞋│ │·惠而浦洗衣机 │ │·科幻  │ │·夹克   │
  数量           │·阿迪达斯网球鞋│ │·富及第冰箱  │ │·历史  │ │·大衣   │
                 │·范斯滑板鞋│ │              │ │·诗歌  │ │·袜子   │
                 │·匡威运动鞋│ │              │ │·娱乐  │ │·衬衫   │
                 └─────────┘ └─────────────┘ └────────┘ └────────┘
```

图 16-4　不同商店的产品线在广度和深度上各不相同

专业折扣店通常以非常有竞争力的价格专营某一类产品，如电子产品（百思买）、办公用品（史泰博）或书籍（巴诺书店）。这些商店能主导市场，所以在业内往往称为品类杀手。例如，百思买是最大的家用电子产品零售商，拥有1 650多家门店，史泰博经营着1 900多家办公用品商店，巴诺书店则是最大的图书零售商。零售业出现了一些令人关注的趋势，如百思买手机商店等转而经营较小的商店，以及通过价格竞争与网络零售商抗争。

产品线宽度　产品线范围广而深度有限的商店被称为大卖场。例如，迪拉德、梅西和尼曼等大型百货商店都经销多种类型的产品，但不会有不常见的规格或尺码。对于零售商来说，产品线的宽度和深度是非常重要的决策。过去，每家零售店只经营自己相关的产品线。然而今天，一家商店经营多个不相关产品线的**混杂销售**（scrambled merchandising）已经十分常见。例如，现代的药品杂货店经营食品、照相设备、杂志、纸制品、玩具、小五金器具和药品等。超市会出售鲜花、影碟，可以打印照片，还兼营食品杂货。

作为一种混杂销售形式，**大型超市**（hypermarket）在欧洲大获成功。他们拥有超大的店面（通常为两万多平方米），秉承一个简单的理念："在一家店里提供顾客所需的一切"，避免消费者还要再跑到其他地方。这种商店能提供多品种、高质量、低价格的食品杂货和日用品。家乐福是此类超市中最大的之一，拥有1 459家大型超市，其中法国有239家，欧洲其他地区489家，拉丁美洲291家，亚洲375家。不过，随着消费者对较小商店和便利店的兴趣的增加，欧洲大型超市的增长可能会放缓。对此，零售商不断下调食品的价格，以吸引顾客，让他们远离竞争对手。尽管在有些地区，大型超市受欢迎的程度不断下降，但其最初的概念却在很多国家越来越受欢迎，比如在中国，家乐福、乐购和沃尔玛都在扩张门店数量。

在美国，零售商发现购物者不太适应大型超市的庞大规模。因此他们将大型超市改造为购物广场，购物广场既保留了典型综合超市的特点，又能经营各类杂货。如今，3 427家沃尔玛购物广场、11家凯马特购物广场和249家塔吉特超级购物中心都在采用这一概念。不过随着网络零售的日益普及，购物广场的规模已经无法成为优势，例如亚马逊能提供比这些大型商店更多的选择。另外，由于现代供应链管理技术的出现，规模较小的零售商现在无需大量库存也能保持货架不断货。随着客户兴趣的转变，零售商正在改变购物广场的概念，以迎合消费者对更小、更方便的商店的需求。例如，沃尔玛正在增加杂货店的数量，将其称为"沃尔玛社区店"。图16-5为购物广场和大型超市在概念上的不同。

	大型超市	购物广场
受欢迎的区域	欧洲	美国
平均规模	9万~30万平方英尺[1]	10万~21.5万平方英尺
产品数	2万~8万	3.5万
年收入	每店1亿美元	每店6 000万美元

图16-5　大型超市在欧洲很普遍，而购物广场在美国更受欢迎

混杂销售方便了消费者，因为能减少一次购物过程中需要去的地点。然而，对于零售商来说，这种经营策略意味着类型迥异的零售店之间会产生竞争，即**异业态竞争**（intertype competition）。一家本地面包店可能需要与百货商店、折价店甚至是当地加油站竞争。混杂销售和异业态竞争使零售商的处境更加艰难。

◎ 无店铺零售

截至目前本章讨论的大多数零售案例都发生在店铺里，如连锁店、百货公

---

[1]　1平方英尺≈0.093平方米。——译者注

司以及有限产品线和单一产品线专卖店，但现今的许多零售活动不仅限于商店销售。无店铺零售发生在零售店之外，其顾客和零售商的参与程度各有不同。图16-6显示了无店铺零售的6种形式：自动售货机、直邮推销和目录邮购、电视居家购物、网络销售、电话推销和直销。

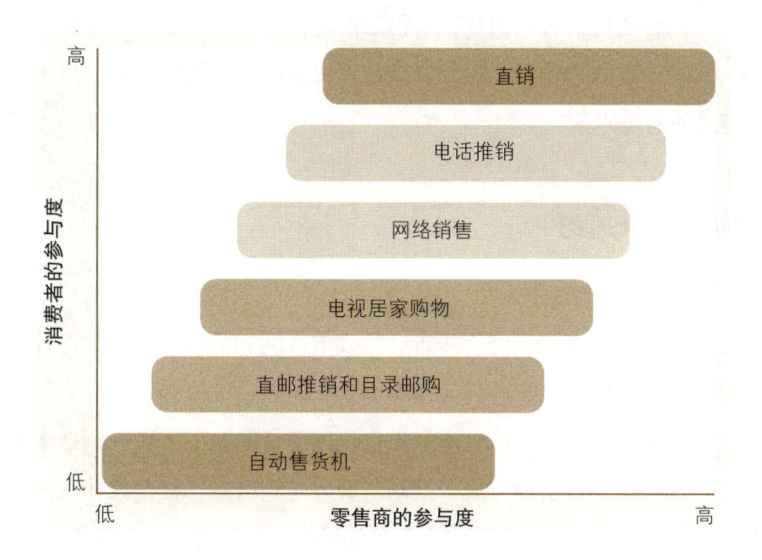

图16-6 许多零售活动不涉及商店，你用过多少种无店铺零售？

自动售货机

自动售货机也属于无店铺零售，它能在店铺无法提供服务的时间和地点服务顾客。由于机器保养、运营成本和场地租赁增加了成本，自动售货机销售的产品往往比商店里的价格高，而且约有34%的产品是冷饮，28%是糖果和小吃，7%是食品。许多新产品都会通过自动售货机迅速上市。现在百思买用自动售货机在机场、医院和企业销售手机和电脑配件、数码相机、闪存盘和其他家用电子产品。同样，Healthy You公司专门制造能在办公室、健身俱乐部、医院和学校销售有益于健康的饮料、零食和主食的自动售货机。美国目前使用的480万台自动售货机每年的销售额超过195亿美元。

技术进步能使自动售货机更易于使用。许多自动售货机现在都备有触摸屏和信用卡读卡器。此外，还有些自动售货机公司试用无线连接技术，允许消费者使用手机在自动售货机上购物。公司也可以使用无线技术监测销售情况，相关信息被用来安排商品售罄后的补货行程。自动售货机的另一个进步是趋向于越来越"绿色"，通过使用更节能的压缩机、更节能的照明和质量更高的绝缘材料，能够消耗更少的能源。自动售货机深受消费者欢迎，最近的消费者满意度研究表明，82%的消费者认为从自动售货机购买的产品等于或优于从商店购买的产品。对于今天的消费者来说，自动售货机是品牌在商店上架、目录邮售和网络销售之外的延伸。

直邮推销和目录邮购

直邮推销和目录邮购被称为"送上门的商店"。其魅力主要源自以下几个方面：首先，这种方式避免了商店和店员的成本。例如，戴尔是最大的计算机和信息技术零售商之一，它没有任何商店。其次，通过细分和定位，直邮推销和目录邮购提高了营销效率，而且通过提供快速便捷的购买手段，创造了客户价值。最后，许多邮购目录现在成了鼓励消费者访问网站、社交媒体页面甚至是商店的工具，例如美捷步、亚马逊和亿贝等网络零售商现在还会提供产品目录。今天，一个普通的美国家庭每周会收到24份直接邮寄物品或产品目录。据美国直销协会估计，直邮推销和目录邮购创造了6 420亿美元的销售额。直邮推销和目录邮购在美国以外的国家和地区也很常见，家具零售商宜家去年一年以32种语言分发了2.17亿本邮购目录。

近年来，有几个因素对直邮推销和目录邮购产生了影响。宜家、箱桶之家、里昂比恩等大型零售商带来了积极的影响，因为他们的营销活动增加了消费者通过直邮推销和目录邮购可购产品的数量和种类。不过纸张成本增加和邮费涨价，人们开始关注不邮寄立法，大家越来越关心"绿色"邮件和产品目录，以及美国邮政服务有可能将配送时间减少到5天之内，这些情况都促使直邮推销商和目录邮购商设法为消费者提供额外的价值。一种方法是关注老用户，而不是潜在用户。对于一直未能带来利润的消费者，威廉索诺玛（Williams-Sonoma）等商家减少了邮件的发放。很多目录邮购商采取的另一个成功方法是将特色产品目录发送到通过数据库发现的利基市场，例如里昂比恩为爱好用假蝇钓钩钓鱼的人单独开发了一份产品目录。

直邮推销和目录邮购的创新形式也在开发之中。例如，零售商会制作电子版产品目录，用户可以通过一些产品目录整合应用程序（如谷歌目录）访问这些文件。将来，我们还会看到商家使用邮件和产品目录将用户引导至个性化网址，例如www.JohnSmith.offer.com等网页都预先设置了针对个人的信息和产品。

电视居家购物

电视居家购物之所以成为可能，是因为消费者会观看展示产品的购物频道，通过打电话或网络下订单。目前，美国三大购物节目是QVC、HSN和ShopNBC。QVC意味着质量、价值和便利，一年之中的364天都有直播，且每天24小时不间断，覆盖了美国、英国、德国、日本和意大利的1.98亿个观看有线电视和卫视的家庭。该公司每周会推荐1 000多种产品，服务6 000万用户，销售额超过88亿美元。电视居家购物频道提供的产品包括服装、珠宝、烹饪、家居装饰品、家用电器、玩具甚至是食品。在所有这些产品中，最畅销的当属戴尔个人电脑！

过去，电视居家购物节目吸引的大多是40～60岁的女性。为了吸引年轻观众，QVC开始邀请名人上节目。比如，海蒂·克拉姆（Heidi Klum）曾经在节目上宣传她收藏的珠宝，金、科勒和考特尼·卡戴珊三姐妹曾主持销售自己的服装系列。最近，歌手多莉·帕顿（Dolly Parton）曾在节目中兜售她的最新专辑。有些电视直播的活动也有助于吸引新的客户，如在比弗利山庄四季酒店举行的红地毯时装秀。此外，QVC还会在节目播放期间利用零售店、网站、移动应用程序、短消息和在线聊天等途径辅助其电视节目。同样，居家购物网络现在能提供多平台购物体验。有些专家认为，结合了电视真人秀、脱口秀和信息广告之后，电视购物节目已经成了现代版的送货到门零售。

网络销售

网络销售使消费者能够通过互联网搜索、评价和订购产品。对于许多消费者来说，这种零售形式的优势在于可以24小时访问、货比三家、送货上门保护隐私，并且品种极为丰富。对网购者的早期研究表明，男性比女性更愿意在网上购物，不过随着上网家庭的增加，网购者分析的对象群体已经需要涵盖所有购物者了。

如今传统零售商和在线零售商正在融合，运用两种方式的经验来为顾客创造更好的价值和体验。例如，沃尔玛（www.walmart.com）提供网站到商店的服务，允许用户在网上下订单，然后到沃尔玛商店提货。此外，沃尔玛现在还提供"免费送到家"的选项，用户订购50美元或更多指定物品时可以免费送货。沃尔玛移动应用程序允许购物者用智能手机和平板电脑订购产品。网络销售订单最多的两天是感恩节后的星期五（黑色星期五）和感恩节后的星期一（网购星期一），这两个日子分别创造了24亿美元和26亿美元的网络销售额。网络销售额约占全部零售额的6.5%，2018年达到5 000亿美元。

网络销售可以通过多种方式实现。首先，消费者可以缴费，成为享受网购折扣的会员，如www.netmarket.com。该服务以非常低的价格向其网站的订阅者提供数千种产品和数百个品牌。消费者也可以使用www.mysimon.com等商品搜索引擎，该网站能在整个互联网上搜索消费者指定的产品，并在清单中列出价格最优惠的零售商。此外，消费者还可以直接访问网络商场（www.fashionmall.com）、服装零售店（www.gap.com）、书店（www.amazon.com）、电脑制造商（www.dell.com）、杂货店（www.peapod.com）、音乐和影音商店（www.cdnow.com）和旅行社（www.travelocity.com）。还有一种方法是利用拍卖网站，如www.ebay.com拥有1.57亿买家和2 500万卖家，交易的商品"几乎应有尽有"。最后一个方法是网站的"限时抢购"，如www.gilt.com和www.hautelook.com，这些网站会向用户发送限时优惠的相关信息，折扣很大。

近2/3的网购者会在把商品加入购物车后离开网站，去比较其他网站的价格和运费。在离开的购物者中，70%不会再返回。网络零售商解决这个问题的方法就是主动为消费者提供竞争产品的价格比较。例如在Allbookstores.com，消费者可以使用"比较引擎"与Amazon.com、Barnesandnoble.com和其他25家书店比较价格。专家建议：网络零售商要想吸引和留住客户，就应该把自己的网站看作动态的广告牌，使其易于使用和定制，方便互动，以提升在线用户的体验。例如，宝马、奔驰和捷豹鼓励网站访问者选择内饰和车身的颜色、套装配置和单项配置来"制造"一辆车，再通过虚拟软件查看自己的定制车，然后通过脸谱网、推特或电子邮件分享自己的搭配。

一些网络销售中融合了社交媒体购物选项，包括帮助消费者找到对应商家的高朋团购（Groupon）和Livingsocial等中间商、提供自助广告网站的谷歌优惠（Google Offer）和Storenvy等交易平台，以及在网站上发布自己搜寻到的折扣优惠的Yipit等。还有很多消费者会使用网络资源来比较价格，这也会影响他们在当地商店的线下购物。

电话推销

另一种无店铺零售方式是**电话推销**（telemarketing），即通过电话中的互动和交流向消费者直接销售。与直邮推销相比，电话推销往往能更有效地找到目标消费者。保险公司、经纪公司和报纸经常采用这种零售形式，可以在降低成本的同时与消费者保持联系。据美国直复营销协会统计，电话推销的年销售额超过3 320亿美元。

最近，关于电话推销的新立法给该行业带来了引人注目的变化。消费者隐私、行业标准和道德准则等问题引发了消费者、国会、联邦贸易委员会和企业的热议。最终，此项立法为不想接听企业销售电话的消费者开设了全美拒接推销电话登记（www.donotcall.gov）系统。目前，已有超过2.21亿个电话号码登记。采用电话推销方式的公司已经通过添加合规性软件，确保不会打给登记列表中的电话号码。

直　销

直销有时也被称为上门推销，即依靠在消费者家中或办公室里的人际互动和展示直接销售产品和服务。很多美国公司通过为消费者提供个性化的服务和便利，创造了一个310亿美元销售额的行业，这些公司为美国人所熟悉，比如雅芳、富勒刷具、玫琳凯化妆品和世界图书出版社。在美国，共有超过1 500万全职和兼职的直销个人销售保健品、家庭耐用消费品和个人护理用品等各种产品。

直销行业的增长源于两个趋势。首先，很多直销零售商将业务拓展到美国以外的市场。例如，雅芳在80个国家拥有600万名销售代表。现在，在安利118

亿美元的销售额中，来自中国市场的部分超过了三分之一，所有美国以外国家的销售额更是达到了90%。同样，康宝莱和伊莱克斯（Electrolux）等零售商也在迅速开拓新的市场。直销很可能在以下两类市场继续增长：一类市场由于缺乏有效的分销渠道，从而彰显了上门推销的便利性；另外一类市场由于消费者缺乏关于产品和品牌的知识，从而增强了面对面推销的必要性。

第二个趋势是越来越多的公司采用直销的方式去接触那些青睐面对面的服务和社交性的购物体验，而不是网购或去大型折扣商店的消费者。直销协会报告称采用直销方式的公司正在增加。例如，娇宠厨师公司（Pampered Chef）拥有6万名独立的销售代表，他们以到消费者家中"表演烹饪"的方式销售公司的产品。在最近的经济低迷时期，人们希望追求独立，掌控自己的工作活动，因此越来越多的人开始考虑当一名销售代表。

◎ 零售策略

本节介绍零售商如何制定和实施零售策略。研究表明，与市场和竞争对手特征有关的因素可能会影响策略选择，零售商需要考虑的一个重要因素是策略选择的组合。图16-7体现了策略、定位和零售组合之间的关系。

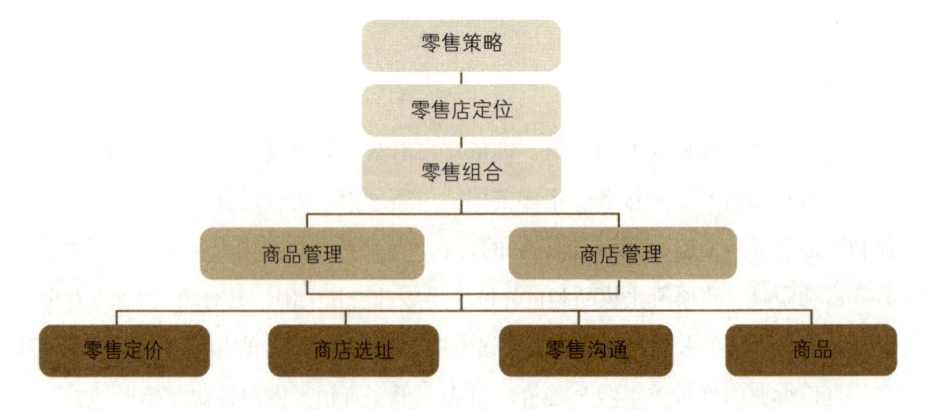

图16-7 零售策略与商店定位和零售组合有关，注意零售组合与营销组合之间的相似点

零售店的定位

前文介绍的零售店分类方法有助于区分零售店与竞争对手的不同定位。MAC管理咨询公司开发的**零售定位矩阵**（retail positioning matrix）从两个维度来定位零售店：产品线宽度和附加值。如前面的定义，产品线宽度是每家商店出售产品的范围。第二个维度是附加值，包括位置（7-11便利店）、产品可靠性（假日酒店或麦当劳）或声誉（如萨克斯第五大道或布洛克兄弟）等因素。

图16-8的零售定位矩阵显示了四种可能的定位。企业在任何定位中都可能获得成功，但每个象限都要求独特的策略。矩阵中四家零售商的定位如下：

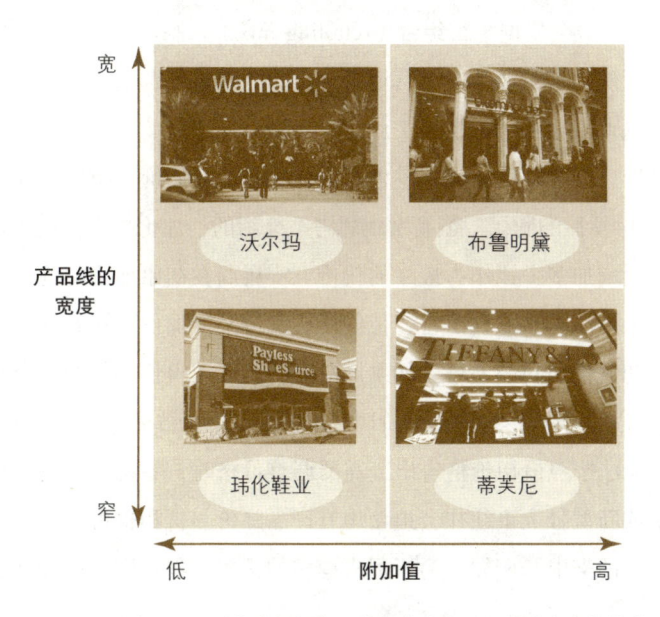

图16-8 零售商根据产品线的宽度和附加值确定定位策略

1. 布鲁明黛拥有高附加值和宽产品线。这个象限中的零售商特别重视店面设计和产品线。他们的产品往往具有较高的边际利润和质量。这种定位的商店通常会提供高水平的服务。

2. 沃尔玛拥有低附加值和宽产品线。沃尔玛及类似公司一般依靠比较低的价格来增加销量。这种定位的零售商通过较低的服务水平维持低廉价格和廉价品商店的形象。

3. 蒂芙尼公司拥有高附加值和窄产品线。这种类型的零售商通常销售非常有限的高品质产品，也会为顾客提供高水平的服务。

4. 玮伦鞋业公司拥有低附加值和窄产品线。比如，它会以折扣价销售运动鞋。这种零售店通过集中广告、推销、采购和分销实现了规模经济，而且通常在设计、布局和商品方面非常相似，因此往往被称为"饼干模子"复制出来的商店。

零售组合

管理人员一般会根据**零售组合**（retailing mix）来制定零售策略，包括商店管理和商品管理的相关活动。与营销组合类似，零售组合包括零售定价、商店选址、零售沟通和商品（见图16-7）。

零售定价 为商品定价时，零售商必须决定如何加价、减价以及减价的时机。正如第14章后的附录"创新案例思考"介绍的，加价指零售商决定在产品成本的基础上增加多少钱作为最终的售价。零售商在初始加价的基础上决定一个加价，如果产品能够顺利出售，他们便会维持某种加价。初始加价指零售商的成本与最初售价之间的差价。如果产品没有预期卖得快，他们就会减价。最终销售价格与零售商成本之间的差价叫作维持加价，也被称为"毛利润"。

当产品无法按照最初价格售出，需要调整价格时，零售商就会打折或降价出售。新款或新型号上市往往会迫使现有产品降价。折扣也可以用来增加消费者对互补产品的需求。例如，为了促进糖霜的销售，零售商可以降低蛋糕粉的价格。

减价的时机也很重要。很多零售商只要销量下降就会立即降价，以便腾出宝贵的销售空间，并获得现金收入。也有一些店铺会推迟降价，不给爱买便宜货的人可乘之机，同时维持良好的品质形象。这两种做法谁对谁错并没有明确的答案，不过零售商必须考虑减价时机对未来销售的影响。研究表明，频繁的促销活动反而会使消费者把折扣价看作正常的价格。

大多数零售商会有计划地减价，不过也有很多零售商把价格折扣作为常规销售政策的一部分。以沃尔玛和家得宝为例，他们强调始终低价，并通过所谓的每日低价策略来避免大规模降价。不过由于消费者往往将价格视为衡量产品质量的一个指标，所以在这种情况下必须考虑产品的品牌名称和店铺形象，以此作为一个相当重要的决策因素。还有一种策略是每日公平定价，倡导这种策略的零售商努力通过服务和总体购买体验为顾客创造价值，而非依赖提供最低价格。消费者通常会将例如一听可乐的价格作为基准或标杆，对某家店铺的价格形成一个总体印象。此外，价格可能成为消费者评估商品价值的最重要因素。如果商店的价格是基于返现优惠制定的，零售商必须注意避免由于返现时间过长（如六周）给消费者带来负面印象。

试图压低价格的零售商必须面对一个特殊问题，即顾客和员工导致的产品减少、损坏及偷窃和欺骗行为。据美国零售业联合会估计，产品减少使零售商平均每年损失1.4%的销售额，总计约340亿美元。光是欺骗性退货就带来了近90亿美元的损失。约44%的产品减少源于员工偷窃。一些零售商发现，偷窃和欺骗行为会随着经济状况的恶化有所增加。总的来说，这个问题提升了零售商对能够发觉和防止产品减少的新技术和监控技术的关注。

马克斯百货（T. J. Maxx）、伯灵顿服装厂和罗斯百货等零售商采用的零售定价方法是廉价销售。**廉价零售**（off-price retailing）指以低于正常水平的价格销售品牌产品。廉价店与折扣店的区别在于：廉价商品是零售商以低于批发价的价格从库存过剩的制造商那里买来的，而折扣店则是以正常的批发价采购，只是比传统百货商店的加价稍低一点。零售商的这种采购方式决定了人们无法提前得知廉价店售卖的商品，于是淘便宜货便成了很多消费者的一大乐事。美国俄亥俄州哥伦布市零售规划协会的克里斯托弗·博林（Christopher Boring）说："这更像是一种运动，而不是平常的购物"。据报道，消费者在廉价店购物能比在传统百货商店购物省下70%的钱。

廉价零售还出现了几种变体。第一种是仓储式会员店。这些大型商店面积达10万~14万平方英尺，通常十分简陋，没有精心的陈列展示和顾客服务，也不负责送货上门。会员每年要交30~100美元不等的会费，才能获得在这里购物的权利。沃尔玛超市一般库存为3万~6万件商品，而仓储式会员店则只经销4 000~8 000件商品，通常只有一个品牌的家用电器或食品。这些零售商把服务水平降到最低，而且顾客一般必须用现金或支票付款。尽管最近已经有几家会员店为了与竞争对手形成差异，开始增加辅助性服务，如新开了眼镜店和药店，但他们最吸引顾客的还是超低价格和以折扣价买到精品货的惊喜。美国主要的仓储式会员店包括沃尔玛的山姆会员店、BJ's批发会员店和开市客仓储式会员店。这些廉价店的年销售额已增至近4 100亿美元。

第二种变体是厂家直销店，以范霍伊森（Van Heusen）、巴斯鞋业（Bass Shoe）和盖璞的厂家直销店为代表，它们会按照比建议零售价低25%～75%的价格销售产品。制造商利用这些商店清理过剩商品，并借此找到喜欢超值购物的消费者。诺德斯特龙特卖场和Off 5th（萨克斯第五大道的厂家直销店）等零售店会代售一些过剩的商品，以维持其主要店铺全价销售商品的形象。最近，零售商开始更多地销售专门为直销店制造的商品。经济不景气使得人们对此类廉价商品的需求日益增多，许多零售商因而开设了更多的厂家直销店。例如，布鲁明黛最近开设了第一家厂家直销店。其首席执行官迈克尔·古尔德（Michael Gould）认为："厂家直销店提供了一个非常诱人的组合，兼具时尚、质量和价值。"

廉价零售的第三种变体是零售商以单一价格或极低的价格销售，比如家多乐、达乐和美元树。这些店铺的平均规模约为6 000平方英尺，吸引那些注重价值，更喜欢街角商店的环境而非大型超市体验的顾客。有些专家预测，这种类型的零售商将会取得长足的发展。例如达乐已在43个州开了11 800家店，并计划开设更多新店。

商店选址 零售组合的第二个方面是选择开店的地点，以及经营多少家商店。百货公司最初大都开在市中心，不过现在已经随着消费者转向了郊区，而且近年来，大多数商店会开在大型区域购物商场里。如今，大多数商店会在以下五种区域与其他商店毗邻：中央商务区、区域购物中心、社区购物中心、路边商店和路边商城。

中央商务区（central business district）位于市中心，是历史最悠久的零售环境。在城区人口向郊区迁移之前，它一直是主要的购物区，不过随着城郊人口的增加，原来的商业购物区开始衰落。消费者往往认为在中央商务区购物并不方便，因为那里缺少停车位，犯罪率较高，而且多是露天的。路易斯维尔、丹佛和圣安东尼奥等多个城市通过吸引新的写字楼、娱乐场所和居民入住市中心等举措，实施重振中央商务区购物的计划。

区域购物中心（regional shopping centers）由 50 至 150 个商店组成，主要吸引在周边 5～10 英里[1]内居住或工作的顾客。这些大型购物区通常包含 2～3 家主力店，即西尔斯、萨克斯第五大道和布鲁明黛等众所周知的全国性或地区性商店。目前北美最大的市区购物中心的变体是加拿大阿尔伯塔省的西埃德蒙顿购物中心，这里聚集了 800 多家商店、世界最大的室内游乐园、100 多家餐馆、1 家电影城和 2 家宾馆，每年总共吸引 3 000 万访客。

社区购物中心（community shopping center）这种零售店选址方法受到的限制要更多一些，通常有一个核心商店（一般是一家百货公司的分店）和大约 20～40 个较小的零售店。一般来说，这种购物中心主要是为 10～20 分钟车程之内的消费者提供服务。

并非所有郊区商店都位于大型购物商城中。很多居民区有商店群，称为**路边商店**（strip mall），主要为 5～10 分钟车程以内的人提供服务。常见的路边商店包括加油站、五金店、洗衣店、杂货店和药店。与大型购物中心不同的是，这些商店的构成通常没有规划。**路边商城**（power center）属于大型的路边商店，包含多个主力店或全国性超市，如家得宝、百思买或彭尼百货。这里既有路边商店的交通便利，又有全国性超市的影响力。一些大型路边商店往往有 2～5 家主力店，其中包含 1 家超市，超市能吸引顾客每周光顾一次，因为他们要购买食物。

零售沟通 零售商的沟通活动会对商店选址和塑造自身形象带来重要影响。前文已经介绍过传统的沟通和促销要素，第 18 章将讨论广告、促销与公共关系，第 19 章讨论社交媒体，第 20 章讨论人员推销，此外，通过诸多其他营销组合要素进行沟通也很重要。

关于零售店形象的决策是零售组合的一个重要因素，早在 20 世纪 50 年代末，人们就普遍认识到了这一点，并对此展开了广泛研究。皮埃尔·马蒂诺（Pierre Martineau）把商店形象表述为"购物者心中定义商店的方式"，既包括商店功能品质，也包括心理感受。在这个定义中，功能品质指价格区间、商店布

---

[1] 1 英里 ≈ 1.609344 千米。——译者注

局、产品线宽度和深度等组合要素，心理感受则是归属感、兴奋、风格或热情等无形的因素。研究发现，商店形象还包括商店经营者的形象、商店的类别或经营方式、商店的产品种类、每类产品的品牌、商品和服务质量以及商店的营销活动。

商店的氛围与形象密切相关。很多零售商认为商店的布局、色彩、灯光、音乐、气味和其他零售环境会影响销售。因此许多零售商进行**购物者营销**（shopper marketing），即使用显示器、优惠券、样品和其他品牌沟通方式影响购物者在商店的购物行为。购物者营销还可以影响购物者在网络购物环境中的行为：当购物者使用智能手机应用程序寻找购物需求或做出购买决定时也会受到影响。为了塑造正确的形象和氛围，零售店会设法吸引目标受众，加深他们对商店、店内商品和商店购物体验的看法和感受。虽然购物者关于商店形象的感受与购物体验不是一回事儿，但是购物体验会影响他们对商店的印象。此外，实际零售环境也会影响商店工作人员。

商品 零售组合的最后一个要素是商店提供的商品。管理产品线的宽度和深度要求零售采购人员既要熟悉目标市场的需要，又要掌握众多有兴趣为商店供货的制造商。一种管理企业商品品类的热门方法是**品类管理**（category management），即指定一个经理负责挑选出某个市场区域中会被消费者视为可互相代替的全部产品，以便实现该类产品的销售额和利润最大化。例如，一个品类经理可能在一家百货公司负责鞋类产品或在一家杂货店负责纸制品。他需要考虑交易折扣、订单成本和价格变化幅度对不同品牌产品的影响，以便确定各种品牌的组合、订单数量和价格。

零售商有多种营销量化指标用于评估商店或零售业态的有效性。首先是与顾客相关的指标，如每位顾客的交易量和平均交易额、每天或每小时的顾客数量和平均逛店时间等。其次是与产品和商店相关的指标，如库存量、退货量、存货周转率、库存成本和每笔交易的平均产品数量。最后是财务指标，如毛利率、每名雇员的销售额、销售回报率以及减价幅度。零售商最常用的两个指标是坪效和同一家店铺的销量增长率。"营销仪表盘"专栏介绍了苹果直营店是如何计算这些衡量指标的。

营销仪表盘

为什么苹果商店是美国最好的零售店

与其他商店相比,本公司的零售模式效果如何?与去年相比,本公司今年的经营状况如何?在营销仪表盘(marketing dashboard)中,与这些问题有关的信息往往体现为两个指标:(1)坪效;(2)同店的销量增长率。

挑 战

假设你需要去评估苹果直营店的零售模式,其简单、友好、开放的氛围被许多零售商津津乐道。为了评估苹果商店,你用坪效作为衡量零售空间创造收入有效性的指标,用同店的销量增长率与同期开业商店相比较。这两个指标的计算方法如下:

$$坪效 = 总销售额 \div 销售面积(平方英尺)$$

$$同店的销量增长率 = \frac{第二年销售额 - 第一年销售额}{第一年销售额}$$

发 现

你决定收集塔吉特、尼曼百货、百思买、蒂芙尼和苹果商店的销售信息,以便与其他成功的零售商做比较。可以用收集到的信息计算出每家商店的坪效和同一商店的增长率。然后,利用下面的表格很容易就可以对结果加以比较。

行 动

你的调查结果表明,苹果商店每平方英尺的销售额为4 798美元,高于所有其他商店。此外,苹果商店的同店的销售增长率为22%,也高于其他所有零售店。你的结论是苹果商店模式的各要素都非常有效,甚至表明苹果商店可能是目前美国最好的零售店。

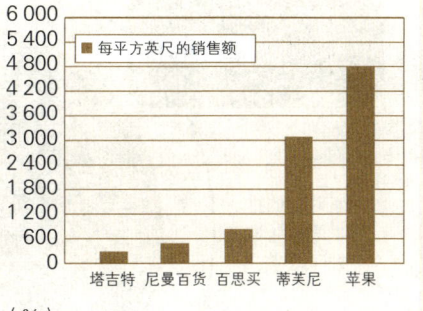

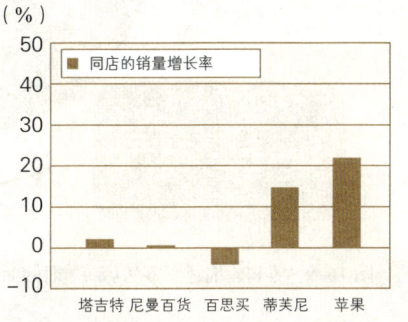

◎ 零售的多变性

在各种分销渠道中，零售是最具活力的部分。新型零售商不断进入市场，寻求吸引顾客的新定位。这种不断变化的原因可用两个概念解释：零售轮和零售生命周期。

零售轮

零售轮描述了新型零售店进入市场的过程。通常，他们刚进入市场时的地位和利润都比较低，比如没有室内座位和菜品有限的免下车汉堡零售亭（见图16-9中的方框1）。接着，这些零售店逐渐增加固定设备和更多的装饰（店内座椅、植物和鸡肉三明治以及汉堡）以提高对顾客的吸引力。随着这些提高，价格和商店的地位都会上升（方框2）。随着时间的推移，商店增加了更多服务，价格和地位得到进一步提高（方框3）。此时，这些零售店又会面临以低地位、低利润进入的某些新型零售商（方框4），零售轮周而复始，不断循环。

2. 此时的零售店：
   价格较高
   利润较高
   地位较高

3. 此时的零售店：
   价格仍较高
   利润仍较高
   地位仍较高

随着时间的推移，零售店增加了服务

时间的推移

随着时间的推移，零售店增加了更多的服务

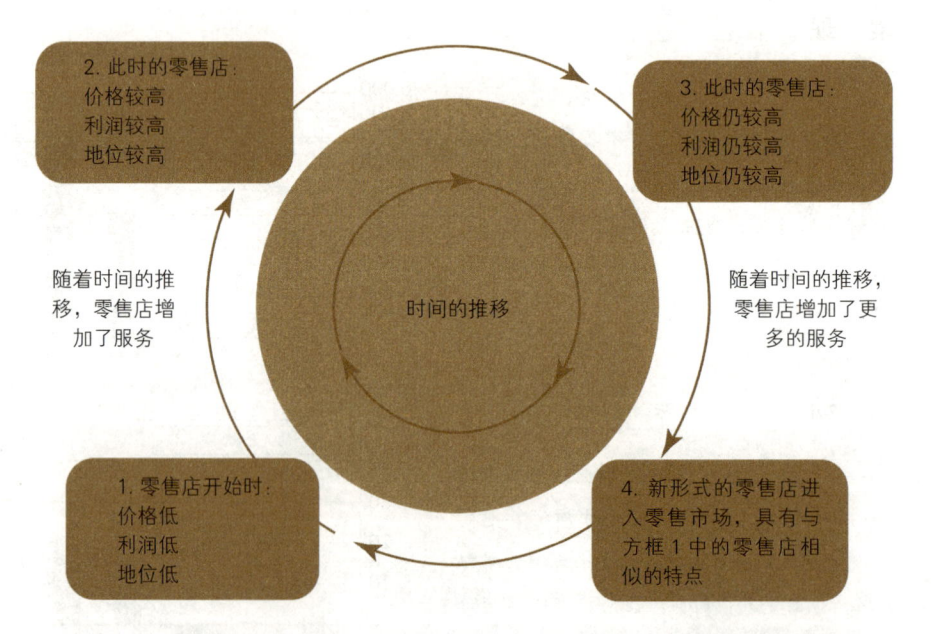

1. 零售店开始时：
   价格低
   利润低
   地位低

4. 新形式的零售店进入零售市场，具有与方框1中的零售店相似的特点

图16-9 零售轮描述了零售店随着时间而变化的过程，你可以在这里找到麦当劳和契克斯的定位

当雷·克罗克于1955年买下麦当劳时，其在午餐时间之前开门，晚餐时间之后随即关门，这两餐只提供有限的菜品种类，并且店内没有任何座位。过了一段时间，零售轮带来了新的产品和服务。1975年，麦当劳推出了吉士蛋麦满分，并把早餐变成了快餐。如今，麦当劳菜品丰富，包括燕麦片和高级咖啡，还提供座位、无线网络连接和亲子乐园。着眼于未来，麦当劳正尝试推出更多新产品，包括蛋糕和糕点、全日早餐、无抗生素鸡肉和"定制汉堡"选项，让消费者可以自己选择美食汉堡配料，并推出如触摸屏点餐，甚至骑行通过就可以购买食物和饮品等新服务。

这些变化为新型商店带来了发展空间，如契克斯免下车外带餐厅。该连锁店开设的快餐店只提供最基本的汉堡、薯条和可乐等食物，顾客可以驾车从外卖窗口驶过，店内没有座位，现在已经拥有超过800家分店了。在其他类型的零售店中，零售轮也在运转。波士顿市场快餐店在其原有的餐馆模式的基础上增添了自取、外送和全套的酒席承办服务，还为超市熟食店提供波士顿市场的饮食方案，在冷冻食品区提供波士顿市场冷冻食品。零售轮还会在另外一些零售店循环。塔可钟在加油站、折扣店或"任何一个食物和嘴有可能相遇的地方"开设了小型零售店，提供有限的商品。

在餐饮业以外的零售店，零售轮的作用也很明显。折扣店是20世纪60年代一种主要的新型零售店，其产品标价低于百货公司。随着20世纪80年代折扣店产品价格的上升，折扣店主们发现，自己的定价要高于仓储式会员店这种新型零售店。而当前，廉价零售商和厂家直销店的产品价格甚至比仓储式会员店还要低。

零售生命周期

跟产品一样，零售店经历的成长和衰退过程可用**零售生命周期**（retail life cycle）来描述。图16-10显示了零售生命周期的各个阶段和现有各种零售店所处的位置。早期成长期指零售店的出现阶段，远离现有的竞争。虽然市场份额会逐步上升，但由于启动成本较少，利润可能较低。下一阶段是加速发展期，此时市场份额和利润的增长率达到最大。由于企业开始关注零售组合的分销要素，它通常会开多家零售店。在这个阶段，可能会加入一些后来的竞争者。例如，在麦当劳经营了近20年后，温迪快餐店才进入汉堡包连锁店行业。零售商在这个阶段的关键目标是在市场份额的争夺中确立主导地位。

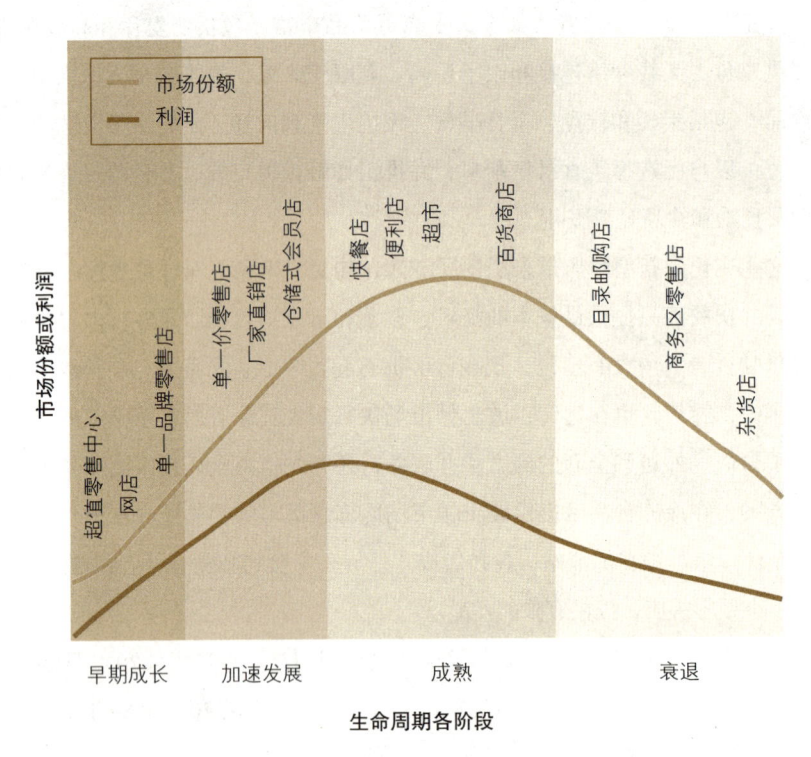

图 16-10　零售生命周期涵盖了零售店的成长和衰退的各个阶段

市场份额的争夺战通常始于成熟期之前，一些竞争者会退出市场。在汉堡连锁店的竞争中，盒中杰克、吉诺汉堡和汉堡厨师都曾处于主导地位。在成熟阶段，新型零售店进入市场，比如，汉堡连锁行业的富客汉堡（Fatburger）和进进出出汉堡（In-N-Out Burger），原有商店为了保持其市场份额，会采取打折销售的策略来应对。

零售商面临的一大挑战是推迟衰退期，因为在衰退期，市场份额和利润均会迅速下降。盖璞、Limited、贝纳通和安·泰勒等专业服装零售商已经注意到，历经10年的增长后，市场份额开始下降。为了防止进一步的下滑，这些零售商需要找到方法，阻止顾客转移到薄利多销的零售店或价高但服务优质的精品店。

◎ 零售业未来的变化

零售业出现了两个令人兴奋的趋势，即多渠道零售的增长和越来越多地使用数据分析，它们很可能在将来为零售商和消费者带来巨大变化。

多渠道零售

本章前面介绍的零售模式表明，可以选择多种方式在市场中创造客户价值。每种方式都能让零售商提供独特的利益，满足不同顾客群体的特殊需要。尽管每种方式都有许多成功的商业范例，但未来的零售商很可能会把多种方式结合起来，提供多种类型的收益和体验。这些**多渠道零售商**（multichannel retailers）可以利用和整合传统零售店模式和无店铺方式，如目录邮购、电视居家购物和网络销售。例如，巴诺书店创建了 Barnesandnoble.com，与 Amazon.com 展开竞争。同样，欧迪公司将店铺、邮购和互联网业务进行了整合，而亚马逊最近则在大学校园开了第一家实体店。

有人认为多渠道零售常会导致各个替代选择之间相互蚕食。然而，当零售渠道被整合到一起之后，它们能提供更多与消费者互动的机会，并为消费者创造价值。各种渠道可以成为一系列的接触点。例如，消费者可以使用移动应用程序从目录中扫描二维码，在线下订单，从最近的商店取货，拨打客服电话进行安装，并在零售商的社交媒体网页反馈产品的情况。这样，各渠道之间就有了互补性。专家建议用"全渠道零售"这个新术语来表示各类零售渠道的这种整合。

多渠道零售会在不同渠道的运营之间分享信息，产生协同效应，为多渠道零售商带来收益。网络销售商已经认识到，互联网往往是信息的来源和传递工具，而不是与消费者建立关系的媒介，他们正在想方设法寻找能完善传统上与消费者互动的方法。如"营销无小事"专栏所述，多渠道营销对消费者的消费行为的好处也是显而易见的。

营销无小事　客户价值

多渠道营销的乘数效应

多渠道营销将不同沟通方式和交付渠道结合起来，使它们相互强化，吸引、留住在传统市场和虚拟市场购物的消费者，并与之建立良好关系。业内分析人士将不同沟通方式和交付渠道的互补作用称为乘数效应。

从个人顾客的消费记录看，将商店、目录和网站整合在一起的零售商的年销售额有了大幅提升。艾迪堡服装连锁店就是一个很好的例子：只从一个渠道购物的消费者每年消费100~200美元；从两个渠道购物的消费者每年消费300~500美元；从三个渠道（商店、目录和网站）购物的消费者每年消费800~1 000美元。此外，研究发现，多渠道购物的消费者所获收益是单渠道购物的消费者的3倍。

彭尼百货也取得相似的成果。该公司是领先的多渠道零售商，如图所示，在商店、目录和网站这三个渠道购物的彭尼顾客的开支是单一渠道购物的顾客的4~8倍。

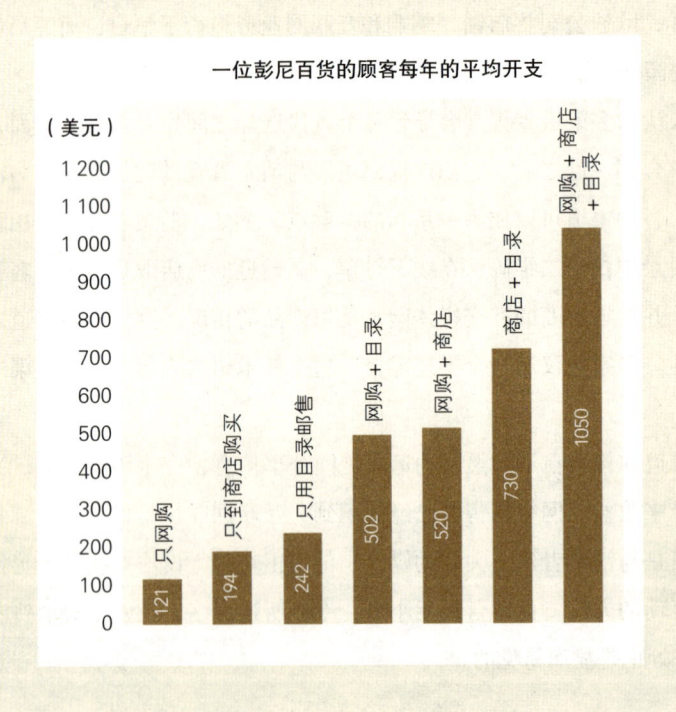

一位彭尼百货的顾客每年的平均开支

渠道	开支（美元）
只网购	121
只到商店购买	194
只用目录邮售	242
网购+目录	502
网购+商店	520
商店+目录	730
网购+商店+目录	1050

数据分析

数据分析被称为"新的零售学"。现在，从可穿戴技术（本章前述）和多渠道营销的增长中获得的数据大大补充了通过扫描枪和积分卡系统收集到的数据。这些数据来源的结合有可能为零售商提供一个全面而综合的新型分析工具。事实上，一项针对8个行业418位经理的调查显示，零售企业从对消费者的分析中获益最大。

数据分析至少能从三个方面让零售商受益。首先，了解消费者使用多种渠道、信息源和支付方式的情况有助于零售商预测购物行为。其次，有关消费者的详细数据有助于商家提供个性化、实时的消息，开展促销活动。最后，跟踪消费者的需求使零售商能够提供创新产品、保持最合理的库存量和管理价格，保持竞争力和盈利能力。正如一位零售专家所说："这些信息是无价的。"

○ 批　发

很多零售商需要依靠从事批发活动的中间商。批发就是为了转售或其他商业目的而销售产品和服务。中间商有几种类型，包括批发商、代理商（第15章曾简要介绍）和制造商的销售处，这一点对于理解批发作为零售过程的一部分很重要。

商品批发商

商品批发商（merchant wholesalers）是独立的公司，他们对于自己经销的商品拥有所有权，而且有各种各样的名字，包括工业分销商。大多数从事批发的公司都是商品批发商。

根据履行的职能数量，商品批发商可以分为全面服务批发商和有限服务批发商。全面服务批发商有两种主要类型。日用杂货批发商（或全产品线批发商）经销各种各样的商品，并履行所有渠道职能。这种批发商在五金、药品和服装行业最为普遍。不过这些批发商在某一个产品线内不会有太多的产品种类。而专业商品批发商（或有限产品线批发商）经销的产品范围相对比较窄，但在所经销的产品线内品种很多。他们履行所有渠道职能，保健食品、汽车零部件和海产食品行业一般会采用这种形式。

有限服务批发商有四种类型。超市托售批发商向零售店供货，将产品摆放到展示货架上，履行所有的渠道功能，并以寄售的方式向零售商出售产品，这意味着他们保留所展示产品的所有权，零售商只需支付卖掉的商品货款。通过这种方式销售的一般都是常用品，如袜子、玩具、家居用品、保健和美容用品。现购自运批发商拥有商品的所有权，但只出售给拜访他们、用现金购买且自己运输商品的买家。他们经销的产品种类有限，不提供交货、赊欠或供应市场的信息。这种类型的批发商经销的一般是日常用品、办公用品、五金和杂货。

承运批发商（或写字台批发商）拥有所出售的商品，但不实际搬运、仓储或送货。他们只是从零售商和其他批发商那里获得订单，将商品直接从制造商运给买方。煤炭、木材和化学品等大宗商品常采用承运批发商的形式，因为这些产品的销量非常大。货车批发商是小型批发商，他们有小仓库和卡车，负责向零售商分销。他们只经销有限种类的产品，通常是需要快速运输或易腐的商品，按照原来的包装直接在卡车上现金交易。货车批发商经销烘焙物品、乳制品和肉类等。

代理商和经纪人

与商品批发商不同，代理商和经纪人不拥有商品所有权，通常履行较少的渠道职能。其利润来源为服务换来的佣金或费用，而商品批发商则通过出售其所拥有的商品获利。

代理商主要包括制造商代理和销售代理。**制造商代理**（manufacturers' agents）或制造商销售代表为多个制造商工作，在一个专属区域内经销非竞争性的互补商品。制造商的代理商为生产者在某一地区充当销售部门，履行交易渠道职能，主要负责销售。这种形式广泛应用于汽车配件、鞋类和结构钢行业。美国制造业代理商协会（MANA）能为制造商代表提供便利，以便他们找到合适的产品和公司。

相比之下，销售代理商只代表一家制造商，履行该制造商的全部营销职能。他们设计促销计划，制定价格和分销政策，并就产品策略提出建议。纺织、服装、食品和家居用品等行业的小生产者常采用销售代理商方式。

经纪人（brokers）是一个独立的公司或个人，其主要职能是将买卖双方撮合在一起以实现交易。与代理人不同，经纪人通常与买卖双方不保持持续的关系，而是在双方之间协调合同，结束后便转为从事另一项工作。季节性产品（如水果和蔬菜）的生产者和房地产行业普遍采用经纪人制度。

食品经纪人是一种独特的经纪人，他们在很多方面表现得更像是制造商的代理商，代表食品杂货行业的买家和卖家。不同于传统的经纪人，食品经纪人长期代表生产者行事，并因其服务收取佣金。例如，纳贝斯克（Nabisco）会通过食品经纪人出售糖果、人造黄油和"种植者"品牌花生，不过小甜饼和薄脆饼干系列产品则是直接向零售店出售的。

制造商的分公司和销售处

与商品批发商、代理商和经纪人不同，制造商的分公司和销售处是制造商全资拥有的附属机构，他们也履行批发商的职能。当没有中间商从事这些活动，消费者数量少，地理位置集中，订单数量大，或需要高度重视时，制造商就会承担批发职能。制造商的分公司负责经销库存产品，履行完全服务批发商的职能。制造商的销售处不负责仓储，通常只履行销售职能，是代理商和经纪人的替代选择。

营销知识应用

1. 讨论双薪家庭数量的增加对无店铺零售和零售组合的影响。
2. 附加值如何影响零售店的竞争地位？

3. 在零售定价中，零售商经常采用维持加价。解释维持加价和初始加价的区别及其重要性。

4. 产品生命周期和零售生命周期有哪些异同点？

5. 相对于廉价零售商，你怎么划分沃尔玛在零售轮中的位置？

6. 绘图描述零售组合的四个主要因素在零售生命周期的四个阶段所起的作用。

7. 查看图16–8，回顾玮伦鞋业在零售定位矩阵中的定位。玮伦鞋业应该采取何种策略到达蒂芙尼的位置？

8. 产品线宽度和深度是区分零售店类型的两个重要因素。讨论本章讲述的下述零售商的产品线宽度和深度：（1）诺德斯特龙；（2）沃尔玛；（3）里昂比恩；（4）百思买。

9. 根据零售轮和零售生命周期理论，厂家直销店将会发生什么变化？

10. 正文讨论了美国网络销售的发展。这种零售形式的发展在哪些方面与零售生命周期相符？

11. 说出对这句话的评论："批发商、代理商和经纪人之间的唯一区别是批发商拥有其销售产品的所有权。"

创新案例思考

美国商城：美国最大的商城知道成功零售的秘诀

负责业务拓展和营销的高级副总裁吉尔·伦斯洛（Jill Renslow）解释说，美国商城成功的秘诀是"不断为客人创造新的体验"。她补充道："我们不仅要让当地人，也要让游客每次前来都有独特的体验。"

对于任何零售商来说，这都是一项雄心勃勃的事业，对美国商城尤其具有挑战性，因为这里每年都会吸引4 000多万人光顾。为了创造新的体验，美国商城打出了一套组合拳，不断变化零售产品，布置娱乐项目和特殊景点。从开新店，到音乐表演、名人图书签售，再到时装秀，甚至泰勒·斯威夫特（Taylor Swift）两次亮相，美国商城成了"中西部的好莱坞"。伦斯洛说："关键在于新鲜和刺激。"

大商场的大思维

大型商场的概念是几个趋势导致的结果。首先，室内商城开始取代美国市中心的商业街。其次，零售开发商发现赌场正在增加非赌博活动，以吸引整个家庭。加拿大人盖尔梅济安（Ghermezian）一家从拉斯维加斯得到了灵感，将西埃德蒙顿商城建成了一个集购物、餐馆、宾馆和主题公园于一身的旅游和购物目的地。继西埃德蒙顿商城成功之后，他们开始寻找另一个目的地商场概念的建设地点，很快美国商城在明尼苏达州的明尼阿波利斯市投入建设！

据美国商城公关副总裁丹·贾斯珀（Dan Jasper）介绍，盖尔梅济安是一个"有远见的非凡家庭""他们做了一个大大的梦，并把它变成了现实；他们在埃德蒙顿建成了西埃德蒙顿商城，在明尼苏达州建成了美国商城"。今天，美国商城是美国最大的商城，拥有480万平方英尺的购物和娱乐场所，而且还将变得越来越大！贾斯珀说："我们即将开放全新的宏大正门，将面积增至550万平方英尺，这不仅让我们变得迄今为止最繁忙、最成功，而且还让我们成为全国规模最大的商城。"

美国商城的高管面临几个重大挑战。首先，他们必须在商场里保留零售商和庞大而多样的景点的组合。其次，他们每年必须吸引数百万顾客和游客。最后，他们必须扩大营销和社交媒体的应用。这三项活动的结合对商场的持续成功至关重要。在电子商务和网络购物越来越受欢迎的情况下尤其如此。

商城的管理

美国商城的规模令人不可思议。其场地有88个足球场大小，店面超过了4英里长，有梅西、诺德斯特龙和西尔斯三家主力店，还有500多家专卖店。那里的产品的多样性同样令人惊讶。各类商店分布其中，有些名字很熟悉，如香蕉共和国、苹果和纯真信仰，有些则不常见，如提供定制乐高积木的Brickmania和销售大量棋盘游戏和拼图游戏的"詹姆斯的游戏"。伦斯洛认为"这就是美国商城的特色，也是吸引世界各地人们的地方"。

为了鼓励企业入驻商城，他们制订了一个特殊的租赁计划，以便新的零售商能够交纳得起租赁费，并根据具体位置灵活掌握定价。ACES飞行模拟商店的老板迈克·波尔（Mike Pohl）就是该计划吸引来的一家独特的商店。迈克解释道："我决定落户美国商城，因为这里是美国最大的单体零售商城。"他补充道："每年会有4 000万人来这里，与传统商场相比，它主要是一个娱乐性商场，所以，对ACES来说，这是一个绝妙的选择。"

美国商城还包括20多家餐馆、供巡回演出演员用的喜剧之家，以及一家拥有玩偶发廊和派对设施的美国女孩商店。美国商城有14家剧院，包括一个拥有200个座位、配备了 D-Box 动感座椅的 3D 剧院，以及一个拥有 148 个座位、供 21 岁及以上的客人使用的剧院。

美国商城的其他独特功能包括：

· 尼克宇宙游乐园（Nickelodeon Universe）是一个占地 7 英亩的主题公园，有 20 多个景点和游乐设施，包括过山车和摩天轮，在一个天光照明的区域，还有一个水滑道，以及 400 多棵树。

· 明尼苏达州海洋生物水族馆，游客可以在这里看到水母、黄貂鱼和海龟，用呼吸管与热带鱼一起潜游，甚至戴着水肺与鲨鱼同游！

· 两座与商城连通的宾馆，即拥有 342 间客房的金威万豪酒店（JW Marriott）和拥有 500 间客房的丽笙酒店（Radisson Blu）。

· 爱之礼拜堂，提供定制婚礼和婚礼套餐，目前已经有 5 000 多场婚礼在该商城举行！

定期赛事和活动包括艺术＋时尚系列、幼童星期二、为想在商城散步和锻炼的人提供的"商城之星"计划，以及美国商场音乐会系列。美国商城还为拥有大型团队的企业主办活动。12 000 多个免费停车位可供任何规模的团体使用！

大集市

从开幕当天开始，每天都有 1 万名的超大规模游客前往美国商城。之所以能够做到这一点，是因为这里吸引了明尼苏达、威斯康星、肯塔基、密歇根、俄亥俄和宾夕法尼亚等 18 个州的购物者，以及加拿大、英国、法国、墨西哥、德国、斯堪的纳维亚、意大利、荷兰、日本、中国和西班牙等超过 11 个国家和地区的购物者。该商城与航空公司和其他合作伙伴密切合作，提供"购物到你手软"套餐，吸引世界各地的购物者纷纷前来。

正如伦斯洛所说："毫不夸张地说，美国商城的购物者从 3 岁到 83 岁都有，这是我们的一个良机，也是一个挑战。我们需要确保与每一位客人沟通。因此，我们既关注在购物者中占比 60% 的本地市场，也关注占购物者 40% 的游客，我们会向不同的受众提供不同的信息。"商场的另一个主要目标群体是年轻女性。未婚女性的收入完全由自己支配，而且她们都喜欢旅行。已婚女性是家庭的主要购买决策者，经常会带着配偶、子女和女友逛商城。

营销、社交媒体和美国商城

美国商城成功的另一个关键是它有能力管理其在市场上的存在感。美国商城公关经理萨拉·施密特（Sarah Schmidt）认为："美国商城的营销活动通常会在电视、广播和纸媒上进行，也会利用社交媒体。"例如，最近一次活动是"尖叫的扫货者"，从一个电视广告上开始，然后在公告板上报告进度。另一场活动是在商城制造一场雪。施密特说："这场雪是通过推特宣传的，顾客必须去推特标注#twizzard话题标签，总数达到一定量之后，我们就开始在商城里下雪。"

社交媒体是美国商城营销活动的重要元素。丹·贾斯珀解释说："在零售行业的社交媒体和数字技术应用方面，美国商城走在前列，没有购物中心能打败我们。"该商城创建了一个沟通中心，将社交媒体、私信、电话和安保都整合在一个系统中。他说："这让我们可以用一个声音说话，实时解答消费者的问题，并提供建议。"

美国商城将来会发生什么？贾斯珀认为答案是一个更大的商城。他说："未来几年，我们会把美国商城的规模扩大一倍。"所以，请你为迎接更加非比寻常的零售体验做好准备吧！

思考题

1. 美国商城获得成功的关键是什么？
2. 什么趋势促成了建设美国商城的想法？它是如何开始的？
3. 为了保持持续成功，美国商城面临哪些挑战？
4. 美国商城采取哪些具体行动来应对每一项挑战？

17

整合营销传播和直复营销

学习目标

1. 讨论整合营销传播及其传播过程;
2. 描述促销组合及每一种促销方式的独特之处;
3. 根据产品的目标消费者、生命周期阶段、特性、购买决策阶段和渠道战略选择合适的促销方式;
4. 描述促销决策过程中的要素;
5. 解释直复营销对消费者和销售者的价值。

塔可钟喜欢用推特

超过150万人在推特上关注塔可钟。通过整合营销活动的其他要素，塔可钟还能接触到更多的消费者。如果你曾经深夜在塔可钟吃过夜宵，你可能就是其中之一！

塔可钟的酷牧场立体脆墨西哥卷饼推销活动取得了巨大的成功。在推出新卷饼的三周之前，推销活动就开始了，方法是在社交媒体上搞活动，提供账号密码，以便让参与者登陆。塔可钟在推特上（@TacoBell）收听关注者的实时对话，并以"棒极了配送"奖励粉丝。一位女士要求塔可钟当其情人，一名学生约定召集足够多的朋友吃掉1 000个玉米卷，一个粉丝在YouTube上发布了玉米卷饼的信息——她们都最早品尝了这款新口味的产品。

这项推销活动随后还动用了电视、广播、户外广告和随片广告以及公关支持。电视广告包括哇（Wow）和哦（Duh）的两个15秒插播广告，还设计了一项辅助的比赛（印在玉米卷的包装上），邀请消费者使用#wow或#duh为话题标签，将照片发布到Instagram或推特上，这样就有机会让自己的参赛作品登上时代广场的广告牌。此次活动最独特的元素是一个三维广告，从一小片立体脆爆炸开始，演变为一片酷牧场立体脆墨西哥卷饼。这段广告在全国8 000多家影院播放，新产品很快成为该公司在脸谱网、推特和维恩（Vine）上点赞、分享、转推和谈论最多的产品。

塔可钟成功的一个原因是其立体脆墨西哥卷饼活动将所有元素整合到一起，使用相同的信息和基调，集中吸引消费者的注意力。有些营销人员发现，市场正在从传统品牌营销向"参与时代"转变，而社交媒体促销是适应这种转变的最佳方式。此外，他们还提出，社交媒体促销的以下几个方面对于吸引当今的客户至关重要：

1. 发布有关产品的好处和用途的内容；
2. 用照片和视频对文本加以补充；
3. 设立抽奖、竞赛和折扣优惠，奖励现有用户和新用户；
4. 鼓励和回应积极和消极的意见和反馈；
5. 及时互动。

除了在推特上参与活动外，许多品牌还使用其他新的参与形式，如脸谱网粉丝页、RSS订阅、移动应用程序、博客、网站和二维码。就连传统媒体也在吸引消费者，比如《与星共舞》和《美国达人秀》等电视真人秀也在鼓励观众进行网络投票和电话投票。将来，成功的整合营销传播活动一定会吸引你！

　　塔可钟立体脆墨西哥卷饼推销活动的成功为潜在消费者提供了参与的机会，证明了整合各种营销传播计划要素的重要性。促销是促销组合的第四个要素。促销元素由五个传播工具组成，包括广告、人员推销、促销、公共关系和直复营销。其中一个或多个传播方法的组合称为**促销组合**（promotional mix）。这些方法都可以用来：（1）向潜在消费者宣传产品的好处；（2）说服他们试用；（3）稍后提醒他们使用产品能享受的好处。过去，营销人员往往认为这些传播方法是各自独立的。例如，在设计和管理广告活动时，广告部门往往不会向负责促销或公共关系的部门或代理机构咨询。其结果往往是总体传播不协调，在某些情况下，甚至出现不一致。营销传播计划就是要协调所有的促销活动，即广告、人员推销、促销、公共关系和直复营销，向所有受众提供一致的信息。今天，设计营销传播计划的概念被称为**整合营销传播**（integrated marketing communications，IMC）。考虑到消费者的期望，在企业的消费者体验管理策略当中，整合营销传播是一个关键要素。

　　本章概述了传播过程、促销组合元素、整合促销组合的几种方法以及制定综合促销方案的过程。本章还讨论了促销组合要素之一的直复营销。第18章涉及广告、促销和公共关系，第19章涉及社交媒体，第20章讨论人员推销。

◎ 传播过程

传播（communication）是将信息传递给他人的过程，由六个要素构成：资讯源、资讯、传播渠道、接收者以及编码和解码过程（见图17-1）。**资讯源**（source）指要传递信息的企业或个人。资讯源传递出的信息构成了**资讯**（message），如对一款新智能手机的描述等。资讯通过销售人员、广告媒体或公关手段等**传播渠道**（channel of communication）传递。阅读、听取或观看这些资讯的消费者就是**接收者**（receivers）。

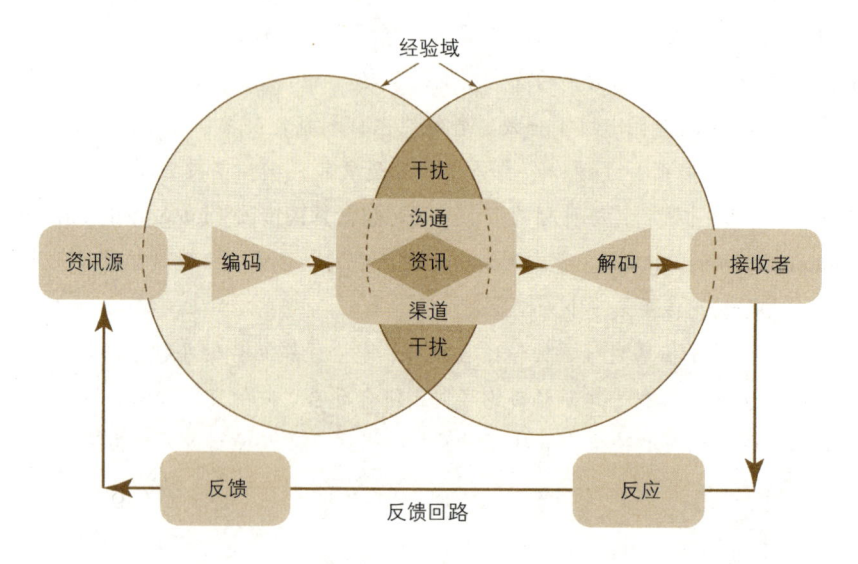

图 17-1 传播过程由六个关键要素组成，阅读正文，了解影响这个过程的因素

编码和解码

对于传播来说，编码和解码是必不可少的。**编码**（encoding）是信息发送者将自己的某种意图转化为一组符号的过程。**解码**（decoding）则正好相反，指接收者获得一组符号（即资讯），并将其转换成某种想法的过程。

解码是接收者根据自己的参照系进行的，包括他们的态度、价值观和信仰。传播的过程并不总是成功的。传播中的误差可能以多种方式产生：资讯源未能恰当地将抽象的理念转化为一系列有效的符号；正确编码的资讯可能使用了错误的传播渠道，永远无法到达接收者那里；接收者未能把一系列符号转化为正确而抽象的理念；最后，接收者的反馈被延误或者曲解，以致到达发送者时已经毫无用处。传播看似简单，但做到真正有效地传播十分困难。

为使资讯得到有效的传播，发送者和接收者必须拥有共同的**经验域**（field of experience），即对资讯的理解和知识是相似的。图17-1中的两个圆分别代表了发送者和接收者的经验域，二者的重叠部分为资讯。在美国企业向不同经验域的文化中发布资讯的过程中，曾出现过一些著名的传播问题。仅仅因为翻译不当就造成了很多的误解。比如，当肯德基的广告语"吮指美味"译为汉语成了"啃掉你的手指"时，它就是被人误解了！

反 馈

图17-1有一条标着"反馈回路"的线，包括回应和反馈。**回应**（response）指资讯对接收者的知识、态度或行为的影响。**反馈**（feedback）是发送者对回应的理解，表示资讯是否按照预期的方式被解码和理解。第18章将会介绍被称为事前检验法的方法，以确保资讯被正确解码。

干 扰

干扰（noise）指扭曲资讯或反馈，从而影响传播有效性的外部因素（见图17-1）。干扰可能是简单的错误，如影响报纸广告含义的印刷错误，或是所用措辞、图片不能清晰地传递资讯。当销售人员的资讯被潜在消费者误解时也会发生干扰，例如销售人员有口音、使用俚语或沟通方式不对，都可能妨碍消费者听懂和理解他们要表达的资讯。

◎ 促销要素

为了跟消费者沟通，企业可以选择利用下列五种促销要素中的一种或多种：

广告、人员推销、公共关系、促销和直复营销。图17-2总结了这五种要素的区别。其中的广告、促销和公共关系这三种要素能够吸引潜在购买者群体，一般被认为更适合大规模销售。人员推销则刚好相反，它适合销售者和潜在消费者之间的定制化互动，包括面对面交流、电话交流和互动式电子通讯媒体交流等。直复营销也能为特定的消费者提供定制的资讯。

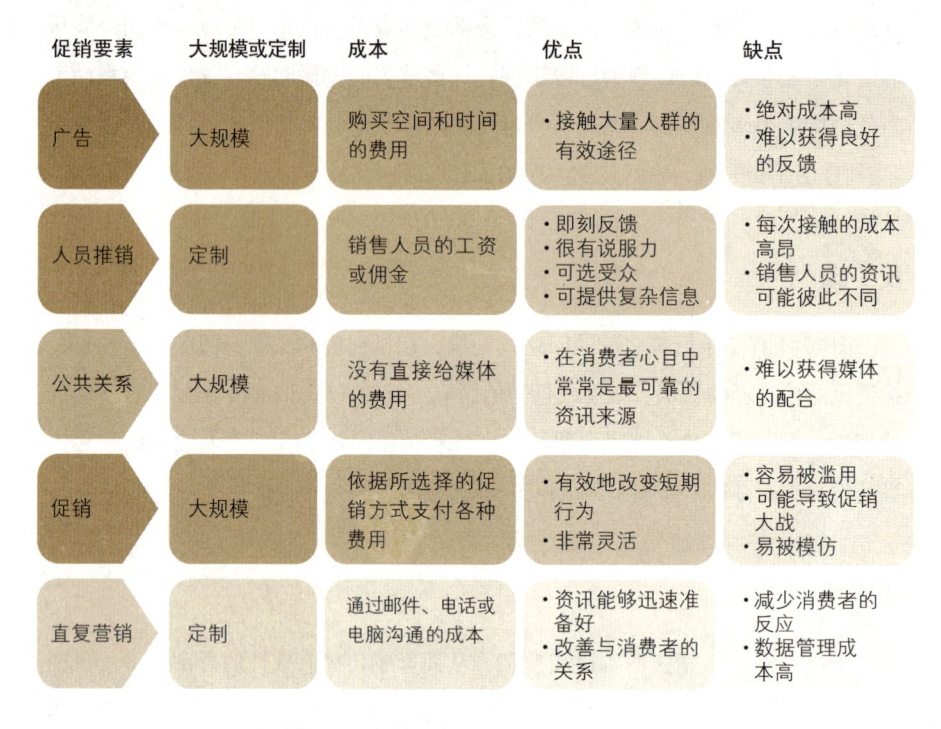

促销要素	大规模或定制	成本	优点	缺点
广告	大规模	购买空间和时间的费用	·接触大量人群的有效途径	·绝对成本高 ·难以获得良好的反馈
人员推销	定制	销售人员的工资或佣金	·即刻反馈 ·很有说服力 ·可选受众 ·可提供复杂信息	·每次接触的成本高昂 ·销售人员的资讯可能彼此不同
公共关系	大规模	没有直接给媒体的费用	·在消费者心目中常常是最可靠的资讯来源	·难以获得媒体的配合
促销	大规模	依据所选择的促销方式支付各种费用	·有效地改变短期行为 ·非常灵活	·容易被滥用 ·可能导致促销大战 ·易被模仿
直复营销	定制	通过邮件、电话或电脑沟通的成本	·资讯能够迅速准备好 ·改善与消费者的关系	·减少消费者的反应 ·数据管理成本高

图17-2　促销组合的五个要素各有优缺点

广　告

广告（advertising）是由广告投放人付费，就组织、产品、服务或创意进行的非人员沟通。这个定义中所说的付费非常重要，因为广告资讯的发布空间通常需要购买。公益广告属于例外，其广告时间或空间是免费赠送的。比如，《时代》杂志上一则全版四色广告收费338 900美元。在广告的定义中，非人员的概念同样也很重要，广告使用的大众媒体（如电视、广播和杂志）都是非人员的，并且也不会像人员推销那样具有直接的反馈回路。因此，在资讯发出之前，营销调研具有重要意义。例如，它决定了目标市场是否能够真正看到公司所选择的媒体，是否可以理解传递的资讯。

在促销组合中运用广告可以给公司带来诸多好处。广告可以引人注意，如本章的克朗代克广告所示，还可以将产品的特殊优点宣传给潜在购买者。通过购买广告空间，企业可以控制自己想要表达的内容、分寸和向谁传递。此外，广告还能帮助企业决定何时发送资讯（包括发布的频率）。广告具有非人员沟通的特点，这也有好处。资讯一旦生成，相同的资讯可以发送给相关市场上的所有接收者。如果广告的图片、文字和品牌要素经过了适当的预先验证，广告主就可以确保广告能够吸引消费者的注意力，并被相关市场上的所有接收者同样地解读。

广告也有某些缺点。正如图17-2所示和第18章将会深入讨论介绍的，资讯的生成和发布成本巨大，而且缺少直接反馈，发送者很难了解资讯接收的效果到底怎样。

人员推销

第二种主要促销方式是**人员推销**（personal selling），即买卖双方之间的双向沟通，旨在影响个人或团体的购买决策。与广告不同，人员推销通常是发送者与接收者之间面对面的交流。为什么企业要采用人员推销呢？

正如图17-2总结的，人员推销有很多优点。销售人员可以掌控展示产品的对象，从而减少无效推销的次数，或者说避免与非目标消费者交流。人员推销还有另外一个好处，即销售者可以看到或听到潜在购买者对资讯的反应。如果反馈不如人意，销售人员可以对资讯加以修正。

人员推销的灵活性也是一个缺点。每一位销售人员都可以改变资讯，导致他们与消费者沟通的内容不一致。人员推销的高成本可能是其主要劣势。以人均接触成本计算，人员推销通常是五种促销要素中最昂贵的。

公共关系

公共关系（public relations）指为了设法影响消费者、潜在消费者、股东、供应商、员工和其他利益相关者对于公司及其产品和服务的感知、意见和信任度而进行的一种沟通管理形式。公关部门也会使用多种方法，比如特别活动、游说、年度报告、新闻发布会、脸谱网和推特等社交媒体以及形象管理等，不过宣传活动通常发挥着最为重要的作用。**宣传**（publicity）是企业、产品或服务的一种非人员、非直接的付费展示，可以表现为新闻报道、社评或者产品公告等形式。宣传与广告和人员推销的主要区别在于"间接付费"，企业不必为宣传在大众媒体（例如电视或广播）上购买空间，但是又必须努力促成媒体发布对公司有利的报道。企业必须雇用公关职员，从这个意义上讲，宣传是间接付费的。

宣传的优点之一是具有可信性。当你读到对一家公司产品有利的报道，如对某家酒店的好评，你会倾向于相信它。世界各地的游客都信赖福多尔（Fodor）的旅游指南，如《黄金旅游指南：意大利》。这些书籍介绍了偏僻且便宜的饭店和旅馆，为这些企业做了非常宝贵的宣传。当消费者对产品或服务事先缺乏了解时，宣传尤其有效。

宣传的缺点是企业无法有效地控制它。企业可以邀请媒体报道有趣的事件，比如新店开张或新品上市，但是报道的效果如何、是否积极、以及目标受众能否接收到这些资讯却无法保证。脸谱网、推特和特定主题的博客等社交媒体正在飞速发展，人们现在几乎可以公开讨论任何公司的活动。如今，很多公关部门将目光投向了促进和回应在线讨论。例如，麦当劳最近宣布用户可以在推特上与该公司企业社会责任和可持续发展副总裁鲍勃·朗格特（Bob Langert）进行一个小时的沟通。通常，由于缺乏可控性，企业往往不会将宣传作为主要的促销要素，不过在大多数促销活动中，它仍旧是一个重要因素。有关整合营销传播要素的效果调查表明，如果在宣传之后再次发布同样资讯的广告，可以促使消费者对资讯做出积极的回应。

促　销

第四种促销要素是**促销**（sales promotion），即为激发消费者购买某种产品或服务的兴趣而在价格上采取的短期刺激。促销与广告和人员推销配合使用，可以面向中间商，也可以直接面向最终消费者。优惠券、返现、样品和抽奖（玛氏巧克力豆的促销）是本章稍后将要介绍的几种促销方式。

促销的优点在于这些促销活动是短期性的（例如优惠券或抽奖都是有截止日期的），却可以在活动期间刺激销售额。利用象征性优惠券或返现可以吸引忠实顾客之外的消费者，从而增加商店的客流量。

但是，促销不能成为支持促销活动的唯一方式，因为销售增加通常是暂时的，一旦特价优惠活动停止，销售额就会大幅回落。促销还需要广告支持，将那些因为促销而试用该产品的顾客转变为长期顾客。如果持续进行，促销便会失效。顾客会一直等到有优惠的时候再购买，或质疑产品的价值。促销的很多方面还要受联邦政府法律的管制。这些问题将在第18章详细讨论。

直复营销

另外一个促销方式是**直复营销**（direct marketing），即通过与消费者直接沟通，促使消费者回应，比如订购、询问更多信息或光顾零售商店。沟通可采取多种方式，包括面对面推销、直邮推销、目录邮购、电话促销、（电视、广播和纸质媒体的）直接回应广告和网络营销。与人员推销类似，直复营销常常是互动的沟通。它同样具有通过定制化沟通满足特定目标市场需求的优点。而且，销售者可以迅速地开发和调整资讯，促进与消费者的这种一对一的关系。

尽管直复营销已成为发展最为迅速的促销方式之一，它同样也有一些缺点。首先，多数直复营销需要拥有目标市场的最新综合数据库，开发和维护数据库需要耗费大量的时间与金钱。另外，对隐私权的日益关注导致消费者群体回应率下降。成功开展直复营销的企业对这些问题都很敏感，他们通常会综合运用直复营销和其他促销方式来服务消费者。

◎ 整合营销传播——确立促销组合

企业的促销组合指其使用的一种或多种促销要素的组合。在确定促销组合时，营销者必须考虑两个问题。第一，确定各要素之间的平衡。企业应该更重视广告而不是人员推销吗？需要提供促销性的返现吗？公关活动有效吗？以下因素会影响这些决策：促销的目标受众、产品生命周期的阶段、产品特性、购买者的决策阶段和分销渠道等。第二，由于各种促销要素通常由不同部门负责，必须协调好促销活动，使之保持一致。促销计划流程旨在确保整合营销传播，有助于实现这个目标。

目标受众

促销计划直接面向最终消费者、中间商（如零售商、批发商或工业分销商）或同时面向两者。由于潜在购买者的数量巨大，直接面向消费品购买者的促销计划通常会使用大众媒体。人员推销通常则在零售商店等购买地点实施。直复营销可用于鼓励首次购买和重复购买。现在，对很多目标受众，都需要将多种方式组合起来使用。"营销无小事"专栏介绍了如何通过移动营销计划接触到当今的大学生。

营销无小事　技术

将大学生定位为目标市场的秘诀

对当今的很多企业来说，大学生都是一个极具魅力的目标市场，主要有以下几个原因：首先，他们是早期使用者，消费习惯一旦养成，可能成为终身消费者。其次，专家估计，他们每年的消费能力为4 170亿美元。营销人员面临的挑战是，学生是技术内行、相互之间联系密切，而且要求严苛。为了让学生接触到他们的产品，营销人员必须量体裁衣，调整营销活动，以适应这个市场的独特性。

大学生由"数字原住民"组成，他们是伴随着技术成长起来的，拥有并使用笔记本电脑、高清电视、游戏机、平板电脑和智能手机。事实上，最近一项对大学和大学生的研究发现，82%的新生拥有智能手机。他们访问脸谱网、推特、YouTube和Instagram，可随时下载应用程序、优惠券和信息，使用电子邮件、私信和博客进行交流。这些事实表明，对许多企业来说，手机营销或移动营销将是未来整合营销传播活动中必不可少的一个要素。

要取得移动营销的成功，必须坚持以下几个准则。首先，首要任务是要开发一个可以在移动设备上使用的应用程序，风格浮华且有趣，并且具有"像病毒一样扩散"的潜力。此外，成功的移动应用程序应该能帮助购物者比较价格，将产品特征与他们的需求、偏好和生活方式相匹配起来。沟通必须简短（推特为140个字符）、诚实和真实，品牌的目的和价值要清晰明确。最后，移动营销活动应有利于多项任务的同时进行。某位专家认为，营销人员"应该能想到学生是在乘坐公交车出行、赶着去听课或外出社交时查看私信和图片"。

移动营销活动的成功案例包括音乐电视频道（MTV）使用推特管理员向观众发送私信，星巴克的移动应用程序使支付更加便捷，以及大众汽车公司可以衡量旅途中乐趣大小的微笑之行应用程序（Smileage）。

关注还有哪些其他品牌为了将来能够进入大学生市场，把移动营销当成一种促销活动方式。

直接面向企业购买者的广告通常只刊登在精选的行业出版物上，比如《餐饮业》杂志针对的是饭店设备和用品的购买者。同时，由于企业购买者通常拥有特定的需求和技术问题，人员推销就显得至关重要。销售人员可以在售后提供信息和必要的支持。

中间商通常是促销活动的焦点。即便同企业购买者打交道，人员推销也是重要的促销要素。销售人员可通过协助组织由制造商赞助的促销活动，以及提供营销建议和专业知识等方式，帮助中间商获得收益。中间商的问题通常与允许加价的多少、销售支持以及提成政策有关。

产品生命周期

产品都有产品生命周期（见第11章），如图17-3所示，促销组合在产品生命周期的四个阶段各不相同。

导入期 在产品生命周期的导入期，促销目标主要是设法告知消费者，提高大众对产品的认知度。尽管每一阶段具体采用哪些促销组合要素取决于产品本身及外部市场环境，不过总体而言，在这一阶段应该使用各种促销组合要素。例如，把一种新型狗粮的新闻稿寄给兽医杂志，把试验样品送给登记注册的养

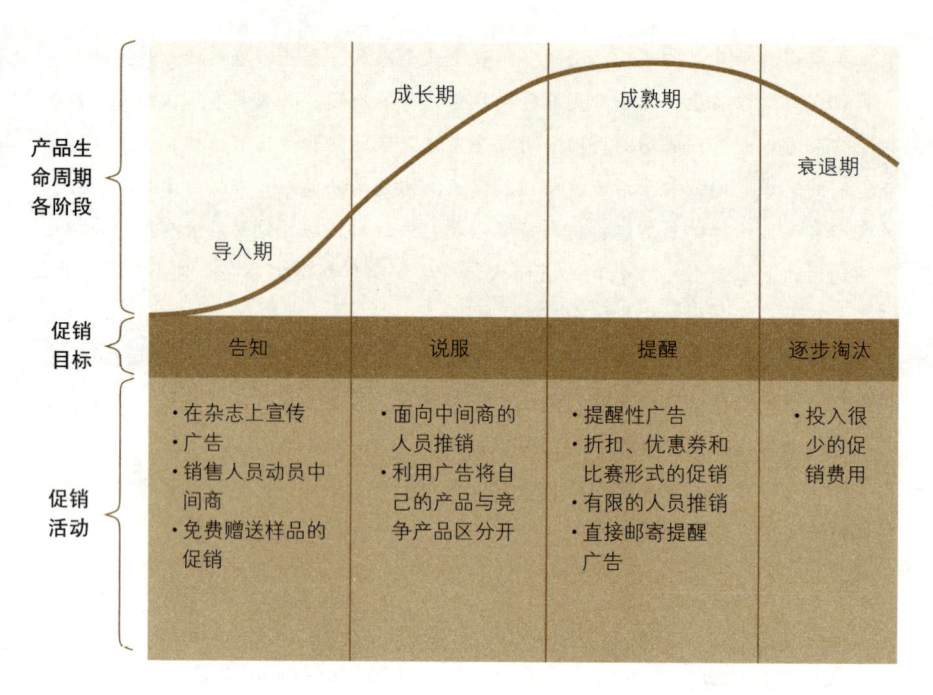

产品生命周期各阶段	导入期	成长期	成熟期	衰退期
促销目标	告知	说服	提醒	逐步淘汰
促销活动	·在杂志上宣传 ·广告 ·销售人员动员中间商 ·免费赠送样品的促销	·面向中间商的人员推销 ·利用广告将自己的产品与竞争产品区分开	·提醒性广告 ·折扣、优惠券和比赛形式的促销 ·有限的人员推销 ·直接邮寄提醒广告	·投入很少的促销费用

图 17-3 产品生命周期阐明了促销目标和促销活动在四个阶段的不同

狗者,在《爱狗者》杂志投放广告,以及销售人员开始接触超市和宠物店以便找到订单。广告作为一种尽可能多地接触消费者,使其认知产品,并产生兴趣的手段特别重要。甚至稍早于产品上市之前,即可启动宣传。

成长期 成长期的主要促销目标是说服消费者购买本公司的产品而非替代品,所以营销经理要设法培养消费者的品牌偏好并巩固分销渠道。在这一阶段,促销不太重要。由于宣传要依赖产品的新颖性,此时宣传也不适用。主要的促销要素是强调品牌差异的广告,通过人员推销巩固分销渠道。对于狗粮等消费品,销售人员会动员批发商和零售商尽量增加存货,增加商品的陈列空间。对于工业品,销售人员通常会设法跟用户签订合同并成为购买者唯一的供应商。

成熟期 在成熟期,企业需要维持现有的消费者,广告的作用在于提醒购买者该产品的存在。向中间商和最终消费者提供折扣和优惠券的促销活动在维持忠诚消费者方面非常重要。针对某种处于成熟期的消费品进行的研究发现,产品80%的销量源于促销。赞助活动也有助于保持消费者的忠诚。过去18年来，普瑞纳公司赞助了普瑞纳冠能狗狗运动会，并为网络观众现场直播。此外，普瑞纳还开发了一款名为P5的苹果手机应用程序，教观众如何训练自己的狗参与他们看到的赛事。销售人员会采用直邮推销等直复营销活动与现有消费者保持联系，并鼓励他们再次购买。降价、打折也可以大幅提高成熟期品牌的销售额。在这个阶段，销售人员会努力满足中间商的要求。如果顾客不满意而转向其他品牌，那就难以挽回了。

衰退期 产品生命周期的衰退期通常是产品逐渐被淘汰的阶段，投入到促销组合的经费较少。如果产品被改进的或更低廉的产品替代，衰退的速度就会很快，但如果仍然拥有一批忠实的消费者，衰退的速度就会比较慢。

产品特性

合理的促销要素组合也取决于产品类型，需要考虑产品的三种属性：复杂性、风险性和辅助服务。复杂性指产品的技术复杂程度及使用该产品所需的知识量。仅靠在杂志上刊登一页广告或者在电视上播放30秒的广告无法提供很多信息。因此，产品越复杂，就越需要重视人员推销。湾流航空公司要求潜在乘客拨打广告中指定代理人的电话。另一方面，非凡农场饼干等简单的产品则只需提供很少的信息。

第二个属性是购买产品的风险。购物者的风险可以从财务风险、社会风险和人身风险加以评估。比如私人飞机就同时体现了这三种风险：首先，飞机昂贵；其次，员工和客户会看到你买了飞机，并对这项交易议论纷纷；另外，飞机的安全性和可靠性也极为重要。广告固然会有所帮助，但是风险越大，就越需要人员推销。消费者购买糖块时可不会联想到任何一种这些风险。

产品所要求的附加服务也会影响促销策略，附加服务指售后服务或售后支持。这在众多工业品和消费品的购买中十分常见。是谁为飞机提供保养？广告的作用正是维护销售者的声望，直复营销常用于向消费者介绍如何定制产品或服务，满足其个性化需求。对于增强购买者的信心和证明服务质量来说，人员推销是必不可少的。

购买决策阶段

消费者的购买决策阶段对促销组合也有影响。图17-4说明了促销要素的重要性是如何随着消费者购买决策过程的不同阶段而变化的。

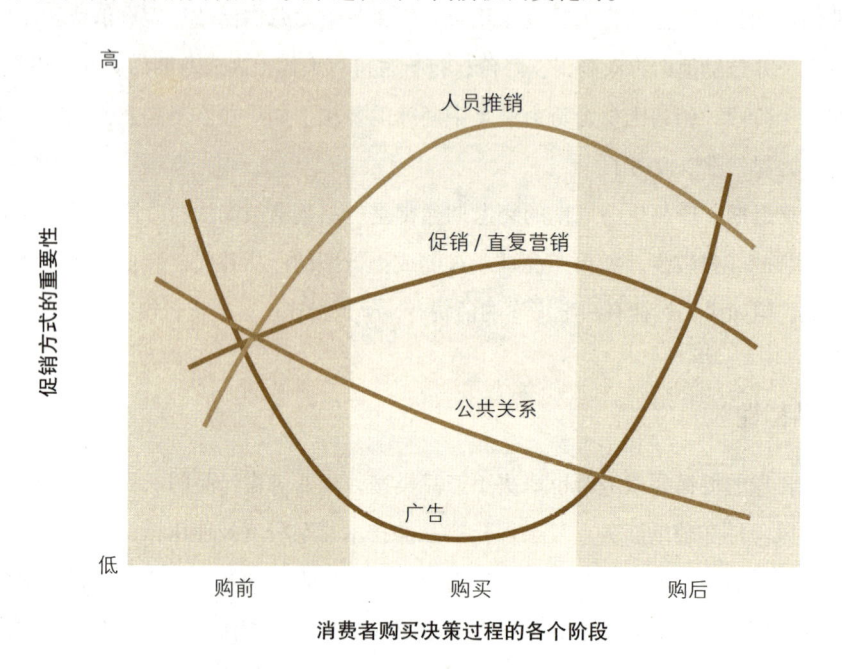

图17-4 促销要素的重要性因消费者购买决策过程的阶段而不同

购前阶段 在这个阶段，广告比人员推销更有帮助，因为广告可以向潜在消费者宣传产品和销售者的存在。免费赠送样品等促销活动也能够降低试用的风险，从而发挥重要作用。只有在大量投放广告之后，销售人员拜访消费者时，消费者才会对销售人员销售的产品有一定的认识。这一点在通常无法提供样品的工业品销售中尤为重要。

购买阶段 在这个阶段，人员推销最为重要，广告的重要性则降至最低。优惠券、打折、售卖现场展示和返现等形式的销售能为扩大销量带来很大帮助。在这个阶段，社交媒体可以通过举办促销活动和让消费者掌控这一过程，在最终决定中发挥重要作用。研究表明，直复营销活动能够缩短消费者接受产品或服务所需的时间。

购后阶段　在这个阶段，人员推销仍然很重要。事实上，售后人员与消费者的联系越多，消费者越满意。广告仍然很重要，因为可以让购买者认为自己的购买是正确的。广告和人员推销可以减轻消费者的购后焦虑。提供优惠券的促销和直复营销提醒广告可以鼓励那些初次试用后感到满意的消费者重复购买。公共关系活动在购后阶段不太重要。

渠道策略

第15章讨论了从制造商到中间商再到消费者的渠道流向。制造商常常难以控制销售渠道，而渠道策略有助于通过销售渠道实现产品的移动。此时，制造商必须做出一个重要的决定：在分销渠道中使用推动策略或拉动策略，还是二者兼而有之。

推动策略　图17-5A显示的是制造商如何使用**推动策略**（push strategy），即针对渠道成员实施一系列的促销组合，以期获得他们在产品订购和存货方面的合作。在方法上，推动策略主要采用人员推销和促销。销售人员会鼓励批发商订货，并在销售上提供帮助。为了刺激需求，还会采用整箱折扣（一般整箱价格打八折）等促销方法。通过在销售渠道中推动产品分销，实现促使渠道成员将产品推向消费者的目的。

比如，福特汽车公司向其3 263个福特经销商提供支持和奖励。通过一个多层次方案，福特为那些完成销售目标的零售商提供奖励：接近完成销售目标时，他们会得到一次奖励；达到目标时，会得到第二次奖励；超额完成目标，还会得到一个更大的奖励。对那些持续保持优秀的服务或不断提高服务质量的经销商，福特还会有一份特殊的奖励。这些措施全都是为了鼓励经销商通过渠道把福特产品推向消费者。

拉动策略　有些情况下，制造商会面临渠道成员的抗拒，他们可能不想订购新产品或增加现有某个品牌的存货。如图17-5B所示，这时制造商可以选择实施**拉动策略**（pull strategy），即针对消费者实施促销组合，鼓励他们向零售商咨询产品的情况。看到最终消费者有需求，零售商就会向批发商订货，如此一来，商品就被拉向了中间商。例如，制药公司现在每年要花费超过38亿美元，发布面向消费者的处方药广告，作为一直以来面向医生的人员推销和免费样品的补充。这种策略旨在鼓励消费者向医生咨询某种名称的药品，进而通过渠道拉动药品的销售。某些成功的促销活动能给产品带来显著的销售效果，比如纸质广告"今天向你的医生咨询一下依立曲坦这种药"。

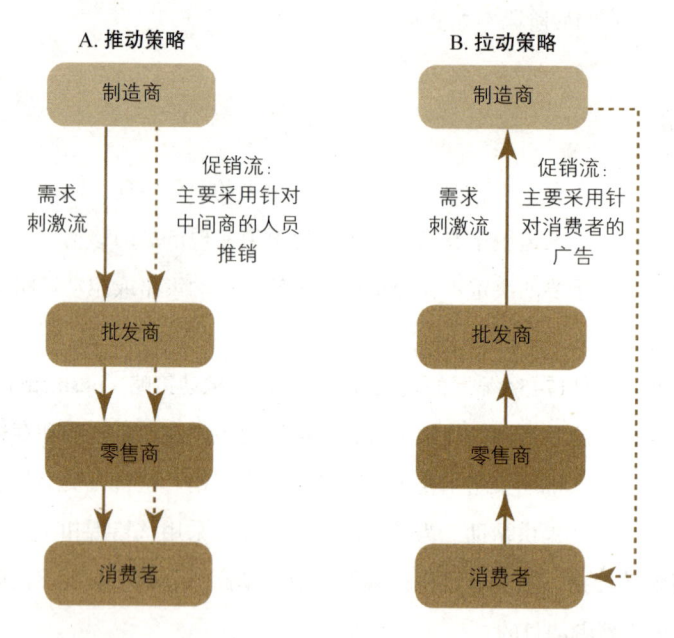

图17-5 推动策略和拉动策略针对分销渠道的不同点运用不同的促销组合

◎ 制定整合营销传播方案

使用媒体的费用和时间成本都很高，所以必须采用系统的方法慎重地做出促销决策。与第2章描述的战略营销过程的制定、执行和评估等步骤相似，促销决策的过程可以分为规划、执行和评估促销方案（见图17-6）。促销方案的制定主要关注四个W：

1. 目标受众是谁（who）？
2. 促销目标、促销预算和促销方式各是什么（what）？

3. 在何处（where）促销？

4. 何时（when）促销？

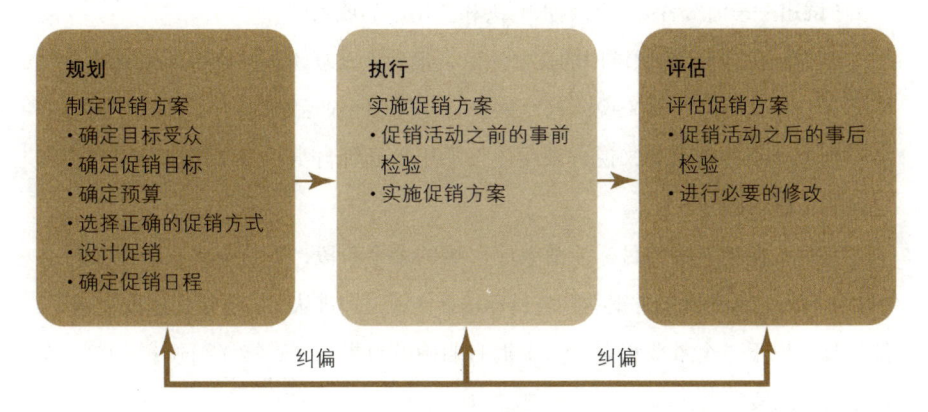

规划	执行	评估
制定促销方案 ·确定目标受众 ·确定促销目标 ·确定预算 ·选择正确的促销方式 ·设计促销 ·确定促销日程	实施促销方案 ·促销活动之前的事前检验 ·实施促销方案	评估促销方案 ·促销活动之后的事后检验 ·进行必要的修改

纠偏　　　　纠偏

图17-6　促销决策过程包括规划、执行和评估

确定目标受众

确定目标受众是制定营销方案的第一步，目标受众指促销方案所针对的潜在购买者群体。在时间和资金允许的范围内，促销方案的目标受众应该等同于公司产品的目标市场，而目标市场可以根据营销信息的主要和次要来源加以确定。企业对其目标受众了解得越多，比如人口统计特征、兴趣、偏好、使用的媒体和购买行为，就越容易制定促销方案。例如，企业会根据性别、年龄和收入等个人资料，在特定的电视节目或特定的杂志上投放广告。同样，企业也可能使用行为定向技术，收集与你的网络浏览行为有关的信息，确定你在网上冲浪时会看到哪些横幅广告和展示广告。第21章对行为定向有更详细的讨论。

确定促销目标

确认目标受众之后，必须决定促销目标。消费者的反应可以用**效应层级**（hierarchy of effects）来描述，即潜在购买者从最初认识产品到最终决定购买期间所经历的阶段。这五个阶段是：

·认知——消费者辨识和记住产品或品牌名称的能力

- **兴趣**——消费者想要了解产品或品牌某些特性的愿望
- **评价**——消费者对产品或品牌重要性能的评价
- **试用**——消费者第一次真正购买和使用产品或品牌
- **接受**——基于初次试用的良好体验，消费者重复购买并使用产品或品牌

对一种全新的产品来说，这个顺序适用于整个产品类别，不过对在现有产品类别中竞争的新品牌来说，该顺序仅适用于品牌自身。这些阶段可以作为制定促销目标的指导方针。

有时，促销方案的目标涉及效应层级的多个阶段，不过应该只重点关注其中一个阶段。无论促销方案的特定目标是什么，是增进认知，还是促进重复购买，都应具有以下三个重要特点：（1）拥有明确的目标受众；（2）可衡量；（3）有特定的时间段。

制定促销预算

从图17-7可以发现，想让美国家庭接触到产品或服务，需要巨大的促销费用。要注意的是，每家公司的年度促销总费用都超过了20亿美元。

确定促销目标之后，企业必须决定投入多少促销费用。由于促销花费的实际效果无法精确测量，所以也很难确定恰当的预算数额。不过，确定促销预算可以采用以下几种方法：

排名	公司	广告费用（百万美元）	+	其他促销费用（百万美元）	=	总额（百万美元）
1	宝洁	2 919		1 688		4 607
2	AT&T	1 636		1 636		3 272
3	通用汽车	1 660		1 460		3 120
4	康卡斯特	1 557		1 472		3 029
5	威瑞森	1 292		1 234		2 526
6	福特	842		1 625		2 467
7	美国运通	372		1 992		2 364
8	菲亚特克莱斯勒	1 128		1 121		2 249
9	欧莱雅	1 474		684		2 158
10	迪士尼	869		1 240		2 109

图17-7 美国十大公司的促销支出，请注意福特、美国运通和迪士尼的促销费多于广告费

销量百分比法 销量百分比预算法（percentage of sales budgeting）指根据过去或预期销售额的一定百分比分配促销费用。这是一种常用的预算法，常被表述为"我们今年的促销预算是去年总销售额的3%"。这种方法的优点显而易见：计算简单，并且由于促销预算与销售额挂钩降低了财务风险。不过这种方法也容易使人误以为"销售额是促销的原因"。使用这种方法时，企业有可能因为过去或预期将来销量下跌而减少促销预算，但此时恰恰是企业最需要促销的时候。参考"营销仪表盘"专栏，了解促销额和销售额之比在软饮料行业的应用。

营销仪表盘

你应该在整合营销传播上花多少钱

整合营销传播方案通过多种促销要素向受众提供一致的资讯。不同促销要素或总体促销活动的成本因目标受众、产品类型、产品在生命周期中所处的阶段和渠道策略的不同而不同。营销经理一般会用其营销仪表盘上的促销额和销售额之比评估整合营销传播方案中的开支是否有效。

你的挑战

作为百事公司的一名经理，公司要求你评估去年所有促销支出的效果。你使用促销额和销售额之比进行多项比较：自己公司的促销方案逐年比较，与竞争对手方案的比较，与行业平均水平的对比。你决定计算百事的促销额和销售额之比。另外，为便于比较，你决定对竞争对手之一的可口可乐做同样的计算，同时计算整个不含酒精饮料行业的促销额和销售额之比。该比例的计算方法如下：

$$促销额和销售额之比 = \frac{总促销支出}{总销售额}$$

你的发现

这些计算所需的信息在行业出版物和年报中都是现成的。下面的柱状图显示了百事、可口可乐和整个无酒精饮料行业的促销额和销售额之比。百事的促销支出为 1.96 亿美元，相应的销量为 23 亿美元，其促销和销售额之比是 8.5%。相比之下，可口可乐是 5.3%，整个行业的平均水平是 5.5%。

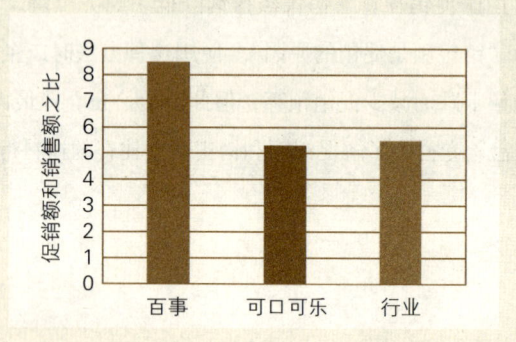

你的行动

百事的促销和销售额之比远高于可口可乐，也高于行业平均水平。这表明现在的促销活动和促销支出的组合可能是一个有效的整合营销传播方案。将来，你需要监测影响这个比例的各种因素。

竞争均势法 第二种常见的方法是**竞争均势预算法**（competitive parity budgeting），即根据竞争对手促销的绝对费用或相对市场份额费用确定自己的促销预算。这种方法也称为竞争者或市场份额匹配法。在预算中考虑竞争因素很重要。消费者对促销的回应会在很大程度上受到竞争对手活动的影响，如果竞争对手在电台上每周播放 30 次广告，那每周只播放 5 次广告的企业就难以传递自己产品的资讯。不过竞争者的预算水平不应该成为企业确定自己促销预算的唯一决定因素，因为竞争可能出于完全不同的促销目标，促销费用也会随之不同。

量力而行法 很多小企业一般采用**量力而行预算法**（all-you-can-afford budgeting），即只有在确保其他所有预算项目后，才将剩余预算分配给促销活动。提到这种预算的编制过程，一位公司主管评价说："很简单。首先，我上楼问财务主管今年能给我们多少资金，她说150万美元。然后老板找我问今年的促销预算是多少，我说'噢，大约150万'。然后我们就得到了促销经费。"

除了财务上比较稳健之外，这种方法别无他长。使用这种预算编制方法的公司似乎对于促销与销售之间的关系以及公司的促销目标毫无概念。

目标和任务法 最好的预算方法就是**目标和任务预算法**（objective and task budgeting），公司可以：（1）确定促销目标；（2）大体列出为实现目标必须完成的任务；（3）确定完成这些任务需要的促销费用。这种方法考虑了公司想要达成的目标，并要求将这些目标具体化。上述每一种方法的优点都是与目标密切相关，因此该方法综合了其他几种方法的优点。例如，如果费用超过了公司可以承受的范围，就必须修正目标，并重新制定任务。这种方法的困难之处在于如何确定实现目标所要完成的任务。

选择正确的促销方式

确定了销售预算之后，整合营销传播的五种基本方式（广告、人员推销、促销、公共关系和直复营销）的组合就可以明确了。企业可以根据很多因素来选择合适的促销组合，可以形成多种组合，说明不同组合可以实现相同的目标。因此，在促销决策过程的这一阶段，分析方法和经验尤为重要。这些特定的促销组合可能是只用到一种方式的简单方案，也可能是用到所有促销方式的综合方案。

奥运会是整合营销传播的一个显而易见的例子。奥运会（冬季和夏季）每两年举办一次，在开赛和停赛期间，促销仍在持续。其促销方案涵盖了广告活动、奥委会和主办方的人员推销、捆绑销售和赞助广告等促销、主办城市举办的公关活动、网络和社交媒体沟通以及面向政府、机构、公司、运动员和个人等各类受众的直复营销。在这个阶段，评估各种促销方式的相对重要性也很重要。虽然运用和整合几种促销方式更可取，但应突出其中的一种。比如，奥运会就把公关和宣传放在第一位。

促销设计

促销方案的核心要素就是促销本身。广告由目标受众想要看到和听到的广告文案和插图组成。人员推销取决于销售人员的销售特点和技巧。促销活动由诸如优惠券、样品和抽奖等具体的优惠细节组成。新闻稿等属于有形要素，从中很容易就能看出公关活动，直复营销活动则依靠书面的、口头的和电子形式的方式进行。在确定向受众传递何种资讯方面，促销设计发挥着主要作用。这项活动通常被认为是最需要创造性。另外，成功的设计往往是对消费者兴趣和购买行为深刻理解的结果。促销手段可以有多种设计方案。比如，在表达诉求时，广告可以采用恐惧、幽默、魅力或者其他主题。类似地，直复营销的活动也可以针对不同层次的个性化诉求或定制诉求来设计。整合营销传播的挑战之一就是必须确保设计的每一次促销活动都要传递一致的资讯。

确定促销日程

在完成对每种促销计划要素的设计之后，还必须确定它们最有效的使用时间。促销日程指采用每种促销方式的顺序，以及促销方式在促销活动中的使用频率。

例如，环球影业电影公司会为电影促销的几种方式制定一个时间表。为了引起人们对《侏罗纪世界》的兴趣，该公司在科幻频道播出了《侏罗纪公园》特别节目，并为环球电视台和世界电视台（Telemundo）制作了《侏罗纪星期四》节目。随后，他们安排在超级碗开赛前播出电影预告片，制片方创造了一个基于现实的网络体验，将侏罗纪世界打造成真正的度假胜地。此外，《侏罗纪公园》的导演史蒂文·斯皮尔伯格（Steven Spielberg）还接受了杂志、网络和电视采访，回忆了他的原创电影。包括男主角克里斯·普拉特（Chris Pratt）在内的新片演员悉数出席促销活动，克里斯还登上了《娱乐周刊》的电影合刊和《智族》杂志的封面。接下来在好莱坞举行了电影的首映式，吉米·巴菲特（Jimmy Buffett）成为活动的主角，促销活动达到了高潮。最后的结果震撼人心，因为这部电影打破了所有纪录，成为美国和海外票房冠军！

总之，各种促销活动日程的安排是为了刺激观众的兴趣，把他们吸引到电影院，然后鼓励他们观影后购买相关的产品。季节性和竞争性促销等因素也会影响促销进程。滑雪场、航空公司和职业运动队等商业机构会在淡季减少促销活动。同样地，零售店、健康俱乐部等会在竞争者进入市场时加大促销力度。

◎ 执行和评估促销方案

执行促销方案需要耗费大量的时间和金钱。正如一位研究者估算的,"销售额少于1 000万美元的企业可能需要1年的时间来实施一项整合营销传播方案,销售额为2亿~5亿美元的企业大约需要3年,而销售额为20亿~50亿美元的企业则需要5年"。另外,注重市场的企业更有可能实施整合营销传播方案,能获得高管全力支持的企业的整合营销传播方案有可能会更有效。为了帮助企业实现这个目标,市场上大概有200家整合营销传播代理商从事这项工作。此外还有一些最大的代理商采用了包含"全面沟通解决方案"的方法。

例如,媒体代理商MediaCom最近获得了《广告时代》杂志的年度媒体代理商奖,他们作为89个国家113个办事处的5 000员工组成的全球网络的一部分,负责"代表客户扩大其品牌的整个传播系统的影响力"。事实上,该代理商的网站宣称:"我们可以优化内容和关系,辅助企业取得成功。"MediasCom的客户包括大众、戴尔、赛百味、露华浓、壳牌等多家公司。他们为佳能策划了一项名为Project Imagin8ion的整合营销活动,包括用户摄影比赛、与电影制片人罗恩·霍华德合作、通过YouTube和富力克(Flickr)进行社区分享、网络和电视广告以及时代广场的互动广告牌。这项活动帮助佳能的可拆卸镜头相机赢得了最大的市场份额。虽然许多代理商都很专业,不过当今的形势显然倾向于从整合的角度,综合运用所有的促销形式。各代理商可以邀请客户经理、渠道专家、媒体专家和规划人员参与其促销活动的设计,以便实现这个目标。

要制定一个成功的整合营销方案,一个重要因素就是必须创建出能够推动其设计和使用的流程。企业可以通过整合营销传播审核来评估现行流程。这项审核会分析企业内部的沟通网络,识别关键客户,评价消费者数据库,评估最近在广告、公关新闻稿、包装、网站、电子邮件和社交媒体传播、标识、促销和直邮推销中使用的资讯,确保企业和代理商的员工拥有整合营销传播的专业知识。随着消费者自媒体(如博客、新闻订阅、播客和社交网络等)越来越普遍,以及搜索引擎的使用越来越广泛,这项审核变得越来越重要。现在,除了确保整合传统形式的传播方式外,企业还必须随时关注消费者满意度,回应前后矛盾的资讯，甚至回答每位消费者的问题。朱迪·弗兰克斯教授认为，营销人员还应该了解一类称为"加速器"的消费者。这些人可以轻松地在媒体之间转移内容，例如从电视到YouTube，再到手机私信，不受资讯来源的任何影响或控制。

如前文图17-6所示，理想的促销方案实施过程应当包括事前检验，即在做出必要的变动和改进之前，对每项设计进行事前检验，以便提高其有效性。同样，事后检验也很有必要，它可以评估每种促销方式的影响，以及为了达成促销目标而举办的促销活动的实际贡献。针对广告，现在已经有了最精细的事前和事后检验流程，第18章将会再做介绍。针对促销和直复营销的检验流程目前主要用于比较不同设计或不同细分市场的回应。要使整合营销传播方案发挥出最大的效益，企业必须建立一个检验结果数据库，并加以维护，用来比较不同促销工具之间的相对影响力和各种情况下可以选择的实施方案。数据库中的信息有助于决策者在设计和执行整合营销传播活动时有据可循，并为财务和管理人员进行内部审核提供支持。比如，圣地亚哥教士棒球队开发了一个数据库，收集与其整合促销活动有关的信息，这些促销活动包括使用新标识、特别活动、商品销售和增强顾客忠诚度的计划。

多达四分之三的企业可以对数字广告等新型传播要素进行独立测试，而四分之一的企业会使用新的和传统的有效性指标评估其"大部分传播策略"。对于大多数企业而言，测试关注的主要是使用哪种促销要素更有效。不过在整合方案中，媒体广告是帮助消费者认知产品或服务，促销是促使消费者询问，直邮推销是向单个潜在消费者提供额外的信息，而人员推销则旨在完成交易。这些方法被用于不同目的，它们的综合使用能带来协同作用，这才应该是评估的重点。此外，整合营销传播的有效性与企业的整体业绩密切相关，拥有国际促销方案的企业需要在另一个层次进行评估。

◎ 直复营销

直复营销可以采取多种形式，利用多种媒体。有些直复营销方式属于无店铺零售，如直邮推销和目录邮购、电视居家购物、电话营销和直销，这些内容曾在第16章做过介绍。此外，第18章还会讨论广告，其中的直接回应广告是直复营销的一种重要方式。最后，将在第21章详细介绍互动营销。本节主要探讨直复营销的增长、支付营销对消费者和销售者的价值，以及这一过程中的全球化、技术和道德等关键问题。

直复营销的增长

　　直复营销的快速增长体现了企业对客户关系管理的兴趣日益增加。直复营销能够定制沟通活动，创建一对一互动，吸引了大多数营销者，尤其是实施整合营销传播方案的营销者，因为直复营销更容易得到接受者的认可。许多直复营销方法并不新颖，不过随着消费者数据库和新印刷技术的应用，企业设计和使用直复营销的能力不断提升。最近几年，直复营销的增长速度已经远远超过了经济发展的总体水平。直复营销支出超过1 460亿美元，并正在以每年9%的速度增长。同样，预计明年的营业收入将增长至2.4万亿美元。目前，直复营销占美国国内生产总值的8.7%。图17-8显示了四种常见的直复营销的年度企业支出及其响应率。例如，营销人员每年在直邮推销上的支出超过330亿美元，其响应率为3.4%。

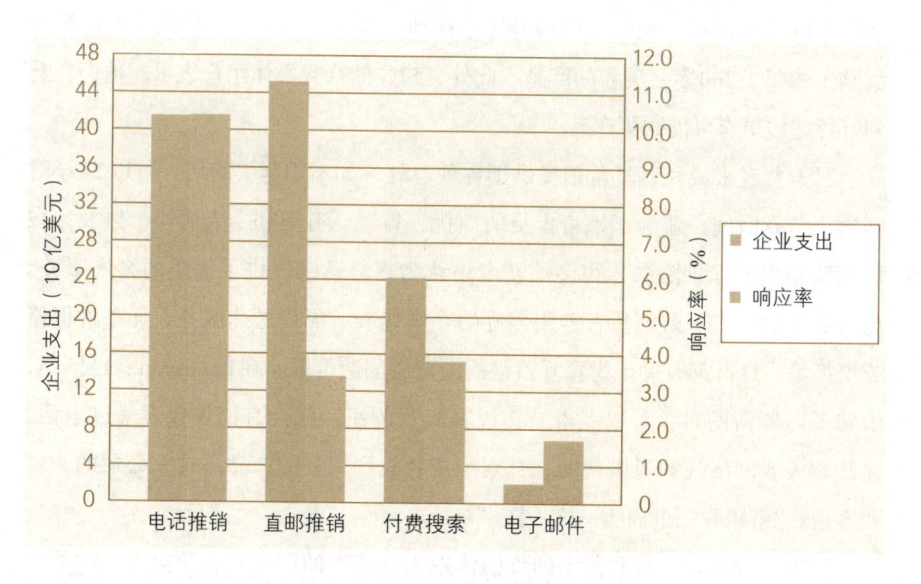

图17-8　四种常用直复营销的企业支出及其响应率

尽管电话推销的支出水平最高，不过大多数促销活动会使用几种方法。彭尼百货是将各种直复营销方式整合在一起运用的公司之一。该公司会通过电子邮件和私信向消费者发送优惠券，以此作为促销活动的开始。消费者还会收到直邮推销的明信片和产品图册，邀请他们访问公司的电子商务网站www.jcpenney.com或移动商务网站www.m.jcpenney.com。在彭尼百货的脸谱网粉丝页面上，消费者还可以用一个特殊的社交商务应用程序购物。很多公司将直复营销与其他形式的促销整合在一起使用。例如，保时捷最近推出了电视广告，试图借此改变消费者对其汽车的看法，并通过直邮册、移动应用程序和在线视频竞赛来辅助这项活动。作为促销活动的一部分，保时捷将其汽车停在选定家庭的车道上拍照，然后分别制成个性化卡片，寄给每个参与活动的家庭！移动直复营销和社交网络直复营销分别增长了33%和20%，是直复营销所有方式中增速最快的。

直复营销的价值

要衡量直复营销为消费者带来的价值，最明显的指标之一就是对各种直复营销方式的使用的增多。例如，2015年45%的美国人通过邮件订购商品或服务，超过1.14亿人进行过网购，消费者通过移动设备（智能手机、智能手表、平板电脑）购买了760多亿美元的产品。此外，57%的社交媒体用户表示，他们在看到好评之后更有可能购买产品。

对消费者来说，直复营销提供了各种益处，如不用跑去商店，可以24小时购物，节省时间，避免了销售人员的烦扰，省钱，有趣和令人愉快，以及比在店内购物更能保护隐私。很多消费者还认为直复营销提供了优质的客户服务。免费服务热线、了解消费者购买偏好的客服代表、隔夜送达服务、无条件保修或退换等，这些都有助于为直复营销的消费者创造价值。在Landsend.com网站，消费者需要帮助时，可以点击"在线客服"按钮，就会有销售代表通过电话、在线聊天或网络视频提供帮助，直到消费者找到想要的产品。这家公司的一位顾客说："就跟我们逛商店一模一样。"

对销售者来说，直复营销的价值体现为其产生的回应。企业向潜在购买者提供决定购买和完成交易所需的所有信息，促使他们**直接订购**（direct orders）。例如，Priceline.com 会向其数据库中的用户发送特价提示。这条资讯可以迅速决定为用户提供的折扣价和折扣率。销售者会向消费者发送某种提议，吸引他们对产品或服务产生兴趣并进一步咨询其他信息，**销售线索挖掘**（lead generation）就是这种提议的结果。例如，四季酒店如今在几处分店销售私人住宅，向潜在房客发送直邮推销，请他们通过电话或网站了解更多信息。最后，销售者会发出提议，鼓励消费者光顾企业，从而实现**客流量增加**（traffic generation）的效果。例如，家得宝向主动选择留下电子邮箱的消费者发送电子邮件，提示特价销售信息，吸引他们光顾店铺。同样，马自达汽车也会使用直邮推销为其经销商带来客流。

直复营销中的技术、全球化和道德问题

第 8 章介绍的信息技术和数据库是直复营销方案的关键要素。企业将消费者的个人信息建成数据库，以便在向消费者推介时更有针对性地使用电子邮件和目录邮购等直复营销工具。虽然大多数企业会设法记录消费者过去的购买情况，但直复营销还需要很多其他类型的数据，以便与消费者建立一对一的关系。有些数据最好直接向消费者收集，如生活方式、使用何种媒体和人口统计特征等。而价格、数量和品牌等类型的数据则最好从他们购物的场所收集。新集成的营销数据库应该能查询到消费者的邮政地址、电话号码和电子邮件地址。此外，很多企业开始将消费者的记录扩展到查询其在脸谱网的个人主页、在推特关注的活动和在谷歌的搜索活动等。

邮费上涨和经济下滑也增加了与直复营销活动的成本相关的信息的重要性。例如，据直复营销协会估计，电子邮件广告获得的收益好过社交媒体广告，其比例为 3 比 1。同样，目录营销企业发现，他们可以通过使用大豆油基油墨和再生纸等创新技术降低打印成本，并可以通过数据库列表分析降低邮费。美国邮政署 5 天寄达方案与邮费密切相关，所以很多直复营销商正在评估其潜在影响。

在当今市场全球化的情况下，直复营销既面临挑战，又面临机遇。包括英国、澳大利亚、欧盟和日本在内的很多国家或地区开始限制强制要求消费者输

入自己邮箱地址的做法，即只有经过潜在消费者的许可，企业才能把他们加到直复营销需求者的名单中。另外，很多国家的邮政、电话和互联网系统不如美国发达，可靠性和安全性亟待提高，阻碍了直邮推销业务的发展，不过移动设备的快速普及为移动直复营销活动创造了机会。全球直复营销者面临的另一个问题是支付。世界各地的借款和信用卡普及程度千差万别，因此，需要找到替代的办法，如货到付款、银行存款和在线支付账户。

现在，美国和其他国家的直复营销者都还面临着道德问题。比如，对隐私权的考虑促使人们尝试了多种方法，寻求消费者与企业利益之间的平衡。经过与欧洲直复营销联合会和英国直销协会历时数年的讨论，欧盟通过了名为《数据保护指令》的消费者隐私法。这部法律经过修订改为《通用数据保护条例》，涵盖了社交网络和云计算等新发展，于2016年生效。

在美国，联邦贸易委员会和很多州的立法机关也一直在关注隐私权问题，而且正在讨论要提出几个"拒绝推销邮件登记"法案，类似于拒绝推销电话登记。同样，人们对于直复营销者使用的网络跟踪工具也越来越担心，这种工具的目的是对消费者进行细分，使其与相应的广告联系起来。"负责任地决策"专栏介绍了公众关注的某些问题。

负责任地决策　商业道德

个人隐私的未来何去何从

2003年，联邦贸易委员会设立了美国拒绝推销电话登记制度，为美国人提供了一个维护其家庭和手机线路隐私的工具，超过70%的美国人登记。此后，几个州的立法机构也通过相关法律，设立了非人工拨打的电话（机器人）的拒收名单。此外，关于与使用邮件和计算机有关的隐私问题，目前也正在展开新的讨论。

一般来说，人们争论的焦点问题是："什么信息是属于私人的？"电话号码、住址和网络活动是私人信息还是公共信息？拒绝推销邮件登记的支持者认为，与电话一样，公民有权阻止不请自来的邮件。不跟踪条例的支持者建议：使用网络跟踪器收集消费者购物习惯信息的网站所有者必须在消费者同意的情况下才能这样做。营销人员反驳说：通过分享这些信息，消费者更有可能收到比较符合自己兴趣的资讯和广告。

直复营销协会目前提倡几种解决方案。首先，创建DMAchoice，这是一个在线工具，可帮助消费者管理他们收到的邮件和电子邮件的类型。其次，他们赞同网络行为广告（OBA）自律计划，该计划鼓励广告商在网络广告的角落加一个"广告选择"图标，允许消费者选择不参加收集其网络活动数据的活动。这项计划是"数字广告联盟"采取的各项措施中的一部分。除了自律之外，欧盟最近还通过了《电子隐私条例》，为网站所有者提供明确的法律依据。在美国，参议院正在评估《不跟踪上网法》。当然，这些指南和法规对广告商、脸谱网和谷歌等网站以及消费者都将产生巨大的影响。

你有什么意见？哪些类型的信息应该是私有的？我们能否在自律和立法之间找到平衡？

营销知识应用

1. 在听完近期的一场销售推介会后，玛丽·史密斯报名参加了一个当地的健身俱乐部。来到场地后，她得知还要额外交一笔壁球场地租赁费。玛丽抱怨道："我记得推销时没有提到这笔费用，我以为所有的场地费都包含在会员费里了。"请用传播过程的相关术语描述这一问题。

2. 创建一个矩阵，从以下三个方面比较五种促销要素：你要向谁传递资讯，你要说什么，何时说。

3. 面对为了休闲娱乐的旅游者和为员工旅游挑选航班的企业旅游部门，航空公司应该如何使用不同的促销工具？

4. 假设你推出一种新的食品，投入了大量资金在全国范围内进行广告宣传（拉动策略），并培训和激励销售人员将其销往食品店（推动策略）。你能从广告和销售队伍获得哪种反馈？如何提高每一种反馈的数量和质量？

5. 费雪公司是一家闻名已久的儿童玩具制造商，该公司推出了一系列儿童服装。概述一个促销方案，以便将该产品推向市场。

6. 很多保险公司向企业推销健康保险计划。在这些公司里，员工可以选择加入哪种保险计划，不过提供哪些计划作为选项则由公司确定。最近蓝十字-蓝盾健康保险公司在电视上播出了一条广告，其广告语是："如果你的雇主没有提供蓝十字-蓝盾保险，那就问问他是什么原因。"请解释这条广告背后的促销策略。

7. 确定对以下产品有效的促销工具：（1）新推出的Tastee酸奶；（2）自粘性3M百事贴便条纸；（3）箭牌薄荷味口香糖。

8. 为在线音乐服务商狂想曲（Rhapsody）设计一个包含五种促销要素的整合传播方案。

9. 宝马公司最近推出了第一款运动型多功能车X6，试图借此与其他畅销跨界车（如奔驰R级大型旅行车）展开竞争。设计一个直复营销方案，以便获得潜在销售线索、光顾代理商经销店的客流量和直接订购。

10. 为数据库管理者制定一个能够兼顾消费者和销售者不同看法的隐私保护政策。你如何鼓励人们自觉遵守你的政策？你推荐使用怎样的实施方法？

创新案例思考

塔可钟：利用整合营销传播帮助顾客尽享生活

"每个接触点都考虑到了，"塔可钟的高级营销总监斯蒂芬妮·珀杜（Stephanie Perdue）解释说，"从餐馆的海报到包装，也考虑到了所有不同的媒体渠道。"斯蒂芬妮正在介绍美国占据领先地位的墨西哥风味快餐厅塔可钟采用的综合营销传播方法。整合营销传播是推动这家快餐连锁店取得非凡成功的关键因素之一，他们每周都会为3 600多万顾客提供服务！

公司简介

塔可钟及其成功背后的故事非常迷人。二战后，年轻的海军陆战队队员格伦·贝尔（Glen Bell）怀着创业的梦想回到了家乡加利福尼亚州，发现人们渴望好吃的快餐。基于顾客希望自己走到服务窗口取走食物的这个简单的概念，他开了第一家餐厅贝尔汉堡（Bell's Burgers）。在附近，麦当劳兄弟二人正在用"免下车"的概念经营其新开的餐馆。几年来，贝尔和麦当劳兄弟一直友好竞争，成为不断增长的快餐业的先驱。不过当汉堡市场挤满了竞争对手时，贝尔决定尝试一项新事物——墨西哥煎玉米卷！

对大多数美国人来说，墨西哥煎玉米卷是个新鲜事物，所以贝尔尝试了很多想法。首先，他开发了一种松脆的玉米卷，开了一家名为塔可蒂亚（Taco Tia）的餐馆。他的营销活动包括发放墨西哥人戴的宽沿帽，以及请墨西哥流浪乐队在餐厅外表演。接下来，贝尔与一群名人合作伙伴创办了另一家餐厅埃尔塔可（El Taco）。最后，在听取一位朋友"自己的企业应该用自己的名字来命名"的建议之后，第一家塔可钟[1]在加利福尼亚州的唐尼市开业了。

塔可钟迅速成长，随着贝尔开设更多的分店，他决定让餐馆采用与加州历史上传教团驻地相似的外观。在建筑师的帮助下，他创造出引人注目的全新设计，外观看上去像砖坯房，屋顶是红色陶瓦。餐厅的名字和标识使用了传教团风格的钟，并一直沿用至今。通过特许经营和额外的经营网点，塔可钟很快横跨了整个美国。

目前，塔可钟是百胜餐饮集团旗下的子公司，该集团还拥有和经营肯德基、必胜客和翼街（WingStreet）。塔可钟目前拥有6 500多个经营地点，销售额达70亿美元，有很多与肯德基、必胜客和高个子约翰·西尔弗（Long John Silver）的联合品牌店。塔可钟还在便利店、卡车停靠站、大型购物中心和机场经营专卖店。

塔可钟的整合营销传播

从一开始，塔可钟的促销活动便极富创意。例如，当和平号空间站即将重返地球大气层时，塔可钟在太平洋上放置了一个目标，宣布如果空间站坠落的任何一块碎片击中这个目标，所有美国人都将免费得到一个玉米卷。同样，在其"偷垒即送塔可玉米饼"的促销活动中，塔可钟承诺：如果球员在世界职业棒球大赛中成功偷垒一次，就免费送给每个人一个玉米卷。虽然空间站没有命中目标，不过有几名球员在大赛中成功偷垒，因此每个人都得到了免费的玉米卷！塔可钟还与激浪（Mountain Dew）一起开展特别促销活动，与美国职业篮球协会合作成为其官方指定快餐，并制作电影院广告视频。

你可能还记得一些塔可钟的广告活动，如"我想吃塔可玉米卷""味美价廉"或"到塔可钟来买它"，还有最近的"考虑一下汉堡之外的食品"活动则是为千禧一代量身打造的。后来，随着集团的变化，塔可钟的高管认识到，他们有机会重新定位

---

[1] bell的意思为钟，该公司中文名多译为塔可钟。——译者注

连锁店。塔可钟的品牌创意总监特蕾西·拉罗卡（Tracee Larocca）解释说："随着文化从'食物是燃料'到'食物是体验'的转变，我们意识到这背后蕴含着一个很大的商机。"塔可钟考虑了很多句子，来表达全新品牌理念，如"保持生活的火辣"和"渴望享受"，最终形成了"尽享生活"活动。随着营销活动和定位的变化，整合营销变得越来越重要。拉罗卡认为："作为品牌的创意总监，我的工作就是确保我们在所有平台上的传播都具有相同的表现、语气和感觉，确保在品牌上发出一致的声音，不分内部或外部。"

《广告时代》杂志最近授予塔可钟年度营销者奖，以表彰其在推出立体脆墨西哥卷饼时对综合营销的特别运用。新产品在推出之前，历经了三年的开发，研制过45个原型，推出后的前10周便实现了1亿单位的销量。塔可钟在预算上的分配比例是：传统媒体约70%，数字媒体20%，可供"探索"的新媒体10%。传统媒体预算包括一个以"尽享生活"为主题的超级碗广告。拉罗卡解释说："这与思维方式有关，而不是年龄范围或人口统计特征。"她补充说，名为"永远年轻"的广告表现了"一群老年人逃出养老院，在镇上度过了一个愉快的夜晚"。

这项促销活动所用的社交媒体包括脸谱网、推特、Vine、色拉布和Instagram。例如，推特上的活动包括"为家乡发推"，即发推文说明塔可钟的销售卡车应该访问他们家乡的理由。类似地，塔可钟将图片发到脸谱网上，观测用户的评论和点"赞"等回应。塔可钟运用部分新媒体预算尝试了一些促销方式，比如建立自己的网络和移动视频频道，以及在时代广场的广告牌上进行直播。罗布·珀奇（Rob Poetsch）是塔可钟公共事务和参与部主任，在推出立体脆墨西哥卷饼时，他注意到："我们第一次有了一个能让所有顾客参与其中的完全整合营销计划。"

塔可钟的未来

塔可钟接连不断地开发出新的产品和品牌概念，并开展促销活动。例如，华夫玉米卷、Cinnabon Delights肉桂卷和A. M. Crunchwrap都是新增的食品。此外，新品牌概念的"塔可钟酒吧"正在芝加哥和旧金山的首批地点试运营，为顾客提供"餐前小吃式"的开胃菜以及啤酒和葡萄酒。最后，他们还开展了新早餐菜单活动，请25位名叫罗纳德·麦当劳（麦当劳叔叔的名字）的男子提议新一代早餐快餐食品，现在已在塔可钟销售。这些活动都为公司的持续增长做出了贡献。百胜餐饮集团预计，到2021年，塔可钟在美国的销量将翻番！

思考题

1. 是什么因素帮助塔可钟取得了早期的成功?
2. 塔可钟在立体脆墨西哥卷饼促销活动中使用了图17–2中的哪些促销元素?
3. 塔可钟如何确保食品连锁店持续成功?

18

广告、促销和公共关系

学习目标

1. 解释产品广告和机构广告的区别及其各自的变化形式；
2. 描述开发、执行和评估广告方案的步骤；
3. 说明不同广告媒体的优劣势；
4. 了解针对消费者的促销和针对经销商的促销的优势和劣势；
5. 认识一种重要沟通方式——公共关系。

虚拟现实是广告的新现实

你可能还记得脸谱网宣布投入20亿美元购买傲库路思VR这家小公司的事，你可能很想知道这家公司做的什么东西如此重要。答案是：虚拟现实。

傲库路思VR制造头戴式虚拟现实显示设备，看起来有点像滑雪护目镜，可以通过高质量的视频和音频，为使用者带来360度的沉浸式体验。许多营销人员认为虚拟现实即将成为广告商接触消费者的重要方式。正如Skype前高管特里·布洛克（Terry Block）所说："当脸谱网涉足其中的时候，你就知道广告即将成为一块大蛋糕。"

那么，虚拟现实将如何为企业服务呢？数字营销机构ReadySetRocket的联合创始人亚历克斯·利茨曼（Alex Lirtsman）说："这是最好的广告方式，汽车公司可以用它来展示最新款汽车，零售商可以通过它提供时装周活动的视频，旅游景区可以用它演示活动，任何广告客户都可以通过它将30秒的广告真正提升至新的水平。"虚拟现实还可以帮助消费者随时在诺德斯特龙、宜家或喜互惠等商店购物和浏览，无须忍受拥挤。

傲库路思VR不是市场上唯一拥有虚拟现实产品的公司。微软称其全息透镜是一种用于游戏、视频会议和3D建模的虚拟现实产品。对于已经拥有索尼游戏机的1 000万户家庭来说，索尼的墨菲斯计划虚拟现实头盔有望增强他们的游戏体验。三星的Gear VR虚拟现实眼镜可以与其盖乐世系列手机兼容。其他新进入者包括宏达电（HTC）、威尔乌（Valve）和MergeVR。目前，虚拟现实产品的销售额约为6 000万美元，不过专家认为，这个数值在短短5年之内将达到1 500亿美元。

多家公司在着手推动虚拟现实业务。例如，激浪开发了虚拟现实轮滑体验，模拟与激浪巡回赛的前轮滑手一起穿越拉斯维加斯的街道的情景。随后，激浪又为滑雪者组织了另一场体验活动。电视剧《权力的游戏》创造了一个虚拟现实体验，让用户攀登上700英尺高的冰墙。万豪酒店则开发出利用"心灵运输"将人送至伦敦或毛伊岛的体验。未来，虚拟现实产品还将与你的手机、手表和其他设备相连，增加其他感官的体验。

这听起来像只是人们对新奇设备的热情，不过其实广告商正在为一种具有全新本质的媒体做准备。电影导演克里斯·米尔克（Chris Milk）介绍道："从广告的角度看，这是一个非常强大的工具。广告商正在探索两件大事：渗透进消费者的意识、获得他们一心一意的关注。虚拟现实技术能让他们全神贯注，因为他们看不到或听不到其他东西。"头戴式虚拟现实显示设备也有可能像电脑或手机一样寻址访问，广告商可以由此找到某些特定的市场。

这些令人兴奋的全新虚拟现实体验值得关注。例如，福克斯体育正在测试一种能够180度和360度观看美国全国运动汽车竞赛协会（NASCAR）赛车的虚拟现实产品。为了享受这些以及其他虚拟现实的沉浸式体验，预计消费者明年将购买1 200万台头戴式虚拟现实设备！

虚拟现实的增长只是当今广告领域发生的诸多激动人心的变化之一。这些变化体现了广告在营销传播的五个促销组合元素中的重要地位。本章将介绍促销组合的三个要素：广告、促销和公共关系。第17章介绍了直复营销，第20章将介绍人员推销。

◎ 广告的分类

第17章介绍**广告**（advertising）的定义是由明确的投放人就组织、产品、服务或创意进行的付费非人员沟通。翻阅杂志、看电视、听广播或者浏览网页时，你会看到和听到不同类型的广告，它们的相似度很低。广告制作因目的不同而不同，不过基本上可以分为两类：产品广告和机构广告。

产品广告

产品广告（product advertisements）侧重于销售产品或服务，包括以下三种类型：（1）开拓型广告（或告知型广告）；（2）竞争型广告（或劝说型广告）；（3）提醒型广告。看看李维斯、三星和肖氏的广告，确定每则广告的类型和目的。

开拓型广告用于产品生命周期的导入期，告诉消费者产品的名称、用途以及销售地点。李维斯501 CT牛仔裤的广告即开拓型广告，主要目的是告知目标市场。告知型广告通常被认为比较有趣、可信和有效，带有明确资讯的告知型广告尤其如此。

宣传特定品牌特色和好处的广告属于竞争型广告。这类资讯的目的是说服目标市场选择该公司的产品而非竞争对手的产品。越来越常见的一种竞争型广告是对比型广告，即在广告中展示某个品牌相对其竞争者的优势。例如，三星的广告强调了三星盖乐世智能手机相对苹果手机的优点。研究表明，尽管其影响可能因产品类型、资讯内容和受众性别的不同而不同，不过对比型广告更引人注意，更有助于提高消费者对广告主品牌的认知度。使用对比型广告的公司必须借助市场调研为其广告语提供法律上的支持。

提醒型广告可以强化消费者对产品原有的认知。肖氏的鲜花广告提醒消费者一个特殊的活动快到了，这里指的是情人节。提醒型广告适用于已经为消费者熟知并处于产品生命周期成熟期的产品。另一类提醒型广告属于强化型，让现有使用者确信其选择是正确的。例如，仔细体会一下黛亚（Dial）香皂广告中的那句广告语："难道你不为使用黛亚感到高兴吗？难道你不希望每个人都用它吗？"

机构广告

机构广告（institutional advertisements）的目的是为组织培育商誉或树立形象，而非促进特定商品或服务的销售。德士古、辉瑞和IBM等公司均通过机构广告来增强消费者对公司的信心。这种广告形式一般用来支持公共关系活动或应对负面的宣传。机构广告通常有四种类型：

1. 倡导型广告陈述公司在某一问题上的立场。例如，雪佛龙公司通过"我们同意"活动投放了广告，表明其在可再生能源、保护地球和社区发展等问题上的立场。一些组织提议某种行动或行为时会用到另一种形式的倡导型广告，如美国红十字会提倡捐款的广告。

2. 如前面讨论的开拓型产品广告一样，开拓型机构广告用于宣告这是一家什么样的公司、该公司能做什么或公司位于何地。拜尔公司最近试图通过"我们不仅仅治疗头痛"这则广告告诉消费者，除了阿司匹林以外，他们还生产许多其他产品。全食超市在名为"价值意义重大"的活动中使用了开拓型机构广告，向人们宣传自己在提供更好产品方面所能起到的作用。

3. 竞争型机构广告强调某类产品胜过其他类别替代品的优势，一般用于不同类别产品争夺相同购买者的市场。在与其他软饮料的竞争中，美国牛奶加工商和奶农发起了"牛奶生活"活动，旨在增加牛奶的需求量。

4. 与提醒型产品广告一样，提醒型机构广告仅仅是为了再次吸引目标市场关注公司。美军空军赞助了一场宣传活动，提醒潜在新兵认识到加入空军所能带来的机会。

◎ 制定广告方案

每一个促销要素都可运用第17章介绍的促销决策过程。例如，可以通过制定、执行和评估这三个步骤构成的过程管理广告。

确定目标受众

为制定有效的广告方案，广告主必须确定目标受众。潜在顾客的特征可能会影响广告方案的各个方面，因此必须了解目标市场的生活方式、态度和人口统计特征。例如，激浪轻怡（Diet Mountain Dew）的目标是X一代的男性，而卡夫食品公司的晶光（Crystal Light）饮料则针对在意热量的女性。这两个活动都需要着重强调适合目标受众的广告技术。为了吸引X一代的男性，激浪成了小戴尔·厄恩哈特赛车队的赞助商（参加全国运动汽车竞赛协会的比赛）。同样，为了吸引在意热量的女性，晶光则开始专门在脸谱网和推特上发布营养知识。

同样，广告的投放方式需要根据受众来决定。安德玛（Under Armour）为了配合主打女装的"我会得到我想要的"活动，创建了一个网站IWillWhatIWant.com，赞助了《早安美国》的一段节目，与限时抢购网站Gilt合作促销，并在YouTube上发布了一段浏览数为800万次的视频，再加上传统的印刷广告、数字广告和户外广告，力争让有进取心的女性能看到。甚至广告发布的时间安排也要取决于受众。为配合奥运会的日程，吸引业余运动员、大学生运动员和职业运动员，耐克公司会特意为广告、赞助、优惠和代言安排时间。

为了避免对某些人口细分的主观判断引起的偏差，美国联邦通信委员会建议企业在对目标受众进行市场调研的基础上制定广告方案。

确定广告目标

第17章介绍的确定促销目标的指导方针同样适用于广告目标的确定。这个步骤能为广告主在促销决策过程中的其他选择提供参考，如选择媒体和评估促销活动。例如，以增进认知为目的的广告更适合刊登在杂志上，而不是黄页等名录上。美国杂志媒体协会认为目标非常重要，因此他们正在筹划一个奖励计划，旨在发现那些在达成活动目标方面既具有创造性又富于有效性的杂志广告。同样，广告研究基金会赞助了研究论坛，以便促进衡量和评估广告和营销沟通有效性的实践。

专家认为，产品类别、品牌和消费者参与购买决策等因素可能会改变效应层级各个阶段的重要性，还有可能影响各阶段的顺序（见第17章）。例如，在设计最近的一次促销活动时，因为知道自己的消费者可能不太喜欢复杂的信息处理过程，士力架夹心巧克力的广告选择使用简单而幽默的信息，而不是大量的真实信息。新的管理观点还发现广告对组织的财务价值会产生深远影响。

确定广告预算

1990年，广告商在超级碗比赛期间投放30秒的广告要支付70万美元。2015年，在第49届超级碗比赛期间投放30秒广告的费用为450万美元（见图18-1）。成本的攀升与观众人数的不断增加有关——有1.14亿人观看比赛。此外，受众对广告主也很有吸引力，因为研究表明，男性和女性在观众中各占一半，他们很有可能在比赛前后，通过社交媒体接触过品牌，而在比赛期间，他们会很期待观看广告。广告会带来巨大效果，比如雷克萨斯声称，在其超级碗广告之后，在凯利蓝皮书网站上搜索该品牌车辆的人数飙升了1800%；可口可乐在脸谱网

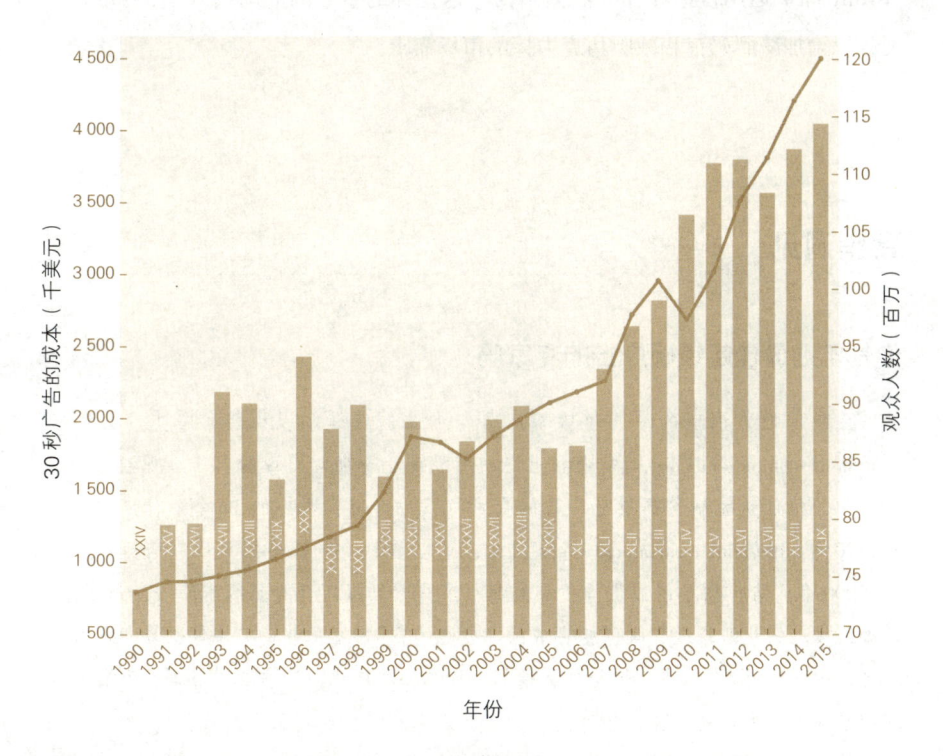

图18-1 如果你负担得起广告费用，超级碗比赛会带来大量观众

上吸引了66 000名新粉丝；麦当劳声称，投放超级碗广告后，该公司增加了16 000名推特粉丝。因此，超级碗比赛既吸引了嘉年华邮轮、彩虹糖（Skittles）、乐泰（Loctite）和莫菲（Mophie）等新广告主，又能吸引安海斯-布希、立体脆和可口可乐等长期广告主。最近，安海斯-布希发布了一则广告，讲的是一只迷路的小狗寻找回家的路，在克莱德斯代尔马的帮助下摆脱了困境，获得了《今日美国》广告标准的最高评级。阅读"营销洞见"专栏，可以了解自己的评级相对于广告标准小组成员的评级处于什么位置。

虽然并非所有的广告都像超级碗那么昂贵，但大多数广告仍需大量的资金投入，并需要经过正式的预算流程。例如，在保险行业，盖可、前进和全国三家保险公司分别占有约19.2%、11.1%和5.6%的市场份额，其广告和促销预算分别为10.01亿美元、5.87亿美元和2.96亿美元。运用竞争均势预算法分析可以发现，每家公司要获得1%的市场份额大概需要花费5 280万美元。瘦得快（SlimFast）运用目标和任务法为名为"这是你的事"的活动投入了5 000万美元，以增加减肥奶昔和减肥巧克力棒的市场需求。

营销洞见

你是挑选最佳超级碗广告的专家吗

让我们把你选择的最佳超级碗广告与专家的选择加以比较。首先，去www.superbowl-commercials.org网站查看上一届超级碗比赛期间出现的广告。观看每个广告时，评价你认为制作高质量广告的要素，然后选出你眼中的10个最佳广告。现在，访问http://admeter.usatoday.com/网站，可以看到《今日美国》的广告标准。基于7 000名广告标准小组成员的投票结果，广告标准每年会对超级碗广告进行排名。例如，最近的几则顶级广告包括百威的"迷路的狗"、立体脆的"中间的座位"和可口可乐的"让世界快乐"。你是怎么选的？你选择的广告与广告标准相同吗？如果你选中了5个或更多的广告，就可以认为自己是专家了！要真正了解自己的评价水平，请观看1989年以来的获奖商业广告，看你与他们的标准是否一致！

设计广告

广告资讯一般会突出产品的主要卖点，对促使潜在顾客做出试用和采用决策非常关键。这些资讯的效果取决于广告形式或诉求，以及广告中的实际文字。

资讯内容 大多数广告资讯由告知性要素和劝说性要素组成。事实上，这两种因素交织在一起，有时很难分辨。例如，广告的基本信息包括产品名称、益处、特性和价格等，这些信息以能够引起注意和鼓励购买的形式表现出来。另一方面，即使是最具说服力的广告，也必须包含一些基本的信息才能取得成功。

告知性内容和劝说性内容可以通过诉求的形式整合在一起为消费者提供决定购买的基本理由。营销人员可以利用多种诉求，最常用的广告诉求包括恐惧诉求、性感诉求和幽默诉求。

恐惧诉求暗示消费者可以通过购买和使用产品和服务、改变行为或减少产品的使用来避免某些消极的体验。大家较为熟悉的例子包括：表现事故或伤害的汽车安全广告；对政治候选人的支持，对其他不得人心的意识形态的崛起提出警示；提示毒品和酗酒严重后果的社会公益广告。保险公司经常会设法展示未购买足够人身保险或抵押贷款保险的人意外死亡对亲人带来的不利影响。食品制造商鼓励人们购买低热量、低脂肪和富含纤维的产品，将其作为减肥、降低胆固醇含量和预防心脏病发作的方法。远离冰毒基金会（The Meth Project）发布了一系列运用恐惧诉求的广告，常见标题有："为了钱殴打老人不正常。但吸上了冰毒，这就是常事了。"而图片上画的是一名不省人事的男子躺在地板上，袭击者抢走了他的钱。

使用恐惧诉求时，广告主必须确保这项诉求足够强烈，以便引起受众的注意和关心，但又不能过于强烈，以免他们屏蔽掉这条资讯。研究表明，太具威胁性的资讯会妨碍人们的适当行为。事实上，近期针对反吸烟广告的调查表明，强调吸烟对人体健康的长期危害反而会增强吸烟对青少年的诱惑力。

与恐惧诉求相反，性感诉求则向受众暗示该产品能提高使用者的吸引力。性感诉求几乎出现在所有类型产品的广告中，从汽车到牙膏都有。例如，当代女装店碧碧（Bebe）通过设计广告来"吸引那些对俏皮感性和令人回味的碧碧生活方式感兴趣的消费者"。研究表明，性感诉求有助于广告在当今杂乱无章的媒体环境中脱颖而出，从而引起人们的关注。可惜的是，与性有关的内容并不总能带来回想、认可或购买意图。专家建议，只有当广告所用的性感诉求与品牌的形象和定位强烈契合时，与性有关的内容才最为有效，正如碧碧广告所体现的。

幽默诉求直接或巧妙地暗示该产品比竞争者的产品更加有趣和令人兴奋。与恐惧诉求、性感诉求一样，幽默诉求被广泛用于广告活动，出现在很多产品类型的广告中。看到盖可保险公司那则流行的广告里会说话的猪、穴居人和壁虎，你可能会露出微笑，他们用幽默的方式将自己与竞争对手区分开来。盖可保险还制作了像病毒一样广为传播的视频，将其发布到 YouTube 等视频分享网站，几天之内就收获了数百万的观众。可能你也有喜欢的幽默广告角色，如劲量电池的小兔子、老帆船的男人、美国家庭人寿保险公司（AFLAC）的鸭子或速旅公司（Travelocity）的小矮人。尽管有些研究表明随着幽默很快消失，消费者就会失去对产品的兴趣，但广告商认为幽默可以提升广告的效果。另外，在国际促销广告中采用幽默诉求，其效果会因文化差异而不同。

创作真实的资讯 广告公司 R/GA 最近被《广告时代》杂志指定为年度代理商，因为他们具有将技术与创造力融合在一起的特殊能力，其案例包括为头戴式魔音耳机（Beats by Dre）制作的"赛前之赛"，宣传耐克产品和服务集成网站和平台的"一个耐克"，以及伦敦数字户外广告牌活动"谷歌在室外"。另外，R/GA 还被《广告周刊》认定为年度数字代理商，以表彰他们使用移动网络、社交媒体和数字要素方面的工作，事实上，该公司网站上的品牌理念是"R/GA 为连接时代而生"。

R/GA 和其他代理商利用多种广告形式来创作广告资讯。如今有一种很流行的广告形式就是启用名人代言。R/GA 曾启用过众所周知的名人，比如魔音耳机广告中的足球运动员内马尔·达·席尔瓦·桑托斯、美国全国橄榄球联盟的四分卫科林·凯普尼克和美职篮球星勒布朗·詹姆斯。很多公司都会聘请运动员、影视明星、音乐家和其他名人在广告中与消费者交流。

启用名人代言的广告主认为这种广告更能有利于提升品牌价值和销量。此类广告的主角包括各种各样的名人，如歌手碧昂丝（百事可乐）、演员塞缪尔·杰克逊（第一资本水银卡）和运动员迈克尔·乔丹（耐克）。巴黎欧莱雅最近签下了女星娜奥米·沃茨，由她担任该公司及其品牌的女性代言人。品牌全球的总裁西里尔·沙皮解释说，娜奥米之所以入选，是因为"永恒的美丽使她成为完美女性，能够支持我们的终极护肤创新产品'复颜玻尿酸水光充盈导入霜'"。谁是最有效的代言人？尼尔森公司最近的一份报告显示，利亚姆·尼森和皮尔斯·布鲁斯南并列第一。其他排名靠前的名人包括马修·麦康纳、詹妮弗·加纳和索菲亚·维尔加拉。

这种广告形式有一个潜在弊端，即经过一段时间之后，代言人的形象可能会发生变化，以致与公司或品牌形象不符。例如，环法自行车赛自行车运动员兰斯·阿姆斯特朗在负面新闻受到公众关注之后，失去了耐克的代言合同，职业高尔夫球手泰格·伍兹失去了与美国电话电报公司和埃森哲的合同。许多公司现在会调查潜在的代言人的背景，并考虑退休运动员和已故运动员，因为他们的风险较低，并且在市场上仍然具有持久的吸引力。也有些公司会采用授权许可协议，代言人的报酬与其代言产品的成功程度直接挂钩。

将广告文案人的创意转换成真实广告的复杂过程是另一个问题。为广告设计高质量的原图、布局和成品非常耗时而且费用不菲。美国广告公司协会报告的数据显示，30秒高质量电视广告的制作成本一般约为354 000美元。成本如此之高的原因之一在于，随着公司在全球范围内开展促销活动，他们越来越需要在几个地方拍摄广告。演员的演出费也很高：一个标准电视广告的报酬为1.9万美元。

选择恰当的媒体

每个广告主必须决定在哪里投放广告，即需要选择广告媒体。广告媒体是将资讯传递给目标受众的手段，包括报纸、杂志、广播和电视等。媒体选择与目标受众、产品类型、资讯的性质、促销活动的目的、可用预算和可替代媒体的费用相关。图18-2显示了2 240亿美元的广告费在各媒体之间是如何分配的。

选择媒体和相应的载体　在决定在哪里投放广告时，公司有几种媒体可供

户外
$8 300
4%

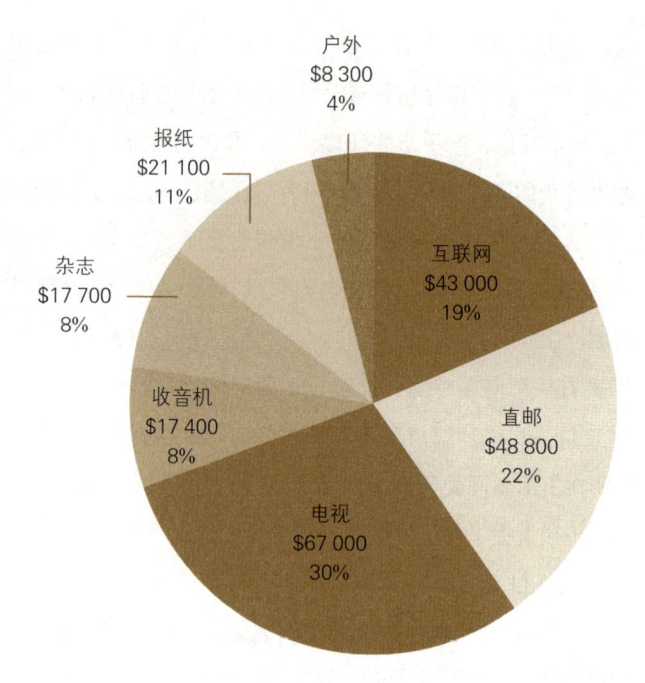

报纸
$21 100
11%

杂志
$17 700
8%

收音机
$17 400
8%

电视
$67 000
30%

直邮
$48 800
22%

互联网
$43 000
19%

图18-2 电视广告、直邮推销和报纸广告在所有广告费用中占60%以上（单位：百万美元）

选择，并且每种媒体还有多种广告载体可供选择。一般情况下，广告主会选择媒体形式和广告载体的组合，尽最大可能地将资讯展示给目标受众，并将成本降至最低。这两个目标互相冲突，但对媒体规划来说却至关重要。

基本术语 媒体购买者有自己的语言，所以，广告主要为其广告活动选择恰当媒体，就必须熟悉一些广告行业的常见术语。

因为广告主会想方设法将目标市场中接收到广告资讯的消费者人数最大化，所以，他们必须关心广告的覆盖面。**覆盖面**（reach）指接触到广告的不同消费者或家庭的数量。对不同媒体来说，覆盖面的确切含义有时有所不同。报纸通常用覆盖面来表示总发行量或购买报纸的家庭数量。相反，电视台和广播站则使用**收视率/收听率**（rating）来表示覆盖面，即观看某个电视节目或收听某个电台的家庭在市场上所占的比例。总之，广告主总是尽力以最低的成本覆盖最大面积的目标市场。

虽然覆盖面很重要，但广告主也希望能让其目标受众多次接触到同一个资讯。这是因为消费者往往不太关注广告资讯，而且有些广告包含了大量相对复杂的信息。当广告主希望同一则广告不止一次地覆盖同一目标受众时，他们会关心**广告频率**（frequency），即同一信息或广告呈现在目标受众面前的平均次数。跟覆盖面一样，频率越高越理想。研究表明，广告的反复出现有利于消费者接受品牌。

用覆盖面（以总市场的百分比表示）乘以广告频率，广告主可以得到普遍使用的**毛评点**（gross rating points，GRPs）这个参考数字。为了获得达成广告活动目的所需的理想毛评点，媒体策划人必须平衡好覆盖面和广告频率，而这也会受广告成本的影响。**每千人成本**（cost per thousand，CPM）指在一种特定媒体中，为使广告信息覆盖到 1 000 个个人或家庭的广告成本（M 代表罗马数字 1 000）。阅读"营销仪表盘"专栏，学习在媒体选择中利用每千人成本的案例。

营销仪表盘

覆盖 1 000 名消费者的最佳方法是什么

策划覆盖潜在消费者的广告活动时，营销经理需要从众多广告媒体中做出选择。目前存在多种广告媒体（电视、广播、杂志等），每种媒体又存在多种选择，因此，使用营销仪表盘随时关注广告开支的使用效率就显得极其重要。

你的挑战

一家公司将要在美国市场上推出一款新型软饮料，你作为其营销经理，正在准备一份演示文件，就广告活动提出建议。你发现竞争对手使用了杂志广告、报纸广告甚至超级碗广告！为了比较各种媒体的成本，你决定使用广告领域中最常见的衡量指标：每千人成本。其计算公式如下：

$$每千人成本 = （广告费/受众规模）\times 1\,000$$

你面临的挑战是确定如何使用广告预算才能达到最佳效果。

你的发现

市场调研部门帮助你收集了以下三种广告载体的成本和受众规模的信息:《时代》杂志的整版彩页广告、《今日美国》报纸广告和超级碗比赛期间的30秒电视广告。利用这些信息,你可以计算出每种广告的每千人成本。

可选媒体	广告成本(单位:美元)	受众规模	每千人成本(单位:美元)
《时代》(杂志)	3 338 900	3 000 000	113
《今日美国》(报纸)	242 600	1 258 710	192
超级碗(电视)	4 500 000	114 400 000	39

你的行动

根据这些选项的计算结果,你发现不同选项覆盖1 000位潜在消费者的成本(CPM)和绝对成本相差都很大。虽然超级碗比赛期间的广告的每千人成本最低,为39美元,但它的绝对成本是最高的!下一步你就要考虑其他因素,例如可用的总预算额度,每种媒体覆盖的受众特征,以及是纸媒还是电视更能传递你想传递的资讯。

不同媒体的选择

图18-3中总结了主要广告媒体的优缺点,接下来进行更详细的讨论。要详细了解直邮推销的相关内容,可以参考第17章。

电视 电视是一种很有价值的媒体,因为它能通过图像、声音和动作传播信息。单纯的印刷广告绝不可能给你带来跑车从静止到加速或高速转弯的真实感受。此外,电视覆盖了96%以上的家庭,即1.164亿个家庭,包括通过互联网将视频传送到电视的家庭。大约500万"没有电视"的家庭可以用其他设备代替电视来接收节目。由于许多酒吧、酒店、办公室、机场和大学校园都有电视,人们在家庭之外看电视的机会也很多。

人们看电视的传统方式出现了几个方面的变化。首先,尼尔森公司的研究表明,在时间分配上,看电视的时间正在增加。美国观众现在每周会花41个小时

媒体	优点	缺点
电视	覆盖的受众非常多；使用图片、文字、声音和动作产生效果；可以影响特定受众	准备和播出广告的成本很高；接触消费者的时间短，且资讯无法持久；难以传递复杂的信息
广播电台	成本低；可以影响当地的特定受众；投放广告速度很快；可以有效地利用声音、幽默和亲切感	无可视要素；接触消费者的时间短，且资讯无法持久；难以传递复杂的信息
杂志	可以影响特定受众；色彩质量高；广告寿命长；广告能被剪下并保存；可以传递复杂的信息	投放广告所需时间较长；相对成本较高；杂志的其他特刊内容会分散读者的注意力
报纸	可很好地覆盖当地市场；广告的投放和更改速度都很快；广告可以被保存；消费者反应快；成本低	报纸的其他特刊内容会分散读者的注意力；广告寿命短；色彩质量差
黄页	非常好地覆盖地理细分市场；使用周期长；每天每时均可用	在很多市场上都有竞争性目录散发；难以保持更新
互联网	具有音频和视频效果；动画能够吸引注意力；广告能链接到广告主，并能与之互动	动画和互动需要大量的文件，上传时间长；效果仍不确定
户外广告	成本低；聚焦当地市场；可视化程度很高；有重复显示的机会	资讯必须简短；对受众的选择性差；被指责为交通公害
直邮推销	可以很好地选择受众；囊括复杂和个性化的信息；图像质量高	单位接触成本高；形象差（垃圾邮件）

图 18-3 广告主必须考虑各种媒体的优缺点

观看电视节目，不过是通过更多样化的媒介。除了传统的电视以外，还有电脑、平板电脑和智能手机。此外，观众通过数字录像机、影碟和网飞等订阅服务以及葫芦网（Hulu）和苹果电视等网站在非直播时段观看电视节目的情况越来越普遍。技术也在不断进步。近年来，很多消费者购买了高清电视，不过未来还会有4k、8k、OLED和裸眼3D电视，清晰度是高清电视的4倍和8倍，可以将普通电视节目转换为3D影像，提供声音启动和动作控制功能，并可同时观看两个节目。

电视的主要缺点是费用高，从黄金时段的30秒广告的价格看，《周日橄榄球之夜》为62.73万美元，《海军罪案调查处》为17.0948万美元，《美国家庭滑稽录像》为4.9839万美元。由于成本过高，很多广告主会选择相对便宜的插播广告，通常在节目之间插播，或选择15秒的广告，而不是投放较传统的30秒或60

秒广告。事实上，现在大约34%的电视广告是15秒。最近的研究表明，在节目中植入广告，与一系列其他广告连在一起，可能会影响广告的效果。此外，有迹象表明，广告主更感兴趣的目标正在向现场活动转变，而不是有可能在几天之后才会在硬盘录像机上观看的节目。

电视广告的另一个问题是有可能存在无效覆盖，指让该产品目标市场之外的消费者也看到了广告。利用专业有线电视和卫星频道可以减少电视广告的成本和无效覆盖问题。有线电视和卫星频道的广告时间要比广播电视网便宜。根据美国全国有线电视电信协会（NCTA）的数据，有线电视频道有900多个，如迪士尼、娱乐体育节目电视网（ESPN）、历史频道、音乐电视（MTV）、氧气频道（Oxygen）和人生频道（Lifetime）。有线电视频道也愿意为自己的节目贴上"标签"，以便广告主能够根据具有特定主题的场景投放广告。例如，高尔夫设备的广告可能会在高尔夫球手的节目镜头之后播放。

还有一种十分流行的电视广告形式是**专题广告片**（infomercial），它是相当于一个电视节目长度（30分钟）的广告，通过教育片的形式与潜在消费者交流。你可能还记得看过魔术子弹榨汁机（Magic Bullet）、腿媚施（Thighmaster）健身器材和OxiClean清洁剂的专题广告片，它们分别由罗恩·波沛尔（Ron Popeil）、苏珊娜·萨默斯（Suzanne Somers）和安东尼·沙利文（Anthony Sullivan）代言。

专题广告片越来越受欢迎，因为它们既有信息性，又有娱乐性，而且30分钟电视时间段的平均成本只有425美元。每年，《反应》杂志和专题广告片监测服务公司会公布在过去12个月里排在前50名的专题广告片名单。最近流行的专题广告片包括疯狂健身影碟、全能健身房（Total Gym）健身器材、纽崔布里特（NutriBullet）高速搅拌机和生命锁（LifeLock）身份防盗产品。这个行业的年销售额超过1 500亿美元，为许多产品带来了长期成功。例如，查克·诺里斯和克里斯蒂·布林克利主演的全能健身房专题广告片已经创造了10多亿美元的销售额！

广播 美国有超过27 800个广播电台，包括约4 700个调幅电台、10 600个调频电台和12 500个数字高清和互联网电台。广播电台的主要优点在于它是一种市场细分的媒体。例如，农场广播网、家庭生活网、商业访谈广播电台和竞速网（PRN）都对应着不同的细分市场。卫星广播服务商天狼星XM

（SiriusXM）每月向消费者提供超过175个没有广告的全国性数字广播频道，互联网广播服务商潘多拉（Pandora）为每个听众提供多达100个个性化频道。今天，虽然电台仍然覆盖到91%的成年人，但大量可选择的媒体夺走了人们听广播的时间。千禧一代平均每周会用9.8小时听广播，因此对将大学生和应届毕业生作为目标市场的企业来说，广播电台是一个重要的媒介。

广播的劣势在于它几乎无法用来宣传那些必须通过视觉了解的产品。另外一个问题是听众可以轻易地通过换台来避开商业广告。在人们从事其他活动时，如开车、工作或放松等都会分散人们收听广播的注意力。收听广播的人数在上午开车时（早上7—8点）达到高峰，白天仍然维持较高的收听率，并在下午4点以后随着人们回家开始晚上的活动而下降。

杂志 杂志已经成为一种非常专业的媒体。事实上，目前美国市面上有超过7 289种消费者杂志。去年增加了约231种新杂志，其中包括为自制摩托车狂热爱好者发行的《狂野摩托车》杂志，与运动鞋迷社区相关的新闻杂志《运动鞋迷新闻》，介绍电影、时尚、音乐和艺术领域前沿人才的杂志《没有豆腐块》（*NO TOFU*）。很多出版商也为现有杂志增加了数字版本。例如，现在人们可以通过网站、苹果平板电脑或智能手机阅读《滑板运动员》。有些杂志正在放弃印刷版本，只提供在线版本，如《汽车交易商》和《计算机周刊》。最后，一些数码企业推出了印刷版杂志，如爱彼迎发行的《菠萝》和优步推出的《动力》。

这种媒体的营销优势在于有大量满足特殊兴趣的杂志，能吸引狭小的目标市场。跑步者阅读《跑步者世界》，水手购买《游艇》，园艺师订阅《园艺设计》，孩子们阅读《体育画报儿童版》。有超过675种杂志专注于旅行，146种专门介绍室内装修和装饰，98种与高尔夫有关。每种杂志的读者通常代表了一类人。如《滚石》杂志的读者比大多数人更倾向于听音乐，于是天狼星XM卫星广播知道《滚石》上的广告能覆盖到他们希望接触的目标受众。此外，最近对不同媒体广告的比较研究表明，杂志广告被认为比其他媒体更"鼓舞人心"。

在全国性杂志上刊登广告的缺点是成本太高，不过许多全国性的刊物也会通过推出区域版本甚至都市版本来减少绝对成本和无效覆盖。《时代周刊》有400多种版本，包括拉美版、加拿大版、亚洲版、南太平洋版、欧洲版和美国版等，而且美国版还包括按地理和人口统计特征划分的不同版本。除了成本，杂志广告的另一个局限在于频率较低。杂志最多会出周刊，而很多专业杂志都是月刊，甚至双月刊或季刊。虽然杂志媒体具有专业细分的优点，但他们可能还是很难把消费者的兴趣转化成杂志的主题。事实再清楚不过了，十年来已经有数百种杂志停刊。例如《美国新闻和世界报道》《专业游戏》《都市女孩》《人物·青少年版》《商业2.0》《个人电脑杂志》《男性时尚》《美食家》和《绅士运动员》都未能吸引和留住大量的读者或广告商。哪家杂志的发行量最大？是《退休人杂志》，其发行量为2 200万份！

报纸 报纸是一种有着很高覆盖潜力的地方性媒体。日报广告可以聚焦于当前的具体活动，如24小时促销。当地零售商通常使用报纸作为唯一的广告媒体。消费者可以剪下并收藏喜欢的广告，不过购买者很少会保存报纸，所以企业一般只能在报纸上刊登需要消费者快速反应的广告，并且也不能指望报纸具有像大多数杂志那么好的色彩效果。

全国范围的广告活动很少用到报纸这种媒体，除非需要与其地方分销商联合开展活动。在这种情况下，双方通常使用合作性广告方案，分摊费用，本章稍后将对此进行介绍。另外一种例外情况是使用《华尔街日报》和《今日美国》等拥有全国性发行渠道的报纸，这两家报纸分别拥有超过230万和160万读者。《都市日报》每天拥有1 800万名读者，分布在全球各地，如波士顿、纽约和费城，以及欧洲、北美、南美和亚洲的100个城市。

如今，有些重要趋势正在影响着报纸。首先是发行量和广告收入的下降。美国媒体发行公信会（AAM）最近的一份报告显示，过去一年，规模最大的25家报纸中有8家的发行量有所下降。这种转变的原因是读者越来越喜欢免费网站和移动服务，现在有一半的美国人可在移动设备上获得某种形式的本地新闻。此外，随着克雷格列表及类似网站越来越受到消费者的欢迎，报纸的分类广告收入也有所下降。

其次，网络报纸得到较大发展。如今，包括《纽约时报》《华尔街日报》《芝加哥太阳报》和《旧金山纪事报》在内的数百家报纸都会提供其纸质报纸的网络版。事实上，网络订阅目前占所有报纸订阅的19%。《纽约时报》现在拥有的数字版订阅者数量已经超过了印刷版用户。许多报纸除了订阅者之外，还有其他在线读者。例如，《今日美国》称其网站的免费内容拥有3 200万读者。最后一个趋势是新型新闻机构的发展，如《赫芬顿邮报》涵盖娱乐、媒体、生活、商业和政治等各个方面的内容，拥有 500 多万的推特追随者，还有 Examiner.com 网站，采用了大量自由投稿记者的报道。

黄页 作为一种广告媒体，在费用方面，黄页与户外广告相差无几，在美国约为 80 亿美元。根据本地市场调查协会的数据，消费者每年会在纸质黄页上查询约 110 亿次，网络黄页每年还会再多出 56 亿次。人们对黄页的使用率如此之高，其原因之一在于 6 500 种黄页电话簿能够覆盖几乎所有家庭。黄页是一种定向型媒体，可以在消费者通过其他媒体得知产品的存在并产生需求之后，将消费者引导至购买地点。

目前，黄页存在几个缺点。首先是电话簿的激增。美国电话电报公司、德克斯媒体公司和希布公司（Hibu）现在都为很多城市、社区和族群制作了竞争性的电话簿。其次，相对于其他广告方式，黄页可靠性有限，投资回报率指标也不多。许多广告商认为，黄页需要提高在受众衡量指标研究和发行量统计方面的工作。最后，公众日益关注电话簿对环境的影响，这也是黄页出版商面临的一个问题。作为对此的回应之一，该行业建立了 www.yellowpagesoptout.com 网站，允许消费者在不愿意接收纸质电话簿时能够选择相应的选项。

互联网 尽管互联网对很多行业都很有吸引力，不过对广告主来说，它还是一种相对较新的广告媒体。在提供视觉资讯方面，网络广告类似于印刷广告，不过互联网还有其他优点，因为可以利用音频与视频功能。声音和动画能吸引观众更多的注意，或赋予资讯某种娱乐元素。网络广告还有一个独特特征，即互动性。作为多功能媒体，这些交互式广告可以利用下拉式菜单、嵌入式游戏或者搜索引擎来吸引浏览者。网络广告还能提供接触到更喜欢在线交流的年轻消费者的机会。

网络广告形式多样。最受欢迎的是付费搜索、横幅广告、分类广告和视频。付费搜索是增长最快的互联网广告形式之一，大约 80% 的互联网流量始于搜索引擎，如谷歌或雅虎（见图 18-4）。据专家估计，消费者每月会进行大概 200 亿次搜索。现在，搜索引擎代理商会帮助企业将标签、维基百科、RSS（丰富站点摘要）添加到网站的内容中，以提高其搜索排名。虽然横幅广告的使用也在增加，但有人担心消费者正在成为"横幅广告盲"，因为横幅广告的点击率已经持续降到了目前0.1%的水平。有针对性的广告有助于提高广告的有效性，研究表明，如果浏览者感觉网站能够提供某种形式的互惠或换来对网站的免费使用，他们更有可能同意提供相关的信息，以便广告主找到其目标市场。

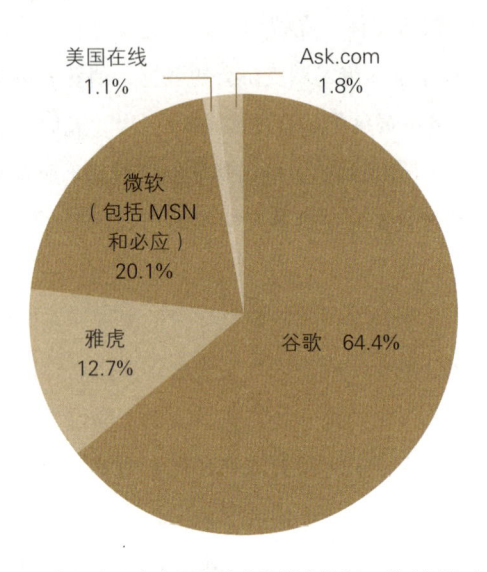

美国在线 1.1%
Ask.com 1.8%
微软（包括MSN和必应）20.1%
雅虎 12.7%
谷歌 64.4%

图18-4 谷歌、微软和雅虎占有网络搜索的最大份额，并为网络广告提供了商机

克雷格列表上的分类广告和视频广告等也为网络广告的发展做出了贡献，因为它们具备很多其他媒体（如黄页、杂志、报纸和电视）所具有的优势和特点。视频广告便于朋友之间彼此分享，因此具有能够广泛传播的优点。随着互联网访问的不断增加和智能手机的日益普及，网络广告还具有移动性这个独特的特点。事实上，如今，**移动营销**（mobile marketing）可以涵盖广泛的交互式资讯传播选项，帮助组织通过移动设备与消费者沟通和接触。

由于网络广告这种媒体相对还比较新，不同格式的技术和管理标准仍处于不断发展的阶段，这是网络广告的一个缺点。这种情况使得广告主难以在多个网站上开展全国性的网络广告活动。互动广告局（IAB）提供了"指导方针、标准和最优方法"，以促进网络广告的使用和发展。

网络广告的另一个缺点是广告效果难以衡量。几家公司正在测试一种跟踪方法，以查明浏览者在看完广告后几天或几周内的网络浏览情况。例如，尼尔森公司提供的在线评级服务，就是通过安装在全球20个国家50万台个人电脑中的测量软件，测量互联网的真实使用情况。衡量在线和离线行为之间的关系也很重要。comScore公司研究了139个在线广告活动，结果表明，在线广告并不总会带来"点击"，但它们使消费者购买该产品的可能性增加了17%，使广告主网站的访问量增加了40%。"负责任地决策"专栏介绍了虚假点击如何使得评估网络广告有效性必不可少。

负责任地决策　商业道德

谁该为虚假点击负责

由于许多广告主将预算从印刷媒体和电视转移到互联网，目前互联网广告的支出已超过400亿美元。对大多数广告主而言，网络广告的一大优势在于：他们只需要在有人点击其广告时付费。遗憾的是，网络媒体的发展导致"虚假点击"的产生，即单纯为了提高广告主需付费用的欺骗性广告点击。虚假点击有几种形式。一种是利用付费点击网站，这类网站专门雇人来点击广告。另一种是使用"点击机器人"，点击机器人是一种能够自动点击广告的软件程序，有时可以通过移动设备运行。这类活动很难察觉和制止，专家估计，可能有多达20%的点击是虚假点击，这可能会造成广告主每年多支付8亿美元的费用！

对网络广告业的调查还发现了虚假点击的一种相关形式，即合法的网站浏览者点击了广告，但并无意浏览广告网址。正如一位消费者所说："我必须一直设法记着不时点击一下横幅广告，这样才能免费使用网站。"史蒂芬·都伯纳（Stephen Dubner）将这种情况称为"给网站小费"。

随着网络广告业的成长，解决虚假点击的问题显得日益重要。消费者、广告主、经营付费广告的网站和大型门户网站都与这个事关技术、法律和社会的复杂局面有关。广告业媒体评级委员会提出了一个可行的解决方案：广告必须有一半内容能在1秒钟之内给观看者留下与品牌付出的费用相当的印象。同样，也有一些广告主现在要求"智能定价"，这意味着如果点击没有推动消费者采取购买或咨询信息等行动，他们可以减少支付的费用。

谁应该率先努力找到解决虚假点击问题的方案？你会建议广告业、网站和消费者采取哪些行动？

户外广告 要提醒消费者注意你的产品，户外广告是一种非常有效的媒体，例如圣地亚哥高通体育场的记分牌。最常见的户外广告形式是广告牌，通常能够带来很高的覆盖面和广告频率，提高购买率。对知名产品来说，引人注目的户外广告能够进一步巩固其知名度。而且，这种媒体费用相对较低，灵活性较大。公司可以只在某个区域目标市场购买广告空间。但广告牌的缺点是不能发布较长的文字资料。而且，广告牌安放地点的好坏取决于交通模式和视线。

如果你曾在大城市居住过，也许你见过另外一种形式的户外广告，即交通广告。这种媒体包括公交车、地铁、轻轨电车和出租车内外的所有资讯。随着大众交通工具使用的增长，交通广告日益重要。广告主拥有了更多的选择，他们可以购买街区或公交线路的广告空间。交通广告也有一个缺点，即交通最繁忙的时段也是受众最多的时段，却无益于人们仔细阅读广告。人们肩并肩地挤在地铁上，唯恐坐过站，几乎不会注意广告。

户外广告业最近发展迅速。根据美国户外广告协会的数据，户外广告支出已增长至每年70亿美元。随着户外广告的形式创新和向数字广告牌的转换，广告主可以根据情况快速发布相关的内容，这也推动了户外广告行业的发展。有一些情境性广告的内容可以根据当前的活动、天气和商业条件，甚至比赛分数来决定。例如，广播电台可以在户外广告上显示其正在播放的歌曲，报纸可以在户外广告上显示当前的头条新闻，零售商可以根据天气预报显示雨伞或防晒霜广告。

数字广告牌公司也会捐赠广告牌时间，用来显示公共服务公告。例如，在明尼苏达州，数字广告牌会显示国家气象局的龙卷风警报；在休斯敦，数字广告牌会显示来自警察局的信息，以便帮助逮捕逃犯。最近的一项研究发现，户外广告每天可让80%的美国居民看到，很多上班族认为数字广告牌让上下班变得更加有趣。这些都是积极的趋势，不过户外广告业也需要高度重视环境问题。例如，美国有几个州禁止广告牌，某法官最近命令洛杉矶的两家广告牌公司关停约80个数字广告牌。

其他媒体 随着传统媒体的费用增高和日渐混乱，广告主开始青睐各种非传统的广告方式，即户外广告或基于场所的广告。人们可以把广告资讯投放到能够吸引特定目标受众的地方，比如机场、诊所、健身俱乐部、电影院（电影放映前，在银幕上播放广告）、食品杂货店和商店的门面，甚至是酒吧、饭店和夜总会的洗手间。很快，广告会出现在加油站油泵、银行的自动柜员机和电梯的视频显示器上，并且越来越多的广告将会是交互式的。

这个价值25亿美元的行业吸引了众多广告主，如美国电话电报公司和彭尼百货等主要在店内举办广告活动的公司，以及盖可保险公司、斯普林特公司和联邦快递等主要利用户外广告的公司，他们可以借此覆盖到在健身俱乐部、机场和酒店使用移动设备的专业人员。研究表明，创造性地使用家庭场景之外的广告可以增强消费者对广告的记忆，如影前播放的影院广告。

选择标准 在这些替代性媒体之间做出选择很难，且会受到多种因素的影响。首先，了解目标受众使用媒体的习惯对于决定选择哪种媒体至关重要。其次，产品属性偶尔会决定应该要使用哪种媒体。例如，如果产品的吸引力主要表现为色彩，那么就可以排除广播电台这个选项了。报纸可以帮助广告主针对竞争对手迅速做出反应，而杂志则更适合传递复杂的资讯，因为读者肯花更多的时间阅读它们。选择媒体时，最后需要考虑的因素是成本。如果可能的话，可以用一个既反映覆盖率又反映成本的指标对替代性的媒体加以比较，如每千人成本。

确定广告促销的日程

为产品做广告，没有所谓的标准时间表，但必须考虑三个因素。首先是购买者的流动率问题，即新购买者进入市场购买产品的频繁程度。购买者流动率越高，所需要的广告数量就越多。时间安排的第二个问题是购买频率，购买频率越高，广告需要重复的次数就越少。最后，企业必须考虑遗忘率，即看不到广告时，购买者遗忘品牌的速度。

设定广告日程需要了解市场是如何运行的。多数企业倾向于采用以下三种基本方法中的一种：

1. 持续式日程。如果季节性因素不重要，广告可以持续或稳定地在全年投放。

2. 间歇式日程。交替安排广告期与非广告期，以反映季节性需求。

3. 脉冲式日程。配合需求的增长、促销周期的密集或新产品的推出,将间歇式日程与持续式日程结合在一起使用。

例如,谷物早餐等产品全年需求稳定,它们的广告日程一般是持续性的。相比之下,滑雪和防晒油等产品的需求是季节性的,在季节性需求期需要采用间歇式广告。而玩具或汽车等产品则需要脉冲式广告日程,以促进全年和需求增加期(如假期或者新车上市)的销售。有证据显示,脉冲式广告优于其他广告策略。另外,研究表明,特定广告的有效性会迅速消失,因此,采用多种形式的广告会更有效。

◯ 执行广告方案

执行广告方案包括广告文案的事前检验和实际执行。费城沃纳梅克百货公司的创始人约翰·沃纳梅克曾经说过:"我知道我一半的广告浪费了,但我不知道是哪一半。"通过评估广告业绩,营销者需要设法确保广告费用没有白费。评估通常在两个时间段分别进行:广告活动实际开展之前和之后。下面讨论在创意产生和文案制作阶段广告评估过程所用的几种方法。

广告的事前检验

为了确定广告是否传递了想要传递的资讯,或是为了在广告媒体之间做出选择,广告投放到任何媒体之前都要进行**事前检验**(pretests)。

组合测试法 组合测试法用于测试各种备选的文案。将待测广告与其他几种广告和新闻报道放在一个组合中,要求消费者通览该组合。之后,根据一些评价标准,询问受试者对这些广告的印象,例如从"很有用"到"不是很有用"。

评委测试法 评委测试法指向一组消费者展示广告文案,请他们评价对广告的喜好程度、广告在多大程度上吸引其注意力和他们认为广告的吸引力如何。这个方法类似于组合测试法,都需要得到消费者的反应。不过与组合测试法不同的是，评委测试法不会将被测广告隐藏在其他广告中。

剧院测试 剧院测试是最复杂的事前检验法。消费者受邀观看包含待测广告的新电视剧或者新电影，然后借助观看过程中使用的掌上电子记录设备或事后调查问卷，记录下对广告的感受。

执行广告方案

如图18-5所示，实际执行广告方案的责任主体可以由以下三种代理机构中的一种来承担。**全面服务代理商**（full-service agency）提供最完整的服务，包括市场调查、媒体选择、文案制作、艺术处理和广告制作。过去，帮助客户制作和投放广告的代理商一般收取媒体费用的15%作为佣金。不过随着公司引入整合营销沟通方法，很多广告主已经不再支付佣金，而是根据效果来支付奖励。他们通常会支付代理商的成本和5%至10%的利润，并在品牌偏好、潜在顾客开发、销售和市场份额等达到了特定的目标时发放奖金。据美国全国广告商协会估计，目前61%的客户使用这种方法。

安海斯-布希公司最近推出了新版本的全面服务代理商办法，宣布将根据严格的工作范围协议来支付代理商的费用。营销副总裁基思·利维解释说："我们希望合作伙伴代理商能够真正与品牌战略挂钩。"未来，客户可能会转为采用根据价值付费的方法，即根据投放广告的产品或品牌的销量给予报酬。这种做法

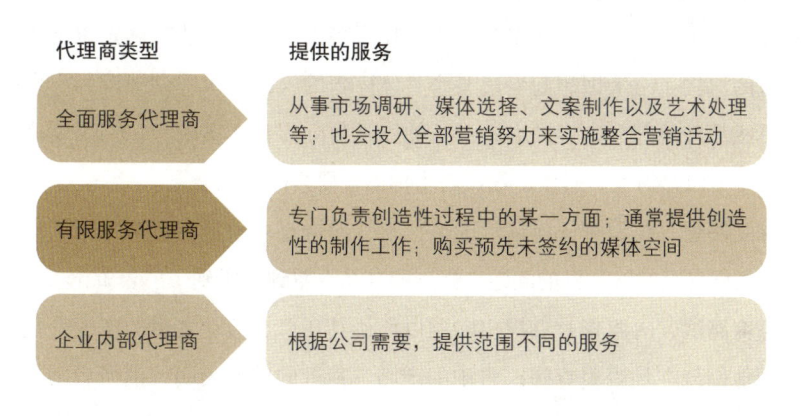

代理商类型	提供的服务
全面服务代理商	从事市场调研、媒体选择、文案制作以及艺术处理等；也会投入全部营销努力来实施整合营销活动
有限服务代理商	专门负责创造性过程中的某一方面；通常提供创造性的制作工作；购买预先未签约的媒体空间
企业内部代理商	根据公司需要，提供范围不同的服务

图18-5 广告代理商用于执行广告方案的可选结构

更强调代理商对广告的贡献。某些情况下，例如专业直复广告代理商可以按一定比例从收益中提取报酬。

有限服务代理商（limited-service agencies）专门负责广告过程中某个方面的业务，如为制作广告文案、购买前期未签约媒体提供创造性服务（媒体代理商），或提供网络服务（互联网代理商）。承担创造性工作的有限服务代理商可以根据合约获得报酬。最后，**内部代理商**（in-house agencies）由企业内部的广告人员组成，他们提供的服务既可能是全面的，也可能是有限的。

◉ 评估广告方案

广告决策过程并不会因广告方案的执行而结束。广告必须进行事后检验，以确定其是否达到了预定目标，其结果有可能意味着广告方案必须修改。

广告的事后检验

在广告展示给目标受众之后，可能会经历**事后检验**（posttests）的过程，以确定其是否达成了预期目标。下面介绍五种最常用的事后检验的方法。

辅助回想　在展示广告之后，询问调查对象上次接触到该广告是通过阅读、观看还是收听的方式。斯塔奇测试就采用了辅助回想的方法来确定以下各种类型人数的比例：（1）回想起看过某个具体广告的人；（2）看到或读到广告中代表产品或品牌的部分内容的人；（3）阅读过部分广告文案的人；（4）阅读过至少广告一半内容的人。然后，在广告中标出各要素的测试结果。

独立回想　在没有任何提示的情况下，向调查对象提出类似"你记得昨天看过什么广告吗？"这样的问题，以判断其是否看到或听到了广告资讯。

态度测试　向调查对象提出问题以衡量其在广告活动之后的态度变化，例如，问他们现在是否更青睐广告中的产品。最近的研究表明，消费者的态度会受很多因素的影响，包括越来越普遍使用的由消费者创造广告的共同创作法。

询问测试 询问测试包括向广告读者或观看者提供额外的产品信息、产品样品或赠品。能够引发最多咨询的广告被视为最有效的。

销量测试 销量测试涉及诸如受控实验（例如，在一个市场使用广播电台广告，而在另一个市场使用报纸广告，然后比较结果）和消费者购买测试（衡量某个特定的广告活动带来的零售销量）等研究。销量测试是当前最复杂的实验方法，可以帮助制造商、分销商或广告代理商通过有线系统控制某个广告变量（如广告日程或文案），监测从超市收银机收集的数据，来观察广告对销量的影响。

进行必要的调整

广告文案的事后检验结果一般用来作为修改广告方案的决策依据。如果事后检验结果显示某条广告在知晓度、成本效率或销量方面表现糟糕，那么它很可能会被舍弃，在将来被替换成其他广告。另一方面，有些时候，某个广告非常成功，那么它就有可能被反复投放或用作更大广告方案的基础。

○ 促 销

促销已经成为促销组合中的一大关键因素，现在每年的促销支出超过740亿美元。根据实力传播集团最近的预测，促销支出占所有促销活动支出的18%。促销开支在营销支出中占据较大比重，反映了企业倾向于采用整合营销沟通方案的趋势，整合营销沟通方案中往往包含了各种促销要素。要选择和整合多种促销技术，需要清楚地了解各种促销的利弊。下面介绍两类主要的促销方式，即针对消费者的促销和针对经销商的促销。

针对消费者的促销

针对消费者的促销（consumer-oriented sales promotions）直接面向最终消费者，是支持企业广告和人员推销的销售工具，可供选择的多种促销工具包括优惠券、打折、赠品、竞赛、抽奖、样品、顾客忠诚计划、销售点展示、返现和植入式广告（见图18-6）。

优惠券 优惠券是为了鼓励试用而提供给消费者的折扣价格。美国每年会发放约3 100亿张优惠券，价值5 330亿美元。92%以上的优惠券是作为报纸的独立插页分发的。研究表明，在经济衰退期，消费者对优惠券的使用有所增加，随后几年一直保持在77%左右。消费者去年使用了27.5亿张优惠券，节省了约36亿美元。

宝洁、雀巢和卡夫等公司增加了优惠券的投放数量，而抵扣量最大的零售商是沃尔玛、克罗格和塔吉特。互联网网站（如www.valpak.com和www.coupon.

促销类型	目标	优点	缺点
优惠券	刺激需求	鼓励零售商支持	顾客会延迟购买
打折	增加试用；反击竞争对于	减少顾客风险	顾客延迟购买；降低产品感知价值
赠品	培育商誉	顾客喜爱免费或减价的商品	顾客购买的目的是得到赠品，而非产品
竞赛	增加顾客购买；构建商业财产	鼓励消费者参与产品的相关创作过程	需要创造性思维或分析思维
抽奖	鼓励现有顾客更多地购买产品；减少品牌转换	有助于消费者更频繁地使用产品和光顾商店	抽奖活动结束后销量会下跌
样品	鼓励新产品试用	消费者风险小	公司成本高
顾客忠诚计划	鼓励重复购买	有助于培育忠诚度	公司成本高
销售点展示	增加产品试用；为其他促销提供店内支持	提供很好的产品展示	让零售商提供客流量高的展示空间难度比较大
返现	鼓励顾客购买；抑制销售下滑	在刺激需求方面有效	容易复制；侵害未来的销量；降低产品感知价值
植入式广告	介绍新产品；演示产品用途	在非商业环境中传递正面的资讯	对产品的展示缺少控制

图18-6　针对消费者的促销可以利用多种工具来实现不同目标

com）和移动设备上发放的优惠券数量也在增加，尽管它们在所有优惠券中所占的比例还不到2%。不过在线优惠券的折扣率约为14%，远远高于其他形式的优惠券。像高朋团购和Living-Social等日常交易网站又助长了优惠券发放的增加。如今，优惠券几乎适用于所有产品类别，各个年龄段的男女消费者都会使用优惠券。

优惠券真的能带来销量增加吗？研究表明，在发放优惠券后的短时期内，市场份额确实有所提高。但研究同时也表明，优惠券可能会因为降低了忠诚顾客支付的价格，减少了企业的总收入。因此，9 000家最近发放优惠券的制造商都更倾向于只向首次使用的潜在消费者提供优惠券。重点关注这部分潜在购买者的方法之一是利用商店内的电子优惠券发放机，使优惠券与顾客最近的消费金额相匹配。

优惠券的成本通常要高于其票面价值，在支付了分发优惠券的广告、经销商的运作、交换票据和回购优惠券的费用之后，一张25美分优惠券的总成本可能达到票面价格的3倍。此外，错误抵扣、伪造优惠券或消费者没有购物却使用了优惠券等导致企业额外支付的费用也应该加到优惠券的成本中。据优惠券信息公司估计，企业每年因优惠券欺诈而承担的费用多达数亿美元。近来，优惠券欺诈行为的增长促使营销人员开始考虑在票面上增加全息图或视觉辅助功能，以帮助收银员识别有效的优惠券。

打折　打折是一种短期降价行为，通常用于促进潜在消费者的试用，或反击竞争对手的行为。例如，如果对手厂商推出了一种新的蛋糕粉，公司即可以采用"买一送一"的折扣方式作为回应。这种短期降价行为会促使购买者增加厨房里的存货，也让竞争对手的新产品更难以推广。

赠品　赠品是针对消费者的一种常用促销工具，包括免费提供或以远低于零售价的价格出售商品。后一种类型的赠品是自偿性的，因为消费者支付的其他产品价格足以补偿其成本。例如，在《小黄人》上映期间，麦当劳就与照明娱乐公司合作提供免费赠品。消费者只要购买开心乐园套餐，就能免费赠送根据电影角色制作的收藏玩具。哪些赠品最受欢迎？根据国际促销产品协会（PPAI）的数据，最受欢迎的赠品是服装、书写工具、购物袋、杯子和桌上办公用品。通过提供赠品，企业可以鼓励消费者更多光顾，或使用更多本公司产品。

研究表明，喜欢打折的消费者和希望省钱的消费者都会受到赠品的吸引。

竞赛 如图18-6所示，竞赛是针对消费者的另外一种促销工具，鼓励消费者运用其技能、分析性或创造性思维设法赢取奖品。由于视频、照片和短文的表达需求能够契合当前消费者创造内容的趋势，这种促销方式得以迅速发展。例如，立体脆曾组织"冲击超级碗"竞赛，要求人们创作自己的30秒立体脆广告。随后，评委小组选出决赛选手，将他们提交的作品发布到立体脆的脸谱网页面上，发起公众投票。获胜作品会在超级碗比赛期间播出，并获得100万美元的奖金！如果你喜欢竞赛，现在就可以登录www.contests.about.com等网站。

抽奖 抽奖活动要求参与者提交某种类型的参赛申请，不过结果纯粹靠碰运气，无须消费者进行分析和创造。有一些抽奖活动很受欢迎，包括美国家园电视频道（HGTV）梦想之家的抽奖活动，他们每年会收到900多万份参赛申请，推出麦当劳大富翁活动，还会提供100万美元的大奖。

当前，有两种抽奖活动特别流行。第一种是向消费者提供产品，消费者可以将其视为奖品。例如，玛氏巧克力举办了一个抽奖活动，消费者只需输入玛氏巧克力豆包装上的产品代码，便有机会赢得5辆丰田汽车中的一辆。可口可乐公司也曾发起过一次名为"我的可乐奖"的类似抽奖活动，消费者可以通过输入可乐瓶盖上的编码获得奖品，或累积积分来换取奖品。

第二种抽奖把"体验"作为奖品。例如，最著名的电视节目之一《美国好声音》和日产汽车公司举办了一个抽奖活动，奖品是双人旅行，中奖者可以前往洛杉矶现场观看《美国好声音》的决赛。同样，StumbleUpon网站和电影艺术与科学学院也举办了一个抽奖活动，被抽中的消费者有机会到好莱坞参加奥斯卡颁奖典礼。

联邦法律、联邦贸易委员会和州立法机构颁布了一些关于抽奖、竞赛和游戏的规则，以保证其公平性，确保获胜的机会人人平等，且奖励确实能得到兑现。出版商结算所（PCH）和《读者文摘》举办的几次知名的抽奖活动曾被处以罚款，为响应监管机构的审查，他们同意遵守新的抽奖准则。

样品 针对消费者的另一种常见的促销工具是样品，即免费或以超低价格提供的产品。样品通常用于新产品推广，会被分发到消费者手中。企业提供的试用品通常比平常的包装小。如果消费者喜欢样品，企业希望他们能够记住并购买这种产品。塔可钟过去曾在全国多次免费发放炸玉米饼卷，以鼓励客户尝试新产品。最近，塔可钟向在其移动订购应用程序上下单的客人免费送了100万个立体脆炸玉米饼卷。炸玉米饼卷已成为该公司最成功的新产品。同样，本杰瑞公司也在"免费冰激凌日"免费赠送一勺冰激凌。有些消费者会在 www.startsampling.com 等网站上查看哪里有免费样品。史黛西·费舍尔在大学时开始试用免费样品，并撰写有关免费样品的博文，她认为免费样品是"尝试新事物和省钱的好方法"。

顾客忠诚计划 顾客忠诚计划通过确认消费者每次的购买情况，按积分奖励其购买行为，旨在鼓励和奖励重复购买。当前，最流行的顾客忠诚计划是信用卡奖励计划。超过75%的信用卡提供用卡奖励。例如，花旗银行为使用花旗信用卡或借记卡的客户提供"谢谢你"积分。积分可用来兑换图书、音乐、礼品卡、现金、旅行和有限次数的特别奖励。航空公司、零售商、酒店和杂货店提供的忠诚度计划也很受欢迎。玩具反斗城和百思买等专业零售商也在与廉价商品竞争的同时，改进了奖励计划，以增加产品的价值。名为 Plenti 的新奖励计划能帮助你在梅西百货、美孚石油和来爱德（Rite Aid）等多家商店和企业获得积分。目前参与忠诚度计划的成员超过33亿人，美国平均每个家庭会参加29个忠诚度计划，积分余额达500多亿美元。

如今，忠诚度计划还有一个趋势，就是为不同成员提供一些个性化的奖励和福利。这种促销活动针对的是新成员、具有独特购买历史的成员或自认为是"精英阶层"的成员。例如，美国航空公司为新成员提供了奖励积分，为乘坐头等舱的成员额外增加50%的奖励积分，为加入美国航空公司海军上将俱乐部的成员提供特殊优惠。另一个趋势是从只能获得一家经营者的积分和奖励的计划转变为开放型的忠诚度计划，即可以从多种可互换积分的计划获得积分和奖励。例如，大通银行的信用卡UR点数就是一个成功的转换范例，最近该计划在总体客户满意度方面获得了最高评价。

销售点展示 在商店的通道上，你经常会遇到销售点展示这种促销活动。这些产品展示采用广告牌的形式，有时也会采取实际拜访或展示产品的方式，展示往往位于收银机附近或通道尽头客流量大的区域。为了最大限度地吸引消费者对数码光盘的关注，电影《反叛者》专门设置了销售点展示和摆放产品。

购买点促销活动的年度支出超过203亿美元，随着销售点展示与其他各种形式促销活动的进一步整合，这个数字预计还会增加。

有些研究表明，消费者的购买决策有三分之一是在商店做出的。杂货生产商希望当你在超市通道里接近它们的品牌时，就立即把资讯传递给你，因此很可能就会采用销售点展示的方式。越来越多的超市通过数字引导标识来实现这个目的。例如，沃尔玛用一个名为"沃尔玛智能网络"的网际协议系统取代了店内的卫星电视网络，该系统包括欢迎光临的显示屏，产品类别显示屏和在货架两端显示产品类别、品牌和新产品信息的显示屏。这种促销方式的优势在于不需要依赖消费者长时间记住资讯的能力。互动店铺设计等店内促销方式也在逐渐流行。

返现 图18-6中另一种针对消费者的促销工具是返现，即根据购买产品的凭证返还一定额度的现金。例如，如果原T-mobile订阅者在最近7周内将服务运营商改为维珍移动公司，维珍移动公司便会向其返现100美元。对于那些低价商品的返现活动，很多购买者会因为邮寄购买凭证耗费的时间和麻烦而放弃申请，不过这种情况不太可能发生在经常参加返现促销活动的消费者身上。另外，网购者更有可能使用返现。

植入式广告 最后一种针对消费者的促销方法是**植入式广告**，即在电影、电视节目、电子游戏或其他产品的商业广告中使用某一品牌的产品。史蒂文·斯皮尔伯格是它的始创者，在电影《外星人》中，它植入了好时公司的里斯牌（Reese's Pieces）巧克力豆，首次引发了消费者对这种糖果的巨大兴趣。同样，汤姆·克鲁斯在电影《乖仔也疯狂》中戴的是博士伦的雷朋太阳镜，在电影《壮志凌云》中戴的是博士伦的飞行员太阳镜，于是这两款太阳镜的销量在短短五年内，由10万副飙升至700万副。《玩具总动员》上映后，玩具画板的销量提高了4500%，蛋头先生的销量提高了800%。

最近，你可能还记得在《侏罗纪世界》中见过魔音耳机、可口可乐、奔驰、星巴克等产品；在詹姆斯·邦德的电影《幽灵党》中见过纳特·皮尔（毛衣）、路虎揽胜和阿斯顿·马丁；在《复仇者联盟》中见过李维斯、奥迪和安德玛。哪个品牌在电影中的植入式广告最多？在35部票房最好的电影中，苹果的植入式广告出现在9部电影里，打败了索尼和可口可乐。

据估计，植入式广告的价值为每年60亿美元。由于人们抱怨植入式广告过多，联邦通信委员会开始制定电视植入式广告指南。与此同时，英国政府最近通过了一项法律，要求播放植入产品时必须在节目前后显示粗体P的标识。研究表明，像这样表明植入式广告的做法可能会降低消费者对产品的喜欢程度。

有些新式植入式广告被整合进了节目。例如，《摩登家庭》的一段情节里包含了苹果商店里的情境。有些节目最近开始在拍摄后植入数字产品。同样，安利等公司也与游戏开发商建立了合作关系，以便出现在电子游戏中。如果竞争产品不在游戏中，这种广告方式就可能是有效的。植入式广告还有一种形式，叫作"反向植入式广告"，即将虚构的产品推向市场。如比比多味豆（Bertie Bott's Every Flavour Beans）始于《哈利·波特》里的一个虚拟品牌。同样，电影《阿甘正传》促生了阿甘虾餐厅连锁店。而《办公室》的粉丝可以从www.quill.com网站购买敦德·米夫林纸业公司（Dunder Mifflin）使用的办公用品！

针对经销商的促销

针对经销商的促销（trade-oriented sales promotions）是直接面向批发商、零售商或分销商，用来支持其广告活动和人员推销的一种销售工具。前文介绍的某些促销工具也可以用于这些目的，此外还有三种方法是只针对中间商的：（1）折让和折扣；（2）合作广告；（3）分销商销售团队的培训。

折让和折扣　针对经销商的促销往往侧重于保持或增加分销渠道的库存。鼓励中间商增加购买量的一个有效方法就是使用折让和折扣。但是，过度使用这种减价政策可能会导致零售商因期待这种优惠而改变订货模式。制造商可以使用的折让与折扣形式多种多样，其中有三种方法较为常用，分别是商品折让、整箱折让和财务折让。

如果零售商为某品牌在店内提供了额外的支持，或为该品牌开展了一些特色活动，制造商对此给予相应的补偿，这便是商品折让。制造商和经销商之间的业绩合同通常会规定具体要开展的活动，如在报纸上发布一张附有优惠券的产品图片，且规定只能在某家商店使用。商品折让就是促销期间在整箱价格的基础上再给予一定比例的减让。而且，制造商只有看到业绩证明，如零售商在地方报纸上登载的广告，才会兑现这类折让。

第二种常用的针对经销商的促销是整箱折让，即在特定期限内对经销商订购的每一箱商品给予的折让。这些折让通常会在发票中扣除。整箱折让的一种变化形式是"免费商品"法，根据零售商的订货数量，向其提供一定数量的免费商品，例如每订购10箱可免费再得到1箱等。

最后一种针对经销商的促销方式是财务折让，即偿付零售商在开展针对消费者的促销时发生的财务费用或财务损失。这种针对经销商的促销方法很常用，且有多种形式。一种是最低存货保护计划，即制造商对零售商的库存产品提供整箱折让价，以免在促销期间存货脱销。另一种常用的方法是运输折让，用来弥补零售商从制造商仓库运输产品的费用。

合作广告 经销商通常会在当地市场为促销制造商的产品发挥重要作用。常用的一种促销活动是**合作广告**（cooperative advertising），鼓励经销商在当地发布质量更高和数量更多的广告。在这种促销方案中，制造商会分担零售商在当地为其产品做广告的一部分费用。

通常，根据零售商购买制造商产品的数量，制造商会支付一定比例的广告费用，通常是一半，而且不超过一定上限。除了支付广告费用以外，制造商还会为零售商提供不同的广告执行方案供他们选择。例如，制造商可能会向零售商提供几种供印刷用的设计方案和广播广告，供零售商改编和使用。

分销商销售团队的培训 中间商的众多职能之一是与消费者接触，为代销的制造商销售产品。零售商和批发商都会雇用和管理自己的销售人员。制造商的成功往往取决于代销其产品的经销商拥有的销售团队的能力。因此，帮助经销商培训销售团队会让制造商获得最大的收益。

由于经销商的销售人员通常不像制造商那么熟悉和了解产品，所以，培训能提高他们的销售业绩。培训活动包括制作产品说明书和小册子，以便销售人员获得相关的知识，然后在各种推销情境中加以运用。其他的活动包括由制造商主办的全国性销售会议和经销商所在区域的实地考察，培训并激励销售人员销售产品。制造商也会制订激励和表彰计划，以鼓励经销商的销售人员推销其产品。

◎ 公共关系

如第17章所述，公共关系是试图影响组织及其产品和服务形象的一种沟通管理方式。公关活动可以利用多种工具，针对各种不同受众。公关人员往往侧重于传播对公司有利的资讯，但有时也会受命将问题或危机的负面影响降至最低。例如，嘉年华邮轮、英国石油和高盛等公司都曾面临极为不利的负面报道，如乘客困在遇难船只上、美国历史上最严重的漏油事件和证券欺诈的指控等。最常用的公关工具是公共宣传。

公共宣传方式

在公关活动中，公关主管可以通过一些方法，无须支付费用，即可实现组织、产品或服务的非人员展示，这些方法就是**公共宣传工具**（publicity tools）。很多企业经常召开新闻发布会，宣布有关公司或产品线的变化。新闻发布会的目的是将有关信息告知报纸、广播电台或其他媒体。

第二常用的宣传方式是记者招待会。媒体代表受邀参加信息发布会，收到有关会议内容的最新材料。在企业推出新产品，或公司治理结构或领导人发生重大变化时经常使用这种方式。

非营利组织尤其依赖公益广告，即由媒体赞助的免费广告空间或时段。例如，美国红十字会的章程明令禁止地方分会做任何形式的广告，但为了呼吁人们参与献血，地方分会往往会依靠广播电台或电视的公益广告，宣传其对血液的需求。

最后，现在很多知名度很高的人也可以成为公共宣传工具，以提高公司、产品和自己的知名度。理查德·布兰森用自己的知名度推销维珍集团，卡梅隆·迪亚兹（Cameron Diaz）用自己的知名度宣传自己的音乐，美国参议员则用自己的知名度推销自己，竞争成为党派候选人。这些公共宣传活动正在逐步与新闻发布会、记者招待会、广告、慈善捐赠、志愿者活动、代言和其他任何对公众观念有影响的活动配合使用。

◎ 提高促销的价值

有些企业会与顾客保持密切的关系，以富有竞争力的价格提供先进的产品和一站式服务，如今的消费者会从这样的企业找到价值。为了改进交易并增强与消费者的联系，促销活动在以下两个方面出现了重要变化：（1）强调长期的关系；（2）增强自律性。

培育长期的关系

营销者有意与顾客建立长期的关系，促使促销技术出现了很多改变。促销活动能够提高企业把握个人偏好的能力，推动消费者参与有价值且令人愉快的沟通，从而增强消费者对品牌和商店的忠诚度。新型社交媒体和移动媒体为针对个人的促销活动提供了方便快捷的机会。另外，技术进步也有助于电视和广播电台等传统媒体通过提供安卓电视和天狼星XM卫星广播等服务，侧重满足个性化的偏好。虽然个性化促销今后很有可能实现，但这个行业也需要管理和平衡随之而来的消费者对隐私的关注。

还有很多变化有助于吸引消费者。营销人员已经尝试利用互动技术，并将新媒体和新技术纳入到整个创新过程中。广告代理商越来越多地将公共关系、直复营销、广告和促销纳入综合的整合营销沟通活动中。事实上，有专家预测，广告代理商很快就会转变成"沟通咨询公司"。此外，日益多样的全球受众需要能吸引不同群体参与的多媒体技术和灵敏的沟通技术。总之，企业希望通过这些变革与消费者建立长期的关系，强调持续一生的购买，而非单次的交易。

自　律

遗憾的是，多年来，很多消费者被某些促销活动误导，甚至上当受骗。例如，没有奖品的抽奖，返现手续十分麻烦，广告承诺看上去虽好，但当购买者读到一些小字说明时就另当别论了。在促销历史上最大的丑闻当中，麦当劳曾协助美国联邦调查局调查快餐店的抽奖活动，因为促销代理商的安全主管有窃取奖券的嫌疑。

　　针对儿童和老人等特殊群体的促销活动也引发人们对道德方面的关注。例如，向小学生提供免费样品或将产品与电视节目或电影联系起来的做法也引发了争议，人们开始考虑限制促销的必要性。联邦贸易委员会确实提供了一些准则来保护消费者和特殊群体免受误导性促销的损害，不过有些观察者还是认为应该实施更多的政府管制。

　　联邦、州和地方政府对所有促销活动的正式监管需要耗费庞大成本，因此广告代理商、行业协会和营销组织正在努力加强自律。通过不断强化在促销活动中体现社会价值的标准，营销者可以（1）促进新促销方式的开发；（2）最大程度上减少管制的约束和限制；（3）帮助消费者在影响其购买的沟通活动中树立信心。随着企业努力争取有效地自律，营销主管需要对现有或新型营销工具的使用做出合理的道德评判。

营销知识应用

　　1. 竞争型产品广告与竞争型机构广告有什么区别？
　　2. 假设你是一名广告经理，你会使用哪种媒体为新款儿童香水做广告？
　　3. 最近，你被蒂姆金工具公司提拔为广告总监。在你与蒂姆金先生第一次开会时，他说："广告就是浪费！我们已经做了六个月的广告，销售额并没有增加。请你告诉我继续做广告的理由。"把你的答案告诉蒂姆金先生。
　　4. 一家大型人寿保险公司决定将广告的强烈恐惧诉求转成幽默诉求。这种资讯战略的转变有哪些优缺点？
　　5. 有些在全国做广告的广告主发现：一段时间密集投放广告，然后一段时间不投放任何广告，反而可以使广告更有影响。为什么这种间歇式广告比持续型广告更有效？
　　6. 哪一种媒体的每千人成本（CPM）最低？

媒体	广告费（美元）	受众规模（人）
电视节目	5 000	25 000
杂志	2 200	6 000
报纸	4 800	7 200
调频广播	420	1 600

7. 每年为隐形眼镜制订广告计划时，博士伦公司的经理会评估其可用的多种广告媒体。他们要考虑每种媒体的哪些优势和劣势？你会向他们推荐哪种媒体？

8. 本章描述的广告效果事后检验有哪两个优点和哪两个缺点？

9. 联邦银行对针对消费者的促销方式感兴趣，希望借此鼓励老年人把社保资金直接存入银行。评估各种促销方式，并向银行推荐两种。

10. 在对有关轮胎故障的投诉做过一番调查之后，凡士通（Firestone）和福特公司应该如何发挥公共关系的作用？

11. 描述一种你认为可以提高以下促销活动的价值的自律准则：（1）现有的一种促销方式；（2）一种新的促销活动。

创新案例思考

谷歌：在恰当的时间显示恰当的广告

谷歌产品管理总监查德·霍尔登说："本质上，我们所做的就是主张广告对消费者应该像自然搜索的结果一样有用，我们不希望人们来这里买下广告，显示那些与消费者的需求无关的广告。"为了达到这个目标，谷歌开发了"质量评分"模型，用来预测广告的效果。该模型能够根据点击率、广告主历史记录和关键词效果等因素为每个广告打分。霍尔登继续说："从根本上讲，我们要做的是，在实际显示广告之前预测消费者将会对此做何反应，我们的兴趣在于少显示广告，而不是多显示广告，也就是要在恰当的时间显示恰当的广告。"谷歌的广告模式彻底改变了广告业，而且每天都在不断改进！

公司简介

谷歌成立于1996年，始于斯坦福大学计算机专业学生拉里·佩奇和谢尔盖·布林的一个研究项目。一开始，他们有一个简单的想法，即与仅基于关键词在网站出现次数的搜索引擎相比，基于网站间关系的搜索引擎要更适合排名。这个模式的成功引领谷歌搜索引擎快速增长，两位创始人将公司从宿舍、朋友的车库搬到了加利福尼亚州帕洛阿尔托的办公室，最终搬到山景城，即现在的谷歌总部Googleplex。2000年，谷歌开始出售广告，以此作为创收的手段。他们采用的模式允许广告主为关键词竞价，并为搜索引擎用户的每一次"点击"付费。广告必须简单，采用文字形式，以便确保搜索结果页面的整洁和搜索时间尽可能短。

佩奇和布林将自己的第一个搜索引擎叫作BackRub，因为他们的技术基于网站间的关系或反向链接。不过，这个名字很快就变了。googol是一个数学用语，表示1后面有100个0，不过googol在作为公司名称时错误地拼成了google，于是Google就成了公司的名字。佩奇和布林用它注册了最初的域名www.google.stanford.edu，以体现他们对组织大量网络可用信息的兴趣。当然，这个域名变成了www.google.com，最终韦氏词典增加了动词google，将其定义为"使用谷歌搜索引擎在互联网上获取信息"。这个名字已经变得家喻户晓，《广告时代》在最近的报道中称谷歌是"世界上影响力最大的品牌"！

如今，谷歌每天都会接受数亿次的查询，因为其追求的使命是：整合全球信息，使人人都能访问，并从中受益。该公司每年创收超过210亿美元，拥有20 000多名员工。随着公司的不断发展，谷歌制定了以下10条能够代表其企业理念的指南：

1. 关注用户，其他所有内容都将随之而来。
2. 心无旁骛、精益求精。
3. 快比慢好。
4. 网络上的民主行之有效。
5. 获取信息的方式多种多样，不必非要坐在台式机前。
6. 不做坏事也能赚钱。
7. 信息无穷尽。
8. 对信息的需求无国界。
9. 不穿套装也能让人觉得你很重要。
10. 只是出色还不够。

根据这些指南，谷歌不断设法改进搜索引擎。谷歌联合创始人拉里·佩奇解释说："完美的搜索引擎能准确地理解你的意思，并准确地反馈你想要的东西。"

网络广告

谷歌通过提供网络广告的机会创造收入，这些广告紧邻搜索结果或处于特定的网页。他们始终将广告与搜索结果或网页内容区分开，并且从不出售搜索结果中的广告位置。这种方法确保了谷歌网站访问者总是知道哪些内容是有人花钱摆在他们面前的广告。网络广告的优点是可衡量，并且能立即评估其有效性。正如产品营销经理戈皮·卡拉伊尔解释的："网络广告有很高的可衡量性和可追踪性。"此外，他还表示："借助网络广告，你实际上可以追踪到你所花的每1美元的价值，得知广告具体覆盖了哪些消费者，以及他们在收到广告资讯后做了什么。"

与侧重简单的文字广告的初期相比，网络广告市场现在已经拥有了更多的选择。网络广告主要分为以下五类：

·搜索：47%

·显示：35%

·分类：10%

·推荐：7%

·电子邮件：1%

谷歌是网络搜索请求的主要提供商，赢得了超过60%的搜索广告收入。然而，增长最快的广告类型是显示广告，雅虎和微软是这方面已有的提供商。谷歌认为，让广告成为有用的信息而不是杂乱的视觉画面，能够促进其在显示广告方面的发展。谷歌联合创始人谢尔盖·布林认为："就像将消费者与他们想要的信息进行搜索匹配一样，这恰恰是促销该做的。"

多项技术和商务实践工具的改进促成了谷歌的成功。首先，谷歌开发了网页排名算法PageRank，并拥有其专利，这种算法能够评估整个互联网的链接结构，由此确定哪些页面最重要。随后，使用超文本匹配分析可以确定哪些页面与具体搜索相关。将网页的重要性与相关性综合起来，即可提供搜索结果，而且只需1秒钟。其次，谷歌开发了两种商业实践工具Adwords和Adsense，以便帮助（1）广告主制作广告；（2）内容发布商通过广告获得收入。这两种工具都是谷歌广告模式的基本要素。

AdWords

为了帮助广告主在谷歌搜索引擎结果上投放广告，谷歌开发了一个名为Adwords

的网络工具。广告主可以使用Adwords管理其账户，创建广告文字和选择目标关键词，以便覆盖到目标受众。Adwords的技术推广者弗雷德里克·瓦莱伊斯（Frederick Valaeys）解释说："Adwords最让我喜欢的一点是它确实能在恰当的时间帮你找到恰当的消费者，并向他们显示恰当的信息。利用Adwords，你可以非常具体地找到你的目标市场，因为你会在他们进行谷歌搜索时找到他们。这时，他们已经把关键词告诉了你，你清楚地知道他们在寻找什么，对于营销人员来说这是一个良机，因为你可以向他们提供确切的答案，告诉他们刚才想要寻找的东西是什么。谷歌发现，与阅读者相关的文字广告回复（点击）率远高于那些没有目标的广告。

广告主也很容易使用Adwords。不论企业规模大小，只要使用信用卡开户即可，几分钟后自己的广告就会出现在网页中。瓦莱伊斯说："Adwords推出了他们的自助服务产品，使小企业很容易在搜索引擎上发布网络广告，与《财富》100强企业公平竞争。"谷歌拥有一支经验丰富的销售和服务团队，可帮助任何广告主选择适当的关键词、生成广告文案和监控广告活动的效果。这个团队致力于帮助广告主提高点击率，因为高点击率表示广告与用户的兴趣有关。提升广告效果的方法包括更改关键词和重写广告文案。由于广告主可选的关键词数量没有限制，并且每个关键词都可以搭配不同的广告文案，因此许多针对具体消费者的广告潜力很大。

谷歌Adwords的另一个优点是可让广告主轻松控制成本。每当谷歌搜索引擎将搜索请求与广告的关键词和质量评分进行匹配时，广告都会作为"赞助商链接"显示在搜索结果旁边，但除非有人点击了这个链接，否则他们不会向广告主收取费用。传统广告模式按照每千次成本法收取广告主的费用，即根据广告的闪现次数收费。霍尔登认为，谷歌模式"将每千人成本转化为我们所说的CPC，即每次点击成本，在这种模式下，广告主只在有人实际点击了广告，并跳转到他们的网站时才需要付费，而不是根据广告的闪现付费。实际上，他们有可能因为闪现受益，但除非确实有消费者被引导至他们的网站，我们就不会收取任何费用"。谷歌还会为广告主提供实时分析服务，以便广告主评估和更改广告活动的任一部分。

AdSense

Adsense为网站所有者提供了一个工具，帮助他们把广告展示在自己网页内容的旁边，而不是搜索结果的旁边。目前，无数网站管理员使用Adsense在网站上投放广告并获得收入。广告与网站的匹配过程采用了与广告与搜索请求的匹配过程相同的理念。谷歌认为在网页上投放拥有精准目标的广告，可以提升网站访问者的体验。通过这种方式，广告主、网站发布商和信息寻求者都能从中受益。

Adsense 是谷歌为了实现增加显示广告业务的目标而使用的工具之一。显示广告领域的领头羊是雅虎和微软的必应，因为他们可以在自己的网站上投放广告，比如雅虎财经和 MSN 财经。为了提供更多显示广告渠道，谷歌最近收购了 YouTube 网站。此外，谷歌还收购了双击公司（DoubleClick），它是一个广告交易所，网站会拍卖投放广告的空间，由广告代理商代客户竞拍。谷歌还在尝试推出一种叫作"显示广告生成器"的新工具，以便任何人都能轻松地创建显示广告。有些专家发现，谷歌在搜索广告方面已经占据了主导地位，因此其未来的发展将取决于显示广告能否成功。

谷歌的未来战略

谷歌将如何延续现有的成功？一种可能是设法赢得原本由美国电视行业掌控的广告。这种新型广告需要创新能力和与大型广告代理商的关系，谷歌投入了大量资源，以期提高争夺电视广告支出的竞争力。例如，谷歌最近协助沃尔沃开展了一项活动，其中包括 YouTube 广告和在推特上的更新。谷歌也有可能开发新的网站和创办博客，并与现有网站建立关系。

谷歌的另一个机会是手机广告。手机使用者目前超过 54 亿人，其中 19 亿部手机可以上网。正如谷歌的搜索引擎提供了一种将相关信息与消费者匹配到一起的方法，手机也为获得实时定位信息提供了机会。移动广告面临着如网速不够快，广告格式不规范等挑战，不过谷歌认为其新手机和安卓操作系统都将有助于解决这些问题。

最后，在不断追求和实现使命的同时，谷歌将继续发展到世界各地。目前谷歌网站能显示 40 多种语言的搜索结果，志愿者们还在协助他们开发其他更多语言的版本。显然，谷歌决心"整合全球信息"，帮助人们"得到它们并从中获益"。

思考题

1. 描述有关谷歌及其业务活动的几个特征。
2. 谷歌的广告理念是什么？少广告如何比多广告更受欢迎？
3. 描述当今可用的网络广告类型。谷歌目前多采用哪种类型的广告？为什么？
4. 谷歌如何取得显示广告业务的成功？此外，谷歌未来有可能追求哪些增长领域？

19

利用社交媒体和移动营销与消费者建立联系

学习目标

1. 定义社交媒体,并描述它们与传统广告媒体的不同之处;
2. 了解四个主要的社交媒体,以及品牌经理如何将它们整合进营销行动;
3. 描述通过传统媒体和社交媒体接收资讯者的不同角色,以及品牌经理如何选择社交媒体;
4. 比较与成本(投入)和收入(产出)挂钩的社交媒体的业绩衡量法;
5. 了解现实世界与数字世界融合的原因及其对社交媒体的未来的影响。

营销终端就在你的口袋里

在过去的五年里，几乎没有哪个商业领域的变化像营销学这般迅速，而且今后肯定还会有更多的变化。不过要展望未来，你只需看一下自己的口袋就可以了。社交媒体和移动营销将很快把你的手机变成营销终端！

消费者通常通过多种媒体参与市场活动。事实上，尼尔森公司估计每个月有超过2.8亿人看电视，2.5亿人听广播，1.9亿人利用电脑上网。这些数字令人震惊，但最吸引营销人员注意的却是人们对智能手机的使用的增长。目前，每月有超过1.6亿人使用手机访问应用程序，超过1.2亿人使用手机上的社交媒体。智能手机和平板电脑正在迅速取代电脑，成为大多数人上网、使用应用程序和社交媒体的方式。这些设备具有"永远在线"和"始终连接"的特点，使其移动性不断提高，成为一个重要的营销维度。移动营销应运而生，并将成为未来的一种重要工具。

随着智能手机用户的增加，企业为用户创造出各种各样的移动体验。在最近的一项调查中，最受欢迎的智能手机应用程序包括脸谱网、谷歌搜索、YouTube、谷歌商店、谷歌地图、谷歌邮箱、脸谱网信使、谷歌+和Instagram。这些应用程序和其他移动体验每年吸纳了320亿美元的广告收入，据专家预测，它们将很快占在线展示广告全部预算的40%。

移动营销仍在不断发展。目前的应用程序和社交媒体体验是为手机的小屏幕设计的，没有利用用户的位置或移动性。移动营销的未来将专注于与互联设备世界的互动能力。正如作者蒂娜·德赛（Tina Desai）解释的："在这个互联的世界里，移动设备将成为现实世界的数字遥控器。"

购物场景是这种互动的一个例子。当顾客走进商店时，低功耗蓝牙（BLE）信标会感觉到顾客的到达，它将访问客户忠诚度数据，创建个性化促销方案，并将其发送到购物者的智能手机上。购物者可以从广告中选择产品，然后跟随店内导航找到所选的产品。移动营销还可以立即应用到健康监测和健身、家庭安全和舒适以及汽车的安防等其他领域。

这个动态环境还有哪些新元素？Instagram上的视频广告，推特上的购买键，谷歌商店的移动支付，Snapchat上"阅后即焚"的广告，甚至虚拟现实体验！

本章详述社交媒体，介绍四种广泛使用的社交媒体，解释企业在制定营销战略时如何使用社交媒体，并探讨了社交媒体未来的走向。

了解社交媒体

为社交媒体下定义很有挑战性，不过这对帮助品牌经理或营销经理选择适当的社交媒体很有必要。本节定义了社交媒体，对几种社交媒体做了定位，并比较了社交媒体和传统媒体。读到这里，读者可以想象一下，如果你跟世界各地的大学生一样，正在计划用某个社交媒体创办一家企业或扩大一家小企业的规模，你会选择哪种社交媒体。

何为社交媒体

本节介绍社交媒体是如何产生的，给社交媒体下定义，并提供一种分类方法，以便协助营销经理从众多社交媒体中选出适合自己的。

定义社交媒体 社交媒体以独特的方式将技术与社交互动融合在一起，为用户创造个人价值。**社交媒体**（social media）是一种在线媒体，用户可以发表评论、上传照片和视频，通常会伴随着反馈过程，以确定该话题是否受欢迎。大多数社交媒体可以让不同用户根据个人的想法和经历，在网上就共同感兴趣的话题进行真实对话。也有一些社交媒体网站涉及游戏和虚拟世界，其中的在线互动包括玩游戏、完成任务、操控角色等等。企业将社交媒体视为"消费者创造的媒体"。像脸谱网、推特和领英等，拥有无数互动用户的单独的网络媒体就是社交网络。

社交媒体是如何产生的 "社交媒体"有时可以与"网络2.0"和"用户生成内容"互换使用，后面这两个概念构成了当今社交媒体的基础。网络2.0并非对互联网的任何技术更新，而是指能在用户之间实现高度交互性的功能。因此，在网络2.0中，内容不再被视为某一个作者创建和发布的成品，而是在所有用户参与下不断修改出来的，例如博客和维基百科都采用了这种方式。下一代网络3.0将包括能够根据每个人及其所在位置、活动、兴趣和需求进行定制的新功能。

博客（blog）是网络日志（web log）的缩写，属于可以公开访问的网页，是个人或组织的个人日志和网络论坛。惠普和菲多利等公司经常会观测博客动向，以便深入了解消费者的不满和建议。维基网站的内容由终端用户持续协作创建和编辑，比如提出和改进新产品创意等。两者的不同之处在于，博客是体现连续旅程的日记，而维基则最终表现为一个个词条。

用户生成内容（user-generated content，UGC）指由终端用户创建，并且能公开访问的各种形式的在线媒体内容。截至2005年，"用户生成内容"这个术语已被广泛使用，泛指人们使用社交媒体的所有方式。用户生成内容必须符合三个基本标准：

1. 可以发布在公共网站上，也可以发布在社交媒体网站上，简单的一封电子邮件不是用户生成内容。

2. 在很大程度上体现了一种创造性工作，因此与简单地在个人博客上转发一篇报纸文章，不加任何编辑和评论不同。

3. 由专业组织之外的个人创建，不考虑商业市场。

社交媒体分类　大多数人都知道脸谱网、推特、领英和YouTube等著名的社交媒体。不过需要尽力接触潜在消费者的营销经理们需要一个能将400多家专业和多样的社交媒体进行分类的系统，才能从中选出最适合自己的社交媒体。卡普兰和亨莱因（Haenlein）根据两个因素为营销人员提出了一个分类系统：

1. 媒介丰富性。指交流双方在声音、视觉和个人接触方面的丰富程度，例如与通过电话或电子邮件交流相比，面对面交流丰富性更高。媒介丰富性和呈现质量越高，交流各方就越能影响彼此的行为。

2. 自我披露。在任何类型的社交互动中，每个人都希望给他人留下积极的印象和良好的形象。良好的形象取决于一个人在自己的思想、感受、喜欢和厌恶等方面的自我披露的程度。自我披露越多，对其接触者的影响可能就越大。

根据媒介丰富性和自我披露这两个因素，图19-1将多个社交媒体网站在同一个二维空间做了定位。例如，维基百科是一个合作项目，自我披露和媒介丰富性都比较低。领英则不同，会包含商业网络所需的详细职业履历和简历信息，自我披露程度很高，不过媒介丰富性程度适中。

在为营销计划选择使用何种社交媒体时，营销经理会仔细研究图19-1所示的社交媒体定位。例如，领英在图19-1中位于社交网站分区，属于专业的网络服务商，在200个国家拥有3.6亿使用者。领英最近为一些大公司做广告，获得了4.54亿美元的年度广告收入，如花旗集团、微软、雪佛龙、惠普和大众等公

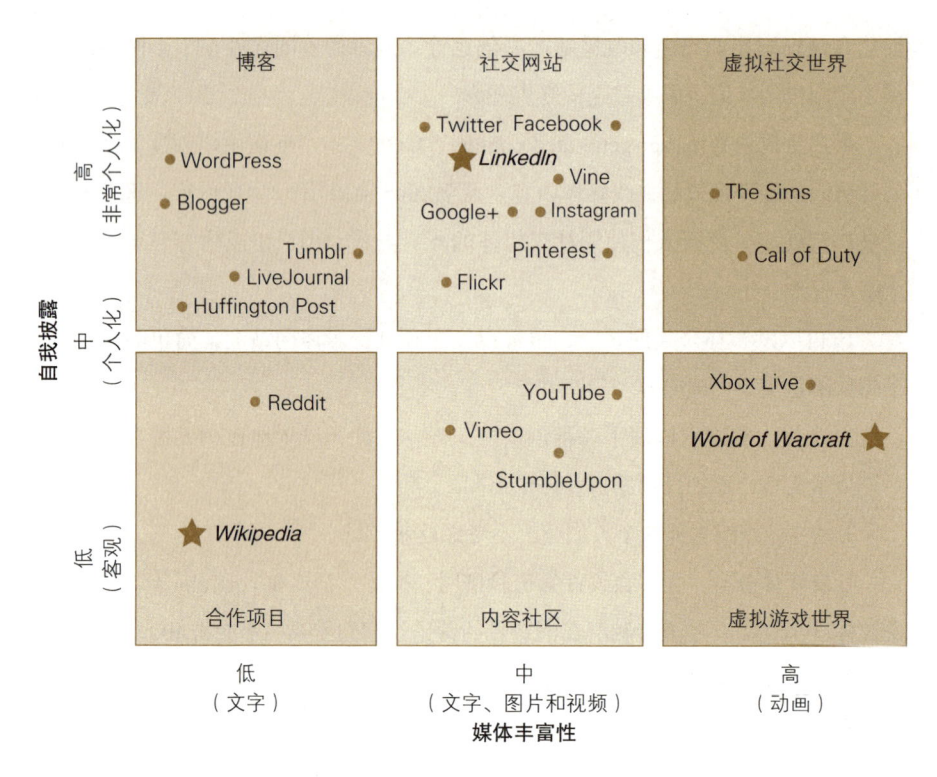

图 19-1 按照媒体丰富性和自我披露程度对社交媒体进行分类
（需要注意的是，从文字到照片、视频和动画，媒介丰富性会依次增加；从极客观的信息到高度个人化的信息，自我披露的程度也是增加的。）

司都希望向拥有特别职衔的人推销自己的职业发展机会。

社交媒体与传统媒体的比较

消费者从纸质媒体（报纸、杂志）和电子媒体（广播、电视）都能获得信息、新闻和各种知识。不过营销经理知道，社交媒体与报纸乃至广播、电视等传统媒体差异很大。社交媒体与传统媒体在影响营销策略方面的异同如下：

- **兼顾大规模受众和小范围受众的能力**。两种媒体都可以用来覆盖大众市场或一些细分领域，最重要的是良好的执行力，受众群体的大小并没有绝对的保证。

- **费用和可用性**。报纸或电视等传统媒体的信息和广告制作成本通常很高，限制了个人的使用。另外，传统媒体通常由私人或政府所有。相比之下，只要拥有智能手机、电脑和平板电脑设备，人人都可以随时随地访问社交媒体上的信息，而且制作成本也较低。
- **培训和参与人数**。制作传统媒体信息通常需要专门的技能和培训，通常需要一个团队。相比之下，在社交媒体上发布信息只需要有限的技能，因此几乎任何人都可以发布包含文字和图像的信息。
- **交付时间**。传统媒体可能需要数天甚至数月的持续努力才能将信息传播出去，普遍存在时间滞后，而社交媒体用户几乎可以随时发布内容。
- **持久**。传统媒体的内容制作好了之后就不能改变。例如，杂志文章一旦印刷出来和分发出去，就不能再对其进行更改。但社交媒体的内容几乎可以立即通过评论或编辑的形式加以调整。
- **诚信和社会权威**。个人和组织可以在其特定领域确立自己的"专家"地位，从而成为该领域的"影响者"。例如，《纽约时报》在纸媒行业拥有巨大的公信力。但在社交媒体上，发布者往往从参与"对话"开始，希望自己发布的信息的质量能在受众中建立公信力，从而增强自己的影响力。

至于隐私保护，除少数例外，传统媒体（如电视或广播广告）的接收者完全是匿名的。报纸或杂志订户的隐私性要弱一些，因为出版商可以向广告主出售订阅者名单。社交媒体用户的隐私和匿名性要低得多。如果社交媒体网站违背了用户对隐私保护的期望，不道德的外部人士就能获得用户的名字。

◎ 四大社交媒体

脸谱网、推特、领英和 YouTube 是社交媒体领域最为广泛使用的四个平台。因此，营销经理需要对这四个平台有一个具体的了解，以便将社交媒体纳入营销策略，补充现有的传统媒体。本节简要比较了四个主要社交媒体，对其加以逐一定义和讲解，并介绍品牌经理应该如何使用它们。其中，脸谱网尤为重要，因此会介绍得更详细一些。

四大社交媒体的比较

图 19-2 从品牌经理的角度比较了四大社交媒体（脸谱网、推特、领英和 YouTube）。脸谱网方便用户发布链接、照片和视频，可以增加品牌的曝光率。推特可以方便地发布品牌信息，获得在线用户的支持。虽然领英是用户找工作时的强大网络，不过也能帮助小企业网络覆盖潜在消费者，这也是对其连接求职者和工作这一传统作用的补充。YouTube 的视频能在说明复杂产品时发挥重要作用。

比较的基础	facebook	twitter	Linked in	YouTube
男女比例（%）	男 42　女 58	男 50　女 50	男 56　女 44	男 58　女 42
品牌曝光率	方便用户发布链接、图片和视频，在帮助品牌曝光方面很给力	用户可以应用互随（HootSuite）和 Tweet castor 等应用程序统一发布品牌信息。推文广告有助于推广品牌	能提供企业网页和领英红人的帖子等免费机会。付费的动态赞助能覆盖更多消费者	有助于获得关注和解释复杂产品及品牌。频道会根据内容为用户分组，提高收视率
用户交流	适合喜欢你的品牌并愿意分享看法的用户。在这一点上领先所有社交媒体	有利于获得在线用户的支持。一对一交流简单易行且易于跟踪	在通过社交媒体寻求客户服务的人中，有一半人使用领英的公司页面，有 40% 使用领英群组	YouTube 能随时吸引用户关注，并获得消费者的支持。便于对用户的评论和评分做出反应
网站流量	脸谱网通过更好的动态消息发布位置和充满吸引力的内容措辞成为流量之王，不过其被转发访问的比例正在下降	相比其他社交网络，推特的转发流量增长更为迅速。照片和视频会使推特更容易获得点击	领英可以转发，尽管转发量要少于很多其他社交网站，但对 B2B 和企业发展很有价值	YouTube 是一个重要的流量源。在视频说明中添加超链接，可以追踪到用户的网站

图 19-2　制定营销策略时，品牌经理可以区分使用四大社交媒体

脸谱网

对于希望通过照片、视频和私信与他人建立和保持在线联系的用户来说，脸谱网是首选。脸谱网最近收购了 Instagram，增强了照片分享能力。脸谱网的活跃用户超过 14 亿人，相当于全球每 5 人就有 1 人是其用户，在所有的社交媒体中，它是真正的巨无霸。

脸谱网概述　脸谱网（Facebook）是一个用户可以创建个人主页，将其他用户加为好友，与他们分享评论、照片、视频和"点赞"的网站。如今，脸谱网用户可以随时把自己最新的想法、行为和感受分享给朋友和家人。此外，他们还可以与好友聊天，创建和加入共同感兴趣的群组，企业可以在脸谱网创建主页，以此作为发布广告和与消费者建立联系的手段。任何 13 岁及以上的人都可以使用脸谱网。

在首席执行官马克·扎克伯格和首席运营官谢丽尔·桑德伯格的管理下，脸谱网实现了令人难以置信的增长。以下数据体现了脸谱网的重要性：

- 每天拥有 9.36 亿活跃用户；
- 每天处理 3.5 亿张照片、45 亿个赞和 100 亿条私信；
- 生活在美国以外的用户占 82%；
- 能够通过 200 多万个广告客户获利。

在脸谱网的所有用户中，有一半人拥有 200 多个好友，18～29 岁用户则拥有 300 个好友！

品牌策略中的脸谱网　品牌经理在脸谱网创建主页的目的是为了提高脸谱网用户对其产品、服务或品牌的认识。品牌经理可以在脸谱网上推广业务，但必须与他们的隐私和个人主页分开。通过精心运作，这种方法能够吸引大量反馈信息。此外，脸谱网主页信息一般是公开的，搜索引擎会对其加以分类，因此品牌经理能够找到在其消费者群中具有影响力的人。

为了挖掘新用户，增加脸谱网主页的流量，品牌经理可以在脸谱网广告平台使用付费广告和赞助内容。这种广告的优点是内容可以被移到好友之间在脸谱网的对话中，这是广告主所乐于见到的。

要利用脸谱网主页开展营销，企业必须发布能带来最佳反响的内容。品牌经理会设法在脸谱网上与粉丝保持对话。研究表明在脸谱网上吸引粉丝要遵循以下准则：

- 链接、照片和视频具有创意。
- 内容应该让人熟悉，但必须有新意。内容策略应该侧重粉丝熟悉的图像和资讯，穿插一些独特内容。美国家庭人寿保险公司有一位著名的阿弗莱克代言鸭，他们会用阿弗莱克鸭广告、虚拟的鸭子礼物和附加保险优惠来回馈粉丝。
- 保持新鲜。红盒子公司经常发帖，通知粉丝其最新的电影上映情况。
- 了解用户的爱好，由此决定内容。塔可钟会对用户进行调查，以便得知他们希望在下一周的菜单照片册中显示哪些菜品。

获得有意义的用户忠诚度有助于公司找到促销优惠的最佳目标。最近的一项研究发现，从产品支出、品牌忠诚度和"乐于向他人推荐"等角度来看，在某品牌脸谱网主页上的一个"赞"或"关注"的价值高达174美元。

脸谱网上的移动营销 让14亿用户满意是一项艰巨的任务，即使脸谱网也不例外。随着访问脸谱网最常见的方式从电脑转向智能手机，脸谱网不断提升其移动功能。正如首席执行官马克·扎克伯格的解释："将单一服务转变成世界级的应用程序系列，帮助用户用不同的方式分享，这是我们多年以来在连接人们的战略方面最大的转变。"以下是最近的一些例子：

- 更快的新闻发布。脸谱网推出了一项叫做文章快手（Instant Articles）的新功能，在动态消息中直接显示《纽约时报》《国家地理》和《蜂巢》等媒体的内容，而不是只提供链接。此举将访问速度提高了10倍，避免打断用户的脸谱网体验，还获知目前2/3的美国成年人都拥有智能手机。
- 脸谱网应用程序的电子邮件营销。在一个名为"自定义受众"的计划中，脸谱网会将广告主提供的电子邮件地址与其诸多用户的电子邮件地址进行匹配，从而帮助广告主在用户查看手机应用程序时找到相应的消费者。脸谱网还能为特定广告找到"类似受众"，即与广告主的消费者相似的人。目前，脸谱网一半以上的销售收入都来自移动设备！

·增强手机应用程序的集成功能。脸谱网正在开发一套手机应用程序，其中包括脸谱网信使、Instagram、网络信使和其他大约40个通过脸谱网信使平台连接的应用程序。此举旨在更好地通过智能手机开展电子商务。

作为移动营销策略的一部分，脸谱网还会做出哪些改变？也许只有马克·扎克伯格知道！

推 特

如今，"推特"已经成为我们日常用语的一部分，很明显，推特已经进入了美国生活的主流。推特目前在全球每月有超过3.02亿名活跃用户，他们每天都会发布5亿条推文。

推特概述 推特（Twitter）是一个可供用户发布和浏览推文的网站，推文指最多140个字的短消息。推特采用"关注者"原则，因此如果你选择关注另一个推特用户，他的推文会按发布时间由近到远的顺序显现在你的推特页面上。

由于推文篇幅短小，十分方便发布和浏览，以及适于在智能手机上使用，推特堪称获取品牌或产品信息的最佳来源。小蜜缇润唇膏和护肤品制造商小蜜缇实验室将推特视为其社交媒体计划中的一个重要工具，借此向关注者推送品牌信息。小蜜缇通过社交媒体主动出击，在推特上非常活跃，每天都会发送私信、转发推文以及发布回复。

推特私信的即时性有助于小蜜缇等品牌实时开展促销活动。例如，小蜜缇与LeBronJames.com合作，在推特上组织了一次寻物游戏。由勒布朗团队（TeamLeBron）的成员在推特上发布所在位置的线索，第一个到达目的地的人会得到一瓶附有14K金瓶盖的小蜜缇。

除了发送私信，小蜜缇还通过推特倾听用户的意见。小蜜缇的社交媒体团队在推特上查看用户提到小蜜缇时的谈话内容。如果涉及产品问题，小蜜缇就会联系消费者，确保迅速解决他们的顾虑。有关小蜜缇及其如何使用社交媒体进行营销研究的更多信息，请参见第8章。

品牌策略中的推特 因为推文有140个字的字数限制，品牌经理不会以这种方式发布关于品牌的长篇大论。不过他们可以使用TweetDeck或HootSuite等社交媒体管理工具，查看推特用户对本品牌及竞争品牌的风评。然后他们可以回应负面评论，转发积极的评论。

为了使用推特倾听现有用户和潜在消费者的意见，并与之互动，品牌经理还可以采取其他策略。例如，他们可以：

- 在推特上制作官方主页，招募关注者，展示产品照片，形成品牌的网络口碑。
- 关注提及本公司产品的推特主页，倾听其对话内容，回应用户的批评，提升消费者的使用体验。
- 就某些可为消费者提供有价值信息的话题发表推文。

跟脸谱网一样，推特可以通过更多创意与消费者建立密切关系。为了进一步加强这种效果，推特最近推出了一些新功能来提升网站吸引力，并采用Grip工具帮助那些渴望获得用户洞见的企业对推文进行数据分析。

领 英

不同于脸谱网和推特，领英网站的主要目的是建立职业人脉和求职。

领英概述 领英（LinkedIn）是一个商务网站，用户可以在这里发布职业简历，以便加入商务人士网络，也就是"人脉"。领英作为社交网络拥有超过3.5亿名注册会员，他们每年会进行60亿次职位搜索。考虑到领英网的普及程度，有300多万家公司在这里建有公司主页，用于发布新闻和职位空缺。领英在国际化方面的成就也十分惊人，其用户遍布200多个国家，网站拥有多达24种语言版本。

品牌策略中的领英 营销经理可以通过领英巧妙地推广自己的品牌，主要是为了树立B2B形象并与行业相关群组形成网络。品牌经理可以利用领英展示企业的专业知识，创建和主持小组讨论。

根据最近一项面向小企业主的调查，41%的人认为领英对自己公司有潜在的好处，这个数字比脸谱网、推特或YouTube的两倍还要多。领英最近简化了寻找合格员工的研究流程，雇主在领英的"搜索框"中输入需求，便能获得一份包括人员、职位、团队和公司信息的简要报告。品牌经理还可以在领英上发展业务，发现销售线索，并找到供应商。销售代表经常在领英上查看与他们会面的采购人员或经理的个人主页。

用领英求职 在领英会员中，有3 900多万人是学生或刚毕业的大学生，因此领英对大学生越来越重要。领英上的学生链接university.linkedin.com/linkedin-for-students和大学求职中心都会为找工作的学生提供重要意见，教他们如何在领英上创建更具吸引力的个人主页：

- 简历标题要简短、信息量大并能给人留下深刻印象。
- 添加一张合适的照片，穿着得体，背景简洁，面带微笑，不要使用Instagram上的那种傻乎乎的"自拍照"。
- 创建职业简介，简述你的教育背景、资格、目标、相关工作经验和课外活动。
- 在技能和专业知识部分使用招聘者在搜索中使用的关键词和短语。
- 上传主管、同事、导师或顾问等对你很了解的人写的推荐语。
- 将领英的个人主页设置为"公开"，生成一个专用链接，而且也可以将其写在简历里，如www.linkedin.com/in/JohnSmith。

最后，你的领英个人资料要避免以下10个用得最烂的流行词：负责任、战略、创造性、有效的、耐心、专家、组织的、发愤图强的、创新和善于分析的。

YouTube

YouTube覆盖受众的能力超乎人们的想象。YouTube拥有10亿用户，每天访问量为40亿次，每分钟都有300小时的视频上传，YouTube 40%的流量来自移动设备。

YouTube概述　YouTube是一个视频共享网站，用户可以上传、查看和评论视频。YouTube使用流媒体技术显示用户生成的视频内容，包括电影和电视节目的片段、音乐视频以及业余爱好者制作的原创视频。虽然大部分内容都是由业余爱好者上传的，不过也有很多公司会通过YouTube频道在网站上发布材料。

YouTube会定期重新设计主页，以便提供更有序的结构，引导用户使用"频道"，而不是简单地鼓励他们按照传统方式浏览。最近，YouTube还重新设计了频道样式。企业和个人可以在频道上创建主页，上传自己的视频，以及发布和分享他人创建的视频。

YouTube上观看最多的视频是什么？鸟叔的《江南Style》、贾斯汀·比伯（Justin Bieber）的《宝贝》和泰勒·斯威夫特（Taylor Swift）的《空白区》，分别拥有23亿、11亿和10亿的观看量。艺术家可以在自己的YouTube频道上传和整理一些供粉丝和其他用户观看的音乐和其他视频。

品牌策略中的YouTube　YouTube为品牌经理提供了很好的机会，他们可以在YouTube上制作和展示视频，用来解释复杂产品的好处。YouTube由谷歌所有，因此它包含一个搜索引擎，用户可以很容易地找到自己感兴趣的特定主题。在成本优势方面，虽然品牌经理必须支付制作视频的成本，但在YouTube上推出新频道是免费的。YouTube还提供了一个程序，帮助小企业创建视频广告，购买和管理其网站视频广告的关键词。若想了解新型在线视频如何成为移动营销策略的一部分，请阅读"营销无小事"专栏。

营销无小事　技术

移动营销发现了视频博客

现在，50%的YouTube浏览都来自智能手机或平板电脑。与几年前相比，这个不可思议的转变标志着消费行为已经进入了一个全新的时代，体现了网络视频在移动营销策略中必须发挥的重要作用。

研究表明，千禧一代在手机上观看视频时，他们的参与度是在电视上观看视频时的两倍。他们也更有可能:(1)改变对广告或内容中体现的品牌的看法;(2)与他人讨论品牌;(3)访问经销该品牌的商店;(4)购买。因此，在线获取视频信息对营销人员来说越来越重要。

当然，在 YouTube 上投放广告或发布标有品牌的内容是移动营销策略的第一步。有些营销人员观察到，视频博主能在网络上发挥传统名人的作用。例如，士力架发起了一项网络版本的"横扫饥饿，做回自己"的促销活动，很受欢迎，邀请 F2Freestyles 和 Ultimate Handyman 的视频博主为他们的 YouTube 频道创作了视频。正如士力架全球品牌总监丹·伯德特（Dan Burdett）的解释:"参与此次活动的国际视频博主拥有 750 多万名订阅者，他们协助本品牌的促销活动在全球产生了巨大的影响力。"

未来的移动营销将如何利用在线视频？专家认为，全景视频、4K 视频、虚拟现实视频和增强现实视频在不久的将来都会实现！

使用 YouTube 视频营销和推广品牌可以注意以下方面：
·将信息视觉化也许会牺牲产品消息，但却能讲述一个更有趣的故事。
·创建品牌频道，多用关键词，可以提高视频显示在用户搜索结果中的概率。
·使用 YouTube 的洞察和分析研究，可以弄清楚浏览次数、网站访问次数，以及促使用户访问的关键词，从而锁定受众。

品牌经理特别感兴趣的是，YouTube 最近开始向广告主承诺受众规模，在获得一定比例的目标受众之前，他们会在渠道中播放更多次广告。

◎ 将社交媒体整合到品牌营销策略中

全球成千上万的营销经理都知道应该如何利用传统媒体营销品牌。他们有些人取得了成功，有些人则没有。很多经理都认为社交媒体太复杂了，不知道怎样才能发挥出它们的最大功效。

本节探讨：（1）如何将社交媒体与战略营销过程联系在一起；（2）如何选择社交媒体；（3）如何利用社交媒体进行销售；（4）如何衡量社交媒体节目的效果。这一部分的最后还介绍了小蜜缇"全世界都能看到的投篮"促销活动。这是品牌经理的终极梦想，小蜜缇与LeBronJames.com携手开展的这项促销活动在YouTube上获得了疯狂传播！

社交媒体与战略营销过程

第2章介绍的战略营销过程和第17章介绍的从发送者到接收者的传播过程可以同时适用于传统媒体和社交媒体。不过需要注意二者在传播过程中具有以下重要差异：

·杂志或电视广告等传统媒体一般是从发送者到接收者的单向交流，接收者就是营销人员希望购买广告产品的人。"被动接收者"之间可能会产生一些口碑传播式的对话，不过这种交流通常只限于接收者一方。

·社交媒体希望确保信息的传递不会止于个体接收者，而是旨在接触"主动接收者"，即那些能够对广告品牌"有影响力"和"喜欢"这些品牌广告的人。这些消费者会成为"传道者"，向在线的朋友发送消息，并把使用该品牌的乐趣反馈给广告主。

社交媒体营销能够获得成功在很大程度上取决于营销计划将信息的"被动接收者"转化为乐于传播该品牌正面信息的主动"传道者"的能力。

选择社交媒体

使用社交媒体时，品牌经理要设法从数百家媒体中选择和使用一个或多个。这往往需要评估：（1）网站访问者的特点；（2）网站的用户数或绝对访客数。

社交媒体的受众数据　营销研究组织和社交媒体本身都可以提供该社交媒体用户的个人资料数据，以帮助品牌经理做出选择。前文图19-2的第一行显示了美国男性和女性受众在四大社交媒体中的最新分布情况。如图所示，脸谱网用户中女性占58%，男性占42%，而YouTube用户则正好相反，品牌经理在分配促销预算时需要考虑到这个重大差异。

四大社交媒体最近的活动 图19-3比较了脸谱网、推特、领英和YouTube网站的用户数及其在每月访问量中所占的比例。用户数量是一个衡量受众规模的指标。市场占有率能体现出该网站相对于其他网站的用户使用情况。就用户数量而言，脸谱网和YouTube都拥有10亿或更多的用户，不过脸谱网的市场占有率高达YouTube的三倍。同样，推特和领英都有3亿至3.5亿用户，但推特的市场占有率更高，表明其使用频率更高。

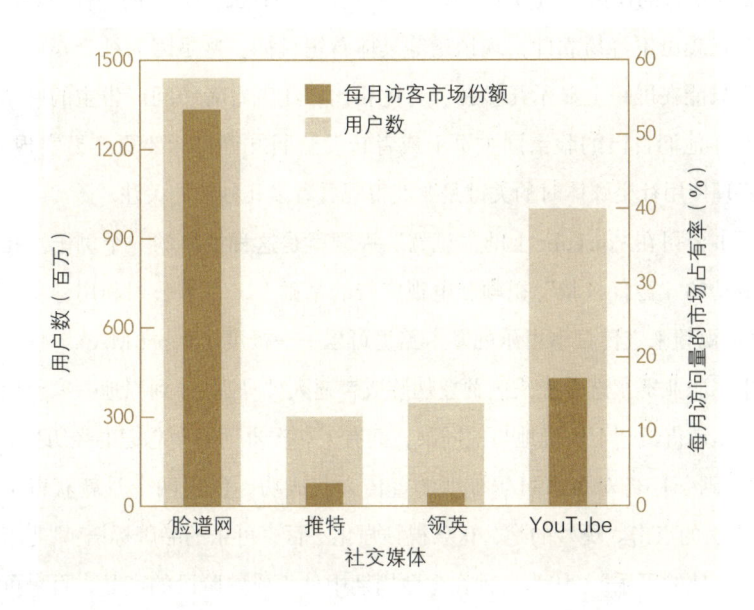

图19-3 四大社交媒体网站的用户数量和每月访问量的市场占有率

社交媒体如何带来销量

有个例子能够说明百事公司的品牌经理如何利用社交媒体为其产品或品牌创造销售和利润的。请思考以下案例中，百事公司品牌经理和社交媒体发挥的作用。

品牌经理的作用 百事公司的品牌经理为社交媒体广告撰写标题、文案并提供图片或照片。她经常根据品牌的社交媒体营销目标来决定将广告链接放到哪个网站。为了进一步了解市场和建立粉丝群，她可能会将广告链接到百事公司网站或脸谱网、推特或Pinterest网站。理想情况下，为了促进产生可跟踪的新销量，她必须在广告链接中添加优惠券代码、百事公司网站上的特定产品或其他促销优惠。

品牌经理会总结出她希望通过所选社交媒体覆盖的一个或多个细分市场的特点，这项工作需要从了解地理区域、性别、年龄范围和受教育程度等人口统计特征开始。然后，她会在营销策略中增加关系状态和用户兴趣等因素。

社交媒体的作用　与传统平面广告相比，YouTube和脸谱网等社交媒体上的广告和视频更不容易立即实现销量等具体营销目标。这是因为社交媒体上的图像通常只能在屏幕上显示几秒钟。与此相比，让观看者访问广告主的网站，将其发布在他们自己的脸谱网主页上或者转发给朋友等目标要更容易实现一些。品牌经理使用社交媒体时的关键是要获得观看者多几秒钟的关注。

百事公司在YouTube上的"试驾"视频就是这种策略的一个例子。在已经大获成功的"德鲁叔叔"视频和电视广告的基础上，百事公司利用一条有趣的"试驾"视频来宣传百事可乐的零卡路里可乐——极度（Pepsi MAX）饮料。在视频中，职业赛车选手杰夫·戈登伪装成普通人"马克"，到当地一家经销店试车。汽车销售员毫不怀疑地与他同乘，拥有了一次永远不会忘记的经历！

"试驾"广告对百事可乐极度的宣传大获成功，仅仅两个月就获得了超过3 500万次的点击。更妙的是，这条视频强化了百事可乐的品牌标语："零卡路里却口感极佳的可乐"。作为一种在生命周期中处于成熟阶段的产品，百事可乐极度通过娱乐信息将低糖饮料与年轻目标受众联系起来。该视频用娱乐取代了某些产品信息，成功吸引了观众的注意。

衡量社交媒体节目的效果

社交媒体效果的评估方法可分为两类：（1）与投入或成本挂钩（图19-4）；（2）与社交媒体的产出或收入挂钩。显然，无论对传统媒体还是对社交媒体来说，理想的业绩衡量标准都是将实际销售收入与广告或其他促销活动的成本联系起来。随着社交媒体的蓬勃发展，营销经理和品牌经理面临将社交媒体促销活动的成本与其带来的销量联系起来的新挑战，于是最近出现了多种使用全新表达方式的业绩衡量方法。

与投入或成本挂钩 图19-4显示了与投入或成本挂钩来衡量社交媒体效果的三种方法。按照图19-4第一列从上到下的顺序，首先是只与成本（每千次展示成本）挂钩的衡量方法，其次是产品吸引力的衡量方法（每次点击成本），最后一个方法则更侧重衡量社交媒体广告或行动带来的销售收入（每次活动成本）。

衡量方法	广告主的成本	提供者	使用者	评估 优点	评估 缺点
每千次展示成本（CPM）	"我会为该广告每1 000次展示支付0.50美元，每月最高100美元。"	直接销售广告的小型网站（可能使用第三方服务）	只是想增进消费者了解的广告主	易于使用	展示并不总能带来销量
每次点击成本（CPC）	"我会为点击该广告并从你的网站跳转到本公司网站的每位访客支付1.00美元。"	大多数网站使用此方法，由类似谷歌AdWords等第三方执行	希望只在获得成功时付费，但无法跟踪广告带来的销量的广告主	只为对广告表达兴趣的访客付费	如果广告无法吸引观众观看，则可能不会被播放
每次活动成本（CPA）	"我会为你网站上的广告引发的每次购买支付5美元。"	通常通过第三方执行，谷歌的关键字广告提供此功能	希望只在获得成功时付费，富有经验的广告主	只为有效广告付费	与每次点击成本类似，但更难跟踪，每次活动成本更高

图19-4 从投入或成本角度来衡量社交媒体的效果

每千次展示成本（CPM）衡量的是广告加载和用户可能看到它的次数，无论用户是否真正对其做出了反应。这种衡量方法大致相当于第18章介绍的传统媒体的每千人成本（CPM）。每次点击成本（CPC）体现了广告主为广告获得的每次点击和从该页面跳转到广告主网站时支付的费用。最后的每次活动成本（CPA）大致与实际销售额挂钩，例如，为脸谱网上的某条广告带来的每次购买支付5美元等。汇总所有这些购买可以得到总的销售收入，虽然这项工作比较艰巨，但可以将社交媒体广告成本与该广告带来的销售收入较为紧密地联系起来。

与产出或收入挂钩 很多衡量品牌经理在社交媒体上实施的促销活动是否有效的评价方法体现了社交媒体中的双向交流。这些方法往往与社交媒体网站在"粉丝""好友""关注者"或"访客"等方面的产出结果挂钩，因为这可能是带来销售收入的第一步。从品牌经理的角度来看，以下是脸谱网常用的几种衡量方法，从一般到具体依次为：

·用户或成员数。通过完成必要程序在社交网站上注册的个人，包括提供姓名、用户名（通常是电子邮件地址）和密码，并回答如出生日期、性别等问题。

·粉丝数。在特定时间内通过社交媒体平台选择浏览某品牌信息的人数。

·广告占有率。该品牌在与其产品类别或话题有关的所有社交媒体线上交谈中所占的份额或百分比。

·主页浏览数。脸谱网主页在特定时间内的加载次数。

·访客数。脸谱网主页在特定时间内的访客总数，如果有人在1天内访问了3次，则按3次统计。

·绝对访客数。脸谱网主页在特定时间内的绝对访客总数，如果有人1天之内访问了3次，只按1次统计。

·每位访客访问主页的平均次数。主页浏览数除以特定时间内的访客数。

·互动率。与帖子互动的人数除以看到帖子的总人数，互动指点赞或发表评论等。

·点进率（CTR）。受众点击主页上某个链接，从而访问特定网站的百分比。

·粉丝来源。社交网络关注者的来源，来自好友的粉丝要比来自广告的粉丝更有价值。

需要注意的是，虽然这些衡量方法没有体现出社交媒体带来的销售收入，但在上面的列表里，位置越靠后的指标就越要比传统媒体更具体。这是因为以电子的方式跟踪点击网站或广告的社交媒体用户要比跟踪观看、倾听或阅读传统媒体的消费者更为简单。

其他社交媒体的特别关注 社交媒体的优势之一是可以围绕想法和共性组建社区，而不必受限于成员的实际位置在那里。虽然脸谱网或YouTube等主要社交媒体有助于获得较大流量，但对某些产品和服务来说，Pinterest等规模较小的媒体可能会更成功。

Pinterest是一个虚拟的记事板和内容共享社交网络，用户可以把他们最喜欢的如服装、工艺创意、家居装饰品和食谱等图片"钉"在记事板上加以分享。Pinterest成员按主题创建"插贴板"对图片进行分类，如"零星杂物""食品"和"编织物"，显示在Pinterest的屏幕上。这些图片可以与Pinterest社区的其他成员共享。会员还可以在脸谱网和推特上分享他们钉上去的图片。

Pinterest拥有7 200多万名用户，其中85%是女性，75%的日常流量来自移动应用程序。因此，它已成为以女性为目标市场的零售商和制造商的销售渠道。使用Pinterest时，品牌经理可以将公司产品的图片发布在插贴板上并附上能够跳转到自己网站的链接。

小蜜缇迅速蹿红和勒布朗·詹姆斯的熊抱

品牌经理都梦想与明星合作，让他们的促销活动疯狂传播，获得价值数百万美元的免费品牌曝光。小蜜缇唇膏就有过这样的经历！

背景 正如本章前文介绍的，小蜜缇与LeBronJames.com网站建立了伙伴关系。这次合作是从公司发现美职篮迈阿密热火队的勒布朗·詹姆斯曾在赛前准备时使用小蜜缇开始的。

半场英雄投篮大赛 作为合作的一部分，小蜜缇创建了"小蜜缇和LeBronJames.com半场英雄"促销活动。此次促销活动的特色是网上报名和每周抽奖，最后赢得大奖的幸运者可以前往迈阿密旅游，并获得半场投篮的机会，赢得7.5万美元的奖金。另外，活动之所以叫作"英雄投篮"，是因为如果获胜者投中，小蜜缇还会向勒布朗·詹姆斯家庭基金会和美国男孩女孩俱乐部捐赠7.5万美元。

在美航中心球馆迈阿密热火队与底特律活塞队比赛的第三和第四节之间，迈克尔·德雷希走进球场中央，面对2万名球迷。他谨慎地站到球场中央的左侧，走了两步后，单手钩手投篮。

篮球空心入网！获得7.5万美元！

当迈克尔转身挥动拳头时，人群沸腾了。但他还没来得及再次庆祝，勒布朗就从迈阿密热火队跑了出来，一个熊抱让两人在欢欣之余一起倒在了地板上。

"全球看投篮"迅速走红 马上，半场英雄获胜者迈克尔·德雷希令人难以置信的钩子投篮和勒布朗·詹姆斯熊抱庆祝的连续镜头在网上疯狂传播。比赛结束后，NBATV 让迈克尔与詹姆斯并肩接受了采访。这是 ESPN 体育中心当天最受欢迎的表演。小蜜缇品牌团队立即为迈克尔·德雷希安排了一次公关之旅，其中包括前往纽约市参加《早安美国》《新闻内幕》《CNN 早间新闻》和数十场当地的广播节目。

与此同时，小蜜缇营销团队整个周末都在小蜜缇在推特和脸谱网的社交媒体账户和网站上更新公关之旅的相关情况。在三个月内，小蜜缇的半场英雄镜头被 3 000 多万 YouTube 观众看到，成为美职篮 YouTube 主页有史以来最受关注的视频。总之，此次促销活动为小蜜缇在电视、纸质媒体、网络和社交媒体上赢得了 5 亿多次的展示。

后来，迈克尔和"投篮"出现在 ESPN 商业广告中，成了"我在体育中心"活动的一个组成部分。此外，迈阿密热火队还拜访了总统奥巴马，庆祝他们当年夺得美职篮冠军。奥巴马总统也是篮球迷，他甚至还提到迈克尔和小蜜缇半场英雄的投篮：

> 现在，我这份工作中最酷的一件事就是欢迎体育界的冠军队来到白宫。通常人们喜欢来白宫。我不得不说，我从来没有见过比去年热火队来时更兴奋的人们。（笑声）我的意思是说，勒布朗非常兴奋，我以为他会给我一个拥抱，把我撞倒，就像撞倒体育中心半场投篮的那个家伙一样。

写给品牌经理 管理小蜜缇促销活动的数字战略家帕特里克·赫登（Patrick Hdgdon）表示："我想告诉品牌经理的是，一定要密切注意运气和机会。当你的品牌走运时，聪明的小投资就能带来巨大的回报。就像我们为小蜜缇所做的，设法同时运用社交媒体和传统媒体，推动活动迅速传播，最大限度地抓住机会取得更大的成功。时刻准备着！"

◎ 未来：社交媒体＋智能手机＋外国的应用程序

使用社交媒体开展营销的趋势反映了科学家们所说的"镜像世界"或"智能系统"，实际上是现实世界与数字世界的融合。智能系统是一种基于计算机的网络，通过感知现实世界或数字世界的变化来采取相应的行动。本节讨论：（1）现实世界与数字世界的融合；（2）这种融合如何将社交媒体与营销行为联系起来；（3）这一切如何引导未来的走向。

现实世界与数字世界的融合

如果说我们的物质世界正在与虚拟世界融合，这似乎听起来有点像科幻小说。现实世界与数字世界的融合是互联的智能手机、平板设备、传感器、特殊身份标识、数据库、算法、应用程序和其他元素迅速增加的结果。以下几个因素有助于解释现实–数字世界的融合及其对营销的意义。

智能手机　用户在使用今天的智能手机时，往往会忘记它们15年来走过了多远的发展之路，以及它们是如何改变营销的。1998年，RIM 950给移动电子邮件带来了一场变革。这种设备带有屏幕和键盘，但它不是电话。变革在2007年随着苹果公司堪称传奇的iPhone的诞生而完成。iPhone拥有三个基本单元：屏幕、多点触控键盘和电话。如今的智能手机支持全球定位系统，可以让移动消费者访问在线广告、本地餐厅的促销广告和零售商的限时折扣。

数据库和算法　如第8章和第9章所述，搜寻潜在消费者通常需要对市场进行细分，这要求运用各种算法查询、组织、处理和呈现数据。数据库的所有者（包括谷歌和脸谱网）必须让它们尽可能为潜在广告主所用，才能取得成功。

在数据库方面，谷歌无疑是赢家，它为3.3亿个网站上30万亿个独特网页编制了索引。搜索引擎现在能在用户查询照片、事实和"直接答案"时提供答案，而不仅仅是给出网站地址的"蓝色链接"。谷歌现在推出了自己的社交网络服务谷歌＋，以便获取个人的姓名、兴趣和好友身份等数据。

脸谱网最近通过宣布自己的搜索引擎算法"图搜索"踏入了谷歌的领地。脸谱网用户可以根据人、地点、照片和兴趣进行自己的查询，例如"朋友推荐的餐馆"等。此举能让脸谱网上的"赞"给广告主带来真正的价值。例如，纽约的一家小型巧克力零售店可以将购买大量有机食品的年轻父母定为目标市场。因此不难看出，通过品牌经理策划的极富针对性的促销活动，用户随意在数据库的"数字世界"里对品牌点了一个"赞"，就会转变成用户在真实的"现实世界"里的购买行为。

应用程序 智能手机的应用程序加速了现实世界与数字世界的融合。**应用程序**（Apps）是可以下载到智能手机和平板设备上运行的小型软件程序。苹果公司推出iPhone时没有预见到智能手机应用程序会如此重要。而如今，苹果应用商店提供150万个免费或收费的应用程序，谷歌应用商店为安卓用户提供160万个应用程序。由于有各种各样的应用程序可供选择，如今消费者每天一般会花2个小时的时间去使用大约8个应用程序。

很多应用程序是电子游戏。例如，《愤怒的小鸟》自2009年发布以来已被下载20多亿次，这也是以愤怒的小鸟为主题的产品现在广泛存在的原因，比如从睫毛膏、玩具到娱乐公园不一而足。由于这款游戏现在已经进入了产品生命周期的衰落阶段，其受欢迎程度正在下降。在日益激烈的竞争环境下，其他电子游戏应用程序的产品生命周期也有所缩短，比如《乡村度假》《神庙逃亡》《知识竞答》《4图1字》和《水果忍者》等。

《部落冲突》和《糖果传奇》利用现实世界与数字世界的融合进入电子游戏市场。如今获得成功的新电子游戏一般会具有以下特征：（1）建立在为玩家提供巨大心理奖励的基础上；（2）可以在智能手机的小屏幕上玩；（3）在苹果iOS系统、谷歌、安卓和脸谱网的下载排行榜上名列前茅；（4）经常使用"免费增值策略"，即用户可以免费下载，但需要为额外功能付费，例如加快游戏速度等。

《时代》杂志分析了《糖果传奇》电子游戏的设计师是如何利用关键元素将游戏的数字世界与玩家在现实世界的满足和激励联系起来的：

- 和朋友一起玩更有利，用户可以通过脸谱网提供或得到额外的生命。
- 永远不会结束，该游戏有500多级，设计师几乎每周还要增加更多级。
- 让玩家感觉很特别，几乎每次点击和轻击，游戏都会提供积极的反馈。

- 玩家可以稍稍作弊，玩家可以花钱购买能量提升，跳过等待时间。
- 富有挑战性，越来越多样的谜题往往需要多次尝试才能通关。

目前，《糖果传奇》应用程序已在脸谱网、iOS系统和安卓设备上安装了5亿多次。

就连《愤怒的小鸟》也改变了策略。最近推出的《愤怒的小鸟Go》，将原来的收费下载改为免费策略。开发应用程序听起来很容易？也许吧。不过每年都有大量创造性应用程序在沉寂中死去！

移动营销：密切联系营销行动

现实世界与数字世界的融合还促进了移动营销的增长，也为个人移动设备上的交流带来了大量互动选择。移动营销中的延续关系催生了一些重要的智能手机应用程序，例如：

- 比较价格搜索。用户扫描产品条形码或二维码，就能比对50万家商店的价格，并同步你的电脑和智能手机的搜索记录。
- 根据位置搜索促销活动。使用支持全球定位系统的智能手机标注位置，就能获得彭尼百货等商店的折扣信息。
- 忠诚度计划。走进塔吉特或梅西百货等商店，就能赢得忠诚度积分，还能享受打折优惠。

近年来，源自智能手机的购物搜索和购买数量激增，给传统的实体零售商带来了巨大的挑战（如展厅现象）。

移动营销最大的不同在于它拥有一种独特的能力，能与用户建立单独且持续的联系，了解他们的喜好和个性，并将这些信息分享给在线好友或销售产品的营销人员。社交网络世界能将用户与销售者连接起来，并带来更直接的互动。

社交媒体、智能手机、平板设备和新应用程序的融合能使企业与消费者的互动更加活跃。不过对于销售者来说，这是完美的胜利吗？请考虑以下问题。

处于传感器控制下的购物 自动售货机可以扫描你的面部，以确定你的年龄和性别，据此更改其显示的内容，如果你买了两个最喜欢的糖果棒，就有可能在以后给你提供折扣，因为它知道你曾经在脸谱网上给糖果棒点过"赞"；或者如果你是在晚上7:00—9:00之间使用设备，它还会显示附近餐厅的电子晚餐优惠券。对营销人员来说，糖果和晚餐的销量是可以直接衡量的。虽然这种购买环境能提供不同寻常的便利，但这是否侵犯了你的个人隐私呢？

由消费者完全控制的购物 韩国和中国的某些城市走在虚拟超市购物的前列。连锁超市乐购家居特别店（Tesco Home Plus）为消费者提供了快速购买杂货食品的机会，只要等车时用智能手机扫描地铁站墙上的图片，即可购买乐购的食品杂货。购物者使用智能手机应用程序支付，日用品会在他们回家后马上送至家门口。在这个案例中，购买者获得了极大便利，或许可以说是彻底胜利。

关于隐私：哪些"融合"是过度的？ 智能系统在一定程度上是可以接受的。例如，我们大多数人都很乐意在当地餐馆使用智能手机上的应用程序及时找到合适的优惠。甚至如果谷歌可以通过数据库的最新突破，根据我们的日常喜好、天气状况以及酒店和飞机票价格，自动为我们提出一份"理想的度假计划"，这都完全没问题。

但是，如果现在零售商在几百个地点安装传感器，通过智能手机发出的信号来跟踪我们，我们可能就会担心。以下一些数字可能会吓到你：

· 2000+ 一位普通互联网用户每天被追踪在线活动的次数。

· 3000+ 安客诚（Acxiom）宣称可以评估到的几乎每个美国家庭的"购物倾向"数。

· 7亿 顶级数据分析企业安客诚的全球数据库中的成人消费者的大致数量。

如今，约68%的互联网用户认为隐私法无法为自己提供足够的保护。因此，他们中有86%的人会运用隐私技术设法从网络上删除或掩盖自己的数据。

未来会怎样？出于对互联网隐私的担忧，白宫近日宣布将通过立法界定个人特征和活动数据使用方面的消费者权利。

营销知识应用

1. 作为一名新上任的零售商店经理，你决定在促销活动中纳入移动营销。请介绍一下如何通过低功耗蓝牙信标增加商店的销售额。

2. 你和三个大学朋友决定在网上创办一家企业，销售面向大学生的日常服装，即T恤、短裤、汗衫等。你打算在脸谱网上做广告。男大学生和女大学生点赞或关注的哪些内容能对你策划脸谱网广告带来帮助呢？

3. 假设你即将大学毕业，想要找一份市场研究或销售工作。请到领英网站注册，并确定在领英个人主页填写哪些信息会有助于你找到新工作。

4. 与社交媒体和传统媒体相比，用户生成内容有哪些意义？

5. 你是耐克或新百伦等运动鞋制造商的品牌经理，打算使用脸谱网接触读大学年龄段女性和55岁以上男性。你认为这两类消费者在脸谱网上会点赞或关注哪三四种内容？

6. 在衡量社交媒体效果时，衡量方法与收入和成本直接挂钩的优势和劣势各是什么？

创新案例思考

StuffDOT公司：奖励积极购物和分享的用户！

StuffDOT公司创始人兼首席执行官詹妮弗·卡茨（Jennifer Katz）说："关于奖励和忠诚度，我最想知道的是如何将最合适的奖励和佣金与不断扩展的社交媒体结合起来。"

卡茨说："另外，只有少数人因无数人免费提供的在线内容获益，这太不公平了。我认为所有创造这些在线内容的人都应该因为自己的努力而获得回报。"

卡茨解释道："想想这事吧，有一天，我们的营销总监来开会时说起她在社交网站上介绍一种非常漂亮的船锚手链的帖子被疯狂转发的经历。因为订单太多，她现在不得不等上六个星期才能买到它。所以我们都说：如果每出售一只就获得一份佣金，那她应该已经买到五只手链了。StuffDOT的创意就是这样诞生的。"

这个年轻的社交网络还在不断发展，它的创立可以作为案例供大家参考。

StuffDOT 的愿景、品牌名称和标志

StuffDOT 网站将在线购物和分享融为一体，旨在回馈那些在网上做出贡献的用户。大多数其他网站倾向于将所有佣金据为己有，而 StuffDOT 则希望用户能从所有在线购物和分享中获利。据 StuffDOT 所知，这还是第一次有公司开发出平台，让用户能够因为在社交媒体上发布信息而获得奖励。此外，StuffDOT 团队还增加了一些功能，如发放优惠券，在数千家零售商购物返现，以及允许用户创建自己的 DOT 商店等。

"我们选择 StuffDOT 作为品牌名称，因为这个词朗朗上口，而且（我们）觉得还可以在此基础上再接再厉，"卡茨说，"说到 StuffDOT，我们可以用 Stuff、DOT 或者 StuffDOT，十分灵活。这个名字还很适合用于'注意 Dot''点 Dot'或'我喜欢的 Stuff'等活动。团队也尝试了其他名字，都没有 StuffDOT 这么富有黏性。"

StuffDOT 团队还尝试了几个不同的标志，最后确定了一个令人难忘又吸引眼球的标志。人们认为橙色点代表友好、亲密，并且引人注目，事实证明这个标志非常利于拓展业务。

StuffDOT 如何运行

StuffDOT 创意总监凯尔西·费希尔（Kelsey Fisher）解释了什么是 Dot（圆点）和"点 Dot"的步骤，这是了解 StuffDOT 用户如何赚取和兑换佣金的关键。

什么是 Dot

费希尔解释说："点表示帖子，覆盖范围从各种产品、自己动手项目，到食谱、搞笑视频和随机照片。Dot 是供用户查看、分享或为了将来购买而关注的东西。任何你想在 StuffDOT 网站上展示的东西都可以成为 Dot。"

如何"点点"

凯尔西·费希尔解释了"点点"的三个步骤：

1. 用鼠标将"点它"按钮拖放、添加到浏览器工具栏。
2. 点击工具栏上的这个按钮，就可以点或发布你喜欢的物品。例如，当你浏览

梅西百货的在线商店，发现了自己喜欢的东西时，可以点击工具栏中的"点点"按钮，它就会显示在你的StuffDOT页面上。

3. 你的佣金会随着其他用户分享、购买或点击你"点"过的东西而增加。你也可以通过自己购买来赚取佣金！

赚取和兑换 StuffDOT 佣金

那么，在线用户是怎样实际赚到佣金的呢？用户将自己想在网上分享或购买的东西"点"或贴在StuffDOT上，如果该物品带有一个显示佣金百分比的标签，这意味着它来自StuffDOT的零售合作伙伴之一，可以提供佣金。

如果一个"点"带来了购买、点击浏览或者"点点的人"及其他人分享了这个点，"点点的人"就可以获得佣金。用户也可以通过发布和购买自己的商品赚取佣金。佣金余额达到15美元之后，用户就可以开始向多家零售商兑换礼品卡了。

让StuffDOT对用户更友好

StuffDOT团队面临的挑战是既要保持简单，又要具有有趣和能激励用户的功能。

StuffDOT首席技术官苏迪塔·特里帕西（Sudipta Tripathy）说："我与StuffDOT团队密切合作，将他们提出的创新概念在StuffDOT上转化为便于用户使用的功能。例如，我们希望确保所有新功能在各种StuffDOT平台（网站、安卓应用程序或iOS应用程序）都具有相同的外观和感觉。"

最近的更新和功能能帮助StuffDOT用户通过更多方式赚取佣金。随着许多功能移到移动应用程序中，StuffDOT提升了让用户随时随地分享、购物和赚取佣金的灵活性。其他一些便于用户使用的功能包括：

·零售商名单。添加零售商及其佣金百分比的列表能方便StuffDOT购物者了解每个商店的确切回报。而且用户还能发现一些他们根本不知道会提供奖励佣金的商店。

·搜索商店和优惠。现在用户可以在不离开网站的同时搜索StuffDOT零售商的产品和优惠。StuffDOT会员还可以在方便好用的平台上查找、点点和购买那些可以提供佣金的物品。

·佣金状态。重新设计的佣金界面会显示用户使用StuffDOT应用程序累计获得的佣金总额、当前佣金和即将产生的佣金。因此，用户可以查询购物佣金，并确认自己购买的是提供佣金的商品。

营销 StuffDOT

StuffDOT 的早期营销工作集中在三个领域：（1）伙伴关系；（2）StuffDOT 实习生和校园大使计划；（3）社群分享。

StuffDOT 的合作伙伴包括使用户得以访问 20 000 多家在线零售商并分享佣金的在线资讯汇集公司，他们还与部分零售商合作，推出独特的促销计划，为用户带来实惠，并进一步推广合作伙伴的品牌。如最近的一次促销活动中，只要注册、向朋友推荐和点点，就可免费得到一双跑鞋。这不仅增进了人们对跑鞋品牌的认知，也为 StuffDOT 创造了新的用户群。

StuffDOT 实习生和校园大使计划不仅能为学生提供在新型社交媒体工作的丰富经验，还能极大地增强 StuffDOT 平台的优势。实习生可以在家或在校园工作，开展 StuffDOT 促销活动。他们可以根据自己的兴趣，选择参与企业新用户研讨会和以小组为单位开展街头促销活动，或通过社交网络寻找新的合作伙伴和用户。StuffDOT 正在不断寻找新的校园大使。

通过整个 StuffDOT 网站的社会共享功能，用户可以非常方便地与朋友或家人分享自己喜欢的商品。例如，如果一名学生很想得到一台新笔记本电脑作为生日礼物，那么她可在脸谱网上与朋友们分享，还可以通过电子邮件把链接发送给父母作为提醒。这名学生在真正购买时还能获得 StuffDOT 的奖励，相当于得到双份生日礼物。

思考题

1. 为了更便于用户使用，StuffDOT 最近做了哪些改变？
2. StuffDOT 的主要竞争对手是谁？他们应该从哪些方面实现与对手的差异化？
3. StuffDOT 应该怎样营销才能成为人们日常生活中不可或缺的一部分？
4. StuffDOT 团队如何使用社交媒体平台（如脸谱网和推特）和自己的网站创造口碑，有效扩大用户群体？

# 20

人员推销和销售管理

学习目标

1. 讨论营销中人员推销和销售管理的性质和范畴;
2. 认识人员推销的不同类型;
3. 说明人员推销流程的各个阶段;
4. 描述销售管理的主要职能。

认识当今的专业销售人员

你是否一直在考虑把销售作为一种职业？如果是，那就把林赛·史密斯当成榜样吧。

林赛·史密斯的职业生涯始于GE医疗集团美洲区的医疗诊断器械部，她曾担任该部门分子成像产品的销售代表。11年前，她在读完大学并拿到工商管理学士学位之后就加入了通用电气。作为当今专业销售人员的典范，她认为诚信、积极性、信任、创建人脉以及团队意识是成功销售所必需的若干要素。

作为专业销售人员，她认识到不断更新和完善产品知识，提高分析和沟通技能，以及对机遇的战略思考能力，以便更充分满足每个客户的临床、经济和技术要求非常重要。她有充足的理由支持这种认识。因为她联系的客户包括医生（涉及放射科、神经科和心脏科）、医疗技术专家、护士，以及医疗服务提供商的首席执行官、首席财务官和其他管理人员。

林赛·史密斯的销售导向和客户关系理念有四大支柱：

1. 致力于为客户创造价值。林赛认为："每一次销售拜访和客户互动都应该为客户和公司创造价值。"

2. 努力作为一个值得信赖的顾问为客户提供服务。林赛强调"通过为客户提供新颖的解决方案而成为客户的一个资源"。

3. 增强公司的竞争优势。林赛不断强化GE医疗集团美洲区的竞争优势："我会强调我公司的价值主张，展示公司的产品创新、解决方案和服务。"

4. 将挑战视为机遇。林赛说："我把为客户提供创新解决方案和资源以及建立客户信任和长期关系的挑战视为机会。"

林赛·史密斯总结的有关销售和客户关系维护的方法为她的客户和她带来了良好的效果。她是该公司创收最高的员工之一，拥有一大批忠实的客户。毫不奇怪，在过去的8年里，史密斯女士已经获得了6次公司业务卓越奖。

2014年，林赛·史密斯晋升为GE医疗集团美洲区的高级客户总监。以此身份，她代表和管理GE医疗集团美洲区的整个业务板块，包括医疗技术、医疗保健咨询、信息技术、服务运营和融资方案，这也是GE最大的战略医疗体系之一。她管理着75名业务和运营人员。

本章介绍了人员推销和销售管理在营销和为客户创造价值方面的适用范围

和意义。它首先强调的是人员推销的多种形式,接着概述了销售流程的几大步骤,而其中的重点是建立买卖双方的关系。

本章随后重点介绍了销售人员管理及其在实现公司更广泛营销目标方面的关键作用。然后详细介绍了销售人员的三个主要管理职能,分别是销售计划的制订、销售计划的实施和销售人员的考评。最后,本章阐述了技术对销售方式和销售人员管理方式的影响。

◎ 人员推销和销售管理的范围和重要性

第17章描述了企业促销组合销售方面的人员推销和销售管理。人员推销是一种与现有客户和潜在客户进行沟通的有效工具，认识到这一点非常重要，但不止于此。花些时间回答图20-1中的人员推销和销售管理小测试，随着阅读，将你的答案与正文比较一下。

1. 在美国最大的公司中，约有多大比例的首席执行官在职业生涯中有过多年的销售经历？（勾选一个答案）
   10%_____   30%_____   50%_____
   20%_____   40%_____   60%_____
2. 普通现场销售代表每周花多少时间以电话或面对面的方式向消费者推销？（勾选一个答案）
   40%_____   50%_____   60%_____
3. "销售一旦达成，销售人员的工作也就结束了。"对还是错？（圈出一个答案）
   对　　错
4. 美国大约有多大比例的公司会将客户满意度纳入销售人员的绩效考核？（勾选一个答案）
   10%_____   30%_____   50%_____
   20%_____   40%_____   60%_____

图20-1　人员推销和销售管理小测试（阅读本章时勾选你的答案）

人员推销和销售管理的本质

人员推销（personal selling）指买卖双方的双向沟通，通常是面对面的，旨在影响个人或群体的购买决策。然而，人员推销也可通过电话或视频会议实现，买卖双方也可通过互联网进行互动。

虽然有技术的辅助，人员推销仍然是一项人力高度密集的活动。因而，公司必须对营销人员进行管理。**销售管理**（sales management）包括设计企业的销售方案、执行方案和考核人员推销的活动。人员推销管理的任务包括设定目标，组织销售队伍，招聘、选择、培训和激励销售人员，考核销售人员的个人业绩。

销售几乎无处不在

一个世纪前，作家罗伯特·路易斯·史蒂文森写道："人人都靠售卖某些东西而生存。"这句话对于制造业的销售人员、房地产经纪人、股票经纪人和零售店售货员来说尤其正确。然而，事实上，涉及与消费者接触的所有职业几乎都有人员推销的成分。例如，不管是否意识到，律师、会计师、银行家和公司负责招聘的人员都在从事与销售有关的活动。

在美国最大的公司中，约有20%的首席执行官有过多年的销售经历。（你为图20-1的问题1勾选的是哪个百分比？）因此，销售通常是通向高层管理者的敲门砖，本身也是一种令人满意的职业。

营销和创业所需的人员推销

人员推销在公司的总体营销投入中主要发挥三项作用：第一，销售人员是连接公司与消费者的关键环节。这一角色要求销售人员要兼顾公司利益和消费者的需求，以便在交易过程中满足双方的需求。第二，在消费者眼中，销售人员就是公司。他们代表着公司是什么或试图成为什么，并且通常也是消费者唯一能接触到的公司员工。如IBM公司前首席执行官所说，该公司4万多销售人员就是"我们面对客户的脸"。第三，人员推销可能在公司营销计划中发挥主导作用。这种情况通常发生在采用推动式营销策略的公司（见第17章）。例如，雅芳几乎将其总销售收入的40%用于人员推销。

人员推销也被证明是成功创业的关键，原因有三：首先，向潜在投资者兜售商业概念是创业者的第一次销售努力。其次，将商业概念推销给创业企业取得成功所需要的人才是必不可少的。最后，说服消费者购买自己的产品或服务，获得推荐并建立专业网络，这些较传统的销售艺术是必要的。总之，成功的企业家必须是一个优秀的销售人才。

通过销售人员为客户提出解决方案并创造价值：关系和合伙销售

作为公司和消费者之间的关键环节，销售人员可用多种方式为消费者创造价值。例如，销售人员接近消费者有助于公司找出解决客户问题的创新方案。美敦力公司是全球心脏起搏器市场的领导者，其销售人员会亲临手术室，因为他们公司的产品90%以上的使用场景就是手术室，而且他们24小时随叫随到。一位满意的客户如是说："这反映了他们在任何情况下都愿意到场，只是为了避免发生问题，即使这样的到场中十次有九次完全没有出现问题。"

销售人员可以通过让消费者的购买过程变得容易来创造价值。电子产品制造商泰科电子公司就是这样做的。该公司有7万种产品，销售人员和消费者难以快速而准确地获取它们的规格和性能数据。如今，公司把所有的信息放到网站上，销售人员和消费者可快速下载。

销售人员也可以通过售后服务来创造客户价值。杰弗逊·斯莫菲特公司是一家销售额达数十亿美元的包装产品供应商，它的一名销售人员同时调配该公司三家工厂的产品，满足了通用电气公司对包装箱的一次紧急需求。由于这位员工的努力，该公司被通用电气授予杰出供应商奖。

关系销售 **关系销售**（relationship selling）使创造客户价值成为可能，它基于的是销售人员关注和设法满足消费者需求从而与之建立长期联系的做法。关系销售涉及买卖双方的尊重和信任，侧重于培育长期的消费者，而不是一次性买卖。一项对300名高级销售主管的调查显示，96%的人认为"与消费者建立长期关系"是影响销售业绩的最重要活动。

合伙销售 有些公司进一步发展了关系销售，形成了购买者组织和销售者组织之间的伙伴关系。**合伙销售**（partnership selling）指买卖双方将各自的专长和资源结合起来，创建定制化的解决方案，致力于联合计划，并共享客户、竞争信息和公司信息，从而实现互利双赢，最终让消费者受益。合伙销售有时也称"企业销售"。

作为一种销售方式，合伙销售依赖跨职能商业专家，他们运用自己的知识和专长以实现更好的消费者解决方案、更低的成本和更大的客户价值。合伙销售可以说是对第6章所述的供应商与渠道伙伴关系的补充。这种方式一直为通用电气、霍尼韦尔、杜邦和IBM公司所采用。

关系销售和合伙销售代表了客户关系管理的另一个维度。两者都强调首先了解消费者的需求，然后根据消费者的问题定制解决方案的重要性，以便为消费者创造价值。最近的研究表明，销售人员可能先天具有为消费者创造价值的遗传基因。阅读"营销无小事"专栏了解详细情况。

营销无小事　客户价值

科学与销售：你是否有客户价值创造的基因？

你的基因中是否有创造客户价值的禀性？你是天生的推销员吗？密歇根大学营销学教授理查德·巴戈齐及其同事最近的研究为这个问题提供了一种新的见解，可能会让你感到惊讶。

他们的研究确认了一种遗传标记，即 DRD_4 基因的 7R 变体，它与销售人员与消费者互动，了解其问题，满足其需求的禀性或意愿相关。研究人员还发现，DRD_2 基因 A1 变种与想方设法说服消费者购买某种既定产品而不是倾听其需求的禀性或倾向有关。

这两个不同的遗传标记有助于解释销售人员之间客户导向与销售导向的差异。以客户为中心的人受这样的理念指导："我设法将有难题的客户与能解决其问题的产品相匹配"，目的是满足双方的需求，并希望建立长期的关系。

相反，销售导向受这样的观念驱动："我设法向消费者售卖我能说服他们购买的一切，即使是那些我认为明智的消费者没有必要购买的东西。"在这种情况下，动机是实现自己的短期利益，而不一定是满足消费者的需求。

面对某种销售场景，你是销售导向还是客户导向？客户价值的创造可能就存在于你的基因里！

◎ 人员推销的多种形式

根据完成销售的数量和完成销售任务所需的创造性的大小，人员推销表现为很多形式。广义上讲，人员推销有三种类型：接受订单、争取订单和消费者销售支持活动。有些公司仅使用其中的一种，其他的则会综合运用三种。

接单的销售人员

通常，**订单接受者**（order taker）负责处理日常的订单或已售产品的再订购。订单接收者的主要责任是与现有客户保持长期关系，并且维持销售额。

订单接收者有两种类型。外部跑单者负责拜访客户以及补充经销商（如批发商或零售商）的商品库存。例如，菲多利公司的销售人员会拜访超市、便利店和其他销售场所，以保证公司的零食产品（如乐事薯片、立体脆和托斯蒂多滋的墨西哥炸玉米片）充分供应到这些场所。此外，外部跑单者通常还会协助安排商品陈列。

内部接单员也称定货登记员或售货员，通常回答简单的问题，接收订单，并完成与客户的交易。零售店员多为内部接单员。内部接单员通常受雇于企业，他们接听客户可以免费拨打的电话，而客户或消费者可以利用这个免费电话获取有关产品或服务的信息，并进行购买。如第6章所述，在B2B电子商务中，接收的订单源自直接的重复购买。

订单接收者一般只做少量的传统意义上的销售工作，并且只协助客户解决最基本的问题。他们通常销售选择性很少的产品，如杂志订阅和高度标准化的工业产品。接入电话营销对于"客户服务"导向公司来说也是非常必要的销售活动，如戴尔公司。在这些公司中，订单接收者会接受更广泛的培训，以更好地协助来电客户进行购买决策。

争取订单的销售人员

订单争取者（order getter）从事的是传统意义上的销售，他们负责识别潜在消费者、向他们提供信息、劝说他们购买、完成销售并跟进了解他们对产品或服务的使用情况。与订单接收者一样，订单争取者也有内部（汽车经销人员）和外部（施乐的销售人员）之分。

订单争取者需要高水平的创新和客户同理心，一般销售复杂产品或选择性多的技术产品，所以丰富的产品知识和销售培训是必需的。若是B2B销售的调整重购或新购，订单争取者扮演的是问题解决者的角色，需要确定某个具体产品如何满足消费者的需求。类似地，购买服务时，如保险，保险公司会根据购买者收入、家庭生命周期的阶段和投资目标来提供满足其需要的保险计划组合。

争取订单并不是一份可以每周工作 40 个小时的工作。行业研究表明，外部订单争取者或现场服务代表通常每周工作 50 多个小时。如图 20-2 中所示，普通现场服务代表 41% 的时间实际上用在了电话销售或面对面促销上（你为图 20-1 的问题 2 勾选的是哪个百分比？），另外 24% 的时间用于搜集有意向客户和研究客户的资料文件。销售代表一周工作的剩余时间则用于管理任务、会议、服务电话、差旅、培训和客户跟进。

订单争取者外出获取订单的费用高昂。据估计，每次拜访一位客户或消费者的平均成本约为 500 美元，包括销售人员的报酬、福利以及差旅和招待费。这种成本结构说明了电话营销受欢迎的原因。电话营销采用的是打电话而非人员拜访联系现有和潜在客户的做法。单次销售电话的成本要低很多（20 到 25 美元），再加上很少甚至没有到现场的开支，因此广受欢迎。

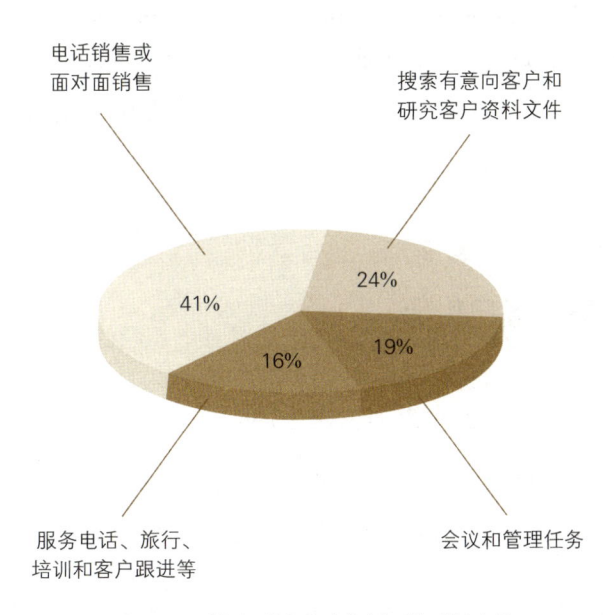

图 20-2　外部订单争取者每周工作时间分配

销售支持者

销售支持者通过提供各种服务为订单争取者提供帮助。例如，传教士式销售员并不直接招徕订单，而是专注于做好促销活动和推介新产品的活动。医药行业常用此法，他们激励医生开本公司的药。实际销售则由批发商完成，或直接销售给供应处方药的药剂师。销售工程师专门负责识别、分析和解决消费者的问题。这些销售人员会在销售环境中利用自己的知识和技术专长，但通常不实际销售产品和服务。销售工程师常见于化工产品和重型设备等的销售。

很多公司会采用跨职能的**团队销售**（team selling），即利用整个专业团队向主要客户销售产品和提供服务。团队销售适用于需要专业知识才能满足客户采购中心的每个客户的不同利益的情况。一个销售团队可能包括销售人员、销售工程师、服务代表和财务主管各一名，他们各自负责与客户公司的相应部门打交道。

销售团队的形式各有不同。在会议销售中，销售人员和其他掌握公司资源的人一起与购买者会面，讨论问题和机会。在研讨会销售中，公司团队会为客户公司的技术人员提供培训，介绍当前的发展状况。在与潜在购买者一起工作，进行跨职能团队销售方面，IBM和施乐起步最早，具体可见"营销无小事"专栏。此后，其他公司也接受了这一做法，为客户创造价值并使之保值。

营销无小事　　客户价值

通过跨职能团队销售为客户创造和维护价值

销售人员独自拜访消费者的日子将很快成为历史。现在，75%的公司雇用专业的跨职能团队与客户一起工作，以改进客户关系，找到更好的处理方法，当然也为客户创造和维护价值。

施乐和IBM最先尝试跨职能团队销售，但其他公司很快紧随其后，因为它们发现了运用这一方法在创造和保持客户价值方面的潜力。意识到谷物种植者需要喷洒次数较少的除草剂，杜邦组织了由药剂师、销售和市场主管以及管控专家组成的团队，成功开发出合适的产品，第一年便创下了5 700万美元销售额的纪录。利用其市场、销售、广告、电脑系统和供应链人员与主要零售商（如沃尔玛）组成的团队，宝洁找到了开发、促销和交付产品的方法。必能宝公司（Pitney Bowes）为联合包裹（UPS）和联邦快递（FedEx）等公司开发出了可用于称重、评级和跟踪包裹的精密计算机系统，也雇用销售团队满足客户的需求。这些团队由销售人员、"运输管理专家"以及一直致力于寻找改进同城和全球运送商品新技术的工程师和行政管理主管组成。

随着客户追求更大的回报，通过跨职能团队销售创造和保持客户价值已经必不可少。正如某500强公司的采购副总裁所说："现在，不仅要获得最好的价格，还要获得最大的价值，有很多方面值得重视。"

◎ 人员推销流程：建立关系

销售，尤其是争取订单环节，涉及建立买卖双方关系的一种复杂活动。虽然购销之间的互动对人员推销来说必不可少，但是销售人员的很多工作早在双方会面之前即已发生，在售后仍会持续。**人员推销流程**（personal selling process）包括六个阶段：（1）搜寻潜在客户；（2）准备接触；（3）接触；（4）产品展示；（5）成交；（6）跟进。（见图20-3）

搜寻：辨识潜在客户

人员推销始于探寻阶段，即寻找潜在客户，看其能否成为客户。潜在客户有三种类型：有可能成为客户的人是有意向客户；对产品有需求的客户是潜在客户；如果一个人对产品有需求，且有购买能力，同时还是购买决策者，那么他就是准客户。

有意向客户和潜在客户有多个来源。例如，广告中的优惠券或免费电话号码可能会吸引有意向客户。有些公司在展会、专业会议和讨论会上展示产品吸

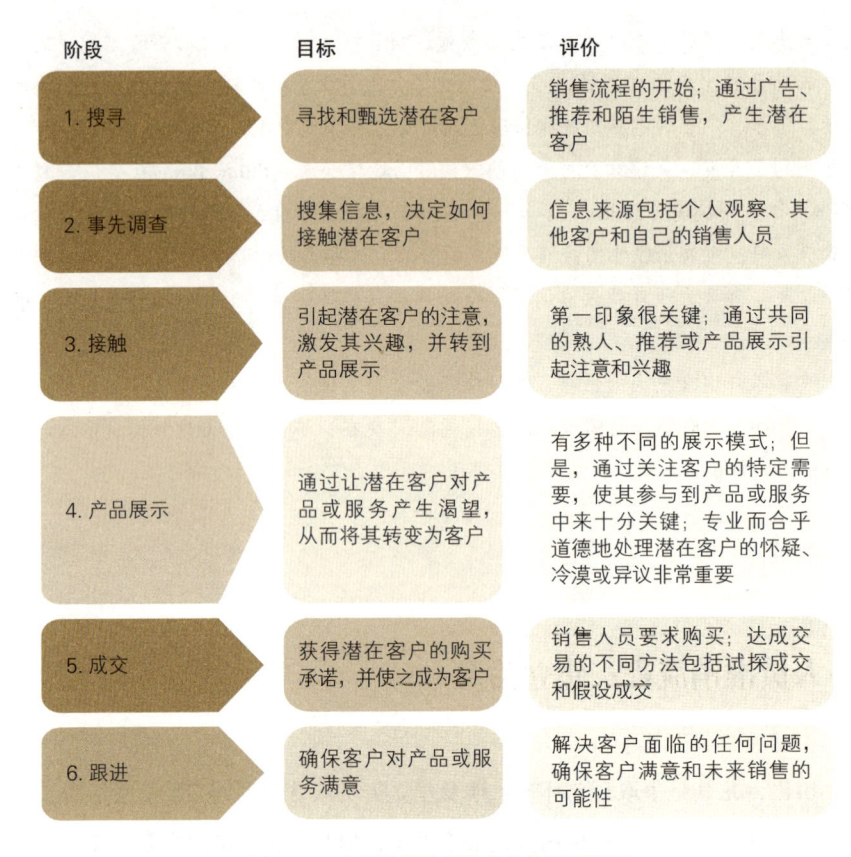

阶段	目标	评价
1. 搜寻	寻找和甄选潜在客户	销售流程的开始；通过广告、推荐和陌生销售，产生潜在客户
2. 事先调查	搜集信息，决定如何接触潜在客户	信息来源包括个人观察、其他客户和自己的销售人员
3. 接触	引起潜在客户的注意，激发其兴趣，并转到产品展示	第一印象很关键；通过共同的熟人、推荐或产品展示引起注意和兴趣
4. 产品展示	通过让潜在客户对产品或服务产生渴望，从而将其转变为客户	有多种不同的展示模式；但是，通过关注客户的特定需要，使其参与到产品或服务中来十分关键；专业而合乎道德地处理潜在客户的怀疑、冷漠或异议非常重要
5. 成交	获得潜在客户的购买承诺，并使之成为客户	销售人员要求购买；达成交易的不同方法包括试探成交和假设成交
6. 跟进	确保客户对产品或服务满意	解决客户面临的任何问题，确保客户满意和未来销售的可能性

图 20-3 人员推销流程的各个阶段及目标

引有意向客户或潜在客户。在销售人员的协助下，这些产品展示用来吸引潜在购买者的注意，并分享信息。还有些公司则运用网络吸引有意向客户和潜在客户。现在，销售人员利用网站、电子邮件和领英等社交媒体联系可能对其公司产品或服务感兴趣的个人或企业。

另一种接触有意向客户的方法是无约上门推销或无约推销电话，那就意味着销售人员翻开一个姓名地址录，选一个名字，并联系该人或企业。尽管被拒绝的比例很高，但无约上门推销或无约推销电话还是有望成功的。然而，在有些文化中，这种冷不丁的上门游说不受欢迎。例如，在多数亚洲和拉丁美洲国家，经过推荐的个人拜访更易被接受。

无约上门推销或无约推销电话经常受到美国消费者的批评，现在受到了管制。研究表明，75%的美国消费者认为这一行为侵犯了他们的隐私，72%的人对此表示厌恶。《电话消费者保护法案》（1991年）纳入了防止滥用的条款，如在清晨或深夜打电话。其他联邦法规要求更全面的有关电话推销信息的披露，包括允许消费者通过"拒绝推销电话登记"避免在任何时候接听推销电话的规定，并对违规行为处以罚款。例如，卫星电视供应商DirectTv因给已经登记的电话号码打过数千次电话而被罚款530万美元。

准备接触：准备打推销电话或上门拜访

一旦销售人员辨识出一位准客户，他就要准备接触，即为销售做准备。准备接触阶段包括进一步获取潜在客户的信息以及确定接触的最佳方法。无论何种行业和文化背景，了解潜在客户喜欢以何种方式接触以及期待何种产品和服务都是非常必要的。

例如，美林证券公司的股票经纪人需要了解潜在客户的可支配收入、投资目标和偏好信息，以便通过电话或面谈向他们提供经纪服务。德州仪器这样的工业产品制造商在准备接触时，要识别潜在客户在购买决策中的角色（如决策影响者或决策制定者）、重要的购买标准和潜在客户对正式或非正式产品展示的接受程度。确定接触潜在客户的最佳时机也很重要。西北互助人寿保险公司对拜访不同职业客户的最佳时机建议如下：牙医应在上午9:30之前，律师介于上午11:00到下午2:00之间，大学教授则在晚上7:00到8:00之间。

准备接触阶段在国际销售中特别重要，因为客户要求特定的礼仪。例如，在很多南美国家，客户希望销售人员能准时赴约，然而潜在客户通常会迟到30分钟。南美人非常重视商务谈判，喜欢直接展示，但是强行推销行不通。

成功的销售人员认识到准备接触阶段一定不能偷工减料。他们的经验以及对客户投诉的研究表明，不能充分了解潜在客户是很不专业的，可能会毁掉整个销售拜访。

接触：留下第一印象

接触阶段是销售人员和潜在客户的首次会面，目的是引起潜在客户的注意，激发他们的兴趣，为销售展示和建立工作关系奠定基础。在此阶段，第一印象至关重要，销售人员通常会从提及共同的熟人、推荐人或产品和服务本身开始谈话。采取哪种策略取决于搜寻潜在客户阶段和准备接触阶段获得的信息。

在国际市场上，接触阶段非常重要。在美国以外的许多国家，大量的时间用于非商务交谈，以便买卖双方建立密切的关系。例如，在中东和亚洲，在正式讨论业务问题之前通常有二至三次会面。手势也非常重要。在美国，销售人员与潜在客户之间的首次会面通常就是从有力的握手开始；法国人也会握手，但是温柔，而不是紧握；但在日本，还是把握手忘掉吧，人们期待的是恰当的鞠躬。那么商业名片有何要求呢？商业名片应该一面用英文印刷，另一面用潜在客户的母语印刷。有经验的美国销售人员明白他们应该用双手把名片呈给亚洲的客户，并且自己的姓名要正对接受者。在亚洲，需要尊重任何与个人姓名有关的事情。

产品展示：按客户的需求定制解决方案

产品展示阶段是争取订单销售流程的核心，目标是通过激发购买产品或服务的愿望，从而将潜在客户变成客户。产品展示主要有三种模式：（1）刺激-反应模式；（2）程式化销售模式；（3）需要-满足模式。

刺激-反应模式 刺激-反应展示（stimulus-response presentation）模式是假设销售人员给出恰当的激励，潜在客户就会购买。在这种模式下，销售人员会一个接一个地尝试各种诉求，以期达到目的。当麦当劳的柜台售货员询问你是否喜欢随正餐订购法式炸薯条或甜点时，他们用的就是这种方法——所谓的建议性销售。虽然在有些情况下很有用，但是刺激-反应模式并不总是合适的，很多产品都需要更加正式的方式。

程式化销售模式 程式化销售展示（formula selling presentation）模式基于这样一种观点：产品展示中的信息必须以准确、详尽、循序渐进的方式提供给潜在客户。这种模式较为流行的一种方法是预先录制好的销售展示，这样可以将已经存储好的标准化信息传递给每一位潜在客户。当企业频繁使用电话推销或上门推销消费品（如柯比公司的真空吸尘器等）时，他们会使用程式化销售模式对待每一位潜在客户，而不管他们对某类信息的需求或偏好有什么不同。

当潜在客户之间的差异无从了解，或与有经验的销售人员相比，新销售人员对产品和销售流程了解较少时，事先录制好的销售展示便有了优势。虽然这种方式能提供详尽的展示，但通常缺少灵活性和自发性。更重要的是，它无法收集潜在购买者的反馈，而反馈信息是沟通交流过程的重要组成部分，也是买卖双方建立关系的开始。

需求-满足模式 刺激-反应模式以及程式化展示模式有一个共同点：销售人员主导谈话。相比之下，**需求-满足展示**（need-satisfaction presentation）模式则强调销售人员的探求和倾听，以识别出潜在购买者的需求和兴趣。一旦确定了需求和兴趣，销售人员就要有针对性地为潜在客户进行个性化展示，并且强调他们可能会看重的产品利益。强调解决问题和客户解决方案的需求-满足模式最符合营销观念和客户关系的建立。

这种模式有两种常见的销售方式。**适应性销售**（adaptive selling）指调整产品展示，以适应不同的销售情境，例如了解何时提供解决方案以及何时询问更多的信息。销售研究和实践表明，对客户和销售情境的了解是适应性销售的关键。股票经纪公司和保险公司等消费者服务公司，以及像乐步、AT&T和吉列之类的消费品公司，有很多已经富有成效地运用了这种销售方式。

顾问式销售（consultative selling）侧重于识别问题，销售人员担任发现和解决问题的专家。采用顾问式销售时，问题的解决方案并不是简单地从一系列现有产品或服务中挑选，而是常常需要设计新的解决方案，从而为客户创造独特的价值。

顾问式销售在B2B营销中最常见。江森自控的汽车系统集团、IBM的全球服务、中外运敦豪快递公司的环球快递、通用医疗美洲公司和施乐就通过顾问式销售为客户提供解决方案。施乐公司的一位高级销售主管说过："我们的业务不再只是销售机器，而是出售基于网络的数字化信息管理解决方案。客户的定制化要求高，而且需要顾问式销售服务。因此，我们需要提供能做咨询的且精通商业的销售人员。"但是，客户解决方案到底是什么含义？"营销无小事"专栏给出了独特的答案。

营销无小事　客户价值

设想将客户置于客户解决方案中

企业希望从供应商那里寻求问题解决方案，同时供应商也希望通过为客户提供解决方案来甩开竞争对手。那么，什么是客户解决方案？它与推销有什么关系？

卖方认为解决方案是产品与服务定制化和集成化的结合，旨在满足客户的商业需求。但是，买方是怎么想的？从买方的角度看，解决方案应:(1)满足其需求;(2)旨在专门解决其问题;(3)可以实施;(4)确保能跟进。

此观点源自埃默里大学三位研究者的一个现场研究，他们的深入研究也对有效客户解决方案应该包含什么有了深刻理解。研究中的一位受访者说道：

"他们（供应商）要确保自己的销售和营销人员知道事情的进展，销售和技术人员也要知道正在发生什么，技术和支持人员还要知道与我有关的事情的进展。所有人员都参与其中，这对他们来说不是什么难事。"

那么将客户置于客户解决方案中与推销有什么关系呢？有三件事很突出。首先，有必要花费大量的时间和精力来充分了解特定客户的需求。其次，有效的客户解决方案基于买卖双方的关系。最后，顾问式推销的核心在于为客户提供新颖的解决方案，从而为其创造价值。

处理异议　在产品展示阶段，至关重要的是处理异议。异议是不做购买承诺或购买决策的理由。有些异议是有根据的，是基于产品、服务的特征或价格而提出的。然而，很多异议只是反映了潜在客户的怀疑和漠不关心。不管是否有根据，有经验的销售人员都明白出现了异议并不意味着展示的结束，相反，可以运用技巧以礼貌且符合道德的专业方式解决异议。以下六种技巧最为常用：

1. 承认并转化异议。 这一技巧是将异议转化为购买的理由。例如，潜在客户可能会说："价格太高了。"那么可以回答："是的，价格高是因为我们使用了最好的材料。我来展示给您看……"

2. 延迟。 当异议将在稍后的展示中被处理时，延迟的技巧就派上了用场："我很快就会解释那个问题的。我认为我那时的答复更清晰明了。"

3. **同意并使之无效**。销售人员同意此异议，然后指出它是不重要的。销售人员可能会说："是的，其他人有同样的看法。但是，他们认为与其他好处相比，这个问题无足轻重。"

4. **接受异议**。有时异议是有根据的。让潜在客户表达这类观点，然后探求背后的原因，并设法鼓励围绕此异议展开进一步的讨论。

5. **否认**。如果潜在客户的异议是基于错误或明显不正确的信息，明智的做法是断然否定此异议。

6. **忽略异议**。当异议看上去是一种搪塞技巧，或异议对潜在客户显然不重要时，可以用到这个技巧。

以上每一种技巧都要求与潜在客户进行冷静、专业的互动交流，并且若能在准备接触阶段预见这些异议，则效果最好。处理异议的技巧需要选择合理的时机、准确判断潜在客户的思想状态和娴熟的沟通能力。异议处理也应该合乎道德。说谎或虚假展示产品和服务的特点都是很不道德的行为。

成交：要求客户下订单或购买

销售流程的成交阶段指获得潜在客户的购买承诺。此阶段最重要，也最困难，因为销售人员必须确定潜在客户何时准备购买。准备购买的信号有三类：肢体语言（比如潜在客户再次仔细检查产品或合同）、表述（比如该设备应能降低我们的维护费用）、提问（比如何时交货？）。

成交本身可采取几种形式。当销售人员认为客户已经准备购买时，会利用以下三种促成交易的技巧：（1）试探成交；（2）假设成交；（3）紧急成交。试探成交指请求潜在客户对购买进行某方面的决策："你喜欢蓝色还是灰色的样式？"假设成交指在假设销售已成定局的情况下，请潜在客户考虑交付、质保或付款条件等选择。紧急成交用于通过向潜在客户说明购买的紧迫性来促使其迅速承诺购买："低息融资下周结束"或"那是我们现有的最后一款"。当然，只有真实情况如此，才可以说以上的话。否则，这样说就是不道德的。当潜在客户明确表示准备购买时，就要最终拍板了，销售人员可以请他下单。

跟进：巩固关系

销售流程并不止于成交，相反，专业销售还要求客户跟进。通过观察，某销售权威将跟进比作求婚与结婚，"销售仅相当于完成了求婚。然后开始婚姻生活。婚姻是否美满取决于二者对彼此关系的经营"。跟进阶段包括确保客户购买的产品已经顺利送达和安装，而使用中遇到的困难也已经得到解决。关注销售流程的这个阶段能够巩固买卖双方的关系。研究表明，让一位满意客户重复购买所需的努力和成本大约只是获得一位新客户的一半。总之，今天满意的客户将会成为明天的准客户或推荐者。（图20-1测试中的问题3你是如何回答的？）

◎ 销售管理流程

要想使销售有助于公司营销目标的实现，就必须对销售加以管理。虽然企业在具体的销售人员和销售活动的管理上各有不同，但销售管理流程却是相似的。销售管理包括三个相互联系的职能：（1）销售计划的制订；（2）销售计划的实施；（3）销售团队的考核。（见图20-4）

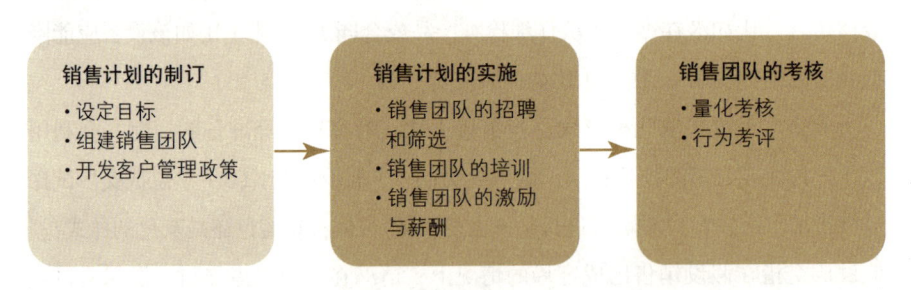

销售计划的制订	销售计划的实施	销售团队的考核
・设定目标 ・组建销售团队 ・开发客户管理政策	・销售团队的招聘和筛选 ・销售团队的培训 ・销售团队的激励与薪酬	・量化考核 ・行为考评

图20-4 销售管理流程包括销售计划的制订、实施和销售团队的考核

销售计划的制订：确定方向

制订销售计划是销售管理的三个职能中最基本的一个。全球通信公司哈里斯公司副总裁说道："如果公司希望实施营销战略，就必须有一个制订销售计划的

详细流程。"**销售计划**（sales plan）是对要实现什么样的目标、销售队伍的努力方向以及如何展开销售的陈述。销售计划的制订包括三大任务：(1)设定目标；(2)组建销售团队；(3)开发客户管理政策。

设定目标 设定目标是销售管理的核心，因为这个任务具体规定了需要实现怎样的目标。在实践中，目标是为整个销售团队及每个销售人员设定的。

销售目标可与产出挂钩，侧重于销售额或单位销量、新增客户数或利润等。或者与投入挂钩，强调销售电话或上门拜访的数量以及销售费用。与产出挂钩和与投入挂钩的目标既可用于整体销售团队，又可用于每个销售人员。与行为有关的第三类目标通常针对每个销售人员，包含其产品知识、客户服务满意度评级以及销售和沟通的技巧。

因为销售人员在拜访客户时应该能够看到竞争对手在做什么，因此公司也越来越重视将获取竞争性信息当成一个目标。事实上，89%的公司鼓励销售人员收集有关竞争者的情报。但是，销售人员能直接向客户询问竞争者的信息吗？阅读"负责任地决策"专栏，了解销售人员如何看待这一做法。

不管设定怎样的目标，它们都应该是明确的和可衡量的，并具体界定实现目标的时间期限。一旦确定下来，这些目标即是销售管理第三个职能，也就是销售团队考核的绩效标准。

负责任地决策　商业道德

跟客户打听竞争对手情况的道德问题

销售人员是掌握市场动向的宝贵信息来源。通过与客户密切合作和恰当提问，销售人员常常能获得客户问题和需求的第一手资料。他们也能观察竞争对手的活动。然而，销售人员能直接向客户询问竞争对手的策略吗？比如定价策略、产品开发活动、交易情况和促销方案。

通过询问客户相关的信息来了解竞争对手的情况是一个棘手的商业道德问题。调查表明，25%的从事B2B推销的美国销售人员认为这种行为不道德，并且他们的公司已经为这种行为规定了明确的指导方针。

值得注意的是，日本销售人员比美国销售人员更加认为这种行为不道德。

你认为跟客户打听竞争对手的策略和做法是不道德的吗？为什么？

组建销售团队 组建销售团队是制订销售计划的第二项任务。它涉及三个问题：第一，公司应该使用自己的销售团队，还是使用代理商？比如制造商的代理商。第二，如果决定雇用自己的销售人员，那么应该根据地理、客户类型还是产品或服务来组建团队？第三，公司应该雇用多少销售人员？

第一个问题是决定使用公司的销售人员还是独立的代理商，这种决策很少发生，它本身就建立在对经济和行为因素分析的基础上。经济分析会审视使用这两种类型销售人员的成本，如第13章讨论的那样，这是盈亏分析法的一种形式。

若是这种情况：独立代理商要求5%的销售佣金，而公司销售人员则拿3%的销售佣金以及工资和福利。另外，如果公司雇用自己的销售人员，每年的销售管理费用会使总固定成本增加50万美元。销量达到多少，独立代理商或公司销售人员的成本会低一些呢？要解决这一问题，可以假设两种选择的成本相同，利用下面的公式算出销量。

假设：

$$\text{公司销售人员的总成本} = \text{独立代理商的总成本}$$
$$0.03(X) + 500\,000\text{美元} = 0.05(X)$$

$X=$销售额。求解X，得出销售额为2 500万美元。表明当销售额低于2 500万美元时，独立代理商成本较低，而销售额高于2 500万美元时，公司销售人员的成本较低。图20-5表明了这一关系。

单靠经济分析还不能完全回答这个问题，行为分析也很有必要，它应侧重于分析管理、灵活性、业绩以及独立代理商和公司销售人员的可得性等问题。在决策之前，企业必须权衡经济和行为因素的利弊。

如果企业选择雇用自己的销售人员，那么它必须基于地理、客户、产品三者中的一种划分组织结构（见图20-6）。**地理销售组织**是最简单的结构。首先是将美国甚至是全球分成不同的地区，每个地区又被分成不同的区。销售人员被

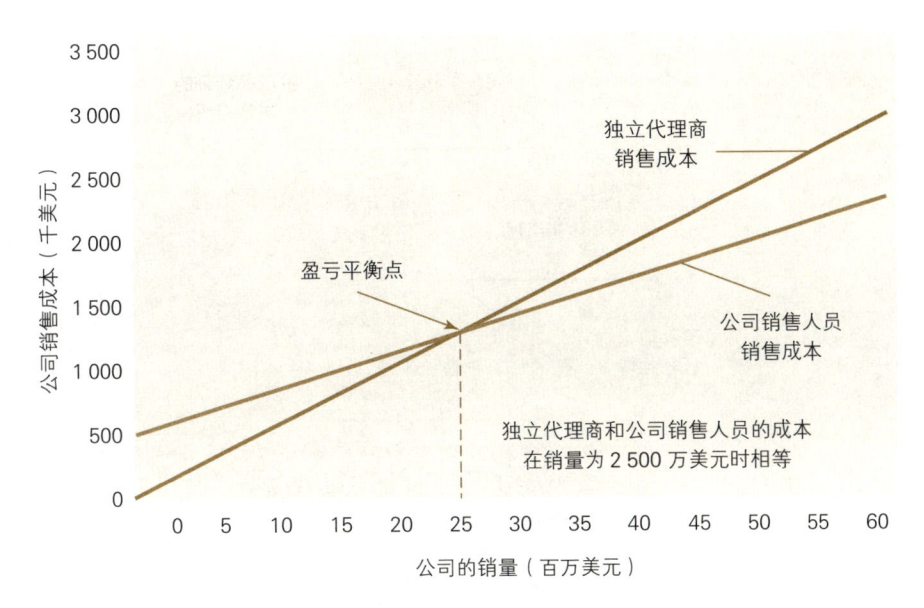

图20-5　将销售成本和销量的分析纳入比较独立代理商和公司销售团队的盈亏平衡表。当公司销售人员的销售成本等于独立代理商的销售成本时，即两条线的交叉点就是盈亏平衡点

分配到具有明确地理界线的各个地区，拜访或打电话给地区内所有的客户，并展示企业销售的所有产品。这种结构的优点是能将差旅的时间和费用以及重复的促销活动降到最低。但是，如果企业的产品或客户要求专业化的知识，那么按地理划分的结构就不适用了。

当不同类型的购买者有不同的需求时，就需要使用**客户销售组织**。在实践中，这种组织结构意味着不同的销售团队拜访不同类型的购买者或营销渠道。例如，柯尼卡（Konica）最近就从地理结构转变成营销渠道结构，由不同的销售团队服务具体的零售渠道：大卖场、照相器材专卖店以及食品和药品店。这种组织形式能更有效、更专门地向购买者提供支持和知识。然而，各个独立的销售团队展示同样的产品，因此这种组织结构通常会产生更高的管理费用和重复的促销活动。

客户销售组织的一个重要的变体是**重要客户管理**（key account management），即利用团队销售的方法，侧重维护重要客户，建立互惠互利的长期合作关系。重要客户管理涉及与客户企业中从事采购、制造、工程、物流和财务的主管人员合

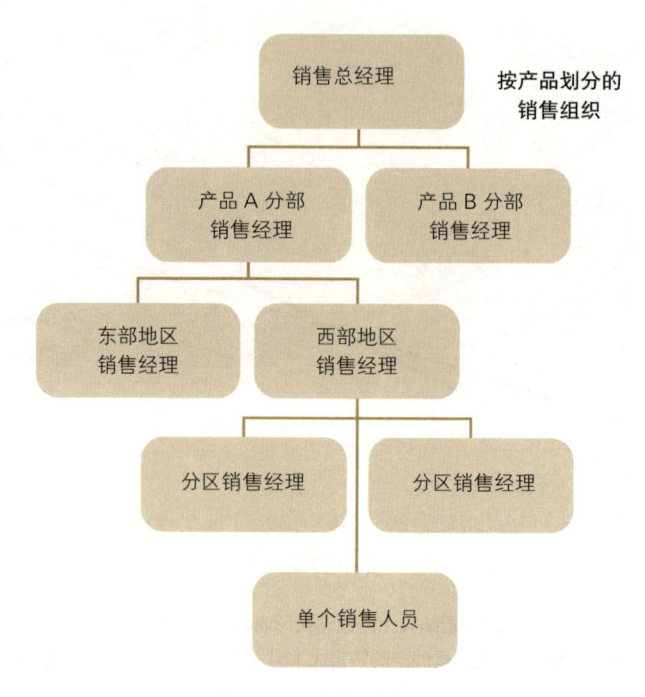

```
                    销售总经理           按产品划分的
                                          销售组织

            产品 A 分部        产品 B 分部
             销售经理           销售经理

         东部地区      西部地区
         销售经理      销售经理

                    分区销售经理    分区销售经理

                          单个销售人员
```

图 20-6　不同的销售组织

作的销售、服务和技术团队。这种方法通常将公司人员派到客户方，从而产生了可提供特色服务的"客户专家"。就像百得电动工具公司（Black & Decker）跟家得宝（Home Depot）的关系一样，宝洁对沃尔玛也是采用这一方法。

当销售某种类型的产品需要专业知识时，公司就会采用**产品销售组织**。例如，马克西姆钢铁公司（Maxim Steel）有一支向石油公司销售钻杆的销售团队和一支向制造商销售特种钢的销售团队。这种结构的优势是销售人员能培养起与特殊产品或系列产品相关的技术特点、应用和销售方法等专业知识。然而，由于公司的两组销售人员可能会拜访或打电话给相同的客户，这种组织结构会增加管理费用，导致销售活动的重复。

总之，不存在适合所有情境和所有公司的最佳销售组织结构。但是，销售团队的组织结构应该反映公司的营销战略。美国每年大约有10%的公司会改变销售组织结构，实施新的营销战略。

与销售团队组织有关的第三个问题是确定销售团队的规模。例如，为什么你会认为菲多利公司（Frito-Lay）大约有1.8万名销售人员拜访超市、便利店和其他销售场所？答案取决于服务的客户数量、拜访客户的频次、平常拜访一次的时长和销售人员花在销售上的时间。

确定销售团队规模的一种常用方法是**工作量法**（workload method）。这种方法综合考虑服务的客户数量、拜访频次、拜访时长和可用销售时间，利用公式计算出销售团队规模的大小。例如，菲多利公司依据下面的工作量法公式计算出需要大约1.8万名销售人员：

$$NS = NC \times CF \times CL / AST$$

其中，

NS＝销售人员数

NC＝客户数

CF＝服务一个客户每年所需的拜访频次

CL＝一次拜访的平均时长

AST＝每年用于销售的平均时长

菲多利向35万个超市、便利店和其他销售场所销售和展示产品。销售人员必须每周至少拜访一次这些客户，或每年至少52次。平常销售拜访的平均时长为83分钟（1.38小时）。每位普通销售人员每年工作2 000个小时（50周×每周40小时），但是每周有12个小时用于差旅和管理等非销售活动，剩下每年有1 400小时的销售时间。根据这些数据，菲多利公司需要

$$销售人员 = \frac{350\,000 \times 52 \times 1.38}{1\,400} = 17\,940 位例行拜访销售人员$$

显然，该公式得出的值是灵活的，任何变量的改变都会影响所需的销售人员数。而这些改变某种程度上取决于公司的客户管理政策。

制定客户管理政策　制订销售计划的第三项任务是制定**客户管理政策**（account management policies），即明确规定销售人员应该与谁接触、从事哪种销售和客户服务活动以及如何实施。这些政策可能指出应该与购买企业中的哪些人联系、对不同客户分配多大工作量、销售人员在销售拜访前或拜访中应收集哪类信息。

图20-7列举了4种客户管理政策，表明了如何根据机会的大小、公司在销售竞争中的地位将不同的客户或消费者分组。当具体的客户姓名被放置在每个

单元格时，销售人员就可以清楚地看到应该联系哪些客户，开展何种销售和服务活动，以及如何与之打交道。对单元格1和单元格2中的客户，销售人员应多次拜访，并增加每次拜访的时长。对单元格3中的客户则要降低拜访的频次，而对单元格4中的客户，可以通过电话推销或直复营销的方式取得联系，而不是亲自拜访。例如，联合太平洋铁路公司将2万个规模最小的客户放进了一个电话营销计划中。随后对这些客户的调查显示，在评价该公司的销售工作时，认为"非常有效"的客户从之前的67%上升至84%。

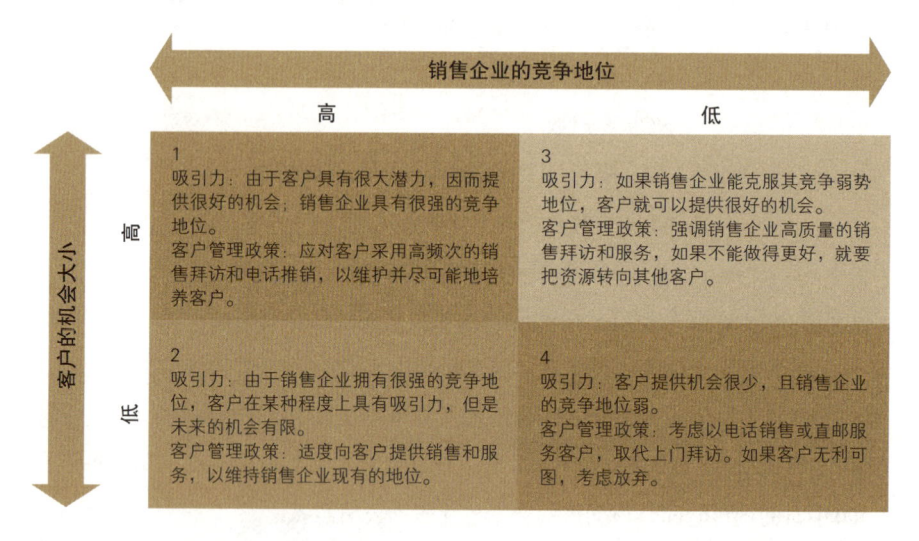

	销售企业的竞争地位	
	高	低
客户的机会大小 — 高	1 吸引力：由于客户具有很大潜力，因而提供很好的机会；销售企业具有很强的竞争地位。 客户管理政策：应对客户采用高频次的销售拜访和电话推销，以维护并尽可能地培养客户。	3 吸引力：如果销售企业能克服其竞争弱势地位，客户就可以提供很好的机会。 客户管理政策：强调销售企业高质量的销售拜访和服务，如果不能做得更好，就要把资源转向其他客户。
客户的机会大小 — 低	2 吸引力：由于销售企业拥有很强的竞争地位，客户在某种程度上具有吸引力，但是未来的机会有限。 客户管理政策：适度向客户提供销售和服务，以维持销售企业现有的地位。	4 吸引力：客户提供机会很少，且销售企业的竞争地位弱。 客户管理政策：考虑以电话销售或直邮服务客户，取代上门拜访。如果客户无利可图，考虑放弃。

图20-7　客户管理政策方格按照机会的大小和公司在销售竞争中的地位对客户加以分组

销售计划的实施：将计划付诸实践

销售计划是通过与执行销售计划相关的任务来实施的。销售计划的制订侧重"做正确的事情"，而实施则侧重"正确地做事"。实施销售计划包括三个主要任务：(1)销售团队的招聘与筛选；(2)销售团队的培训；(3)销售团队的激励和薪酬。

销售团队的招聘与筛选　有效地招聘和筛选销售人员是销售管理最重要的任务之一，旨在找到符合公司销售职位要求的人。由于对接收订单和争取订单销售职位的要求不同，这两种人的招聘和筛选差别很大。因此，招聘和筛选必须首先对职位进行认真的分析,紧接着描述任职资格。

职位分析是对具体销售职位的研究,包括如何开展工作以及工作包含的任务。职位分析的信息用于撰写职责说明,即对每一个销售职位独特的工作关系和工作要求的书面说明。它解释了:(1)销售人员向谁报告;(2)销售人员如何与公司其他人员相互配合;(3)应该拜访的客户;(4)应该开展的具体活动;(5)职位对体力和脑力的要求;(6)待售产品和服务的类型。

接着,把职责说明转化成任职资格,包括成功完成这项工作所需的才能、知识、技能以及各种行为特征。争取订单销售职位的资格通常反映了购买者的期望:(1)想象力和解决问题的能力;(2)商业道德感强;(3)诚实;(4)熟知产品知识;(5)有效的沟通和倾听技巧;(6)专注于应对购买者的需求、客户忠诚度和跟进。企业会运用多种方法评估潜在的销售人员,面试、核查推荐信和调查申请表所列背景信息是最常用的方法。

成功的销售也需要高水平的情商。**情商**(emotional intelligence)是理解自己的情绪以及互动之人的情绪的能力。这些特质对于适应性销售尤为重要,往往是高效与低效争取订单销售者的分水岭。你对自己的情商如何感兴趣吗?阅读"关乎自己的营销见解",测一测自己的情商。

关乎自己的营销见解

你的情商如何?你可能会感到惊讶

一个人工作上的成功取决于很多的才能,包括智力和技术上的能力。近期的研究指出,人的情商也很重要,甚至非常重要。

有证据表明,情商对于销售业绩的贡献是智力和专业知识的两倍。情商有5个维度:(1)自我激励技巧;(2)自我意识或了解自己的情绪;(3)管理个人情绪和冲动的能力;(4)同理心或感知他人情感的能力;(5)社交技巧或应对他人情绪的能力。

你的情商如何?登陆 www.ihhp.com/quiz.php,回答24个问题,了解你的情商值和更多的见解。

销售团队的培训 销售人员的招聘和筛选是一次性的活动，而销售人员的培训则是同时影响新老销售人员的持续过程。销售培训的内容远不止销售方法。例如，IBM全球服务公司负责提供咨询和各种信息技术服务，其销售人员会进行至少两周的课堂学习和网络培训，以掌握顾问式销售和技术方面的知识。

培训新销售人员是一个很费钱的过程。美国的销售人员每年会接受由雇主提供的总价值超过70亿美元的培训。在职培训是最常见的培训形式，此后会由有经验的销售人员传帮带。正式的课程、职业销售培训师的研讨班和线上培训也很常见。

销售团队的激励和薪酬 离开了对销售人员的激励，就不可能成功实施销售计划。关于销售人员激励的研究表明：（1）清晰的岗位职责说明；（2）有效的销售管理；（3）个人的成就感；（4）适当的薪酬、奖金或奖励会培养出富有积极性的销售人员。

作为激励因素，薪酬的重要性意味着必须密切关注如何对销售人员的努力给予金钱上的回报。销售人员的薪酬制度通常有以下三种：（1）纯工资制；（2）纯提成制；（3）工资加提成制。在纯工资制薪酬方案中，销售人员每周、每月或每年获得固定的收入。纯提成制薪酬方案中，销售人员的收入与其销售额或实现的利润直接挂钩。例如，保险代理人可接受2%的销售提成，即卖出10万美元的人寿保险，可以获得2 000美元的提成。工资加提成的薪酬方案包含固定的工资外加按其销售额或利润领取的提成。

每种薪酬方案各有优缺点。纯工资制方案易于管理，管理人员可以对销售人员如何分配自己的工作量施加较大的控制。然而，它对销售人员扩大销量的激励作用不大。当销售人员参与很多非销售性质的活动时，通常会采用这种方案，比如客户或消费者的服务活动。纯提成制方案能够最大化地激发销售积极性，但是会降低销售人员提供客户服务的积极性。当非销售性的活动很少时，通常会用这种方案。二者相结合的方案最受销售人员的青睐，因为能减少两者潜在的缺陷，同时可以发挥工资加提成的优势。多数公司现在采用这种薪酬方案。

非货币性奖励也会用来奖励销售人员完成或超额完成目标，包括旅游、荣誉团体、卓越销售人员称号和嘉奖信。还有一些非传统的奖励，包括玫琳凯化妆品公司（Mary Kay Cosmetics）给予杰出销售人员的粉红色凯迪拉克、别克、宝马新车和珠宝。

有效的招聘、筛选、培训、激励和薪酬计划结合在一起会造就效率极高的销售队伍。无效的做法通常导致代价高昂的销售人员流动。替换和培训新销售人员的费用高，其中包括失去销售机会的成本。同样，新招聘的人员通常比经验丰富的销售人员效率低。

销售团队的考核：衡量绩效

销售管理流程的最后一项职能是考核销售团队。在这个阶段，公司会考核销售人员是否完成了销售目标，以及是否遵循了客户管理政策。量化和行为衡量方法被用来评估不同的销售维度。

量化考核法 量化考核法以销售计划中设定的与投入、产出相关的目标为基础。与投入相关的衡量侧重于销售人员的实际销售活动，比如销售拜访、销售费用和客户管理政策等。销售拜访的数量、与销量有关的销售费用，以及向上级报告的次数都是常用的投入衡量法。

产出衡量法通常表现为**销售定额**（sales quota）。销售定额包括规定时间内销售人员、销售团队、销售分部或销售地区要实现的具体目标。典型的目标有销售额或单位销量、去年/今年的销量比、特定产品的销量、新开发的客户数和实现的利润。时间跨度从一个月到一年不等。

行为评价法 行为衡量也可用于评价销售人员，包括对销售人员的态度、对客户的关注度、产品知识、销售和沟通技巧、仪表以及专业举止的考核。即便这些考核有时是主观的，但在销售人员的考核中它们常被认为是不可缺少的。为什么？因为这些因素通常也是量化产出的重要决定因素。

美国现在约有60%的公司将客户满意度纳入对销售人员业绩的行为评价。（你为图20-1的问题4勾选的是哪个百分比？）伊士曼化工公司对客户满意度的不懈关注使该公司成为著名的马尔科姆·鲍德里奇国家质量奖的获得者。在调查其客户时，伊士曼公司采用9种语言的多版本客户满意度调查问卷，涉及约25个绩效项目，包括准时和正确的配送、产品质量、定价方法和市场信息的分享。

销售人员与客户一起查看这些调查结果。伊士曼的销售人员知道"他们必须做的第二重要的事是把客户满意度调查问卷发给客户,并收回问卷",伊士曼的销售培训主管说,"当然第一重要的是拿到订单"。

为了考核,公司越来越多地使用营销仪表盘来跟踪销售人员的表现。"营销仪表盘"专栏有实例图示。

营销仪表盘

跟踪摩尔化工公司销售人员的业绩

摩尔化学与卫生设备供应公司(摩尔化工)是美国中西部一家大型清洁剂和卫生设备的供应商。摩尔化工的销售对象是为公司和写字楼提供清洁服务的保洁公司。

摩尔化工最近安装了一个销售和客户管理计划软件包,它包括针对每位销售代表的仪表盘。销售人员也可以登入各自的仪表盘,它包括七个量化指标:销售收入、毛利润、销售费用、利润、平均订单规模、新客户数和客户满意度。每项指标都可以显示销售人员的实际绩效与销售目标的差距。

你的挑战

作为摩尔化工新晋的一位区域销售经理,你的职责包括跟踪本区域内各销售人员的绩效,还要负责指导销售活动和区域内销售人员的做法。

在对一名销售人员布兰迪·博伊尔进行业绩考核时,你查看了他前一季度的仪表盘,该信息可用于对其绩效提出有益的评价。

你的发现

布兰迪·博伊尔的季度绩效展示如下。布兰迪的销售收入、销售费用和客户满意度都超过了预期目标,且这些指标都显示出了上升的趋势。他在争取新客户的数量和平均订单规模两个指标上也达到了目标。但是,博伊尔的毛利润和利润指标低于预期目标,并出现了下降的趋势。布兰迪·博伊尔的综合表现需要建设性的和积极的修正。

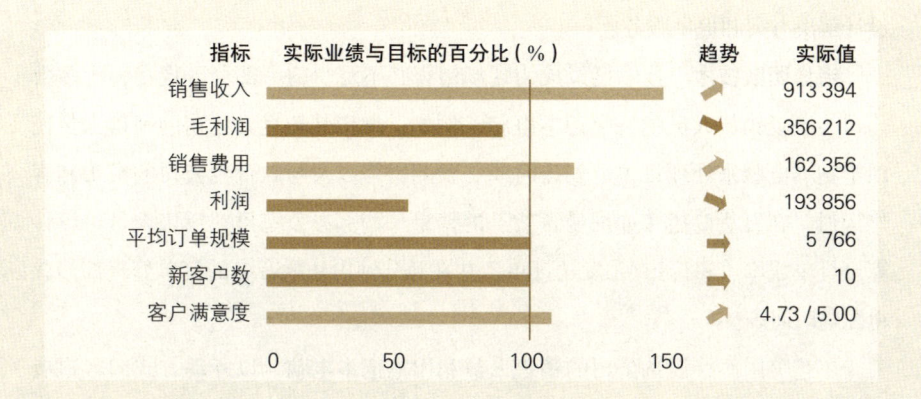

指标	实际业绩与目标的百分比(%)	趋势	实际值
销售收入	~150	↗	913 394
毛利润	~90	↘	356 212
销售费用	~110	↗	162 356
利润	~55	↘	193 856
平均订单规模	100	→	5 766
新客户数	~90	→	10
客户满意度	~110	↘	4.73 / 5.00

你的行动

布兰迪·博伊尔应该已经知道他的绩效与预定目标的对比情况。要知道，博伊尔可以进入自己的展示板。他的销量目标已经超额完成，而利润却大大低于预定目标。博伊尔的销售额是上升趋势，但利润却呈下降趋势。

你需要重点关注博伊尔的毛利润和销售费用的结果和趋势。博伊尔似乎将大量时间和金钱用于销售利润较低的产品，只不过达成了预期的平均订单规模。也很有可能博伊尔实际上耗费精力销售了更多的产品给客户。但遗憾的是，这种产品组合毛利润较低，因而利润微薄。

销售团队自动化和客户关系管理

随着销售团队自动化逐渐整合进客户关系管理流程，人员推销和销售管理经历了一场技术变革。实际上，电脑、信息、沟通和互联网技术的整合已经改变了很多公司的销售职能，并且使得客户关系管理的愿景成为现实。**销售团队自动化**（salesforce automation，SFA）就是对这些技术的应用，从而更有效率地行使销售职能，取得更大的业绩。它的应用范围很广，可运用到人员推销流程的各个阶段和销售团队的管理。

销售团队自动化有多种形式，其应用实例包括用于客户分析、时间管理、订单处理和跟进、销售展示、销售建议书制作以及产品和销售培训的电脑硬件和软件。每项应用都旨在简化管理任务，为销售人员留出时间与客户建立关系、设计解决方案和提供服务。

销售团队技术　技术已经成为现场销售必不可少的一部分。现在，大多数公司为现场销售人员配备笔记本电脑。例如，歌帝梵巧克力公司的销售人员使用笔记本电脑来处理订单、安排时间、预测销售以及与歌帝梵公司的员工和客户沟通。在百货商店（如尼曼百货）的糖果采购部办公室里，销售人员可以计算出订单成本（和折扣），发送订单，并在几分钟内从歌帝梵的订单处理部门获得配送时间表。

东芝美国医疗设备公司的销售人员利用笔记本电脑，以互动方式向客户展示其电脑断层成像（CT）和磁共振成像（MRI）扫描仪。在展示中，客户可以观看精心制作的三维动画片、高清晰度的扫描图和运行中的公司产品的视频剪辑，同时还有一些客户对产品的赞誉。东芝公司已经发现这一应用对销售展示和销售人员培训都很有效。

销售团队的沟通　技术改变了销售人员与客户、其他销售人员、销售支持人员和管理者的沟通方式。传真、电子邮件和语音邮件是当前销售人员常用的通信技术。销售人员现在可用手机和平板电脑技术交换数据和文本，并进行语音传输。无论是旅行，还是在客户的办公室里，销售人员只需敲击键盘或触摸屏幕，就能获取信息回答客户疑问和解决问题。

通信和计算机技术的进步也使得移动办公和家庭办公成为可能。如今，有些销售人员在小型货车里配备了功能齐全的办公桌、转椅、灯、多功能打印机、传真机、移动电话和碟形卫星天线。美国移动通信公司的代理商管理者杰夫·布朗就使用这种移动办公室。他说："如果我到达一位潜在客户的办公室，但是他不能立即与我会面，那我就会走出公司，到自己的办公室做其他工作，直到他准备好见我。"

家庭办公现在很常见，惠普就是一个很好的例子。该公司将其美国销售人员转向家庭办公，关闭了一些地区的销售办公室，从而节省了上百万的员工薪水和办公室租金。设备齐全的销售人员家庭办公室包括笔记本电脑、传真机/复印机、移动电话、两条电话线和办公家具。

对销售团队的沟通影响最大的可能是互联网技术的应用了。现在，销售人员可以为各种目的使用公司的内部网。在惠普科技公司，销售人员连入公司内部网下载客户资料、营销内容、客户信息、技术文献和竞争分析资料。另外，惠普科技提供7 000节的培训课程，销售人员可以在任意时间和地点参加学习。

销售团队自动化显然改变了销售方式和销售人员的管理方式，其很多应用都有望提高销售效率、改善客户关系和降低销售成本。

营销知识应用

1. 简·道森是嘉信理财经纪公司的新晋销售代表。在寻找客户的过程中，简购买了《华尔街日报》订阅者的邮寄名单，并打电话问他们是否对经纪折扣服务感兴趣，是否持有股票，是否有固定的经纪人。对于那些没有固定经纪人的人，他则询问是否有投资需求。两天后，简再次打电话提供投资建议，并询问他们是否想要开立账户。从人员推销流程的角度，确认简·道森的每一步是什么行动。

2. 约翰逊地毯公司前50年的发展中主要生产家用地毯。销售团队按地理位置组建。近5年来，很大比例的地毯销售已经转向企业用户、医院、学校和建筑师。公司也将产品线扩大到室内块毯、东方风格的地毯和全尺寸地毯。那么，目前的销售团队的结构合适吗？或许你可以提出一种替代的办法？

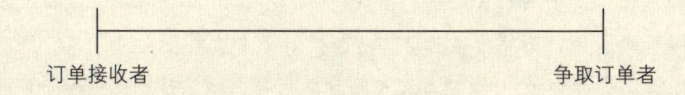

订单接收者　　　　　　　　　　　　　　争取订单者

3. 在上面这条订单接收者和争取订单者的线段上，你会把以下销售职位放在什么位置？（1）汉堡王的柜台服务员；（2）汽车保险销售人员；（3）惠普电脑销售人员；（4）人寿保险销售人员；（5）卖鞋的销售人员。

4. 这里列举两个不同的公司。你会为每个公司建议什么样的薪酬方案，理由是什么？（1）新成立的一家出售草坪护理设备的公司，采用直接面向消费者的上门推销；（2）纳贝斯克公司，通过销售人员拜访超市、安排货架、设置商品陈列和向商店采购委员会展示产品的方式，向超市推销已经过广告大肆宣传的产品。

5. 泰勒汽车公司向美国各地的1 000家独立汽车零部件商店供应商品。每年每家店会被拜访12次，每次拜访的平均时长为30分钟。假设一个销售人员每周工作40小时，每年工作50周，而且75%的时间用于实际销售，那么泰勒汽车公司需要多少销售人员？

6. 某家具制造商最近采用制造商销售代表销售其客厅家具产品系列。这些销售代表收取8%的销售提成。该公司在考虑雇用自己的销售人员，并且已经估算出管理费用和工资的固定成本是每年100万美元。这些销售人员也会收取4%的销售提成。这家公司的销售额为2 500万美元，并且预期下一年的销售额会增长15%。你会建议这家公司雇用自己的销售人员吗？为什么？

7. 假设有人对你说："衡量销售人员唯一正确的标准就是他们实现的销售额。"你会怎么回答？

创新案例思考

施乐：利用人员推销培育客户关系

施乐公司华盛顿哥伦比亚特区的销售代表艾莉森·卡波塞拉说："我就像这个团队的总指挥，管理着250个客户，还管理着从寄送账单、服务到销售产品在内的所有事务。我是真正面对客户的人。"

作为施乐与客户的主要联络人，艾莉森负责开发和维护客户关系。为了完成这一任务，她采用了复杂的销售流程，包括产品展示、出席培训会议、管理施乐员工团队和监视竞争对手行为等诸多活动。然而，对于卡波塞拉来说，与客户面对面的交流最为有益。她解释道："这是一种很神奇的感觉：任务越有挑战性，我就越想战胜它。很有趣！"

公司简介

施乐的使命是"通过持续保持在文件技术、产品和服务方面的领先地位，帮助用户找到更好的方法来改善工作流程和商业成果，出色地完成工作"。为了履行这一使命，施乐公司在160个国家雇用了13万名员工。施乐是世界领先的文件管理公司和财富500强企业。

施乐提供的产品和服务范围很广，包括打印机、复印机和传真机、多功能网络设备、高速彩色印刷机、数码成像和存档技术产品及服务，并且提供墨盒、纸张和墨水之类的产品。指导整个公司的核心价值观是客户至上和以员工为中心（如"我们的成功源自让客户满意"）以及追求创新、快速和高适应性的热情。

施乐的销售流程

2001年，施乐开始向致力于帮助客户解决业务问题的顾问型销售模式转变，而不仅仅是在客户的办公室里放置更多的设备。该转变意味着销售代表需要弱化产品导向，而更注重关系导向和价值导向。施乐希望成为完全解决方案的提供者。

今天，施乐在全世界拥有8 000多名专业销售人员，他们每天花费很多时间用于培育客户关系。卡波塞拉解释道："我一天50%的时间用在客户身上，25%的时间用电话或电子邮件跟进任务进展，另外25%的时间准备销售建议书。"这种方法有助于施乐吸引新客户并保住现有的客户。

如图20-3所示，施乐的人员推销流程一般经历6个阶段：（1）施乐通过对广告的回应、推荐和电话推销识别潜在客户；（2）通过熟悉潜在客户及其对文件的需求，销售人员准备产品展示；（3）施乐的销售代表接触潜在客户，提议会面和展示；（4）随着销售展示的开始，销售人员概述施乐能够提供的潜在解决方案的相关信息，陈述她/他希望从这次会面中得到什么，解释产品和服务内容，并强调与施乐合作的好处；（5）销售人员完成交易（获得签字的文件或公司购买的确认）；（6）继续与客户会面和交流，以提供帮助和跟踪解决方案的效果。

施乐的销售代表也会利用销售流程来维持与现有客户的关系。在如今的竞争环境中，客户和竞争对手接触，或在续签合同前要求会见更多投标者的情况很常见。施乐有团队专门收集和分析竞争者及其产品信息并发送给销售代表，或通过举办讨论会和研讨会提供给他们。最难应对的是那些已经在建立客户关系方面有所投入的竞争者。这一销售流程使得施乐可以持续对新的信息做出反应，并抓住市场上的机会。

施乐的销售管理流程

施乐的销售团队分成四个区域性组织：包括美国和加拿大的北美区；包括17个国家的欧洲区；管理多地大客户的全球客户；包括所有其他可能需要施乐产品和服务的发展中国家市场。在每个区域内，多数施乐产品和服务通常通过自己的销售人员推销，也会利用各种其他渠道，包括增值代理商、独立代理商、经销商、系统整合者、电话推销和网络销售。

激励和薪酬是任何销售团队的一项重要内容。在施乐，员工对赢得竞争充满了热情，这对销售代表来说是一项很重要的激励。薪酬也发挥了重要的作用。施乐还有一个叫"总裁俱乐部"的奖励计划，安排业绩最好的员工去世界最著名的旅游胜地度假5天。该计划取得了巨大的成功，现在已经持续运行了30多年。

也许，施乐销售管理流程中最有名的部分还是销售代表的招聘和培训环节。施乐美国客户业务总裁凯文·沃伦说："说到招聘，施乐寻找能与客户交谈的经验丰富的业务人员。"沃伦解释说："我们的价值主张是我们负责文档管理，帮你经营企业。因此，我们寻找顾问型和精通业务的销售人员。"

在培训方面，施乐开发了"创造和成功"项目，帮助销售代表学习新的顾问型销售方法。该项目包括交互式培训会议和远程在线学习讨论会，施乐所有新晋销售代表会在弗吉尼亚的施乐大学接受为期8周的培训，其中包括实战培训。卡波塞拉称"这个培训项目效果显著"。培训和关注客户的需求也是施乐公司企业文化的一部分。公司的每一位高级主管都负责与至少一位客户一起工作，每个月他们也会有一整天的时间回复客户打进的电话，解答其问题。

施乐销售团队的未来

施乐近来的增长和成功为公司及其销售人员创造了很多机会。例如，施乐正在加快顶尖销售人员的培养，由公司顾问为员工提供处理日常问题和长期职业规划的意见。另外，全球化已经成为施乐的头等大事，在这种情况下，有经验和成功的销售代表很快就会获得管理全球大客户的机会。

施乐公司也在转向授权，让销售代表决定如何应对客户。施乐庞大的客户量意味着有多种不同的公司类型，销售代表越来越有资格管理客户关系。这又是一个施乐履行客户承诺和创造客户价值的例子。

思考题

1. 施乐如何通过人员推销流程创造客户价值？
2. 艾莉森·卡波塞拉怎样为施乐客户提供解决方案？
3. 为什么施乐的培训项目对于公司的成功如此重要？

21

互动营销和多渠道营销

学习目标

1. 描述何为互动营销,它是如何创造客户价值、建立客户关系和营造客户体验的;
2. 解释为什么某些类型的产品和服务特别适合互动营销;
3. 解释消费者网购的原因,了解营销者如何影响网购行为;
4. 定义跨渠道消费者,阐述交易型和促销型网站在吸引这些消费者方面所起的作用。

七牌自行车，只为你打造

"韧性于你的自行车"这是七牌自行车公司的品牌标语，该公司位于马萨诸塞州的沃特敦。事实确实如此。

七牌自行车是世界上最大的定制车架制造商。该公司每年生产多种多样的自行车，如公路自行车、山地自行车、公路越野自行车、串座双人自行车、旅行自行车、单速自行车、通勤自行车等。它生产的自行车没有两辆是相同的。

七牌自行车公司关注每个用户独特的骑行体验，提供最佳的搭配、完备的功能、绝佳的性能，以及骑着非常个性的自行车带来的舒适感受。有位满意的用户说："一辆七牌车，更像是一件作品，而不是商品。"

七牌自行车公司可提供200多种规格的车架，每一种都是按订单制造的，在市面上销售的自行车架有95%是用户定制的。定制的元素包括框架尺寸、框架的几何结构、管材直径和壁厚，以及其他无数的选项，如电缆布线、水瓶安装、油漆颜色和转印贴纸的颜色。每个自定义选项均可以自由搭配，几乎可以创造无限种组合。

七牌自行车营销的成功理所当然归功于其与时俱进的自行车车架。不过，公司创始人兼总裁罗博·范德马克（Rob Vandermark）这样说道："我们的成功部分归因于将互联网纳入现有的商业模式。"

七牌自行车公司的网站www.sevencycles.com有多种语言的版本，如英、德、汉、日和佛兰德斯语，用户可以深度参与车架制造的过程，挑选装备整车的各个部件。用户能够利用公司的装配工具包系统，综合考虑车手的体型、愿望和骑行习惯，设计自己的自行车。然后，用户只需在七牌自行车网站上点击"我的车架生产到哪一步了"，就能全程追踪了解定制自行车的制造过程。

定制过程和持续反馈使七牌自行车公司与近200家美国特许经销商、约30家国际分销商和40个国家的用户建立起合作关系。七牌自行车的运营经理詹妮弗·米勒解释道："我们的整个过程旨在持续关注自行车的骑手，最终带来与大多数人过去的习惯截然不同和更具互动性的体验。我们销售价值的很大一部分就是这种体验，已经超越了自行车本身。"

除了订单流程外，网站访问者还可以细读每周的更新报道，了解新产品的介绍，以便对企业产生独特的见解。他们可以在网上阅读员工的人物小传，了解更多关于制造自行车的个人的信息。该网站还提供了一个零售商专用区,可以随时更新渠道合作伙伴的最新信息。

除了该网站,目前七牌自行车的购买者可在七牌自行车博客与该公司互动,了解其活动和产品。七牌自行车公司还利用其脸谱网页面和推特账号发布简短及时的更新,围绕品牌培养更强烈的社区意识。

本章介绍了公司如何设计和实施互动营销计划。首先,它解释了互联网技术如何创造客户价值、培育客户关系和提供全新的客户体验;其次,它描述了互联网技术与消费者行为、营销实践之间如何相互影响;最后,本章阐述了营销者怎样利用互联网技术整合和综合利用交流和交付渠道,以实施多渠道营销,更好地服务跨渠道的用户。

◎ 创造虚拟市场的客户价值、客户关系和体验

今天，企业和消费者正置身于两种市场环境之中。其一是传统市场，买卖双方在实体设施（商店和办公室）中主要通过展示实物进行面对面的交易。其二是虚拟市场，买卖双方面对屏幕，通过展示出售物的图像进行交易。

两类市场的营销

存在两种市场环境是消费者的福音。如今，消费者可以在两类市场上购买种类繁多的产品和服务。实际上，现在大多数消费者都在这两种市场环境中浏览和购买产品和服务。随着移动设备特别是智能手机功能的扩展，预计未来会有更多的人这样做。

在美国，15岁及以上的互联网用户约有90%在网上购物。有人估计，2018年美国消费者在网上购买了价值约4 140亿美元的产品和服务（不包括旅行、汽车和处方药）。这一数字约占美国零售总额的11%。

在两种市场环境中开展营销给公司带来了巨大的挑战。宝洁、沃尔玛和通用汽车等起家于传统市场的公司，在界定其虚拟市场的性质和范围方面不断受到考验。这些公司需要不断地重新定位，利用数字技术吸引和留住用户，培育客户关系，提升公司在传统市场中的竞争地位，同时还要彰显其在虚拟市场上的存在。其他起家于传统市场的公司则选择不参与虚拟市场。时尚奢侈品主要不是通过网络销售其产品。普拉达的创始人声称："我们认为，对于奢侈品来说，这是不可取的。就我个人而言，我不感兴趣。"毫不奇怪，90%以上的时尚奢侈品都是通过实体店铺销售的。

另一方面，亚马逊、谷歌、电子港湾（eBay）、亿创理财（E*TRADE）等公司起家于虚拟市场，它们面临的挑战是要不断地完善、拓宽和深化其在虚拟市场中的存在。与此同时，这些企业和其他企业必须思考传统市场在未来的作用。例如，眼镜在线零售商沃比·帕克（Warby Parker）、服装在线零售商倭黑猩猩（Bonobos）和珠宝在线零售商青尼罗河（Blue Nile）都开设了实体展厅，让购物者在网购之前有机会亲自体验公司的产品。不论从哪个市场起家，一家公

司要想在虚拟市场占有一席之地，很大程度上取决于其设计和执行营销计划的能力，而营销计划利用了数字技术独特的价值创造和培育客户关系的能力，可以提供良好的客户体验。

在虚拟市场创造客户价值

为什么虚拟市场吸引了世界各地营销人员的眼球，引发了他们的想象？让我们回想一下第1章所述：营销从时间、空间、形态和占有四个方面创造了效用，从而为客户提供了价值。营销人员认为，与传统的有形市场相比，数字化的虚拟市场能创造更多的客户价值。

先谈空间和时间效用。在虚拟市场，营销人员可以随时随地向任何地点的客户直接提供满足其需求的信息，原因何在？因为虚拟市场不存在营业时间和地理位置的限制。例如，休闲设备公司（Recreational Equipment）是一家户外装备销售商，据说它35%的订单是客户在晚上10:00至早晨7:00之间所下，这一段时间恰恰是实体零售店不营业的时间。类似地，芝加哥的消费者可以访问著名的英国百货公司玛莎百货（Marks & Spencer）的网站（www.marksandspencer.co.uk），像住在伦敦皮卡迪利广场（Piccadilly Square）附近的人逛它的商店一样方便地买衣服。

占有效用指消费者获得商品或服务，通过拥有或使用获得的效用。占有效用也获得了提升。航空公司、汽车租赁和旅程网（www.orbitz.com）的在线订房系统允许客户比价，以获得最低的票价、租金和费用，并且几乎立刻就可以登录网站，确认旅行和住宿的安排。

然而，虚拟市场给营销者带来的最大机会还在于创造形式效用。网络化的双向互动交流使得消费者能够明确地向营销人员传达自己的需求，而定制化的产品或服务可确保满足消费者的真正需要。如今，35%的网上消费者对定制产品功能或购买按订单规格制造的产品感兴趣。如本章开头的案例所述，在七牌自行车公司，用户可以定制满足自己要求的山地自行车。

虚拟市场上的互动性、个性和客户关系

互联网技术拥有两个独特的功能有助于促进和维持客户关系：一是互动性，另一个是个性。营销者也能因此受益。这两种能力是构建买卖双方关系的重要基石。为了建立这种关系，企业需要通过倾听和回应客户的需求而与之互动。营销人员还须将客户看成独立的个体，使他们能够：（1）影响买卖双方互动的时机和程度；（2）对购买的产品或服务、获得的信息和在某些情况下支付的价格享有发言权。

互联网技术以前所未有的规模实现了互动、个性化以及客户关系的建立，并使互动营销成为可能。**互动营销**（interactive marketing）是买卖双方之间双向的电子交流，并由买方控制从卖方那里收到的信息种类和数量。互动营销的特色是采用复杂精细的选择板和个性化的系统，将来自客户的信息转化为满足其个性需求的定制化回应。

选择板 选择板（choiceboard）基于互联网的互动系统，可让每个客户通过回答几个问题，并从表单里选择产品或服务（或部件）的属性、价格和交付方式来设计自己的产品或服务。比如，顾客可以通过戴尔公司的在线配置程序装配自己的电脑，在 www.reebok.com 上设计自己的运动鞋样式，通过嘉信理财的共同基金评估员设计自己的投资组合，在 www.sevencycles.com 上定制自行车，在 www.ediet.com 上制订适合自己生活方式的饮食和健身计划，在 www.mymms.com 上用自己的照片和独特的信息装饰玛氏巧克力豆。选择板能够准确收集单个客户的偏好和行为的信息，使公司对客户更加了解，因此更好地预测和满足客户的需求。

多数选择板实质上是交易工具。然而，利用协同过滤技术，企业已经扩展了选择板的功能。**协同过滤**（collaborative filtering）是将具有类似购买意向、偏好和行为的人自动分组，并预测未来是否购买的过程。例如，假设两个从未谋面的人在一段时间里购买了同样的DVD。协同过滤软件推测这两个购买者可能有相似的音乐品味：如果其中一位购买某张DVD，那么另一位也会喜欢。结果呢？协同过滤技术让营销人员有能力实时向购买者准确推荐。每当你在亚马逊网站上考虑一种选择，并看到"购买这件商品的用户也购买了……"时，你就是看到了协同过滤的应用。

个性化 选择板和协同过滤是由营销者发起的活动，旨在对每个购买者的需求给予定制化服务，而个性化系统通常由购买者发起。**个性化**（personalization）指消费者根据个人特定的需求和偏好在营销者的网站上创建内容。

如今，美国最大的在线零售商有一半使用个性化技术。例如，雅虎网站（www.yahoo.com）就允许用户创建个性化的"我的雅虎！"页面。用户可以添加或删除个人页面上的各种信息，包括特定的股票报价、世界任何城市的天气状况和当地的电视节目表。反过来，雅虎也可以利用用户在网站注册时填写的相关信息，选择性地向用户发送电子邮件、广告和目录，甚至还会在用户生日这天送上生日祝福。

个性化的一个重要方面是购买者同意进行为其量身打造的交流。获得此批准被称为**许可营销**（permission marketing），即征得消费者的同意（称为"主动选择加入"），接受基于用户提供的个人资料向其发送电子邮件和广告。只要使用得当，许可营销就可以成为建立和维护客户关系的良好媒介。

能够成功运用许可营销的公司必须坚持三项原则：首先，要确保选择进入的客户只收到相关且对他们有意义的信息；其次，客户有权选择退出，或者改变发送给他们的信息的种类、数量和发送时间；最后，要向客户保证其姓名或个人资料不会被出售或与他人共享。这样的保证非常重要，因为76%的成年网民关心个人隐私的保密问题。

制造网上客户体验

企业不断面临的一大挑战是设计和执行能够充分发挥网络技术为客户创造价值这一独特能力的营销计划。企业认识到，利用网络技术创造时间、空间、形式和占有效用只是在虚拟市场有意义地展示自己的起点。如今，企业创造的客户体验的好坏才是衡量虚拟市场存在感是否有意义的标准。

从互动营销的角度看，客户体验指客户与公司网站所有互动的总和，即从最初浏览公司主页，到整个购买决策的过程。企业通过网站设计七要素创造客户体验，分别是：布局设计（Context）、内容（Content）、社区（Community）、客户化定制（Customization）、交流（Communication）、连接（Connection）和交易（Commerce）。图21-1简单地描述了每一个要素。接下来，进一步地了解这些要素在客户体验中是如何发挥作用的。

布局设计　布局设计指网站的审美情趣和功能外观，以及对网站布局和视觉设计的感觉。功能性网站在很大程度上侧重于公司的产品、服务或信息。Priceline.com等交易性旅游网站是功能导向的，强调的是目的地、行程安排和价格。相比之下，Revlon.com等美容产品网站更注重网站的艺术性。这些案例表明，布局设计要传达的是公司产品为客户提供的核心利益。

内容　内容是网站上所有的信息，展现形式多种多样，比如文字、视频、音频和图像。内容的质量和产品展示以及布局设计能吸引网站访客的注意，同时也为其余5个设计要素提供了良好的平台。

客户化定制　网站定制是网站自我修改、被每个用户修改和为每个用户修改的能力。这种设计要素在"我的电子港湾"（My eBay）和"我的雅虎"等提供个性化内容的网站中非常重要。

布局设计 网站布局和可视化设计		内容 网站容纳的文本、图片、声音和视频
交易 网站促成交易的能力		社区 网站满足用户之间交流的方式
连接 连接其他网站的程度	交流 网站对用户、用户对网站或双向交流的方式	定制 网站适应不同用户或允许用户将网站个性化的能力

图21-1　促进客户体验的网站设计七要素

连接　连接要素指公司网站与其他网站的链接。这些链接内含在网站上，显示为显著的文字、图片或表格，用户只需点击鼠标就能轻松访问其他网站。连接是《纽约时报》等信息网站的主要设计要素。《纽约时报》网站（NYTimes.

com）的用户可以进入书评区块，通过链接访问巴诺书店，无须光顾书店就能订购图书或浏览相关的标题。

交流　交流指网站与其用户之间的对话。消费者尤其是网站注册者现在希望这种交流是互动和个性化的，就像人与人之间的谈话一样。事实上，有些网站已经可让用户在网购时与客服代表直接交谈。例如，Dell.com网站销售额的三分之二是在客服代表的介入下完成的。

社区　此外，越来越多的企业网站鼓励由企业创建虚拟社区用于用户之间的交流，也简称为社区。这种设计要素越来越受欢迎，因为已经表明它可以增强用户体验，建立良好的买卖关系。社区的例子包括由宝洁（www.pampers.com）主办的帮宝适村和由哈雷摩托（www.harley-davidson.com）赞助的哈雷车主群。

交易　第七大要素是交易，即网站完成商品和服务交易的能力。在精心设计的网站上，在线交易既快捷又简单。

多数网站并不包含所有的设计要素。尽管每个网站都有各自的布局设计和内容，但在其余五个要素的运用上各有不同。因为每个网站目的不同。例如，只有强调产品和服务实际销售的网站才会包括交易要素。主要用于广告和促销的网站会强调交流要素。在之后描述多渠道营销的章节会再次讨论这两类网站之间的差别。

企业会使用一系列标准来评估网站的绩效。例如，每月访客在网站停留的时间成为衡量用户体验的标准，或称"黏性"。阅读"营销仪表盘"专栏，了解美国其中一家最大汽车交易商如何测量和解释黏性。

营销仪表盘

判断斯维尔（Sewell）汽车公司网站的黏性

汽车经销商在自己的网站上投入了大量时间、精力和金钱。为什么？因为在网络上浏览和购买汽车现在已经不足为奇了。

经销商通常通过跟踪访问、访客流量和黏性（每月访客在网站上花费的时间）

来衡量网站的表现。网站设计、轻松导航、相关内容和视觉效果的结合增强了互动式用户体验和网站的黏性。

为了测量黏性，公司要监测每一访问者在网站上停留的平均时间（以分钟为单位）。这是通过跟踪和在营销仪表盘上显示的每一访问者每月的平均访问次数和每次的平均访问时间（以分钟为单位）来测定的。具体关系如下：

$$\begin{matrix}\text{平均每位访客每月} \\ \text{停留时间（分钟）}\end{matrix} = \begin{matrix}\text{该访客平均每} \\ \text{月访问次数}\end{matrix} \times \begin{matrix}\text{平均每次访问} \\ \text{时间（分钟）}\end{matrix}$$

你的挑战

作为负责斯维尔汽车公司网站 Sewell.com 的经理，你的任务是报告公司网站近期改进对每月访客网站停留时间的影响。斯维尔跻身美国最大的汽车经销商之一，并且是汽车行业公认的客户服务的领先者。其网站体现了公司的承诺：各经销商要带给客户无与伦比的体验。

你的发现

下面的例子显示的是两个月份每月营销仪表盘上的用户流量和浏览时间指标，即网站改进前三个月的 2008 年 6 月（浅色箭头）和网站改进后的 2009 年 6 月（深色箭头）。

每月每位访客的平均访问时间由 2008 年 6 月的 8.5 分钟增加到 2009 年 6 月的 11.9 分钟，这是大幅的提升。增加的原因主要是每次访问的平均时间从 7.1 分钟增加到 8.5 分钟。当然平均访问次数也有所增加，但上升幅度不大。

你的行动

网站的改进使得代表平均每个访客每月在网站上停留的时间的指针明显移动了。不过，增加每月平均访问次数可能还需要采取其他行动。这些行动可能包括斯维尔网站广告计划的分析、通过谷歌搜索引擎优化提高网站的访问量、链接汽车制造公司的网站以及更广泛的印刷广告和电子媒体广告。

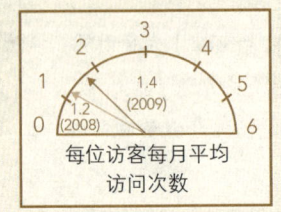

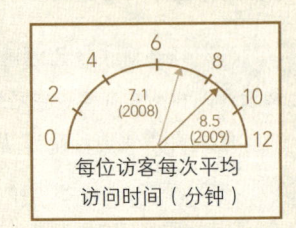

| 每月每位访客的平均访问时间（分钟）
1.2 (2008) 8.5 (2008) 11.9 (2009) | 每位访客每月平均访问次数
1.2 (2008) 1.4 (2009) | 每位访客每次平均访问时间（分钟）
7.1 (2008) 8.5 (2009) |

◎ 网上消费行为和虚拟市场的营销实践

哪些人是网上消费者？他们都买些什么？他们为什么会选择在数字化的虚拟市场而不是传统市场购买产品或服务，或为什么在传统市场之外还选择在虚拟市场购物？这些问题的答案与虚拟市场的营销实践直接关联。

谁是网上消费者

网上消费者（online consumers）是互联网用户的亚群，指利用互联网技术搜索产品和服务并且购买的人。作为一个群体，网上消费者同样有男有女，而且往往比一般美国人受教育程度更高、更年轻和更富有。这就使得他们成为颇具吸引力的市场。尽管逛网店购物越来越流行，但考虑到网上消费者购买量占网络零售量的比例，美国网上消费者的比例并不大。据估计，20%的网上消费者购买了消费品网络总销量的69%。此外，从网上购买产品和服务的女性往往多于男性。

网购的盛行引发了人们对互联网如何导致网上消费者强迫性购物的兴趣。阅读"关乎自己的营销见解"专栏，了解网购成瘾的症状，这是网瘾的一种形式。回答20个问题，看看你的网瘾测验的得分。

关乎自己的营销见解

我有网瘾吗？回答 20 个问题即可知

网购在美国已经成为家常便饭。然而，对某些消费者来说，网购已经成瘾。如果你表现出以下症状，说明可能已经上瘾：

1. 你浏览网页的时间多于网购应该花的时间；
2. 你不想再网购如此多的东西，却无法抗拒；
3. 频繁购买和消费导致你经济困难和人际关系紧张；
4. 不网购时，你在计划下一次网购狂欢；

5. 网购对你其他方面的生活产生了负面影响，比如工作、学校、友谊和家庭。

网购成瘾被认为是所谓网瘾的一部分。心理中心网站（PsychCentral）有一个在线互动测验，可测试你在互联网上的行为是否构成上瘾，或正在上瘾。访问该网站的网页 www.psychcentral.com/netaddiction/quiz/，回答20个问题，就可得到你的网瘾分数。

网上消费者购买什么

网上消费者的购买行为仍有很多方面需要研究。虽然研究已经得出了哪些是网上最热销的产品和服务，但营销者仍需要探究为什么这些商品会在数字化的虚拟市场大受欢迎。

如图21-2所示，无论是现在还是在可预见的未来，六类产品和服务约占网上消费者购买量的70%：

第一类是产品信息对购买决策非常重要而购前试用并不很重要的商品，计算机、电脑配件和家用电子产品等属于此类；

第二类包含以数码形式交付的产品，包括计算机软件、电子书、音乐和视频；

第三类是独特的产品，如特制品、食品、饮料和礼物等；

第四类包括经常购买的和购买地点的便利性非常重要的商品；

第五类包括很多预包装消费品，如食品杂货、医疗保健、个人护理和家庭办公室用品；

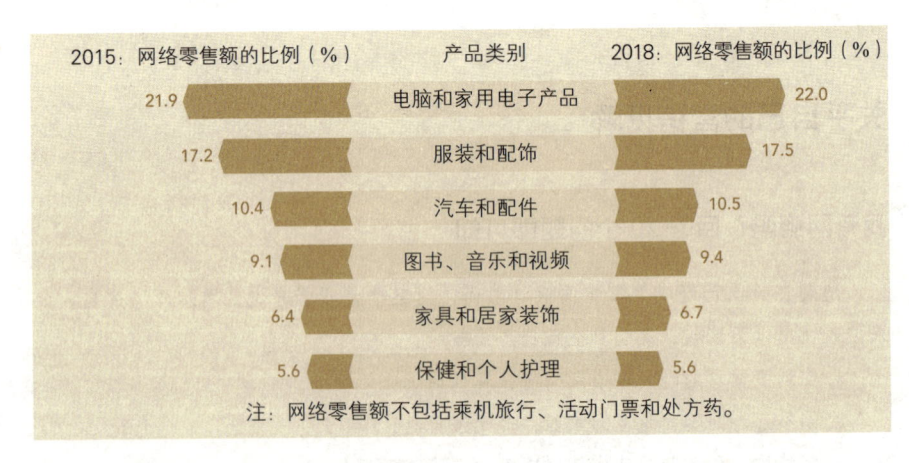

2015：网络零售额的比例（%）	产品类别	2018：网络零售额的比例（%）
21.9	电脑和家用电子产品	22.0
17.2	服装和配饰	17.5
10.4	汽车和配件	10.5
9.1	图书、音乐和视频	9.4
6.4	家具和居家装饰	6.7
5.6	保健和个人护理	5.6

注：网络零售额不包括乘机旅行、活动门票和处方药。

图21-2　目前，五类产品约占网络零售额的70%，预计未来这一趋势仍将持续

最后一类是高度标准化产品和服务，其价格信息占重要地位。某些种类的家居产品、汽车配件和休闲服装归属此类。

消费者为何选择网购

消费者为何选择网购？营销者探索在新的虚拟市场中创造客户价值的可能性，重视互联网技术在互动、个性化、建立客户关系以及营造积极的客户体验方面的能力。然而，说到网购的原因，消费者会提及以下六个原因：便利、可选、定制、交流、成本和控制。

便利（Convenience） 在线购物很方便。消费者可以访问沃尔玛的网站（www.walmart.com），从数以万计的商品中选购，既避免了交通拥堵，无须寻找停车位，又不必走过长长的通道，也不用在收银台前排队等候。网上消费者还可以使用能搜索网页的**网购机器人**（bots），比较价格以及产品或服务的特点。不管哪种情况，网上消费者都不会冒昧地走进商店。然而，便利若要保留住客户价值创造的来源，网站必须易于查找和浏览，而且图片下载速度必须够快。

网销者普遍持有的一个观点是**八秒原则**（eight-second rule），即如果网页下载时间超过8秒钟，用户就会放弃进入和浏览网站。此外，获取信息或完成购买需要点击和暂停的次数越多，用户就越有可能退出网站。

可选（Choice） 消费者选择网购的第二个原因是可选，它包括两个方面。首先，可选是网购向消费者提供产品或服务的很多选项。愿意选择的购买者可以利用网站搜寻任何东西。例如，家用电子产品的网购者可进入博士音响等制造商网站（www.bose.com），或进入QVC.com，QVC是一家综合零售商，提供的产品有10万多种。

可选择的第二个方面是帮助顾客做选择。此时，互联网技术的互动功能可让用户与营销人员进行网络会话，以便做出有根据的决定。帮助顾客做选择是美捷步网站（www.Zappos.com）持续成功的原因之一。该公司提供一个在线聊天室，让潜在购买者提出问题，实时获得答案。此外，精心设计的搜索功能使得消费者可以按品牌和具体指标审视产品。

客户化定制（Customerization） 即使有多种多样的选项和选择协助，有些消费者还是更喜欢能满足自己特定需求的独一无二的商品。定制产生于互联网功能的发展，它为买卖双方提供高度互动、个性化信息和交易的环境。还记得先前提到的锐步、嘉信、戴尔和七牌自行车的例子吗？在不同程度上，网上消费者也受益于**客户化定制**，这种做法不仅提供定制商品或服务，还为每一位消费者提供个性化的营销和全部的购物互动。

定制寻求的不只是在适当的时间、以适当的价格向消费者提供适当的产品。它还结合了选择板和个性化系统，使交易环境不只是为了交易，它让购买成为一种愉快的个人体验。

交流（Communication） 网上消费者很欢迎基于互联网技术的交流功能。这种交流主要有三种形式：（1）营销者对消费者发出电子邮件通知；（2）消费者向营销者发出的购买和服务请求；（3）消费者对消费者的聊天室和即时通讯工具，以及推特和脸谱网等社交网站。

对网络消费者而言，交流是一把双刃剑。一方面，基于互联网技术的互动交流功能增进了消费者的便利，降低了信息搜寻成本，并使得获取选择帮助和顾客化定制成为可能。交流也促进了公司组织的或独立的网络社区的发展，**网络社区**（web communities）指允许人们在网络中集会，并就共同感兴趣的话题交流看法的网站。例如，可口可乐公司建立了MyCoke.com，而iVillage.com则是专为女性设计的独立网络社区，涵盖诸如职业生涯规划、个人理财、子女教育、人际关系、美容和保健等主题。

博客是另一种交流形式。由于提供了从政治到汽车修理等宽泛话题的在线论坛，博客越来越受欢迎。惠普、百事和哈雷等公司定期监控博客和社交媒体的帖子，收集客户的见解。

另一方面，交流也会以发送广告宣传的电子邮件或主动提供的邮件等形式出现，也就是**垃圾邮件**（spam）。事实上，世界上67%的电子邮件是垃圾邮件。垃圾邮件的盛行促使很多提供在线服务的公司制定了相关的政策和程序，以阻止这些垃圾邮件制作者向订阅者发送垃圾邮件，有几个州还为反垃圾邮件立法。2004年实行的《垃圾邮件防治法》限制互联网上的信息收集以及未经许可的促销邮件。

基于互联网技术的交流功能也使得建立"网络口碑"成为可能。网络口碑是虚拟市场口碑反应的一个流行术语，第5章介绍了口碑对消费者行为的重要影响。互联网技术增强了它的重要性。据亚马逊的总裁杰夫·贝佐斯所述："如果你在网上有一位不满意的消费者，他不会只是告诉6位朋友，而是会告诉6 000位朋友！"在玩具、汽车、体育用品、电影、服装、消费性电子产品、制药、保健和美容产品及医疗服务等方面，网络口碑尤其影响巨大。有些营销人员充分利用了这一点，通过病毒式营销来制造网络口碑。

病毒式营销是一种基于互联网的促销策略，它鼓励个人将营销者发来的信息以电子邮件、社交网络的网页和博客的形式转发给他人。病毒式营销有三种方法。首先，营销人员可以将信息隐含在产品或服务中，这样消费者就很难意识到他们正在传递这一信息。Hotmail就是一个典型的例子，它是首批提供免费电子邮件服务的公司之一。每一封发出的电子邮件信息都附有一句宣传语："来自MSN Hotmail的私人免费邮件。"这一招带来了3.5亿多用户。

其次，营销人员可以使网站的内容很吸引人，这样浏览者会愿意与他人分享。利用其Monk-e-mail网站，Careerbuilder.com做到了这一点，该网站允许用户在所有场合发送自定义主题的个性电子卡片。自2006年以来，它已发送了1亿多封Monk-e-mail电子邮件。最后，营销人员可以提供奖励（折扣、抽奖或免费商品）。例如，汉堡王在其"牺牲朋友换皇堡"的活动中问道："你更爱哪个？你的朋友还是皇堡？"要求脸谱网用户从其朋友名单中移除10个好友，就可以换取一个免费的汉堡。

成本（Cost） 消费者的成本是消费者网购的第五个原因。在网上购买到的很多流行商品在价格上跟零售店里的商品价格相同，或低于零售店的价格。更低的价格也得益于支持**动态定价**（dynamic pricing）的软件，也就是根据供求状况实时调整产品和服务价格的行为。如第14章所述，动态定价是灵活定价政策的一种形式，往往会导致更低的价格。它通常用于时间敏感型商品和过时商品的定价，时间敏感型商品如航班座位、在艺术品或收藏品拍卖会上发现的稀有物品，而过时商品如去年的电脑设备和配件型号。特玛捷公司（Ticketmaster）最近尝试实行动态定价，以便根据需求调整体育赛事和音乐会门票的价格。

消费者搜索外部信息的成本也降低了，如减少了花费的时间和购物的麻烦。更便利的购物环境和更低的外部搜索成本是网购在女性中间流行开来的两个主要原因，尤其是职业女性。

控制（Control） 消费者喜欢网购的第六个原因是它赋予消费者在购买决策过程中的控制权。网购者是被赋予权力的用户，他们熟练地利用互联网技术搜寻信息，评估替代品，并按照自己的时间、需求和条件做出购买决策。例如，研究表明，在步入汽车展销厅之前，购买汽车的人平均花费11个小时在网上搜寻有关车辆的信息。这些准备活动使得购车者更了解情况，辨识能力更强。

尽管消费者进行网购的理由有很多，但互联网用户中还是有一些细分群体会出于隐私和安全问题拒绝网购。这些消费者所关心的是很少被提及的第7个C，即网络跟踪数据。

网络跟踪数据（Cookies）是一种计算机文件，营销者可以把它下载到访问营销商网站的网购者的电脑和手机中。网络跟踪数据允许营销商网站记录用户的访问信息，追踪用户访问其他网站的痕迹，并存储和在将来重新获取这些信息。网络跟踪数据还包含访问者的信息，如已经表达出来的产品偏好、个人资料、密码和信用卡号。

网络跟踪数据使得为网购者提供顾客化定制和个性化内容成为可能。它们还使营销人员使用行为定向的方法。**行为定向**（behavioral targeting）用网络跟踪数据提供的信息，将营销者的网络广告引导至其行为特征表明他们会对此类广告感兴趣的网购者。围绕网络跟踪数据有一些争论，一位技术权威人士总结道："往好里说，网络跟踪数据有助于建立一个用户易于使用的网络世界：就像一个知道你是谁的销售员。往坏里说，网络跟踪数据是一种隐私的潜在损失。"阅读"负责任地决策"专栏，了解更多有关虚拟市场隐私和安全问题的信息。

负责任地决策　商业道德

谁应该为互联网的隐私和安全负责

隐私和安全是消费者对网购持怀疑态度的两个主要原因。最近皮尤互联网与美国生活项目（Pew Internet & American Life Project）的调查报告指出，有76%的网购者对互联网的隐私和安全问题表示担忧，而且，73%的网购者认为，如果搜索引擎跟踪他们的活动，以个性化未来的搜索结果，那就是对隐私的侵犯。更有甚者，出于这些担忧，很多人不再浏览网页，或放弃网购。业内分析人士估计，由于网购者对隐私和安全问题的担忧，电子商务每年要损失3 000多万美元的销售额。

消费者的担忧不无道理。根据美国联邦贸易委员会的报告，46%的欺诈投诉与互联网有关，消费者的损失达5.6亿美元。此外，因企业安全系统的漏洞而导致身份被盗用，每年也会让消费者损失数百万美元。

美国政府是否应该通过更严格的维护互联网用户隐私和安全的法律，慢慢成为人们的议题。大约有70%的网购者支持这一行动。但是企业更喜欢自我监管。例如，数据隐私管理公司TRUSTe（www.truste.com）会授予遵从隐私保护和信息披露标准的公司在网站上使用其商标。然而，在参与包括电子商务在内的一些网上行为时，消费者仍需小心谨慎，毕竟，最终是自己承担责任。消费者可以选择是否披露个人信息，也有责任监督个人的信息如何使用。

在处理数字化虚拟市场的隐私和安全问题上，美国政府、公司自我监管和消费者的警觉应发挥怎样的作用？

网购者何时何地购物

跟传统市场不同，虚拟市场里的逛店和购买往往发生在不同的时间。约80%的网购销售额是在周一至周五实现的，最繁忙的购物日是星期三。相比之下，零售商店的销售额有35%发生在周末，星期六是最流行的购物日。周一至周五期间逛网店和购物往往发生在正常的工作时间，约30%的网购者称他们在自己的工作场所访问购物网站，这是工作日销售额高的部分原因。

有些网站能让网购者在上班期间逛网店和购物，因而很受欢迎。这些网站的特色是销售活动门票、拍卖、在线期刊订阅、鲜花及礼品、消费类电子产品和旅游。而消费者往往在家中浏览推销保健及美容用品、服装和饰品、音乐和视频的网站，并决定是否购买。

跨渠道消费者和多渠道营销

消费者经常在网店和商店两种环境中逛店和购物。在这些环境之间切换自如的人就是跨渠道消费者，他们提高了多渠道营销的重要性。

谁是跨渠道消费者

跨渠道消费者（cross-channel consumer）是一类线上消费者，他们逛网店，但去商店购买，或逛商店，却上网店购物。它们不同于专门的线上消费者和专门的线下消费者（参见图21-3）。这些区别因购买的产品或服务而异。例如，电子书是由专门的线上消费者购买，而昂贵的定制家具和家居用品通常由专门的线下消费者购买。

消费者的逛店方式

	线上	线下
线下	只在线上购物的消费者	跨渠道消费者把网店当展厅
线上	跨渠道消费者把商店当展厅	只在线下购物的消费者

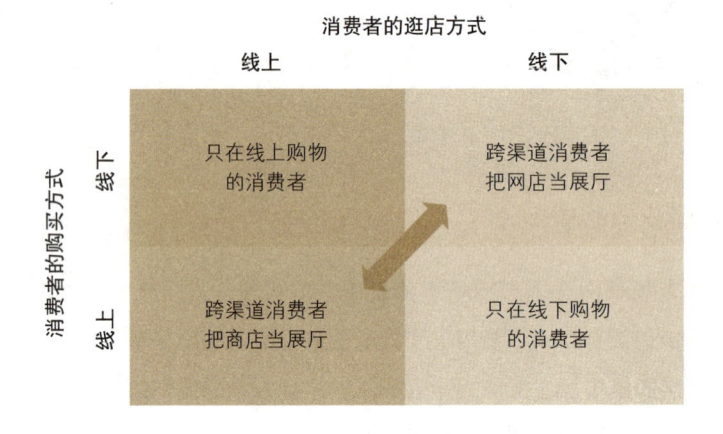

消费者的购买方式

图21-3 跨渠道消费者是否把商店当展厅和把网店当展厅取决于他们在线上、线下是如何逛店和购物的

把商店当展厅 有些跨渠道消费者会在线下逛商店，却到线上购买，这种行为就是所谓的**把商店当展厅**（showrooming），即在商店查看产品，然后以更便宜的价格到网上购买。虽然获得更低的价格是这种现象的主要动机，但把商店当展厅的人往往会收集更多的商品信息，寻找网络促销或打折，并查看欲购商品的评论和评级。约四分之三的线上消费者会有因为一种或多种产品而把商店当展厅的经历。家用电子产品和家用电器是出现这种现象最多的产品类别。

把网店当展厅 把网店当展厅（webrooming）指跨渠道消费者逛网店但在商店购物的做法，即在网上查看产品，然后到商店购买产品。虽然追求更低的价格是把网店当展厅者的一个重要动力，但这些人也列举了其他因素：省了运输成本，立即获得产品，退货更容易。约80%的网上消费者在购买一种或多种产品时把网店当展厅。汽车和汽车零部件、服装（包括鞋类）和家庭办公设备都是经常会把网店当展厅的产品类别。

最近的研究表明，每10个把网店当展厅的消费者中有6人有过把商店当展厅的经历，每10个把商店当展厅的消费者中有9个有过把网店当展厅的经历。总体而言，在网络活动和销售额中，跨渠道消费者占有巨大的份额。据估计，跨渠道消费者的零售额约5倍于只在线上购物的消费者的零售额。

开展多渠道营销

跨渠道消费者群体的崛起引起人们越来越关注多渠道营销。回想第15章所述：多渠道营销是不同的交流方式和交付渠道的融合，它们相辅相成，强化了对在两种市场上购物的消费者的吸引，有助于建立和维持客户关系，这些消费者既在传统市场上逛店和购物，也在虚拟市场上逛店和购物，他们是跨渠道消费者。

跨渠道消费者逛店和购物的途径表明，公司网站应该有所不同。实际上，公司网站也的确不同。网站在多渠道营销中发挥着多方面的作用，因为它们既是交流渠道，又是交付渠道。基于预期的目的，网站一般有两种应用形式：交易型网站和促销型网站。

交易型网站的多渠道营销 交易型网站实质上是电子店面，主要致力于利用之前讲述的网站设计要素，使在线浏览者转变成网购者、目录促销购物者或进入商店的购买者。交易型网站最常用于商店零售商和目录促销零售商，以及像特百惠这样的直销公司。零售商和直销公司发现，尽管它们的网站有损商店、目录促销和销售代表的销量，却也吸引了新的消费者，提升了销量。以维多利亚的秘密为例，该公司是著名的女性内衣专业零售商，服务对象是18岁至45岁的女性。它宣称其网站近60%的消费者是男性，其中大部分为公司带来了新的销量。

消费品制造商很少使用交易型网站，制造商经常遇到的问题是第15章提到的渠道冲突，以及对零售中间商交易关系的潜在破坏。但是，制造商仍然会使用交易型网站，通常与零售商合作。例如，卡拉威高尔夫公司在其网站（www.callawaygolf.com）上销售高尔夫商品，但是由靠近买方所在位置的零售商供货。零售商会在24小时内将订货送到买方手中，并将该笔交易计入自己的销售额。大多数的卡拉威零售商加入了这种交易关系，包括高尔夫银河和迪克体育用品零售连锁店。卡拉威的首席执行官认为："这种安排使我们既能满足消费者的需求，又不会破坏与忠实贸易合作伙伴的关系，而销售卡拉威产品的零售店有1.5万家。"

促销型网站的多渠道营销　和交易型网站相比，促销型网站的目的有很大的不同。它们促销公司的产品和服务，为之做广告，并且提供商品如何使用和何处购买等信息。它们常使访客参与互动体验，如游戏、竞赛和测试等，并提供电子优惠券和其他礼物作为奖励。宝洁公司为其领导品牌建立了独立的网站，包括斯科普漱口水（www.getclose.com）和帮宝适纸尿布（www.pampers.com）。促销型网站在引起消费者的兴趣并试用公司产品方面非常有效（见图21-4）。现

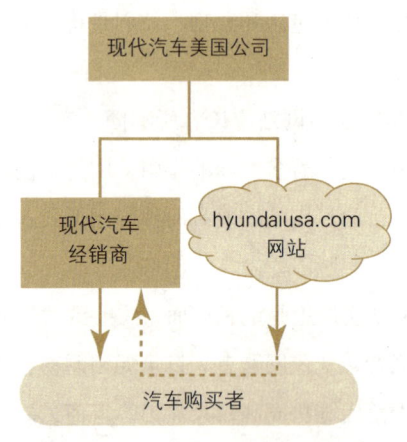

图21-4　促销型网站的多渠道营销现在已经很普遍。现代汽车美国公司和雅诗兰黛公司旗下的倩碧品牌就是两个成功的案例

- 70%的现代汽车潜在购买者来自它的网站。
- 80%光顾现代汽车经销店的购买者首先会访问其网站。

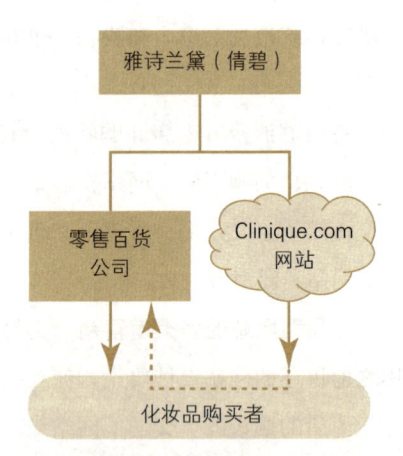

- 倩碧现有的购买者有80%会在访问其网站之后到商店购买。
- 37%的非倩碧购买者在访问其网站后成为它的新消费者。

代汽车公司称，光顾现代汽车经销店的用户有80%事先访问过该品牌的网站（www.hyundaiusa.com），并有70%的现代汽车潜在网购者源自该网站。

促销型网站也可用来支持企业的传统营销渠道和培育客户关系。这正是雅诗兰黛公司旗下倩碧品牌的目标，雅诗兰黛主要通过百货公司销售化妆品。倩碧的报告指出，目前的顾客中有80%是在访问其网站（www.clinique.com）后才前往百货公司购买的，有37%的非倩碧购买者在访问了该公司的网站后购买了倩碧品牌的产品。

多渠道营销的流行从其对网上零售量与日俱增的影响中清晰可见。美国网上零售额的70%是由开展多渠道营销的公司实现的。

营销知识的应用

1. 你有过网购的经历吗？如果有过，你认为很多人可以上网却不网购的原因是什么？如果没有过，又是什么原因导致你不愿网购呢？你是否认为即便不网购，消费者也能从电子商务中获益？

2. 跟传统市场一样，虚拟市场也为营销者提供了创造时间、空间、形式和占有效用的机会。你认为基于互联网的科技在创造这些价值方面作用有多大？选择一家虚拟零售商，体验一次购物之旅（不必购买任何东西，除非你真的想买）。然后，比较提供同类产品的传统零售商和虚拟零售商在提供时间、空间、形式和占有效用方面有什么不同。

3. 访问亚马逊（www.amazon.com）或巴诺（www.barnesandnoble.com）的网站。在浏览这些网站的同时，考虑网上买书和去大学书店买书有哪些区别。特别是在便利、可选、定制、交流、成本和控制这六个方面比较和对照你的购物体验。

4. 你正计划买一辆新车，于是访问了www.edmunds.com。根据访问该网站的经历，你认为在实际购车过程中，与经销商谈判时，你的控制权是更多了，还是更少了？

5. 浏览你所在大学或学院的网站。基于此，你认为该网站属于交易型还是促销型？原因何在？从影响用户体验的六大设计要素的角度评价该网站。

创新案例思考

必胜客和imc^2：成为多渠道营销商

必胜客是全球最大的比萨饼连锁店，在100个国家拥有1万多家餐馆。但你知道必胜客在2009年就是美国35家最大的互联网零售商之一吗？

据必胜客首席营销官布赖恩·尼科尔（Brian Niccol）称："我们已经做到了很多人认为不可能的事情。三年之内，我们成功建立了一个网上业务，每年产生数亿美元的收入。如今，必胜客已成为互动市场和新兴市场上比萨产品的领先者。"那么，他们是怎么做到的呢？必胜客通过多渠道营销方法彻底改变了快餐厅世界，创造了首屈一指的客户体验和客户互动平台。

零售比萨饼业务

由于三个国家级的竞争对手主导着市场，比萨饼业务的竞争非常激烈。即使是特定品牌的拥趸，也会考虑时间、定价和便利性而经常购买竞争对手的比萨。

一般来说，光顾必胜客最频繁的顾客（可能还有其他两个主要竞争对手的顾客）分为两类：（1）家庭，主要是赶时间的母亲，想要快速而简单地解决吃饭的问题；（2）年轻的成年男性，他们会用世界上最通用和最方便的食物之一为自己活跃的生活方式补充能量，因为这种食物不用烹饪也不需要餐具和清理，没有剩菜，是完美的早餐。虽然这两个群体表面上看不一样，但这两个群体都很重视价值和便利。想节省成本的母亲需要的是高质量的食物和无忧无虑的饮食体验。喜欢便宜货的年轻成年男性需要的是投入更少的时间和现金得到自己更喜欢的食物。

在比萨饼市场上，必胜客的主要竞争对手专注于外卖业务，这一事实说明了外卖业务在美国比萨饼市场的重要性。大多数外带和外卖订单都是在顾客进入餐厅前下单的。到2006年，越来越多的零售比萨饼顾客已经开始在网上订购比萨饼了。事实证明，比萨是电子购物的理想产品。消费者知道基本的菜单，通常知道自己可以通过多种方式定制订单，而且习惯订购时不在店里。零售品牌的曝光度和已经建立起来的客户交付网络也使得全国性的比萨连锁店比其他全国性的快餐店更容易转向在线订购。但是，正如必胜客理解的那样，为消费者提供真正简单容易的服务却是令人难以置信的困难。

制订行动计划

大多数情况下，为比萨饼业务开展在线订购的目的是让与客户的交易更容易和更便宜。必胜客认识到，让消费者直接接触其品牌和其他人，并做一些特别的事情，这是一种机会，也就是说，与消费者建立可持续的关系，使必胜客能够以更有意义和更有利的方式让人们参与进来。简而言之，通过从交易平台转到高效、强大的客户参与平台，连接到消费者的厨房和沙发，以改善就餐时间的订购、送货和用餐体验，必胜客开始重新打造零售比萨饼业务。

必胜客首先选择imc^{2}作为其主要的代理商之一，规划一个全面的互动策略，该策略首先是重新设计必胜客公司网站（包括重新定义消费者网上体验和跨品牌的接触点），然后侧重于制定一系列日趋精妙和行业领先的消费者参与策略。imc^{2}有15年的互动营销和品牌互动经验，其客户包括可口可乐、强生、辉瑞制药、欧姆尼酒店（Omni hotels）、孩之宝（Hasbro）、宝洁和三星等众多公司。

PizzaHut.com、客户体验和品牌互动

必胜客和imc^{2}的高管一致认为，重塑零售比萨业务的策略要使用正确的技术促成和鼓励品牌互动，从而为消费者创造机会。有必要新建一个网站更好地处理所有主要的设计要素。必胜客和imc^{2}实施这些设计要素，不仅为消费者创造了价值，也为零售比萨业务的差异化奠定了基础。让我们来看看这些设计要素和PizzaHut.com的表现。

必胜客网站在2007年引入了全新设计（首次纳入所有特许经营店），支持全国范围的在线订购。网站还会时常更新，以跟上公司快节奏的营销战略和雄心勃勃的新产品推广计划。由于促销是消费者购买比萨的一大期望，网站要用直接满足客户价值诉求的语言与他们交流，网站的布局设计和内容就需要平衡顾客购买便宜食物的需要和快捷订购的需求。该网站在中心位置滚动展示必胜客目前的一些产品并配有产品主要信息介绍，下方有引导条可以切换产品介绍。其他的信息，如菜单、店铺位置和营养成分表，则放在滚动信息的上方呈水平方向排列。

网站通过多种方式实现客户定制,提供的主要效用是简化顾客的订购环节。对于已经注册的用户,有多个个性化的选项,包括名为"快速结账"的快速订购功能,这一功能使用了与"播放列表"类似的保存用户首选偏好的技术。例如,如果你有一群喜欢一起看电影的朋友,就可以创建一个名为"电影之夜"的订单,其中包含你们最喜欢的比萨饼。点击可以直接在主页上访问"快速结账"按钮,你可以选择"电影之夜",快速查看订单,单击"提交"按钮,然后就只需要等待接收你的比萨了。这一切成为现实都要依靠存储的网络跟踪数据(用于识别以前访问者的数字代码)保留了你的收货地址和支付偏好信息,从而加快交易速度。有了此类功能,你可以把客户的方便看作一种投资,它会培养消费者的忠诚度。当消费者必须注册和学习使用竞争对手的系统,并且无法使用他们喜欢的功能时,就会在一定程度上避免消费者离自己的品牌而去。

网站的内容和交流功能既需要和公司的整体传播方案(包括传统媒体)保持一致,又要和产品创新、促销和跨平台的特殊策划活动保持一致。整个策划符合品牌形象,趣味盎然又活力四射,搭配使用了大胆的图像、充满活力的色彩、时尚睿智又轻松愉快的声音——这是对一次必胜客网站与顾客互动活动的描述。2008年4月愚人节,必胜客将品牌名字从"比萨小屋"(Pizzahut)更改为"意面小屋"(Pastahut),以配合突斯卡尼意面系列产品的推广。该活动包括以网站上的横幅广告的形式提供线上支持,以及将PizzaHut.com临时更名为PastaHut.com。必胜客的品牌不仅在媒体上得到了大量的报道,而且展示了必胜客淳朴和有趣的一面,邀请人们一起参与这场狂欢,加深了与消费者的联系。

必胜客的整合营销方法使公司能够轻松地测试并将其他产品和品牌吸纳至更大的企业框架下,如翼街(wing street)餐馆的运营和拓展意面品类。这表明该品牌有能力将快餐店的概念延伸至主营产品比萨之外,启发了公司未来可能追求的方向。

PizzaHut.com和该品牌其他的网上资产都是为了能把这个世界上最受人欢迎的比萨饼和特色产品送到消费者的手中,再送到他们的胃里。交易是网站需要考虑的一大因素,因此有多种订购途径,包括几种现场订购方法,一个脸谱网应用程序(这是第一个为世界领先的社交网站开发订购应用程序的全国比萨连锁店),一个有品牌标示的桌面窗口小工具,手机订购(也称为Total Mobile Access,在2008年增加,其中包括一个无线应用协议站点和短信订购),以及2009年发布的高级却简单的苹果手机应用程序,使消费者能够直观地创建和提交他们的订单。在2008年节日期间的一个周末,imc^{2}构思和实施了电子礼品卡计划,证明了还可以在网上快速地额外创收。

意识到在自己的网站上为公司及其消费者创建社区没有意义，必胜客设法利用脸谱网，以颇为划算的方式取得了不错的成果。该品牌拥有约100万粉丝和首款脸谱网订购应用程序，可以在不干扰日常工作的情况下，以非常自然的方式高效地吸引大批的消费者。同样，该品牌也明白，如果提供了某些方便，你既可以获得更大的交易忠诚度，又可以增加信任。必胜客2009年安排一位暑期实习生负责监测和鼓励用户在推特和其他社交媒体上与品牌对话，这是该品牌立足现有平台，充分利用庞大的社会基础设施营销的另一个案例。

PizzaHut.com打通了用户使用手机、电脑、社交网络和其他信息门户的场景，填补了传统媒体营销及零售店铺揽客的不足。因此，当必胜客考虑"连接"这一设计要素时，不仅包括从一个网站链接到其他网站，还提供了创建消费者无缝体验的方法，让消费者无论何时何地，只要愿意就可以和品牌互动。

绩效评估和效果

必胜客认真衡量PizzaHut.com的表现。该公司创建了一个定制的营销仪表盘，必胜客管理团队可以利用它监控品牌营销计划的各个方面，依靠几乎是源源不断的最新信息优化消费者的参与，改进各个方面的业绩。

效果是显著的。但要明白，由于行业竞争激烈，信息是流动的，只代表某个时刻的情况。例如：

1. PizzaHut.com在比萨饼产品类别中占据主导地位，在网站流量和搜索量方面排名第一。根据数字分析和评测领域的全球领导者ComScore的数据，在比萨饼网上消费的每分钱的流量比中，必胜客网站最大。

2. PizzaHut.com在2009年成为美国35家最大的互联网零售商之一，而它在2008年时还是第45名。

3. 必胜客的苹果手机应用程序在发布后的前两周下载量达到了10万多次。

下一步的发展

那么，PizzaHut.com接下来会做什么呢？虽然该品牌在很短的时间内收益巨大，但想要在快速发展的数字市场中保持领先需要持续地集中注意力。必胜客预计，其网上业务将在未来5年内超过10亿美元大关，数字交易将在10年内带动所有收入增长。

可以理解，尽管对公司未来的战略有所保留，必胜客首席营销官尼科尔还是表达了雄心勃勃的目标，他表情严肃，没有开玩笑："我希望必胜客成为食品服务业的亚马逊，成为虚拟市场的先锋。我不希望我们只是一家涉足虚拟市场的实体公司。"这种向亚马逊模式转型的做法表明，该品牌可能会进一步发展其比萨业务，并延伸或完全重新定义快餐店的模式。

大多数希望在不断发展的经济中成长的品牌都必须有长远的思考和规划，并能随着市场环境的变化迅速采取行动。imc^2首席营销官伊恩·沃尔夫曼（Ian Wolfman）在评价营销的未来时，对这个机会进行了简洁而不失巧妙的总结："我们公司认为，目前营销的转型需要品牌和公司全面地调整与消费者和其他利益相关者的互动。蓬勃发展的品牌将是那些能够有效地与消费者建立可持续关系的品牌，这种关系既要有高度的信任，也要有大量的交易。"（见图1）他接着解释说："从长远来看，品牌比传统模式有意想不到的优势，传统模式往往过于关注完成短期的季度目标。"在提到其机构在这个问题上所做的研究时，沃尔夫曼指出，未来最成功的品牌很可能是那些深度情感层面引起消费者的共鸣，并以定义清晰的目标来运营的品牌。

必胜客侧重数字化带来的消费者便利和产品类别的创新。在理念上，它的定位是在建立信任和增进交易的层面上与消费者建立联系。虽然不多，但提到用户在系统注册和启用各种功能时开始投入的时间时，尼科尔认为，将消费者的兴趣和偏好

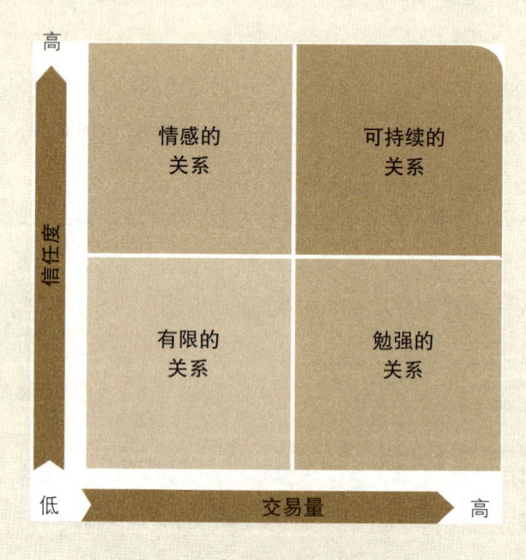

图1　imc^2品牌可持续性矩阵图

放在首位的品牌是很有前途的。"只要我们做好自己的工作，即创造真正的消费者参与，让消费者与品牌互动变得方便且有价值，销售额就会随之而来。"

思考题

1. PizzaHut.com是什么类型的网站？
2. PizzaHut.com如何整合网站设计七要素？
3. PizzaHut.com如何使用选择板和个性化系统？

22

整合：战略营销过程

学习目标

1. 解释营销经理如何分配资源；
2. 描述波特的基本经营策略和协同分析制订计划的框架；
3. 解释有效营销计划的构成；
4. 使用限定时间的议程和任务项清单召开会议；
5. 描述企业的营销部门和产品经理的角色；
6. 解释如何利用营销投资回报率、营销量化指标和营销仪表盘评估营销计划。

战略营销帮助通用磨坊适应新的口味

消费者的口味正在发生变化，他们对新产品的期望也在变化。超市的情况尤其如此，消费者对方便、健康、口感好的食品的要求越来越高。对于消费食品制造商通用磨坊来说，这意味着薇薇安·米尔罗伊·卡拉威（Vivian Milroy Callaway）面临着令人兴奋的挑战，她需要帮助公司适应变化。

作为通用磨坊学习和实验中心的副总裁，薇薇安负责帮助公司发掘和推介新产品的创意。战略营销过程（包括规划、实施和评估）对她的工作至关重要，并在最近开发的一种名为"热美味"的新甜点概念的过程中发挥了重要作用。

为了开发新产品，薇薇安并不是只看新的甜点概念，而是把新产品放在人们正在消费的所有甜食中来考虑。她说："在营销研究中，消费者说的是一回事，面对超市货架时，做的又是一回事。这是我要面临的挑战之一。"为了应对这个问题，薇薇安及其团队进行了营销实验，包括在商店里放置一个甜点样品，测量结果，改进样品，然后重复这个过程。

这项研究有助于公司更好地了解消费者对产品真正关心的很多因素。例如，研究表明，将黑色微波炉专用碗伸出到热美味套餐包装的边缘之外，可以更好地向潜在买家传达烹饪的便利性。因此，新产品采用了独特的包装和露碗边的设计。经过多次试验，公司在全国范围内成功推出了可微波加热的"热美味"甜点，随后迅速推出了延伸产品线——迷你热美味。两种产品销量的增长表明，战略营销过程创造了一个比较满足消费者口味的食物！

计划做出更多的改变

通用磨坊在美国的零售额目前已超过100亿美元，分别来自烘焙产品、零食、冷冻食品、酸奶和谷类食品等多个部门。每个类别的消费者口味都在变化，但通用磨坊在对业务量最大的谷类食物的环境进行快速扫描之后，发现好的战略营销过程尤其重要。请考虑以下事项：

· **费用**。推出一种新的谷类食物通常需要3 000万美元，涉及替换已经摆放在零售商货架上的300多种相互竞争的早餐谷类食品中的一种。

· **成功率**。在每年95亿美元的美国即食谷类食物市场，只有四分之一的品牌

"成功"，所谓成功指分销时间能维持3至4年。更严峻的挑战是：零售食品行业的销售额没有增长，成本却在增加。

·**市场趋势**。即食谷类食物市场缺乏增长是由若干因素造成的，包括：(1)消费者正在远离糖分过多以及含有转基因成分或人工食用色素的食品，转向被视为健康的或有有机标记的食物；(2)消费者正在避免购买价格较高的产品，但价格高是成本上升的结果。

通用磨坊的创新举措

通用磨坊每年推出300多种新食品，以应对消费者口味的变化。事实上，该公司在网站强调他们不断提供消费者需要的产品的动力："我们通过提供消费者喜欢的食品服务世界。"鉴于这些消费趋势及消费食品行业面临的激烈竞争，通用磨坊正在推出各种新产品，其中包括：

- ·纤维零食棒
- ·Chex无麸质小饼干
- ·天然谷蛋白燕麦卷
- ·四色果然多（而不是六种颜色，以减少人工色素和更改口味）

这些产品和其他产品的成败与通用磨坊采用的战略营销过程的规划、实施和评估阶段有关。本章详述了第2章介绍的一些问题和技术，并介绍了其他工具和策略，以帮助营销、产品和品牌经理在不断变化的竞争激烈的市场中取得成功。通用磨坊和其他公司现在采用的营销策略提供了诸多案例。

◎ 营销基础：做有效之事和分配资源

如第2章所述，公司和营销主管都在不断寻求某种竞争优势，即与竞争者现在做的和将来可能做的相比所具有的独特优势。确立该竞争优势后，他们必须知道如何利用它，这包括：（1）发现并利用对组织和行业有效的东西；（2）有效配置资源。

发现并利用真正有效的东西

在一项为期5年的研究中，研究者对160家公司和诸如供应链管理或内部网运用等200多个管理工具和方法进行了深度分析。有什么发现吗？他们发现单个管理工具和方法与公司的绩效没有直接联系。

什么是有效的？研究者总结出四种所谓"真正有效"的经营和管理基本做法，它们是战略、执行、文化和结构。在这四个方面表现出色的公司更有可能在市场上获得出色的绩效。研究者总结说，对于单个工具和技巧，公司选择哪一种并不重要，重要的是能否很好地贯彻执行。

像家得宝这样的行业领导者就在上述四方面都做得很好，而不是只擅长其中两个或三个，即便环境变化了也能一如既往。与此形成鲜明对比的是露露柠檬、黑莓和高朋团购，它们都还在努力朝着正确的方向调整，以期重返过去的成功之路。让我们来看看今天在这四个关键业务上表现最突出的公司：

· **战略**：构想并维持清晰表述的集中战略。尽管沃尔玛可能在大众零售业务方面是一股势不可挡的力量，但山姆会员店的仓储式会员制零售业务却表现欠佳。在这个领域中，赢家是美国最大的仓储式会员制连锁企业开市客。关键原因在于开市客采用了集中战略，基于对所有美国零售渠道、仓储式会员制的了解，吸引最多中产消费者。开市客的战略是以低价销售品种有限的精选高端品牌产品。

· **执行**：开发并坚持零缺陷运营。在彻底改革汽车制造方面，丰田通常被公认为是世界上做得最好的。它创造了现在整个汽车行业都在使用的持续改进的经营管理理论。丰田还推出了一项名为"捆绑开发"的新计划，允许供应商提前三四年开发零部件，不受车辆设计的限制，以使之"性能更好、制造更容易和质量更高"。

· **文化**：培育并保持绩效导向的文化。在《财富》杂志评选的100家最佳雇主中，谷歌七年里六次排名第一。其文化基于几个关键的原则，包括："以用户为中心，其他的一切自会随之而来""您可以通过正当途径赚钱"和"只是优秀还不够"。结果如何？员工工作满意度高，销售额增长17%，利润增长11%。

· **结构**：建立并保持快速、有弹性的扁平企业。成功的小型企业通常会发展成大型官僚企业，孕育出延缓决策的管理层级和繁文缛节。一个由工程师、设计师和机械师组成的小团队成为在交付世界一流飞机方面无可置疑的领军者，这就是洛克希德·马丁的臭鼬工厂。如本章稍后讨论的那样，臭鼬工厂的首任主管确立了至关重要的团队指导方针，比如"用几个能与团队中任何人谈得来的人来解决问题"。法国和俄罗斯都尝试将臭鼬工厂的指导方针用于他们的飞机生产。

当然，实际上，公司不可能为了实现以上各项基本业务而投入无限的资源，它必须选择将资源用于回报最大的方面，这正是下一节要论述的主题。

利用销售反应函数配置营销资源

销售反应函数（sales response function）表明了营销费用与营销业绩之间的关系。为简便起见，下面的案例都只分析公司的年度营销活动和销售额，但请记住，这一概念同样适用于衡量其他营销成绩，比如利润或销量。

使边际收入与边际成本之差最大化 经济学家为管理者提供了最佳资源配置的指导方针：将企业的营销、生产和财务资源分配至增量收入与增量成本之差最大的市场和产品。这与第13章介绍的边际收入-边际成本分析相似。

图22-1显示的是销售反应函数内在的资源分配原则。公司的年营销投入包含广告、人员推销、直复营销和公共关系的开支。随着年度营销投入的增长，年度销售收入也在增长。以年度营销投入为横轴，以年度销售收入为纵轴，二者的关系呈S形，表示营销投入每增加100万美元，如A点从300万美元增加至400万美元，曲线中段销售收入（2 000万美元）的增加比两端销售收入的增加幅度更大。这是因为在S曲线的左端，获得新消费者的营销投入成本很高，在这个阶段必须让他们了解产品。相反，在S曲线的右端，易于获得的消费者已经购

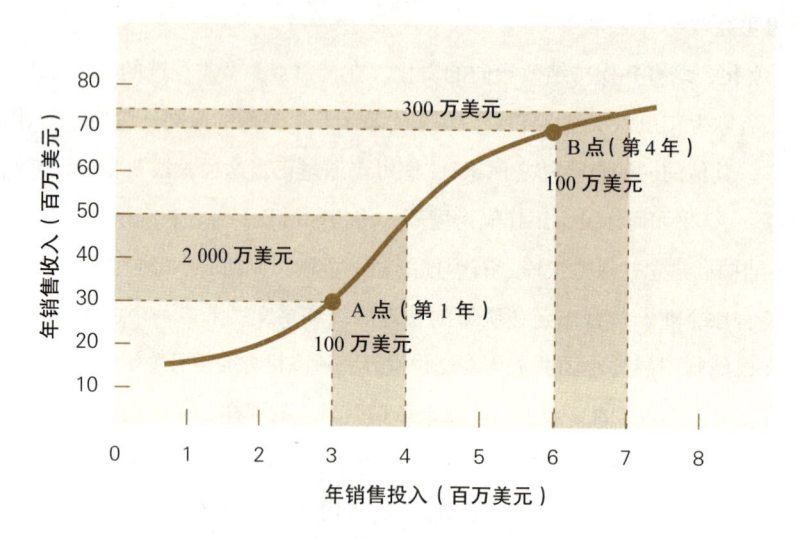

图 22-1 销售反应函数显示了营销投入对两个不同年份年销售收入的影响

买产品，获得新消费者的成本再次提高，如右端的B点所示。

资源配置的案例　假设图 22-1 显示的是通用磨坊公司一种新产品的销售现状，比如脆谷乐谷物早餐麦圈，这是第一种以卡姆小麦、斯佩尔特小麦和藜麦为主料的主流谷物食品。它针对的是那些想要美味谷物食品且注重健康的消费者。脆谷乐谷物早餐麦圈是美国最畅销谷物食品品牌脆谷乐的延伸。

另外假设图 22-1 中的销售反应函数不因消费者口味和收入的变化而改变。A点显示的是企业在第一年所处的位置，而B点显示的是三年后即第四年的情况。现在假设通用磨坊决定开展新的广告和促销活动，将该品牌每年的营销投入由 300 万美元增加到 600 万美元。如果图 22-1 中显示的关系属实并且很好地反映了消费者的购买行为，那么，脆谷乐＋谷物早餐麦圈的年销售额将由 3 000 万美元增加至 7 000 万美元。

让我们来看一下资源配置的主要问题：如果通用磨坊的营销投入新增 100 万美元，那么，脆谷乐谷物早餐麦圈在第一年和第四年的销售额可能增长多少？如图 22-1 所示：

第一年：

营销投入从 300 万美元增加到 400 万美元＝100 万美元

销售收入从3 000万美元增加到5 000万美元＝2 000万美元

增量销售收入与增量营销投入之比＝2 000万美元∶100万美元＝20∶1

第四年：

营销投入从600万美元增加到700万美元＝100万美元

销售收入从7 000万美元增加到7 300万美元＝300万美元

增量销售收入与增量营销投入之比＝300万美元∶100万美元＝3∶1

因此，第一年营销投入每增加1美元可以带来20美元的销售收入，而第四年营销投入每增加1美元回报的销售收入仅有3美元。如果没有其他费用发生，在第四年多花费100万美元获得300万美元收入也还说得过去。但是对通用磨坊公司而言，将这些钱投入某个其他品牌可能更明智，比如新产品Chex谷蛋白燕麦小饼干。

资源配置实质上很简单：将增量资产投入到可预见的未来增量回报最大的地方。对通用磨坊来说，这意味着它必须在开发产品和品牌组合，制定达成各自市场目标所需的营销行动时，注意更有效地分配现有资源（人才和资金）。然而，哈佛大学教授克莱顿·克里斯坦森和德里克·范比弗观察到，自经济衰退以来，有些公司更愿意持有资本，而不是投资新产品，他们称这种情况为资本家的困境。

营销资源配置的实际做法　跟预包装食品行业的很多公司一样，通用磨坊对**市场占有率**（share points）进行全面分析，并以此作为公司内部向不同产品线有效配置营销资源的一项基本参照指标。这种做法使得公司开始探讨这样的问题："如果要使市场占有率再增加1个（或2个、5个、10个）百分点，对我们的价值有多大？"

这种分析使得高层管理者能够在公司不同战略业务单元之间权衡分配资源。为了决策资源配置，营销经理必须估测：（1）产品的市场份额；（2）每种产品市场份额每提高一个百分点所能带来的收入（谷物早餐食品市场份额的一个百分点产生的收入可能是小蛋糕市场份额的5倍）；（3）市场份额每提高一个百分点产生的日常管理费用和利润（或毛利）；（4）对其他产品可能的侵蚀效应（比如新产品脆谷乐谷物早餐麦圈可能会导致普通脆谷乐早餐麦圈销量的减少）。

资源配置和战略营销过程　公司通过战略营销过程将营销信息转化为营销

行为，实现资源的有效配置。图22-2总结了第2章中介绍的战略营销过程及其相关的营销行动和信息。图22-2实际上是对实际战略营销过程的简化。实际上，营销行动和设计这些行动所需的信息在战略营销过程的三个阶段是部分重叠的。

图22-2中每个单元格的上半部分都强调了在该段战略营销过程中的行动，而下半部分概括了所用的信息和报告。请注意，每个阶段都形成一个结果报告，如下所示：

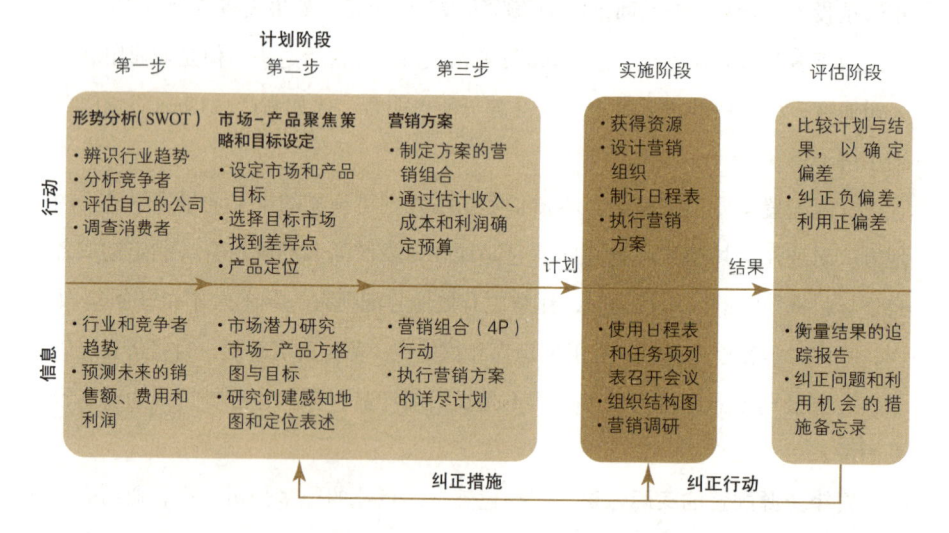

	计划阶段			实施阶段	评估阶段
	第一步	第二步	第三步		
行动	形势分析（SWOT） · 辨识行业趋势 · 分析竞争者 · 评估自己的公司 · 调查消费者	市场-产品聚焦策略和目标设定 · 设定市场和产品目标 · 选择目标市场 · 找到差异点 · 产品定位	营销方案 · 制定方案的营销组合 · 通过估计收入、成本和利润确定预算	获得资源 设计营销组织 制订日程表 执行营销方案	比较计划与结果，以确定偏差 纠正负偏差，利用正偏差
信息	· 行业和竞争者趋势 · 预测未来的销售额、费用和利润	· 市场潜力研究 · 市场-产品方格图与目标 · 研究创建感知地图和定位表述	· 营销组合（4P）行动 · 执行营销方案的详尽计划	使用日程表和任务项列表召开会议 组织结构图 营销调研	衡量结果的追踪报告 纠正问题和利用机会的措施备忘录

图 22-2　战略营销过程的行动由详尽的报告、研究和备忘录支持和指导

图22-2中的纠正措施备忘录成为反馈回路，有助于改善战略营销过程早期阶段的决策和行动。

◎ 战略营销过程的计划阶段

战略营销过程的四个方面需要特别关注：（1）营销计划中营销量化指标的至关重要性；（2）营销计划的多样性；（3）实践证明有用的营销计划框架；

（4）某些关键营销计划和战略教训。

营销计划中营销量化指标的运用

计划者们会说一句开玩笑的大实话："如果你不知道自己要去哪里，任何道路都会把你带到那里。"在制订营销计划时，所选的"道路"其实是量化目标加上用来衡量目标是否实现的量化指标。

如今，衡量营销行动的结果已成为很多企业的重中之重，这归结于要界定清楚两个概念："企业要走向何处"，即量化目标；"是否真正抵达该处"，即衡量实际绩效的量化营销指标。它强调了基于数据决策的必要性（第2章提及），以及在营销仪表盘中选择和展现正确的营销指标，以便经理能够快速查看结果的重要性。

大多数企业强调创新助力增长。为了成功地完成创新项目，营销部门与研发、运营部门要密切合作。那么，他们用什么指标来衡量自己的创新业绩呢？

对800位企业高管的调查显示，"一家采取重大战略举措，提高创新和产品开发能力的公司"应该使用两种指标：衡量结果的产出指标和衡量开发新产品工作的投入指标。最常用以下指标衡量业绩：

·推出新产品和服务并因此提高客户满意度从而获得的收入增长（产出指标）。

·处于新产品研发和生产过程的创意或概念的数量，以及研发经费占销售额的百分比（投入指标）。

仔细观察这些创新指标就会发现，衡量营销投入比衡量营销产出要容易得多。例如，衡量"处于新产品开发过程中的想法或概念的数量"（投入），比衡量"消费者对新产品或服务的满意度"（产出）要容易得多。但战略营销过程的评估阶段寻求的是将实际结果（产出指标）与设定的目标进行比较。因此，在可能的情况下，营销经理更喜欢使用有效的产出指标。

营销计划的多样性

战略营销过程的计划阶段通常会形成一项营销计划，为企业的营销活动确定方向。营销计划是商业计划的核心。与商业计划一样，营销计划也不是只有一种模式，它们随着计划周期长短、目的和受众的不同而不同。让我们简单地介绍两种类型的计划：长期营销计划和年度营销计划。

长期营销计划 一般而言，长期营销计划涵盖了未来二至五年的营销活动。由于不确定因素使制订计划的收益小于投入，除了汽车、钢铁、林产品等行业的公司外，很少会制订超过五年的营销计划。这类计划通常由公司高管和董事会成员负责制订。

年度营销计划 在金宝汤等消费品企业，年度营销计划通常由营销经理或产品经理（本章稍后介绍）制订，它会详述某个产品、产品线或整个企业一年内的营销目标和战略。假如金宝汤的年度计划周期开始于对现有消费者的详细营销调查，结束于营销部门总经理批准的42周后，也就是新的财政年度开始的10周前。在此期间，公司会不断地与企业内外专家举行会议，探讨关键问题，发现新的思路。该计划将根据各级管理者的意见不断调整，最终变得被大家接受并不断完善。该计划会经过多个层级管理者的审查，这些审查通常乏味而折磨人。经过精细调整，计划执行时几乎不会有意外，也很少会进行调整。

营销计划框架：寻求增长

对于有多种产品在多个市场竞争的公司而言，制订营销计划是一个很复杂的过程。然而在企业，所有计划活动的目标都是为了找到增加销售额和利润的方法。能帮助营销主管进行重要的资源配置决策的两个营销计划框架是：波特的基本经营战略和协同分析。两种框架都与前面章节所述的内容有关。

波特的基本经营战略 如图22-3所示，迈克尔·波特提出了一个包含四种基本经营战略的框架。**基本经营战略**（generic business strategy）指任何企业都可以使用，进而形成竞争优势的战略，无论该企业是生产消费品还是制造工业品。

尽管在此讨论的所有技术都涉及基本战略，但这一术语与波特的框架最相关。在此框架中，"列"代表企业在寻求竞争优势时可以使用的两种基本选择：（1）成为竞争市场的低成本生产者；（2）通过开发产品或营销方案的差异点，

竞争优势的来源

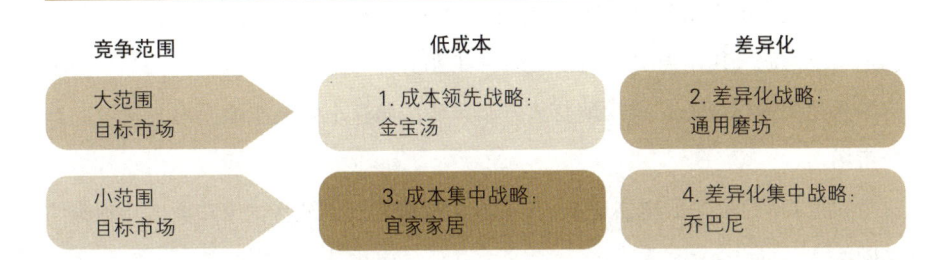

竞争范围	低成本	差异化
大范围目标市场	1. 成本领先战略：金宝汤	2. 差异化战略：通用磨坊
小范围目标市场	3. 成本集中战略：宜家家居	4. 差异化集中战略：乔巴尼

图 22-3 波特的四种基本经营战略是以下两方面的组合：（1）竞争范围，或目标市场的宽度；（2）强调低成本和产品差异性

将自己与竞争对手区分开来。相反，"行"代表的是竞争范围：选择一个宽泛的目标意味着公司将在多个细分市场展开竞争，而选择一个狭窄的目标意味着公司只在几个细分市场甚至一个细分市场展开竞争。列和行的组合产生了四种基本经营战略，它们可以为同一行业的类似战略业务单元之间提供某种竞争优势。这四项战略如下：

单元格 1 代表**成本领先战略**（cost leadership strategy），在定位多个目标细分市场的同时，侧重于降低成本，进而降低产品价格。这是通过从低成本供应商处购进低价原材料，或通过投资新的生产设备，降低单位成本和提高质量来实现。金宝汤先进的产品开发和供应链系统节省了大量的成本。因此，其成本领先战略降低了消费者要支付的价格，从而使其市场份额增加到汤市场的约 60%。

单元格 2 代表**差异化战略**（differentiation strategy），它要求企业的产品在产品本身、品牌形象、质量、技术或服务方面打造显著优于竞争对手的差异点，从而增加产品售价，定位于范围广泛的细分市场。这种战略可使公司的定价享有较高的溢价。在进入不同的消费者细分市场时，通用磨坊便强调其品牌代表着营养丰富、高品质的产品。

单元格 3 代表**成本集中战略**（cost focus strategy），它涉及控制支出，降低小范围细分市场产品的价格。产品组合有限且只定位于几个细分市场的零售连锁店常常会成功运用成本集中战略。通过向价格敏感的消费者销售扁平封装、自组装的家具和配件以及浴室和厨房用具，宜家已成为全球最大的家居用品零售商。

最后，单元格4代表**差异化集中战略**（differentiation focus strategy），它要求产品在进入某个或几个细分市场时，必须拥有显著的差异点。第1章讨论过的乔巴尼希腊酸奶采用了差异化集中战略。其2007年推出的有益健康、高品质的美味酸奶使用天然成分，成功地打入希腊风味酸奶这个规模小但是增长迅速的细分市场。

如第7章讨论的那样，这4个基本经营战略构成了波特国家产业成功理论的基础。

协同效应分析 通过寻求营销效率和研发-制造效率之间的最适平衡，**协同效应分析**（synergy analysis）可以找到市场和产品的机会。利用第2章介绍的多样性分析和第9章的市场-产品方格图，我们可以看到在制定企业和营销策略时至关重要的两种协同作用：（1）营销协同和（2）研发-制造协同。

虽然寻求协同作用始于企业内部，但营销和制造的协同效应也可以通过更有效地履行组织职能的兼并和收购来实现。例如，如"营销无小事"专栏所述，大州公司是一家生产手动式割草机和自动式割草机系列产品的企业。假设你是该公司的营销副总裁，正在寻找新产品和新市场的机会，以增加收入和利润。

营销无小事　客户价值

测测你的技能：协同效应在哪里

假设你是大州公司的营销副总裁，公司主要在北美市场销售手动式割草机、自动式割草机和坐骑式割草机，公司的市场-产品方格图如下所示，你在图中所示的全部三个细分市场中分销手动式割草机，但只在郊区市场销售自动式割草机，而在这三个细分市场都不销售坐骑式割草机。

以下是你在策略选择上的难题：

1. 营销协同效应（效率）发生在哪里？
2. 研发-制造协同效应（效率）发生在哪里？
3. 对于大州公司来说，通过并购进而实现营销和研发-制造协同效应（效率）的理想公司应该有什么样的市场-产品方格图？

若要仔细考虑这些问题，请阅读正文，研究下图和右图。

你就市场细分进行了调查，并制作了市场-产品方格图，以便分析未来的机会。按照地理划分，你确定了三个主要的消费品细分市场：(1) 城市；(2) 郊区；(3) 农村。划分的依据是消费者需要割草的草坪面积的大小。产品群为：(1) 手动式；(2) 自动式；(3) 坐骑式。

图1

下图的市场-产品方格图提出了五种可供选择的营销策略。如第9章所述，重要的营销协同效应（或效率）在下图中表现为水平的"行"。相反，重要的研发-制造协同效应（或效率）表现为垂直的"列"。让我们来看一下下图中五种组合的协同效应。

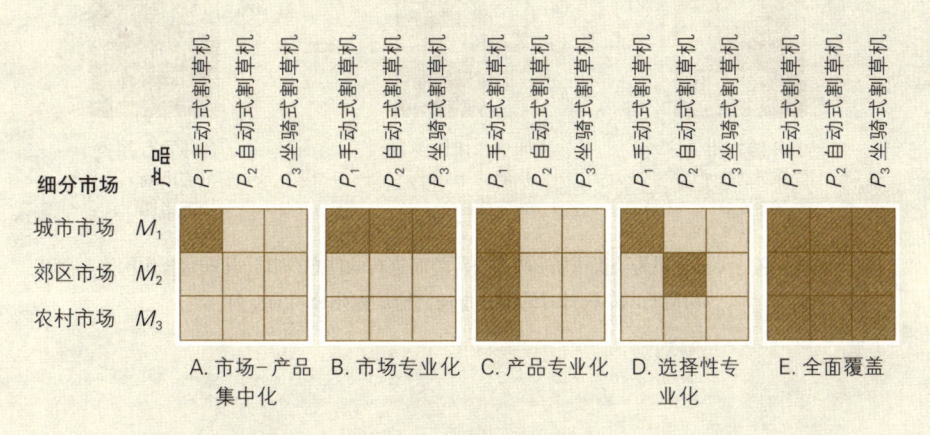

图2 市场-产品方格图显示了草坪割草机的制造商可选择的策略。设法找出每种策略的协同效应（如果有的话）

1. 市场-产品集中化。企业通过关注某个单一产品线和细分市场获取利益，但同时也失去了利用营销和研发-制造协同效应的机会。

2. 市场专业化。企业通过为城市细分市场提供完整的产品线发挥营销协同，但研发-制造协同方面存在着同时开发和生产三种不同产品的难题。

3. 产品专业化。企业通过只生产手动式割草机发挥研发-制造协同效应，但是在三个不同地理区域开展业务的渠道成本较高。

4. 选择性专业化。由于市场-产品组合的独特性，企业既没有发挥营销协同，也没有发挥研发－制造协同。

5. 全面覆盖。企业同时在营销和研发－制造两个方面发挥最大的潜在协同效应。需要回答的关键问题是：考虑到要满足所有市场－产品组合的资源需求问题，企业的营销资源是否过于分散，难以应付？

"营销无小事"专栏提出了一个问题，即如果大州公司想要并购另外一家公司的话，考虑到目前的市场－产品组合，什么样的企业是理想的合作伙伴呢？作为公司营销副总裁，如果你想采用全面覆盖战略，那么，你最理想的并购伙伴如下图所示。如果你不是过于分散地利用被兼并企业所拥有的资源，那么，这种合作关系会带来最大的潜在协同效应。通过在所有区域拥有完整的产品线而获得营销收益，通过公司进入新市场和能够生产更多现有产品而提高生产效率，从而发挥研发－制造协同效应。

合并前大州公司的市场－产品方格图 ＋ 理想合作伙伴合并前的市场－产品方格图 ＝ 合并后合并公司的市场－产品方格图

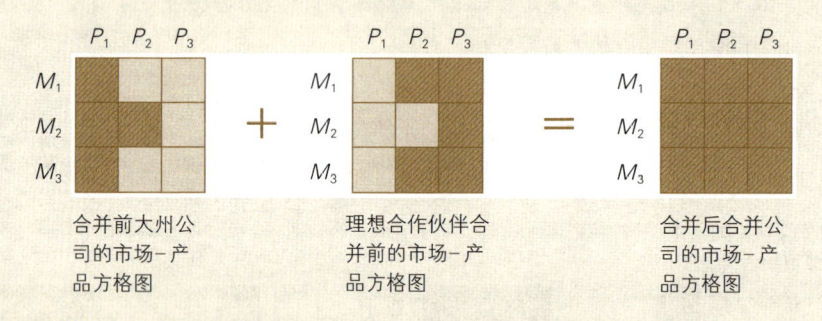

图3 这是大州公司为获得市场－产品全覆盖而进行的理想合并。其理想合作伙伴制造的割草机针对的细分市场恰恰是大州公司的空白

一些营销计划和策略教训

使用这些市场策略并不是水到渠成，而是需要大量管理判断。下面我们将讨论制订有效营销计划的常规要求，然后讨论可能存在的一些问题。

有效营销计划的指导方针 第二次世界大战中，艾森豪威尔总统还是盟军统帅的时候，说出了那句经典观察："计划本身什么都不是，制订计划才是最重要的。"正是仔细制订计划的过程凝聚了组织的努力，引导组织走向成功，而计划本身会随着环境的变化而变化，是次要的。高效的计划制订及计划本身的特征包括确定的目标、具体的策略或行动过程、执行手段。下面介绍制订有效营销计划的一些指导方针：

·设定可测量、可实现的目标。理想情况下，目标应该在要完成什么及何时完成方面可量化、可测量。因此"到2016年12月31日将市场占有率从18%提高到22%"比"在可利用资源范围内尽可能扩大市场份额"好得多。同样地，想要激励人们的话，目标必须是能够实现的。

·以事实和有效假设为基础。营销计划越是以事实和有效的假设为基础，而非猜测，执行计划的不确定性和风险就越小。完善的营销调研很有帮助。

·利用简单但清晰、具体的计划。计划的有效执行需要公司各个层级的人员清楚地知道自己该做什么、什么时候做以及如何完成各自的任务。让拥有适当技能和经验的人参与计划的制订。

·拥有完整、可行的计划。营销计划必须包含所有关键的营销组合要素，并拥有充足的资源作为支撑。

·计划可控且有弹性。营销计划必须能够使结果与计划目标相比较，通常是运用精确的营销量化指标和展板。这使得根据最新结果对原有计划进行调整成为可能。

·找到合适的人实施这些计划。但要确保此人深度参与计划的制订。

·努力达成共识。团队成员和利益相关者对计划有"主人翁意识"会增大计划成功的机会。

营销计划和策略中的问题 在营销计划和策略中有一个问题频繁出现，那就是随着信息在组织内逐级汇报，坏消息被过滤掉（见第2章），从而给最高管理层一个非常乐观的画面。40年前，詹姆斯·戴夫·鲍尔三世（J. D. Power Ⅲ）曾在福特进行过营销调研。"没有兴趣了解消费者的真实想法，"他说，"相反，不断要求我们'拷问数据，直到它坦白'，给我们高管想要的答案。"

于是，他创办了杰迪鲍尔公司（J. D. Power & Associates）进行客户满意度研究。最早的营销研究客户之一是丰田公司，多年来，丰田一直遵从和使用上百项杰迪鲍尔公司的研究。如今，杰迪鲍尔公司是世界上最知名的营销信息服务公司之一，现在除汽车行业外，还服务于医疗、电信、保险、金融服务等行业。涉及战略营销过程的公司出现的其他关键问题包括：

·计划可能基于的是对环境因素很不完善的假设，尤其是对不断变化的经济条件和竞争对手行为的假设。西联汇款公司的一个计划就是因为未能反映解除管制和竞争者的商业行动而失败的。

· 计划制订者及其计划可能忽视了消费者的需求。不过，棒约翰比萨店并非如此。"更好的原料，更好的比萨"这一标语吓得其竞争对手必胜客的经理寝食难安。因为这一标语反映了棒约翰比萨店对细节的高度关注，也正是凭借这一点，它不断地抢夺必胜客的市场份额。举个具体的例子：在棒约翰，如果比萨上的奶酪里哪怕有一个气泡或饼皮不是金黄色的，这个比萨就不会卖给消费者。

· 在数据收集和计划编写上耗费太多的时间和精力，制订出来的计划复杂到无法执行。例如，某公司的制订计划说明书"看起来像是汽车修理指南"，于是该公司将其缩减为5~6页的操作指南。

· 一线运营经理对计划的执行常常缺乏主人翁精神。担任英特尔的首席执行官时，安迪·格鲁夫观察到，"在向计划制订者授权方面，我们的制度非常地荒谬……这些计划制订者精心制作的战略与我们实际做的毫不相干"。要想解决这一问题，必须让实际执行计划的一线运营经理更多地参与制订计划的各项活动。

通用磨坊：寻找协同效应、细分市场与合作伙伴的全球战略　为了在当今的全球市场中展开竞争，通用磨坊既关注在世界各国销售其产品和品牌，也努力从任何地方拥有出色产品或技术的任何人那里获得新产品的创意。该公司与瑞士雀巢成立了全球谷物食品合作伙伴公司（CPW），提供从谷物食品到冰激凌的各种产品，从而接触到欧洲、拉丁美洲和亚洲的消费者。

现在，通用磨坊在全球范围内寻找新的想法、产品和技术。优诺酸奶（法国酸奶）的成功使得该公司扩大了其酸奶产品线，包括最近推出的"优诺希腊100 Whips!"，它的热量是100卡路里，是经过搅打的希腊风味酸奶，有8种口味。通用磨坊还将美国以外开发的其他产品带到了美国市场。湾仔码头品牌正餐是由香港企业家臧健和女士开发的冷冻水饺的变体。从1977年开始，臧姑娘在湾仔渡轮码头上推着一辆小车卖水饺。通用磨坊首次推出湾仔码头是把它当成干食套餐来卖的，消费者以此增加肉食供给。这一做法还带来了惊喜！该品牌目前是通用磨坊在中国的新星之一，在中国约100个城市销售。

你有通用磨坊可能会用的新技术或产品创意吗？基于其全球创新网络（G-WIN），你的创意可能有助于其加速创新活动。你可以登录www.generalmills.com/Company/Innovation/G-Win.aspx，在线联系通用磨坊，提交你的创意。但新产品或新技术必须是以独特的方式满足大量未满足需求，具有可行性，契合通用磨坊的产品类别或品牌，并成为"规则改变者"！

平衡战略营销计划的价值和价值观 未来可能影响战略营销过程的重要趋势主要有两个。其一是基于价值制订计划，即将营销计划理念和财务计划技术结合起来，评估每个部门或战略业务单元对公司股价（或股东财富）的贡献。当一项战略活动的财务回报高于分配给该活动的资源成本时，价值因此产生。

其二是对价值导向策略日益感兴趣，即把对商业道德、诚信、员工健康和安全以及环境保护的关注，与诸如企业增长、盈利、顾客服务和质量等更为常见的公司价值观结合起来。有些专家注意到，尽管很多企业在广告、新闻稿、公司简报上都提及自己的价值观，但它们并没有相应改变战略计划来践行这些价值观。跟世界各地的公司一样，美国的公司正逐步倡导成为负责任的全球公民，以支持可持续发展。

颠覆式创新和长期营销计划 通过取代现有市场的低端产品，接触新客户，颠覆式创新创造了一个新的市场。这一创新最终取代了原来的产品或技术，给在旧市场上运营的企业造成了严重的破坏，打乱了它们的长期营销计划。

然而，这些颠覆式创新不是一夜之间取代了现有的产品或技术。相反，行业的老牌企业最初得出结论认为：颠覆式创新不值得追求，因为新市场太小，而且会转移稀缺资源，导致无法改善现有产品。最终，颠覆式创新变得十分普遍，足以侵入传统的大型市场，往往将最初的公司挤出市场。例如维基百科导致大英百科全书在244年后于2012年停止印刷，液晶显示器在21世纪头十年取代了阴极射线管电视，还有数字媒体取代了音碟和影碟。

营销经理如何在其长期计划中识别颠覆式创新，并将其纳入其中？虽然没有完美的答案，但"营销无小事"专栏的阐述朝着答案迈出了第一大步：提出棘手而有针对性的颠覆式问题。研究表明：（1）颠覆式创新者提出的问题多，但得到解答的少；（2）好问题比好答案价值更大！

◎ 战略营销过程的实施阶段

输掉比赛的足球教练在赛后总结时常常这样说："我们有一个很好的比赛方案，但就是未能执行。"计划与执行问题也适用于战略营销过程：当营销计划失败时，我们很难确定失败的原因是计划失当还是执行不力。

计划有问题，还是执行有问题

一路追踪计划制订过程的高效经理首先要试着判断问题是否涉及计划与策略、执行，或两方面的问题都存在，然后努力纠正这些问题。然而，正如本章前面讨论的那样，真正有效的调查表明，成功的企业在计划与策略的制订及执行与实施上都做得非常出色。

在另一个极端，20世纪90年代末，Pets.com等大多数倒闭的网络公司，既有计划制订的原因，又存在执行的问题。它们糟糕的计划过程通常只关注从投资者那里获取启动资金，而不是为消费者提供真正的价值。在这些网络公司中，某些网络公司糟糕的计划执行通常导致为了促销并不成功的网站，在超级碗比赛期间虚掷大量的电视广告费。另外，这些互联网公司大多不了解计划执行的关键问题所在，比如涉及库存、仓储和物流配送的问题。

日益重视营销计划的执行

如今，战略营销过程的实施阶段往往涉及把很多制订计划的活动从计划制订者转给负责计划执行的管理者。通用电气的传奇首席执行官杰克·韦尔奇因高效实施通用电气的经营管理备受赞誉。韦尔奇上任之时，通用电气已经陷入困境，光管理者就有25 000人，在他和工厂的车间之间有近十几个管理层级。

在他的"机构扁平化策略"中，韦尔奇想方设法将通用电气的管理层级砍掉了一半，并通过在经理和员工之间营造信任和自主的氛围来加快决策和实施。如有可能，他会让项目的计划制订者负责实施。如今，世界各地的企业都把通用电气当成标杆。

改进营销计划的执行

现实中不存在保证营销计划得到有效执行的神奇法则。事实上，答案可能在于保持高水平管理技能和出色的实践协调，从中得出一些改进营销方案执行的指导方针。

采取行动并避免分析而致的停顿 管理专家告诫企业要防备"分析而致的停顿"，即过度分析问题而不采取行动的倾向。为防止陷入此种困境，他们提倡"贵在行动"，并推荐采取"行动、修正、尝试"的方法。他们得出的结论是：完美主义者总是最晚才能完成任务。如此，完美程度达到90%，并借助市场的力量加以微调的做法，计划执行效果良好。

洛克希德·马丁公司的"臭鼬工厂"得名于连载漫画《丛林小子》。在凯利·约翰逊的带领下，强调团队合作，承受预算少的约束和交付期紧迫的压力，臭鼬工厂实现了非凡的技术突破，推出了一系列世界级的飞机，如F-35闪电II联合攻击战斗机，从而获得了传奇的声誉。凯利·约翰逊信奉两条基本的信条：(1) 迅速决策；(2) 避免因分析而致的停顿。事实上，美国空军的一项系统评估表明，约翰逊的臭鼬工厂只需126人就可以按时完成一个项目，而其竞争者在类似项目上则需要3 750人，还落后于计划工期。

在开放式沟通环境中公开问题 凯利·约翰逊在洛克希德·马丁的臭鼬工厂还坚持两个原则：(1) 问题发生时，立即把问题公开；(2) 寻求帮助，不要把问题只留给自己。成功往往在于培养一个足够开放的工作环境，如此一来，员工在看到问题时愿意直言不讳，不必担心受到惩罚。工作重点放在作为一个团队设法解决问题，而不是找到某个人加以指责。在这种"开放式沟通"的环境中，不管是看门人，还是总裁，只要有创意，任何人都可以提出解决方案。

沟通目标及实现途径 那些被要求执行计划的人需要了解目标以及如何实现这些目标。从历史上看，丰田的增长是建立在高QDR的基础上的，即高品质（quality）、高耐用性（dependability）和高可靠性（reliablility）。除了强调新首席执行官丰田章男倡导的"始终是更好的汽车"外，丰田的设计团队还鼓励购买者和丰田汽车之间建立更"情感化"的联系。它继续强调"现地现物"这一原则，意思是说，要想真正了解情况，就需要到源头去，亲自查看。例如，丰田工程师会在车间观察生产情况，并在实际使用的情况下驾驶车辆。"现地现物"原则是推动丰田新建多治见服务中心（Tajimi Service Center）的动力，该中心模拟了13种驾驶条件，每年培训4 800名机械师。

找到一个负责任并愿意付诸行动的计划斗士 成功的方案几乎总有一位**计划斗士**（program champion），此人愿意也能够突破官僚主义的繁文缛节，推进方案的执行。这种人往往有不可思议的能力，在形势需要的时候，可以在大局和具体细节之间加以取舍。计划斗士在克服组织障碍方面堪称众所周知的粗鲁无礼。美国海军上将格雷丝·穆雷·霍珀不仅为这个世界带来了早期的计算机语言，也为打破一个组织的繁文缛节提出了她那著名的建议："请求原谅好过获得批准。"

奖励成功而不是惩罚失败 萨拉·布莱克利是斯潘克斯（Spanx）塑身衣的创始人和全权所有者，她信奉一个简单的准则："失败只会引导你走向下一个巨大的成功。"所以，要从你的失败中吸取重要教训。她创业的愿景是让女性在穿着时尚服装时，消除"看得见的内裤线"。于是，她切掉了有塑身功能的连裤袜的脚部部分，自己填写专利申请，并亲自打推销电话。布莱克利寄给奥普拉·温弗瑞一篮子样品，温弗瑞则选择斯潘克斯为她的年度产品。如今，斯潘克斯拥有200种产品，包括男式背心、内衣和袜子系列。

当个人或团队因实现企业的目标而得到奖励时，他们就会有最大的动力看到一个计划的成功实施，因为他们有主人翁意识，而且与成功有利害关系。同时，很多公司的成功归功于从失败中吸取重要教训。阅读"营销无小事"专栏，了解公司在追求通常被称为"蓝海"的无竞争市场时应该避免的陷阱。

营销无小事　企业家精神

吸取教训，避免通向蓝海道路上的陷阱

在其畅销书《蓝海战略》中，钱·金和勒妮·莫博涅指出，价值创新最可能发

生在没有竞争的"蓝海"市场，因为在那里可以开发新的需求。然而，有些公司在努力发展的过程中出现了错误，例如西南航空收购了缪斯航空，英特尔试图销售兰巴斯公司（RAMBUS）的技术，宝马开发了一款高档两轮摩托车C1。这些举措都失败了。

作家吉姆·柯林斯和莫滕·汉森认为，优秀的公司有时也会犯很大的错误，但他们认为错误是"昂贵的学费"。他们说："最好是从中有所收获，吸取所有的教训，应用所学，不再重蹈覆辙。"

什么情况会导致错误？不妨考虑一下金和莫博涅确定的这些"陷阱"：（1）来自消费者和非消费者的信息会得出不同的结论；（2）有些专业市场太小，以至于无法持续；（3）新技术可能不会带来新的需求；（4）新的创新未必意味着对现有市场的破坏；（5）差异化和低成本策略被视为相互排斥的选择，但它们不是不相容的。

那么，尽管有错误和充满陷阱的环境，企业如何兴旺发达呢？柯林斯和汉森认为有三种行为至关重要：狂热地坚持原则，或保持行动的一致性；源于经验的创造力，或依靠证据而不是观点来创新；卓有成效的多疑，或总是考虑竞争优势的脆弱性。

你可能会知道在这方面做得很好的某些公司的名字。其中包括安进、英特尔、微软和西南航空公司！

明确任务、职责和截止日期　　计划的成功实施需要团队的成员了解目标、达成目标需要做的任务以及达成目标的截止日期。为了实现新飞机设计的数千项任务，洛克希德·马丁公司通常每周举行一次计划会议。

在大多数企业中，会议主席召集会议，提前安排好讨论各个议题的顺序。这样做的困难在于，如果关键议题放在了议程靠后的位置，而与会成员不知道这一点，他们就会在前面的议题上浪费大量的时间。**限定时间的议程**（time-based agenda）是一种更好的方法，即它规定每项议程的开始时间。这种议程的时间显示为开始时间（2：00、2：03等），而不是可用时间（3分钟、10分钟等），这会让参与者更好地了解会议的进展情况。市场部限定时间的会议议程如下所示：

开始时间	议题	主持人	目的 信息	目的 任务
2:00	1. 审核会议目的	吉娜	×	
2:03	2. 检查以往行动的近况	吉娜	×	
2:13	3. 分析客户的营销需求	吉娜		×
2:25	4. 评估客户的促销选项	罗杰		×
2:30	5. 同意客户的目标和媒体	史蒂夫		×
2:57	6. 总结任务项	吉娜	×	
3:00	7. 休会	吉娜		×

在上面限定时间的议程中，第5议题特别关键，分配的时间最多，每个人都知道该话题由史蒂夫引导讨论，目的是商定客户的促销目标和所用的媒体。他们也知道此议题是为了获得参考信息，他们只管听，不必花宝贵的时间讨论它。"任务"列中标 × 的议题才适合分享想法。

每次计划会议的结果都是一个**任务项清单**（action item list），它有助于实施计划，由以下四列内容组成：（1）任务；（2）负责完成任务的人；（3）完成任务的日期；（4）要交付的产品或服务。请注意，在限定时间的议程中，第6议题是"汇总任务项"，以便会议中的每个人都知道他们负责的任务。下面是一个任务项列表的例子：

任务	承担者	截止日期	可交付成果
1. 为客户写一个建议书	丽莎	3月3日	起草建议书
2. 辨识新的客户	克里斯	3月6日	列出客户电话清单
3. 设计客户 B 的打印机广告	麦克	3月10日	提交广告终稿

从这个例子可以清楚地看出，克里斯知道她有责任在3月6日之前提供一份新客户的名单。在完成计划会议后的几个小时内，任务项清单就会分发给与会者。然后，这将作为下一次会议的起点，在上述限定时间的议程中显示为第2议题。会议记录被视为次要的和回顾的。任务项清单是前瞻性的，明确了目标，对员工施以压力，迫使他们在规定的期限内完成指定的任务。

与任务项清单相关的是正式的计划时间表，它表明了在一段时间内各计划任务之间的关系。任务计划时间表包括：（1）确定主要任务；（2）决定完成每项任务所需的时间；（3）设定每项活动的最后完成期限；（4）分派完成每项任务的职责。使用最广泛的计划时间表是第2章描述的甘特图（参见图2-10，它说明了如何使用甘特图来安排任务和按时完成团队项目）。

营销的组织

公司营销计划的执行需要营销组织。现如今营销组织需要理解：（1）首席营销官角色的演变；（2）直线管理岗位、参谋支持岗位和事业部制如何相互关联而形成有凝聚力的营销组织；（3）产品经理的角色。

首席营销官角色的演变 如图22-4所示，负责公司营销活动的高管越来越多被授予首席营销官（CMO）的头衔，而不是营销副总裁。这反映了首席营销官作为公司内部代表"消费者的声音"的作用在增强。因此，对于今天的首席营销官来讲，重要的是要了解：（1）国内和全球消费者不断变化的特点；（2）数字

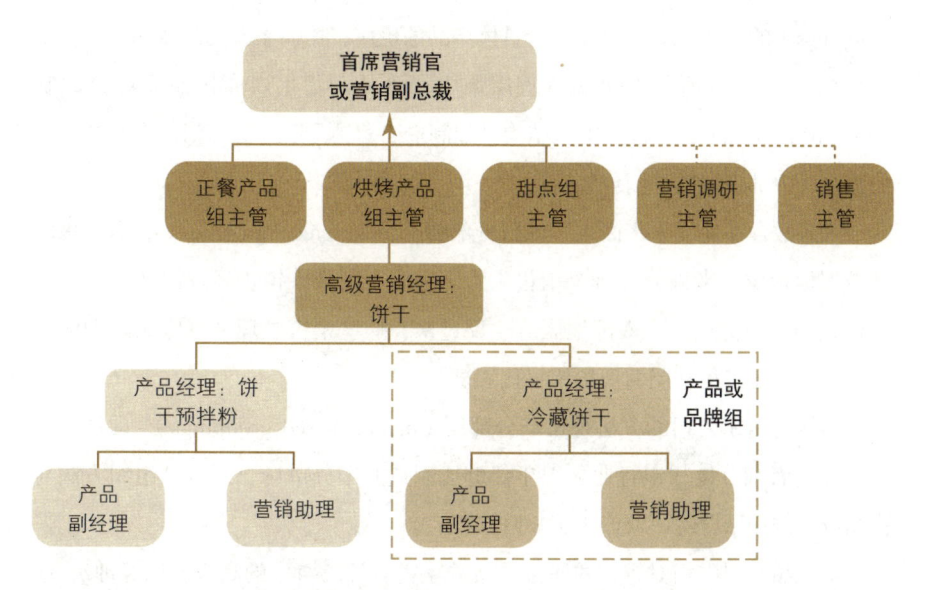

图22-4 在一家典型的生产预包装消费品的公司，其战略业务单元的组织结构表明它有饼干预拌粉和冷藏饼干这两种产品或品牌群

媒体和移动营销在整合营销中的作用；（3）许多新的多渠道数据流在决策和营销有效性评估中的作用。这些扩大的责任也导致影响力的增加。最近的调查显示，60%的首席营销官直接向首席执行官或首席运营官汇报工作，而且在此职位上工作5年以上。

业务岗位、行政岗位和事业部制　虽经过简化，图22-4显示的却是宝洁、卡夫或通用磨坊等预包装消费品生产商的一个典型战略业务单元的组织结构。它包括正餐食品、烘烤食品和甜点系列，并突出了直线制岗位和职能制岗位的区别。**业务岗位**（line positions）的经理有权且有责任对那些向其汇报工作的员工发号施令，如图22-4，负责饼干的高级营销经理处于业务管理岗位，而两位产品经理向其汇报工作。在该图中，用实线连接的部分为业务管理岗位。**行政岗位**（staff positions）用虚线相连，处在这些岗位的人有权也有责任向业务管理岗位的管理者提出建议，但不能直接对其发号施令。

大部分营销组织采用事业部制，即按照产品线、职能、地区和市场划分，以执行营销计划，实现营销目标。图22-4只显示了这些划分的第一个分类即产品线的组织结构图。图的顶端显示的是采用**产品线分部制**（product line groupings）的企业，每个单元负责具体产品的供应，比如正餐食品或甜点。

在比图22-4所示的更高管理层级中，食品杂货生产商按照**职能分部制**（functional groupings）设定组织结构，如制造、营销与财务等部门，该结构代表的是公司内部不同的部门或经营活动。

大多数食品杂货生产商采用**地区分部制**（geographical groupings），即销售区域按照地理位置来细分。每个销售主管都有多个区域性销售经理向他或她汇报工作，例如西部地区、南部地区等。反过来，这些销售经理又有区域经理向其汇报工作，还有最基层的现场销售代表。

第四种组织公司的方法是**市场分部制**（market-based groupings），即根据特定的消费者细分，如银行业、卫生保健或制造业细分市场。当这种组织方法与产品分部制相结合时，就产生了矩阵组织。

消费品公司内相对较新的职位是品类经理（图22-4中的高级营销经理），他们负责整个产品线，如所有的点心品牌。这些营销者想方设法减少某品牌的行动损害同一品类另一品牌的可能性。宝洁公司"全球业务单元"通过品类经理来管理全球的产品，比如，婴儿护理和美容护理产品等。为消除国界的障碍，这些全球业务单元会在全球范围为定价、营销和分销建立统一标准。

产品经理的作用　产品或品牌团队的关键人物是部门经理。正如第11章所述，这类人通常被称为产品经理或品牌经理。此人及其助手组成了产品团队或品牌团队，在图22-4中包含在虚线里。在大多数消费品或工业品企业，这些产品或品牌团队是营销部门的基石。产品经理的职责是计划、执行和评估其负责的产品的年度计划和长期计划。

产品经理制既有利也有弊。从积极方面看，产品经理会大力支持分配给自己的产品，砍掉繁文缛节，与组织内外不同职能部门的人员积极合作，并对产品线的盈亏负责。从消极方面看，尽管产品经理承担主要责任，但他们拥有的直接权力相对较少，因此，更多时候需要通过说服而不是直接命令来执行营销计划。

◎ 战略营销过程的评估阶段

战略营销过程的最后一个阶段是评估，它涉及：（1）营销评估过程本身；（2）营销投资回报率、营销指标和营销仪表盘的使用。在本节的最后，我们介绍通用磨坊如何使用营销指标和营销仪表盘。

营销评估过程

营销评估实际上涉及（1）对结果和计划目标进行比较，以找出偏差，然后（2）采取纠正措施。

判断与目标的偏离情况　图22-5表明，在计划阶段制订的营销计划既有量化目标，也有用于衡量目标是否真正实现的具体营销指标。在实施阶段采取的营销行动是为了达成计划阶段确定的目标。在评估阶段，如图22-5所示，量化结果是用营销指标进行衡量的，并与营销行动的实际结果进行比较。为加快速度和提高效率，要比较结果与目标之间的差距，并经常运用营销仪表盘使营销经理能够及时调整行动。

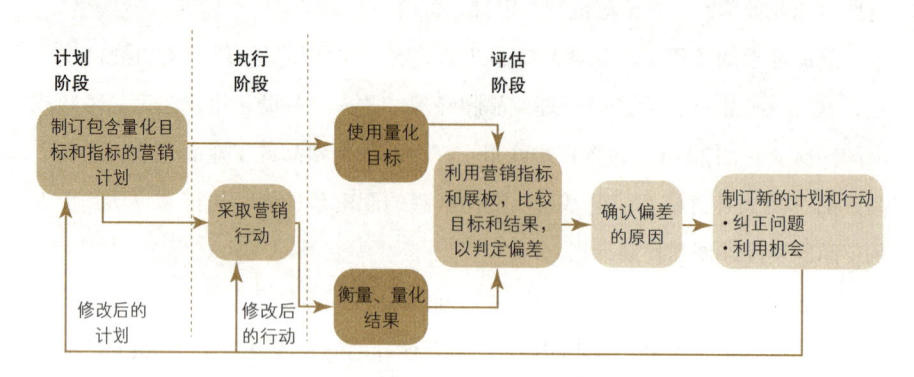

图 22-5　战略营销过程的评估阶段通常利用营销指标和展板将结果和行动与目标联系起来

就偏离目标的问题采取行动　营销经理使用例外管理来解释营销仪表盘上的信息，这涉及确认偏离计划的结果，寻找原因和采取新的行动。营销经理寻找两种偏差，每种偏差都会引发不同的行动：

· 实际结果超过目标。在这种情况下，营销必须迅速采取行动，以便利用意料之外的机会。星巴克增加了6种新的星冰乐口味，开设了"品尝室"和"特快店"，并与流媒体音乐平台Spotify建立了合作关系。它还升级了手机应用程序，以便提供更快的服务，并与"我的星巴克奖励计划"和"预付费星巴克卡"关联起来。结果是：星巴克报告称其销售额增长至160多亿美元，其咖啡调配师现在"每天每分钟"都能供应7 000种饮料。由于销售超出了目标，星巴克计划在未来五年内新开8 000家门店。通过早餐、午餐和小吃将食品销售额提高一倍，并在中国和日本的所有门店销售茶饮，以扩大其茶瓦纳（Teavana）品牌的销售。

· 实际结果没有达到目标。这需要采取纠正措施。美国最受欢迎的小吃之一女主人牌奶油夹心蛋糕于1930年首次投产，公司也成长为拥有14家工厂和9 000名员工、年销售额达10亿美元的企业。然而，随着消费者越来越重视健康，该品牌销量开始下降。迪恩·梅特珀罗斯（Dean Metropoulos）在拯救陷入困境的品牌方面颇有建树，他收购了女主人品牌，对工艺流程进行现代化改造，将产品的保质期提高一倍，并在营销中利用Twinkies奶油夹心蛋糕的流行文化。如今，在沃尔玛的所有商店、10万家便利店和自动售货机都可以买到Twinkies奶油夹心蛋糕，其销量已经超过了商业计划的目标。

营销指标中使用的"目标"几乎总是量化的目标。但有时这些数字会掩盖真实的情况，我们需要在表象之下深入挖掘，以揭示可带来更好营销行动的深刻见解。下面分别用一个产品和服务的例子说明这一问题。

有家快餐连锁店要求其管理咨询团队扩大奶昔的销售。该连锁店有大量忠实的奶昔消费者的资料。有这么多人喜欢，改变奶昔对销售没有影响。于是，顾问们尝试了一个不同的方法，提出"购买奶昔时，消费者想要干什么"这样一个问题。观察结果后，顾问们发现：（1）一半的奶昔是男性在早晨购买的；（2）这是他们购买的唯一东西；（3）他们买完奶昔就会开车离开。

经过对这些消费者"购买奶昔"原因的研究，表明：（1）他们干的工作类似；（2）上班时要长时间无聊地开车；（3）开车时需要有点事干。

> 一只手必须放在方向盘上，但是，天哪，我还有一只手空着。我还不饿，但我知道到10点我就饿了。那我该买点什么？如果你答应不告诉我妻子，我会买很多甜甜圈，但它们会在我衣服上掉满碎屑，而且很快就会吃完了。但是，让我告诉你，这种奶昔很稠，用那个小吸管得25分钟才能吸完。你可以歪着放，它也不会洒！

通过了解消费者试图要做的事情，如何改进奶昔产品变得清楚起来：让奶昔更黏稠，把一大块水果放进里面，让上下班途中用吸管吸吮更不可预测和更有趣，意外收获！

至于服务，顾客选择行为的原因更加难以捉摸。通过观察游客，以及与游客交谈，底特律艺术学院使其画廊更具吸引力。博物馆的解说牌是艺术作品的书面说明，管理人员发现参观者常常搞不清楚解说牌对应哪幅作品。因此，它通过以下方式使解说牌对游客更加友好：

- 将它们移到更靠近艺术作品的地方。
- 将最多不超过250个字减至150个。
- 通过使用文字前面的小圆点、副标题、颜色和图形将文本块区分开，以提高可读性。

结果是：这些变化大大增加了这些描述性解说牌的"读者群"，其中一些解说牌在过去只有2%的画廊参观者阅读。

营销投资回报率、营销指标和展板

十年来，营销活动的绩效测评已成为很多企业的重中之重。它归结为这样一个问题："我应该用什么衡量指标判定公司的营销是否有效？"

单凭一个衡量指标无法判定公司的营销是否有效。财务上将投资回报率（ROI）作为衡量指标，它指的是总投资与投资产生的总回报的比值。扩展至营销领域，这一概念就成了**营销投资回报率**（marketing ROI），用来衡量营销支出的有效性，即用现代衡量技术来了解、量化和优化营销支出。

战略营销过程试图通过有效利用营销量化指标和营销仪表盘来提高营销投资回报率。

· **营销量化指标**。根据具体目标，选出一个或几个关键的营销量化指标，例如市场份额、营销投资回报率、获客成本、每次点击的成本、每平方英尺的销售额等。如图22-2所示，这是计划阶段的第二个步骤（确定市场和产品的目标）。

· **营销仪表盘**。理想的做法是，营销量化指标应每小时或每天显示在营销经理电脑里的营销仪表盘上。随着搜集扫描数据、网站点击率、电视收视率等技术的出现，营销经理通常面对过多的信息。因此，有效的营销仪表盘会用彩色突出显示与计划偏差大的项目，提醒营销经理注意潜在的问题。

如图22-2所示的评估阶段，这些被强调的例外或营销计划偏差是营销经理当前的关注重点，然后，他们会想方设法提高营销投资回报率。

通用磨坊使用营销指标和营销仪表盘进行评估

假设现在是一月中旬，你是通用磨坊公司薇薇安·卡拉威热美味团队的一员。你所在的团队正使用图22-6营销仪表盘显示的营销数据和指标。我们可以用此展板和本书"营销仪表盘"专栏采用的挑战—发现—行动三步法概述战略营销过程的评估阶段。

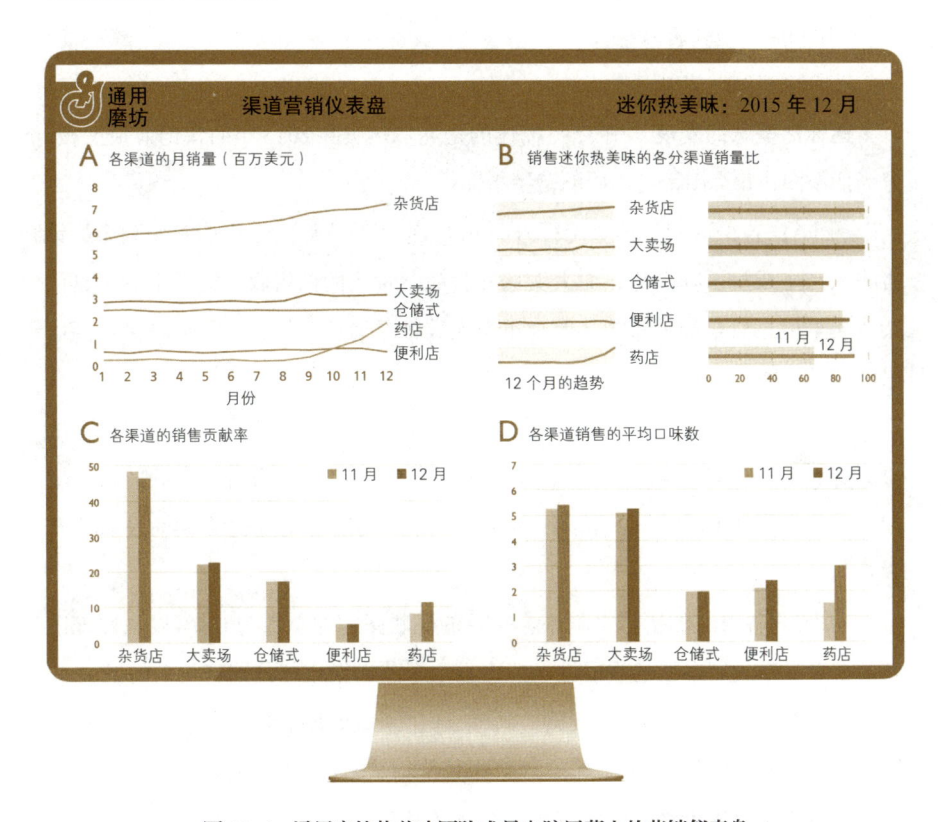

图 22-6　通用磨坊热美味团队成员电脑屏幕上的营销仪表盘

迷你热美味的分销挑战　公司要求你分析迷你热美味产品的分销渠道策略。这个模拟例子中使用的是可能同样出现在通用磨坊经理人电脑屏幕上的扫描数据，不过在细节上有所修改，以简化数据和分析。

图 22-6 中的营销仪表盘侧重于展示现有的两种口味迷你热美味的分销情况，即溶焦糖蛋糕和即溶巧克力蛋糕。跟所有的新食品一样，挑战在于如何将产品摆放到零售商的货架上。因此，图 22-6 中的营销指标显示了通用磨坊的五个主要分销渠道的迷你热美味的销售情况。图 22-6 中的这五个渠道及其简写如下：

· 食品杂货店/超市——杂货店
· 大卖场——大卖场

- 仓储式会员店—仓储式
- 便利店—便利店
- 药店/药房—药店

迷你热美味的发现 图22-6描述的是迷你热美味2015年的营销业绩展板，分为四个图，每个图都有不同的营销指标：

- 图A：各渠道的月销量（百万美元）。它表明仓储式会员店和便利店的销售收入持平或呈下降趋势，而大卖场和食品杂货店的销售收入略有上升。食品杂货店渠道显然是最重要的。但真正令人鼓舞的消息是从9月份到12月份药店渠道销量激增。
- 图B：销售迷你热美味的各分渠道销量比。它是水平柱状图，在较宽的11月条内有一个较窄的12月条，说明图A中9月至12月药店销售额的大幅增加。图B表明从11月到12月销售迷你热美味的药店的销量比从64%左右跃升至91%。
- 图C：各渠道的销售贡献率。每月的柱状图相加总数为100%。虽然该图表明了食品杂货店渠道的重要性，但也显示了药店渠道每月销售收入的增加。
- 图D：各渠道销售的口味平均数。这让画面更加清楚。药店渠道销量增加的一个重要原因是从11月至12月口味数平均从1.4种增加到3种。

迷你热美味的行动 营销仪表盘显示了迷你热美味单个口味的渠道销售的销量，对营销仪表盘的进一步分析揭示了药店渠道销量的跃升的原因是：（1）一家大型连锁企业（如沃尔格林）新上了该产品；（2）杂货店正在接受新的口味，这一点非常重要，因为它们现在正积极销售多种食品。

你的调查还揭示了药店以外的四个渠道的不同情况。销售的微小变化是由于两种新口味只是取代了销售较慢的旧口味。

热甜点的需求通常在冬季会有季节性的增加。因此，由于销量和分销都在增长，你决定投资该品牌，并在1月底和整个2月安排在更多国家级电视台上投放广告，以利用季节性需求和最近的销售趋势。看到新增加一家大型药店连锁企业带来了销量激增，你开始研究如何在迷你热美味的全部五大渠道吸引潜在的连锁超市。

营销知识应用

1. 假设某公司面对的是一个S形的销售反应函数。那么，在以下三个位置的增量营销收入与增量营销投入的比率各是多少？（1）底部；（2）中间；（3）顶部。

2. 当销售反应函数是一条向上倾斜的直线时，增量营销收入与增量营销投入的比率是多少？

3. 假设通用磨坊公司必须决定如何投资数百万美元拓展甜品和酸奶业务。为了在这两项业务之间分配资金，通用磨坊需要获得哪些信息？

4. 假设你的大州草坪割草机公司面临图22-4A所示的市场-产品集中状况，那么，市场专业化和产品专业化这两个扩展策略的协同效应和潜在隐患是什么？

5. 第一家达美乐比萨店开在一所大学旁边。开在大学边的饭店和开在军营边的饭店，在计划的执行上存在哪些相似之处和不同之处？

6. 在计划执行上持续取得成功的经理人有一个共同的任务，那就是培育开放式沟通的环境。为什么它如此重要？

7. 在实施营销计划方面，既定时间的议程和传统议程相比有什么好处？任务项清单比传统会议记录有什么好处？

8. 在图22-6中所示的预包装的消费品公司的组织图中，分别在何种情况下使用产品分部制、职能分部制和地区分部制？

9. 为什么战略营销过程中，计划阶段的量化目标对于评估阶段如此重要？

创新案例思考

通用磨坊热美味：软黏可口，越吃越想吃

通用磨坊公司学习和实验中心的副总裁薇薇安再次讲起热美味产品"软黏可口，越吃越想吃"的故事。她总结道："如果你想有些实质性创新的东西，你必须审视一下现有产品类别中你一直想当然认为正确的标准，然后将之全部打破！"

若新业务获得重大突破，企业外部人员是容易看到的。贝蒂妙厨热美味的创造者强调说，如果营销决策一直基于蛋糕类产品的传统和历史，那么这家企业的规模

必然不会扩大，反而会举步维艰。该团队选择挑战蛋糕类业务经验积累下来的各种假设和期望。这个团队中的每个人都要承担风险，企业也要冒风险，但热美味取得了非凡的成功。

计划阶段：创新，除了市场萎缩

薇薇安说："在典型的食品杂货店中，放置烘烤食品的过道是一个无人问津之地。"货架上空有各种风味、类型和品牌。即便价格很低，也鲜有顾客光顾。蛋糕仍旧用于传统的生日或社交场合，但是消费者的需求已经下降。2000年，至少买过一次烘烤食品的美国家庭占80%。15年后，这一比例降到约62%，下降很明显。

如今，以89美分的促销价购买一个9×12英寸的蛋糕很平常。选择虽多但差异很少，销售逐渐下降，价格都很低，这都是成熟产品的标志。但并不意味着消费者不会购买蛋糕一样的零食。事实上，吃起来让人欲罢不能的食品市场正在不断增长。冰激凌3美元1品脱，巧克力3美元1条，这些高价并没有使消费者减少消费。

贝蒂妙厨的营销团队对通用磨坊的食品专家提出了更高的要求，希望他们能够研发出更美味、易于制备、单份装的蛋糕。目标是使该产品"软黏可口，越吃越想吃"。该团队让科学家专注于研发拥有以下特点的产品：

- 始终美味。
- 快速制备。
- 单份装。
- 无须清理。

随后，食品专家制作出了样品！现在营销团队开始商定营销的4P。首先，他们取了一个描述性的名称"贝蒂妙厨甜点碗"，并计划将其放置在"无人问津"的蛋糕货架上。这种实用的方法会满足消费者对"可用微波炉加热的快速制备的小蛋糕"的需求。这时营销要面对几项挑战：

- 比较问题。上市之后，顾客很容易与售价89美分的9×12英寸的蛋糕比较，因此，甜点碗定价不可能是2美元。
- 沟通问题。"快速制备的小蛋糕"这样的广告词并不吸引人。例如，放学后的小吃确实需要既小又能快速制备，但"甜点"听上去就太让人想吃了。
- 无人问津的过道问题。在蛋糕货架过道的购物者不太可能留意蛋糕的创新。
- 甜点问题。忙碌而对热量敏感的消费者的用餐一般不会包含甜点。
- 微波炉问题。消费者可能认为这样制作的话味道不会很好。

总体来说，这种快速制备的小产品并没能让消费者感觉非吃不可。但由于甜点碗的定位很适合关爱家庭的贝蒂妙厨品牌形象，它有必胜的把握。

执行阶段：把产品放进商店的货架上

消费者洞察团队的成员们确实很喜欢软黏的热蛋糕产品。但他们担心它会在标有"甜点碗"名称的过道里不受人关注，因为它并没有抓住食品要传递的信息的本质。他们探索了谁才是"越吃越想吃"食品的真正消费者，数据表明高价甜点的最大购买群体是没有子女的女性。这让营销团队聚焦到目标消费者身上："她需要什么？"他们请一家广告公司和顾问为产品起一个能吸引"她"的名称。几个专家分别推荐"热美味"，不谋而合，于是它就成了品牌名称。

该品牌名称研究报告有一个有趣的附言：有个竞争对手显然既喜欢"可用微波炉加热、可快速制备的软黏甜点"这个想法，也喜欢"甜点碗"这个名字！你现在可以在超市的货架上看到其有竞争力的产品。

将目标市场锁定到期望个性化小甜点的忙碌女性有其营销优势：

- 与其他多种单份装美味甜点的价格相比，热美味2美元的定价是可以接受的。
- 该食品的广告词"方便的热美味"很有吸引力。
- 对于忙个不停的女性而言，其食谱确实包含偶尔吃的美味甜点。

但仍有一个值得注意的问题：在蛋糕货架前的购物者可能不会太注意让人越吃越想吃的单份装甜点。

营销团队通过在蛋糕通道外使用广告和产品卖点展示解决了货架摆放问题。这引起女性购物者对热美味的注意。电视广告和店内展示成本很高，因此，热美味必须热销才能补偿投资。

薇薇安及其营销团队从营销调研转而对计划进行微调。研究者将热美味（和甜点碗）放在真实的食品杂货店的货架上。该调查有几项关键性的发现：第一，"热美味"的名称胜过"甜点碗"；第二，带坚果的热美味不太容易制备，于是去掉了坚果；第三，一次性碗的包装胜过需要用自家碗的传统蛋糕包装；第四，通过将真实的产品放在超市货架上并进行店内展示，可以分析销量。

评估阶段：将计划付诸行动

营销计划不是行动。"热美味"的销售需要营销团队：（1）让零售商储货，而且最好储存在其他地方，而不是蛋糕货架的过道；（2）对消费者产生足够的吸引力，以便他们购买、喜欢、重复购买该产品。

重要的是消费者一开始就要接受该产品。但每个店长必须体验到热美味的销售势头良好，才会有动力让货架上摆满该产品。此外，热美味团队必须监控商店的展示活动。展示是否放置在预定的位置？展示之后销售额增加了吗？观察新产品的分销和展示的执行非常重要，可以主动解决销售中存在的不足。

消费者买过一两次热美味吗？几天后消费者重复购买过吗？出售家庭样本库购物数据的服务商可以提供答案。热美味营销团队对这些报告进行了评估，以看看试吃该产品的消费者人数是否达到预期，并了解多长时间重复购买。通常情况下，符合80/20法则。那么，在最初几个月内，会有一群消费者重复购买并愿意引领消费吗？

为了获取适时的反馈，要监控热美味消费者拨打的免费热线电话的信息。这是适时反馈的重要来源。如果某个问题重复出现，或这些电话大多谈论的是同一问题，那就形势不妙了。然而，当消费者打来电话说"谢谢你"或"非常棒"时，那就很理想。这是一种判断产品是否步入正轨或获准进一步调查的非正式的快捷方式。

出色的营销能左右结果

该营销团队不惜承担个人和企业的风险，选择了热美味计划，而不是更保守的甜点碗计划。如今，通用磨坊拥有了一批热美味的忠实消费者，他们愿意尝试新口味、新规格和新包装。如果你是热美味团队的顾问，你会在产品线和品牌延伸方面做什么以促进品牌的增长？

思考题

1. 热美味所处的甜点市场竞争性环境是怎样的？

2. 何为目标市场？热美味的差异点是什么？目标市场和定位存在哪些潜在机会和障碍？

3. 薇薇安做了什么营销调研？是哪些关键性问题导致她开展调研并寻求专家意见的？调研是如何影响产品的营销组合定价、促销、包装和分销决策的？

4. 针对目标市场的消费者，卡拉威最初用的是什么促销计划？为何推出热美味对卡拉威及其团队意义重大？

5. 假设你是薇薇安的咨询顾问，为增加热美味的销售，你会建议她在产品上做何改进？

词汇表

A

above-, at-, or below-market pricing 高于、等于或低于市价定价法 基于对竞争者价格或市场价格的主观感受，或以它们为基准，确定某产品或某类产品的市场价格。

account management policy 客户管理政策 规定销售人员应该与谁接触、从事哪种销售和服务活动，以及如何开展这些活动的政策。

action item list 任务项清单 用于辅助营销计划的执行，包括四个方面：（1）任务；（2）负责完成该任务的人；（3）完成任务的日期；（4）要交付的产品或服务。

adaptive selling 适应性销售 一种满足需求的展示方式，即不断调整产品展示，以适应销售情境，例如了解何时提供解决方案，以及何时询问更多的信息等。

advertising 广告 由广告投放人付费，就组织、产品、服务或创意进行的非人员沟通。

all-you-can-afford budgeting 量力而行预算法 在其他所有预算项目列支完成后，才分配促销预算。

app 应用程序 可在智能手机和平板设备上运行的、可下载的小型软件程序。

B

baby boomer 婴儿潮一代 1946—1964年出生的7 600万人口的一代美国人。

back translation 回译 用不同的译者将已翻译好的单词或词组再译成原来的语言，以便寻找错译。

balance of trade 贸易差额 一个国家进出口之间的货币价值差额。

barriers to entry 进入壁垒 使新公司难以进入市场的商业行为或条件。

barter 以物易物 用产品和服务交换其他产品或服务，而非使用货币的交换行为。

basing-point pricing 基点定价法 选择一个或多个地理位置（基点），买方支付产品的标价和运费。

behavioral targeting 行为定向　使用网络跟踪数据（cookie）提供的信息，将营销者的在线广告引导至那些行为特征表明对此类广告感兴趣的在线购物者。

belief 信念　基于个人经验、广告及与他人的讨论，消费者对产品或品牌不同属性表现出的主观感知。

blended family 混合家庭　原本独立的两个家庭结合为一个家庭。

blog 博客　"网络日志"的缩写，个人或组织可以公开访问的个人日记和网络论坛的网页。

bots 网购机器人　可以搜索网站对价格、产品或服务特性进行比较的电子代购或机器人。

brand community 品牌社区　经由一定关系组织起来的一个特定的消费者群体，涉及特定品牌、该品牌的其他客户以及正在使用的产品。

brand equity 品牌资产　品牌名称赋予产品的超过其功能价值的附加价值。

brand licensing 品牌授权　一家公司（许可方）允许另一家公司（被许可方）在缴纳版税或特许费后在产品或服务中使用其品牌名称或商标而签署的协议。

brand loyalty 品牌忠诚度　长期偏爱某一品牌，并持续购买的态度。

brand name 品牌名称　任何用来区分销售者产品或服务的词语、图案（设计、声音、形状或颜色）或这些因素的组合。

brand personality 品牌个性　与品牌名称相关的一个人的个性的组合。

branding 品牌化　企业运用名字、短语、设计、图标及其组合来标识产品，并将其与竞争产品区分开来。

breadth of product line 产品线宽度　商店经营产品的不同类别数。

break-even analysis 盈亏平衡分析　通过分析总收入和总成本关系，以确定不同产出盈利能力的方法。

break-even chart 盈亏平衡图　盈亏平衡分析的图示，表示在总收入和总成本相交时某一既定销量下的盈亏状况。

break-even point（BEP）盈亏平衡点　总收入等于总成本时的销量。

broker 经纪人　独立的公司或个人，主要作用是撮合买卖双方，以达成交易。

bundle pricing 捆绑定价法 以一个打包价格销售两种或两种以上的产品。

business 业务 一个企业提供的产品或服务所属的明确、宽泛和基础的行业类别或市场领域。

business analysis 商业分析 新产品开发过程的一个阶段，具体规定了产品的特点和将其推向市场并进行财务预测所需的营销策略。

business plan 商业计划书 整个企业在未来一段时间（通常为1年或5年）的行动路线图。

business portfolio analysis 业务组合分析法 管理者用来量化绩效指标和增长目标的一种方法，以便分析公司的战略业务单位，就像它们是一个单独投资的集合。

business products 工业品 企业购买的产品，有助于企业生产制造用于转售的其他产品，也称B2B产品。

business-to-business marketing B2B营销 向公司、政府或非营利性组织推销产品和服务的营销，它们可以用来生产、制造产品和服务，并销售给他人。

buy classes 采购类别 包括三种企业采购状况：重新采购、全新购买和调整再购。

buying center 采购中心 企业中参与购买过程的一个团队，他们拥有共同的目标，共担风险，并拥有对采购决策有重大影响的知识。

C

category management 品类管理 管理企业商品品类的方法，指定一位经理负责挑选某细分市场的消费者认为可互相代替的全部产品，旨在最大化该类产品的销售额和利润。

cause marketing 公益营销 当一家公司的慈善捐款直接与推销其产品而致的消费者收入挂钩时即是公益营销。

caveat emptor 购者自慎 20世纪60年代之前，美国企业普遍信奉的合法观念是"让购买者自己小心"。

central business district 中央商务区 历史最悠久的零售地点，通常位于社区的商业中心。

channel conflict 渠道冲突 当一个渠道成员认为另一个渠道成员的行为妨碍其达成目标时引起的冲突。

channel of communication 沟通渠道 沟通过程中将信息传递给接收者的方法（如售货员、广告媒体或公关工具）。

choiceboard 选择板 基于互联网的互动系统，使每位消费者都能通过回答一些相关问题，从表单里选择产品或服务要素（或部件）、价格和送货方式来设计属于自己的产品或服务。

code of ethics 道德规范 道德原则和行为准则的正式表述。

collaborative filtering 协同过滤 将具有类似购买意向、偏好和行为的人自动分组，并预测其未来购买行为的过程。

commercialization 商业化 新产品开发流程的一个阶段，在此阶段，需要在全面开工生产和销售的情况下，定位和推出一种新产品。

communication 传播 将信息传递给他人的过程，需要六个要素：信息源、信息、传播渠道、接收者、编码和解码。

community shopping center 社区购物中心 一种零售店铺选址方法，通常有一个核心商店（通常是一家百货公司的分店）和大约20~40个较小的零售店。一般来说，这些购物中心服务于车程在10~20分钟之内的消费者。

competition 竞争 能够提供某种产品满足特定市场需求的可选企业。

competitive parity budgeting 竞争均势预算法 根据竞争对手促销的绝对费用或每一百分点的市场份额中促销费用所占的比例，确定自己的促销预算。也被称为竞争者或市场份额匹配预算法。

constrain 约束条件 决策中对问题潜在解决方案的限制。

consultative selling 顾问式销售 侧重于问题识别的满足需求的展示模式，销售人员充当发现和解决问题的专家。

consumer behavior 消费者行为 购买和使用产品和服务过程中的行为，包括这些行为发生前后的心理过程和社交过程。

Consumer Bill of Rights（1962）消费者权益法案 约翰·肯尼迪总统在1962年概略地提出了它的要点，该法案将买卖双方的交换道德标准以法律形式固定下来，包括安全、知情、选择和申诉等权利。

consumer ethnocentrism 消费者民族中心主义 认为购买外国制造的产品不适当，甚至不道德的倾向。

consumer goods 消费品 最终消费者购买的产品。

consumerism 保护消费者权益运动 民间运动，始于20世纪60年代，旨在增强消费者与机构打交道时的影响力、势力和权力。

consumer-oriented sales promotion 针对消费者的促销 直接面向最终消费者，用以支持公司广告和人员推销的销售工具。也称"消费者促销"。

convenience products 便利品 消费者购买频繁、购买方便且耗费精力最少的产品。

cookies 网络跟踪数据 营销者可下载的访问该营销者网站的在线购物者的电脑和手机上的文件。

cooperative advertising 合作广告 一种广告合作方案，零售商为制造商的产品做广告，制造商支付一定比例的广告费用。

core value 核心价值观 一个组织持久且富有激情的基本原则，它可以长期指导该组织的行为。

cost focus strategy 成本集中战略 波特基本经营战略之一，指控制成本支出，进而降低小范围细分市场的产品价格。

cost leadership strategy 成本领先战略 波特基本经营战略之一，其重点是减少开支，进而降低产品价格，并定位于广泛的细分市场。

cost per thousand（CPM）每千人成本 特定媒体覆盖1 000个人或家庭受众的广告成本（罗马数字M代表1 000）。

cost-plus pricing 成本加成定价法 在所提供的产品或服务的单位总成本的基础上加上特定金额，以此来确定价格。

countertrade 易货贸易 用物物交换而不是现金进行国际贸易的做法。

cross tabulation 交叉表 也叫cross tab，它是一种呈现和分析两个或多个变量的数据，以期发现数据间关系的方法。

cross-channel consumer 跨渠道消费者 一类网上消费者，他们逛网店，但去商店购买，或逛商店，却上网店购物。

cross-cultural analysis 跨文化分析 对两个或两个以上国家或社会的消费者的异同点进行的研究。

cultural symbols 文化象征 体现思想和观点的事物。

culture 文化 某一群体成员习得并共同拥有的一系列价值观、观念和态度。

currency exchange rate 货币汇率 用另一个国家的货币表示的某个国家的货币价格。

customary pricing 习惯定价法 受传统、标准分销渠道或其他竞争因素约束的产品定价方法。

customer contact audit 用户接触点核查图 消费者与服务提供商互动点或"服务接触"的流程图。

customer experience 消费者体验 消费者对组织及其产品的各个方面的内在反应。

customer experience management（CEM）消费者体验管理 管理全部消费者对企业体验的过程。

customer relationship management（CRM）客户关系管理 确认潜在购买者，详细了解其需求，使之对企业及产品产生长期的好感，进而在市场中选择该事业和产品的过程。

customer service 客户服务 在时间、可靠性、沟通和便利性方面满足用户需求的物流管理能力。

customer value 客户价值 目标购买者以特定价格获得质量、便利、及时送货和售前售后服务等一系列收益的独特组合。

customer value proposition 客户价值主张 企业向消费者承诺满足其需求的一个收益组合。

customerization 客户化定制 这种做法逐渐增多，它不仅定制产品或服务，还为每一位消费者提供个性化的营销和全部的购物互动。

customs 风俗习惯 在某个国家被认为是正常和合乎预期的行为方式。

D

data 数据 与调研项目有关的事实和数字，它分为两大类：原始数据和二手数据。

decoding 解码 接收者获得一组符号（即信息），并将它们转换成某种意图的过程。

demand curve 需求曲线 体现销售数量与价格关系的曲线图，显示当价格给定时的最大销售量。

demand factors 需求因素 决定消费者购买商品和服务的欲望和能力的因素。

demographics 人口统计特征 按照年龄、性别、种族、收入和职业等特征描述人口。

depth of product line 产品线深度 商店经营的每类产品有多个品种。

derived demand 引致需求 由消费者最终需求驱动或派生的产业用品和服务需求。

development 开发 新产品开发过程的一个阶段，即将纸上的创意变成产品原型。

differentiation focus strategy 差异化集中战略 波特基本经营战略之一，它要求企业的产品针对某个或某几个细分市场，并具有显著的差异点。

differentiation strategy 差异化战略 波特基本经营战略之一，它要求企业的产品要有显著的差异点，在针对广泛的细分市场的同时，还能将产品的价格定得较高。

direct marketing 直复营销 一种促销方法，通过和消费者直接沟通，促使消费者产生回应，比如订购、询问更多信息或光顾零售商店等。

direct order 直接订购 公司利用直复营销向潜在购买者发出包含购买决策和完成交易所需的全部信息而致的结果。

discretionary income 可自由支配收入 纳税和购买生活必需品后剩余的收入。

disintermediation 去中间商化 当一个渠道成员绕过另一个成员直接销售或购买产品时引起的渠道冲突。

disposable income 可支配收入 消费者税后用于购买生活必需品的收入，这些必需品包括食品、住房、服装和交通。

diversification analysis 多样化分析 帮助企业在现有市场和新市场、现有产品和新产品间寻求增长机会的技术。

dual distribution 双重分销 公司利用两种或两种以上不同类型的渠道向不同购买者销售同样的产品。

dynamic pricing 动态定价 根据供求状况实时调整产品和服务价格的做法。

dynamic pricing policy 动态定价策略 又称灵活定价策略，它指依据供需状态对产品和服务实时制定不同的价格。

E

economic espionage 经济间谍活动 秘密收集企业竞争对手的商业秘密或专有资料。

economy 经济状况 涉及收入、支出和资源等影响企业经营或家庭生活成本的因素。

eight-second rule 八秒原则 认为如果网页下载时间超过八秒钟，用户就会放弃进入和浏览网站的观点。

80/20 rule 80/20 法则 认为公司80%的销量得自其20%的客户的观点。

electronic commerce 电子商务 任何运用某种电子传播方式，进行商品和服务的存储、交换、广告、分销以及付款的活动。

e-marketplace 网上交易市场 也称B2B exchanges 或 e-hubs，指有效连接买卖双方组织，以适时进行信息、资金、产品和服务交易的网上交易社区。

emotional intelligence 情商 能够理解个人情感以及日常生活中接触的他人情感的能力。

encoding 编码 信息发送者将某种意图转化为一系列符号的过程。

environmental forces 环境因素 影响营销决策的不可控因素，包括社会、经济、技术、竞争和管制力量。

environmental scanning 环境审视 不断获取组织外部发生的各种事件的信息，以识别并解释潜在趋势的过程。

ethic 道德 主导个人或群体行为与决策的道德准则和价值观。

everyday low pricing（EDLP）天天低价定价法 用较低的制造商价格来取代促销折让的定价法。

exchange 交换 买卖双方彼此交易有价值的东西，并且各方的状况在交易后都得到了改善。

exclusive distribution 独家分销 一种渠道分布密度，在特定区域内，仅有一家零售商经销公司的产品。

experience curve pricing 经验曲线定价法 基于学习效应的定价方法，即当一家企业生产和销售产品和服务的经验翻番时，很多产品和服务的单位成本会下降10%~30%。

exporting 出口 将一个国家生产的产品销售给另一个国家的全球市场进入战略。

F

Facebook 脸谱网 用户可以在其中创建个人主页，加其他用户为朋友，并与他们交换评论、照片、视频和"点赞"的网站。

family life cycle 家庭生命周期 描述了家庭从组建到离开的不同阶段，每一个阶段都伴随着特定的购买行为。

feedback 反馈 在反馈环路中，发送者对反应的解释，表明信息在传播过程中是否如预期的解码和理解。

field of experience 经验域 发送者和接收者对信息有共同的理解和知识，以便在沟通过程中进行有效的沟通。

fixed cost（FC）固定成本 公司固定开支的总额，且不因生产和销售产品数量的变化而改变。

fixed-price policy 固定价格政策 也称为"不二价"，指为产品或服务的所有购买者制定同一个价格。

FOB origin pricing FOB起运点定价法 销售商报的离岸价格（FOB），只包括将产品装到运输工具的成本，并指定实际装货地点（卖方的工厂或仓库）。

Foreign Corrupt Practices Act（1977）海外反腐败法 1998年修正为《国家反倾销和公平竞争法》，它规定美国公司在国外利用贿赂政府或政党官员的手段获得业务的行为违法。

form of ownership 所有权形式 基于是独立零售商、连锁店还是契约型营销体系划分零售商店。

formula selling presentation 程式化销售展示　产品展示形式，包括以准确、详尽、循序渐进的方式提供给潜在消费者的信息。

four I's of services 服务的4I　服务的四个独特的因素：无形性、易变性、不可分离性和不可储存性。

frequency 广告频率　同一信息或广告呈现在目标受众面前的平均次数。

full-service agency 全面服务代理商　提供最完整的服务的广告代理商，包括市场调查、媒体选择、文案制作、艺术加工和制作。

functional grouping 职能分部制　体现公司内不同部门或经营活动的组织结构。

G

gap analysis 差距分析　基于服务质量的维度，比较消费者对服务的期望和体验之间差异的一种分析方法。

Generation X X一代　也称婴儿荒一代，指出生于1965—1976年的5 000万美国人。

Generation Y Y一代　生于1977—1994年间的7 200万美国人，也称回声潮或小婴儿潮一代。

generic business strategy 基本经营策略　无论是消费品还是工业品，任何企业都可以使用进而形成竞争优势的战略。

geographical grouping 地区分部制　按照地理位置划分销售区域的企业分部制。

global brand 全球品牌　在多国使用同一名称营销的品牌，营销方案相似，而且由总部统一协调。

global competition 全球竞争　企业在世界范围内创始、生产和销售产品时出现的情况。

global consumer 全球消费者　生活在世界上的不同国家或区域，但有着相似的需求，或寻求产品和服务相似的特性和收益的消费群体。

global marketing strategy 全球营销战略　跨国公司采用的战略，文化相似时使用标准化的营销活动，文化不同时则适应它们。

goal 目标　也称objectives，对需要完成任务的阐述，常常指在一个特定时间内完成的任务。

green marketing 绿色营销　生产、促销和回收环境敏感性产品的营销活动。

gross income 总收入　一个人或一个家庭在一年中收入的货币总量。

gross rating point GRP 毛评点　广告主把覆盖面（以总市场的百分比表示）乘以广告频率得到的参照值。

H

hierarchy of effects 效应层级　潜在购买者从最初认识到最终试用或采用产品所经历的各个阶段的顺序，包括认知、兴趣、评估、试用和采用。

hypermarket 大型超市　跨行业营销的一种形式，它拥有大型店面（超过20万平方英尺），在一家零售店内提供顾客所需的一切，消费者不再需要到多处购物。

I

idea generation 创意生成　新产品开发过程的阶段之一，指基于前一阶段的结果，开发出一系列的概念，作为新产品的备选方案。

idle production capacity 闲置生产能力　服务提供者可提供服务，但没有服务需求时发生的情况。

infomercial 专题广告片　相当于一个电视节目长度（30分钟）的广告，采用一种教育片的方式与潜在消费者交流。

information technology 信息技术　包括收集、存储和分析数据的所有计算机资源。

in-house agency 内部代理商　由公司自己的广告人员组成，可能提供全面的服务，或提供有限的服务。

institutional advertisement 机构广告　旨在培育企业良好的商誉，或树立形象，而非为促进特定商品或服务销售的广告。

integrated marketing communications IMC 整合营销传播　设计营销传播方案

的理念，它协调所有促销活动（广告、人员推销、促销、公关和直复营销），以便向所有目标受众提供一致的信息。

intensive distribution 密集分销　分销密度的水平，指公司试图将其产品和服务投放到尽可能多的销售店面。

interactive marketing 互动营销　买卖双方双向的电子交流，其中买方控制着从卖方收到信息的种类与数量。

internal marketing 内部营销　在营销方案针对外部消费者成功实施之前，服务组织必须先关注其员工或内部市场。

Internet of Things（IoT）物联网　嵌入了可连接电子设备的产品网络。

intertype competition 异业态竞争　因跨行业销售而致的不同类型零售店之间的竞争。

involvement 参与度　购买对消费者个人、社会和经济的意义。

J

joint venture 合资　全球市场进入战略，一家外国公司和一家当地公司共同投资开办一家当地企业，共享新公司的所有权、管理权和利润。

K

key account management 重要客户管理　针对重要的客户采用团队销售的做法，以建立长期、双赢的合作关系。

L

label 标签　包装不可缺少的一部分，主要用于识别产品或品牌、生产者、生产时间与地点、使用方法以及包装内容和成分等。

law 法律　由法院强制执行的社会价值观和标准。

lead generation 销售线索挖掘　销售者会向消费者直接发送某种营销提议，旨在引起消费者对产品或服务的兴趣，并促使他们进一步询问其他信息，销售线索挖掘就是这种提议的结果。

learning 学习　产生于重复经验和推理的行为。

level of service 服务水平 向消费者提供服务的等级，可分为三个层次：自助服务、有限服务和全面服务。

limited-service agency 有限服务代理商 侧重于广告过程某方面业务的广告代理商，如为制作广告文案提供创造性服务，或购买前期未购买的媒体空间，或提供互联网服务。

line position 业务岗位 有权利和责任对向其汇报工作的人员发号施令的经理。

LinkedIn 领英 面向企业的网站，允许用户发布各自的职业简历，以连接到企业家的招聘网络。

logistics 物流 以尽可能低的成本，在正确的时间将正确的产品按正确的数量送往正确地点的活动。

loss-leader pricing 低价促销定价法 零售商店有意以低于平时的价格销售产品，目的并不是提高销量，而是吸引顾客购买其他大幅加价的产品。

M

manufacturer's agency 制造商的代理商 也称"制造商代表"，指在某个区域为几家制造商代理销售没有竞争且互补产品的代理商。

market 市场 既有购买特定产品的愿望，又具备购买能力的人。

market-based groupings 市场分部制 企业按特定的消费者划分部门的组织制度。

market modification 市场调整 企业想方设法发现新消费、增加现有消费量对产品的使用量或创造新使用情境的策略。

market orientation 市场导向 市场导向的企业会将力量集中于：（1）不断搜集消费者需求的信息；（2）各部门共享这些信息；（3）利用这些信息创造客户价值。

market-product grid 市场-产品方格图 将潜在消费者细分市场与组织产品或潜在营销行为联系起来的框架图。

market segmentation 市场细分 将潜在买家划分成有共同需求和对营销行动有相似反应的群体。

market segment 细分市场　既有共同的需求，又对营销行为有相似反应的相对同质的潜在买家群体。

market share 市场份额　企业销售收入占包括公司本身在内的整个行业总销售收入的比例。

market testing 试销　新产品开发过程的阶段之一，在真实的购买环境中，把真实产品展现给潜在消费者，观察其是否愿意购买。

marketing 营销　创造、沟通、传递和交换待售物，从而使组织、组织利益相关者和社会获益的活动。

marketing channel 营销渠道　由提供产品或服务给消费者或工业用户使用或消费的个人和公司组成。

marketing concept 营销观念　关于企业应（1）竭力满足消费者的需求；（2）同时努力实现企业目标的理念。

marketing dashboard 营销仪表盘　与实现营销目标相关的主要信息的可视化展示。

marketing metric 营销指标　对营销活动或结果的量化值或趋势的衡量。

marketing mix 营销组合　营销经理解决营销问题所用的可控因素，如产品、价格、促销和渠道。

marketing plan 营销计划　组织在未来一个特定时期内（比如1年或5年）营销活动的路线图。

marketing program 营销方案　整合营销组合的计划，以便向潜在购买者提供产品、服务或创意。

marketing research 营销调研　界定营销问题和机会，系统地收集、分析信息，并提出行动建议的过程。

marketing ROI 营销投资回报率　现代测量技术在理解、量化并优化营销支出方面的应用。

marketing strategy 营销战略　实现营销目标的方式，通常用特定目标市场和进入该市场的营销方案表示。

marketing tactic 营销策略　营销组合每个要素的日常营销活动，而这个营销组合有助于总体营销战略的成功。

marketspace 虚拟市场　以信息和沟通为基础的电子交易环境，主要由先进的计算机、电信技术和数字化产品构成。

measures of success 衡量成功的标准　用以评估建议的问题解决方案的标准。

merchandise line 产品线　商店中所经营商品的数量和种类。

merchant wholesaler 商品批发商　对买卖的商品拥有所有权的独立公司。

message 资讯　传播过程中信息源传递给接收者的消息。

mission 使命　阐明组织的社会功能，往往是界定组织的消费者、市场、产品和技术。通常可与"愿景"互换使用。

mixed branding 混合品牌策略　一种品牌策略，企业以自己的名义和经销商的名义销售产品，因为吸引中间商的细分市场与自己的市场不同。

mobile marketing 移动营销　广泛的交互式资讯传播选项，可使企业通过移动设备与消费者进行交流和互动。

moral idealism 道德理想主义　一种认为无论结果如何，个人的权利和义务都是普遍存在的个人道德观念。

motivation 动机　刺激行为产生从而满足需求的驱动力。

multibranding 多品牌策略　给进入不同细分市场的每种产品赋予独特品牌名称的品牌策略。

multichannel marketing 多渠道营销　不同传播方式和传播渠道的组合，它们相互促进，从而吸引、留住从传统中间商或网络购买产品的消费者，并与他们建立关系。

multichannel retailer 多渠道零售商　充分利用并整合传统零售店模式和无店铺模式，而无店铺模式有目录邮售、电视家庭购物和网络零售。

multicultural marketing 多元文化营销　反映不同种族独特看法、血统、沟通偏好和生活方式的营销组合。

multidomestic marketing strategy 多国营销策略　跨国公司采用的策略，即在公司开展业务的国家销售不同的产品，使用不同的品牌名称，采用不同的广告方案。

multiproduct branding 多产品品牌策略　公司对某一产品大类中的所有产品都使用同一个品牌的策略。

N

need-satisfaction presentation 需求-满足展示 强调销售人员的探求和倾听，以识别潜在购买者需求和兴趣的销售展示方式。

new-product process 新产品开发流程 企业识别商业机会并将其转化为适销商品或服务所经历的7个阶段。

new-product strategy development 新产品战略开发 根据公司的总体目标界定新产品作用的新产品开发过程的阶段之一。

noise 干扰 在传播过程中，扭曲接收到的信息或反馈，从而影响信息有效传播的各种外部因素。

North American Industry Classification System（NAICS）北美行业分类标准 该系统为加拿大、墨西哥和美国提供了产业的一般定义，使得衡量北美自由贸易协定的三个成员国的经济活动变得简单。

O

objective and task budgeting 目标任务预算法 分配促销资金的方法，公司可以：（1）确定促销目标；（2）概述为实现目标必须完成的任务；（3）确定完成这些任务需要的促销费用。

objective 目标 也称goals，对特定时间内需要完成的任务的阐述。

observational data 观测数据 通过仪器、个人或神经营销数据收集方法，观测消费者行为得到的事实和数字。

odd-even pricing 奇偶定价法 将价格定在低于一个整数几美元或几美分。

off-peak pricing 非高峰定价法 在一天的不同时间或一周的不同日子设定不同的价格，以反映服务需求变化。

off-price retailing 廉价零售 低于平常价格销售品牌产品。

online consumers 网上消费者 利用网络技术搜索产品和服务并最终购买的所有用户的亚群。

open innovation 开放式创新 鼓励在构想、生产和营销新产品和服务时使用内外部创意和内外部协作的做法和流程。

opinion leader 意见领袖 能对他人施加直接或间接社会影响的人。

order getter 订单争取者　从事传统意义上的销售，负责识别潜在消费者、向消费者提供信息、劝说消费者购买、完成销售，并跟进消费者对产品或服务的使用情况。

order taker 订单接收者　主要负责处理常规订单或对公司已售产品的再订货。

organizational buyer 组织采购者　为自用或转售而购买商品和服务的制造商、批发商、零售商、服务公司、非营利组织和政府机构等组织。

organization buying behavior 组织采购行为　组织用以确定产品与服务需求，并识别、评估以及在可选品牌和供应商中选择的决策过程。

organizational culture 企业文化　被组织所有成员习得并共享的一套价值观、理念、态度和行为准则。

P

packaging 包装　产品的一部分，包括盛放待售产品的容器和传递产品信息的标签。

partnership selling 合伙销售　也称企业销售（enterprise selling），指买卖双方集合各自的专长和资源，以创建定制化的解决方案，致力于联合计划，并分享消费者、竞争和公司信息，从而实现互利双赢，最终为消费者创造价值。

penetration pricing 渗透定价法　新产品的初始价格定得较低，以求迅速吸引大众消费市场。

perceived risk 可感知风险　消费者无法预知购买的结果，认为存在不良后果而感到的焦虑。

percentage of sales budgeting 销量百分比预算法　根据过去或预期的销售额的一定比例分配的促销费用。

perception 感知　人们选择、组织和解释信息，以便对世界形成有意义的认知的过程。

perceptual map 感知定位图　从两个维度描述产品或品牌在消费者心目中地位的方法，能使管理者看清消费者如何看待竞争者的产品或品牌，以及如何看待公司自己的产品或品牌。

permission marketing 许可营销　请求消费者同意接收（称为"主动选择加

入"）基于用户的个人资料向其发送的电子邮件和广告。

personal selling 人员推销 买卖双方的双向沟通，常常是面对面的交流，意在影响某个人或团体的购买决策。

personal selling process 人员推销流程 发生在销售之前、期间和之后的销售活动，包括六个阶段：（1）搜寻潜在客户；（2）准备接触；（3）接触；（4）产品展示；（5）成交；（6）跟进。

personality 个性 人的一贯行为或面临同样情况时的反应。

personalization 个性化 消费者在营销者的网站上根据个人的特定需要和偏好定制化内容的做法。

points of difference 差异点 产品超越其他同类替代品的特点。

posttest 事后测试 向目标受众展示广告后进行的测试，目的是确定这些广告是否达到了预期的目标。

power center 路边商城 该零售地点存在一个大型的路边购物区，包含多个主力店或全国性超市。

predatory pricing 掠夺性定价 产品定价很低，意在将竞争对手逼出市场的做法。

prestige pricing 声望定价法 为产品定高价格，以吸引讲究质量和身份地位的消费者购买。

pretest 事前测试 在广告投放媒体之前进行的测试，目的是确定广告是否传递预定的信息，在不同广告版本之间选择。

price（P）价格 用来交换产品或服务所有权或使用权的货币或其他等价物（包括其他商品或服务）。

price discrimination 价格歧视 对购买相同等级和质量商品的不同购买者索要不同价格的行为。

price elasticity of demand 需求的价格弹性 需求数量变动百分比与价格变动百分比的比值。

price fixing 限价 公司之间共谋制定产品价格。

price lining 价格排列定价法 公司给一系列的产品制定不同的具体价格点。

price war 价格战 为提高或保持其单位产品的销量或市场份额，竞争对手的连续降价。

pricing constrain 定价约束　限制公司定价范围的因素。

pricing objective 定价目标　明确价格在组织营销与战略计划中的角色。

primary data 原始数据　为项目新收集的事实和数字。

private branding 自有品牌策略　企业生产产品，却以批发商或零售商的品牌出售的品牌策略。也称"自有标签"或"中间商品牌"策略。

product 产品　由一系列有形和无形属性组成的产品、服务或创意，它们可以满足消费者的需求，在交换货币或其他有价值物时可被消费者接受。

product advertisement 产品广告　侧重于销售商品或服务的广告，有三种类型：（1）开拓型广告（或告知型广告）；（2）竞争型广告（或劝说型广告）；（3）提示型广告。

product class 产品类别　指整个产品种类或整个产业。

product differentiation 产品差异化　公司采用不同的营销组合活动，促使消费者意识到该产品不同于并且优于竞争产品的营销策略。

product form 产品形态　产品门类内的各种具体形式。

product item 品目　拥有独特品牌、尺寸或价格的一类具体产品。

product life cycle 产品生命周期　新产品在市场上经历的不同阶段：导入期、成长期、成熟期和衰退期。

product line 产品线　一组密切相关的产品或服务，它们满足一类需求，可以同时使用，销售给同一消费者群体，通过同样的商店分销，或处于特定的价格范围之内。

product-line grouping 产品分部制　一个部门负责一类具体产品的分部制。

product mix 产品组合　企业提供的所有产品线。

product modification 产品调整　改变产品的一种或多种特性，如质量、性能和外观，以增加产品为消费者带来的价值，并提高销量。

product placement 产品植入　消费品促销方法，指在电影、电视节目、视频游戏或其他产品的广告中利用某一品牌的产品。

product positioning 产品定位　基于重要特性，确定产品在消费者心目中相对于竞争品的地位。

product repositioning 产品重新定位 改变产品在消费者心中与其他竞争产品的相对位置。

product line pricing 产品线定价法 为一条产品线中的所有产品确定价格。制定价格时，管理者考虑的是整个产品线的成本和盈利，而非每个具体产品。

profit 利润 营利组织从其总收入中减去总成本的剩余部分，是企业营销产品承担风险的回报。

profit equation 利润等式 利润＝总收入－总成本，或 ＝（单价 × 销量）－（固定成本＋可变成本）。

program champion 计划斗士 一个愿意并能够"跳过繁文缛节"推动计划实施的人。

promotional allowance 促销折让 营销渠道中的销售商由于促销产品时承担了一定的广告或销售活动费用，从而享有促销折让，包括实际现金支付或者附赠"免费产品"等。

promotional mix 促销组合 一个或多个传播工具的结合，用来：（1）告知潜在购买者产品的好处；（2）劝说他们试用产品；（3）提醒他们使用产品可以得到的收益。

protectionism 贸易保护主义 国家通过关税或配额等方式，保护本国经济中一个或几个行业免受外国竞争的做法。

protocol 议定书 产品开发前的陈述，用以确定：（1）明确的目标市场；（2）明确的消费者需求和偏好；（3）产品什么样以及如何满足消费者。

public relations 公共关系 为影响消费者、潜在消费者、股东、供应商、员工和其他公众对公司及其产品和服务的感受、态度和意见的传播管理形式。

publicity 公共宣传 组织、商品或服务的非人员、间接付费的展示。

publicity tool 宣传方式 无需直接费用就能获得组织、产品或服务的非人员展示方法，如新闻稿、新闻发布会和公共服务公告（PSAs）。

pull strategy 拉动策略 针对最终消费者实施促销组合，鼓励他们向零售商询问产品的相关情况。

purchase decision process 购买决策过程 购买者在决定购买哪种产品和服务时经历的五个阶段：（1）问题识别；（2）搜集信息；（3）评估替代方案；（4）购

买决定；（5）购后行为。

push strategy 推动策略 针对渠道成员实施促销组合，使他们订购和储存产品。

Q

quantity discount 数量折扣 大量订购拉低单位成本。

questionnaire data 调查问卷数据 通过询问人们的态度、认识、意图和行为而获得的事实和数字。

quota 配额 一国对进口或出口某种产品的数量限制。

R

rating 收视率/收听率 市场中观看特定电视节目或收听特定电台节目的家庭百分比。

reach 覆盖面 接触到广告的不同个人或家庭的数量。

receiver 接收者 传播过程中，阅读、聆听或者观看信息源发送的信息的消费者。

reference group 参照组 指被视为自我评价的基础或标准来源的一群人。

regional shopping center 区域购物中心 由50～150个商店组成，主要吸引方圆5～10英里内居住或工作的消费者，通常包括2～3家主力店。

regulation 管制 美国州和联邦法律对企业活动的限制。

relationship marketing 关系营销 为共同的长远利益而将组织与其消费者、员工、供应商和合作伙伴联系起来的营销。

relationship selling 关系销售 基于销售人员对消费者需求的长期关注，在设法满足消费者需求的过程中与消费者建立关系的做法。

response 回应 在反馈环路中，信息在传播过程中对接收者的知识、态度或行为的影响。

retail life cycle 零售生命周期 零售店在产品、经验等方面的成长和衰退过程，包括早期成长、加速发展、成熟和衰退阶段。

retail positioning matrix 零售定位矩阵 以产品线宽度和附加值的两个维度

定位零售店的矩阵，附加值包括位置、产品可靠性或声誉。

retailing 零售 为最终消费者销售、租赁或提供产品和服务，以供其个人或家庭使用过程中涉及的所有活动。

retailing mix 零售组合 与商店及其商品管理有关的活动，包括零售定价、商店选址、零售沟通和商品。

reverse auction 反向竞拍 网上交易市场的在线拍卖，买家发布对产品或服务的需求，并邀请有意向的供应商相互竞价。

reverse logistics 逆向物流 从消费点或使用点回收可循环利用和可再用的材料、退货、返工产品，以便修理、再制造、再分销或处理的过程。

S

sales forecast 销售预测 在特定的外部环境和企业的营销努力下，企业预计一定时期内能够达到的总销量。

sales management 销售管理 设计销售方案、实施和评估公司员工个人的销售工作。

sales plan 销售计划 对要实现的目标、销售人员在何处和如何展开销售工作的陈述。

sales promotion 促销 为激发消费者购买商品或服务的兴趣而在价格上采取的短期刺激。

sales quota 销售定额 包括分配给销售人员、销售团队、销售分部或者销售地区在规定时间内的具体目标。

sales response function 销售反应函数 表明了营销费用与营销业绩之间的关系。

salesforce automation（SFA）销售团队自动化 运用计算机、信息、传播和互联网等技术提升销售职能的效率和效果。

scrambled merchandising 混杂销售 一家商店经销数个不相关的产品线。

screening and evaluation 筛选与评估 新产品开发过程中对新产品创意进行内部和外部评估，以剔除那些不值得进一步开发产品的阶段。

secondary data 二手数据 在当前的调研项目开始前已经存在的事实和数字。

selective distribution 选择分销 分销密度的程度，指公司在特定地理区域内选择几个零售店销售其产品。

self-regulation 自我管制 政府管制的替代选项，指行业设法自我监管。

service continuum 服务连续体 公司在市场上的系列出售物，从有形到无形，或从商品为主到服务为主。

service 服务 组织提供的无形活动或利益，用以满足消费者的需求，并交换货币或其他价值物。

seven Ps of services marketing 服务营销7P 服务的扩展营销组合概念，包括4P（产品、价格、促销和渠道）以及员工、实体环境和流程。

shopper marketing 购物者营销 使用展示、优惠券、样品和其他品牌传播影响商店内的购物行为。

shopping products 选购品 消费者基于价格、质量或式样等标准比较几种可选产品后购买的产品。

showrooming 把商店当展厅 在商店里查看产品，然后以更便宜的价格在网上购买的做法。

situation analysis 形势分析 依据营销规划的方向以及影响该规划的外部因素与趋势，评估企业或产品近期所处的位置和当前所处的位置。

skimming pricing 撇脂定价法 推出新产品或创新产品时，将消费者真正渴望获得且愿意付款购买的产品的初始价格定至最高。

social audit 社会责任审计 从社会责任的角度，对公司的目标、战略和绩效进行系统评估。

social class 社会阶层 社会中具有相对同质性和持久性的群体，其中的成员拥有类似的价值观、兴趣爱好和行为方式。

social forces 社会因素 人口的统计特征及其文化。

social media 社交媒体 用户可提交评论、照片和视频的网络媒体，通常伴随反馈过程，以此确定"热门"的话题。

social responsibility 社会责任 关于组织的一种理念，认为是更大社会的组成部分，要因其行为对社会负责。

societal marketing concept 社会营销观念 组织应该以提供社会福利的方式来满足消费者的需求。

source 信息源　传播过程中传递信息的企业或个人。

specialty goods 特殊品　消费者需要专门寻找并购买的产品。

staff position 职能岗位　有权利和责任向直线管理部门的管理者提出建议，但不能对其直接发号施令的人。

standard markup pricing 标准加成定价法　在某一产品类别的全部商品成本基础上加上一个固定的百分比，以确定价格。

stimulus-response presentation 刺激-反应展示　销售展示方式之一，基于这样一种假设：若是销售人员给予适当的刺激，潜在消费者就会购买。

strategic marketing process 战略营销流程　组织配置营销组合资源以进入目标市场的过程。

strategy 战略　组织的长期行动方向，旨在传递特殊的消费者体验，同时实现组织目标。

strip mall 路边商店　由一组相邻商店构成的零售地点，服务车程在5～10分钟以内的人群。

subculture 亚文化　从属于一个更大的文化或民族文化的亚群，拥有独特价值观、观念和态度。

supply chain 供应链　参与生产产品或服务并将其交付给消费者或工业用户所需的活动的各种公司。

sustainable development 可持续发展　在实现经济增长的同时保护自然环境的经营方式。

sustainable marketing 可持续营销　在不损及后代满足他们需求的情况下，满足当今（全球）经济、环境和社会需求的营销。

SWOT analysis SWOT分析　评估组织内部优势（strength）和劣势（weakness）、组织外部的机会（opportunity）和威胁（threat）的四个单词的首字母缩写。

synergy analysis 协同效应分析　通过寻求营销效率和研发-生产效率之间的最佳平衡来发现市场-生产的增长机会。

T

target market 目标市场　组织营销方案所针对的一个或几个具体的潜在消费

者群体。

target pricing 目标定价法 包括：（1）估计最终消费者愿意为某一产品支付的价格；（2）采用倒推法，在扣除零售商和批发商的加价后，确定给批发商的价格；（3）为实现消费者的目标价格，有意识地调整产品的构成和性能。

target profit pricing 目标利润定价法 设立一定额度的年度目标利润的定价方法。

target return-on-investment pricing 目标投资利润率定价法 为达成年度目标投资利润率而定价。

target return-on-sales pricing 目标销售利润率定价法 为达成占销售额一定比例的利润目标而定价。

tariff 关税 政府向进口商品或服务征收的税金，主要目的是提高进口商品的价格。

team selling 团队销售 在向主要消费者销售产品和服务时，利用整个专业团队的做法。

technology 技术 来自应用科学或工程研究方面的发明或创新。

telemarketing 电话推销 使用电话与消费者互动交流，并直接向他们推销。

time-based agenda 限定了时间的议程 表明分配给每项议题开始时间的会议议程。

total cost（TC）总成本 公司生产和销售产品时发生的全部开支。总成本是固定成本和可变成本之和。

total logistics cost 物流总成本 包括与运输、物料搬运和仓储、存货、缺货、订单处理、退货处理等有关的费用。

total revenue（TR）总收入 销售某产品获得的所有收入。

trade name 商号 企业经营时所用的合法商业名称。

trade mark 商标 表明公司已经合法注册品牌名称或商号，因而对其享有专用权，从而避免了其他公司使用该商标。

trade-oriented sales promotion 针对经销商的促销 直接面向批发商、零售商或分销商用以支持公司广告和人员推销的销售工具。也被称为贸易促销。

trading down 低档化策略 降低产品特性的数量、质量或价格。

trading up 高档化策略　通过增加特性或采用高质量原料提高产品或产品线的价值。

traditional auction 传统竞拍　网上交易市场上的网络拍卖，一个卖家发布欲售商品，邀请多个有意的买家竞价购买。

traffic generation 客流量增加　意在激励消费者访问一家企业的直复营销的结果。

triple-bottom line 三重底线　即需要企业同时改善消费者、地球和利润状况的认识，如果企业实现可持续的长期增长，就能达此目标。

Twitter 推特　可让用户发送和接收推文的网站，而推文是140个字符以内的短消息。

U

ultimate consumer 最终消费者　为家庭使用而购买商品和服务的人。也称消费者、购买者或顾客。

uniform delivered pricing 固定运费定价法　卖方的报价包含所有运输费用。

unit variable cost（UVC）单位可变成本　每单位产品承担的可变成本。

unsought goods 非求品　消费者并不知道，或者即便知道，但一开始并不想要的产品。

usage rate 使用频率　也称"频率营销"，指一段时间内消费者购买的量或光顾的次数。

user-generated content（UGC）用户生成的内容　由最终用户创建并可公开浏览的各种形式的网络媒体内容，也称"消费者生成的内容"。

utilitarianism 实用主义　个人道德观念，通过评估行为后果的成本与收益来确定道德标准，侧重于"最多人的利益最大化"。

utility 效用　产品使用者获得的收益或客户价值。

V

value 价值　感知利益与价格的比值，或者表示为：

价值=感知利益/价格

value consciousness **价值意识** 在给定价格下获得最好的质量、特色和性能的商品或服务，从而促生消费行为。

value pricing **价值定价法** 提高产品或服务利益的同时维持或降低价格。

values **价值观** 受到个人或社会偏爱且能够长久持续的行为方式和存在状态。

variable cost（VC）**可变成本** 随着生产和销售的产品数量的变化而改变的企业费用总额。

vendor-managed inventory（VMI）**供应商管理库存系统** 存货管理系统，供应商凭借该系统来决定客户（如零售商）所需产品的数量与种类，并自动配送适当的商品。

vertical marketing system **垂直营销体系** 为节省渠道成本和实现最大的营销效果而建立的专业化管理、集中协调的营销渠道。

viral marketing **病毒式营销** 互联网推销策略，它鼓励个人将营销者发来的信息通过电子邮件、社交媒体网站和博客转发给他人。

W

warranty **产品质量保证** 制造商就产品缺陷所负责任的声明。

web community **网络社区** 允许用户会集网络，并就共同感兴趣的话题交流看法的网站。

webrooming **把网店当展厅** 在网店查看产品，然后去实体商店购买的做法。

wheel of retailing **零售轮** 描述新型零售商如何进入市场的概念。

whistle-blower **吹哨人** 揭露其雇主不道德或违法行为的员工。

word of mouth **口碑** 消费者在交谈时发挥的影响力。

workload method **工作量法** 利用公式确定销售团队规模的方法，它综合考虑服务的客户数量、拜访频次、拜访时长和可用销售时间，得出销售团队规模的大小。

World Trade Organization（WTO）**世界贸易组织** 一个国际常设机构，由贸易专家小组为其成员国的贸易行为制定规则，并对成员国之间的贸易争端做出裁定和有约束力的决定。

Y

yield management pricing **收益管理定价法** 在给定时间和既定产能下，为实现收益最大化而分别定价。

YouTube 视频分享网站，用户可上传和浏览视频，并发表评论。

图书在版编目（CIP）数据

市场营销 /（英）罗杰·A.凯林,（英）史蒂文·W.哈特利著；黄延峰等译. -- 北京：九州出版社，2022.10
 ISBN 978-7-5225-0972-3

Ⅰ.①市… Ⅱ.①罗…②史…③黄… Ⅲ.①市场营销学 Ⅳ.① F713.50

中国版本图书馆 CIP 数据核字 (2022) 第 097583 号

Marketing, Thirteenth Edition
Roger A.Kerin, Steven W.Hartley
ISBN 987-1-259-57-3545
Copyright © 2017 by McGraw-Hill Education.

All Rights reserved. No part of this publication may be reproduced or transmitted in any form or by any means, electronic or mechanical, including without limitation photocopying, recording, taping, or any database, information or retrieval system, without the prior written permission of the publisher.

This authorized Chinese translation edition is jointly published by Jiuzhou Press.In arrangement with McGraw-Hill Education. This edition is authorized for sale in the People's Republic of China only, excluding Hong Kong, Macao SAR and Taiwan.
Translation Copyright © 2022 by McGraw-Hill Education and Jiuzhou Press.

版权所有。未经出版人事先书面许可，对本出版物的任何部分不得以任何方式或途径复制或传播，包括但不限于复印、录制、录音，或通过任何数据库、信息或可检索的系统。

本授权中文简体字翻译版由麦格劳－希尔（亚洲）教育出版公司和九州出版社合作出版。此版本经授权仅限在中华人民共和国境内（不包括香港特别行政区、澳门特别行政区和台湾）销售。

版权 © 2022 由麦格劳－希尔（亚洲）教育出版公司与九州出版社所有。

本书封面贴有 McGraw-Hill Education 公司防伪标签，无标签者不得销售。

著作权合同登记号　图字 01-2022-5953

市场营销

作　　者	[英] 罗杰·A.凯林　史蒂文·W.哈特利　著 黄延峰　董伊人　史有春　何　健　译
责任编辑	李　品　周　春
出版发行	九州出版社
地　　址	北京市西城区阜外大街甲 35 号（100037）
发行电话	（010）68992190/3/5/6
网　　址	www.jiuzhoupress.com
印　　刷	北京天宇万达印刷有限公司
开　　本	720 毫米 × 1000 毫米　16 开
印　　张	47.25
字　　数	765 千字
版　　次	2022 年 10 月第 1 版
印　　次	2022 年 12 月第 1 次印刷
书　　号	ISBN 978-7-5225-0972-3
定　　价	138.00 元